결국 이기는

사마의

老謀子司馬懿 by 秦濤
Copyright ⓒ 2017 by Qin Tao
Korean Translation Copyright ⓒ 2023 by Publishing company the BOM

This translation is published by arrangement with Dook Media Group Limited
through SilkRoad Agency, Seoul, Korea. All rights reserved.

이 책의 한국어판 저작권은 실크로드 에이전시를 통해 Dook Media Group Limited와 독점 계약한
더봄출판사에 있습니다. 저작권법에 의해 한국 내에서 보호를 받는 저작물이므로
무단 전재와 복제를 금합니다.

이 도서의 국립중앙도서관 출판예정도서목록(CIP)은 서지정보유통지원시스템
홈페이지(http://seoji.nl.go.kr)와 국가자료공동목록시스템(http://www.nl.go.kr/kolisnet)에서
이용하실 수 있습니다.(CIP제어번호: CIP2018036712)

결국 이기는
사마의

친타오 지음 | 박소정 옮김

더봄

일러두기

1. 본문 중의 인명과 지명은 독자들의 친숙함을 고려하여 한자음 그대로 표기하였습니다.
   다만 일부 현대 인물은 중국어 발음에 따랐습니다.
2. 본문 중의 괄호 안에 뜻을 풀이한 것 중 따로 '저자' 표기가 없는 것은 모두 옮긴이의 설명입니다.

'사마의'를 가이드 삼아 들여다 본
한나라 말기 삼국의 완전하고 진실한 역사

사마의를 재조명한 중국 드라마인 〈사마의: 미완의 책사〉가 작년에 한 케이블 채널에서 처음 방영된 이후 올해 속편인 〈사마의: 최후의 승자〉까지 방영되며 '사마의'라는 이름이 수많은 사람들 입에 오르내렸다. 특히 《삼국지》를 좋아하는 남성들에게 더 인기가 있었는데, 지금도 그 인기는 여전하다.

그런 와중에 지난 초여름, 이 책의 번역 의뢰를 받았다. 샘플로 받은 원문 파일을 보는데 맨 먼저 고문古文이 눈에 떡하니 들어왔다. 순간 내가 잘할 수 있을까 걱정도 되고 뭔가 엄청난 도전이 되겠구나 싶었다. 이왕 맡은 거 제대로 한번 해보자 마음먹고 사마의와 친해질 생각으로 관련 책들과 자료들을 검색하기 시작했다.

그런데 '삼국지'로만 검색해도 수천 건이 넘는 데다 제갈량을 다룬 서적도 부지기수지만, 정작 사마의를 전면에 내세운 책은 손에 꼽을 정도로 적었다. 그마저도 사마의와 관련된 이야기를 발췌해 그 속에서 교훈을 얻거나 관리학의 각도에서 처세의 비법이나 책략을 배우는 것들이 대부분이었다.

이 책은 사마의의 이야기를 통해서 깨달음을 주기 위한 목적으로 쓰였다기보다는 철저히 사마의라는 인물 자체에 초점이 맞춰져 있다. 같은 사건과 내용을 여러 차례 반복하며 지루하게 진행되는 것이 아니라, 사마의라는 인물의 성격(인성)을 형성한 배경부터 그가 살아온 인생 전반을 아우르며 이야기가 펼쳐지기 때문에 지루할 틈이 없다. 사마의가 주인공인 한편의 대서사시로 보아도 무방하다. 이 점이 바로 사마의를 다룬 여느 책들과 이 책의 가장 뚜렷한 차이점이라고 할 수 있다.

상투적인 표현이기는 하지만 이 책은 사마의의, 사마의에 의한, 사마의를 위한 책이다. 내 나름대로 해석을 해보자면 이렇다. 우선 이 책은 사마의를 제목에 내세워놓고 정작 사마의에 관한 내용은 거의 찾아볼 수 없는 그런 책이 아니라 사마의가 '주체'인 책이다. 사마의 대신 제갈량이나 조조 이야기를 하는 책이 아니라는 뜻이다. 물론 이들은 사마의 인생에서 빠질 수 없는 인물들이라 비중 있는 조연으로 자주 얼굴을 비추기는 하지만 이 책의 주연은 사마의가 틀림없다.

저자는 "사마의를 가이드 삼아 약 100년에 걸친 한나라 말기 삼국의 완전하고 진실한 역사의 모습을 독자들에게 보여주려고 노력하며 쓴 책"이라고 밝혔다. '사마의에 의한' 제대로 된 삼국시대 역사의 재구성으로 볼 수 있을 것이다. 따라서 이 책 한 권을 독파하면 사마의라는 인물이 어떤 사람이었는지, 그와 관련해 어떤 사건들이 있었는지는 물론이고 사마의가 등장한 이후부터 삼국시대 역사의 흐름이 한눈에 들어온다.

사마의를 위한 책이라고 한 것은 그동안 제갈량에 비해 부정적으로 평가된 사마의를 위해서 저자가 변명을 해주고 있다는 느낌을 받아서다. 후세 사람들 대부분이 사마의의 인품과 덕성을 비난하며 그를 폄하하지만, 사실 사마의가 했던 모든 행동들은 전부 자신을 보호하기 위한 목적에서 비롯된 거라며 두둔하는 것처럼 보이기 때문이다.

하지만 저자는 무조건적으로 사마의를 옹호하지는 않는다. 공손연, 조상, 왕릉 등을 처리할 때 그가 지나친 살육을 저질러 역사에 오점을 남겼다고 인정하는 한편, 본인의 뛰어난 능력을 자기 목숨과 가문의 보전 그 이상으로 시대를 위해 쓰지 못했다며 아쉬움을 내비치기도 한다.

조조만큼 사마의도 논란의 여지가 많은 인물이다. 하지만 저자는 겉으로 드러난 결과들보다는 사마의라는 사람이 그런 결정을 내릴 수밖에 없었던 상황과 처지에 더 주목했다. 그래서인지 이 책을 읽고 나면 사마의의 마음을 이해할 수 있을 것 같다. 그런 의미에서 사마의를 위한 책이라고 할 수 있지 않을까.

유난히 무더웠던 올 여름을 온전히 헌납해가면서 사마의처럼 '은인'隱忍하며 번역을 시작했는데, 어느덧 겨울이 코앞이다. 이제 겨우 사마의와 조금 가까워졌는데, 어느새 이별이라니 시원섭섭한 마음이 든다. 사마의라는 인물에 대해 제대로 알고 싶었던 사람들, 《삼국지》에만 국한되지 않고 정사나 기타 사료를 반영한 이야기에 갈증을 느꼈던 사람들에게 부디 희소식이 되길 기대해 본다.

2018년 늦가을
박소정

차례

6장 | 비룡재천飛龍在天
용이 날아올라 하늘에 이르다

7장 | 항룡유회亢龍有悔
하늘에 오른 용은 뉘우침이 있다

후기

부록

서장序章

사마의, 사경을 헤매다

촉한蜀漢 연희延熙 12년(249년), 한중漢中.

강유姜維는 어느새 쉰을 바라보는 나이였다. 그런 그가 패기 있게 제갈량의 유지遺志를 받들어 중원中原을 탈환하리라 맹세했으니, 이 어찌 장하지 않으랴!

하지만 전장에서 경험을 쌓을수록 강유는 이것이 불가능에 가까운 임무임을 깨달았다.

강유의 라이벌은 조위曹魏(중국 삼국시대 조조를 시조로 하는 '위'나라를 이르는 말)의 정서장군征西將軍 곽회郭淮와 옹주자사雍州刺史 진태陳泰였다. 곽회는 대촉對蜀 전쟁의 명장이었고, 진태는 노신 진군陳群의 아들이자 조위 군대의 새로운 권력자였다. 둘 다 힘겨운 상대이기는 했지만 제갈량諸葛亮에게 사사한 군사 귀재 강유를 절망시킬 정도의 인물은 아니었다. 강유를 절망하게 만든 것은 그 배후에 있던 완벽에 가까운 군사 방어 체계였다.

십여 년 전, 사마의司馬懿는 제갈량의 거듭된 맹렬한 공격을 받으면서 침착하게 군사 방어 체계를 구축했다. 이 과정에는 사마의가 선발하고 키운 걸출한 군사 인재들, 협공이 가능한 여러 방어선, 그리고 촉한의 흔한 공격 패턴에 대응할 수 있는 방어책이 있었다. 그랬기에 제갈량이 병사하고 사마의가 자리를 비운 십여 년 동안, 강유가 갖은 애를 썼어도 조위의 국경 방어선을 한 발자국도 넘어서지 못한 것이다.

강유는 그해 추수철에 옹주雍州를 공격하는 대규모 군사 행동을 계획하고 있었다. 적의 약점을 찾기 전까지 강유는 이런 무의미한 공격을 지속하며 자신의 무능함을 감출 수밖에 없었다.

정말 조금의 빈틈도 없는 것인가? 강유는 한중의 병영 앞에서 매서운 북풍을 맞으며 잘 보이지도 않는 동편의 도시, 낙양洛陽을 바라보았다. 낙양은 조위의 정치적 요충지로서, 십 년 가까이 강유의 실질적 라이벌인 사마의가 거의 벗어난 적이 없는 도시였다. 사마의는 이미 군사에서 정치 쪽으로 관심을 돌린 상태였다. 그는 정교한 바둑판을 차려 놓고 강유가 해결하러 오기를 기다리고 있었다.

동오東吳 적오赤烏 12년(249년), 건업建業.

예순일곱의 오나라 황제 손권孫權은 삼국의 개국군주 중 생존해 있는 유일한 인물이었다. 하지만 자신이 최고가 되었다는 쾌감은 조금도 느끼지 못했다. 그해 강력한 적수들이 하나둘 세상을 떠났지만, 손권은 자신이 여전히 최강자가 아니라는 것을 잘 알고 있었기 때문이다.

손권에게도 천하를 집어삼키려는 야심이 없었던 것은 아니다. 하지만 동오는 세인들에게 시종일관 폐쇄적인 모습을 보여주었다. 병과兵科가 선천적으로 부족했기 때문이다.

동오는 천하를 호령할 만한 수군을 가졌지만 육지전은 약했다. 냉병기冷

^{兵器} 시대의 육지전은 기병이 보병을 이겼다. 손권은 광활한 영토를 지배했지만 말 사육지는 하나도 없었다. 동오에서 나고 자란 마필은 이상하게도 힘이 없고 허약했다. 식량 적재나 후방 근무 정도는 가능했지만, 전장에 타고 나가기에는 북방 한마^{悍馬}(사나운 말)의 상대가 되지 못했다.

북방에서 마필이 많이 나는 지역으로는 서북의 하투평원^{河套平原}과 연조^{燕趙}(중국 전국시대 연나라와 조나라)가 있던 요동^{遼東}을 들 수 있다. 예전에 손권은 해군 부대를 멀리 요동까지 보내 마필을 사오게 했다. 당시 요동은 대대로 지역 터줏대감인 동북왕^{東北王} 공손가^{公孫家}가 다스리며 조위의 직접적인 지배를 받지 않는 곳이었다.

그런데 그 장삿길이 끊긴 지 어느덧 11년이 흘렀다.

11년 전, 동북아의 패주이자 공손가의 마지막 자제인 공손연^{公孫淵}이 죽임을 당하고, 그 머리가 저 멀리 조위제국의 수도에까지 전해져 성문에 효시^{梟示}되었다.

그 군사 행동을 계획한 장본인이 바로 사마의다.

손권은 그 일을 떠올리며 긴 한숨을 내쉬었다. 공손연은 소인배라 죽어도 전혀 아쉬울 게 없었다. 다만 요동이 위^魏나라에 넘어가 군마 보급로가 끊긴 게 문제였다! 어두운 궁궐에서 손권은 무기력하게 홀로 앉아 생각에 잠겼다. 앉아 있는 것도 힘에 부치고 잠이 몰려오자 곁에 있던 시녀가 얼른 다가와 손권의 취침을 도왔다.

잠들기 전, 연로한 손권의 머릿속에 불현듯 이런 생각이 떠올랐다. 왜 사마의는 나보다 세 살이나 많은데도 여전히 청년처럼 기력이 넘치는 것인가?

조위 10년(249년), 낙양 외곽.

어린 황제 조방^{曹芳}은 대장군 조상^{曹爽}과 함께 선제^{先帝} 조예^{曹叡}의 묘인 고

평릉高平陵을 참배하고 있었다.

제사는 태상太常의 주재로 질서정연하게 진행되었다. 조상은 그 광경을 흐뭇하게 지켜보고 있었다.

문제文帝 조비曹丕가 근검절약을 위해 제사를 금지하는 조서를 내린 이후로 처음이었다. 이번 성묘는 조상이 준비한 것으로, 좀더 성대하게 치러도 된다며 태상에게 일러두기까지 했다. 조상은 성대하고 화려한 의식을 통해 땅에 묻힌 조예와 천하의 백성들에게 장중한 선언을 할 요량이었던 것이다.

조상은 젊었지만 뛰어난 정치적 수완을 보여주었다. 선제 조예의 부탁으로 10년간 그는 의기투합한 정계의 신예들과 함께 과감한 개혁을 펼치며 새로운 정치를 추진했다. 한편 조상은 명승암강明昇暗降(겉으로는 승진시키는 것 같으나 실제로는 좌천시키는 전략), 이대도강李代桃僵(작은 손해를 보는 대신 큰 승리를 거두는 전략)의 방법으로 고명대신이자 조정의 가장 강력한 라이벌인 사마의를 추앙하는 척하면서 속으로는 배척하여 실권을 잃게 만들었다. 2년 전 사마의가 연로하다는 이유로 눈치껏 사직을 청했음에도, 조상은 여전히 경계심을 늦추지 않고 사람을 보내 사마부司馬府(사마의의 저택)를 철저히 감시했다.

조위가 강성하던 시절, 이름만으로도 촉한과 동오를 벌벌 떨게 만들었던 사마의는 조상에게 연금당하는 신세가 되었다. 일전에 사마부를 조사하던 조상의 심복 이승李勝은 사마의의 목숨이 오늘내일한다고 보고했다.

조상은 사마의의 숨이 끊어지기 전에 서둘러 고평릉에서 제사를 지내기로 했다. 그는 제사를 지냄으로써 구시대의 종말과 새 시대의 시작을 선포하려고 한 것이다.

정월 초사흘, 낙양 성내.

바닥에는 폭죽의 흔적이 남아 있었다. 경사를 치르고 난 모습이었다. 주요 관원들은 새벽같이 황제를 따라 고평릉을 참배하러 성을 나섰고, 중하급 관리들과 나이든 퇴직 관리들만 자리에 남아 한 해를 넘긴 한산함과 느긋함을 즐기고 있었다.

그 느긋한 분위기와 어울리지 않는 건 지체 높은 가문의 저택뿐이었다. 이 저택은 지난 2년간 인마의 발길이 뜸했다. 저택의 주인이 와병으로 2년 내내 문 밖을 나오지 않았기 때문이다. 대문은 굳게 잠겨 있었으나 저택에서 느껴지는 웅장한 기세는 사람들을 저도 모르게 긴장하게 만들었다.

굳게 닫힌 검은 대문을 지나 흐릿하게 빛나고 있는 안방으로 들어가자. 일흔이 된 노인이 침대에 반듯하게 누운 채 곁에 있는 두 아들에게 후사를 부탁하고 있었다. 바짝 말라 주름진 입술은 미세하게 움찔거렸고, 그 안에서 나오는 목소리는 모기 소리처럼 가늘었다. 숨 막힐 정도로 긴장된 분위기였지만 차분하고 느긋하게 들렸다.

약 반세기에 걸친 이야기가 그를 주인공으로 펼쳐졌다. 반세기 이래 가장 걸출한 사람이 남몰래 그를 라이벌로 삼았다. 그러나 그와 대적한 사람은 모두 다 비참한 말로를 맞았다.

그래서인지 지금은 병권을 손에 쥐고 권세가 하늘을 찌르는 대장군이지만, 조상의 목숨은 그때부터 초읽기에 들어갔다.

그가 바로 난세였던 삼국시대의 종결자, 사마의였다.

사마의의 전설은 낙양성의 모든 조위 백성들에게는 자주 들어 익숙한 이야깃거리였다. 고평릉 정변 이후 사람들은 사마의가 이번에 2년간 '칭병' 稱病한 일을 그가 젊은 시절 무려 7년에 걸쳐 '칭병'한 일과 같은 선상에 놓고 이야기했다.

당시 조조曹操는 사마의를 관리로 발탁하려고 했다. 사마의는 이를 거절하려고 7년간 병석에 누워 있었다. 그 7년이라는 시간 동안 조조와 사마의는 처음으로 대립했다. 이는 제왕급 초고수들끼리의 대결이었다. 양측은 암투를 벌이며 서로 대응했는데, 그 과정이 변화무쌍하며 다채로웠다.

하지만 경험이 많고 지모가 뛰어난 사람은 그 두 꾀병 사이에 미세한 차이가 있다는 것을 간파했다. 조위의 제1대 참모진 가운데 지금까지 살아 남아 4대 원로가 된 유일한 사람, 장제蔣濟가 그중 한 사람이다.

장제는 분명히 알고 있었다. 사마의가 처음에 병석에 누웠던 것은 몸값을 올리고 명리를 취하기 위한 목적이었지만, 두 번째 와병은 생존을 위해서라는 것을 말이다. 40년 전 사마의가 칭병하지 않았다면 조조의 눈에 들기 힘들었을 테고, 2년 전 사마의가 칭병하지 않았다면 오늘까지 살아 남기 힘들었을 것이다.

장제라는 모사謀士가 보기에 사마의는 끊임없이 뛰어난 계책을 내는 사람이었다. 하지만 지난날의 사마의가 청년으로서 강한 승부욕이 있고 화려한 계책으로 자신을 뽐내는 사람이었다면, 지금의 사마의는 절대적인 실용주의를 신봉하는 사람이었다. 그는 무딘 칼로도 엄청난 영향력을 발휘했고, 어떤 무기를 쓰든 백발백중이었다.

장제는 이미 예순이 넘은 나이였다. 그는 스스로도 모사로서의 황금기는 이미 지나갔음을 느끼고 있었다. 모사란 젊음을 무기로 하는 직업이었다. 젊은 모사는 넘치는 정력과 지력으로 빈틈없고 신묘한 계책을 낼 수 있다. 반면, 나이든 모사는 경험과 신중함에 기대는 경우가 많았다. 이는 일반적인 모사의 특징이었다.

하지만 사마의는 달랐다.

평범한 사람들의 인생은 발산하는 방식이다. 젊었을 때는 자신의 재능과 청춘을 아낌없이 쏟아 붓는다. 이 경우 나이가 들어서는 젊었을 때 벌어 놓은 밑천으로 살아갈 수밖에 없다. 반면 사마의의 인생은 수렴하는 방식이다. 사마의는 70 평생을 살아오면서 끊임없이 자기 자신, 그리고 다른 사람의 경험과 교훈을 차곡차곡 모았다. 눈덩이를 굴리듯이 시간이 지날수록 그 경험과 교훈이 쌓이게 된 것이다.

석양이 찬란한 이유는 온종일 햇빛을 거둬들이기 때문이다. 사마의라는 눈부시고 힘찬 석양과는 달리, 장제는 새벽달처럼 가만히 서서 사마의가 순조롭게 병력을 지휘하는 모습을 지켜보았다. 그때 사마의는 조정의 높은 자리에 올라 조정 신료들을 긴급 소집해 정변을 일으킬 준비를 하고 있었다.

이치상 행정 권력의 효력이 발생하려면 반복적으로 사용해야 한다. 어떤 행정 수장이라도 2년 동안 자리를 비우면 다시 기존 권력을 막힘없이 행사하기가 쉽지 않다. 비록 2년간 사람들 앞에 모습을 드러내지 않았지만, 사마의는 제자리로 돌아오는데 아무런 방해도 받지 않았다.

1,560여 년 후, 프랑스의 한 위대한 인물도 이 같은 일을 해냈다. 그는 외딴섬으로 유배를 갔다가 1년 뒤에 프랑스로 돌아왔고, 돌아오자마자 곧바로 군대와 민중의 열렬한 추대를 받았다. 그가 바로 나폴레옹이다. 사마의와 나폴레옹에게는 뛰어난 덕망과 모든 것을 정복하기에 충분한 인간적인 매력이 있었다.

뭇 신하들은 이미 사마의의 편에 선 상태였고, 각자 명을 받아 움직였다. 남은 것은 장제와 고유高柔 두 원로대신뿐이었다.

사마의는 고유 앞으로 다가가 신뢰하는 눈빛으로 그윽이 바라보았다. 그는 낮지만 힘 있는 목소리로 말했다. "그대는 주발周勃이오."

주발은 서한西漢의 개국공신으로, 여후呂后의 난을 평정하고 황실을 안정시키며 세상에 이름을 알린 인물이다.

사마의의 말은 간결했고 담담한 어조였지만 묘하게 설득력이 있었다.

고유는 사마의보다 나이가 많았다. 그동안 큰일을 많이 겪어봐서 이런 상황이 익숙한 그였지만, 지금만큼은 격려와 신뢰를 얻은 아이처럼 열정으로 피가 끓어올라 진지하게 고개를 끄덕였다.

장제는 사마의의 일거수일투족과 그가 주위에 내뿜는 광채를 바라보았다. 그는 이제 어떤 것이 진심이고 어떤 것이 가짜인지 분간할 수 없었다. 어쩌면 사마의 본인도 구분하지 못했을지 모른다. 관리 사회에서 일어나는 권모술수가 어느새 사마의 몸속 깊숙이 녹아들어 그의 일부가 되었기 때문이다.

사람은 누구나 처음에는 다듬지 않은 옥석과 같다. 그렇다면 사마의는 70년 동안 대체 어떻게 단련했기에 그토록 찬란한 꽃을 피울 수 있었던 것일까? ⌒

잠룡물용

潛龍勿用

출사出仕를 서두르지 않고
때를 기다리다

사마의는 평범하기를 거부하고 곧장 자신의 목표에 닿을 수 있는 지름길을 추구했다. 그 지름길이 멀리 돌아가는 것처럼 보일 때도 있었지만 결과는 언제나 그의 판단이 옳았다는 것을 증명해 주었다. '이퇴위진'以退爲進과 '욕속부달'欲速不達이라는 옛말도 있듯이 말이다.

사마의가 그해 바로 벼슬길에 나섰다면 형보다 높은 관직에 오르기는 힘들었을 것이다. 무엇보다 사마의가 첫 징벽에 곧바로 응했다면 수많은 응모자들 중에서 조조의 관심을 끌지 못했을 것이다. 관료사회에서 관심은 때로 관직보다 중요하고 진급에 필요한 필수 자원이라고 할 수 있다.

정치는 태학생太學生이 가까이 할 수 있는 것이 아니다

사람은 언젠가는 죽는다. 그렇게 세상에서 사라진다. 하지만 세상에 존재했다 하더라도 모든 사람이 진정으로 살았다고 할 수는 없다.

서기 179년, 사마의는 하내군河內郡 온현溫縣 효경리孝敬里에서 사마씨 가문의 둘째로 태어났다. 자字는 중달仲達이다.

하내군은 사예교위司隸校尉(청나라 직예총독直隸總督의 냄새가 좀 난다 - 저자)의 관할구역에 속했다. 하내는 당시 한나라의 수도 낙양과 가까웠다. 하내와 낙양의 관계는 톈진天津과 베이징北京의 관계로 보아도 좋다.

현급 행정단위인 온현은 당시 한나라의 수많은 현 가운데 하나로 크게 특별할 것 없는 지역이었다. 한나라 말까지 온현은 자하子夏라는 인물을 배출한 바 있다. 자하는 공자의 뛰어난 제자들을 일컫는 '공문십현'孔門十賢 중 한 사람이다. 온현에는 훗날 '진가구'陳家沟라는 지명이 생긴다(많이 들어보지 않았는가? - 저자). 진가구는 진식태극권陳式太極拳의 창시자이자 태극권의 시조인 무림 고수 진왕정陳王廷을 배출했다.

그러나 그것은 명나라 말기의 일이고, 지금은 여전히 한나라 말기다. 효경리는 온현 현성의 주거 지역이었다. 효경리에 산다는 것은 사마의가 도시 호적을 갖고 있다는 뜻이다. 그 당시 도시에는 주거 지역이 따로 있었다. 주거 지역은 주변이 높은 담장으로 둘러싸여 있었고, 담에는 출입할 수 있도록 쪽문이 열려 있었다. 밤이 되면 쪽문은 닫히고 병사들이 번갈아가며 순찰을 돌았다. 지금은 '소등'이라고 하지만 당시에는 이를 '통금'이라고 불렀다.

오늘날의 대학 기숙사와 비슷하게 들리겠지만 사실은 전혀 그렇지 않다. 요즘 대학생들은 늦게 오면 기껏해야 벌점을 받는 데 그치지만, 당시에 통금을 어기는 것은 범죄였다.

사마의가 태어나기 4년 전, 그의 부친 사마방司馬防은 전도유망한 청년을 발탁해 낙양 북부 지역의 치안장관治安長官인 낙양북부위洛陽北部尉 직을 맡겼다. 한번은 이 청년이 병사들을 이끌고 순찰을 돌다가, 무기를 휴대하고 야행하던 건석蹇碩의 숙부와 마주쳤다. 건석은 당시 조정에서 가장 강력한 권력을 가진 환관이었다.

이 청년은 건석의 숙부를 체포하라고 명했다. 그러자 숙부가 오만한 태도로 소리쳤다. "내 조카가 건석이거늘!"

건석이라고? 그 어떤 대단한 인물이 온다고 해도 소용이 없었다. 이 청년은 다름 아닌 조조였기 때문이다! 결국 건석의 숙부는 길에서 조조의 병사들이 휘두른 몽둥이에 맞아 죽었다. 《삼국지·무제기》三國志·武帝紀에 인용된《조만전》曹瞞傳)

조조가 길에서 건 숙부를 때려죽일 수 있었던 것은 그가 조조였기 때문이 아니다. 그의 부친이 조숭曹嵩이고, 그의 양조부가 조등曹騰이었기 때문이다. 당시 조등은 중상시中常侍이자 환관의 우두머리인 대장추大長秋로, 관질官秩은 이천 석二千石이었다. 조숭은 삼공三公(승상丞相, 태위太尉, 어사대부御師大夫를 일컫는다)의 하나인 태위였다. 이는 한나라의 군사위원회 주석에 해당한다. 건 숙부의 조카 건석은 당시 소황문小黃門(나이 어린 환관)으로, 관질은 육백 석이었다. 그러므로 조조의 양조부보다 관직이 낮았고, 조조의 부친과는 비교조차 할 수 없었다.

한나라 말기에는 좋은 부친을 두는 것이 정말 중요했다는 것을 우리는 역사를 통해 알 수 있다!

사마의는 당시 '명문'이라 불릴 만한 좋은 가문에서 태어났다. 사마씨 가문에 대해 이야기하자면, 초한전쟁楚漢戰爭 시기의 명장 사마앙司馬卬 때로 거슬러 올라갈 수 있다. 그래도 가장 믿을 수 있는 거물은 사마의의 고조부, 동한東漢 시대의 정서장군征西將軍이었던 사마균司馬鈞이었다. 하지만 불행히도 사마 가문의 이 역사적 인물은 옥중에서 스스로 목숨을 끊어 생을 마감했다.

사마의의 고조부 사마균이 살았던 시대에는 강족羌族과의 전쟁이 국가의 주된 관심사였다. 동한과 서강西羌(강족) 사이에 벌어진 전쟁은 한나라의 서쪽 변두리에서 100년 넘게 이어졌다. 말 그대로 '백년전쟁'이었다. 사마균은 열혈무인이기는 했지만 결코 정치적 머리가 없는 사람은 아니었다.

이후 동한 왕조에서는 수백 년에 걸쳐 외척과 환관이 돌아가며 정권을 잡는 상황이 연출되었다. 당시 수렴청정을 한 사람은 개국 일등공신 등우鄧禹의 후손 등태후鄧太后였다. 등태후의 오라버니인 등즐鄧騭이 대장군이었고, 사마균은 그 등즐의 수하로 종사중랑從事中郎 직을 맡았다.

모름지기 머슴을 살려면 부잣집을 찾고, 권력에 줄을 서려면 힘 있는 쪽에 서야 하는 법이다. 사마균은 한나라 왕조에서 가장 힘 있는 줄에 선 것이 틀림없었다.

하지만 사마균의 군사 실전 성공률은 너무 낮았다. 어느 정도로 낮았을까? 역사 기록을 보면 그의 승률은 제로였다.

사마균의 운명을 결정지은 것은 그의 마지막 전투였다. 그는 방삼龐參과 함께 대對 서강 전투의 군사적 임무를 맡았다.

방삼은 동한의 1세대 명장이었다. 하지만 유감스럽게도 이번에 그와 함께 참전한 사람이 하필이면 승률 제로인 사마균이라 전투 결과는 불을 보듯 뻔했다.

당시 방삼과 사마균은 병력을 둘로 나누어 함께 공격했다. 용감하게 전진한 사마균은 적군이 지키고 있던 성에 금세 당도해 힘들이지 않고 성을 손에 넣었다.

그런데 막상 들어가 보니 성은 텅 비어 있었고 쌀 한 톨도 찾아볼 수 없었다. 적들이 미련없이 성을 버리고 간 데에는 다 그만한 이유가 있었던 것이다! 사마균은 욕을 퍼부으며 수하인 중광仲光에게 군사 3천 명을 이끌고 성을 나가 보리를 베어오라고 명령했다.

용맹스러운 장수 밑에 고분고분 말 잘 듣는 군사가 어디 있던가. 중광도 사내 대장부였다. 군사 3천 명을 얻은 그는 보리를 베러 가지 않고 곧장 강족의 진영으로 쳐들어갔다!

강족은 가쁜 숨을 진정시키기도 전에 살기등등해서 돌진해 오는 군사 3천 명을 발견했다. 강족의 우두머리는 크게 화를 냈다. "고작 저만큼의 병력으로 공격할 생각을 하다니, 대체 우리를 뭘로 본 것이냐?" 그러고는 군대를 지휘해 중광의 군사들을 겹겹이 에워쌌다.

사마균은 중광의 발이 묶였다는 소식을 듣고 노발대발했다. "감히 군령을 어겨? 사령관인 나를 물로 본 게 아니고 뭐란 말인가? 절대 구해줄 수 없다!"

중광의 군사는 결국 전멸당했다. 사마균은 군사 3천 명을 잃어 성을 지키기 어려워지자 서둘러 퇴각할 수밖에 없었다.

　　　　　　　　　　　　　　　　　　　　　결국 이기는 사마의

돌아온 사마균은 옥에 갇혀 군사법정의 심판을 기다리는 신세가 되었다. 사마균은 전쟁 승률이 제로이기는 했지만, 비장군^{飛將軍} 이광^{李廣}(서한의 유명한 장군) 같은 기개가 있어 옥중에서 스스로 목숨을 끊었다.

등씨 가문은 사마균이 죽은 지 얼마 되지 않아 환관들에게 전복되었다. 동한은 외척과 환관이 돌아가며 정권을 잡는 악순환 속에서 허덕였다.

사마균의 아들은 사마량^{司馬量}이다. 그는 역사상 이렇다 할 사적^{事迹}을 남기지 않았다. 심지어 사람들이 그를 사마균의 증조부라고 잘못 적을 정도였다. 하지만 그가 사마씨 가문의 최대 전환점이었을 가능성은 충분해 보인다.

역사에서 사마량에 관한 기록은 그의 관직이 예장태수^{豫章太守}였다는 것뿐이다. 주목할 만한 점은 사마량이 그의 부친과 전설적인 사마앙처럼 무관은 아니었다는 것이다. 어쩌면 사마량 때부터 사마씨 가문이 말 위에서 내려와 다른 방식으로 동한 시대를 살았다고 할 수 있을 것이다.

이는 확실히 현명한 선택이었다. 동한은 중국 역사상 문을 숭상하고 무를 경시하는 것으로 유명한 왕조 중 하나였다. 학문을 연구하고 문관 직을 맡는 것은 전도가 유망한 일이었다. 적어도 죽음을 무릅쓰고 사지에 뛰어드는 군 생활보다는 훨씬 나았다.

사마량의 아들 사마준^{司馬儁}은 이미 박학다식하고 소박함을 즐기는 학자의 기질을 보였다. 그의 학자 이미지와 어울리지 않는 거라고는 군인처럼 장대한 체구뿐이었다. 역사 기록에 따르면 사마준의 신장이 191센티미터(8척 3촌 장신−저자)라고 하는데, 이 유전자가 고스란히 사마의에게 전해졌다.

이렇듯 약 반세기에 걸친 삼대의 노력 끝에, 사마의의 부친 사마방 대에 이르러 사마씨 가문은 유학자의 풍모를 갖춘 집안이 되었다.

청년 사마방이 마음속에 품은 우상은 이응^{李膺}과 곽태^{郭太}였다. 두 사람은 대표적인 명사^{名士}로, 당시 청년들 사이에서 톱스타 못지않은 영향력을 가지고 있었다. 순욱荀彧의 숙부이자 1세대 명사인 순상荀爽은 일찍이 이응의 마부로 일한 적이 있는데, 이를 선전하며 자신의 가치를 높이기도 했다. 평범한 청년이 이응과 한 번 이야기만 나누어도 그 즉시 몸값이 백배로 치솟았다. 그래서인지 사람들은 이응과의 교제를 '등용문'登龍門이라고 불렀다.

사마방은 아들들을 이응, 곽태와 같은 명사로 길러내 가문을 빛내리라 결심했다. 맹렬한 학생 운동이 일어나지 않았다면 사마의는 실제로 명사가 될 수 있었을지도 모른다.

동한은 비교적 사상이 자유로운 시대였다. 이는 광무제光武帝 유수劉秀의 건국정신 덕분이었다. 무예를 중시하고 협객을 숭상했던 서한과는 달리, 동한에서는 품성과 학식을 더 중요하게 생각했다. 외척과 환관이 돌아가며 정치를 좌지우지했지만, 그들 역시 문관들에 의지해 국사를 처리해야 했다. 문관의 선발 절차는 동한 시대에 이르러 한층 규범화되었다.

위로부터의 징집과 아래로부터의 선거는 천하의 영웅들을 불러들였다. 발달한 선발 제도는 교육 체제의 번영을 불러왔다. 하층에는 문하생을 대거 받은 민간 강학講學과 대대로 전해진 가학家學, 중간층에는 각지의 고위 관리들이 일으킨 군학郡學, 중앙에는 특별비용으로 세워진 태학太學이 있었다.

서기 29년, 동한은 이제 막 건국되어 처리할 일이 산더미였다. 개국군주인 유수는 아무리 힘들어도 교육은 소홀히 하면 안 된다는 생각에 행정 예산을 대폭 축소하고 관료기구를 감축하는 한편, 수도인 낙양 황궁에서 8리 떨어진 곳에 거금을 들여 엄청난 규모의 태학을 세웠다. 처음에는 태학생이 몇 천 명에 불과했다. 그런데 몇 번의 확대 모집을 거쳐 태학생 수가 3만여 명으로 급증했다. 학생 수가 늘어나면서 기숙사 규모도 점차 확대되었는데, 사마방이 살던 시대에 이르러 태학은 건물이 240채, 방은 약 2천 개에 달했다. 《후한서·유림전서》後漢書·儒林傳序)

이것이 바로 당시 세계에서 규모가 가장 크고, 교사의 역량이 풍부하며, 학교 운영 조건이 우수한 고등학부이자 온 천하 학생들의 마음속 성지인 동한의 태학이었다!

서기 160년대에 낙양의 태학생들은 꿈과 격정으로 가득차 있었다. 그들은 후세의 태학생들처럼 세속적이거나 사익을 추구하며 정치에 무관심하지 않았다. 당시 태학 곳곳에서는 독립적인 사상과 자유의 정신이 흘러넘치고 있었다.

여론은 불공정한 사법 처리에 현실적인 영향력을 끼칠 수 있었다.

서기 153년, 기주 자사冀州刺史 주목朱穆이 법을 어긴 환관 조충趙忠의 가족을 적법하게 체포했다가 강제노역형을 선고받았다. 이에 태학생 유도劉陶가 다른 태학생 수천 명과 함께 상소를 올렸고, 조정은 어쩔 수 없이 주목을 사면했다. 《후한서·주목전》後漢書·朱穆傳)

서기 162년, 환관이 명장名將 황보규皇甫規에게 뇌물을 요구했다가 거절당하자 그를 옥에 가두었다. 태학생 장봉張鳳 등이 300여 명과 함께 시위를 했고, 조정은 어쩔 수 없이 황보규를 사면했다. 《후한서·황보규전》後漢書·皇甫規傳)

이 밖에도 태학생들은 자주 모여 정계 요인과 명사들을 비평하는 모임을 가졌는데, 당시에는 이 모임을 '청의'淸議라고 불렀다. 청의는 논의에 제한이 없었고 언사는 격렬했다. 위로는 정권을 잡은 외척과 잘 나가는 환관, 아래로는 천한 직업에 종사하는 사람들과 평민, 학술계와 사법계의 괴현상 등 청의에서 비판의 대상이 되지 않는 것은 없었다.

청의가 진행되는 동안 조정의 강직한 관원, 생각이 깨어 있는 외척, 혈기 왕성한 태학생들은 점차 환관에 맞서는 통일 전선을 형성했는데, 이들을 '청류'淸流라고 불렀다. 청류와 대립각을 세운 환관과 그 도당은 자연히 '탁류'濁流가 되었다.

심각한 위협을 느낀 환관들은 이를 갈며 청류를 증오했다. 서기 166년, 청의 풍조가 최고조에 이르렀을 때 조정은 결국 피비린내 나는 진압을 단행했다. 태학생의 우상인 이응 등 올곧은 관원 2백여 명이 학생을 선동해 도당을 이루어 사리를 도모하고 조정을 비방했다는 죄목으로 붙잡혀 옥에 갇히게 되었다.

물방울이 기름 솥에 들어가자 사회 여론이 폭발했다. 태학생들은 상소와 시위 등 갖은 방법을 통해 황궁 앞에서 항의했고, 태위 진번陳蕃과 외척 두무竇武도 적극적으로 구명운동에 나섰다. 사회 각층에서 힘을 모은 결과 이응 등 관원들은 풀려났지만 평생 관직에 나갈 수 없게 되는데, 역사에서는 이를 제1차 '당고지화'黨錮之禍라고 부른다.

3년 후인 서기 169년, 실권을 장악한 두무와 진번은 이응을 기용해 환관을 철저히 뿌리 뽑기로 결심한다. 하지만 애석하게도 정보가 새어 나가고 말았다. 궁지에 몰린 환관들은 죽음의 위협 앞에서 똘똘 뭉쳐 일격을 가했고, 그 결과 두무와 진번이 목숨을 잃었다. 이응 등 1백여 명은 또다시 옥에 갇혔고, 모진 고문 끝에 옥사했다. 이때 수감된 '당인'黨人의 수가 6~7백여 명에 달했는데, 이것이 제2차 당고의 화다.

그런데 일은 아직 끝나지 않았다. 어쩌면 순수하고 용감한 태학생들이 조정에 대해 여전히 희망을 품었던 것일 수도 있고, 이미 가망이 없다고 생각한 것일 수도 있다. 어떤 이유에서든 서기 172년 두태후가 세상을 떠나고 낙양 황궁의 주작궐朱雀闕에 익명의 대자보가 붙었다. 대자보에는 환관 우두머리 세 명을 규탄하는 내용이 적혀 있었다.

"천하가 어지럽도다! 조절曹節과 왕보王甫가 태후를 살해하고, 중상시 후람侯覽이 수많은 당인을 살해했다. 삼공구경三公九卿이 전부 봉록만 축내고, 충언하는 자는 하나도 없구나!"《후한서·환자열전》後漢書·宦者列傳)

결국 이기는 사마의

이 대자보는 환관의 유례없는 반격을 당했다. 환관들은 군대에서 명망이 높은 단경段熲 장군에게 군대를 출동시켜 태학생 1천여 명을 잡아들이게 했다. 이로 인해 태학생들은 정치에 대한 희망의 끈을 완전히 놓아버렸다.

서기 160년대 청년의 영광과 꿈이 가득했던 황금기는 이로써 막을 내렸다. 개국 초기에 이미 천자의 몸이던 유수, 그리고 그의 대학동창이자 평민이던 엄자릉嚴子陵이 한 침대에 누워 잠을 자던 동경할 만한 이야기들은 전설로 묻히고 말았다. 나라 전체가 이상주의에서 실용주의로 바뀌었고, 이때를 기점으로 사회 풍조도 나빠지기 시작했다. 순수한 정의감과 보국報國의 열정을 품었던 명사들은 더 이상 살아 남기 힘들었다. 허위를 날조하고 사치스러운 시국은 진정한 용사勇士들이 나서서 수습할 필요가 있었다.

자유롭지 않다면 차라리 죽는 편이 낫다는 것이 서기 160년대 이전의 풍격이었다.

살길을 찾지 못하면 죽으려던 것이 서기 160년대 이후의 환경이었다.

사느냐 죽느냐는 서기 170년대에 태어난 사람들이 직면한 문제였다.

사마의는 바로 이러한 시대적 배경 속에서 태어났다.

열심히 노력해서 따라잡든지, 시대에 버림받든지

오늘날 우리는 과학자, 선생님, 공무원, 가게주인 등 자유롭게 인생의 길을 선택할 수 있다. 그런데 사마의 앞에 놓인 길은 단순했다. 모든 세족世族의 자제들처럼 사마의도 글공부와 출사出仕, 즉 벼슬길에 나아가는 것을 유일한 목표로 삼았다. 모름지기 배움보다 중요한 것은 없으며, 배우고 익혔으면 관직에 나가야 하는 것이다.

의지할 데가 없으면 일을 해낼 수 없는 법이다. 사마씨 가문은 사마균부터 사마방까지 4대에 걸쳐 관질 2천 석인 군수郡守급 지방관리로 일하며 조정의 녹을 먹었다. 2천 석이 고비였다. 하지만 사마의의 조상들은 75년이란 세월을 들여 사마의가 이 고비를 넘을 수 있도록 다리를 놓아 주었다.

사마의는 마지막 도약만을 남겨 놓고 있었다.

사마의 세대는 이전 세대보다 확실히 출사하기가 수월했다. 예를 들면 사마의의 형인 사마랑司馬朗이 그러했다.

사마의보다 여덟 살이 많은 사마랑은 일찍부터 하내군에서 유명한 사람이었다.

사마의가 태어나던 그해, 아홉 살 사마랑은 이미 사서에 기록될 만한 일을 했다. 어느 날 누군가가 사마방을 찾아왔다. 이야기를 나누는 동안 손님은 계속해서 사마방의 자字를 부르는 무례를 범했다. 따져보면 손님이 사마방보다 연배도 낮았다. 이에 어린 사마랑이 손님에게 진지한 어투로 말했다. "다른 사람의 부모를 존중하지 않는 걸 보니, 친부모도 존중하지 않으시나 봅니다."慢人親者, 不敬其親者也 그 말에 손님은 얼굴을 붉히며 거듭 사과했다.

동자시童子試에 응시한 열두 살 때 사마랑은 또 한 번 사서에 기록된다. 동자시는 당대 신동을 선발하는 제도로, 열두 살부터 열여섯 살 사이의 신동을 뽑았다. 몸집이 큰 사마랑이 전혀 열두 살 같아 보이질 않았던 감시관은 그가 나이를 속였나 싶어 물었다. "실제 나이를 속인 것이지? 어서 사실대로 말해 보거라. 대체 몇 살이냐?"

사마랑이 정색하며 대답했다. "저희 집안은 대대로 체격이 큽니다. 저는 그 유전자를 물려받아 발육이 좀 빠른 것뿐입니다. 나이를 속이다니 당치 않습니다."

사마랑은 합격했다.

열두 살에 시험을 통과한 사마랑은 낙양 태학 소년 예과반豫科班 특기생인 '동자랑'童子郞으로 채용되었다. 동한에서 태학생이 될 수 있는 사람은 손에 꼽힐 정도였다. 더욱이 열두 살에 태학의 특기생 '동자랑'이 되었다는 것은 최고 중의 최고를 의미했다. 예상할 수 있듯이, 사마랑은 앞길이 창창했다.

사마랑은 사마의보다 여덟 살이 많았다. 사마의 앞에 선 사마랑의 지위를 마이클 조던이 했던 코카콜라 광고 문구 하나로 간단하게 설명할 수 있다. "모두가 늘 모방했으나 한 번도 추월당하지 않았다."

나이는 어리지만 어른스러웠던 사마랑은 행낭을 메고 마을 사람들의 환송을 받으며 고향을 떠났다. 그가 수도 낙양에서 태학에 다니는 동안, 사마의는 집에서 가학家學을 배웠다. 사마의를 가르친 것은 부친 사마방이었을 것이다.

양한(서한西漢과 동한東漢) 시대에는 지식 보급 정도가 낮고, 모든 가정에 장서藏書와 지식인이 있는 게 아니었다. 다시 말해 일부 가정에서 지식을 독점했다는 얘기다. 독점한 지식은 대대로 이어지면서 가학을 형성했다. 가학은 한위漢魏 시대에 문화를 계승하는 주요 통로였다.

사마의의 부친 사마방은 강직한 성품의 전형적인 엄부嚴父였다. 그는《한서》漢書를 즐겨 읽어서 줄줄 욀 정도였다. 사마방은 가정교육을 엄하게 시켜서 집에 있을 때도 예의범절을 중시했다. 사마의는 허락 없이 사마방이 있는 방에 들어가거나 사마방이 있는 자리에서 함부로 앉을 수 없었다. 이런 습관은 사마의가 성인이 되어서도 마찬가지였다. 《삼국지·사마랑전》三國志·司馬朗傳)

사마방에게는 아들이 여덟 명 있었는데 아버지에게 엄격한 교육을 받아 하나같이 훌륭해서 '팔달'八達이라고 불렸다. 《진서·종실전》晉書·宗室傳) 항상 몸가짐을 바로 하고 솔선수범하는 사마방의 모습은 사마의가 진중한 성격을 기르는 데 영향을 끼쳤다.

사마의의 학습 과정도 미루어 짐작할 수 있다.

동한《사민월령》四民月令의 기록에 따르면, 사마의는 일고여덟 살 때 소학小學에 입학했는데, 소학에는 어문, 수학, 천문, 지리 수업이 있었다. 어문 수업에서는 글을 익혔고,《급취》急就나《삼창》三倉 등 계몽 자서字書를 교재로 사용했다. 수학 수업에서는《구구》九九를 배웠는데, 간단한 사칙연산을 다루었다. 천문 수업에서는《육갑》六甲, 즉 사시절기四時節氣와 육십갑자 계산법을 배웠다. 지리 수업에서는《오방》五方이라고 해서 그 당시 구주九州, 산천山川, 열국列國의 이름을 배웠는데, 이는 중국지리와 세계지리에 해당했다.

이런 기초적인 것을 배우는데 약 4년이 걸렸다. 열두 살 때부터 사마의는 경전을 접했다. 한나라 말기 삼국시대 아이들이 배워야 하는 첫 번째 경전은 《효경》孝經이고, 그 다음이 《논어》論語였다. 둘 다 책이 얇고 이해하기 쉬워서 입문 교재로 사용되었다.

이삼 년 만에 《효경》, 《논어》를 뗀 사마의는 '오경'五經과 같은 고급반 수업을 들을 수 있었다. 이 단계쯤 되자 사마의는 태학이나 군학에서 공부하려고 했던 것 같다. 사마의의 손자 사마염司馬炎은 이렇게 회고한 바 있다. "짐의 조상은 대학 학력이 있었다."本諸生家 여기에서 '제생'諸生은 군학의 학생일 수도 있고 태학생일 수도 있다. 어쨌든 사마의는 대학 학력을 가지고 있었다.

대학을 나오면 일자리를 배정받는 게 아니라 졸업 연합고사를 치르는데, 시험 성적에 따라 직위가 배정되었다. 시험 성적은 갑을병 등으로 나뉘는데, 갑은 중앙에 진출해 낭관郎官이 되고, 을은 말단에 내려가 소리小吏가 되었다. 그 외에는 범식範式이 신야현新野縣에 간 것처럼 고향에 내려가 품팔이꾼이 되었다.

이는 평범한 사람들의 학습 과정이고 신동은 단계를 뛰어넘을 수 있었는데, 사마랑이나 출세하기 전의 종회鍾會가 그러했다. 종회는 아들의 성공을 바라는 훌륭한 어머니의 지도를 받으며 네 살 때 《효경》을 떼고, 일곱 살 때 《논어》, 여덟 살 때 《시》詩, 열 살 때 《상서》尚書, 열한 살 때 《역》易, 열두 살 때 《춘추좌씨전》春秋左氏傳과 《국어》國語, 열세 살 때 《주례》周禮와 《예기》禮記, 열네 살 때 《역기》易記를 통달하고 열다섯 살에 태학에 입학했다.

초특급 신동이던 종회와 비교하면, 사마의는 반에서 흔히 볼 수 있고 큰 덩치 탓에 항상 맨 뒷줄에 앉는, 별 볼일 없는 학생이었다. 그러나 사마의는 앞으로 펼쳐질 자신의 앞날에 대해 강한 호기심과 기대감을 가지고 있었다.

하지만 유감스럽게도 어린 사마의는 널찍한 교실의 맨 뒷줄에 앉았기 때문에 집중해서 수업을 들을 기회가 많지 않았다. 여섯 살이던 사마의가 소학에 입학하기 전날 밤, 조정이 사교邪敎로 규정한 집단의 우두머리가 동한 전체를 통틀어 가장 거대한 무장 폭동을 일으켰는데, 역사에서는 이를 '황건기의'黃巾起義(황건의 난)라고 부른다.

기회가 꼭 준비된 자에게만 오는 건 아니었다. 운명은 준비된 자를 농락하는 것을 좋아했다. 전자는 조조, 유비劉備, 손견孫堅에 해당되고, 후자는 사마의에게 해당되는 말이었다.

서기 184년 봄, 장각張角은 전국에 있는 신도 수십만 명을 선동해 난을 일으켰다. 봉기 이전에 장각은 9.11 테러가 있기 전의 빈 라덴처럼 일찍부터 당국이 주시하던 인물이었지만, 고위층 내부에서만 알려져 있을 뿐 그다지 논의는 되지 않았다.

당고의 화가 한창 진행 중이던 160년대 말 무렵, 인재人災가 천재天災를 일으켜 중국 일부 지역에서 역병이 돌기 시작했다. 질병으로 고통 받던 백성들 앞에 구세주 같은 인물이 나타났다. 그가 바로 대현량사大賢良師 장각이었다.

그는 중의학에 주술을 접목시킨 방법으로 포교하며 신도를 모집했다. 십여 년이 흘러 장각은 한나라 말기 최대 민간 조직인 태평도太平道의 지도자가 되었다. 태평도 조직 구성원 수는 전국에 걸쳐 수십만 명에 육박했다!

조정에서도 이 기이하고 강력한 세력의 존재를 감지한 이가 있었다. 그는 양수楊修의 조부인 사도司徒 양사楊賜였다. 양사는 장각을 잡아들여야 한다는 글을 올렸다.

하지만 그 글은 그대로 방치되었다. 이유는 단순했다. 중앙에 이미 장각의 사람이 있었던 것이다. 태평도의 세를 키운 장각은 야심이 꿈틀거렸다. 이윽고 그는 갑자년에 세상이 신성하고 아름다운 천국을 맞이하게 하리라 결심했다!

구호는 "푸른 하늘은 이미 죽었으니 누런 하늘이 일어설 것이다. 갑자년에 천하가 크게 길하리라"蒼天已死, 黃天當立; 歲在甲子, 天下大吉로 정했다.

암호는 "흰 가루로 낙양 관청 대문에 '갑자'甲子 두 글자를 쓰는 것"이었다.

내응자內應者는 환관 봉서封諝와 서봉徐奉, 그리고 몰래 태평도를 믿던 조정 관원들이었다.

거사일은 3월 5일로 정해졌다. 이날은 갑자년 갑자일, 천국이 강림하는 신성한 때였다.

거사가 초읽기에 들어가자 태평도 신도들은 모두들 목을 빼고 기다렸다. 하지만 장각이 낙양에 파견한 행동요원 마원의馬元義가 당주唐周의 밀고로 발각되고, 낙양 성내의 신도 1천여 명이 붙잡혀 처형당했다.

더는 지체할 수 없었다. 장각은 일단 기일을 앞당겨 거사를 감행하기로 했다. 인류의 어둠과 죄악의 본거지인 낙양을 함락시켜 천국을 맞이하기로 한 것이다.

조정은 서둘러 제국의 군대를 동원해 각지에서 들고 일어난 황건군 진압에 나섰다. 하지만 황건군의 수가 너무 많아서 제국의 정규군은 곤란한 상황에 처하고 말았다.

이로써 조조, 손견, 유비에게 기회가 찾아왔다. 조조는 기도위騎都尉로 일하며 영천潁川에서 크게 활약해 제남국상濟南國相으로 승진했다. 좌군사마佐軍司馬로 천거된 손견은 완성宛城 전투에서 용맹한 모습을 보여줌으로써 별부사마別部司馬 직을 제수받았다. 유비도 향용鄕勇을 이끌고 정규군의 후방에서 애쓴 공로를 인정받아 안희현위安喜縣尉로 임명되었다.

여기서 중요한 것은 세 사람 모두 이를 계기로 직속 부대를 만들게 되었다는 것인데, 이는 향후 천하를 다투는 주력군의 모태가 된다. 조조와 손견은 명문세족의 자제도 아니고 학식과 재주도 부족했다. 유비는 황족이었지만 실상은 짚신을 파는 가난뱅이에다 배움이 짧은 사람이었다. 이치대로라면 이 세 사람은 벼슬과 거리가 멀었지만, 황건의 난은 이들의 운명을 바꾸어 놓았다.

사마씨 가문 역시 운명이 바뀌었다. 사마씨 가문은 4대에 걸쳐 노력한 결과 힘겹게 무인 가문에서 문인 가문으로 탈바꿈했다. 그런데 갑작스럽게 터진 황건의 난은 세상 사람들에게 분명한 메시지를 던졌다. "무력이 곧 권력이다."

다시 말해 사마의가 열심히 노력해서 우수한 성적으로 대학 공부를 마치고 공무원 시험에 합격해도, 조조와 손견처럼 학력이 낮은 주인을 위해 일해야 한다는 뜻이었다. 마냥 착실하게 공부하고 시험 보며 일만 했다면, 사마의는 분명 빛도 못 보고 묻혀버렸을 것이다. 능동적으로 자신을 바꾸든지, 수동적으로 사회에 의해 바뀌든지 둘 중 하나일 뿐 다른 선택지는 없었다.

벌써부터 그런 일을 고민하는 것이 시기적으로 이른 감이 있기는 하지만, 인생에서 겪은 초년의 경험은 무의식적으로 사마의에게 깊은 영향을 끼쳤다. 이는 유전자처럼 그의 몸속에 자리 잡아, 동물적 본능에 가까운 반응으로 제때 스스로를 바로잡고, 변화하는 환경에 적응할 수 있도록 만들었다.

황건의 난은 조조, 손견, 유비가 포함된 군대에 의해 금세 진압되었고, 그 덕분에 사마의는 5년간 편안하게 공부에 전념할 수 있었다. 그는 한나라 왕조의 평범한 학생들이 익혀야 할 상용한자, 간단한 수학 연산, 가장 기초적인 천문지리 상식을 습득했다. 한편 낙양 태학을 졸업하고 돌아와 어엿한 젊은 인재가 된 사마랑도 출사를 기다리며 집에서 동생들의 공부를 봐 주고 있었다.

하지만 하늘은 아무래도 속이 좁은지 이 세상에 호시절이 길게 이어지는 꼴을 못 보았다. 사마의가 《효경》과 《논어》를 배우기 시작할 무렵, 사마의와는 전혀 상관없는 사람이 갑자기 툭 튀어나와 문제를 일으키더니 4대째 벼슬을 지낸 사마씨 가문을 쫄딱 망하게 만들었다.

20여 년간 서북 변방에서 군관으로 일한 이 사람은 바로 동탁董卓이었다!

재물을 잃고
가문을 지켜내다

사람이 있는 곳에 강호江湖가 있다. 낙양은 동한에서 가장 사람이 많은 곳이라 강호의 구도도 복잡할 수밖에 없었다.

낙양의 강호는 세 개 파벌로 나눌 수 있었다.

첫 번째 파벌 ─ 외척파. 창시자: 여후呂后. 실권자: 하진何進

외척파는 한조에서 가장 오랜 역사를 자랑하는 세력이었다. 실권자인 하진은 원래 돼지를 잡는 백정이었는데, 누이동생이 태후가 되자 하루아침에 제국의 조타수가 되었다.

두 번째 파벌 ─ 환관파. 창시자: 전대 왕조의 태감. 실권자: 장양, 조충

외척과 대등한 지위를 가진 환관은 동한 시대에 가장 막강한 힘을 발휘했다. 그들은 이름만 들어도 사람들을 벌벌 떨게 만드는 십상시十常侍를 형성했다!

사실 제대로 따지면 십상시는 열두 명이었다. 십상시의 우두머리는 장양과 조충이었다. 동한 영제靈帝가 장양을 아버지, 조충을 어머니라 부른 것만

결국 이기는 사마의

보아도 그들의 세력이 얼마나 대단했는지 짐작할 수 있다.

환관파와 외척파가 대립하면서 낙양성에는 백년 가까이 피바람이 불고 소란이 끊이질 않았다.

세 번째 파벌 - 청류파. 실권자: 원소袁紹

청류파는 다른 두 세력에 비해 역사가 짧고 정치의 중심부에서 상대적으로 벗어나 있었지만 무시할 수 없는 영향력을 지니고 있었다. 하지만 두 차례에 걸쳐 '당고의 화'라는 시련을 겪으면서 원기가 크게 손상되었고, 외척파나 환관파와 단독으로 맞설 힘이 없었다. 이런 이유로 당시 청류파는 도광양회韜光養晦(조용히 때를 기다리며 힘을 키운다) 전략을 취하며 외척파와 잠시 손을 잡고 가장 강력한 세력인 환관파와 맞서 싸웠다.

그런데 청류파 내부에서도 분열이 있었다는 점에 주목할 필요가 있다. 청류파는 세족世族과 한족寒族 두 부류로 나뉘었다. 세족은 가문의 역사가 깊고 중앙에서 상당한 영향력을 가진 세도가 사람들이었고, 한족은 역사가 짧은 신흥 관료 가문 및 지역에서만 영향력이 있는 가문 사람들이 대부분이었다. 전자를 대표하는 인물이 원소와 원술袁術이고, 후자를 대표하는 인물은 조조였다. 조조는 출신으로 보면 환관파 도당, 즉 탁류에 해당했다. 하지만 그는 환관파는 거들떠도 보지 않고 원소와 같은 태자당太子黨 무리와 어울리며 하진을 위한 계책을 세웠다.

환관을 없애기 위해 원소는 하진에게 정국의 향방을 결정할 절묘한 방법을 내놓았다. 서북에 있는 군관 동탁을 수도로 불러들여 무력으로 환관을 없애자는 것이었다.

그 뒤에 벌어진 일들은 '파란만장'이라는 말로 표현할 수 있겠다.

외척파와 청류파가 환관을 없애려고 한다는 소문이 새어나가자 환관파는 그보다 앞서 하진을 살해했다. 이로써 양한 정계에서 수백 년간 자리를 지킨 첫 번째 파벌 외척파는 재기불능 상태가 되었다.

정세가 불리하게 돌아가자 청류파는 무기를 들고 직접 환관과 맞붙었다. 어린 황제를 납치해 황하黃河로 도망친 장양은 막다른 길에 몰리자 황하로 뛰어들어 역사의 쓰레기더미에 휩쓸려가고 말았다. 이렇게 해서 환관파도 사라졌다.

청류파는 거사를 마친 뒤 현장을 수습하고 있었다. 그런데 지난달 부름을 받고 장시간의 행군 끝에 수도에 도착한 동탁은 속임수를 쓰고 협박하며 청류파를 낙양성에서 내쫓았다.

청류파는 괜한 헛고생을 했다는 억울한 마음에 동쪽으로 도망쳐 지방 군대를 조직했다. 황제를 보호하고 역적을 처단한다는 명목으로 동탁을 칠 의군義軍을 모은 것이다. 이것이 바로 《삼국연의》三國演義에서 가장 떠들썩했던 '18로 제후 연합군의 동탁 토벌전'이다.

돌 하나가 잔잔한 물결을 일으켰다가 거센 파도가 되어 다시 돌아왔을 때는 이미 백년의 시간이 지나 있었다. 원소의 계책이 이런 거대한 연쇄반응을 불러일으킬 줄은 누구도 예상하지 못했다. 약 백년의 세월 동안 낙양 강호의 세 파벌은 무너지고 이익 구도가 신기하게 재편되었다. 나비효과는 역사의 깊숙한 곳으로 사건을 몰아가고 있었다.

원소가 조직한 동맹군이 동탁과 맞붙어 싸우자 그 일대도 화를 피하지 못했다. 사마의의 고향 온현도 더 이상 예전처럼 평온할 수 없었다. 고향에 화가 닥칠 것을 예감한 사마랑은 명문세가의 장남으로서 이웃 현의 호족 수령인 이소李邵를 설득했다. "위급한 때일수록 현지 민심을 진정시켜야 합니다. 백성들이 우리의 일거수일투족을 주시하고 있으니 우리 두 가문이 중심을 잡지 못하면 두 현 모두 의지할 데가 없어집니다."

하지만 이소는 사마랑의 말을 무시하고 제일 먼저 짐을 싸들고 도망쳤

결국 이기는 사마의

다. 이씨 가문이 도망을 가자 현 전체가 아수라장이 되었다. 백성들 역시 사방으로 도망치기 바빴고, 소인배들은 이때다 싶어 도둑질을 하고 다녔다. 더욱이 동맹군에서 이탈해 뿔뿔이 흩어진 병사들이 찾아와 이런저런 명목으로 금품을 강요했다. 사마씨 가문도 폭행과 약탈에서 자유롭지 못했다. 사마랑은 어쩔 수 없이 온 가족을 이끌고 상경해 아버지에게 몸을 의지했다. 사마의도 이때부터 유랑생활을 시작했다.

　의군에게 시달리던 동탁은 인내심의 한계를 느끼고 있었다.
　'강산의 주인이 계속 바뀌더니 올해는 내 차례로구나. 실력 있는 자가 목소리를 낸다. 외척, 환관이 돌아가며 그 오랜 세월 동안 국정을 맡았는데, 이제는 나 동탁의 차례가 되었다.'
　화가 난 동탁은 조정의 문무백관을 대동해 황제와 함께 장안長安으로 이동했고, 원소의 동맹군에게는 텅 빈 낙양성을 남겨 주었다.
　사마방도 그 천도 행렬에 속해 있었다. 사마방은 떠나기 전 급히 사마랑을 불러 임무를 맡겼다. 가족들을 데리고 안전하게 고향으로 돌아가라는 것이었다. 아무리 휘황찬란한 집이라도 허름한 내 집보다는 못한 법이었다. 고향집이 폐허가 되었다고 해도 동탁의 소굴보다는 나았다.
　하지만 이는 사마랑에게 거의 불가능한 임무였다. 동탁이 있는 지역이 어디 오고 싶으면 오고, 가고 싶으면 갈 수 있는 곳이던가? 천도를 하는 비상시기인지라 동탁은 성 전체에 계엄을 선포해 놓은 상태였다. 대군이 순찰을 돌며 각 성문을 단단히 지키고 있었고, 삼공구경을 비롯한 모든 관리의 집문 앞에는 정탐꾼이 심어져 그들의 행동을 몰래 감시하고 있었다.
　정탐꾼이 사마랑이 출경出京하려고 한다는 소식을 동탁에게 보고했다. 동탁은 크게 화를 내며 사마랑 일행을 잡아들이라 명하고 직접 신문訊問에 나섰다. 동탁은 본때를 보여줄 생각이었다.

사마랑은 살기등등한 동탁을 보고도 아무런 미동도 없이 침착하고 냉정한 모습을 유지했다. 동탁은 젊고 준수한 데다 기백이 남다른 사마랑을 보고 놀라움을 금치 못하며 물었다. "올해 나이가 몇이더냐?"

사마랑은 비굴하지도, 오만하지도 않았다. 열아홉 해를 결코 허투루 보내지 않은 것이다.

'어라?' 동탁은 순간 가슴이 미어졌다. '내 아들이 아직 살아 있다면 저 나이쯤 되었겠구나.' 동탁은 괜한 감정에 사로잡혔다. 어미 고양이는 새끼가 죽으면 강아지를 데려다 기른다고 하는데, 이는 모든 동물의 천성이었다. 동탁은 죽은 아들에 대한 감정이 사마랑에게 쏠렸다. "너는 죽은 내 아들과 동갑이다. 빌어먹을! 내 수하가 하마터면 널 죽일 뻔하였구나!"

그런 동탁의 반응을 보고 잠시나마 목숨을 부지할 수 있겠다고 생각한 사마랑은 몸을 낮추며 그를 한껏 띄워주었다. 성품이 고상하다는 등 칭찬을 늘어놓으며 동탁을 정신 못 차리게 만들었다. 또 천도하는 과정에서 공포정치를 편 것은 동탁이 그동안 보여준 공명정대하고 위풍당당한 모습과 맞지 않는다고 지적했다. 그 말을 듣고 동탁은 부끄러워 몸 둘 바를 몰랐다. 마지막에 사마랑은 동탁에게 이렇게 말했다. "잘못을 바로잡으면 일월과 함께 영원히 빛나고, 이윤伊尹이나 주공周公에 필적할 만한 대성인이 될 수 있습니다."

사마랑의 세 치 혀에 판단력을 상실해버린 동탁은 거듭 고개를 끄덕였다. "일리 있는 말이로구나!" 사마랑을 풀어준 동탁은 중국 역사상 가장 우울했던 황제 유협劉協을 인질로 삼아 문무백관을 대동해 서쪽으로 천도를 이어갔다.

그러나 석방이 성 밖으로 나가는 것까지 허락한다는 뜻은 아니었다. 사마 일족은 여전히 강제 이전을 해야 하는 블랙리스트에 올라 있었다.

결국 이기는 사마의

사마랑의 두뇌가 빠르게 움직였다. 그는 아버지가 맡긴 불가능에 가까운 임무를 완수할 방법을 생각해내느라 머리를 쥐어짜냈다.

먼저 이 문제부터 해결해 보자. 사마랑은 무슨 이유로 그렇게까지 고향으로 가려고 했을까?

사서에서는 동탁이 곧 끝장날 것임을 사마랑이 알았기 때문이라고 기록했다. 그런데 자세히 들여다보면 우리는 다음과 같은 두 가지 숨겨진 이유를 발견할 수 있다.

첫째, 사마랑은 지조 있는 사람인지라 동탁처럼 질 나쁜 군벌과 엮이고 싶지 않았다. 앞서 언급했듯이, 사마방은 자녀 교육에 성공해서 아들을 청렴하고 공정한 선비로 키워냈다. 동탁의 군대가 규율이 엉망이고 부하들이 흉악하다는 것은 세상이 다 아는 사실이었다. 사마랑도 그걸 알고 있었기에 어떻게든 동탁에게서 벗어나겠다고 맹세한 것이다!

둘째, 사마씨 가문은 온현의 지방 세도가라 그 지역에서만 명문가로 인정받았기 때문이다. 이런 가문은 지방에서 명망, 인맥, 세력을 쌓고 해당 지역과 긴밀하게 연결되어 있다. 그렇기 때문에 그 지역을 벗어나 거처가 바뀌게 되면 아무것도 아니게 된다. 용과 범이 풍운의 힘을 입지 않으면 새우와 개의 조롱을 받을 수밖에 없는 것처럼 말이다.

이것이 바로 사마방이 사마랑에게 반드시 집으로 돌아가야 한다고 당부한 근본적인 원인이었다.

사마랑은 마침내 방법을 생각해냈다. 아무리 큰 대가를 치르더라도 성문 출입이 금지되고 계엄령이 선포된 낙양성을 떠나기로 한 것이다.

이로써 사마씨 가문은 대대로 일군 전 재산을 다른 사람의 손에 넘기기로 했다.

1장 | 잠룡물용   43

4대째 고관을 지낸 사마씨 가문의 재산은 일반 백성이 상상할 수 있는 규모가 아니었다. 그런 재산을 전부 남에게 줘야 한다면 누구라도 아깝다는 생각이 들 터였다.

재산을 받게 된 자는 동탁 옆에서 세 치 혀를 놀리던 사람이었다. 동탁은 현재 가장 강력한 권력을 쥔 사람이다. '재상댁 문지기가 조정의 7품관에 해당한다'宰相門房七品官는 말도 있는데, 하물며 동탁의 측근이라면 천하를 발아래에 둔 사람이나 마찬가지였다. 그러니 전 재산을 주지 않을 수 없었다.

코카콜라 회장은 이런 말을 한 적이 있다. "하루아침에 공장이 다 불타더라도 나는 다음날 회사를 다시 일으킬 수 있다. 브랜드의 힘으로."

사마랑도 비슷한 말을 했을 것이다. "하루아침에 재산을 다 잃어도 고향에 돌아가기만 하면 나는 다음날 재산을 다시 되찾을 수 있다. 세도가의 영향력으로."

나뭇가지와 잎은 사라졌지만 나무는 크고 뿌리는 깊었다. 이 가문이 바로 한나라 말기의 세도가요, 향후 500년 중국 역사 무대의 진정한 주인공이다.

'재산을 바친' 효과는 분명했다. 출입 엄금이나 치밀한 방어 병력 배치가 유명무실해졌다. 사마랑은 마침내 낙양을 떠나 온 가족을 온현으로 데려왔다. 그런데 또 한 번 그의 예민한 후각이 발동했다. 고향이 낙양과 장안에 비해 결코 안전하지 않다는 것을 직감한 것이다.

동맹군의 목표는 낙양이었다. 낙양 동쪽에는 성고成皐와 호뢰관虎牢關이 있었다. 호뢰관은 군사상 반드시 차지해야 할 요충지의 대명사였다. 동맹군이 낙양을 치지 못하면 이 일대에서 머물 가능성이 컸다. 현재로선 그래도 동맹군이 동탁의 군대보다 식량을 약탈하고 장정이나 부녀자를 데려가는 일이 적었다.

결국 이기는 사마의

그렇다면 온현은 어디에 있을까? 동맹군의 최종목표인 낙양과 병가필쟁 兵家必爭의 땅인 성고 사이에 위치했다.

이런 상황에서 어찌 도망가지 않을 수 있겠는가?

하지만 사마랑은 떠나기에 앞서 가족들을 불러 모아 현재 상황에 대해 설명을 해주었다. 그는 온현에 닥칠 위험뿐만 아니라 살길까지 분명하게 일러주었다. "지금 여양黎陽에 주둔한 군대의 수장 조위손趙威孫이 사마씨 가문의 인척이니 우리를 보호해줄 것이다."

광무제 때 개국 군대에 대한 1차 감축이 이루어진 뒤 남은 용맹한 군사들은 여양 진영에 주둔해 있었다. 그들은 동한의 중앙 소속 정예 정규군이었고, 조위손은 그 군대의 통솔자였다.

그런데 집안 어른들은 온현을 떠나려고 하지 않았다. 앞에서 언급했듯이 지방 호족은 그 세력 범위를 벗어나면 황천길에 들어서는 것이나 다름없었다. 그들은 익숙한 곳에서 죽을지언정 낯선 환경에서 구차하게 살기를 원치 않았다. 무엇보다 사마랑이 생각한 것처럼 사태가 그렇게 심각하지 않기를 헛되이 바랐다. 이제 겨우 스무 살인 사마랑보다 자신들의 지혜가 더 낫다고 생각했으리라.

사마랑은 가족들만 이끌고 의연하게 여양으로 향했다. 한 사람이 정확한 판단을 내리는 것은 어렵지 않지만, 다른 사람의 의구심에도 불구하고 자신의 판단이 흔들리지 않기란 결코 쉽지 않은 일이었다. 그것을 해낼 수 있다면 자신 있는 사람임이 분명했다. 사마랑은 자신감이 넘치는 사람이었다.

이후 사마랑의 예측대로 사태가 진전되었다. 제후군諸侯軍 수십만 명이 성고 일대에 주둔했는데, 명령 체계가 통일되지 않아 병사들이 사방에서 약탈과 살육을 일삼았다. 온현 사람들 절반이 전화戰禍로 목숨을 잃었는데, 이는 동탁군이 죽인 사람들 수보다 많았다.

동탁은 마왕이고 그들은 의군이었으나 의군들은 동탁을 잡기도 전에 서로 끊임없이 다투었다. 한편 장안도 썩 태평하지 못했다. 동탁의 양아들 여포와 사도 왕윤王允이 공모해 동탁을 죽인 것이다. 그의 죽음을 기뻐하는 장안 백성들에 의해 동탁의 시체는 훼손되었고, 그렇게 그는 역사에 오명을 남겼다.

동탁의 부하들이 장안으로 들이닥치자 왕윤은 절개를 위해 목숨을 버렸고 여포는 달아났다. 얼마 지나지 않아 장안에 있던 동탁의 잔당들 사이에 내분이 생겨 두 무리로 나뉘었다. 하나는 황제를, 다른 하나는 문무백관을 납치해 서로 치고받고 싸웠다. 사마방도 인질이 되어 생사를 알 수 없는 상황이었다.

사마의는 여양 진영에서 이 소식들을 접했다. 여양의 병사들은 전의戰意도 없고, 왕실을 구하거나 자립할 생각도 없었다. 그들이 이 난세에서 할 수 있는 일이라고는 스스로를 보호하는 것뿐이었다. 하지만 사마씨 가문에게는 그것마저도 감지덕지였다. 이 주둔지에서 사마의는 형님의 지도로 글공부를 하고 몸과 마음을 다스리며 부지런히 시간을 보냈다.

이처럼 사마의는 매일 군인들의 훈련 구호를 들으며 일어나 공부하고, 한가할 때는 군인들을 보며 말타기와 활쏘기를 배웠다. 어쩌면 그들과 병법 전술을 공부하고 역사적인 전투 사례와 명장의 전기를 열정적으로 토론했을지도 모를 일이다. 외부에서 들려오는 각종 소식과 유언비어가 난무하는 환경에서 사마의는 굳건한 인내심과 침착함을 길렀을 것이다.

군영에서 공부하는 것은 보통 사람이 경험할 수 있는 일은 아니었다. 하지만 사마의는 무려 5년 남짓 그런 생활을 이어갔다.

사마의가 열여섯 살이던 해, 신흥 세력인 조조와 현지를 떠돌던 여포가 여양 근처 복양濮陽에서 일전을 벌였다. 5년간 평온하던 여양 진영도 끝내 난세의 소용돌이에 휘말리고 말았다. 사마랑은 또다시 가족들을 이끌고 온현 고향집으로 돌아왔다.

　노자는 말했다. "큰 전쟁이 끝난 뒤에는 반드시 흉년이 든다"大軍之後, 必有凶年 고향에 도착한 사마씨 형제를 기다리는 것은 먹을 게 없어 사람이 사람을 먹는 대기근이었다. 금이 있어도 굶어죽는 시대인데 전 재산을 잃은 사마 가문에는 금마저도 없었다. 기본적인 물질적 수요도 충족시키지 못하는데 어떻게 정신적인 것을 추구할 수 있겠는가?

　사실 이 물음은 전형적인 서양식 사고에서 비롯된 것이다. 전통적인 중국 사회에서 물질적 결핍은 정신적인 것을 포기하게 만드는 핑계가 되기엔 부족했다. 가난한 형편에도 공부를 놓지 않는 것이야말로 진정한 품성이고 절개였다. 사마랑은 이런 힘들고 어려운 시대에 가족을 살리고 동생들을 가르치는 임무를 맡은 것이다.

경전을 읽고
춘추春秋의 대의를 통달하다

나는 늘 삼국시대에는 왜 그렇게 인재가 많았는지 생각해 왔다. 삼국시대에 걸출한 인물이 많았던 데는 언뜻 평범해 보이는 비결이 있었다.

높은 지능은 아니었다. 관우는 지능이 높지 않았기 때문이다. 뛰어난 무공도 아니었다. 제갈량은 무공이 뛰어나지 않았기 때문이다. 유려한 말솜씨도 아니었다. 등애鄧艾는 말을 더듬었기 때문이다.

만약 비결이 있었다면 관우, 제갈량, 등애를 비롯해 삼국의 여러 인재들이 틀림없이 공유하고도 남았을 것이다. 그 비결이 삼국시대에 만들어졌다면 다른 시대에도 분명 있었을 것이고, 오늘날에도 활용할 수 있었을 것이다. 잘만 활용하면 당신도 대단한 인물이 될 수 있을 테고 말이다.

사마의는 이후 많은 일을 겪고 많은 적수를 만나게 된다. 하지만 그때마다 위험한 고비를 무사히 넘기고 적을 물리치며 승리를 거둔다. 이는 물론 사마의의 선천적인 지혜 및 성격과 밀접한 관계가 있지만, 나는 그의 소년 시절 학습 생활과 더 관계가 깊다고 본다.

결국 이기는 사마의

한 사람이 세상의 모든 일을 경험하는 것은 불가능하다. 하지만 지혜란 경험으로 습득하는 것이다. 여기에 한 가지 역설이 있다. 한 번도 부딪혀보지 못한 문제를 만나면 어떻게 해야 하는가? 반드시 좌절을 겪어봐야 교훈을 얻을 수 있는 것인가?

정답은 '아니오'다!

인간이 동물과 구별되는 특징은 인간에게는 역사가 있고 동물에게는 없다는 것이다. 동물은 자신의 조상이 어떤 성공을 경험했고 어떤 실패를 겪었는지, 경험과 교훈의 차이가 무엇인지 이해하지 못한다. 동물들은 조상이 했던 일을 모두 스스로 겪어야 한다. 그래야 자신의 경험이 될 수 있다. 하지만 인간은 다르다. 인간에게는 기록이 있다. 기억해서 문자로 적고, 문자를 모아서 책을 엮었다. 그렇게 몇 천 년 동안 쌓인 책들은 세월을 이기며 오늘날까지 이어져 많은 사람들에게 읽힌다. 그리고 이 책들은 '경전'經典으로 불린다.

경전은 인류가 생존하고 성장하면서 얻은 모든 궁극적인 지혜를 한데 모은 결정체다. 경전을 읽지 않으면 아무리 많은 노력을 들여도 성과가 적을 수밖에 없다. 하늘 아래 새로운 일이란 없다. 모든 문제는 선인들이 경험한 것이고, 해결 방법도 정리되어 있다. 중요한 것은 당신이 어떻게 그것을 흡수하고 연역해내느냐에 달렸다. 삼국의 영웅들은 그 수가 수백, 수천에 달한다. 그들의 공통된 성공 경험을 총괄하려면 경전을 읽어야 한다.

그렇다. 그 엄청난 '삼국 성공학'의 제1비결은 바로 '경전을 읽는 것'이다.

수불석권하던 손권이 여몽呂蒙에게 책을 읽으라고 독려해 그를 명장名將으로 만들었다는 미담은 오늘날까지 전해진다. 조조는 나이가 들어서도 배우기를 좋아해 《손자병법》孫子兵法을 주해했다. 유비는 아두阿斗(유비의 아들 유선劉禪의 아명)에게 도서 목록을 작성해 주며 자신의 독서 수준을 보여주었다. 제갈량은 대강의 윤곽을 파악하는 식으로 책을 읽었다. 관우는 《좌전》左傳을 공부해 유용하게 활용했다.

손권의 말을 빌자면, 이런 책을 읽는 것은 꼭 박사가 되어 학문 연구를 하기 위함이 아니다. 사람이 사람다워지는 기본 소양을 갖추기 위해서다.

《진서》를 보면 사마의 형제가 '한나라 말기의 어지러운 정세 속에서도 글공부를 쉬지 않았다'고 나오는데, 이것이 바로 그들의 성공 비결이다.

하지만 예로부터 지금까지 역사의 긴 강이 몇 천 년을 흘러왔지만 '경전' 은 고작 몇 권밖에 남아 있지 않다. 사람들 모두 그 몇 권 안 되는 경전을 읽었건만 누구는 제갈량이 되고 누구는 사마의가 되며, 또 누구는 관우가 되고 여몽이 되는 것일까?

그 이유는 각자 독서의 주안점이 달랐기 때문이다.

경전은 그 기능이 제각각이다.《춘추》^{春秋}를 읽으면 관련 있는 말로 비유할 수 있게 되고,《예기》^{禮記}를 읽으면 사람이 정중하고 공손해지며,《역경》^{易經}을 읽으면 마음이 깨끗해지고 지식이 깊어진다. 시서^{詩書}의 가르침도 서로 다르다. 그렇다면 소년 사마의는 어떤 책을 읽었을까?

열여섯이 된 사마의는 그때까지 정통 유교 교육을 받았다. 하지만 성인이 된 사마의의 성격과 행동을 제대로 이해하려면 그의 독서 범위와 관심사에 대한 심도 있는 고찰이 필요하다.

한 사람의 독서 범위와 관심사를 보면 그 사람의 내재적인 성격과 정신을 파악할 수 있다. 그 사람을 이해하려면 그가 무슨 책을 읽는지 보면 된다.

한나라 말기 사람의 일반적인 독서 목록을 살펴보면 당연히 유가 경전이 들어 있을 것이다. '오경' 중에서 사마의가 즐겨 읽은 책을 추측해보자면 《역경》과《춘추》를 꼽을 수 있겠다.《역경》에는 천지의 지혜가 포함되어 있어 우주 균형의 원리를 파악할 수 있다.《춘추》는 정치와 군사 교재에 가깝다.

앞에서 말했듯이 이 두 권은 한나라 사람들이 읽는 고급 도서였다.

진晉나라 지괴소설志怪小說인 《수신기》搜神記의 작가 간보干寶는 사마의에 대해 '행수술이어물'行數術以御物이라고 평했다. 이는 쉬운 이치로 복잡한 세상사를 다스린다는 뜻이다. 사마의는 "현명한 사람이면 기회가 무르익지 않았을 때 경솔하게 움직이거나, 기회가 눈앞에 왔을 때 가만히 앉아 때를 놓치면 안 된다"고 조조에게 간언했는데, 이는 바로 《역경》의 원리를 활용한 것이다. 《역경》에 나오는 '승시순변'乘時順變(기회를 타서 그에 맞게 변화하다)의 사유방식은 사마의가 기회를 잡아 유리한 위치를 점할 수 있도록 만들어 주며 사마의의 일생에 영향을 주었다.

사마의가 《춘추》를 읽었다는 것도 나름의 근거가 있다. 훗날 조상曹爽을 정죄하는 글에서 "군주와 부모는 모반할 마음을 먹으면 안 된다. 모반할 마음을 먹었다면 실제로 행동에 옮기지 않았더라도 죽여야 한다"는 《춘추》의 대의를 인용한 것으로 보아 그가 《춘추》에 익숙했음을 알 수 있다.

사마의는 유가 경전 외에 도가에 대해서도 잘 알고 있었다. 만년에 그는 자녀들에게 훈계했다. "가득차는 것은 도가道家에서 꺼리는 바이다." 사마의의 인생을 쭉 관찰해 보면 그의 도가적 권모술수와 기개를 엿볼 수 있다.

이 외에도 사마씨 가문에 군인의 피가 흐르고 있다는 사실을 잊어서는 안 된다. 먼 조상인 사마앙이나 조부의 조부인 사마균 모두 명장이었고, 증조부 대부터 무武에서 문文으로 돌아섰다. 하지만 선조의 군인 유전자는 사마의의 대에도 이어져 나타났다. 첫째, 몸집이 컸다. 열두 살이던 사마랑이 '동자랑'에 응시했을 당시 성인으로 오해받을 정도였고, 사마의도 기골이 장대했다. 둘째, 집에 남아 있는 병서와 전략이 많았다.

이런 상상을 해볼 수 있을 것이다. 사마의가 어느 날 먼지 쌓인 창고에서 보물찾기(아이들은 대개 이런 놀이를 좋아한다-저자)를 하고 있었다. 그러던 중

선조가 출정 때 입었던 갑옷과 투구를 발견한다. 더불어 피 묻은 무기와 색이 바랜 병법서들도 발견한다. 오랜 시간 먼지 속에 묻혀 있다가 빛을 보게 된 것이다.

전투는 남자의 천성이다. 조상들이 남긴 이런 무기는 분명 소년 사마의의 마음속 깊은 곳에 숨겨져 있던 사내의 야성과 열정에 불을 지폈을 것이다.

사마의는 병법을 숙독해 거의 외울 수 있을 정도가 되었다. 나중에 그는 조상과 논쟁하면서 "병서에 따르면 성패成敗는 형形에 있고, 안위安危는 세勢에 있다"라는 말을 하는데, 이는《손자병법·세편》孫子兵法·勢篇에 나온 의견을 인용한 것이다.

또 사마의는 동오 침략군에 대한 대응 방안을 논의하는 어전회의御前會議에서 다음과 같이 형세를 분석했다.

"《군지》軍志에 보면, '고위 장교들에게 능력이 있어 수성하고 적을 막아내면 그 군대는 적의 견제를 받아 민첩하게 움직일 수 없는 데 그치지만, 반대로 능력이 없는 고위 장교들이 주장主將을 맡으면 그 군대는 전멸을 면치 못한다'는 말이 있습니다."

《군지》는 오늘날 전해지지 않는 고대 병서다. 비슷한 내용을《손자병법》에서도 인용했는데, 이를 통해 사마의가 각종 병서와 전략에 얼마나 능통했는지 알 수 있다.

조기 독서는 그 사람의 일생을 결정하는 데 어느 정도 영향을 미친다. 몇몇 친구들에게 제일 처음 읽은 책이 무엇이었는지 물어보았다. 놀랍게도 그 책의 내용이 거의 친구들의 현재 직업이나 학문적 관심사와 관계가 있고, 심지어 성격과도 상당한 연관성이 있음을 알 수 있었다. 관심이 있다면 당신 인생의 첫 번째 책이 무엇이었는지 떠올려보아도 좋다. 옛말에 '신시'愼始(신중하게 시작하다)라고 했듯이, 아이에게 첫 번째 책을 골라주는 일도 신중을 기하지 않으면 안 되겠다!

병법과 역사서,《역경》을 읽으며 자란 사마의가 다른 형제들과 성격이 달랐던 건 어찌 보면 당연한 일이었다.

맹자는 '지인논세'知人論世(사람을 알고 세상을 논하다)라 했다. 다시 과거로 돌아가 사마의의 성장 과정을 살펴보면 다음과 같은 몇 가지 특징을 발견할 수 있다.

첫째, 사마의는 아버지의 교육과 관심을 별로 받지 못했다. 역사서에 나오는 단서에 따르면, 사마랑은 아버지의 손에 자랐다. 그런데 사마의가 태어났을 때는 사마방의 관운이 상승세를 타던 시기였다. 중앙 관리인 사마방이 오랫동안 도성에서 일하느라 사마씨 형제들은 유수아동留守兒童(일하러 먼 곳으로 간 부모와 떨어져 고향에 홀로 남은 아이들을 가리킨다) 신세가 되었다. 이는 보이지 않게 사마의의 심성과 인격에 큰 영향을 미쳤다.

둘째, 사마의는 어려서부터 형의 그늘 밑에서 자랐다. 일찍부터 이름을 알린 사마랑은 반짝반짝 빛나는 신동이었다. 사마의는 그 이면에 있는 그림자와도 같았다. 사람들은 사마의를 언급할 때면 이름 대신 '사마랑의 동생'이라고 불렀다. 이름 없는 생활은 속이 상할 수도 있지만 한편으로는 그가 조용하고 신중한 성격을 기르는 데 도움을 주었다.

셋째, 사마의는 사회가 극도로 불안한 시기에 성장했다. 그가 태어나기 전, 두 차례에 걸친 당고의 화로 인해 사회에는 거짓과 불신이 팽배하고 도덕은 무너졌다. 사마의가 여섯 살 되던 해에 황건적의 난이 일어났고, 그가 열한 살 때 동탁이 상경하고 관동의 제후들이 군대를 일으켰다. 이로 인해 사마랑은 사마의를 데리고 몸을 피해 다녔다. 훗날 조조의 부름을 받고 출사한 사마랑의 자리를 대신해 사마의가 집안의 기둥이 되는데, 이를 계기로 독립적이고 실리를 추구하는 사마의의 성격과 취향이 형성되었다.

한나라 말기는 이미 돌이킬 수 없을 정도로 혼란에 빠졌고 사람들은 도망갈 곳이 없었다. 피한 사람은 은사隱士가 되고, 반항한 사람은 열사烈士가 되었다. 순수한 유생은 살아 남지 못했다. 생존의 법칙을 터득해야만 이런 난리통에서 자신의 뜻을 펼칠 수 있었다.

살기로 했으면 계속 살아남아야 했고, 사회에 뛰어들기로 했으면 이름을 남겨야 했다. 이것이 바로 난세를 살아가는 생존법칙이었다.

사마의는 보통 사람들이 보기에는 재벌 2세였지만, 호강하며 자란 귀족 자제들에게서 흔히 볼 수 있는 나쁜 습성은 전혀 없었다. 주군에게 충성하고 나라를 사랑하는 유학이 그의 집안 대대로 전해지기는 했지만, 사마의는 그렇게 진부한 사람도 아니었다. 뿐만 아니라 도가의 권모술수와 병가의 수단을 혼자서 터득하기도 했다.

잘 알려지지 않은 이런 성품을 지닌 사마의는 묵묵히 성장해갔다. 《학기》學記에 이런 말이 있다. "혼자서 공부하면 같이 연구하고 토론할 사람이 없어 학문이 얕고 견문이 좁다." 그 무렵 사마의의 좋은 스승이자 유익한 친구로는 그의 형인 사마랑 외에 또 한 명이 있었다.

그 귀인은 바로 '공명'孔明이었다. 그런데 그의 성姓은 제갈諸葛이 아니라 호胡였다.

구지九地 아래에 숨어 있어야
구천九天 위에서 행동할 수 있다

낙양성 육혼산陸渾山에 눈처럼 하얀 꽃이 피기 시작했다.

육혼산은 낙양성 남쪽에 있었다. 춘추시대에 진秦과 진晉이 섬서陝西 육혼 땅에 살던 융족戎族을 멸하고 남은 족속을 하남河南의 낙양 근처로 이주시켰다. 이때부터 육혼산은 한족과 이민족이 섞여 생활하는 거주지가 되었다. 군주의 덕화가 시작되기 전이라 풍습이 순박하고 낙후되었다. 해 뜨면 일하고 해 지면 편히 쉬니, 임금의 힘이 어찌 내게 미친다 하겠는가?

이렇게 좋은 산에 경천위지經天緯地(천하를 베의 날줄과 씨줄처럼 체계를 세워 바르게 경영한다는 의미로, 세상을 다스릴 만한 능력을 가리킨다)의 재능을 지닌 은사가 살고 있었다.

이 사람의 성은 호, 이름은 소昭로, 자字는 공명孔明이었다. 호소胡昭는 어려서부터 재주가 특출난 기재奇才로, 책을 많이 읽어 학식이 풍부하고 정치적 식견이 뛰어났다. 황망한 일을 많이 보고 참극을 겪어서 그런지는 모르겠지만, 호소는 짙은 슬픔을 홀로 음미했고, 그가 있는 곳이 인간 세상이 아니라고 생각했다. 적극적으로 사회에 뛰어들었던 사마의와 달리 호소는 '은거'를 선택했다.

사람마다 가는 길이 따로 있는 법이다. 누구의 길이 좋은지는 하늘만이 알 것이다.

호소는 원래 기주冀州에 은거했다. 당시 북방의 최대 군벌이던 원소가 그의 명성을 듣고 호소에게 출사를 청하러 왔다. 조정의 희생양이 되기보다는 진흙길에 구르더라도 자유롭게 살기를 원했던 호소는 원소를 피해 급히 고향인 영천穎川으로 달아났다.

금은 언제나 금점꾼을 불러들이기 마련이다. 두 번째 금점꾼으로 조조가 찾아왔다. 조조는 특유의 강경한 태도로 호소를 강제로 끌어내라고 명령했다.

결국 호소는 조조를 한번 만나보기로 했다.

일개 평민인 호소의 방문이 조조에게는 은사와도 같았다. 마주 앉은 두 사람의 모습은 권세와 기개의 대결, 국가의 강압과 개인의 자유가 대치하는 것처럼 보였다.

호소가 단도직입적으로 말했다. "저는 한낱 시골 사람일 뿐 군사와 나라에 쓰일 재목이 못 되니 이만 돌아가게 해 주시지요."

이는 분명 디오게네스가 당시 권세가 하늘을 치솟던 알렉산더를 대면했을 때 경시하듯 "나의 햇빛을 막지 말라"고 하던 식이었다.

호소가 재주를 발휘하도록 도와주려던 조조는 탄식했다. "저마다의 뜻이 있으니 권세를 이용해 굴복시키고 싶지는 않구려."

이는 다른 삶의 태도에 대한 존중이었다. 그 존중은 천하에서 그런 존중을 할 자격이 있는 유일한 사람, 바로 조조에게서 비롯되었다. 국가의 힘으로도 간섭할 수 없는 영역이 있는 것이다.

결국 이기는 사마의

호소는 세 번째로 이사를 했다. 이번에는 아예 육혼산 산중으로 들어가 '꽃을 보려고 무릉도원에 들어가거나 그윽한 숲으로 약초를 캐러 다니는' 은 거 생활을 시작했다. 원소와 조조는 물론이고, 아직 개화되지 않은 육혼산 사람들보다도 더 인간 본성에 가까이 접근한 인물이었다.

호소는 집을 짓고 농사를 지으며 성현의 도를 즐겼다. 경서를 즐겨 읽고 서예를 연마하며 한가로이 떠도는 구름과 들녘의 두루미를 벗 삼았다. 서예 솜씨가 뛰어난 호소는 한나라 말기 서예의 대가였다. 그는 행초行草(행서와 초서의 중간체)에 능했는데, 당시 사대부들은 그의 작품을 모사하고자 열을 올렸다. 호소가 연습하다 버린 파지破紙조차도 비싼 값에 팔릴 정도였다. 역사에서는 이를 '목간木簡에 쓴 글자도 사람들이 배우고 모사하는 본보기가 되다'라고 한다.

바람이 북쪽으로 불었다. 호소가 육혼산에 은거하고 있다는 소식이 사마의의 귀에도 들어갔다. 사마의는 속세를 벗어난 명사와 사귀고 싶은 소년의 순수한 마음을 억누르지 못하고 호소를 찾아갔다.

직접 만나 보니 둘은 마음이 잘 맞았다. 사마의는 호소와 경사經史에 대해 토론하고 정권의 잘잘못을 비판했다. 의심스러운 점은 분석하고 훌륭한 글은 함께 감상했다. 사마의는 이 스승으로부터 경사의 수양과 은일의 정신을 배웠다. 이름을 날린 후에도 줄곧 은일했던 사마의의 기질이 이때부터 시작된 것이다.

사마의와 함께 호소를 방문한 사람이 있었는데, 영천의 주생周生이었다. 역사서에는 그의 이름이 기록되어 있지 않으나 이 무명씨가 하마터면 사마의의 목숨을 앗아갈 뻔했다.

어쩌다 원한을 품게 되었는지는 기록이 없다. 하지만 다음과 같은 추측은 해볼 수 있다.

주생도 호소를 찾아와 배움을 청했다. 함께 토론하는 동안 주생은 하내에서 온 사마의라는 소년의 재주가 뛰어남을 알았을 것이다. 옛말에 여남汝南과 영천에서 인재가 많이 난다는 말이 있다. 영천 선비인 자신이 돋보일 기회를 사마의가 전부 가로채버리니 어찌 참을 수 있었겠는가? 어린 사마의의 공격과 멸시를 수차례 받다 보니 주생의 부러움과 질투는 결국 '살의'殺意로까지 이어졌다!

주생은 몇몇 사람에게 연락해 사마의를 없애기로 했다. 그 소식을 전해 들은 호소는 깜짝 놀랐다. 주생이 다루기 쉬운 사람이 아니라는 것은 알고 있었지만, 사람을 죽이려고 할 정도로 사태가 심각한 줄은 몰랐던 것이다.

오늘 사마의가 또다시 호소를 찾을 예정이라 주생도 행동을 개시하기로 했다. 사마의는 북쪽에서 오고 주생은 서쪽에서 오기 때문에 아마 살해 현장은 육혼산의 외진 산기슭이 될 터였다.

긴박한 상황이라 호소는 서둘러 서쪽으로 향했다. 산 넘고 물 건너 위험을 무릅쓰고 마침내 효산崤山 산골짜기에 도착한 호소는 살기등등한 주생 일당을 가로막았다. 호소가 온 이유를 안 주생은 끈질기게 사마의를 죽이려고 들었다.

호소는 중생을 구제하려는 자비로운 마음으로 눈물까지 보이며 주생을 타일렀다. 초목도 호소의 설득에 감동해 잎이 시들어 떨어지는데 주생이야 더 말할 것이 있겠는가? 주생은 결국 원한을 풀고 칼을 내려놓으며 길게 한숨지었다. "당신이 아니었다면 오늘 사마의는 살아 남지 못했을 것이오."

생각이 깊은 호소는 주생의 마음이 변할까 봐 길가에 있던 대추나무를 가리키며 맹세하라고 했다. 주생은 칼로 대추나무를 베더니 말했다. "내가 또 사마의를 해치려 든다면 이 나무 같은 꼴이 될 것이외다."

서약을 마친 주생은 집으로 돌아갔고, 호소도 서둘러 육혼산으로 돌아왔다. 사마의는 이미 오랫동안 그를 기다리던 참이었다. 방금 있었던 일에 대해서는 입도 뻥긋하지 않고 호소는 평소처럼 사마의와 담소를 나누다 헤어졌다.

호소는 한평생 벼슬 없이 은거하며 길고 지루한 인생으로 자신의 신념을 지켰다. 향년 89세로 사마의보다 1년 앞서 세상을 떠난 그는 삼국의 유명한 수성壽星이었다. 《삼국지·관녕전》三國志·管寧傳) 제갈량과 같은 자字를 쓰는 호공명은 우리에게 '와룡'臥龍의 참뜻을 알려주었다.

호소가 주생과 있었던 일을 사마의에게 말하지 않았지만 사마의도 어느 정도 눈치는 채고 있었을 것이다. 자신의 재주를 남김없이 보여주면 목숨을 잃을 정도의 화를 부르게 된다. 따라서 몸을 숨기는 데 그치지 않고 재주가 있어도 드러내지 말아야 한다. 이것이 바로 호소가 보여준 '은'隱의 도리이다!

특별히 기념하기 위한 것일 수도 있고 우연일 수도 있지만, 수년 후 사마의는 두 아들에게 각 사마사司馬師, 사마소司馬昭라는 이름을 붙여주었다(사소師昭는 사마사와 사마소를 같이 일컫는 동시에 '스승 호소'라고 해석할 수도 있다). 사마의는 이런 독특한 방식으로 호소에게 경의를 표했다.

물론 이는 나중의 일이다. 이 무렵 사마의는 수양에 힘쓰고 도광양회하면서 '은장'隱藏의 참뜻을 통달하기 시작했다.

'은장'隱藏은 하나의 품격이자 지덕地德이며 자연의 이치이다. 구지九地 아래에 숨어 있어야 구천九天 위에서 행동할 수 있는 법이다(자신을 보호하면서 공격해야 완전한 승리를 거둘 수 있다는 뜻). 사마의는 보잘 것 없는 외관에 옥을 숨기듯 자신의 재능을 드러내지 않고 제후들에게 명예나 영달을 구하지 않았다.

깊이 숨기고 드러내지 않는 사람은 남에게 간파당하는 것을 두려워한다. 그런데 하필 그때, 누군가가 사마의를 가리키며 말했다. "비상한 인물이로다!"

이 말을 한 사람은 양준楊俊으로, 사마의와 고향이 같은 하내군河內郡 사람이었다. 양준은 눈썰미가 있어서 사람 보는 눈이 정확하기로 유명했다. 이날 양준은 열여섯의 소년 사마의를 보고 예사롭지 않다 여겨 이렇게 칭찬했다. "비상한 인물이로다!"(《삼국지·양준전》三國志·楊俊傳)

그가 정말 눈썰미가 있었던 것일까?

혹자는 이렇게 말한다. "눈썰미는 무슨! 사마의가 당연히 비상한 인물이지. 와룡 제갈량도 이기지 못한 상대였으니까. 사마의는 장차 진晉 왕조를 연 선황제宣皇帝, 진명천자眞命天子의 조부가 될 몸이시라고!"

하지만 이 생각은 잘못되었다.

역사를 읽다 보면 비범한 사람들을 자주 보게 된다. 어렸을 때는 이렇다 할 행적이 없지만 나중에 엄청난 업적을 이루면서 역사가들이 기억을 더듬어 그가 어려서부터 이렇게 저렇게 훌륭했다고 말하는 식이다. 이를 가리켜 '후견지명'後見之明이라고 하고 마후포馬後砲, 사후제갈량事後諸葛亮이라고도 부르지만, 역사적 사유방식은 아니다.

영국의 유명한 역사학자 콜링우드Robin George Collingwood의 관점에 따르면, 역사적 사유방식이란 '이정'移情(남의 심정을 변화시켜 자신과 공감하게 만드는 능력)을 이용한 사고방식을 배워 과거의 일을 당신의 마음속에서 재현하는 것이다. 간단히 말하면 역할 대입이다. 만약 당신이 사마의와 같은 열여섯 살이고, 사마의가 당신의 이웃집 친구라면 한번 판단해보기 바란다. 옆집 사마 씨 가문의 장남 사마랑과 둘째 사마의 중 누가 더 장래가 촉망되는지.

한 명은 신동이었고, 다른 한 명은 종일 책만 읽었다. 한 명은 젊은 나이에 이미 식견으로는 현지 권세가였던 이소李邵를 뛰어넘었고, 동탁의 인정을 받았으며, 수차례 가문의 위기를 구했고 앞길이 창창했다! 그런데 다른 한 명…… 키가 크다는 것 외에는 다른 장점이 없었다. 얼마 전 누군가에게

결국 이기는 사마의

죽임을 당할 뻔했다는 이야기도 들렸다.

어느 쪽이 비상한 사람이겠는가?

사마랑이라고 답했다면, 축하한다. 당신은 이미 역사적 사유방식을 습득했다.

사마의라고 답했다면, 축하한다. 당신은 비상한 사람이다.

사실 지금까지 말한 것은 역사 사유방식의 제1의 경지에 불과하다. 양준이 보여준 것은 '견미지저'見微知著(작은 조짐을 보고 문제의 본질을 알아내는 것)하는 제2의 경지다.

《역경·곤괘》易經·坤卦에 '이상견빙지'履霜堅氷至라는 말이 나온다. 서리를 밟으면 이제 곧 얼음 얼 때가 되었음을 안다는 뜻이다. 그런데 어떻게 아는 것일까? 그동안의 경험을 바탕으로 일정 수준에 도달하면 아주 미세한 징조라도 꿰뚫어볼 수 있게 되는 것이다.

양준은 바로 이런 방법을 이용했다. 한나라 말기에는 이 방법을 '품조'品藻, '품제'品題, '품감'品鑒, '품평'品評 또는 '인륜'人倫이라는 전문적인 명칭으로 불렀는데, 이는 어떤 제도와 사건에서 유래했다.

그 제도란 '찰거제'察擧制라는 한나라의 인재 선발 제도다. 지방에서 중앙으로 뛰어난 인재를 추천하는 것이다. 당시에는 후대의 과거시험 제도가 있기 전이라 인재 선발은 지방 관원의 안목에 의존했다. 이런 배경을 바탕으로 위에서 말한 방법이 등장했다.

사건은 앞에서도 언급했던 '당고의 화'다. 간단히 설명하면 이렇다. 당시 사대부들은 연합해서 환관의 세력에 대항하며 그들을 '탁류', 자신들을 '청류'로 구별했다. 그에 따라 청류를 찬양하며 탁류를 폄하하는 것이 시대 풍조가 되었다. '청의'라 불리는 이 풍조는 한나라 말기 청류가 탁류에 대항한 여론투쟁을 말한다.

이런 이유로 한나라 말기에는 사람을 정확하게 보는 인물들이 많았다. 우리에게 익숙한 수경선생水鏡先生 사마휘司馬徽, '월단평'月旦評(매월 초 인물을 평가하는 활동)을 진행한 허소許劭가 그랬고, 양준도 그중 하나였다.

만약 유비가 남에게 이런 칭찬을 들었다면 놀라며 이렇게 물었을 것이다. "당신도 나 유비라는 인물이 세상에 있다는 것을 아시오?" 기뻐하고 놀라워하는 모양새가 출세를 갈망하는 사람이 보여주는 전형적인 모습이다.

만약 조조였다면 남이 칭찬을 안 하면 어떻게든 자신을 칭찬을 하게 만든 뒤 웃으며 자리를 떠났을 것이다. 교활하고 횡포하지만 걸출한 군주의 전형적인 모습이다.

그런데 사마의는 마음을 졸였다.

이런 심리 상태를 어떻게 이해해야 할까?

와신상담 중이던 구천勾踐은 다른 사람이 자신의 웅장한 이상과 포부를 칭찬하는 것을 두려워했을 것이다. 성과 이름을 감추고 암살을 준비하던 예양豫讓은 저잣거리에서 누군가가 "예양 군, 말씀 많이 들었습니다"라고 아는 척하는 걸 두려워했을 것이다. 계륵을 말하던 조조는 그만두려 해도 그만둘 수 없는 자신의 고민을 누군가가 알아차릴까 봐 두려워했을 것이다. 채소밭에서 도광양회하던 유비는 누군가가 자신을 가리키며 "오늘날 천하의 영웅은 당신과 나, 둘뿐이오!"라고 하는 말을 두려워했을 것이다.

'내가 이렇게까지 숨겼는데 내 능력을 알아봤다고? 이게 말이 되는가?'

사마의가 손에 권력을 쥐고 있었다면 분명 죽이려고 들었을 것이다. 하지만 지금 그는 일개 평민이므로, 화광동진和光同塵(자신의 재주를 감추고 세속을 따르다)하고 묵묵히 수련을 할 뿐이었다.

사마의는 어느 날 사마랑이 손님과 대청에서 이야기를 나눌 때 조용히 그 옆을 지나갔다. 그런데 손님이 사마랑에게 자기를 칭찬하는 말을 듣게 되었다. "자네 동생은 총명하고 사리에 밝으며 일처리가 과감하고 영특하니, 자네라 할지라도 비할 바가 아닐세!"《진서·선제기》

깜짝 놀란 사마의의 시선이 손님 쪽을 향했고, 사마랑도 놀라서 동생을 바라보았다.

사마씨 형제의 눈이 서로 마주쳤다. 당황해서 흙빛이 된 둘째 사마중달의 얼굴이 사마랑의 눈에 들어왔다.

사마랑은 고개를 돌리고는 호탕하게 웃으며 넘겼다.

하지만 사마의의 마음은 요동쳤다. 손님의 얼굴을 똑똑히 본 것이다. 사마의는 그가 방금 했던 칭찬이 결코 빈말이 아니라는 것을 알았다.

그 사람이 바로 최염崔琰이었기 때문이다. 그는 장차 조조의 휘하에서 인재 선발을 주관하는 일인자가 된다.

입신양명은
성공의 지름길이 아니다

한나라 말기에는 통일된 관리 선발시험이 없어서 인재를 선발할 때 여론으로 결정했다. 여론이 누군가를 격찬하면 지방정부는 그를 찰거察擧할 책임이, 중앙정부는 그에게 벼슬을 줄 의무가 생겼다.

술맛이 좋으면 외진 곳에 있어도 손님이 찾아온다는데, 하물며 최염처럼 거물급 인사의 눈에 띄었으니 더 말할 것도 없었다. 꽁꽁 숨어 있었지만 결국 사마의는 하내군 당국 헤드헌터의 눈에 들고 말았다.

사마씨 가문은 하내군에서 이름난 명문대가인 데다 그 가문의 둘째아들이 출사를 앞두고 있다. 사마씨 가문에 빌붙을 절호의 기회인데 어찌 마다하겠는가? 인재 발굴 담당자는 보고를 올리고 당국은 곧바로 상계연上計掾 자리에 사마의를 천거했다.

건안 6년(201년), 그렇게 스물세 살 사마의는 하내군의 상계연으로 처음 관직에 나아갔다.

그렇다면 상계연이라는 관직은 어떤 자리인가? 한마디로 설명하기는 어렵다. 우선 한나라 말기의 일반 진급 체계부터 알아보자. 앞에서도 언급했듯이 한나라의 태학생은 졸업 후 연합고사를 치렀다. 성적은 갑을 두 등급으로 나뉘는데, 갑은 중앙의 낭관, 즉 시랑侍郞과 낭중郞中이 되고, 을은 말단 조직의 하급관리가 되었다. 일 잘하는 낭관은 말단에 내려가 임시 직무를 담당하며 진급을 준비했다. 예를 들면 모 지방 현령縣令으로 일하다 군수郡守로 진급하거나 곧바로 중앙에 소환되어 창창한 미래를 맞이하는 것이다. 하급관리는 일을 잘하면 중앙에 진출해 낭관이 될 수 있는 기회가 생겼다. 다시 말해 갑 등급을 받은 학생들보다 진급이 한 발 늦어지는 것이다. 물론 낭관이나 하급관리가 되는 길은 태학 시험 외에도 중앙과 지방의 찰거가 있었다. 한나라의 진급 체계는 사회에까지 큰 영향력을 발휘했다. 때문에 전목錢穆(중국 역사학계의 거물로 국학대사國學大師라는 칭호까지 얻었다) 선생은 이를 '낭리사회'郞吏社會라고 불렀다.

상계연은 하급관리이지 낭관이 아니다. 하지만 상계연은 하급 관직 중에서도 좋은 보직이었다. 간단히 말해서 낭관이 1등급, 하급 관직이 2등급이라면 상계연은 2등급 중에서도 으뜸인 자리였다.

상계연은 무슨 일을 하는가? 여기에 대한 답을 하려면 한나라의 상계 제도를 이해해야 한다. 황인우黃仁宇(레이 황, 중국 역사학자) 선생은 중국 고대에 숫자를 담당하는 관리가 없다고 비판했는데, 이 관점은 논의해 볼 필요가 있다. 한나라의 상계연은 전형적인 숫자 담당 관리였기 때문이다.

상계上計는 글자 그대로 관련 데이터를 통계내서 상부에 보고하는 것이다. 예를 들어보겠다. 당신이 온현의 현령이라고 가정해 보자. 매년 7, 8월 즈음이면 당신은 올해 온현의 가구수와 인구수, 지세地稅 수입, 재정지출, 치안상황 등 관련 데이터를 합산해서 '산부'算簿나 '계부'計簿를 만들어 하내군 상계연인 사마의에게 제출해야 한다. 사마의는 각 현의 계부를 취합해 대조와 검산을 거쳐 군 계부로 정리한다. 그리고 12월에 직접 수도 낙양에 가서 삼공에게 제출하는데, 황제를 직접 알현할 때도 있다. 이 계부는 중앙에서 올해 각 상황을 총괄하고, 지방의 치적을 심사하며, 정부 업무보고를 황제에게 올리고 내년도 예산을 집행하는 기본 근거가 된다.

따라서 상계연으로 선발되려면 아래 각 조건에 부합해야 한다.

첫째, 이미지가 좋고 기질이 훌륭해야 한다. 자주 상경해야 하는 상계연은 대외적으로 해당 군을 대표하는 얼굴이기 때문이다. 사마의는 건장한 체격과 번듯한 용모를 갖춰서 첫째 조건에 부합했다.

둘째, 말재주가 출중해야 한다. 상계연은 상급자의 문의와 문책에 대응해야 하기 때문이다. 언변이 뛰어나야 해당 군의 결점은 감추고 장점은 부각시킬 수 있다. 사마의는 반응이 민첩하고 임기응변에 능해서 이 조건에도 부합했다.

셋째, 수학을 잘하고 신중하며 빈틈이 없어야 한다. 상계연은 주로 각종 데이터를 다루는 일을 한다. 맞는지 틀렸는지 검산하고 진위 여부를 따진다. 일단 계산 착오가 생기면 죄를 묻는다. 사마의는 어려서부터 수학 교육을 받았고 성격이 꼼꼼해서 이 부분에서도 문제가 없었다.

그렇다면 관직으로서 상계연의 전망은 어떠한가? 이것은 대답하기가 어렵다. 서한에는 전담 상계연이 없었다. 보통 군승郡丞이 임시로 맡았는데, 지위가 낮은 것은 아니었다. 동한에서는 업무가 전문화되어 전문 상계연을 세웠다. 상계연이 생긴 초기에는 지위가 높아서 상경하면 제후와 같은 예우를 받고 각 군의 주경판駐京辦(군郡 저택)에 묵을 수 있었다.

상계연은 대개 말솜씨가 뛰어나고 이미지가 좋은 인재들이라 중앙에 발탁되어 수도에 남아 낭관이 되는 경우가 많았다. 그리하여 '계리배관計吏拜官(상계연에 임관하는 것)이 벼슬길에 오르는 지름길이 되었다.

하지만 아쉽게도 이 지름길은 진즉에 꽉 막혀버렸다.

한나라 환제桓帝 때 이런 명령이 내려졌다. "앞으로는 상계연이 중앙에 남아 낭관이 되는 것을 엄금하라."(《후한서·양병전》後漢書·楊秉傳) 물론 예외가 없지는 않았다. 일전에 한헌제漢獻帝가 장안을 유랑할 때 사회 치안이 극도로 혼란스러워 각지의 상계연이 감히 집 밖을 나오지 못했다. 그때 영천군의 상계연 유익劉翊만이 병사와 군마가 날뛰고 흉포한 무리가 출몰하는 동한 땅에서, 생명의 위험을 무릅쓰고 천리를 필마로 달려 마침내 장안에 당도해 공물을 바쳤다. 푸대접을 받던 헌제는 아직 자신을 생각해주는 사람이 있다는 사실에 감격하며 뜨거운 눈물을 흘렸다. 기쁜 마음에 헌제는 유익을 의랑議郎으로 발탁했다.

하지만 손오공의 능력이나 유익의 뚝심이 있지 않는 한 이런 특례는 다시 일어나기 힘들다. 전자는 사마의에게 없었고, 후자는 사마의가 싫어한 것이었다.

지금 상계연에는 어떤 앞길이 펼쳐져 있는가? 두 가지 생생한 사례를 살펴보자. 하나는 근면 성실한 심계원審計員(감사원)이고, 또 하나는 '산성'算聖이라 불린 대수학자다.

첫 번째 길: 심계원

이 심계원의 이름은 사요師饒다. 그러나 고서를 다 뒤져도 그의 이름을 찾을 수는 없다. 1993년 윤만한묘尹灣漢墓가 출토되면서 알려진 이름이기 때문이다.

사요는 서한 말년 동해군東海郡의 공조功曹(군리郡吏의 임면과 상벌에 관한 일을 맡았다)로 상계 임무를 맡은 적이 있는데, 이는 지금의 심계원에 해당했다. 묘실에서 그가 생전에 작성한 계부가 다량 출토되었다. 부지런하고 성실했던 이 심계원은 살아서나 죽어서나 사람들에게 알려지지 않았고, 심지어 그 이름조차 잊힌 채 지하에 묻혀 영원히 잠들었다.

이것이 바로 사마의의 앞길 중 하나였다.

두 번째 길: 수학자

사마의가 상계연을 맡은 그해, 산양군山陽郡에는 일흔이 넘은 노인이 살고 있었다. 그는 흐려진 눈으로 열심히 별자리를 관측하며 한평생 자신이 심혈을 기울여 제작한 《건상력》乾象歷을 심사, 완성했다. 또 당시 인류 최고의 과학기술 수준으로 통제 가능한 최소 범위 내로 오차를 줄이기 위해 노력했다. 유홍劉洪이라는 이름의 이 노인은 한나라 말기의 가장 걸출한 수학자이자 천문학자였다.

유홍은 황제의 먼 친척이었다. 어려서부터 수학에 천부적인 재능을 보여 상계연으로 임명되었다. 상계연으로 재직하는 동안 그는 수학 연구에 몰두한 끝에 고대 동양의 컴퓨터라 칭송받는 주판을 발명했고, 본인은 후세에 '산성'算聖이라는 칭호로 불렸다.

유홍은 상계연 계界의 전설이었다. 사마의에게도 수학적으로 이런 천부적인 재능이 있었다면 아마 제2의 유홍이 되었을 것이다. 오늘날 중국이 유럽보다 최소 수십 년은 더 앞섰다며 찬란한 중화문명을 과시하는 데 그를 내세웠을지도 모른다.

물론 상계연의 미래에는 다른 길도 있다. 정현鄭玄처럼 경학가經學家가 될 수도 있고, 공손찬公孫瓚처럼 패왕霸王이 될 수도 있다. 그런데 그들은 정상적인 진급 절차를 밟지 않았다. 제대로 두각을 나타내고 싶다면 절대 평범한 길을 걸으면 안 된다.

길은 사람이 걸어서 내는 것이다.

걷는 사람이 없으면 길은 사라진다.

이는 벼슬길에서도 변하지 않는 철칙이다.

더군다나 사마의가 맡은 상계연은 한나라의 하급관리였다. 한나라는 유명무실해진 지 오래였고, 미래가 없는 한나라의 하급관리는 출세할 가망이 없었다. 금은 영원히 빛난다는 말은 재능이 있어도 펼칠 기회를 만나지 못한 자들의 자기 위안일 뿐이다.

아마 사마의는 송곳은 주머니에 넣어두어도 두각을 나타낸다는 말을 믿었을 것이다. 그래서 사마의는 상계연 자리를 맡았다. 그는 다음의 세 가지를 고려했을 것이다.

첫째, 학문은 책으로 배운 지식을 실천과 결합해야 완성되는 만큼 실무 능력을 쌓는다.

둘째, 특출난 업무 능력을 보여주면 인재 발굴 담당자의 눈에 들기 쉽다.

셋째, 기회를 엿보다가 진짜 실력 있는 주인을 찾는다.

사마의는 성실하게 상계연 업무에 임하면서도 자신이 십계원이 될지 수학자가 될지 확신하지 못했다. 그때 사마의의 운명에 영향을 준 인물이 나타났다.

그는 동한의 사공司空 직에 있는 인물이었다. 사공부司空府에서 보낸 문서가 하내군 온현에 도착했다. 사마씨 가문의 훌륭한 두 공자, 사마랑과 사마의를 콕 집어 불러들인 것이다.

이런 기백을 가진 사람이 과연 누구였을까?

바로 서기 201년의 조조였다.

만 보 전진을 위해
일 보 후퇴하다

올해 마흔 일곱인 조조는 여전히 젊고 기력이 왕성했다. 작년 관도대전官渡大戰에서 조조는 북패천北霸天 원소를 격파하고 유일무이한 중원中原의 패주霸主가 되었다.

조조는 검을 뽑고 사방을 둘러보며 천하를 업신여겼다. "대장기大將旗가 향하는 곳을 누가 막을쏘냐!"

'물론 아직 해결해야 할 일이 남아 있다. 달아난 원소와 그 아들들이 북방에서 목숨을 부지하고 있다. 가서 전멸시켜야 한다. 주변의 약소 군벌들은 벌벌 떨며 앞날을 걱정하기 시작했다. 교화시켜 길들여야 한다. 괘씸한 유비는 관도대전을 벌이는 내내 파리처럼 후방을 교란시켰다. 가서 혼쭐을 내줘야 한다. 동남 지역은 손책孫策이 죽고 현재 어린 손권이 장악하고 있다. 겁 좀 준 뒤 칼날에 피 한 방울 묻히지 않고 강동을 손에 넣어야 한다. 그래, 전국 통일은 이제 시간문제다.'

생각을 정리한 조조는 달아난 원소를 죽이려고 북상하는 동안 몇 가지

결국 이기는 사마의

일을 처리하기로 했다. '28년 전, 당시 경조윤^{京兆尹}이던 사마방은 나를 낙양 북부위^{北部尉}로 발탁했다. 그건 나 조조가 난생 처음 맡은 직함이었다. 듣자니 사마방의 아들들이 장래가 촉망되는 인재라고 하던데, 이제 그 은혜를 갚을 때가 되었다.'

조조는 사마씨 가문에 사람을 보내 출사할 나이가 된 사마랑과 사마의를 불러 벼슬을 주었다.

그때 이미 사마랑은 서른한 살(《삼국지》에는 스물두 살로 되어 있는데, 이는 틀린 것이다-저자)의 청년으로 수신제가를 훌륭하게 해내고 있었고, 치국평천하할 마음이 있었다. 기회가 주어지자 사마랑은 흔쾌히 출사 길에 올라 조조 사공부^{司空府}의 속관^{屬官}이 되었다.

당시에는 삼공의 속관, 지방 현령, 중앙 고급관리 순서가 벼슬길에 오르는 정상적인 루트였다.

이직할 마땅한 시기와 실력 있는 주인을 기다리고 있던 사마의에게 조조의 부름은 보기 드문 기회였다. 하지만 사마의의 선택은…… 거절이었다!

뭐? 설마 잘못 들은 것은 아니겠지? 말단 관리인 상계연 자리도 기꺼이 맡던 사마의가 어째서 현재 가장 강력한 패자 조조의 영입을 대놓고 거절했을까?

그뿐만이 아니었다. 사마의는 상계연 자리마저 내려놓고 집으로 돌아갔다. 그가 조조의 부름을 거절한 이유도 별났다. 풍비^{風痺}, 지금으로 말하면 심각한 류머티즘에 걸려 한동안 병상에 누워 있어야 한다는 것이다.

설마 사마의가 실성한 건 아니겠지?

당연히 아니다. 사마의는 나름의 생각이 있었다.

'만약 형과 함께 출사한다면, 형은 명성(신동)과 신분(사마씨 가문의 장남)에 힘입어 나보다 진급 속도가 빠를 것이다. 설혹 나의 능력으로 형을 넘어선다고 해도, 조조 밑의 요직은 이미 순욱苟彧, 순유苟攸, 곽가郭嘉, 가후賈詡, 정욱程昱 등 전설적인 초일류 모사謀士들이 차지하고 있다. 남들 눈에 나는 그저 연줄로 들어온 부잣집 자제에 불과하다. 그러니 무슨 자격으로 그들과 겨루겠는가?

게다가 지금 천하의 형세를 보면, 원소가 전쟁에서 패하기는 했지만 재기하지 못할 정도는 아니다. 원소와 조조의 싸움에서 누가 이길지는 아직 모른다. 지금은 군주가 신하를 선택하기도 하지만 신하도 군주를 선택할 수 있다. 주군을 선택하는 것은 목숨을 건 위험한 투자다. 섣불리 조조의 부름에 응했다가 원소가 역전하기라도 하면 그 투자는 물거품이 되고 만다.

무엇보다 조조는 이상적인 주군이 아니다. 그는 세족과 한족寒族(귀족에 상대되는 말로, 사농공상병士農工商兵을 가리킨다)을 차별 없이 동일하게 대한다. 심지어 조조 본인도 환관의 양손자로, 출신이 떳떳하지 못하기 때문에 한족을 우대하고 세가 일족은 억압하는 측면이 있다. 나는 하내 사마씨의 대표인 만큼 경솔하게 조조의 뒤를 따를 수 없다.

형이 이미 조조의 수하로 들어갔으니 나는 상황을 지켜보며 어느 주인에게 더 잠재력이 있는지 살펴보아야 한다. 지금 정세를 보면 천하 통일이 그리 쉽게 이뤄질 것 같지는 않다. 우리 형제가 각자 다른 주군을 모시면 사마씨 가문을 안전하게 지킬 수 있지 않겠는가?'

사마의는 병상에 누워 은거하며 미래를 준비했다.

사자使者가 사마랑을 데리고 조조의 관저로 돌아왔다. 조조는 한 사람만 온 것을 보고 오지 않은 나머지 한 사람에게 흥미를 느꼈다. 그는 사마랑에게 직위를 배정하라고 인사 담당자에게 건성으로 지시한 후 사마의가 오지 않은 이유를 물었다.

사자는 사마씨 가문의 둘째아들이 풍비에 걸려 자리에서 일어나지 못한

결국 이기는 사마의

다고 말했다.

'풍비라고?' 조조가 웃었다. '꾀병이라면 내가 원조지! 십대 때 중풍에 걸린 척해서 숙부를 골탕 먹인 나를 사마의 네깟 게 속여 넘길 수 있을 것 같으냐?'

"사마의가 일어나지 못하는 걸 두 눈으로 직접 보았느냐?"

"아닙니다. 저는 본채에 머물러서 뒤채에는 가보지 못했습니다."

"그럼 지금 가서 그자가 진짜 일어나지 못하는지 정탐하거라."

"예."

"잠깐……. 지금 말고 모레 가거라."

"알겠습니다."

사자가 자리를 떠난 뒤 조조는 자신이 십대 때 써먹은 속임수를 흉내낸 청년에게 알 수 없는 정감을 느꼈다.

'꾀병이라는 이런 유치하고 뻔한 방법을 쓰다니, 젊음이 참 좋긴 좋구나!'

사자가 사마랑을 데리고 떠난 뒤에도 사마의는 침대에 꼿꼿하게 누워 꼼짝도 하지 않았다.

사마의의 아내 장춘화張春華가 이제 그만 일어나도 된다고 귀띔해주었다. 장춘화는 현지 지방관의 여식으로, 사마의와 갓 결혼한 사이였다. 하지만 사마의는 여전히 미동도 하지 않았다.

어느 할 일 없는 전문가의 통계에 따르면, 사람이 살면서 매일 평균 네 번의 거짓말을 하는데, 남자는 여섯 번을 한다고 한다. 우리는 모두들 거짓말을 해 본 경험이 있기 때문에 거짓말이 성공하려면 앞뒤를 그럴듯하게 끼워 맞추는 게 중요하다는 것을 알고 있다. 만약 어떤 사람이 조조에게 자신이 풍비에 걸려 일어나지 못한다고 속였다면, 침대에 누워 병에 걸린 척하다 얼마 후 시종을 찾아 물을 것이다. "사자는 갔느냐?" 시종에게 갔다는 대답을 들은 그는 기지개를 펴고 자리에서 일어나며 웃었을 것이다.

하지만 이는 보통 사람의 수준이지, 보통 사람이 아닌 사마의는 달랐다. 사마의의 거짓말은 적발될 위험성이 완전히 사라져야만 끝이 났다.

그렇다면 풍비에 걸려 관직에 나갈 수 없다는 거짓말이 적발될 위험성은 언제쯤 사라질까? 답은 '풍비가 나을 때'다.

그럼 풍비는 얼마나 오래 있어야 나을 수 있는 걸까?

최소 몇 년은 걸린다.

그렇다면 병에 걸렸다고 거짓말을 하려면 몇 년을 침대에 누워 있어야 하는 걸까? 그렇지 않다. 당신이 속이는 대상이 누군지가 중요하다. 47년 후 조상曹爽을 속일 때는 그럴 필요가 없었다.

하지만 이번에는 상대가 조조였다. 거짓말을 하려면 상대를 봐가며 해야 한다. 상대가 다르면 대응책도 달라진다.

그래서 사마의는 기왕에 거짓말을 시작한 이상 침대에서 몇 년을 누워 지내며 거짓말을 유지할 필요가 있었다. 그렇다면 그 거짓말은 이런 대가를 치를 만한 가치가 있는 것일까?

어쨌든 사마의는 얌전히 침대에 누워 있을 수밖에 없었다.

역시 사마의의 판단은 옳았다. 사흘째 되던 날 조조의 사자가 온 것이다. 절정의 무림 고수처럼 바람같이 날아와 사마씨 가문의 저택에 잠입하더니, 쥐도 새도 모르게 사마의의 '병상'이 있는 창문 앞으로 다가갔다. 사마의는 창에 비친 검은 그림자를 발견했다. 사자는 창문 앞에서 사마의를 관찰했다.

사마의는 침대에 누운 채 꿈쩍도 하지 않았다. 사자는 한참을 서 있었고, 사마의는 한참을 누워 있었다. 인내심 대결이었다.

결국 이기는 사마의

인내심 하면 중국 역사상 사마의에 필적할 만한 사람이 없을 것이다. '조조가 직접 온대도 두렵지 않은데, 너 같은 사자 나부랭이쯤이야!'

역시나 사자가 먼저 무너졌다. 물론 그는 자신이 패배한 줄을 모르고 주인이 시킨 임무를 완벽하게 수행했다고 여기며 돌아갔다.

사마의는 안도의 한숨을 내쉬었다. 하지만 그는 다음 사자가 또 언제 올지 몰라 침대가 내려앉도록 진득하게 누워 있었다.

음식을 가지고 들어오던 장춘화가 이 모든 걸 지켜보았다. 그리고 부군의 의도를 알아차렸다.

사자의 보고를 들은 조조는 좀 이상한 생각이 들었다.

정치, 군사, 문학 어느 면으로든 조조는 천재였다. 천재는 자신감이 넘쳐 스스로를 대단하다고 여길 정도였다. 자부심이 강한 사람은 자신의 잘못을 쉽게 인정하려 하지 않는다. 조조는 사마의가 꾀병을 부리고 있다고 단정지은 상태였다. 그런데 사자는 사마의가 틀림없이 풍비로 병상에서 꼼짝도 하지 못하더라고 보고했다. 조조 입장에서 사자의 답변은 자신의 뺨을 때린 것이나 다름없었다.

'내 예상이 틀릴 리가 없다. 사마의가 그럴듯하게 연기를 할 것이냐 아니냐의 문제만 있을 뿐이다.'

"사마의를 계속 주시하거라." 조조가 명령했다.

"언제까지 그리 할까요?"

"그자가 병상에 누워 있는 동안은 계속 살피거라."

"알겠습니다."

사자는 답답해하며 자리를 떠났다. 이토록 이상하고 의심 많은 주군에게 그는 더 물을 수가 없었다. 사자는 속으로 주군이 이번에는 의심이 과하다고 생각했다.

조조는 성공한 사람이었고, 성공한 사람은 무척 바빴다. 조조는 사마의라는 한낱 조무래기 청년에게 계속 신경을 쏟을 수가 없었다. 그는 원소의 잔당을 소탕하기 위해 출병을 앞두고 있었다. 조조에게 있어 사마의는 군무軍務로 바쁜 와중에 즐기는 단순한 놀잇감에 불과했다.

'내 부중府中에서 일하는 사람은 수천, 수만 명에 달한다. 그중 만분의 일만 보내도 네 놈을 데리고 놀다 죽이기에 충분하다. 그러니 나와 놀아볼 생각이라면 온 마음을 다해 성의를 보여야 할 것이다!'

조조가 북상하는 동안, 사마의의 부중에서는 열세 살의 장춘화가 사람을 죽이는 사건이 벌어졌다!

새가 울지 않으면
울 때까지 기다린다

사건의 전말은 이러했다. 날씨가 맑은 어느 날, 사마의는 하인들에게 장서藏書를 꺼내 곰팡이가 생기지 않도록 햇볕에 말리라고 시켰다. 그리고 자신은 평소처럼 침대에 누워 있었다.

그런데 갑자기 폭우가 쏟아졌다. 사마의는 애서가였다. 책에 대한 사마의의 사랑은 본능과 같아서 뇌의 지배를 받지 않고 신경이 직접 사지를 움직이게 만들었다. 사마의는 몸을 벌떡 일으켜 정원으로 달려가 손수 책을 거둬들였다.

그런데 정원 한쪽 구석에서 안으로 들어오던 여종 하나가 이를 보게 되었다. 풍비를 앓느라 오랫동안 병상에서 지내던 사마의가 갑자기 아무렇지 않게 일어나 빗속에서 책을 거두느라 이리저리 뛰어다니고 있는 것이 아닌가! 놀란 여종은 입을 막으며 뒤돌아 밖으로 나갔다. 사마의는 책을 거두느라 정신이 없어서 알아차리지 못했지만 정원에 들어서던 누군가가 이 상황을 목격했다.

사마의의 아내 장춘화였다.

장춘화는 여종을 뒤따라갔다. 그 뒤의 피비린내 나는 과정은 생략하겠다. 어쨌든 장춘화는 제 손으로 여종을 없애버렸다. 구체적으로 시체를 어떻게 처리했는지는 알 수 없다. 다만 역사 기록을 근거로 추산했을 때 당시 장춘화의 나이는 겨우 열서너 살쯤이었다.

장춘화는 여종을 살해한 후 아무 일 없었다는 듯 침착하게 음식을 만들었다. 그날 이후 장춘화는 여종과 하인들을 시키지 않고 사마의의 수발을 혼자 도맡았다.

중국 역사상 서로에게 딱 맞는 부부들이 몇 있는데, 예를 들면 유방劉邦과 여치呂雉, 사마의와 장춘화가 그렇다. 정말이지 그 남편에 그 아내다.

그 일을 알게 된 후 사마의는 아내를 다시 보게 되었고, 그때부터 더욱 신중하고 열심히 연기했다. 그렇게 꾀병 연기는 여러 해 동안 이어졌다.

다음 몇 가지 문제에 대해 확실하게 밝혀 보자. 여기에 별 흥미가 없다면 곧장 다음 절로 넘어가도 좋다.

첫째, 사마의는 얼마나 오랫동안 꾀병을 부렸을까?

역사서에는 명확한 설명이 없다. 우선 이 일이 언급된《진서·선제기》부터 살펴보자.

한나라 건안 6년, 군郡에서 상계연으로 천거했다. 위무제魏武帝(조조)는 사공司空이었는데, 그에 관해 듣고는 선제宣帝(사마의)를 벽소辟召(관부를 열고 있는 고급 관료가 필요한 사람을 채용하기 위해서 부르는 것)하려 했다. 선제는 한나라의 명운이 곧 쇠퇴할 것임을 알고 조씨曹氏에게 절의를 굽히지 않으며 풍비 때문에 일상생활조차 할 수 없다고 사양했다. 위무제는 사람을 시켜 밤에 정탐하게

결국 이기는 사마의

했는데, 선제는 꼿꼿이 누워 움직이지 않았다. 위무제는 승상丞相이 되자 다시 벽소해 선제를 문학연文學掾으로 삼고는 행자行者에게 명했다. "또 머뭇거린다면 잡아 가두어라!"

조조가 승상이 된 것은 건안 13년(208년)의 일이다. 처음 사마의를 징벽徵辟(초야에 있는 사람을 임관시키려고 부르는 것)했던 건안 6년과 두 번째로 징벽한 건안 13년까지는 무려 7년의 간격이 있다. 그 기간 동안 사마의의 행적에 대한 기록이 없는 것을 보면 그가 쭉 와병 중이었던 것으로 풀이할 수 있다. 그리고 7년 뒤 조조가 '또 머뭇거린다면 잡아 가두어라'고 말한 것은 그동안 사마의가 계속 '머뭇거렸다'는 뜻이다.

또한 장춘화의 전기傳記를 보면 책을 볕에 말린 일이 언급되어 있다. "책을 볕에 말리고 있는데 갑자기 폭우가 쏟아져 저도 모르게 자리에서 일어나 책을 거두었다."

조조가 사마의를 징벽한 그날 폭우가 왔을 리는 없다. 아마 오랫동안 칭병하던 중 어느 날 벌어진 일일 것이다. 이로써 사마의가 장기간 '와병'臥病했음을 알 수 있다.

그런데 《태평어람》太平御覽에서 인용한 장용서臧容緖(남북조시대 사학자)의 《진서》 잔본殘本 기록은 좀 다르다. 여기에서는 책을 볕에 말린 사건이 사자에게 발각되고 사자의 보고를 받은 조조가 사마의에게 출사를 강요했다고 나온다. 이는 긴 시간차가 있는 두 사건을 합친 것으로, 정사正史와 맞지 않아 믿을 수가 없다. 하지만 이 역시 책을 볕에 말린 사건이 벌어지고 출사를 강요받기 전까지 별달리 일이 없었음을 보여준다.

결론적으로 사마의가 7년 동안 누워 있었다고 단정할 수는 없지만, 오랫동안 꾀병을 부린 것만큼은 의심의 여지가 없다는 것이다.

둘째, 사마의가 정말 꾀병을 부려 조조를 속였을까?

어떤 학자는 사마의의 꾀병에 관한 《진서》의 내용이 허구라고 지적했다. 한나라 황실에 충성하고 간적奸賊을 위해 출사하기를 거부했다며 사마의를 미화할 목적이었다는 것이다. 그가 내세운 이유는 두 가지다. 하나는 사마의의 아버지 사마방, 형 사마랑, 사촌형 사마지司馬芝가 이미 조조의 휘하로 들어갔기 때문에 사마의도 그와 대립각을 세울 이유가 없다는 것, 또 하나는 당시 사마의가 무명이었기 때문에 조조가 자객까지 보내가며 출사를 강요할 이유가 없었다는 것이다. (장대가張大可 등이 저술한 《삼국인물신전》三國人物新傳 참조)

여기에서 이 학자는 두 가지 문제를 혼돈했다.

첫째, 《진서》에 기록된 것처럼 사마의가 꾀병을 부려 출사를 피한 것은 사실 판단이고, 사마의가 출사하지 않은 원인은 가치 부여다. 원인은 후세 사람들이 꾸며낸 것일 수도 있지만 사실은 확고부동한 것이다. 동일한 사실이 《선제기》뿐만 아니라 장춘화의 전기에서도 등장하기 때문이다. 《선제기》는 사마의를 미화했을 수 있다 쳐도, 장춘화의 전기에서 4분의 1을 할애해 이 일을 묘사하고 있는데, 과연 허구라고 할 수 있을까? 그 부분을 덜어내면 장춘화에 대해서는 거의 이야기할 게 없다. 장용서의 《진서》 잔본에서도 이 일이 기록되어 있다. 여러 책에 언급되어 있는데, 단지 미화라고 할 수 있겠는가? 《선제기》에 '조씨에게 절의를 굽히지 않았다'는 거짓말이 있다고 해서 '풍비 때문에 일상생활을 할 수 없다며 사양했다'는 진실까지 불신할 수는 없다. 따라서 이 일에 대해서는 다음과 같은 결론을 내릴 수 있다. "사실묘사는 대체로 정확하나 동기묘사는 미화한 감이 있다."

사마의가 병을 핑계로 출사하지 않은 동기는 두 가지 가능성이 있다. 하나는 자신의 가치를 높이기 위해서다. 다른 하나는 원소가 비록 패하긴 했지만 여전히 건재하고, 북방의 형세가 불투명해 천하의 주인이 누가 될지 알 수 없었기 때문이다. 여자는 남편을 잘못 만날까 봐 걱정하고, 남자는 직업을 잘못 선택할까 봐 걱정한다는 말이 있다. 무턱대고 출사해서 엉뚱한 주군을 섬기게 되면 집안의 운명마저 좌우된다.

둘째, '위무사인야왕밀자지'魏武使人夜往密刺之는 자객을 보내 암살했다는 게 아니라 사람을 보내 정탐하게 한 것이다. 장용서의 《진서》를 보면 이 일에 대한 묘사가 비교적 자세하게 나온다. "위무제가 측근인 영사를 평민으로 위장시켜 고조(사마의)의 집 앞 나무 그늘에서 쉬게 했다. (중략) 영사가 돌아와서 몰래 보고 들은 것을 전했다." 따라서 이는 정탐이지 암살이 아니며, 민간에서 전해지는 것처럼 '침술'은 더더욱 아니라는 것을 알 수 있다.

조조가 사마의의 출사를 강요한 이유를 꼭 사마의의 출중한 능력과 명성 때문이라고만 보기는 어렵다. 그 이유를 알려면 한나라 말기의 사회 분위기와 조조의 행정 스타일을 결합해 살펴보아야 한다. 한나라 말기에 진짜 명사들은 명리를 따지지 않고, 가짜 명사들은 온갖 수단을 동원해 명예를 추구하며 조정의 벽사를 거절하는 게 하나의 풍조가 되었다. 《후한서》를 보면 곳곳에서 유사한 기록을 찾을 수 있다. 조조는 '명법지치'明法之治를 단행해 벽사 거절 행위에 철퇴를 가했다. 게다가 조조는 의심이 많은 성격이라 사마의의 출사를 강요했을 가능성이 있다.

다시 본론으로 돌아오겠다. 사마의의 '병세'는 좋았다 나빴다 했고, 언제 끝날지도 모른 채 그는 병상에서 7년을 누워 지냈다.

그 7년 사이에 조조는 북방을 평정하고 원소의 자제들을 몰살한 뒤 업성鄴城으로 돌아와 승상의 자리에 올랐다. 한편 형 사마랑은 말단에서 실력을 키워 세 곳에서 현장縣長을 지낸 뒤 승상주부丞相主簿(비서)가 되었다.

반면 사마의는 병상에 누워 7년을 보낸 탓에 근육이 다 없어질 지경이었다. 사마의가 자신의 선택을 후회했는지는 잘 모르겠다. 다만 조조와 선불리 싸워서는 안 된다는 것을 사마의가 알고 있었을 거란 생각은 든다.

북벌을 마치고 돌아와 의기양양한 승상 조조는 7년 전 꾀병으로 누운 사마씨 가문의 둘째아들을 과연 잊었을까?

정답은 당연히 '아니오'다.

지난 7년 동안 조조는 시인의 열정과 낭만으로 북벌을 지휘했다. 원소가 차지하고 있던 청주青州, 유주幽州, 병주幷州, 기주冀州 등 4개 주가 차례차례 조조에게 평정되었다. 대군을 이끌고 돌아오는 길에 조조는 일부러 갈석산을 경유했다. 관해觀海의 명당에서 동한 말년 바다를 볼 자격이 있는 유일한 영웅 조조는, 해와 달을 뱉어 내고 파도가 용솟음치는 바다를 바라보았다. 우주 본원을 바라보는 느낌이 들었다. 조조는 오랫동안 억눌러왔던 호기豪氣를 시로 내뱉었다.

동쪽 갈석산에 올라 푸른 바다를 바라보네.
파도는 용솟음치고 섬들은 우뚝 솟아 있네.
나무가 우거지고 온갖 풀들이 무성하도다.
가을바람 불어오니 파도가 용솟음치네.
태양과 달이 그 안에서 나오는 듯하네.
찬란한 별들도 그 안에서 나오는 듯하도다.
다행이로다! 노래 부르며 소회나 풀어보세.

東臨碣石, 以觀滄海
水何澹澹, 山島竦峙

樹木叢生, 百草豊茂

秋風蕭瑟, 洪波湧起

日月之行, 若出其中

星漢燦爛, 若出其裏

幸甚至哉, 歌以詠志

업성에 돌아온 조조는 승상으로 영전하라는 한나라 조정의 임명 통지를 받았다. 그는 최근 몇 년간 관리로서 명성이 높았던 사마랑을 주부로 발탁하고, 명사 최염을 승상서조연丞相西曹掾으로 임명해 인재 선발을 주관하게 했다. 최염은 14년 전 일면식이 있던 사마씨 가문의 둘째 자제를 떠올리며 당장 조조에게 천거했다. 뿐만 아니라 조조의 수석 모사였던 순욱도 사마의를 적극 추천했다.

'사실 자네들이 추천할 필요도 없었네. 나 역시 오래전부터 그를 다시 만나보고 싶었으니까.'

조조는 당시 일을 맡겼던 사자를 불러들였다. "사마의를 기억하겠지?"

사자는 속으로 생각했다. '그걸 말이라고 하십니까. 지난 7년 동안 그자만 감시했는데요.'

"가서 그자를 불러오게. 그를 승상부 속관으로 임명할 생각이네." 조조는 잠시 멈추었다가 말을 이었다. "이번에도 안 오려고 하거든 즉시 잡아들이게."

사자는 속으로 말했다. '저는 나리의 그런 시원시원함이 좋습니다.'

사마의의 저택을 찾은 사자는 의아했다. 올해 서른 살이 된 사마의가 희색이 만면하여 대청에 앉아 기다리고 있었던 것이다!

'무려 7년이다. 더 이상 출사를 미뤘다가는 천하가 통일되고 말 것이다.

천하가 통일되면 나 사마의는 할 게 아무것도 없어진다.'

사자는 놀라 눈을 비볐다. '저자가 정녕 내가 7년 동안 감시한 사마의가 맞는가? 며칠 전까지만 해도 숨이 곧 끊어질 듯했는데, 어찌 거짓말처럼 금방 좋아질 수 있단 말인가?'

"승상께서 모셔오라 하셨습니다. 그리고 만약……."

"가겠소!"

사자는 뒷말을 미처 하지도 못하고 목구멍으로 삼켰다. 총명한 사람에게는 굳이 말로 다 설명하지 않아도 된다는 사실을 사자는 영원히 알지 못할 것이다. 7년 전 사마의를 등용하지 못한 조조였으나 7년 후에도 그럴 일은 절대 없을 터였다. 조조는 자신이 쓸 수 없는 사람을 살려두지 않았다.

일본에 유명한 일화가 있다. '울지 않는 새'를 놓고 일본 전국시대 세 인물, 즉 오다 노부나가, 도요토미 히데요시, 도쿠가와 이에야스의 성격을 평하는 얘기다. 이를 삼국시대 인물에게도 적용해볼 수 있다. 새가 울지 않는다면? 조조는 울게 만들고, 유비는 울어달라고 청하며, 사마의는 울 때까지 기다릴 것이다.

그런데 '기다린다'는 말이 셋 중에 가장 수동적인 방법처럼 들린다. 만약 조조가 다시 사마의를 찾지 않았다면 사마의는 그 7년을, 아니 평생을 헛수고한 게 아니겠는가?

그렇지 않다. 사마의의 '기다림'은 소극적인 기다림이 아니었다. 사마의는 조조가 반드시 자신을 부를 거라는 확신이 있었다.

조조와 원소의 대결은 한족寒族과 세족世族의 대결로도 볼 수 있었다. 조조는 사람을 쓸 때 한 가지 방법에 구애되지 않았는데, 대개는 공문서를 내려 하급관리나 군인을 고위직으로 발탁했다. 조조 본인은 '환관의 후손'으로

결국 이기는 사마의

세족의 멸시를 받았다. 따라서 세족 무리를 자신의 휘하로 끌어들여 본인의 정부가 모든 사람에게 열려 있음을 보여줘야 했다. 이로써 조조는 더 많은 사람을 자기편으로 만들었고, 가능한 모든 역량을 모았다. 하내 사마씨는 현지 세족을 대표하는 가문으로서 반드시 포섭해야 할 대상이었다. 이것이 사마의가 확신한 첫 번째 이유였다.

조조의 부중에서 재직하던 사마랑은 임용에 입김을 넣을 수 있었다. 또 명분으로 따지자면 조조는 예전에 사마방 밑에서 일하던 관리였기 때문에 사마의를 등용해야 했다. 이것이 두 번째 이유였다.

사마씨와 사이가 좋았던 다른 세족들이 사마의를 천거하고 사마씨와 한층 더 돈독해질 수 있는 이런 기회를 놓칠 리가 없었다. 이로써 대대손손 친분을 이어가려는 것이다. 소위 '세교'世交란 것이다. 최염과 순욱이 그러했다. 이것이 세 번째 이유였다.

조조의 용인用人 스타일을 보면 지금까지 그가 들이지 못한 인재는 없었다. 7년 전 자신을 거절했던 청년을 조조가 쉽게 놓아줄 리 없었다. 이것이 네 번째 이유였다.

그럼 오래된 질문으로 다시 돌아가 보자. 7년이란 시간을 희생했는데 과연 사마의의 몸값은 얼마나 올랐을까?

사마의가 이전에 출사에 나섰다면 형보다 높은 관직에 오르기는 힘들었을 것이다. 사마의는 평범함을 거부하고 곧장 자신의 목표에 닿을 수 있는 지름길을 추구했다. 그 지름길이 언뜻 보기에 멀리 돌아가는 것처럼 보일 때도 있었지만 결과를 보면 언제나 그의 판단이 옳았다. '이퇴위진'以退爲進(물러남으로써 나아간다)과 '욕속부달'欲速不達(빨리 하고자 하면 목표한 바를 이루지 못한다)이라는 옛말도 있듯이 말이다.

사마의가 첫 징벽에 곧바로 응했다면 조조의 관심을 전혀 끌지 못했을 것이다. 관심은 때로 관직보다 더 중요하고 관료 사회에서 진급하는 데 필요한 잠재적 자원이라고 할 수 있다. 상급자의 신임을 받으면 관직이 낮아도 권력은 강하게 마련이다. 하지만 상급자에게 관심을 받지 못하면 관직이 아무리 높아도 실속이 없다.

《역전》易傳(주역은 《역경》과 《역전》으로 나뉘는데, 《역전》은 《역경》에 대한 주석으로 볼 수 있다)에 보면 이런 말이 나온다. "잠룡을 쓰지 않는 것은 양이 아래에 있기 때문이다." 업무 경험이 없는 사마의가 순욱, 순유, 가후, 곽가, 정욱처럼 기라성 같은 모사들과 겨루려는 것은 현명한 선택이 아니었다. 지난 7년 동안 사마의는 가만히 누워서 시간만 허비하고 있지 않았다. 방대한 양의 책을 읽어 깊은 깨달음을 얻었고, 몸과 마음을 갈고 닦아 절정의 도광양회 경지에 달했다. 그리고 이제 오래도록 갈고 닦은 실력을 시험해볼 때가 되었다.

마침내 세상 밖으로 나온 잠룡 사마의는 승상부 모사들에게 도전할 기회를 얻었고, 그렇게 그의 벼슬살이가 시작되었다. ☙

2장

종일건건

終日乾乾

———

종일토록
최선을 다해 노력하다

조조는 태자 선발을 계기로 일을 키워 중신들이 태도를
표명하게끔 압박을 가했다. 태자를 선발하는 것은 일견
조조의 집안일처럼 보이지만, 이 일에 열성적일수록 조
조 후계자의 황위 찬탈 대업을 지지한다는 뜻으로 볼 수
있었다. 사마의는 이것이 상당히 수준 높은 '지록위마'指鹿
爲馬임을 간파했다. 그래서 그는 '군왕의 집안일에는 관여
하지 않는다'는 옛사람의 교훈을 어기고 적극적으로 움
직였다. 사마의는 밑천 없이 큰 이익을 노리는 위험 투자
를 감행했는데, 향후 조비가 정권을 장악하기만 하면 부
귀영화를 누릴 수 있었다. 다른 한편으로는 "조조 당신의
자손들이 당신의 대업을 이어받을 수 있도록 나 사마의
가 힘을 실어주겠다"는 뜻을 조조에게 보여주었다.

신인新人으로서
자제하는 법을 배우다

마침내 사마의는 승상부에 발을 들였다.

지난 7년 동안 그는 시국에 대한 깊은 통찰력과 미래에 대한 아름다운 구상을 가다듬고 있었다.

조조의 승상부에는 사람을 분발하게 만드는 훌륭한 장려 시스템이 갖춰져 있었고, 부담과 기회로 가득해 청년들이 분투하기 좋았다. 부패하고 몰락한 기관들과 달리 이곳에서는 가문이 좋아도 아무 소용이 없었다. 두각을 나타내려면 오롯이 자신의 힘으로 공을 쌓아 공명을 얻어야 했다. 조조 진영의 실력 있는 모사들이 그랬다. 정욱은 여포와 전쟁할 때 근거지를 지켜 큰 공을 세웠고, 순욱은 천자를 옆에 끼고 제후들을 호령하라는 기묘한 계책을 성공시켰으며, 순유와 가후, 곽가는 관도대전에서 눈부신 활약을 했다.

사마의에게 과연 이들을 뛰어넘을 수 있는 기회가 있었을까?

있었다! 기회는 바로 눈앞에 있었다.

현재 조조는 북방을 이미 평정했기 때문에 서북의 마등馬騰과 한수韓遂,

동북의 공손씨公孫氏를 걱정할 필요가 없었다. 남방 익주益州의 유장劉璋과 한중漢中의 장로張魯는 자신의 영토를 지킬 능력밖에 없었다. 또 형주荊州의 유표劉表는 나이가 많았고, 강동江東의 손권은 너무 어려서 조조의 적수가 되지 못했다. 그나마 유비가 능력이 있는 편이었지만, 지금은 군사와 영토도 없이 형주에 몸을 의탁하고 있는 처지였다. 따라서 조조가 군대를 이끌고 남하하기만 하면 천하 통일을 이룰 가능성이 높았다. 인재가 차고 넘치는 승상부에서 갓 들어온 신인 사마의가 빨리 두각을 나타내려면 이보다 더 좋은 기회가 없었다.

'조조를 따라 출정할 기회가 생긴다면 내가 낸 책략으로 얼마든지 조조의 환심을 얻을 수 있다. 게다가 조조는 경력이 아닌 공로만 보고 사람을 쓰기 때문에 어쩌면 다른 모사들을 단숨에 뛰어넘을 수 있을지도 모른다!'

침상에 누워 있을 때 사마의는 자주 이런 생각을 했었지만 지금은 그렇지 않았다. 관직이 문학연文學掾이었기 때문이다.

한나라의 문학文學은 오늘날의 문학과 의미가 다르다. 한나라의 문학은 소설이나 산문 같은 문학 창작이 아니라 '문헌 학술'을 가리킨다. 조조는 경학經學으로 전해지는 하내 사마씨의 가학 연원을 눈여겨 본 것이다. 그는 사마의가 경학으로 자기 아들을 교육해주길 바랐다.

그 아들이 누구일까? 조비曹丕이다.

이렇듯 문학연은 교육을 담당하는 하급 문관에 불과해서 종군해 원정에 참가할 기회는 아예 없었다. 마음에 큰 뜻을 품었지만 전장에서 재능을 펼칠 기회는커녕 후방에서 애송이 교육이나 맡게 된 것이다. '조조가 개선凱旋하고 돌아와 왕조가 바뀌면, 나는 문무백관에 섞여 상이나 받고 평생 중급 관리나 하다 늙어죽겠지?'

사마의는 마음이 답답했다.

그런데 사마의보다 더 답답한 사람이 조비였다.

올해 갓 스물을 넘긴 조비는 조조의 둘째아들이었다.

조비의 어머니인 변卞씨는 창기 출신으로 조조의 첩이었다. 조조의 장자 조앙曹昻은 아버지의 총애를 받았지만 안타깝게도(조비 입장에서는 다행이지만-저자) 완성에서 장수張繡의 숙모인 장제張濟의 아내 추씨와 정을 통한 아버지를 보호하다 전사하고 말았다. 조앙의 어머니 정丁씨 부인은 아들을 잃은 슬픔에 자살을 기도했다. 하지만 조조가 어디 한낱 여자한테 벌벌 떨 사람인가? 성가시다고 느낀 조조는 정씨 부인을 폐하고 변씨 부인을 정실로 삼았다.

한편 변씨 부인의 네 아들 중에 조비는 아버지의 총애를 받지 못했다. 둘째 조창曹彰은 용맹스럽고 싸움을 잘해서 조조의 사랑을 받았고, '황수아'黃鬚兒(조창은 누런 수염이었다)라는 애칭으로도 불렸다. 셋째 조식曹植은 학식이 풍부하고 글재주가 뛰어나 변씨 부인의 아들들 중에서 가장 조조의 총애를 받았다. 조조가 "내 아들들 중에 가장 크게 될 인물"이라며 사람들 앞에서 조식을 칭찬한 것을 보면 그를 후계자로 세울 마음이 있었던 것 같다. 넷째 조웅曹熊은 몸이 약하여 조조도 큰 기대를 걸지 않았었는데, 후에 형인 조비가 즉위하자 자기에게 위해를 가할까 봐 미리 겁내어 자살했다.

한편 조조와 환環부인 사이에서 태어난 조충曹沖도 똑똑하고 영리해서 조조가 총애했다. 조충이 어린 나이에 '코끼리의 무게를 잰' 일화는 널리 알려져 있다.

어느 날 손권이 조조에게 큰 코끼리 한 마리를 선물로 주었다. 조조는 코끼리를 처음 보는 터라 이 커다란 동물의 무게가 얼마나 되는지 궁금했다. 그래서 조조는 신하들에게 얘기했다. "여봐라, 누가 이 코끼리의 무게를 알아낼 수 있겠느냐?"

신하들 중에는 큰 저울을 만들어 보자고 건의한 사람도 있었고, 코끼리를 죽여 부분, 부분 무게를 재어보자고 한 사람도 있었다. 하지만 조조는 무게를 재기 위해 코끼리를 죽이고 싶진 않았다.

모두들 포기하려는 순간, 조조의 7살 된 아들 조충이 말했다. "제게 좋은 방법이 있습니다!" 그는 사람들을 시켜 코끼리를 큰 배에 올라타게 한 다음 배가 잠기는 부분에 표시를 했다. 그 다음 다시 코끼리를 배에서 내려 보내고 표기한 부분까지 배가 잠기도록 다시 돌멩이를 실었다. 그리고 나선 그 돌멩이들을 저울에 재고 무게를 합쳤다. 그 무게의 합이 바로 코끼리의 무게였던 것이다.

코끼리를 해치지 않고 무게를 잰 것을 본 신하들은 모두 조충의 지혜에 감탄하였다. 조조도 지혜로운 조충을 아낌없이 칭찬해 주었다.

이처럼 조조의 아들들은 하나같이 뛰어났다. 조비는 이렇게 뛰어난 형제들의 틈바구니 속에서 자랐기 때문에 어려서부터 아버지의 사랑을 받지 못했다. 아버지의 관심을 끌기 위해서 조비는 무진 애를 썼다. 말타기, 활쏘기, 검술 실력이 모두 출중했지만 조창의 적수가 되지는 못했다. 또 글도 잘 쓰고 시부詩賦에 통달했지만 끝까지 조식의 그늘에 가려졌다. 이로써 조비의 열등감은 극에 달했다.

무엇보다 조조 본인이 조비를 뛰어나다고 생각하지 않았다.

올해 초 사도司徒 조온趙溫이 조비를 천거하려고 했다. 이는 조비가 벼슬길에 오를 수 있는 절호의 기회였다. 이에 조비는 내심 흐뭇해하며 미래에 대한 부푼 꿈을 안고 실력을 발휘해보기로 마음먹었다.

하지만 예기치 않게 조조가 조비의 출사를 대놓고 반대하며 황제에게 아뢰었다. "조온이 소신의 아들을 천거한 까닭은 분명 소신에게 영합하기 위한 것입니다. 이 같은 인재 선발은 실사구시에 어긋납니다." 출사하려던 조비의 꿈은 이렇게 물거품이 되었고, 조온도 파면당했다.

미래에 대한 기대로 가득했던 조비는 눈앞에서 찬물을 맞고 말았다. '제 실력이라면 삼공三公이 천거해도 이상하지 않은데, 단지 제가 아버지의 아들이라는 이유 하나 때문에 이런 불공평한 대우를 받아야 합니까?'

조비는 차마 말은 못하고 속으로만 답답해하고 있었다. 그런데 아직 더 답답한 일이 남아 있었다.

고대에는 군주가 출정하면 태자가 궁궐에 남아 국사를 처리했다. 조조가 군주는 아니었지만 그는 출정할 때 항상 조비를 수도에 남겨두고 갔었다. 그런데 이번 남하에서는 그렇게 하지 않았다. 정치적으로 예민한 조비가 볼 때 이는 위험한 신호가 틀림없었다. 수도에 남는 특별한 영광을 얼마나 오랫동안 누릴 수 있을지, 위태로운 후계자의 지위가 언제 다른 사람에게 넘어갈지 알 수 없었다. 조비는 누구라도 찾아가 털어놓고 싶었지만 누구에게 털어놓아야 할지 몰랐다.

그때, 그와 똑같이 답답해하던 문학연 사마의가 찾아왔다.

건안 13년(208년) 가을, 날씨가 선선해지던 어느 날 조조는 군대를 이끌고 남하했다. 삼국시대 역사상 가장 화려한 지모智謀의 향연, 바로 적벽대전赤壁大戰을 눈앞에 두고 있었다.

사마의는 천 년에 한 번 만날 법한 이 향연에 참여했을까? 애석하게도 역사서에는 기록이 없다. 상관없다. 우리가 한번 고증해 보자.

당시 사마의는 승상부의 문학연으로, 조비의 교육을 담당했다. 명목상으로는 조비의 스승이면서 실제로는 조비의 참모 역할이었다. 따라서 사마의가 적벽대전에 참여했는지 여부는 조비의 소재所在에 달려 있다.

조비는 참여했을까? 아쉽지만 여기에 대해서도 명확한 기록이 없다. 하지만 행간에 숨겨진 단서들을 보고 유추는 가능하다.

조비는 태자가 된 이후 문학비평 사상 중요한 저작인 《전론》典論을 집필했는데, 여기에는 그의 자서전적 기록이 한 단락 포함되어 있다. 역사상 가장 뻔뻔한 자서전이라 할 만한데, 뒤에서 다시 언급될 것이다. 여기서는 우선 《전론》에 나오는 조비의 일기 한 편을 보도록 하자.

모월 모일, 날씨 맑음

오늘 남정南征에 나선 우리 군대가 곡려曲蠡에 주둔했다. 상서령尙書令 순욱 숙부가 명을 받들어 술과 음식으로 군사들을 위로했다. 내가 궁수들에게 어떻게 하면 수준 높은 사격을 할 수 있는지 가르치고 있는데 순 숙부가 끼어들었다. "듣자니 양손으로 활을 당기고 사격하는 데 능하시다던데, 그 명성이 거저 얻어진 게 아닌 듯합니다!"

내가 말했다. "그런 것쯤은 어린애들 장난에 불과하지요. 제가 달리는 말 위에서 화살을 입에 물고 목 뒤에서 활을 쏘아 움직이는 과녁을 맞히는 걸 순 숙부께서는 아직 보지 못하셨군요!" 그러자 순 숙부가 웃으며 말했다. "그렇게나 대단하시다니요!"

활쏘기에 문외한인 순욱에게 조비가 어떻게 허세를 부렸는지는 우리가 알 바 아니다. 여기에 등장하는 '곡려'는 허창許昌 남쪽 영천군 영음현潁陰縣이다. 이곳은 바로 조조가 허창에서 출병하던 당시 '완성宛城과 섭성葉城을 지나'(《삼국지·순욱전》三國志·荀彧傳) 형주로 가기 위해 반드시 거쳐야 하는 길목이었다. 그렇기 때문에 여기에서 말하는 남정은 208년 적벽대전 때의 남정을 가리키는 것이다.

조비의 다른 작품에서도 근거를 찾을 수 있다. 조비는 《감물부》感物賦에

결국 이기는 사마의

이렇게 적었다. "재앙이 일어난 뒤로 천하의 성곽이 폐허가 되었는데, 태복군太僕君 댁만은 아직 남아 있었다. 남쪽으로 형주를 정벌하고 돌아오는 길에 그곳에 들러 머물렀다." 형주 남정 때 조비는 고향에 돌아가 지낸 적이 있었다.

《술징부》述徵賦에서 그는 이 남정을 명확히 했다. "건안 13년, 형초荊楚(형주가 춘추전국시대에 초나라의 영역이었기 때문에 형초라고 불렸다)가 오만하고 신하의 예를 다하지 않아 남으로 정벌하러 가기를 원하니, 북소리가 크게 울려 퍼지고 큰 깃발이 바람에 휘날렸다."

이상을 종합해 보면 조비는 남정에 참여했다. 사마의는 그 시기에 조비를 보좌한 거의 유일한 인물이었던 만큼 남정에 참여했을 것이다.

또 한 가지 문제를 해결해 보자. 조비와 사마의의 개인 전기에는 왜 이 일에 대한 기록이 없을까? 이유는 간단하다. 그 남정에서 두 사람이 별로 보여준 게 없어서다. 딱히 기록할 게 없었던 것이다.

보여준 것이 없다고 해서 수확이 없었다는 뜻은 아니다. 사마의는 조비의 군대를 따라 함께 남하했다.

이때 사마의는 조비에 대해 잘 알지 못하는 상태였다. 마찬가지로 조비 역시 아버지가 보낸 이 문학연이라는 사람이 어떤 사람인지 알지 못했다. 좋은 스승? 이로운 친구? 아니면 자신을 감시하는 밀정?

겉으로는 세자와 스승이 친밀감과 경외심을 드러내는 인사말을 주고받는 것처럼 보였지만, 그 이면에는 적의가 가득찬 상태로 서로를 경계하고 가늠하는 두 영혼이 있었다.

조비뿐만 아니라 사마의는 자신의 경쟁 상대인 조조 진영의 다른 모사들에 대해서도 재빨리 파악해야 했다. 천재 곽가가 몇 년 전 북쪽의 오환족烏桓族을 정벌하는 도중 병사하고, 수석 모사 순욱이 관례대로 후방을 지켰다. 출발 전 순욱은 조조에게 기본적인 사전 전략을 건의했다. "겉으로는 완성과 섭성을 치는 것처럼 보이게 한 뒤 몰래 정예병을 강행군해 기습공격을 하는 겁니다." 조조가 그의 제안을 전부 받아들인 것을 보면 조조 진영에서 순욱의 영향력이 어느 정도였는지 짐작할 수 있다.

이번에 사마의가 출사할 수 있었던 것도 순욱의 적극적인 추천 덕분이었다. 여영세족汝穎世族의 수장首長격 인물과 좋은 관계를 맺어두는 것은 사마의에게 어렵지 않아 보였다.

8월, 조조는 완성과 섭성으로 강행군하여 형주 지역으로 들어갔다. 강력한 공세와 나빠진 건강 문제로 이중고를 겪던 형주목 유표劉表가 죽고 어린 아들 유종劉琮이 아버지의 정치적 유산을 물려받았다.

9월, 조조가 신야新野에 당도하자 유종은 투항했고 유비는 부하들과 함께 도망쳤다. 조조는 정예 기병 5천 명을 직접 인솔하며 하루에 3천 리를 달려 당양當陽의 장판長坂에서 유비를 따라잡았다. 결국 유비의 부하와 가족은 살해되었고, 조운趙雲(조자룡)이 단기필마로 주군을 구하고 장비가 홀로 다리 위에서 조조의 대군을 막아내는 드라마가 연출되기도 했다. 도망 전문가인 유비는 관우와 유표의 큰아들 유기劉琦의 도움으로 하구夏口에 도착해 한숨을 돌렸다. 조조의 대군은 유표가 차지하고 있던 형주의 요충지 강릉江陵에 도달했다. 2개월에 걸쳐 강행군한 대부대는 이곳에서 전열을 정돈하고 전리품을 챙겼다.

7월에 출병해서 9월에 손쉽게 형주를 점령하고 유비를 쳐부수었다. '적이 예상치 못할 때 공격하고 상대의 허를 찌른다'는 말은 사마의가 수많은 병법서에서 읽은 기술이었다. 하지만 군사 천재 조조가 실제 응용해보인 효과는 사마의에게 깊은 인상을 남기기에 충분했다. 그런데 갑자기 누군가가 툭 튀어나와 조조에게 찬물을 끼얹었다.

그 사람은 바로 조조 군영 모사들 중에 한 번도 먼저 나서서 계책을 내놓은 적이 없던 가후였다.

가후는 늘 무표정한 얼굴로 가만히 앉아 있을 뿐 적극적으로 방안을 제시한 적이 없었다. 그랬던 그가 이번에 처음으로 먼저 나선 것이다. 사료에서도 이것이 가후가 조조의 모사로 살면서 주동적으로 내놓은 유일한 계책이라고 기록하고 있다.

가후는 암송하듯 딱딱한 어투로 말했다. "주공께서는 예전에 원씨를 격파하고 지금은 한남漢南을 수복하여 명성을 떨치셨고 군세軍勢도 대단합니다. 만약 형주라는 유표의 오랜 근거지를 잘 정돈하고 백성들을 위로하는 일을 완벽하게 해낸다면 굳이 대군을 일으키지 않아도 손권을 순순히 항복하도록 만들 수 있습니다."

하지만 조조는 동의하지 않았다.

가후는 조조가 대수롭지 않게 여기자 자신의 의견을 고집하지 않았다. 그는 말없이 원래 자리로 돌아가 다시 무표정한 인형처럼 자리에 앉았다.

가후의 의견에 동조하지 않은 사람은 조조만이 아니었다. 몇 백 년 후 《삼국지·가후전》을 주해하던 배송지裴松之(남북조시대 역사가)도 조조와 같은 생각이었다. 그는 가후의 의견에 대해 비판을 서슴지 않았다. "당시 서북에는 마초馬超와 한수韓遂라는 후환이 있고, 형주 백성들은 유비와 손권에게만 복종했다. 형세가 좋을 때 강동을 쳐야지 언제까지 기다리고만 있겠는가? 훗날 적벽에서 패한 것은 운이 나빴기 때문이다. 요컨대 가후의 계책은 옳지 않았다!"

가후에 대한 배송지의 편견이 심했다고 할 수 있다. 그는 주해서 말미에 가후가 순욱, 순유와 함께 열전에 묶일 자격이 없다며 재차 가후를 비판하기도 했다. 사실 여기에는 한 가지 중요한 원인이 있다. 배송지가 가문을 중시하던 시대를 살았기 때문이다. 배송지는 한미한 가문 출신인 가후가 명문세족의 수장인 이순二荀(순욱과 순유)과 같이 열전에 오르는 게 부적합하다고 생각한 것이다.

서생들은 죽은 사람에 대해 쉽게 평가하지만, 죽은 사람은 그들의 서생티를 비웃으리라. (조조의 〈업중가〉 중의 한 대목)

사마의는 분명히 알고 있었다. 적벽대전을 앞두고 조조의 참모 군단이 내놓은 계책 중에 가후의 책략이 가장 가치 있다는 것을 말이다.

첫째, 조조는 단숨에 형주라는 거대한 땅을 먹었으니 시간을 두고 천천히 소화시켜야 했다. 강제로 삼켜서는 안 되고 천천히 인심을 얻어야 했다.

둘째, 손권과 붙으려면 조조는 수군으로 싸워야 했다. 그런데 조조의 수군은 시원찮아서 유표의 형양荊襄(형주와 양주) 수군에 기댈 수밖에 없었다. 형주는 이제 막 함락되어 형양 수군의 전투력과 충성도를 보장할 수 없기 때문에 시간을 들여야 했다.

셋째, 남방의 기후와 풍토가 맞지 않아 조조 군대에서 질병이나 전염병이 생길 수도 있었다. 역시 시간이 필요했다.

넷째, 조조가 형주를 사수(또는 장령將領을 보내 주둔시켜도 된다 - 저자)하고 출격에 나서지 않으면, 손권과 유비를 출격하게 만들고 '치인이불치어인'致人而不致於人(적을 끌어들이지 적에게 끌려다니지 않는다)하며 힘을 비축했다가 지친 적군을 칠 수 있었다.

다섯째, 조조가 형주를 지키면 유비는 설 자리를 잃게 되고, 유비가 서천西川(익주)에 들어가는 길도 막을 수 있었다. 유비가 힘이 없으면 손권 혼자서는 일을 이룰 수 없었다. 서북의 마초와 한수는 형세를 관망하는 오합지졸이었다. 조조가 가서 손봐주지 않는 한 그들은 절대 먼저 나서서 매를 벌지 않을 터였다.

이는 왕전王翦이 초나라를 멸망시킬 때 낸 것과 다름없는 계책이었다. 이 토록 훌륭한 가후의 계책에서 절묘함을 알아본 사람은 아마 사마의밖에 없었을 것이다!

또 다른 사건을 통해 사마의는 조조의 약점을 발견했다.

조조가 형주를 점령한 것을 보고 익주 군벌 유장은 서둘러 부하인 장송張松을 보내 조조에게 손을 내밀었다. 왜소한 체구에 볼품없는 외모를 가진 장송은 일찍부터 주인을 팔아 부귀영화를 누릴 마음을 먹고 있었다. 그래서 이번 기회를 빌려 익주를 조조에게 팔아넘기려고 시도했다.

장송을 본 조조는 상당히 언짢았다. '이런 우스꽝스러운 작자를 사절이라고 보내다니, 익주에 그리도 인물이 없는가?'

조조의 주부主簿 양수는 대단한 천재였다. 누구도 인정한 적이 없던 그가 유일하게 탄복한 사람이 장송이었다. 일찍이 양수는 장송을 맞는 연회석에서 조조가 쓴 병서를 장송에게 보여준 적이 있었다. 장송은 병서를 쭉 훑어보더니 전문을 줄줄 외웠다. 장송의 놀라운 기억력에 놀란 양수는 그를 수하로 들이라고 조조에게 적극 건의했다.

하지만 조조는 들은 척도 하지 않았다. '네깟 놈을 수하로 들인다? 나 조조의 밑에 모사들이 차고 넘치는데, 너 같은 못난이를 들일 자리가 어디 있겠느냐? 이제 곧 강동이 내 손안에 들어온다. 다음은 네 주인인 유장이다. 네 주인에게 가서 죽을 날이나 기다리고 있으라고 하거라!'

푸대접을 받고 홧김에 익주로 돌아온 장송은 다시 익주를 유비에게 팔아넘기는데, 이는 나중의 일이다.

한 번의 실수로 천하가 삼분되었다.

천하를 쉽게 얻을 수 없겠다 여긴 사마의는 고개를 흔들었다. 그러고는 다시 고개를 끄덕였다. 결정적인 순간에 자신을 억제하지 못하고 쉽게 이성을 잃는 것이 조조의 약점인 듯했다. 시인인 군사 전문가의 기질이 아마 이러할 것이다.

큰일을 하려면 가후처럼 자신을 억제해야 한다.

그때 밀정의 보고가 들어왔다. 손권이 노숙魯肅을 유비에게 보내고, 유비는 제갈량을 강동으로 보냈다는 소식이었다. 손권과 유비가 연합하려는 것 같았다.

'제갈량?' 사마의는 이때 처음으로 제갈량의 존재를 알게 되었다.

사마의는 오랜 시간 뒤에 자신이 이 제갈량이라는 인물과 백중지세를 다툴 것이라고는 전혀 예상치 못했다. 게다가 제갈량을 이김으로써 자신의 이름이 세상에 널리 알려지리라고는 꿈에도 알지 못했다.

비록 전해지는 이야기들에서는 사마의가 제갈량을 돋보이게 하는 조연으로 등장하지만 말이다.

소식을 들은 조조는 껄껄 웃음을 터뜨렸다. "궁지에 몰린 유비가 손권에게 몸을 의탁했다. 손권이 유표와 대대로 원수 집안이라는 것을 정녕 모르는 것인가? 보아하니 유비 그자는 손권의 손에 죽겠구나." 조조의 말에 수하들은 너도나도 맞장구를 쳤다.

가후는 멍하니 앉아 있고 사마의 역시 모르는 척하고 있는데, 유일하게 정욱이 나섰다. "세상에 당해낼 자가 없는 승상에게 손권은 적수가 아닙니다. 하지만 유비는 명성이 높습니다. 관우와 장비는 만인적萬人敵(일당백이 가능할 만큼 무용이 뛰어남을 일컫는다)이고요. 교활한 손권은 틀림없이 유비를 도와 우리 군대를 막을 것입니다. 이번에도 유비를 죽일 수 없을 듯합니다."

결국 이기는 사마의

조조는 이번에도 정욱의 말을 귀담아 듣지 않았다. 낭만적인 그는 이미 개선 후 시원하게 뱉어낼 시를 구상하고 있었다.

시간이 흘러 어느새 12월이 되었다. 기후와 풍토가 맞지 않아 조조의 군 영에서는 심각한 전염병이 발생했다. 군 내부에 전염병이 빠르게 확산되면서 조조의 대군은 비전투로 인한 병력 감소로 전투력이 급속히 저하되었다. 조 조가 아끼던 아들 조충도 전염병을 피하지 못했다. 군의관의 정성어린 보살 핌에도 호전될 기미가 보이지 않자 조조는 초조함에 발을 동동 굴렀다.

조조군이 보인 빈틈은 손·유 연합군에게 있어 하늘이 준 기회였다. 그 뒤 전세는 완전히 뒤바뀌었다.

주유周瑜의 부하 황개黃蓋가 거짓으로 투항한 뒤 갑자기 불어 닥친 동풍 을 이용해 조조의 군선을 불태웠다.

그때 조조는 이미 싸울 마음을 접은 상태였다. 그는 부하들을 데리고 화용華容을 거쳐 도보로 도망쳤다. 앞에 진창길이 있어 군대가 지나가기 어려 웠다. 주유와 유비는 각각 바다와 육지를 통해 조조군을 추격해오고 있었다.

조조는 전염병에 걸린 병사들이 진창길을 막고, 뒤에 있던 기병들은 앞으 로 신속하게 이동하라고 명령했다.

전염병에 걸린 병사들이 힘없이 바닥에 쓰러지자 기병들은 줄줄이 그 위를 밟고 지나갔다. 이 보기 드문 참극은 재난영화를 방불케 했다.

비참함이 극에 달한 순간, 조조가 갑자기 웃음을 터트렸다. 부대 뒤편에 있던 사마의는 조조의 웃음소리를 어렴풋하게 들었다. "내 적수라 할 만하지 만 유비 네놈도 참 머리가 안 돌아가는구나. 좀더 일찍 이 일대에 불을 질렀 다면 벌써 나를 죽이고도 남았을 텐데 말이야! 하하하!"

그런데 그때 부대 뒤편에서 불길이 치솟았다. 유비의 육군이 불을 지른 것이다. 하지만 이미 거리가 멀리 떨어져서 조조군에 위협이 되지는 않았다.

이런 위급한 순간에도 웃을 수 있다니, 과연 조조는 범상치 않은 인물이었다.

조조 대군이 구사일생으로 살아난 막간을 이용해 문제 하나를 해결해보자. 수많은 《삼국지》 팬들이 물었다. 사마의가 적벽대전에 참여했다면서 왜 계책을 내놓지 않았을까?

어느 성공한 기업 총수가 내게 이런 말을 한 적이 있다. "만약 당신이 회사에 갓 입사한 신입사원이라면 3년 동안 어떠한 제안도 하지 마라. 착실히 맡은 일만 열심히 하면 된다. 3년 후에도 제안은 되도록 자제하라"고 말이다.

왜 그럴까? 여기에는 몇 가지 이유가 있다.

첫째, 회사에 막 입사했을 때는 회사에 대해 잘 알지 못하는 상태다. 따라서 제안을 한다 해도 비현실적인 경우가 많다.

둘째, 당신이 아무리 똑똑하고 아무리 좋은 제안을 하더라도 순유, 가후, 정욱과 같은 고참들을 어찌 당할 수 있겠는가? 또 다른 동료들을 어떻게 상대할 수 있겠는가?

셋째, 사장은 당신을 어떻게 보겠는가? 젊은 친구가 제 잘난 머리를 자랑하고 싶구나, 공명심과 출세욕이 강하구나 하고 생각할 것이다.

그럼 예외도 있을까? 당연히 있다. 제갈량은 유비 밑에서 계책을 내고 자신을 드러냈다. 여기에도 몇 가지 이유가 있다.

첫째, 유비는 제갈량을 찾아가 임원이 되어달라고 청했다. 하지만 조조는 사마의를 하급 사무직에 데려다 앉혔을 뿐이다.

둘째, 유비의 공장은 규모가 작고 인사 관계가 단순했다. 그런데 조조의 회사는 규모가 크고 인사 관계가 복잡했다.

셋째, 제갈량의 사장 유비는 인덕이 많기로 유명했다. 그에 비해 사마의

결국 이기는 사마의

의 사장 조조는 질투와 의심이 많기로 유명했다.

이런 회사에서 이런 사장에게 제안한다는 것은 죽음을 자초하는 일이 아니겠는가? 이 기회를 통해 동료들과 좋은 관계를 맺고, 사장의 성격을 확실하게 파악하면서 실전 경험까지 쌓는 편이 실속 있는 선택이라고 할 수 있다.

조조는 안전한 곳으로 피했지만 중병에 걸려 고초를 겪은 조충은 더 이상 버티지 못하고 숨을 거두었다. '코끼리의 무게를 잰' 일화 하나만을 남긴 채 이 천재 소년의 시간은 영원히 열세 살에 멈추고 말았다.

그리고 그해, 운명의 장난처럼 사마의의 장남 사마사가 태어났다.

아들을 잃은 중년의 조조는 대성통곡했다. 애통하게 울부짖는 조조의 모습을 보고 눈썰미가 있는 사람이라면 그가 단지 조충 때문에 우는 것이 아니라는 걸 알 수 있었을 것이다. 조비는 너무 상심하지 말라며 아버지를 위로했다. 그러자 조조가 눈을 흘기며 차갑게 말했다. "나에게는 불행이지만 너희에게는 다행이겠지."

그 순간 조비의 얼굴이 시뻘겋게 달아올랐다.

이 모두를 지켜본 사마의는 마침내 조비를 이해하게 되었다.

'낭고지상'狼顧之相이
드러나지 않도록 고개를 숙이다

사마의도 가끔 한 번도 본 적 없는 제갈량이 부러울 때가 있었다. '나보다 두 살이나 어린 친구가 적벽대전처럼 중량급 전투에서 이미 두각을 나타내고 명성을 세상에 떨쳤는데, 나는 아직까지도 고작 하급 문관에 머물러 있을 뿐이구나. 언제쯤 나도 실력 발휘를 할 수 있을 것인가?'

하지만 사마의는 전쟁보다 더 빠르고 손쉽게 승진할 수 있는 방법을 이미 찾아둔 상태였다. 그 방법은 바로 조비였다.

조조는 머지않아 칭왕칭제稱王稱帝하고 지존의 자리에 오를 것이다. 그렇다면 그가 남긴 거대한 정치적 유산을 누가 계승하느냐가 큰 문제였다. 현재로선 조비가 계승할 가능성이 가장 높아 보였다. 만약 조비가 천자가 되면 신하도 전부 바뀔 수밖에 없었다. 조비 시대에 득세할 사람은 조조 시대에 수훈을 세운 자들이 아니라 조비가 천자의 자리에 오르는 데 힘쓴 자들이 될 것이다.

한 그룹의 지도자가 교체되는 시기는 곧 그룹 내부의 세력 구도가 재편

결국 이기는 사마의

되는 시기였다. 그래서 역사를 보면 종종 '내조'內朝와 '외조'外朝의 구분이 나타나곤 했다. 외조는 옛 주군이 남긴 중진들이고, 내조는 새로운 주군의 사람들이었다. 새로운 주군의 시대에 외조는 자리만 지키고 있을 뿐 권력이 없어 경원敬遠의 대상이 되었지만, 내조는 새로운 주군의 심복이라 엄청난 권세를 누렸다.

옛 주군의 시대에 좋은 모습을 보여주지 못했어도 상관없었다. 새로운 주군 후보자를 제대로 낙점해서 그가 권좌에 오르도록 힘써 준다면 하루아침에 출세할 수 있었다. 사마의는 조조의 시대를 버리고 조비의 시대를 쟁취하기로 결심했다.

사마의는 경학으로 조비를 교육하는 한편 그가 조정의 중신들 및 소장파 신인들과 적극적으로 친분을 쌓도록 했다. 역사 기록에 따르면 노신老臣인 순욱, 순유, 종요鍾繇를 비롯해 당시 득세하던 인사 주관자 최염, 모개毛玠가 전부 조비의 편에 섰다. 신인인 진군, 오질吳質, 주삭朱鑠도 조비와 깊은 친분을 맺었다. 이 세 사람은 훗날 사마의와 함께 '태자사우'太子四友로 불린다. 그런데 조비가 권좌에 오르는 과정에서 대놓고 나섰던 오질 이외에 나머지 세 사람이 어떤 역할을 했는지는 고증할 길이 없다.

사마의의 역할에 관해서는 사서에 "늘 중대한 모의에 참여하여 매번 기책을 내놓았다"는 한 문장만 남아 있을 뿐이다. 그가 어떤 기책을 내놓았는지는 제 입에서 나와 군주의 귀로 들어갔으니 사마의와 조비만이 알고 있으리라.

이 기록은 조비가 즉위하기 전후에 내놓은 책략이 대부분 사마의로부터 나왔다고 믿을 만한 근거가 된다. 다른 건 몰라도 사마의가 내막을 잘 알고 조비에 찬동했던 사람이었다는 것만은 증명된 셈이다. 따라서 실증할 만한 직접적인 사료는 없어도, 조비의 황위 다툼과 관련한 여러 중대한 사건들을 사마의의 작품이라고 볼 수 있겠다.

단 한 줄뿐인 사서 기록을 통해 사마의가 겸손한 사람이었다는 것도 알 수 있다. 겸손히 몸을 낮추되 일할 때는 확실하게 하는 것, 이것이 바로 사마의 처세의 기본 준칙이었다.

사마의와 조비가 점점 가까워진다는 것을 조조가 모를 리 없었다. 노련하고 주도면밀한 조조는 사마의의 자질을 시험해 보기로 했다.

한번은 조조가 사마의에게 임무를 맡기자 명을 받든 사마의가 자리에서 일어섰다.

조조는 눈을 가늘게 뜨고 생각에 잠긴 듯 사마의의 건장한 뒷모습을 지켜보다가 갑자기 그를 불러 세웠다. "중달!"

사마의가 고개를 돌려 조조를 바라보았다.

사마의의 눈에 언뜻 스쳐 지나가는 살기를 보고 조조는 그만 멍해졌다. "아무것도 아니다. 그만 가 보거라."

사마의는 영문을 모른 채 그대로 밖으로 나가고, 조조는 불안감에 가만히 앉아 있지 못했다.

조조는 관상술에 정통했다. 관상술에 보면 '낭고지상'狼顧之相이라는 게 있는데, 뒤를 돌아봤을 때 몸은 그대로 있고 고개만 180도 뒤로 돌리는 상이었다. '낭고지상'을 가진 사람은 반골상이라는 이야기가 있었다. 사마의가 방금 그 고난이도 동작을 했던 것이다!

조조는 조비를 찾아가 의미심장하게 타일렀다. "사마의는 위험한 자다. 기꺼이 누구의 밑에 허리를 숙일 자가 아니란 말이다. 향후 네 집안일에 관여할 것이 분명하니 주의하거라."

당시 조비는 사마의와 둘도 없는 사이였던지라 곧바로 이 일을 사마의

결국 이기는 사마의

에게 알려주었다. 그 이후로 사마의는 더욱더 성실하게 일했다. 심지어 말에게 먹이를 주는 일마저도 직접 할 정도였다. 예전에 장국량^{張國良} 선생이 삼국평화^{三國評話} 《천리주단기》^{千里走單騎}에서 적토마^{赤兔馬}를 사육하고 돌본 게 사마의라고 했을 때 소설가의 말도 안 되는 이야기라고 생각했었다. 그런데 지금 생각해 보니 나름의 근거가 있었다. 요즘 말로 명실상부한 '사마'^{司馬}(말을 돌보다)가 아닌가!

근면성실하고 점잖은 데다 전심전력을 다해 조비를 보좌한 덕분에 사마의는 문학연에서 황문시랑^{黃門侍郞}, 의랑^{議郞}, 승상동조속^{東曹屬}을 거쳐 승상주부^{主簿}로 빠르게 승진했다.

사마의가 단번에 높은 지위까지 오르는 동안 몇 가지 큰 사건이 일어났다.

건안 16년(211년), 허수아비 천자인 한헌제가 조비를 오관중랑장^{五官中郞將}으로 임명하면서 조비가 부승상(제국의 2인자)이 되었다. 이로써 조비의 세자 자리는 견고해지는 듯했다.

같은 해, 서북의 마초와 한수가 반란을 일으켰고, 조조는 가후에게 계책을 구했다. 가후는 간단하게 대답했다. "두 사람 사이를 이간질하면 됩니다." 조조는 이간계를 써서 서북군을 교란시켰고 마초는 대패했다.

같은 해, 유비는 서천^{西川}에 입성했다.

같은 해, 사마의의 집에서는 둘째 사마소가 태어났다.

건안 17년 봄, 한헌제는 자신을 배알할 때 이름을 부르지 말고, 조정에 들어갈 때는 종종걸음을 걷지 않으며, 검을 차고 신발을 신은 채 대전에 들라고 조조에게 명했다. 그런데 이는 한고조 유방이 소하^{蕭何}에게 허락했던 것과 같았다.

사마의에게 가장 충격을 준 사건은 건안 17년 말 조조 군영의 수석 참모

순욱이 조조를 따라 동쪽으로 손권을 치러 가던 중 세상을 떠난 일이었다. 사인은 자살이었다.

순욱의 자ᵃʳ는 문약ˣᵇˢᵗ으로, 여영세족을 대표하는 인물이었다. 그의 조부 순숙ˢⁱᵘⁿˢ은 전대ˢᵗᵈᵉ의 명사였다. 순숙에게는 '팔룡'ᵇᵃ라 불리던 여덟 명의 아들이 있었는데, 사마씨의 '팔달'보다 평균 수준이 더 높았다.

순욱은 젊은 나이에 효렴에 천거되어 한나라의 관리가 되었다. 그는 결벽증이 있을 정도로 깨끗한 걸 좋아하는 사람이었다. 또 향을 좋아해서 오래 피우다 보니 그의 몸에서는 늘 은은한 향기가 났다. 《양양기》ᵃʸᵈᵉ에 보면 "순령군ˢⁱᵘⁿᵈᵉˢ(순욱)이 앉은 자리에서 사흘 동안 향기가 났다"는 기록이 있다.

그의 결벽증은 정치에서도 드러났다. 동탁은 상경해서 스스로 상국ᵈᵈᵉ의 자리에 오르더니 천자를 알현할 때 이름을 부르지 않고, 입조해도 종종 걸음을 걷지 않으며, 검을 차고 신발을 신은 채 대전에 들었다. 이에 순욱은 즉시 관직을 버리고 신분과 이름을 꽁꽁 숨긴 채 살았다.

깔끔하고 조용하며 몸에서 향기가 나는 이 스물아홉의 사내는 마침내 운명 같은 주군 조조를 만나게 된다. 그 후 순욱은 조조의 막부에서 그의 그림자가 되었다. 조조가 전장에서 승리를 거둘 때마다 그 뒤에는 언제나 그림자처럼 순욱이 있었다. 그는 식량을 운반했고 군사를 모으며 묵묵히 조조의 뒤를 받쳐주었다.

조조의 목표는 패업을 완성하는 것이었지만 순욱이 원한 것은 한나라 황실의 부흥이었다.

두 사람은 같은 자리에서 다른 꿈을 꾸었고, 같은 길을 갔지만 결국 목적지가 달랐다.

비극의 씨앗은 어쩌면 두 사람의 사이가 더없이 좋았던 그 시기에 이미

결국 이기는 사마의

깊게 뿌리내리고 있었는지 모른다.

순욱은 조조를 위해 수많은 인재를 천거했다. 사마의가 승상부에 든 것도 순욱의 공이 컸다. 그래서인지 순욱에 대한 인상이 좋았던 사마의는 그를 자신이 늘 보고 배울 본보기로 삼았다. 다만 순욱이 군대를 인솔해 싸우지 못한다는 것이 좀 아쉬웠다. 사마의는 평생을 순욱처럼 막후에서만 보내지 않고 기회만 된다면 반드시 선조들처럼 전장에 나가 공을 세우리라 다짐했다.

건안 17년(212년), 조조는 천자를 알현할 때 이름을 부르지 않고, 조정에 들어갈 때는 종종 걸음을 걷지 않으며, 검을 차고 신발을 신은 채 대전에 들었다. 순욱은 자신이 모시는 주군에게서 예전 동탁의 모습이 보이는 듯했다. 깊은 수심에 잠긴 그는 어찌해야 좋을지 몰랐다.

같은 해 5월, 대신들이 조조의 의중을 알아차리고 그에게 위공魏公의 자리에 오르고 구석九錫의 지위를 받으라고 권했다. 겉으로 보기에는 예우에 불과하지만 그 속에 담긴 의미는 심오했다. 왕망王莽 이후로 받아들여진 암묵적 관행이었다. 구석의 지위를 얻는 것은 다름 아닌 황위 찬탈의 신호였다.

순욱은 초조해졌다.

언제나 겸손하고 조용하던 순욱이 목에 핏대를 세우며 조조에게 제위에 오를 것을 권한 대신을 꾸짖었다. "승상께서 의병을 일으켜 한나라 황실을 보좌한 것은 충정에서 비롯된 것이니 겸양하고 물러서야 합니다. 군자는 덕으로써 백성을 사랑해야지 이런 식으로는 안 됩니다."

순욱은 자신이 실제로 누굴 꾸짖고 있는지 잘 알고 있었다.

순욱이 실제로 누굴 꾸짖고 있는지 조조는 더 잘 알고 있었다.

조조는 화가 났다. 겉으로는 친한 것 같으나 다른 마음으로 반평생을 함께해 온 두 남자가 마침내 이별을 고하려 하고 있었다.

그해 조조는 손권을 치러 출병하고, 순욱은 여느 때와 마찬가지로 후방을 지켰다. 예전과 마찬가지로 더없이 친밀한 사이처럼 보였다.

여느 때와 좀 다른 점은 조조가 갑자기 순욱에게 전선으로 가서 병사들을 위로하라고 명한 것이다. 순욱은 좀 의아했다. 그는 마음이 조마조마했지만 더 물어보지 못했다. 어쩌면 순욱은 이런 상황을 예감했는지 출병 전에 자신이 쓴 공문서와 친필 원고를 모두 불태워버렸다. 그와 조조 사이에 있었던 모든 책략과 전술, 만남과 인연의 끈들이 한 줌 재가 되어 바람을 타고 흩어졌다.

순욱이 막 수춘壽春에 도착했을 때 조조가 또 명령을 내렸다. "전선에 올 필요 없다." 순욱은 어찌할 바를 몰랐다.

수춘에서 순욱은 50세를 일기로 세상을 떠났다.

어떻게 죽은 것일까? 여기에는 몇 가지 설이 있다.

《삼국지》 기록에 따르면 "순욱이 아파서 수춘에 머물렀는데 근심으로 죽었다"고 나온다.

《위씨춘추》魏氏春秋에는 "태조가 순욱에게 음식을 보냈는데 열어 보니 빈 그릇이었다. 그래서 약을 먹고 죽었다"는 기록이 있다. 조조의 의중을 알아챈 순욱이 스스로 목숨을 끊었다는 것이다.

《헌제춘추》獻帝春秋를 보면 "순욱은 수춘에서 세상을 떠났다. 수춘의 도망자들이 손권에게 말해주었다. 태조가 순욱에게 복황후(헌제의 황후)를 살해하라고 했는데, 순욱이 이를 거부하고 자살했다"라는 내용이 나온다. 순욱이 한실漢室(한나라 황실)의 반反조조 계획을 숨겨서 조조의 미움을 샀고, 그 결과 순욱이 자살했다는 것이다.

요컨대 순욱의 사인은 외인사外因死로 조조와 불가분의 관계에 있다고 하겠다.

순욱이라는 왕좌지재王佐之材는 그렇게 세상을 떠났다.

　　　　　　　　　　　　　　　　　　　　결국 이기는 사마의

훗날 공을 세워 이름을 날린 사마의는 지난날을 회상하며 순욱에 대해 이런 찬탄을 한 바 있다. "백여 년 가까이 내 귀로 직접 듣고 내 눈으로 직접 본 인물 가운데 순령군만 한 사람이 없었다."

이는 나중에 사마의가 감흥에 젖어 한 말이고, 지금 사마의는 순욱을 통해 섬뜩한 교훈을 얻었다. 조조의 황위 찬탈에 반대하는 사람은 수훈을 세운 순욱이라 할지라도 죽음을 피할 수 없다는 교훈이었다. 조조 밑에서 어떻게 처신해야 할지 몰라 늘 전전긍긍하던 사마의는 이제야 그 방법을 알게 되었다.

지도자라면 누구나 야심이 있게 마련이다. 조비의 욕망은 태자 자리, 조조의 욕망은 황위 찬탈인 것처럼 말이다. 그런데 표현 방식은 달랐다. 조비는 조조 앞에서 출중한 모습을 보여줌으로써, 조조는 크고 작은 군벌들과 싸움으로써 그 욕망을 드러냈다. 만약 조비가 출중한 모습을 보여주고 조조가 크고 작은 군벌들을 무너뜨리는 데 사마의가 힘을 보탤 수 있다면 당연히 좋은 일이었다. 그들에게 환영받을 수도 있었다. 하지만 궁극적인 목표를 이루기는커녕 고생만 배로 할 것이 틀림없었다. 그러므로 목표를 향해 곧장 직진하는 것도 괜찮은 선택이었다.

순욱의 죽음은 헛되지 않았다. 사마의에게 피로 쓴 교훈을 남겼기 때문이다. 하내 세족 자제의 신분으로 사마의는 조조의 황위 찬탈 대업을 적극 추진하기로 마음먹었다. 이 일은 덜 위험하고 보상은 큰 데다 전쟁터에서 싸우고 군막에서 계책을 세우는 것보다 더 많은 이익을 가져다줄 수 있었다!

건안 18년(213년), 순욱의 시신이 채 식기도 전에 조조는 위공의 자리에 올랐다. 하지만 조조는 누구를 후계자로 세울지 지정하는 대신, 자신의 가장 뛰어난 두 아들 조비와 조식에 대한 시험을 시작했다.

사마의는 황위 다툼이 시작되었음을 알았다.

황위 다툼은
기술이 필요한 일이다

조조는 생각이 깊은 아버지였다.

고대에는 정치적 유산 상속자에 대한 명확한 규칙이 있었다. '입자이장 불이현'立子以長不以賢, 즉 가장 뛰어난 아들이 아니라 장자를 상속자로 세우는 것이다. 하지만 소위 규칙이란 평범한 사람들이나 구속할 수 있을 뿐 조조처럼 상식에 따라 행동하지 않는 사람들에게는 무용지물이나 다름없었다.

조조는 조비와 조식 두 아들의 재능을 시험해 자신의 후계자를 확정짓고 싶었다. 이는 고도의 기술이 필요한 일이었다. 잘하면 다행이지만 잘못하면 자멸을 피할 수 없었다. 원소와 유표의 실패가 그 예였다.

하지만 조조는 원소, 유표와 달랐다. 원소와 유표는 우유부단해서 일찍 후계자를 세우지 못해 일을 수동적으로 처리할 수밖에 없었다. 반면 조조는 적극적으로 두 아들 사이에 경쟁을 붙여 누가 더 뛰어난지 지켜보기로 했다.

그동안 조조는 조비를 유일한 후계자로 키워 왔었다. 그런 조조의 생각이 바뀐 데는 두 가지 원인이 있었다.

결국 이기는 사마의

첫째, 위공국魏公國(제후국)이 건립(213년)되어 조조가 합법적으로 후계자 문제를 고려할 수 있게 되었다.

둘째, 젊은 날의 자신을 보는 것처럼 조식의 재주가 너무 뛰어났다.

조식은 자字가 자건子建으로, 난세에 풍류를 즐길 줄 알고 뛰어난 재주를 가진 공자였다. 그는 굴원屈原과 사마상여司馬相如 이후로 이백李白이 태어나기 전까지 중국 역사상 가장 명성을 떨친 수재였다. 조조를 300년 만에 한 번 나올 법한 군주, 조비를 50년 만에 한 번 나올 법한 황제라고 한다면 조식은 500년 만에 한 번 나올까 말까 한 대문호였다. 그가 중국 역사에서 글로 떨친 명성은 아버지 조조의 지위를 거의 덮고도 남을 정도였다. 조비와 비교했을 때는 보름달과 반딧불이만큼 큰 차이가 났다.

그런데 아무런 구속 없이 행동하던 미래의 대문호가 지금 자신의 형과 승패를 가릴 처지에 놓이게 된 것이다. 권력욕이 강하지 않던 조식은 이 대결이 별로 내키지 않았다.

조식은 어려서부터 비범한 문학적 재능을 보였다. 열 살에 시론詩論과 사부辭賦 수십만 자를 외울 수 있었다. 한번은 이런 일이 있었다. 조조가 어린 조식의 글을 흐뭇한 얼굴로 보고 있었는데, 갈수록 표정이 굳어지더니 마침내 고개를 들어 큰 소리로 물었다. "이건 다른 사람이 대신 써 준 것이 아니냐!" 어린 조식이 무릎을 꿇고 말했다. "저는 입을 열면 글이 되고 붓을 들면 문장이 됩니다. 못 믿으시겠다면 이 자리에서 써 보일 수도 있습니다. 제가 무엇하러 남에게 대신 써 달라고 하겠습니까?"

건안 17년(212년) 봄, 3년에 걸친 동작대銅雀臺 건설이 마침내 완공되었다. 조조는 아들들과 당시 걸출한 문인들을 데리고 동작대에 올라 경치를 감상했다. 흥이 오른 조조는 아들들에게 각자 부賦 한 편씩을 지으라고 명했다. 나머지 아들들은 잘 알고 있었다. '아버지가 자환과 자건을 시험하려 하시는구나. 우린 조연일 뿐이니 열심히 생각하는 척만 하자.' 조비가 인상을 쓰고 붓을 입에 문 채 골몰하는 사이, 조식은 이미 쓰기 시작했다. 조조가 조식의 글을 가져가서 보니 그 문학적 재능이 가히 놀라웠다.

이 일을 계기로 조조는 마음이 흔들렸다. 이듬해 조조는 위공의 자리에 올랐는데, 태자 자리는 비어 있었다. 그는 두 아들을 대상으로 공개적이면서도 비밀스러운 시험을 진행하기 시작했다.

조조가 신임하는 몇몇 중신들은 조 승상이 보낸 극비문서(밀서)를 받았다. 두 아들의 황위 계승 문제에 관한 내용이었다. 이 측근들은 '밀서'에 담긴 조조의 고민을 알아채고 은밀하게 본인들의 답을 내놓았다. 그런데 한 사람만은 예외였다. 바로 인적자원전문가 최염이었다.

최염은 많은 사람들 앞에서 공개적으로 조조에게 상주했다. "춘추에서는 마땅히 적장자를 태자로 세워야 한다고 했습니다. 게다가 오관장(당시 조비는 오관중랑장이었다-저자)은 어질고 효성스러우며 총명하기까지 하니 정통을 잇기에 적합합니다. 이 말에 제 목숨을 걸겠습니다." 조식은 최염의 조카사위였지만 최염은 조식의 편을 들지 않았다.

최염이 공개적으로 자신의 밀서에 대답하자 조조는 이를 악물고 그의 공명정대함을 칭찬했다. 동시에 이내 분노로 인한 살의가 머리끝까지 차올랐다.

'최염, 네놈 목숨도 이젠 끝이다.'

이 사건이 도화선이 되어 황위를 둘러싼 본격적인 싸움이 시작되었다. 서로 다른 목적을 위해 뭉친 사람들이 선각자 조비와 이 싸움이 내키지 않는 조식 두 후보자 옆으로 빠르게 모여들었다.

조비 캠프의 핵심 멤버는 '태자사우'였다.

1호: 진군

진군은 여영세족의 대표적 인물로, 고사성어 '난형난제'難兄難弟 중 '난형' 진기陳紀의 아들이다. 현재 시중侍中으로, 승상동서조연丞相東西曹掾을 겸임하고 있다. 역대 제도를 손바닥 보듯 훤히 알고 있으며, 그 제도들의 정수를 모아 오랫동안 시행할 수 있는 양법良法을 만드는 것이 평생의 소원이다.

2호: 사마의

사마의에 대해서는 더 소개할 필요가 없을 것 같다! 당시 사마의는 승상주부였다.

3호: 오질

당시 오질은 조가朝歌의 현장縣長이었다. 글재주가 있고 셈에 밝으며 사람의 마음을 잘 헤아리는 장점이 있다. 그러나 지나치게 떠벌리기 좋아하고 성격이 야박하며 평판이 안 좋은 단점도 있다.

4호: 주삭

이 사람에 대해서는 역사서에 기록이 없다. 마른 체형에 성격이 급하다는 것만 알 수 있을 뿐이다.

조비 캠프의 주변 멤버이자 지지자로는 순유, 종요, 모개, 최염, 형옹邢顒, 그리고 조조 말년의 총희寵姬(총애를 받는 여자)가 있었다.

종합해 보면 조비는 진군을 위시한 여영세족의 전폭적인 지지를 받았다. 여영세족은 대개 명문대가라는 이유로 조조의 휘하에서 기본적으로 행정 문관과 모사 역할을 담당했다. 그러나 군대와는 상관이 없기 때문에 병권에는 거의 관여할 수 없었다. 이는 여영세족 인재의 특징을 반영하는 한편, 명문대가에 대한 조조의 경비가 삼엄했다는 것을 보여준다.

방대한 진용을 자랑하는 조비 캠프와 비교했을 때 조식 캠프의 핵심 멤버는 고작 2.5명뿐이었다.

조식 캠프의 핵심멤버 두 사람은 정의^{丁儀}와 정이^{丁廙} 형제였고, 나머지 반인^{半人}은 양수였다.

정의의 부친 정충^{丁沖}은 조조의 오랜 벗이자 동향인 패국^{沛國} 초현^{譙縣} 사람이었다. 패국 초현은 조조의 고향이라 이 일대를 중심으로 여영세족과 대립하는 초현 캠프가 형성되었다.

초현 캠프의 핵심 멤버는 대부분 조조의 친척으로, 하후씨 또는 조씨였다. 출신으로 따지면 대다수가 지방 호족들이라 문화와 권력을 상징하는 세족과 비교하기 힘들었다. 그러나 이들 대부분이 군대의 요직을 맡고 있어서 조씨 정권의 기둥 역할을 감당했다.

조조와 같은 고향 사람들 대다수가 현재 조정에서 무장을 맡고 있어 '영사'^{令士} 정의와 동생 정이는 다른 부류로 간주되었다. 옛 친구의 아들이자 초현 캠프의 얼마 안 되는 문화인이라 조조는 파벌의 균형과 여영세족 견제를 위해 정씨 형제를 발탁해 중용하고 싶었다.

조조는 처음 정의의 명성을 듣자마자 옛 친구의 아들인 그에게 딸을 시집보내려고 했다.

그러자 조비가 제지하고 나섰다. "여자가 짝을 찾는데 마땅히 잘 생긴 사내를 골라야지요. 정의는 애꾸눈인데 어찌 여동생을 그런 사람에게 시집보낼 수 있단 말입니까? 차라리 하후돈^{夏侯惇} 숙부의 아들에게 보내십시오!"

그 말을 들은 조조는 정의가 아닌 애꾸눈 하후돈의 아들에게 딸을 시집보냈다.

나중에 조조는 직접 정의를 만나 이야기를 나눈 후 그가 뛰어난 인재임을 알고 크게 감탄했다. "애꾸눈이라도 상관없다. 두 눈이 멀었다 해도 내 딸을 주어야 마땅했느니라!"

발 없는 말이 천리를 간다고 했던가. 정의는 조비 때문에 자신의 혼사가

결국 이기는 사마의

무산되었다는 이야기를 듣고 화가 치밀었다. '좋다, 이제부터 우리는 원수지간이다!' 정의는 동생 정이와 함께 조식을 찾아가 조식 캠프를 결성했다.

당시 정의는 인사를 주관하는 서조연西曹掾으로, 조조의 총애를 한 몸에 받고 있었다.

그런데 왜 양수를 '반인'이라고 했을까? 사실 양수는 조비, 조식 형제 모두와 사이가 좋았던 데다 조식과 함께하는 것을 원치 않았기 때문이다. 양수가 너무 똑똑해서 조식이 아버지가 낸 문제에 대응하기 위해 자주 양수를 부른 것뿐이었다. 그래서 어쩔 수 없이 양수를 '반인'으로 계산한 것이다.

당시 사마의의 셋째 동생인 사마부司馬孚도 이미 출사해서 문학연을 맡고 있었다. 여기에서 그가 가르치던 대상이 조식이었다는 점을 눈여겨볼 필요가 있다. 조식은 자신의 재능을 믿고 남을 업신여겼다. 겸손하고 예의 바른 사마부는 그런 조식에게 자주 간언을 올려 그를 언짢게 만들었다. 이런 이유로 사마부는 조식 캠프의 핵심 멤버가 되지 못했다.

양쪽 진영에 대한 소개는 끝났고 이제 전투 시작이다.

제1라운드: 지식 대결

조조가 현장에서 질문하고 두 아들이 답했다. 조비의 대답은 딱딱하고 틀에 박혀 있는 반면, 조식의 대답은 매번 물 흐르듯 자연스러웠다. 생각이 명쾌하고 언어 표현 능력이 탁월해 그야말로 만점인 답변이었다.

어딘가 미심쩍게 여긴 조조가 조사해 보니 양수가 미리 조식에게 예상 문제와 모범 답안을 만들어 주었다는 것을 알게 되었다. 답안을 달달 외웠으니 조식이 높은 점수를 받는 건 당연했다. 조조는 분노했다.

전과戰果: 조식, 부정행위로 판정패

제2라운드: 성문 나가기 미션을 완수하라

조조는 조비와 조식에게 각기 업성鄴城의 성문을 나가라는 미션을 준 뒤 문지기들에게는 아들들을 밖으로 내보내지 말라는 명령을 내렸다. 성문 입구에 도착한 조비는 문지기들에게 가로막히자 별다른 방법이 없어 낙담한 표정으로 되돌아왔다. 반면 조식은 문지기가 자신의 앞을 가로막자 칼을 빼서 그를 찔러 죽인 뒤 성큼성큼 성문 밖으로 걸어 나갔다.

조조는 기쁘고 놀란 마음으로 조식을 칭찬했다. "눈 하나 깜짝 않고 그런 일을 저지르다니, 젊은 시절의 내 모습을 보는 것 같구나!" 하지만 알게 모르게 조사해본 결과 이번에도 양수의 머리에서 나온 생각이었음이 밝혀졌다. 조조는 더욱 화가 치밀었다.

전과: 조식, 편법으로 2패

제3라운드: 검거하느냐, 검거 당하느냐

두 번이나 조조의 미움을 산 양수는 마음이 몹시 답답하고 괴로웠다. '조비는 정녕 누구의 도움도 받지 않았단 말인가?' 양수는 사람을 보내 밤낮으로 조비를 정탐했다. 마침내 그는 조비가 매일 본인 캠프의 일원인 3호 오질을 비단 담는 큰 광주리 안에 숨겨 부중府中에 들인 뒤 공무를 논의했다는 소식을 듣게 되었다. 이에 양수는 반색하며 이 사실을 조조에게 고했다.

조조의 곁에 있던 조비의 사람이 황급히 이 일을 조비에게 알렸다. 조비가 두려워하며 오질에게 대응책을 묻자 그가 대답했다. "별일 아닙니다. 내일은 진짜 비단을 담아 들이면 그만입니다." 조비는 오질이 일러준 대로 행했다. 아니나 다를까, 조조의 조사대가 들이닥쳤다. 그런데 광주리를 조사해 보니 그 안에 오질은 없고 비단만 담겨 있었다. '양수 이 쥐새끼 같은 놈! 감히 우리 부자 사이를 이간질해?' 조조의 분노가 극에 달했다.

전과: 양수, 경쟁 상대를 중상모략해 3패 기록

이처럼 조식은 비록 3연패를 했지만 심판 조조는 이번 경쟁을 통해 두 가지 사실을 알게 되었다. 하나는 양수가 조조 자신의 집안일에 너무 깊이 관여하고 있고 금쪽같은 아들 조식에게 나쁜 물을 들인 혐의가 있다는 것, 또 하나는 조식이 빛 좋은 개살구였다는 것이다.

이렇듯 조식이 세 판을 내리 졌지만 이것이 황위 다툼에 결정적인 영향을 주진 않았다. 조조는 재주 많고 왕년의 자신의 모습과 닮아 있는 아들 조식을 여전히 편애했다.

하지만 더 이상은 두 아들의 능력을 비교할 기회가 없었다. 조조가 또다시 갑옷을 입고 전쟁을 치르러 저 멀리 한중으로 건너가야 했기 때문이다. '돗자리나 팔던 귀 큰 촌놈' 유비가 익주를 차지하며 근거지를 마련한 것이다!

사마의는 군사 참모로서 처음으로 조조를 따라 출정에 나섰다.

지금은 못해도
나중에는 할 수 있다

조조 군영의 제1대 모사였던 곽가는 일찍 세상을 떠났고, 순욱은 3년 전에 스스로 목숨을 끊었으며, 순유는 작년에 병사했다. 노쇠한 가후는 모든 일을 내려놓고 사람들과 왕래를 끊은 채 흡사 조정의 은둔자처럼 굴었다. 정욱 역시 병권을 내려놓고 두문불출했다.

나이든 모사들은 전부 시들어가고 있었다.

조조는 말년에 제2대 참모 군단을 키우기로 결심했다. 주요 대상은 유엽, 장제, 그리고 사마의였다. 이번 출정에서 유엽과 사마의는 군대에 속해 있었다.

유엽은 자字가 자양子揚으로, 한나라 황실 이후의 양주揚州 사람이었다.

당시 양주 사람의 이미지는 "생명을 가벼이 여기고 교활하며 흉악하다"였다. 유엽은 평생 이 수식어를 달고 살았다.

유엽은 일곱 살 때 어머니를 여의었다. 어머니는 죽기 전에 유엽에게 말했다. "네 아버지의 첩은 흉물이다. 네가 그년을 없애준다면 어미가 편히 눈

결국 이기는 사마의

감을 수 있을 것 같구나."

그 후 6년이 지나 유엽은 열세 살이 되었다. 열세 살이면 뒷일은 생각하지 않는 나이였다. 이제 때가 되었다고 생각한 유엽은 어머니가 편히 눈 감을 수 있도록 칼을 들고 방에 들어가 시첩을 살해했다. 그리고 시첩의 머리를 잘라 어머니 무덤 앞에 가져다가 제사를 지냈다.

이야기의 본론은 이게 아니다. 본론은 지금부터다.

유엽은 20대 때 지방 호족 두목인 정보鄭寶의 눈에 들었다. 정보는 유엽에게 자신의 책사가 되라고 강요했다. 여강군廬江郡의 군소 군벌이던 정보는 패거리 1만여 명을 소호巢湖로 불러 모았다. 명성과 위세가 드높았지만 앞날이 불투명한 점은 변함이 없었다. 유엽은 수구水寇 따위에게 몸을 의탁할 생각이 없었다. 정보를 제거하기로 마음먹은 그는 '홍문연'鴻門宴을 준비하고 '항장'項莊(초패왕 항우의 사촌동생) 역할을 할 사람 몇 명을 구해 정보가 술에 취하면 손을 쓰기로 했다.

깡패 두목 정보는 호위무사 수백 명을 대동해 연회에 참석했고, 모든 것이 계획대로 진행되었다.

그런데 갑자기 예상치 못한 상황이 발생했다. 정보가 술도 안 마시고 주변을 살피며 잔뜩 경계를 하고 있는 것이 아닌가! 대기하고 있던 '항장'들은 어찌할 바를 몰라 전전긍긍하기만 했다.

유엽은 일단 시작한 김에 끝을 봐야겠다는 생각에 직접 칼을 뽑아 들고 정보를 살해한 뒤, 그의 머리를 들어 정보의 수하들을 굴복시켰다. 정보가 지배하던 구역은 유엽의 첫 대면 선물로서 또 다른 우두머리 유훈劉勳에게 귀속되었다. '홍문연'을 열어 사람을 죽이는 것이 그다지 새로운 수법은 아니었지만, '항장'이 제 역할을 하지 못하게 된 상황에서 '항우'가 직접 칼을 빼든 것은 보기 드문 일이었다. 훗날 유훈이 손책에게 격파당하고, 북방이 조조에게 귀속되자 유엽은 조조의 막부로 들어갔다.

한창 젊을 때부터 살인을 어린애 장난처럼 여긴 유엽이었으니, 그 담력과 지모는 결코 평범한 모사들이 따라잡을 수 없었다. 조조가 장로를 치러 출정할 당시 유엽은 사마의와 같은 주부였다. 동료인 동시에 경쟁자였던 것이다. 이런 경쟁자를 만났으니 누군들 간담이 서늘해지지 않겠는가?

이번에 조조가 치려는 사람은 장로였다.

장로는 군벌이던 도교의 창시자 장도릉張道陵의 친손자로, 종교 형식을 이용해 한중 지역을 나눠 차지한 지 벌써 30년 가까이 되었다.

한중은 사천분지四川盆地에서 중원中原으로 가는 북문이자 중원이 익주를 견제하는 남문으로서 상당히 중요한 전략적 요충지였다. 무엇보다 유비가 작년에 익주를 차지했기 때문에 조조로서는 한중을 반드시 손에 넣어야만 했다.

한중 주변에는 높은 산과 험한 준령이 있었다. 대평원에서 벌이는 전투에 익숙한 조조는 이런 곳에서 행군하기가 여간 고되지 않았다. 군량 운송도 뒤처졌다(그러게 누가 당신더러 순욱을 죽음으로 몰고 가라 했는가-저자). 조조는 철군을 명했다. 사마의는 몰래 비웃었다. '조조의 낭만주의가 또 도졌구나. 결정적인 순간에 실수를 저지르다니. 하지만 이번에는 확실히 군량이 부족하다. 더군다나 장로의 수비군은 전방에서 호시탐탐 기회를 엿보고 있다. 공격을 강행했다가는 문제가 생길 것이 뻔하다. 지금으로서는 퇴군이 만전지책萬全之策이다.'

대군이 철수하는 사이, 후방에서 독군督軍으로 있던 유엽이 철군 소식을 듣고 부리나케 달려왔다. 그는 가쁜 숨을 몰아쉬며 조조에게 간언했다. "전력을 다해 공격을 강행해야 합니다!" 유엽은 다음과 같이 형세를 분석했다.

결국 이기는 사마의

"지금은 군량 보급이 힘든 상황인 데다 돌아갈 길은 아주 멉니다. 이대로 철군한다면 손해가 막심할 것입니다. 만일 장로가 뒤에서 몰래 기습이라도 한다면 끝장나지 않겠습니까?"

조조는 철군을 후회하기 시작했고 유엽은 계속해서 분석을 이어갔다.

"그래도 영명하신 승상께서 대군에게 철군하는 척하라고 명하셔서 다행입니다. 지금 우리 군이 철수를 시작했으니 적군의 방비가 틀림없이 소홀해졌을 것입니다. 이 기회에 우리는 급선회해 불의의 반격을 가할 수 있습니다. 정말 좋은 계책을 내셨습니다!"

수염을 쓰다듬던 조조는 유엽의 말에 내심 우쭐해졌다. 그는 서둘러 장령들을 보내 야습을 감행했다. 유엽의 예상대로 방비가 허술했던 장로의 수비군은 속수무책으로 궤멸당했다. 덕분에 조조는 손쉽게 한중을 손에 넣었다.

사람을 두려움에 떨게 만드는 유엽이라는 동료가 한중대전에서 두각을 나타내며 자신과의 경쟁에서 초반 기선을 제압했지만, 사마의는 개의치 않았다.

사람은 일생 동안 수많은 경쟁자를 만나게 된다. 경쟁자들이 성공을 거둘 때마다 계속 마음에 담아둔다면 정말 피곤할 것이다. 질투에도 전술이 필요하다. 일의 경중을 따지지 않고 사사건건 질투를 한다면 심장에 무리만 갈 뿐이다. 전쟁 중에 일어날 수 있는 돌발 사건에 신속히 대처하고 음험한 술수를 내는 것이 유엽의 특기였다. 이는 질투할 만한 재주가 못 되었다. 어떻게 하면 장점을 살리고 단점을 피할 수 있을지 고민하는 것이 사마의에게는 더 중요한 문제였다.

군무軍務란 단순히 전쟁에 관한 일뿐만 아니라 그 외의 일도 포함되었다. 대세를 파악하고 큰일을 예측하며 판단하는 것, 이것이 바로 사마의의 장기였다.

그러나 줄곧 침착했던 사마의도 유엽의 눈부신 활약 앞에 가슴 깊숙이 꿈틀대는 남자의 호승심을 차마 억누르기가 힘들었다.

사마의는 간언을 올리기로 했다.

조조는 장로의 군량으로 아침밥을 지어먹으며 득의양양했다. 더 많은 전과를 올리겠다는 생각은 전혀 없어보였다. 한편, 유비가 익주에서 기반을 다지기도 전에 손권과 유비 사이에는 또다시 마찰이 생겼다. 유비는 직접 상당한 병력을 인솔해 저 멀리 형주에서 손권과 대치하고 있었다. 이럴 때 파촉巴蜀을 손에 넣어야지 무엇을 하고 있는가? 어느 한가한 《삼국지》 애호가조차도 이 대목에서 안타까운 탄성을 내지르는데, 정작 조조는 아무 생각 없이 아침이나 먹고 있었다니 정말 믿기지가 않는다.

사마의는 간언하기로 결심했다. 조조 진영에 온 지 벌써 7년이 되었지만 사마의는 한 번도 특출난 모습을 보여주지 못했다. 그런 그가 지금 간언하기로 마음먹은 것이다.

간언은 예술이 아니었다. 군주를 모시는 일이야말로 예술이었다. '간언'은 그저 군주를 모시는 이 예술을 완벽하게 완성하기 위해 채택한 전술 중 하나에 불과했다. 간언하지 않는 것 또한 다른 선택지였다.

사마의는 지난 7년 동안 간언하지 않는 쪽을 선택한 것뿐이었다. 그가 이런 선택을 한 데에는 몇 가지 이유가 있었다.

첫째, 조조는 속을 알 수 없는 음험한 사람이었다. 그는 신하, 특히 문신에 대한 의심이 너무 많았다.

사마의는 하내 명사를 대표하는 인물인 데다 '낭고지상'이라는 말까지 돌아 의심의 대상이 되었다. 이런 주군에게 계책을 올리고 간언을 했다가는 언제라도 그의 역린逆鱗을 건드려 제거될 수 있었다.

둘째, 사마의의 업무 성격은 특수했다.

7년 전 승상부에 들어온 이래 사마의는 오랫동안 행정직을 맡았다. 조씨 가문의 다음 세대를 교육하는 문학연, 황제의 고문인 의랑, 승상부의 인사 업무를 주관하는 동조속 등 그가 맡은 자리는 정치적으로 민감했다. 조조의 후계자 문제에 대해 함부로 입을 놀리거나 황제 앞에서 쌍방을 부추겨 시비를 일으켰을 때는 물론이고, 인사 업무와 관련해서 쓸데없는 공론을 폈다가는 상상할 수도 없는 결과를 초래할 수 있었다. 한마디로 사마의가 맡았던 직위는 말없이 일만 열심히 해야 하는 자리였다.

셋째, 사마의는 승상부의 신입 사원이었다.

신참이 고수가 되기까지는 얼마간의 시간이 필요하다. 그동안 인간관계를 잘 맺고, 근무 환경을 익히며, 업무 능력을 향상시키고, 리더의 성격을 확실하게 파악하는 것이 무엇보다 중요하다.

하지만 지금은 상황이 달라졌다.

업무 성격으로 보면 사마의는 모사였다. 모사는 마땅히 간언을 올리고 계책을 내야 했다. 경력으로 보자면 사마의는 승상부에서 나이가 많은 축에 속하기 때문에 어느 정도 발언권이 있었다. 그리고 조조가 이번에 사마의를 데리고 나간 것은 신인을 단련시키기 위함이었다. 한마디도 하지 않는다는 것은 지금 같은 상황에서는 적절치 않았다.

마음을 정한 사마의는 앞으로 나가 무거운 목소리로 말했다. "익주가 아직 불안정하고 유비는 멀리 형주에 있으니, 이는 피실취허避實就虛(적의 주력을 피하고 방어가 허술한 곳을 공격하다)하고 출기제승出奇制勝(기묘한 계략을 써서 승리하다)할 절호의 기회입니다. 우리 군대가 한중을 손에 넣어 익주가 불안에 떨고 있습니다. 이 기세를 몰아 진군한다면 손쉽게 촉蜀 땅을 손에 넣을 수 있을 것입니다. 현명한 사람은 기회가 무르익지 않았을 때는 경솔하게 움직이지 않지만, 확실한 기회가 눈앞에 왔을 때는 그 기회를 놓치지 않는 법입니다."

조조는 사마의를 바라보다 크게 웃으며 유명한 말로 그의 문학적 소양과 낭만적인 감성을 여실히 보여주었다. "사람의 고통은 만족하지 못하는 데 있다더니, 이미 농우隴右(지금의 감숙성 양주涼州 일대)를 얻었거늘 다시 촉蜀을 얻길 바라는구려!" 조조는 흥미롭다는 표정으로 사마의를 바라보았다.

사마의는 더 할 말이 없어 조용히 물러났다. 사마의의 간언을 듣고 난 후, 성공의 기쁨에 취해 있던 유엽의 표정이 사뭇 진지해졌다. 사마의의 계책이 대단하다는 것을 알아차린 것이다. 유엽은 입을 다문 동료의 얼굴을 힐끗 쳐다보았다. '계속 권하지 않고 뭐하는가?' 사마의는 두 손을 늘어뜨린 채 땅만 바라보고 있었다.

유엽은 속으로 생각했다. '그냥 이렇게 포기하겠다면, 내가 자네 공을 가로챘다고 원망하지 마시게.' 다급해진 유엽은 간언을 계속했다. "우리가 한중을 함락시킨 뒤로 촉인들은 우리의 위세를 보며 벌벌 떨고 있으니 익주는 저절로 손에 들어올 것입니다. 승상의 능력이라면 이 기회에 손바닥 뒤집기만큼 손쉽게 촉을 차지할 수 있습니다. 만약 조금이라도 지체한다면 국가를 다스리는 데 밝은 제갈량은 재상이 되고, 용맹함이 삼군 중에 으뜸인 관우와 장비가 장군이 될 테니, 촉의 백성들은 안정될 것입니다. 또한 그들이 요해처要害處(지세가 험하여 적을 막고 자기편을 지키기에 편리한 지점)를 점거해 지킨다면 침범할 수 없게 됩니다. 그러니 지금 공격하지 않으면 분명 후환이 될 것입니다."

조조는 눈을 가늘게 뜬 채 눈앞에 있는 두 젊은 모사를 면밀히 살폈다.

여러 가지 복잡한 변수들이 그의 머릿속을 혼란스럽게 만들고 있었다. '한중의 지형이 이리도 험한데 촉으로 가는 길은 얼마나 험할지 알 만하다……. 군량과 마초도 큰 문제고……. 손권이 동쪽에서 소란을 피운다면……. 조정에 아직 나를 반대하고 한실을 지키려는 세력이 적지 않은데, 만일 내가 늦게 돌아간다면……. 유엽은 한실의 종친이고 사마의는 낭고지상인데, 이 두 사람이 내게 촉을 차지하라고 이렇게까지 강권하는 건…….' 생각을 정리한 조조는 손을 내저으며 유엽의 의견을 받아들이지 않았다.

애가 탄 유엽은 눈짓으로 사마의에게 힘을 합쳐 간언하자는 신호를 보냈다. 하지만 사마의는 눈썹을 낮게 드리운 채 꼼짝도 하지 않았다.

'간언하는 목적은 여러 가지지만 주군이 받아들이도록 만드는 것만이 유일한 목적은 아니다. 내 모습을 보여주고 내 능력을 드러낼 수만 있다면 그것으로 충분하다. 계속해서 간언한다면 주군은 분명 언짢은 마음이 들 것이다. 이것이 첫째다. 주군이 간언을 받아들였더라도 만일 상황이 내 예상과 다르게 돌아간다면 심각한 결과를 낳을 것이다. 이것이 둘째다. 내 예상이 맞더라도 내 지략이 주군보다 높다는 것을 드러낸 셈이니 주군은 위협을 느낄 것이다. 이것이 셋째다. 강력하게 간언하면 이런 세 가지 불리한 일이 생기니 당연히 해서는 안 된다. 간언할 줄만 알면 평생 탁월한 모사밖에 될 수 없다. 간언하지 않는 현묘함을 알아야 신하로서 최고의 자리에 오르고 걱정이 사라진다. 전쟁터에서 시의적절한 계책을 내는 데는 내가 유엽 당신보다 못하지만, 관계(官界)의 권모술수는 내가 당신보다 나은 것 같구려. 조조의 근심은 유비가 아니라 궁궐 안에 있다네!'

조비는 초조했다.

'이전의 황위 다툼에서는 내가 우위를 점했다고 할 수 있다. 자건(조식)

은 나와의 대결에서 연거푸 세 번을 졌고 심지어 더 싸울 생각도 없어 보였다. 이렇게 본다면 내 태자 자리는 태산처럼 견고하다 할 만하다. 하지만 문제는 상식에 어긋난 행동을 하는 아버지이다!

자건이 그렇듯 형편없는 모습을 보였는데도 불구하고 아버지는 얼마 전 출정 때 자건을 수도에 남기셨다! 그보다 아버지가 자건에게 한 말이 더 압권이었다. "내가 막 일을 시작했을 때가 스물세 살이었다. 올해 너도 스물세 살이 되니 더욱 정진하거라." 평범한 사람들이라면 그냥 아버지가 아들에게 건네는 격려의 말로 치부하고 말았을 것이다. 하지만 그게 아버지가 한 말이라면 이야기가 달라진다. 아버지가 말씀하신 그 일이란 무엇을 말하는가? 바로 패업이다! 아버지께서는 대체 무슨 뜻으로 자건에게 정진하라 하신 겁니까? 자건이 후계자가 될 거라는 뜻입니까?'

조비는 아무리 생각해도 동생의 어떤 점이 그토록 아버지를 매료시키는지 이해할 수가 없었다. '조정의 평판, 행정 수단, 군대 통솔 능력과 작전 능력, 하물며 정치적 야심까지도 내가 자건보다 못한 것이 있는가?' 조비는 만약 조식이 황위에 오른다면 독한 마음을 먹고 한나라 황제를 권좌에서 내려오게 할 수 있을지도 의문이었다.

가끔 조비는 아버지의 마음을 사로잡은 것이 동생의 문재文才가 아닐까 생각했다. 그래서 여러 명사들을 사귀며 문화 활동에 참가하고, '오관장문학'五官將文學 자리도 신설하고 건안칠자建安七子(한나라 말기 건안 연간에 문학으로 이름을 떨쳤던 일곱 사람) 중 서간徐幹, 응창應瑒 등 문인묵객文人墨客들을 자신의 휘하로 대거 들여 문학살롱을 열기도 했다.

조비는 또 저명한 학자들을 모아 중국 역사상 최초의 백과사전인《황람》皇覽을 편찬했다. 조비는 조조가 자신의 재주를 모를까 봐 자서전인《전론》의 〈자서〉自序를 썼다. 이 책에서 조비는 자신이 여섯 살에 양궁을 배우고,

결국 이기는 사마의

여덟 살에 달리는 말 위에서 움직이는 표적을 맞출 수 있었으며, '오경'과 사한史漢(사마천의《사기》와 반고의《한서》), 제자백가의 글을 통달할 만큼의 문재와 수숫대로 검술 고수를 격파할 만큼의 무재를 겸비했다는 등의 내용을 기록했다. 조비가 이 사실을 널리 알리기 위해 전단지를 배포하듯 이 자서전을 가는 곳마다 선물하니, 당시 조정에 있던 사람들은 다들 이 책 한 권쯤은 가지고 있게 되었다. 강 건너편에 있는 손권과 장소張昭조차도 영문을 모른 채 조비가 '택배'로 보낸 저자 친필사인 한정판 자서전을 받을 정도였으니 말이다. 조비는 이들에게 가르침을 청했다(손권에게는《전론》과 시부를 주고, 장소에게는 편지를 써서 보냈다—저자).

수단과 방법을 가리지 않았다.

건안 21년(216년), 조조가 위왕魏王의 자리에 올랐다.

하지만 태자 자리는 여전히 공석이었다.

더 이상 다른 방법이 없었던 조비는 자신의 두뇌집단과 상의했다. 이제막 군장을 벗고 한중에서 돌아온 사마의가 제안했다. "어찌 가후에게 가르침을 청하지 않으십니까?"

사마의조차도 마음속으로 교활하다 욕했던 인물 가후는 최근 몇 년간매일같이 정시에 퇴근하여 문을 걸어 잠근 뒤 사교 활동을 일절 하지 않았다. 자녀들 결혼 문제에 있어서도 가능하면 높은 가문이 아닌 평범한 집안과 짝을 맺어주려고 애썼다. 더욱이 계책을 세우는 일에는 거의 나서지 않고 조정의 은사隱士가 된 터라 사람들의 관심 밖으로 밀려난 지 오래였다.

'가후를 찾아가라고? 과연 소용이 있을까?'

당연히 소용이 있었다. 가후는 위왕이 매우 중요하게 생각하는 인물이었다. 어쩌면 그는 위왕이 자신과 필적할 만한 머리를 가졌다고 여길 유일한 사람일지도 몰랐다. 총명함을 드러내는 사람은 위왕의 눈 밖에 나지만, 어수룩한 척하는 사람은 위왕의 눈에 들었다. 그런데 가후는 둘 다 가능한 사람이었다.

조비는 가후를 찾아가 단도직입적으로 물었다. "어떻게 해야 이길 수 있습니까?"

가후는 양주凉州 사람으로, 조조가 처음 거병할 때부터 있었던 사람도 아니고 여영세족이나 초패譙沛 캠프의 멤버도 아니었다. 때문에 조정에서 각별히 조심하고 명철보신했었다. 그래서인지 조비의 방문이 좀 뜻밖이었다. 하지만 가후는 옛 주군의 수명이 얼마 남지 않은 것 같으니 남은 자손들을 위해 살길을 마련해둘 때가 되었다는 생각이 들었다.

가후가 대답했다. "부디 장군께서는 덕과 도량을 중시하고, 몸소 선비의 본업을 다하며, 아침저녁으로 근면하고, 자식 된 도리를 어기지 마십시오. 이렇게만 하시면 됩니다." 말을 마친 가후는 더 이상 아무 말도 하지 않았다.

사마의는 그 말을 듣고 가슴이 뜨끔했다. '가후 이 교활한 늙은이의 지략이 어느새 입신의 경지에 이르렀구나! 방금 그 말은 덕을 쌓고 양생하며 근면성실하고 자식의 도리를 지키라는 그저 지극히 평범한 조언처럼 들린다. 하지만 태자 자리를 놓고 경쟁이 과열되면서 술수와 속임수가 난무하는 이런 결정적인 시기에는 성실하고 진솔한 모습을 보여줘야 승리할 수 있다. 최종 심사를 하는 조조는 책략을 쓰는 데 도가 트인 사람이다. 그러니 조조 앞에서는 어떤 술책을 써도 괜한 분란을 일으키는 소인배처럼 보일 뿐이다. 차라리 정반대의 방법을 써서 덕으로써 사람을 굴복시킨다면 더 큰 효과를 발휘할 것이다.'

둔하고 무거운 칼도 사용하는 사람의 능력이 출중하면 엄청난 살상력을 가질 수 있다. 음험한 술수를 쓰지 않고 그저 성실하게 덕으로써 사람을 따르게 하는 것이야말로 모사의 최고 경지라고 할 수 있었다!

가후의 조언에 비하면 예전에 오질이 조비를 위해 낸 계책은 어린 아이 장난에 불과했다. 다만 가후가 한 말은 지나치게 소박하고 심지어 상투적으로까지 들리는데, 과연 조비가 그 속뜻을 알아차렸을까?

다행히 무슨 뜻인지 온전히 이해한 조비는 일어나 작별 인사를 했다. 조식이 조조에게서 불세출의 글재주와 낭만적인 자질을 물려받았다면, 조비는 정치적 권모술수와 실용주의를 물려받았다.

조비는 자신이 가후를 찾아간 목적이 이미 달성되었다는 걸 알았다.

목적은 두 가지였다. 하나는 가후가 자신을 지지하도록 만드는 것, 또 하나는 가후로부터 구체적인 제안을 받는 것이었다.

가후가 방금 한 말은 조비의 두 번째 목적이었던 명확한 제안을 준 것이었다. 가후는 덕을 쌓고 마음을 수양하며 가식을 버리고 진심을 다해 승리를 쟁취하라고 조언했다. 가후가 자신을 만나주고 자신의 질문에 기꺼이 대답해주는 것은 이미 자신을 지지한다는 뜻을 나타낸 셈이니, 첫 번째 목적도 달성된 것이나 다름없었다.

똑똑한 세 사람은 굳이 말하지 않아도 서로의 마음을 잘 알고 있었다.

기회는 빨리 찾아왔다. 출정 길에 오르기 전 조비와 조식이 조조를 배웅했다. 삼군 장병들이 행장을 갖추고 출발을 기다리고 있었다. 흥이 오른 조식은 대군 앞에서 즉흥적으로 멋진 문장을 읊었고, 우레와 같은 박수갈채를 받았다.

그런데 그때, 옆에서 한참 동안 말도 없이 축 처져 있던 조비가 더 이상 자신의 감정을 '억누르지' 못하고 참았던 눈물을 왈칵 쏟아냈다.

"그 위엄 있고 기세등등하던 아버지도 이제는 나이가 드셨습니다. 살짝 구부정해진 몸, 희끗해진 귀밑머리, 눈가의 주름이 이 나라의 최고 권력자도 평범한 노인에 불과하다는 걸 말해주는 것 같습니다. 그런데도 아들인 저는 출정을 앞둔 아버지의 걱정을 덜어드릴 수가 없습니다. 돌아오신 모습을 뵌 지 얼마 되지도 않았는데 또 이별이라니, 눈물이 앞을 가립니다. 부디 이번 출정에서 연전연승하시고 평소처럼 평안히 돌아오시기만을 바라겠습니다!"

조비는 감정이 최고조에 이르렀을 때 바닥에 무릎을 꿇고 절을 올렸다. 삼군은 망설였고 군중은 흐느껴 울었다. 조조는 말 앞에 무릎을 꿇은 채 눈물 흘리는 아들을 바라보며 덩달아 감정이 북받쳤다.

'자건의 문재가 출중하긴 하지만 역시 자환의 진심만 못하구나.' 조조 마음의 저울이 마침내 다른 쪽으로 기울기 시작했다.

조비는 눈물로 시야가 흐릿한 와중에도 몰래 아버지의 표정을 살피며 내심 기뻐했다. '셋째야, 문학적 재능은 네가 나보다 한 수 위일지 몰라도 연기로 따지자면 남우주연상은 내 차지로구나.'

태자 쟁탈전도 어느새 막바지에 접어들었다. 조조의 기울어진 저울 위로 결정적인 저울추 두 사람이 더해졌다. 한 명은 가후, 다른 한 명은 조식이었다.

군왕의 집안일에 관여하는
위험투자를 감행하다

마침내 조조는 가후를 찾았다. 어두운 실내에는 오직 마주 앉은 두 사람만 있을 뿐, 근신과 시녀들은 물러가고 없었다.

조조는 가후를 바라보고 있고, 가후는 목석처럼 굳어 있었다. 조조가 입을 열었다. "자네가 보기에는 자환과 자건 중 누가 더 태자 자리에 적합하다고 생각하는가?" 질문을 던진 조조가 가후의 눈을 똑바로 쳐다보았다.

정적이 흘렀다. 심장 소리가 들릴 정도의 정적이었다.

가후는 마치 딴 세상에 있는 것처럼 못 들은 체하며 계속 목석같은 자세를 유지했다.

조조는 마음이 좀 언짢았다. "어찌 묻는 말에 대답이 없는가?" 가후가 "아!" 소리를 내더니 막 꿈에서 깬 듯 황급히 사죄했다. "송구합니다. 제가 다른 생각에 잠깐 빠져 있었습니다."

조조가 물었다. "무슨 생각을 하고 있었는가?"

가후가 송구스러운 표정을 지었다. "원본초袁本初(원소)와 유경승劉景升(유표) 부자의 일을 생각하고 있었습니다."

조조는 순간 온몸에 소름이 돋았다. '그래, 일찍이 대군벌이던 원소와 유표가 어린 아들을 총애한 탓에 패망에 이르렀지. 후계자를 정하는 문제에 있어서 나는 늘 감정에 치우쳐 있었네. 이제는 이성적으로 생각할 때가 된 것 같군.'

조조는 깊은 생각에 빠졌다. 가후는 생각에 잠긴 조조의 표정을 가만히 지켜보았다. 보아하니 자신이 조비의 기대를 저버린 것 같지는 않았다.

한편, 결정적인 순간에 조식은 죄를 저질렀다.

황위 다툼을 벌이는 동안 적극적으로 바쁘게 움직이던 조비와는 달리, 조식은 마음 내키는 대로 행동하고 방탕하게 술을 마셔 만취하기 일쑤였다. 그런데 이날은 술에 취해서 그랬는지 아니면 다른 이유 때문인지 모르겠지만 조식이 마차를 몰고 사마문司馬門을 나간 것이다.

서한 이래로 사마문은 암살, 정변, 음모와 떼려야 뗄 수 없는 인연이 있어 상당히 민감한 곳이었다. 이런 이유로 왕궁에서 가장 호위가 삼엄한 문이었고, 이 문을 지키는 금군장령禁軍將領만 여덟 명이나 되었다. 한나라 제도에 따르면, 천자 외에는 누구라 하더라도 걸어서만 사마문을 드나들 수 있었다. 태자도 예외가 아니었다. 그런데 조식이 백주대낮에 사마문에서 마차를 몬 것이다!

진노한 조조는 궁전 거마를 관장하는 공거령公車令을 즉각 사형에 처했다. 태자 선택에 있어 마침내 주저함이 사라졌다.

건안 22년(217년), 조조는 조비를 태자로 책봉했다. 사마의와 사마부는 태자와 항상 같이 생활할 수 있는 가장 중요한 속관, 즉 태자중서자太子中庶子에 제수되었다.

사마씨 가문의 둘째아들과 셋째아들의 관직이 올라가고 있을 때, 오나라 정벌군의 전선에서 갑작스런 비보가 들어왔다. 큰형 사마랑이 역병으로 군대에서 병사했다는 것이다. 소식을 접한 사마의는 벼락을 맞은 기분이었다.

알고 보니 사마랑은 승상주부에서 연주자사兗州刺史로 승진한 뒤 일 년 내내 검소한 생활을 하며 전심전력으로 백성을 위했다. 그리고 올해 하후돈의 군대를 따라 전선에 나갔던 것이다. 군대에서 갑자기 역병이 발생하자 사마랑은 직접 순시하며 진찰을 돕고 약을 전달하며 환자들을 살뜰히 보살펴 주었다. 하지만 계속되는 과로로 그는 결국 몸져누웠고, 치료를 받다 끝내 숨을 거두었다.

'큰형은 내게 형이자 스승이었고, 무엇보다 남몰래 실력을 겨루는 경쟁자였다. 인생에서 형은 언제나 나보다 한발 앞서 있었다. 이제 형을 따라잡을 수 있는 기회가 눈앞에 다가왔는데, 이런 비보를 듣게 되다니! 설마 나 사마의가 평생 형을 뛰어넘을 수 없다는 것이 하늘이 정한 운명인 것입니까? 형님, 부디 편히 쉬십시오. 사마씨 가문 부흥이라는 중책은 제가 짊어지겠습니다.'

죽은 사람은 이미 떠났으니 산 사람은 꿋꿋하게 살아야 한다. 어찌 되었든 간에 여러 해 동안 이어진 태자 쟁탈전이 마침내 대단원의 막을 내렸다.

조비가 승리한 원인을 분석해 보면 몇 가지 전통적인 요인이 있다.

첫째, 조비 참모진의 수준이 조식의 참모진보다 월등히 높았다.

사마의가 교활하고 간사하다는 것은 모두가 아는 사실이고, 진군은 여영세족의 대표적인 인물이었다. 오질은 계책을 내는 데 탁월한 능력을 보였다. 이렇듯 조비의 참모진은 하나같이 베테랑 정치가들이었다.

이에 비해 조식의 조력자인 정의와 정이는 인간관계가 형편없었고, 일할 때는 지나치게 떠벌리는 스타일이었다. 양수는 조식에게 시종일관 이도저도 아닌 미온적인 태도를 보였다. 이 세 사람은 모두 뛰어난 문장가들이었지만, 정치에 있어서 만큼은 문외한이나 다름없었다.

둘째, 조정에서 조비의 지지율이 조식에 비해 압도적이었다.

조정의 중신들 중에 조비에게 포섭되었거나 조비에게 힘을 실어준 사람으로는 순유, 가후, 종요, 모개, 최염, 형옹 등이 있었다. 그런데 조식은 선거 운동에 적극적으로 나서지도 않고 자기 진영의 사람들을 적진으로 밀어내기까지 했다. 형옹은 당대의 명사였는데, 사람들은 그를 '덕행당당형자앙'^{德行堂堂邢子昂}이라고 불렀다. 조조는 형옹을 흠모해서 그를 조식의 가승家丞으로 임명했다. 형옹은 제멋대로 행동하는 조식을 차마 눈 뜨고 볼 수 없어 누차 간언을 올렸지만 조식은 듣지 않았다. 두 사람은 매사에 전혀 맞지 않았다. 조조의 후계자를 세우는 문제에 있어서 형옹은 최종적으로 조비의 손을 들어주었다.

심지어 조식의 참모들은 인간관계마저 안 좋았다. 조식 캠프의 핵심 멤버인 정의는 조정에서 벼락출세한 신임 관리였는데, 기고만장한 태도로 고참들에게 미움을 샀다. 조식이 황위에 오르게 되면 정의가 득세할 터였다. 조정의 형세가 안정될 수 있을지 여부도 조조가 고려하지 않으면 안 되는 문제였다.

셋째, 조식 본인의 능력에 한계가 있었다.

조식은 비범한 재능을 가졌지만 실질적인 정치적 수완과 군사적 재능은 확실히 떨어졌다는 게 전통적인 견해였다. 황위 다툼이라는 이런 잔혹하고 복잡한 궁중 암투에서 그가 보여준 모습은 정말이지 깜짝 놀랄 정도이다. 그는 조조의 마음속에서 절대적인 우위를 차지하고 있었지만 무절제하고 제멋대로 행동한 탓에 최종 경쟁에서 지고 말았다.

이런 사람을 미래 위나라의 주인으로 삼는다면 어떻게 되겠는가? 많은 사람들이 조비의 승리를 바란 까닭이 여기에 있다.

조비는 제1후계자이기도 하고 능력 면에서도 적임자가 분명한데, 조조는 왜 제2의 원소와 유표가 될 위험을 무릅쓰고 그렇게 오랫동안 고민을 했을까? 유비, 손권과 천하를 두고 다투는 이런 바쁘고 중요한 순간에 그는 어째서 한가하게 두 친아들 사이에 태자 자리 쟁탈전을 일으킨 것일까?

조조에게도 나름의 시나리오가 있었다.

그 시나리오에 따르면, 조조는 태자 자리를 미끼로 세 가지 목적을 달성한 것으로 보인다.

조조의 첫 번째 목적은 조정의 모든 문무백관을 시험해 조위 편에 선 사람과 한나라 황실 편에 선 사람을 가려내는 것이었다.

조조는 이미 한나라 황실을 허수아비로 만든 상태였다. 조조 밑의 문무백관들은 대부분 한나라 황실의 옛 신하들이었다. 조조의 다음 계획은 자신의 후계자를 최고 지위에 있는 대신보다 더 높은 자리에 올리는 일이었다. 이를 위해서 신하들이 입장을 표명하도록 만드는 것이 급선무였다.

하지만 조조는 "내 아들이 찬위簒位하는 것을 지지하는가?"라고 대신들에게 직접적으로 묻기가 곤란했다. 그래서 태자 선발을 계기로 일을 키워 중신들이 태도를 표명하게끔 압박을 가한 것이다. 태자 선발이 조조의 집안일처럼 보이지만, 이 일에 더 열성적일수록 조조 후계자의 찬위 대업을 지지한다는 뜻으로 볼 수 있었다.

사마의는 이것이 상당히 수준 높은 '지록위마'指鹿爲馬라는 걸 간파했다. 그래서 그는 '군왕의 집안일에는 관여하지 않는다'는 옛 사람의 교훈을 어기고 적극적으로 움직였다. 사마의는 밑천도 없이 큰 이익을 노리는 위험투자를 감행했는데, 향후 조비가 정권을 장악하기만 하면 부귀영화를 누릴 수 있었다. 다른 한편으로는 '조조 당신의 자손들이 당신의 대업을 이어받을 수 있도록 나 사마의가 힘을 실어주겠다'는 뜻을 조조에게 분명히 보여주었다.

조조의 두 번째 목적은 이 기회를 통해 초패 캠프의 지위를 격상시키는 것이었다.

앞서도 언급한 것처럼, 초패 캠프는 지금의 조조를 있게 만든 직계 부하들로 이루어져 있었다. 같은 고향이라는 강한 연대 의식, 호족이라는 신분, 군사 권력으로 똘똘 뭉친 위나라의 중요한 정치 파벌이기도 했다. 명문대가인 여영 캠프보다 초패 캠프야말로 조조가 진심으로 믿을 수 있는 세력이라고 할 수 있었다.

하지만 아쉽게도 신분이나 관직과 문화 수준에 따른 영향으로 초패 캠프 사람들은 대부분 무인武人이었고, 조정에서 중요하고 비밀스러운 일을 맡을 수 있는 인물은 소수에 불과했다. 정의 형제는 그중에서도 비주류였다. 따라서 조조는 이번 기회에 조식의 지위를 높여주면서 동시에 정씨 형제의 지위도 그에 맞게 높여주었다. 만일 조식이 후계자가 되어 정씨 형제가 상좌에 앉고, 초패 캠프가 정권을 틀어쥐면 결과적으로 명문대가 세력을 억누르는 효과를 거둘 수 있었다.

조조의 세 번째 목적이야말로 이번 황위 다툼의 핵심이었는데, 조비와 조식 중에 누가 더 태자 자리에 적합한지 시험해 보는 것이었다.

안타깝지만 조조는 오판했다. 그의 완전무결한 시나리오는 단 한 사람의 비협조로 허점이 드러나 위나라 멸망의 씨앗까지 심는 결과를 낳고 말았다.

그 사람은 바로 조식이었다.

먼저 역사상 실제 조식의 수준이 어느 정도인지 평가해보는 게 좋겠다. 우리가 조식과 소위 '태자전쟁'을 아는 데 큰 도움이 될 것이다.

첫째, 군사 수준

조식은 자신의 군사 수준에 엄청난 자신감을 가지고 있었다. 그는 몇 년 후 위명제魏明帝 조예曹叡에게 올린 상소인 〈태화이년소〉太和二年疏에서 이렇게 말했다. "과거에 저는 무제(조조)를 따라 각지를 돌아다니며 수많은 전투를 치렀습니다. 그 과정에서 행군과 용병의 신묘한 경지를 눈으로 확인했습니다. 만약 폐하께서 제가 군대를 통솔해 싸울 수 있도록 허락해주신다면, 손권과 제갈량을 생포하지는 못하더라도 그들의 고급 장령들을 포로로 잡고 괴뢰군을 섬멸하겠습니다."

이는 결코 공허한 허풍이 아니었다. 조식의 군사 수준은 조조의 인정을 받기도 했다. 건안 24년(219년), 관우가 칠군七軍을 수장시키고 화하華夏를 진동시키던 위급한 순간에, 조조는 대군을 통솔해 전선에 있는 수장守將 조인曹仁을 구원할 사람으로 조식을 보낼 생각을 하기도 했었다.

둘째, 정치 수준

마찬가지로 위명제 시기의 일이다. 당시 사마의는 한 손으로 하늘을 가리는 만인지상萬人之上의 자리에 올라 있었다. 그런데 조식이 올린 상소 하나로 사마의는 하마터면 자신이 오랫동안 힘들게 일궈온 정치 기반을 통째로 날려버릴 뻔했다. 조식의 정치적 민감도와 의정 능력이 어느 정도였는지 엿볼 수 있는 대목이다. 일단 여기서는 말을 아끼겠다.

셋째, 학술 수준

당시에 조조가 아끼던 명사 한단순邯鄲淳이 있었다. 박학하고 문재가 있던 그는 조식과 만난 적이 있었다. 조식은 그와 천문(혼원조화의 단서), 물리(만물이 구별되는 의미), 역사(희황羲皇 이래 현성賢聖, 명신名臣, 열사烈士들의 우열 토론), 비교문학과 문학사(고금의 문장, 한시와 조문), 정치학과 행정관리학(당관정사^{當官政}^事에서 선후로 해야 하는 일), 군사(무력을 사용하고 군사를 움직이며 기묘한 계책의 형세 토론) 등에 대해 이야기를 나누었다. 두 사람의 대화는 모두가 입을 다물고 더 이상 말을 이어갈 사람이 없을 때까지 이어졌다. 덕분에 견문이 크게 넓어진 한단순은 한동안 만나는 사람마다 조식은 학문적 재능이 뛰어난 '천인'^{天人}이라고 칭송했다.

이로써 우리는 조식이 문무를 두루 겸비한 인재였음을 알 수 있다. 다만 그가 다른 능력을 모두 덮을 정도로 너무나 눈부신 문학적 재능을 지니고 있었을 따름이다.

우리가 설명할 수 있는 것은 한 가지뿐이다. 조식은 싸움을 원치 않았다는 것이다. 그는 대결이 시작되기 전부터 이미 패배를 인정했다.

이전의 대결을 자세히 살펴보면 알 수 있듯이, 아버지가 낸 각종 시험 문제에 대해서 조비는 능동적으로 나서서 해결하려고 한 반면, 조식은 수동적으로 '대응'했을 뿐 먼저 적극적으로 움직인 적이 없었다. 아버지가 쓴 시나리오를 따라 움직이는 허수아비 배우가 되지 않기 위해서, 조식은 태자를 선발하는 결정적인 순간에도 일부러 술을 퍼마시고 멋대로 행동하며 사람들을 경악하게 만든 실수를 저지른 것이다.

조식은 조조를, 양수는 조식을 상대했다.

조조의 주부였던 양수는 조비, 조식과 모두 사이가 좋았다. 언젠가 양수가 조비에게 명검 한 자루를 준 적이 있었다. 양수가 죽은 뒤 조비는 그 명검을 보면서 양수를 생각했다. 그런 점에서 두 사람의 관계는 사람들이 생각하는 것처럼 사생결단으로 싸우는 정적^{政敵}은 아니었던 것 같다. 한편 조식과 양수는 주로 문학적 교류를 나누었다. 조식이 양수의 눈치가 빠른 것을 보고 아버지가 낸 시험에 잘 대응할 수 있도록 도와달라고 요청했다. 양수는 인정에 이끌려 어쩔 수 없이 제안을 받아들였다. 양수는 태자 전쟁의 미묘함을 눈치채고는 조식 캠프를 떠날 생각도 했었다. 그런데 조식이 몇 번이고 양수를 찾아가 가르침을 청했다. 순진무구하고 천진난만한 조식 앞에서 양수는 긴 한숨을 내쉬며 떠날 생각을 접었다.

따라서 진짜로 이 기회를 이용해서 뭔가를 해보려고 시도했던 사람은 조비에게 원한을 품은 정의 형제였다. 정의는 조식을 위해 적극적으로 계책을 내고, 직무를 이용해서 공개적으로 조비를 지지한 최염을 살해하는 등 온갖 일을 획책했다. 아쉽게도 조조처럼 정의 역시 조식이 태자 쟁탈전에 흥미가 없고 심지어 의도적으로 피할 줄은 전혀 예상하지 못했다. 정의가 눈치챘을 때는 이미 이러지도 저러지도 못하는 상황이었다. 그는 자신의 정치 생명을 조식에게 잘못 걸었던 것이다.

권력욕이 강했던 조조, 조비, 정의는 세상에 이런 사람도 있다는 것을 이해하기 힘들었다. 그는 아름다운 문학세계에 심취해서 빠져나오려 하지 않았다. 그는 갑자기 흥이 오르면 갓끈을 백부장 삼아 흉노를 치려 하고, 백사장에 드러누워 귀한 술을 마음껏 즐기기도 했다. 그는 스스로 봉황이 되어 남해에서 출발해 북해로 날아가는 동안, 오동나무가 아니면 내려앉지 않고, 대나무 열매가 아니면 먹지 않으며, 예천醴泉(술이 솟는 샘)이 아니면 마시지 않았다. 그는 조비의 발아래 있는 하찮은 것에는 눈길조차 주지 않았다.

그가 바로 조식이었다. 철저한 낭만주의자이자 속세와 전혀 어울리지 않았던 기분파.

앞으로는 굴원을 보지 못하고 뒤로는 이백을 볼 수가 없구나. 천지의 유구함을 생각하다가 홀로 슬퍼하며 눈물을 흘리네.

이 시대에 천재 조식은 고독했다.

조비는 마침내 태자 자리에 앉았다. 그는 기쁨을 주체하지 못하고 곁에 있던 사람의 목을 껴안으며 말했다. "제가 얼마나 기쁜지 아십니까?"

조비에게 안긴 사람의 이름은 신비辛毗였다. 조비의 반응이 이상하다고 여긴 신비는 집으로 돌아와 딸에게 말해주었다. 신비의 말을 들은 딸이 말했다. "위나라의 국운이 오래가지는 않겠습니다."

사마의도 같은 생각이었다. 조비의 모습을 보고 어떻게 위나라의 국운이 길지 않을 것임을 모를 수 있을까? 눈앞에 있는 여러 위기들을 잘 처리하지 못하면 조조라도 비명횡사할지 모를 일이었다.

유비의 병력은 서쪽으로 빠르게 이동 중이고, 관우의 군대는 남쪽에서 무력을 과시하고 있었으며, 수도에서는 의생醫生들이 반란을 일으켰다.

결국 이기는 사마의

상대를 공격할 때
꼭 자기 손을 써야 하는 것은 아니다

그 의생의 이름은 길본^{吉本}으로, 허도^{許都}의 태의령^{太醫令}이었다. 길본은 한 나라 황실에 충성했던 명신^{名臣} 김일제^{金日磾} 이후 김의^{金褘}, 사직^{司直} 위황^{韋晃}, 소부^{少府} 경기^{耿紀}와 함께 대담한 음모를 계획했다. 한헌제를 납치한 뒤 몰래 관우와 연합해 조조를 무너뜨리는 것이었다.

조조는 당시 업성에 있었고, 허도를 지키던 사람은 승상장사^{丞相長史} 왕필^{王必}이었다. 왕필은 조조가 집안을 일으켜 세울 당시 고난을 함께 한 사람이었는데, 일처리가 신중하고 믿음직스러웠다. 이런 인물을 공격하려면 불의의 습격을 가해 승리하는 수밖에 없었다.

건안 23년(218년) 정월, 허도는 새해맞이 분위기에 휩싸여 있었다. 깊은 밤, 하루를 바쁘게 보낸 사람들은 깊이 잠들었다. 길본 등은 어둠을 틈타 왕필의 저택에 불을 질렀고, 천여 명을 대동해 수도를 지키고 있던 정부군을 공격했다. 갑작스런 습격에 왕필은 뭐가 뭔지 정신을 못 차렸고 어깨에 화살까지 맞았다. 왕필은 어쩔 수 없이 부하들의 보호를 받으며 황급히 허도를 벗어났다.

그런데 반란군의 주축은 길본의 일가친척에 불과해 경험이 너무 없었다. 그들은 거의 텅 비다시피 한 허도 곳곳에서 밤새도록 '돌격'을 외쳐댔지만 별다른 움직임을 이끌어내지 못했다. 이른 아침, 왕필은 허도 근처 둔전에 있는 군대에 연락했고, 길본의 반란은 큰 문제 없이 진압되었다. 상처가 깊었던 왕필은 며칠 되지 않아 세상을 떠났다.

업성에서 보고를 받은 조조는 진노했다.

조조도 이제 나이가 들었다. 심지어 근래 일어난 일들 중 어느 하나도 조조의 시름을 덜어주지 못했다. 작년 익주의 유비가 장비, 마초 등 장령들을 보내 한중을 공격하자 조조는 조홍曹洪에게 하후연夏侯淵을 도와 공격을 막아내라고 명했었다. 형주 관우군의 기세가 날로 강해져 명성과 위엄이 허도까지 미쳤다. 조인이 남방을 지키고 있어 문제가 없을 거라 여겼는데, 관우를 상대하기도 전에 내부에서 먼저 반란이 일어난 것이다. 그것도 허도, 황성 아래에서 반란이 터졌다! 경기는 조조가 직접 발탁한 관리였고, 위황은 승상부의 속관이자 심복이었다. 그런 그들이 조조의 등에 칼을 꽂은 것이었다!

조조는 허도에서 피비린내 나는 숙청을 실행했다. 이번 사건으로 멸문의 화를 당한 명문귀족들이 부지기수였다. 조조는 허도의 백관들을 업성으로 호송해 심사를 받게 했다.

사마의는 이번 일로 조조가 엄청난 충격을 받았다는 것을 알 수 있었다.

사마의는 올해 막 군사마軍司馬로 영전했다. 승상 조조는 군정대권軍政大權을 장악해서 각 부문의 조력자를 두었다. 정무를 주관하는 사람은 장사長史, 즉 얼마 전 세상을 떠난 왕필이었고, 군무를 주관하는 사람은 바로 군사마를 맡은 사마의였다.

조조의 휘하에 있는 사람 중 명문대가 출신으로 군대에 속한 사람은 거의 없었다. 사마의가 맡은 군사마는 비록 독립적인 병권은 없었지만 확실히 이례적인 인사라고 할 수 있었다. 이는 조조가 사마의의 군사적 재능을 인정하고 그를 키워보겠다는 의도를 보여준 것이자 사마의에게 안심하고 일을 맡긴다는 뜻이었다.

'그렇다면 더 안심시켜드리지요!'

사마의는 이 기회를 빌려 조조에게 제안을 하나 했다. 수많은 명문대가들에게 밉보일 수 있는 제안, 바로 둔전제屯田制 실시였다.

둔전제 실시는 조조에게 힘을 실어주는 일이었지만 명문대가 출신인 사마의에게는 제 발등 찍기나 다름없었다.

둔전제는 위나라의 기본 국책이었다. 조조가 자수성가하던 때부터 이미 시작된 정책이었는데, 국가의 힘을 이용해 경작하고 식량을 비축하는 것이 기본 골자였다. 이 농업 정책은 조조의 성공에 어느 정도 공로가 있었지만 명문대가의 거센 반대에 부딪히기도 했다.

명문대가는 농민이나 농노를 고용해서 개인 장원莊園을 경작했다. 그 수확물은 명문대가를 지탱하는 경제적 토대였다. 난세를 사는 농민들은 '소작농'이 되었다. 천재天災와 인재人災를 만나면 농민들은 집과 가족을 모두 잃었다. 그래서 명문대가에 경작지를 양여讓與하고 그들의 비호를 받으며 대신 경작하는 방식으로 끼니를 해결하는 경우가 많았다.

농민은 줄어들고 대부호들은 배불리 먹었다. 대부호들은 중간에서 재물을 착복한 뒤 자신들의 구체적인 소득과 관리하는 인구수를 허위로 보고해 세금을 탈루했다. 일이 이런 식으로 진행되다 보니 조정은 직접 통제하는 인구와 토지가 없어서 충분한 재정 수입을 거두기가 힘들었다. 이것이 바로 조정과 명문세가 간의 갈등 중 하나였다.

'내게 사람과 식량을 주지 않겠다 이거지? 좋다. 그럼 내가 직접 나서서 살림을 늘릴 수밖에.'

조조가 채택한 방법은 둔전제 실시였다. 우대 정책을 펴서 소작농과 유랑민들을 끌어들여 자신이 정복한 토지에서 황무지를 개간해 경작하도록 했다. 조조는 민둔民屯과 군둔軍屯 두 가지 형식을 병행했다. 민둔은 글자 그대로 앞에서 언급했던 '소작농'과 유랑민에게 경작하도록 한 것이다. 하지만 실질적으로는 명문대가를 상대로 벌인 노동력 및 토지 쟁탈전이어서 명문대가의 기득권을 심각하게 훼손시켰다.

하내 명문세가의 대표격인 사마의가 앞장서서 둔전을 제창한 것은 분명 조조를 향한 충심을 보여주는 행위였다. 그런데 이 조치가 명문세가의 적대감을 불러일으키지는 않았을까?

정답은 '아니오'다. 사마의가 제안한 건 '군둔'이었기 때문이다. 군둔은 군대가 경작하고 지키면서 농사지은 것으로 군량을 대는 것이었다. 이 군인들은 본래 정부가 직접 통제하는 사람들이라 당연히 세가의 이익을 해치지 않았다. 언뜻 보기에는 제 살 깎아먹기 같았지만 실제로는 일거양득이었다.

조조는 사마의의 제안과 그의 충심을 받아들였다. 하지만 새로운 걱정거리가 생겼다. 유비의 대군이 정식으로 쳐들어왔던 것이다.

어디에서 용사를 얻어 사방을 지킨단 말인가? 연로하고 병약한 조조는 조정의 만조백관들을 바라보았다. 온전히 마음을 놓을 수 있는 방도가 없는가? 평생을 전장에서 싸웠던 조조는 슬슬 전투가 지겨워지기 시작했다.

하지만 모든 일이 뜻대로 되지는 않는 법이다. 조조는 정신을 가다듬고 직접 서정西征에 나섰다.

"사마의, 자네도 같이 가지."

결국 이기는 사마의

건안 23년(218년) 10월, 조조 대군이 장안에 도착한 지 한 달도 채 되지 않아 완성宛城 수장인 후음侯音이 모반을 일으켜 관우에게 귀순했다. 관우의 기세가 더욱 거세졌다.

한중대전에 대한 전의가 한층 위축된 조조는 멀리 있는 조인에게 완성 포위 공격을 지시했다.

건안 24년, 한중을 진수鎭守하던 대장 하후연이 참수당하고 유비군은 대승을 거두었다.

그 소식을 들은 조조는 더욱 침울해졌다. 근 100년 이래 가장 위대한 군사가라 할 수 있는 조조, 귀신같은 용병술을 보여주던 그의 군사 생애가 어느덧 황금기를 지나 말년에 접어들었음을 사마의는 알 수 있었다. 전쟁은 두뇌와 병력 싸움만이 아니었다. 상대편 수장의 의지력에 대한 시험이었다. 예순다섯의 조조가 승리에 대한 갈망과 전투의지 면에서 자신보다 여섯 살이나 어린 유비의 적수가 될 리 없었다.

아나나 다를까, 조조는 3월이 되어서야 느긋하게 한중에 들어갔고, 전투를 몇 차례 대충 치른 뒤 5월이 되자 서둘러 한중을 떠나 장안으로 돌아왔다.

'나에게 한중은 계륵鷄肋에 불과하지만 유비 네놈에게는 비육肥肉(기름진 고기)이다. 기왕 이렇게 된 이상 네가 가져가거라. 졸부처럼 간절한 모양새로 가져가란 말이다.'

유비는 사양하지 않았다. 한중을 차지한 그는 수양아들 유봉劉封과 장군 맹달孟達에게 상용上庸 공격을 지시했다. 근거지를 넓힌 유비는 한중왕漢中王 자리에 올랐다.

조조는 처음으로 무력감을 느꼈다. '늙었구나. 늙었어.'

형주 쪽에서는 관우가 유비의 격려와 지령을 받아 마침내 대대적인 북벌에 나섰다. 관우가 번성樊城에서 조인을 포위하자 조조는 명장 우금于禁에게 칠군을 이끌고 가서 조인을 구하라고 명했다. 이로써 양군은 번성에서 대치했다.

가을장마가 끝없이 이어졌다. 조조는 섬돌 앞에서 빗방울에 젖은 채 날이 밝기를 기다렸다. 꽃잎이 우수수 떨어지는 이 계절에 조조는 왠지 자신이 이번 겨울을 넘기지 못할 것 같다는 생각이 들었다.

불길한 가을비가 역시나 조조에게 불길한 소식을 가져왔다. 전방에서 온 전보였다.

"연일 계속되는 가을비로 한수漢水가 범람해 칠군이 전멸했다. 방덕龐德 장군은 참수되고, 우금 장군은 투항했으며, 조인 장군은 구원을 청했다. 양梁, 겹郟, 육혼陸渾 일대의 군도들이 현령을 죽이고 관우에게 호응했다."

조조는 깜짝 놀랐다. 오랫동안 자신을 따랐던 명장 우금이 이런 중요한 순간에 변심해 적군에게 투항할 줄은 꿈에도 생각지 못했다. 반면 줄곧 거리를 두고 신임하지 않았던 방덕은 절개를 지키다 목숨을 잃은 것이다!

조조는 자신의 판단력에 의구심이 들기 시작했다. 그는 조식을 남중랑장南中郎將, 정로장군征虜將軍 대행으로 임명해 조인을 구하게 했다.

사마의는 온몸에 식은땀이 났다. '어째서 거의 버려지다시피 한 조식을 다시 기용하는 거지? 더군다나 병권까지 손에 쥐여주다니? 설마 태자 결정을 번복하려는 것인가?'

조조가 왜 그런 명령을 내린 것인지는 아무도 알지 못했다. 업성에 있는 태자 조비 역시 극도로 긴장하고 있을 것이 분명했다. 하지만 조식은 형과의 갈등을 격화시킬 마음이 전혀 없었다. 그는 또 한 번 술로 전쟁을 없애고 문제를 해결했다. 출병 전날 밤, 조식은 곤죽이 되도록 술을 마셨다.

이로써 사마의와 조비는 한숨을 돌렸다.

조식은 크게 취함으로써 원한을 없애고 병권을 내려놓았다.

조조는 조식을 완전히 포기했다. 그는 마침내 분명한 결정을 내렸다. 서황徐晃을 보내 조인을 구하기로 한 것이다. 조조에게서는 더 이상 합비대전合肥大戰을 원격 지휘하던 당시의 기세를 찾아볼 수 없었다. 그는 서황에게 어떠한 지령도 내리지 않았다. 그저 서황이 용감하게 싸워 관우군을 막아주기만을 바랄 뿐이었다. 그것말고는 조조가 달리 할 수 있는 일이 없었다.

조조 역시 이제 평범한 노인들처럼 다른 사람에게 희망을 걸 수밖에 없었다. 심지어 그는 두려워서 천도하고 싶은 마음까지 들었다. 허도는 지금 관우의 공격 범위 안에 들어 위험천만한 상황이었다.

사마의는 한숨을 쉬었다. '위왕도 노망이 났구나. 관우의 위세가 화하를 진동시키고 허도 이남으로 많은 사람이 호응하고 있으니 우리에게 극도로 불리한 형세. 하지만 겉으로는 명성과 위세가 하늘을 찌르는 것처럼 보이는 관우 뒤에 사실은 치명적인 문제가 숨어 있다. 위왕이 그걸 보지 못하다니 정말 나이가 든 모양이다.'

사마의가 용감하게 나서서 조조를 만류했다. "천도는 불가합니다."

조조는 자신의 결정을 반대하고 나선 이를 바라보았다. '네놈이로구나. 병상에서 7년을 누워 지내며 날 만나려고 하지 않던 사마씨 가문의 둘째 녀석. 지난번 한중에서도 단숨에 익주를 손에 넣어야 한다고 권했었지. 네놈이 내 나이가 돼서도 지금의 열정을 유지할 수 있을 것 같으냐?'

조조는 사마의에게 계속 말해보라는 신호를 보냈다.

사마의가 말했다. "우금 등이 수몰된 것은 전투의 실패가 아니기 때문에 국가 대계에 손해라고 할 수 없습니다."

조조는 갑자기 눈앞이 밝아지는 기분이었다.

'그래, 내가 눈앞의 허상에 미혹되었구나. 관우의 명성과 위세가 드높긴 해도 말 그대로 명성과 위세일 뿐 우리 군에 실질적인 손해를 끼치지는 않았다. 우금도 홍수로 패한 것이지 관우에게 패한 것이 아니다. 관우 공포증을 극복하는 것이야말로 사기 진작을 위한 첫걸음이다.'

사마의는 조조의 표정 변화를 읽고는 계속해서 말을 이어갔다. "유비와 손권은 겉으로는 친밀하나 안으로는 소원합니다. 그러니 손권은 관우가 뜻을 이루는 것을 바라지 않을 것입니다."

'그래, 맞는 말이다. 손권은 유비와 늘 갈등이 많았지. 지난 몇 년간 내가 외부에서 싸우고 있을 때 이 두 고슴도치들이 똘똘 뭉치기는 했지만, 실은 둘 다 이미 오래 전에 상대방의 가시에 찔려 견디기 힘든 상황이었을지 모른다. 지금 유비가 서쪽에서 대승을 거두고 관우가 중앙에서 득세하는 상황에서, 유독 손권만이 동쪽에서 실패를 거듭하고 있으니 화가 잔뜩 나 있을 것이다. 손권과 관우 사이에는 개인적인 원한도 있다고 들었는데……'

모사 장제도 앞으로 나와 사마의를 거들었다. "손권에게 사람을 보내 관우의 뒤를 치도록 설득한 뒤, 장강長江 이남 땅을 잘라 주고 작위를 내리겠다는 약조를 하면 번성의 포위는 저절로 풀릴 것입니다."

'강남은 원래부터 내 손아귀에 없는 땅이었다. 강남을 잘라주겠다는 공수표로 손권을 꾀어 관우를 없애면 번성의 포위도 풀고 손권과 유비 사이의 갈등에 불을 지필 수도 있으니, 그야말로 일석이조의 묘책이 아닌가!'

기분이 고조된 조조는 강동에 사자를 보내라고 명하고는 이내 기운이 빠져 털썩 주저앉았다. 그는 젊고 기력이 왕성한 사마의와 장제를 바라보았다. '이제 세상은 그대들 것이오. 하지만 오랫동안 묵혀온 원한만큼은 죽음을 앞둔 내가 깔끔하게 해결하겠소.'

양수여, 이제 죽을 때가 되었구나!

분별 있는 말로
풍운모사들의 생존법을 교란시키다

양수가 성공하면 사마의이고, 사마의가 실패하면 양수였다.

이렇듯 양수와 사마의는 비슷한 점이 아주 많았다. 둘 다 명문대가의 후손이고 한나라 고관 아버지를 두었다. 둘 다 조조 밑에서 주부로 일했고, 태자 쟁탈전에서 각자의 후보를 지지했다······.

하지만 양수는 조조보다 먼저 죽음을 맞이할 처지에 놓였고, 사마의는 조조가 죽은 뒤에 출세 가도를 달릴 예정이었다. 이는 운명의 장난이 아니라 성격이 결정한 운명이었다. 양수는 한나라 말기 제일의 세가였던 홍농弘農 양씨楊氏의 후손이었다. 양수의 아버지 양표楊彪는 한나라의 사도司徒, 태위太尉로, 대신 중에서 가장 지위가 높았다. 가문 덕분에 양수는 스물다섯의 나이에 조조의 신임을 얻어 부중에 들었다.

양수는 아버지의 배경을 등에 업은 단순한 재벌 2세가 아니었다. 양수 본인의 재주도 워낙 뛰어났다. 특히 정무를 마음먹은 대로 순조롭게 처리해서 조조의 든든한 조력자가 되었다. 양수가 조조의 총애를 한몸에 받는 사람이 되자, 조비와 조식을 비롯해 조정의 모든 관리들이 저마다의 목적을 가지고 양수에게 접근하여 좋은 관계를 만들려고 애썼다. 양수는 자중하거나 거절할 줄을 모르는 사람이라 모두와 다 잘 어울렸다.

모름지기 정치란 줄을 잘 서야 했다. 모든 사람과 어울린다는 것은 어느 편에도 서지 않은 것이나 다름없었다. 더군다나 백관들과 어울릴 수 있는 사람은 오직 조조 한 사람뿐이었다. 조조는 양수가 문무백관과 어울리고, 태자 전쟁에서 조식으로 하여금 끊임없이 속임수를 쓰도록 하는 모습을 보면서 양수에게 살의를 품었다.

한나라 말기 최고의 권력자였던 조조는 자신이 죽은 뒤 아들의 수하 중에 힘 있고 수많은 도당을 거느리는 인물이 존재하는 것을 원치 않았다.

게다가 양수의 아버지 양표는 친한파親漢派였고, 양수 본인은 원술袁術의 생질이었다. 한나라 말기의 대군벌이던 원술은 조조와 몇 차례 전쟁을 치르기도 했는데 결국은 조조에게 쫓겨나 죽고 말았다.

이런 인물이 존재하는 것은 당연히 잠재적인 위협이었다. 하물며 양수가 지지하는 조식은 이미 총애를 잃은 상태였다. 조조는 더 이상 망설일 것이 없었다. 그는 생명의 마지막 순간에 하명했다. "양수를 주살하라."

그렇게 양수는 세상을 떠났다.

사마의는 실패한 자신의 말로를 보는 것 같았다. 이미 생명을 다한 조조가 마지막 힘을 다해 후사를 처리하고 있다는 것을 알았다. 연호가 교체되는 이런 중요한 시기에는 한 치의 실수나 소홀함도 있어서는 안 되었다. 최대한 신중하게 조조의 마지막 가는 길을 배웅해야 했다.

양수가 저 세상으로 가는 동안 후방 업성에서는 서조연 위풍魏諷을 수반으로 한 정변이 일어났다. 위풍의 뛰어난 말솜씨를 역사서에서는 이렇게 표현했다. "업도를 경동시켰다!"傾動鄴都 이번에 위풍은 후방에서 화려한 언변으로 사람들에게 조조의 위나라 정권을 전복시키자고 선동했다. 다행히 업성을 지키고 있던 태자 조비가 제때 조치를 취해 위풍의 난을 진압했다. 이 일로 상국 종요가 인책 사직했다.

위풍의 난은 조조에게 또 한 번의 큰 충격을 안겼다. '정변에 참여한 사람 중에는 장수張繡의 아들, 왕찬王粲의 아들, 유이劉廙의 남동생 등이 있었다. 그들의 아비와 형이 모두 우리 군부의 원로들이니 그들도 당연히 우리 조씨 군부의 대를 이을 것이다. 스무 살 남짓한 젊은 업성 군부 세력의 자제들이 내 반대편에 설 줄이야! 하마터면 우리 조씨 가문의 무덤을 파게 놔둘 뻔했구나! 죽여라! 뭐가 좋은지 나쁜지도 구분 못하는 이들은 남김없이 모두 죽여 그 피 위에 새 시대를 건립하리라!'

업성 정변에 연루되어 주살된 사람이 수천 명에 달했다. 조조는 자신이 아들에게 남긴 것이 어쩌면 난공불락의 견고한 강산이 아니라 만신창이가 된 골칫덩이일지도 모른다는 사실을 서서히 깨달았다. 너무 많은 일이 있어 미처 다 처리하지를 못했다. 하지만 조비가 업성 정변을 수습하는 걸 보면서 아들의 능력과 듬직한 모습을 엿볼 수 있었다.

'이제 이 아비가 너 대신 해줄 수 있는 일은 관우라는 오랜 적수를 처리하는 일뿐이다.'

약 20년 전, 원소와의 결전을 준비하던 조조는 유비를 쳐부수고 관우를 생포했었다. 관우의 무예와 인품을 흠모한 그는 관우를 편장군偏將軍으로 임명하고 극진한 예우를 했다. 하지만 옛 군주인 유비를 잊지 않았던 관우는 하북河北의 명장 안량顏良을 베어 조조에게 보답한 뒤 편지를 남기고 떠났다. 조조도 더는 그를 붙잡지 않았다. 풍채와 재능이 당대 으뜸이던 두 남자는 그렇게 천고千古의 미담을 남겼다.

그리고 눈 깜짝할 사이에 20년이 흘렀다. 두 남자도 어느새 만년에 접어들었다. 두 노인 사이의 원한을 다음 세대에 남겨줄 필요는 없었다. 조조는 오늘 그 끝을 보기로 마음먹었다.

전선에 있던 서황에게서 아무런 소식이 없자 조조는 직접 군대를 이끌고 남하해 맹렬한 기세의 관우와 결전을 벌이기로 했다.

연로한 조조가 열정적으로 나서자 사마의는 심히 걱정되었다. '만약 이 만년의 노인이 실족해 마지막 군사 행동에서 패하기라도 하면, 안 그래도 허약해진 그의 몸은 치명타를 견딜 수 없을 것이다. 위왕이 서거하면 전선의 군사軍事에 도움이 되지 않는다. 본래 불안정했던 후방은 더 극심한 혼란에 빠질 것이다. 대통을 이어받을 조비에게는 더더욱 이로울 것이 없다!'

다행히 시중 환계桓階가 강하게 저지하고 나섰다. 조조는 자신의 생이 얼마 남지 않은 순간에 그나마 남아 있던 사리분별력을 회복했다. 그는 환계의 충고를 받아들여 군사 행동을 잠시 중지하고 기회를 엿보기로 했다. 이로써 조조는 적군을 무력으로 위협하고 아군에게 용기를 북돋아주는 전략적 목표를 달성했다.

조조가 나설 필요도 없이 관우는 어느새 스스로 인생의 종착역에 도착했다.

관우는 칠군을 수장시키고 한 번의 전투로 《삼국지》에 전기가 나오는 우금과 방덕 두 명장을 사로잡았다. 이는 한나라 말기 삼국을 통틀어 유일무이한 일이었다. 또한 관우는 적진 전방에서 하는 선전 업무와 적진 후방에서 모반을 획책하는 데 모두 능수능란했다. 완성의 정변, 허도의 병변兵變, 업성의 정변, 육혼 일대의 민변民變 모두 그와 관련이 있었다.

그렇게 관우는 화하를 진동시켰다.

그런데 관우는 계속 어딘가 이상한 느낌이 들었다. 허도의 형세가 바람

결국 이기는 사마의

앞의 등불처럼 위태로운데도 조조가 천도를 하지 않는 것이다. '조조가 천도하지 않도록 단단히 붙들고 있는 위인은 대체 누구인가?'

관우는 아무리 생각해도 그가 누군지 알 수 없었다. 형세가 역전되기 시작했다.

수성守城 전문가 조인이 지키고 있는 번성은 오랜 공격을 잘 버티고 있었고, 서황의 구원병도 도착해 전세가 굳어졌다. 여몽呂蒙이 백의도강白衣渡江(정예병을 장사꾼으로 위장시켜 형주로 잠입하게 한 일)하고 후방 수장인 미방糜芳과 사인士仁이 배신했다는 소식이 들렸다. 관우는 철군해 황급히 맥성麥城으로 달아났다.

화하를 진동시킨 때부터 맥성으로 패주하기까지 걸린 시간은 고작 3개월에 불과했다. 관우는 보통 사람을 뛰어넘는 오만함으로 자기 능력보다 더 큰 성공을 거두기도 하고, 자신의 결점보다 더 큰 실패를 초래하기도 했다.

이 같은 명장 관우는 십여 기를 이끌고 익주로 도망을 시도하다 손권의 군사들에게 사로잡혀 참수되었다.

전선에 머무르며 전세를 관망하던 조조는 원래 심각한 두통을 앓고 있었는데, 이번 출정으로 병세가 더욱 악화되어 거의 병상에서 일어나지 못할 지경에 이르렀다. 요즘 들어 조조는 올해 먼저 간 사람들의 얼굴이 자꾸만 떠올랐다. '하후연도 죽고, 위풍, 양수, 방덕, 관우도 죽었다. 이번에 손권 진영에서 관우를 베어 수훈을 세운 여몽도 죽었다고 들었다. 나는? 나도 곧 죽는 것인가?'

"보고 드립니다!"

조조가 힘겹게 눈을 뜨자 문리文吏가 보였다.

"형주의 백성들과 한천漢川에서 둔전하던 군민軍民들이 변경 가까이까지 왔습니다. 그들을 내지內地로 이주시킬지 말지 위왕께서 결정해 주십시오!"

조조는 피곤한 듯 눈을 감고 겨우 말을 내뱉었다. "이주시켜라."

"이주는 절대 안 됩니다."

어쩔 수 없이 조조는 다시 살짝 눈을 뜨고 자신에게 맞선 대담한 자가 누구인지 확인했다. '사마의 자네로군.'

갑자기 조조는 젊은 천재 모사 곽가가 떠올랐다. 고명대신으로 그만한 사람은 없었다. 밉살스런 명문세가라는 배경도 없고, 천마가 하늘을 나는 듯한 지혜가 넘쳤다. 귀엽게 봐줄 만한 결점도 있었고 생활도 난잡했다. 이런 신하라면 주군이 안심할 수 있었다. 그는 지금 눈앞에 있는, 무서울 정도로 완벽한 사마의와는 달랐다.

사마의는 조조가 의식의 흐름을 따라가며 자기에 대해 무슨 억측을 하고 있는지 알지 못했다. 그는 병상에 비스듬히 기대고 있는 노인을 바라보았다. 이 노인은 당대를 풍미했고, 사마의 자신도 한때 우러러보던 천하제일의 지략가이자 권력가였다. 그런데 지금 유약한 모습의 조조는 혼자서 덩그러니 병상에 기댄 채 자신의 시선을 받고 있었다.

사마의는 머릿속이 복잡했지만 예전과 다름없는 평온한 말투로 날카로운 분석을 내놓았다. "형초 사람들은 경박하여 동요시키기는 쉽지만 안정시키기는 어렵습니다. 관우가 이제 막 격파되어 간사한 사람들은 달아나 형세를 관망하고, 남은 사람들은 모두 선량한 백성들입니다. 지금 그 선민善民들을 이주시킨다면 그들의 감정을 상하게 할 뿐만 아니라, 형세를 관망 중인 사람들이 감히 돌아올 생각을 하지 못하게 되어 지방에 활력을 불어넣고 생산력을 회복시키는 데 악영향을 미칠 것입니다." 말을 마친 사마의는 고개도 들지 않고 가만히 조조의 답변을 기다렸다.

조조는 적게나마 남아 있는 판단력으로 사마의의 제안을 승낙하며 힘없이 말했다. "군사마의 말대로 하라. 그리고 철군할 것이다. 낙양으로 돌아가자."

조조가 낙양으로 돌아온 지 얼마 되지 않아 손권이 사신을 통해 보낸 관우의 수급도 나무 상자에 담겨 낙양에 도착했다. 때는 건안 25년(220년) 정월이었다.

관우의 수급과 함께 도착한 것은 손권의 표문이었다. 표문에서 손권은 스스로를 신하라 칭하며, 조조가 한헌제를 대신해 황위에 오르길 바란다는 뜻을 밝혔다.

손권의 표문은 조조의 가려운 곳을 정확하게 긁어준 것이었다. 표문을 읽은 조조는 마치 병세가 한결 나아진 것처럼 생기 넘치는 모습으로 좌우 근신들로 하여금 표문을 돌려보게 했다. 조조는 껄껄 웃었다. 병세가 위독해 웃음소리도 미약했지만, 사람들이 보기에는 그가 파안대소하는 것처럼 보일 정도였다. 조조가 웃으며 말했다. "요놈이 나를 화로 위에 올려놓고 구울 심산이로구나!" 조조는 미소 띤 얼굴로 각 대신들의 반응을 살폈다.

사마의는 충심을 보여줄 때가 되었다는 생각에 서둘러 입을 열었다. "한 나라의 운이 다해가고, 전하께서는 천하의 10분의 9를 차지하고 계십니다. 손권이 칭신稱臣했으니, 이는 하늘의 뜻입니다. 더는 사양하시면 안 됩니다. 이 제는 대통을 이으셔도 무방합니다."

마치 원숭이 놀음을 보는 것처럼 조조는 눈을 가늘게 뜨고 다른 조정 신료들을 말없이 바라보았다. 환계, 진군 등은 경쟁하듯 조조에게 즉시 천자의 자리에 올라야 한다고 주장했다. 만약 제위에 오르지 않으면 자신들은 물론이고 백성들도 동조하지 않을 것이라고 말했다.

그제야 조조는 몹시 흡족하여 어린아이처럼 만족스러운 웃음을 터트렸다. "천명이 정녕 내게 있다면 나는 주나라 문왕文王이 되겠소." 서주西周 문왕은 평생 동안 천하의 3분의 2를 가지고 주왕紂王을 섬기다가 아들인 주무왕周武王 대에 이르러서야 천자가 되었다.

사마의는 몰래 한숨을 돌렸다. '조조가 아직은 노망나지 않은 모양이다. 그가 생의 마지막 순간에 황제의 지위를 실컷 누렸다면 개국 황제를 옹립할 내 원훈元勳은 사라지고 없으리라.'

그리고 조조는 얼마 후에 죽었다. 한나라 말기에 가장 횡포했던 영웅, 5천년 역사상 전무후무했던 간웅 조조는 그렇게 세상을 떠났다. 정치와 군사에 대한 유언은 한마디도 없었다. 그의 죽음은 이토록 갑작스럽고 무책임했다. 또 제멋대로이고 장난스러우며 알다가도 모를 그의 마지막은 마치 그의 일생 같았다.

한나라 말기 이래 20여 년 동안 역사는 조조를 중심으로 돌아갔다. 그런데 지금 갑자기 그 중심이 사라졌고, 그가 남긴 권력 진공 상태는 사람을 숨막히게 했다. 하늘이 무너진 것이다!

조조의 부음을 전해들은 관원들은 불안에 떨며 한데 모여서 목 놓아 울었다. 그런데 사마의는 알 수 없는 흥분과 홀가분함을 느꼈다. 조조가 죽고 나서야 사마의는 생전에 조조가 자신에게 얼마나 거대하고 보이지 않는 압력을 행사했는지 알게 되었다.

드디어 내 실력을 마음껏 펼쳐 보일 때가 되었다! 🐚

3장

혹약재연

或躍在淵

———

장차 크게 뛰려 하나
아직은 연못 속에 있다

나라의 이익과 군사를 도모하는 것은 대계 ^{大計} 다. 큰 계획을 세우는 능력은 모사의 수준을 나타내는 지표다. 만약 큰 일만 도모할 줄 알고 작은 일은 도모하지 못한다면 잘해야 일개 모사에 그칠 수밖에 없다. 계책을 내는 목적은 너무 공평무사해서는 안 되고, 계책을 받아들이는 사람이 아니라 자신의 성공을 위한 것이어야 함을 사마의는 잘 알고 있었다.

권력이 있으면 책임도 따르는 법, 타인의 일에 개입하지 말라

조조가 무엇을 남겼는지 객관적으로 평가할 수 없으면 조비라는 인물의 역사적 역할을 정확하게 평가할 수 없다.

조조는 여영세족과 초패 무인들의 도움으로 자수성가했다. 지금도 이 구도는 계속 이어졌다. 남북조시대의 고환高歡은 한족漢族과 선비족鮮卑族의 갈등을 잠재우기 위해 한족을 달랬다. "선비족은 그대들의 호위무사요. 대신 싸우고 안녕을 보장해주는데 어째서 그들을 싫어하는가?" 또 선비족도 구슬렸다. "한족은 그대들의 노예요. 밥 해주고 뒤를 봐주는데 그들을 못 살게 굴 필요가 있는가?" 여영세족과 초패 무인 사이의 갈등을 해결할 때도 이와 유사했다.

조조 시대에는 두 집단이 확실하게 분업되어 있었다. 여영세족은 후방과 내정을 담당했고, 초패 무인은 군권을 장악해 전투를 치렀다. 그런데 조조는 줄곧 티 안 나게 명문대가를 억압하는 정책을 폈다. 공융孔融, 순욱, 최염, 양수의 죽음이 그 증거였다. 여영세족에게 군권은 결코 손댈 수 없는 것이었다.

그러나 군대를 장악하지 못하고 뒤처리만 해서는 조조를 넘어뜨릴 수 없었다. 여영세족은 감히 말은 못하고 속으로만 분노를 삭였다.

순욱은 여영세족의 이전 영수領袖였다. 순욱이 죽은 후 여영세족은 점차 신세대 영수인 진군의 주변으로 몰려들었다. 조비가 황위에 오르는 데는 여영세족의 공이 컸다. 조비를 지지해 경선 승리를 거둔 캠프로서 여영세족은 당연히 새로운 정권에서 더 높은 지위를 바라게 되었다.

그런데 조비는 초패 무인과도 소원해지고 싶지 않았다. 조비는 비록 자신과 태자 자리를 놓고 경쟁했던 조식을 미워했고, 심지어 그 증오가 다른 형제들에게도 미쳤지만, 어찌되었든 자신과 혈연관계가 있는 하후씨와 조씨의 사촌형제들은 위나라 정권의 힘 있는 기둥과 주춧돌이었다. 하후씨와 조씨의 신세대들 가운데 조휴曹休, 조진曹眞, 하후상夏侯尙은 모두 조비 자신과 어려서부터 친하게 지낸 벗들이었다. 신정권이 들어서면 그들의 자리는 반드시 있어야 했다.

두 집단 모두 새로운 정권에서 더 높은 자리를 얻고 싶었지만 자원은 언제나 희소했다. 이런 문제는 처리하기가 까다로웠다. 예전에 두 집단이 다툼 없이 화목하게 지낼 수 있었던 것은 조조가 개인의 위신과 매력의 힘으로 굴복시켰기 때문이다. 지금 그 거대한 힘이 사라진 상황에서 여영세가와 초패 무인의 관계를 어떻게 조율할 것인가, 이것이 조조가 조비에게 남긴 첫 번째 난제였다.

두 번째 난제는 내부의 분열 조짐이었다.

조조는 북방 통일이라는 대업을 완성했지만 실제로 완전히 수복하지 못한 지역들이 있었다. 첫 번째가 바로 공손씨가 동탁 시대부터 할거해 다스리던 요동 지역이었다. 조조가 원소의 잔당을 평정했을 때 공손씨는 신하로서 복종할 뜻을 나타냈었다. 조조 역시 군대를 동원해 이 세력들을 확실히 처리하겠다는 마음이 없었다. 그래서 공손씨가 위나라 내부의 독립된 국왕으로서 대를 이어가며 지금까지 남아 있었던 것이다. 공손씨의 외딴 요동 땅이 중원에 미치는 영향력이 크지 않았기 때문에, 야심 있는 인물이 나타나지 않는 한 회유책만으로도 그 지역의 안정을 충분히 유지할 수 있었다.

진짜 골칫거리는 청주靑州와 서주徐州의 호패豪覇로, 현재 우두머리는 장패臧覇였다.

장패는 영락없는 한나라 말기의 악당이었다. 그는 열여덟 살에 무리를 이끌고 죄수 호송차를 약탈하는 강도질을 했다. 후에 장패는 서주목 도겸陶謙의 수하가 되어 황건군을 토벌했다. 그는 포로로 잡혀온 황건군을 재편성해 손관孫觀, 오돈吳敦, 윤례尹禮 등 몇몇 형제들과 자신의 군대를 꾸렸다. 도겸에서 유비로, 유비에서 여포로, 여포에서 조조로 서주는 몇 차례나 주인이 바뀌었지만 장패의 군대는 항상 무사히 독립적으로 존재했다. 조조가 여포를 치는 동안 장패는 시도 때도 없이 조조를 성가시게 만들며 조조의 속을 썩였다. 여포를 평정한 조조는 아예 장패와 그의 형제들을 청주와 서주의 군국수상郡國守相에 봉하고 청주와 서주 두 곳을 장패에게 맡겼다.

이로써 청주와 서주는 조조 정권 내부의 반독립적인 국가 연합에 가까워졌고, 그 국가 연합의 우두머리는 장패였다. 장패가 어느 정도까지 독립적이었을까? 한번은 조조 밑에 있던 두 장령이 반란을 일으키고 장패의 근거지로 도망쳐 비호를 청했다. 조조는 유비를 중재인으로 보내 장패에게 두 반역자를 넘기라고 요구했다. 그러자 장패가 말했다. "제가 이제껏 자립할 수 있었던 것은 제게 의지하는 사람을 버리지 않았기 때문입니다. 저는 조공曹公께 생명을 보전한 은혜를 입어 감히 그 명령을 거역할 수는 없습니다. 하지만 대업을 이루려는 군주는 대의에 맞는 말을 해야 할 것입니다. 부디 장군께서 저를 대신해 말을 잘 전해주십시오."

흡사 조직의 대부 같은 모습이었다.

청주와 서주는 손권과 인접해 있고 전방과 지근거리에 있어 일단 정변이 일어나면 그 결과는 차마 상상하기 힘들었다. 장패 세력은 그야말로 시한폭탄이었다.

세 번째 난제는 태자 전쟁의 후유증이었다.

태자 전쟁에서 조비의 동생 조창은 경쟁에 참여하지 않고 그저 군인으로서 전쟁터에서 전사하기만을 바란다는 뜻을 명확히 밝혔지만, 맨손으로도 호랑이와 대적하는 이 소탈한 남자는 속으로 몰래 조식을 응원하고 있었다. 군인인 조창은 조비의 음흉한 수법이 영 못마땅했다. 애당초 조식이 경선에 실패하기는 했지만, 조조가 세상을 떠난 마당에 왕좌를 넘볼 마음이 들지 않을 거라고 누가 장담할 수 있겠는가? 처음부터 조식에게 더 가까운 자리기도 했다.

네 번째 난제는 조정의 정서와 동란의 가능성을 어떻게 통제하느냐였다.

조조는 정권을 움직이는 중심이었다. 그의 갑작스런 죽음으로 야심가들은 고무되고 힘없는 사람들은 낙담할 터였다. 조조는 낙양에서 죽고, 조비는 업성에 있었다. 몸은 업성에 남아 조정의 정사를 다스리고, 한나라 황실파나 조식파 또는 기타 파벌의 야심가들이 일으킬 동란을 저지하는 것은 어느 누구라도 풀기에 버거운 시험 문제였다.

마지막 난제는 꽤 성가신 문제였다. '이제는 조씨 가문이 한나라 천하를 손에 넣지 않으면 안 되는 상황이 되었다. 나 조비가 원하지 않는다 해도 누군가의 덕을 보려는 대신들이 절대 용납하지 않을 것이다. 하지만 어떻게 해야 최소한의 피를 흘리고 정권을 교체할 수 있을지 그게 고민이다.'

다섯 가지 난제가 조비 앞에 놓였다. 조조는 죽음으로써 모든 것을 벗어던졌지만 조비는 온갖 궁리를 해야 했다. 용맹함은 아버지에 미치지 못했지만 사고의 치밀함은 아버지보다 더하면 더했지 덜하지 않았다. 이 다섯 가지 난제는 차근차근 해결되었지만, 후세에는 이로 인해 조비가 그저 평범한 수성지주守成之主에 불과했다는 오해가 생겼다.

역사상 진정으로 '안거평오로'安居平五路(오로를 평정하고 평안히 지내다)한 사람은 조비였다. 《삼국연의》에서 장신농귀裝神弄鬼(눈속임)의 귀재로 활약한 제갈량이 아니었다.

그럼 이제부터 조비에게 한 수 배워보자.

조조가 세상을 떠날 무렵 조비는 멀리 업성에 있었다. 때문에 아버지의 부음을 미처 듣지 못한 상태였다. 하지만 제국의 중심인 낙양은 이미 아수라장이었다.

현재 낙양성에서 관직이 제일 높은 사람은 주부 겸 간의대부諫議大夫인 가규賈逵였다. 가규는 하동河東 사람으로, 일찍이 관도대전에서 활약하며 조조의 눈에 들었고, 하후상과 함께 차세대 군사인재로 양성되었다. 가규는 사마의의 망형亡兄 사마랑과 사이가 좋았다.

따라서 조조가 죽은 뒤 낙양성에서 대국을 주관한 사람은 가규였고, 옆에서 그를 도운 사람이 바로 사마의였다. 그들이 직면한 첫 번째 문제는 "부고를 낼 것인가?"였다.

조조의 죽음은 너무 갑작스러운 일이라 부고를 낼 경우 천하에 혼란을 야기할 수 있었다. 내부의 불안 요소가 터지고, 외부의 손권과 유비가 이 틈을 이용해 급습한다면 그 결과는 감히 상상조차 할 수 없었다. 그래서 조조의 죽음을 비밀로 하고 부고를 내지 말자고 주장하는 사람이 있었던 것이다.

사마의는 언젠가는 사실이 드러날 것임을 잘 알고 있었지만 후계자 조비가 멀리 업성에 있는 상황이었다. 이런 민감한 곳에 몸을 두고 있으면 외부에서 악의적인 추측성 뒷말을 듣기 십상이었다. 부고를 내지 않고 감췄다가는 더 큰 의혹을 받을 수 있었다.

하지만 사마의는 가규에게 아무 말도 하지 않았다. 가규의 행동을 냉정하게 지켜보던 그는 이 동료의 역량이 어느 정도인지 가늠해보고 싶었다.

역시 가규는 보통내기가 아니었다. 그는 즉시 대외적으로 조조의 부고를 발표하고 조조의 영구靈柩를 업성으로 호송할 준비에 들어갔다.

부고를 내지 않으면 갈등을 은폐시킨다는 단점이 있고, 부고를 내면 갈등을 전면화시킨다는 단점이 있었다. 결국 낙양에 있던 군대 중 한 부대는 조조의 부음을 듣더니 무단 철수해 고향으로 돌아가려고 시도했다.

그 군대는 장패의 사람들이었다.

장패는 충심을 보이기 위해 일부러 한 분대를 파견해 조조의 지시를 받게 했었다. 근거지가 청주와 서주인 그 부대의 병사들은 일찍부터 고향 생각이 간절했었다. 그러던 차에 조조가 죽었으니 각자 짐을 챙겨 너도 나도 고향으로 뿔뿔이 흩어진 것이다.

업성 정변과 허도 반란 때는 군부가 참여하지 않았지만 지금은 군대마저 혼란에 빠졌다. 이 부대를 상대로 초장에 본때를 보여 주지 않으면 다른 부대에서도 차례로 들고 일어나 북방 전체가 군벌 할거시대로 돌아갈 수도 있었다!

이런 이유로 제멋대로 직무를 이탈한 이 군대를 막고 불복종하는 자들은 가차 없이 죽여야 한다고 많은 사람들이 주장했다.

하지만 사마의는 이것이 유치한 방법이라는 것을 알았다. '개를 때리더라도 그 주인의 얼굴을 봐야 하는 법이다. 그 부대의 주인은 장패다. 장패는 청주와 서주의 실질적인 주인으로 국토의 반을 점거하고 있다. 군대를 출동시켜 이 부대를 공격하면 조씨 정권에 내홍이 일어날 것이고, 이는 곧 종말

　　　　　　　　　　　　결국 이기는 사마의

에 이르는 길이다. 하지만 이 부대가 제멋대로 이탈하게 놔둔다면 그거야말로 더 끔찍한 결과를 낳을 수 있다. 정말이지 난처한 문제가 아닐 수 없구나. 가규, 자네는 어찌할 생각인가?'

훌륭한 사람들의 생각은 대체로 일치했다.

가규가 하명했다. "부대의 귀향을 막지 마라. 그들이 고향으로 돌아가는 동안 각 주州와 현縣을 따라 숙식을 보장하며 귀향에 적극적으로 협조하도록 하라."

참으로 노련한 계책이었다! 이렇게 하면 이 부대의 직무 이탈이, 조정에서 계획하여 조직적이고 규율 있는 상비군으로 전환한 것처럼 보일 수 있었다. 처음부터 혼란이 아예 없었던 것처럼 만든 것이다. 역시 가규는 인물이었다. 사마의는 가규를 다시 보게 되었다.

가규는 사마의를 찾아가 간절하게 말했다. "중달, 자네는 하내 사마씨로 유학자 집안인 데다 예의범절에 밝으니, 수고스럽겠지만 자네가 위왕의 장례를 맡아주면 좋겠네."

사마의는 고개를 끄덕였다. "그리 하겠습니다."

상례를 치르는 것은 사마의가 맡기에는 약소한 일이면서 식은 죽 먹기였지만, 조금도 소홀히하지 않았다. 그는 상례를 총지휘하는 사람으로서 온 마음과 정성을 다했고, 상례를 처음부터 끝까지 질서정연하고 예법에 맞게 처리했다.

사마의는 항상 그래왔다. '다른 사람이 내게 무슨 일을 맡기든 그 일을 철저하게 해낸다. 지위에 맞지 않는 권력을 다투지 않는다. 권력이 있으면 책임도 따르는 것이다. 책임과 능력이 일치하지 않으면 정치적 재앙의 근원이 된다.'

업성에서도 조조의 부음을 들었다. 태자 조비는 부왕이 이리도 갑작스럽게 세상을 떠나리라고는 생각지 못했다. 조비는 언제나 이 위대한 부친의 그늘에서 살았었다. 그런데 지금 아버지의 갑작스러운 죽음 앞에서, 조비는 아버지가 줄곧 자신을 비호하고 있었다는 것을 깨달았다. 아버지가 세상을 떠난 지금, 조비는 앞으로 자기에게 어떤 변고나 변란이 찾아올지 알 수 없었다.

조비는 뼛속까지 자기감정에 충실한 사람이었다. 어제까지만 해도 웃으며 담소를 나누던 아버지였다. 그런데 오늘 부자의 삶은 이승과 저승으로 나뉘었다. 정쟁에서 살아 남느라 혈육간의 정을 잊고 권모술수에 익숙해진 조비였지만, 그런 그도 아버지와 함께했던 지난 시간을 떠올리자 결국 감정을 주체하지 못하고 목 놓아 통곡했다.

"태자 전하, 너무 상심하지 마십시오."

'이건 중달의 목소리가 아닌가? 그가 어찌 이곳에 있는 것인가?' 사마의의 목소리에 조비는 순간 마음이 든든해져 소리가 나는 쪽을 돌아보았다.

알고 보니 목소리의 주인공은 사마의의 셋째 동생 태자중서자 사마부였다. 사마부가 조비의 곁을 지킨 지도 벌써 3년이 되었다.

사마부는 형처럼 어른스럽고 점잖았다. 다른 점이라면 그에게는 맑고 깨끗한 기운이 있었다. 사마부는 훈계에 가까운 말투로 말했다. "군왕의 안가룡가龍駕(붕어와 같은 뜻)로 온 천하가 태자 전하만 바라보고 있습니다. 위로는 마땅히 종묘宗廟를 위하고 아래로는 만국萬國을 위하며 대국을 주관하셔야 할 분이 어찌 필부처럼 울고만 계십니까?"

사마부의 말이 은근히 귀에 거슬렸다! 조비는 눈물을 거두고 젖은 눈으로 사마부를 바라보았다. "그대의 말이 옳다."

조비는 울음을 그쳤지만 업성의 백관들은 아직까지도 삼삼오오 무리를 이루어 통곡하고 있었다. 조비에게 보여주기 위해서인지, 아니면 정말로 슬퍼서인지 알 수가 없었다. 사마부는 백관들을 보며 목청을 높여 책망했다. "지금 군왕께서 승하하시어 천하가 진동하고 있습니다. 사군嗣君(왕위를 이은 임금)을 세우는 일이 급선무인데, 이렇게 우는 것이 무슨 소용이 있겠습니까?" 사마부의 질책에 백관들은 숙연해졌다.

마음을 가라앉히는 것, 이는 조조의 죽음으로 맞게 된 첫 번째 시험을 통과한 것뿐이었다. 조조는 죽기 전 비밀리에 누군가를 낙양으로 불러들였다. 이미 군대를 이끌고 와 있던 그 사람은 조비와 사마의에게 두 번째 시험을 던져줬다.

그 사람은 바로 언릉후鄢陵侯 조창이었다.

조창은 조비의 첫째 동생으로, 어려서부터 용맹하고 호전적이었다. 그는 일찍부터 태자 전쟁에서 빠지겠다고 선포한 뒤 방관했지만, 조식 쪽에 감정이 기울어 있었다. 아버지가 죽기 전 조창은 서부의 요충지인 장안長安을 지키고 있었다. 아버지가 보낸 사신을 맞은 그는 행장을 꾸려 급히 낙양으로 향했다. 가는 도중 조창은 낙양에서 온 조조의 서거 소식을 들었다. 조창은 한바탕 통곡하고는 서둘러 낙양에 도착했다.

조창은 조식을 찾아가 부추겼다. "부왕께서 임종 당시에 나를 급히 부르신 것은 너를 왕으로 세우려고 하심이다." 아버지를 잃은 슬픔에 빠져 있던 조식은 정치에서 이미 마음이 떠난 상태라 소극적인 태도로 계속 사양했다. "안 됩니다. 원씨 형제의 말로가 바로 교훈입니다."

조식은 왕위를 놓고 다툴 생각이 없었지만 조창은 분해서 참을 수가 없었다. 조비가 태자 쟁탈전에서 보인 음흉한 술책을 익히 들어 알고 있었기 때문에 아우 대신 나서기로 했다. 화가 치밀어 오른 조창은 곧장 장례 현장을 찾아 주관자인 가규에게 물었다. "선왕의 옥새는 어디 있소?"

옥새에 대한 질문은 역심이 있다는 오해를 불러일으키기 충분했다. 호탕한 성격의 조창만이 의심을 살 이런 질문을 거리낌 없이 대놓고 던질 수 있었다. 가규는 정중하게 대답했다. "태자께서 지금 업성에 계십니다. 이미 나라에 후계자가 있으니 선왕의 옥새에 대해 군후께서 물으심은 온당치 않습니다."

가규의 대답은 비굴하지도 거만하지도 않았다. 조창은 그의 대답에 할 말을 잃고 물러나 아버지의 영구 앞에서 애도를 표할 수밖에 없었다. 가규는 조창이 더는 곤란하게 하지 않아 한숨을 돌렸다. 하지만 사마의는 마음을 놓을 수 없었다. 그는 위나라에 빨리 새로운 왕을 세우지 않으면 야심가들이 끊이지 않을 것임을 알았다. '셋째야, 대체 뭘 하고 있느냐? 왜 아직도 태자께 위왕의 자리에 오르라고 권하지 않는 것이냐?'

업성에 있는 조비도 이 일로 고심 중이었다. 사마부는 일을 길게 끌면 문제가 생기기 마련이라며 조비에게 즉위를 권했다. 하지만 대신들은 즉위하려면 반드시 조정의 조서를 기다려야 한다고 주장했다. 당시 위나라는 명목상 한나라의 제후국에 불과했다. 조정의 조서가 늦어지자 조비는 발만 동동 구르고 있었다. 상서 진교陳矯가 앞으로 나와 말했다. "위왕께서 저 멀리 낙양에서 승하하시어 천하가 공황에 빠졌습니다. 이런 비상시국에는 왕태자께서 즉시 즉위하셔야 합니다. 상례대로 조정의 칙명을 기다리실 필요가 없습니다." 사마부도 즉위를 재촉하자 그제야 조비는 왕위에 오르기로 결심했다. 무슨 우연의 일치인지 조비가 즉위하자마자 그를 위왕으로 삼고 한나라 승상 겸 기주목冀州牧으로 임명한다는 한나라 천자의 조서가 도착했다. 이로써 조비는 합법적으로 조조의 모든 정치적 유산을 물려받았다.

조비가 위왕에 오르자 한 제국도 연호를 즉시 '연강'延康으로 고쳤다. 그

결국 이기는 사마의

해의 두 번째 연호였다.

무려 25년 동안 이어진 '건안'^{建安} 시대. 풍류와 살육, 꿈과 풍격이 가득 담겨 있던 시대가 마침내 막을 내렸다. 생생하게 살아 숨쉬던 수많은 생명들은 정지된 화면처럼 영원히 건안 시대에 머물게 되었다. 건안 시대에서 살아남은 사람들 모두가 승리자였다.

금년도 최대 승리자인 조비가 즉위하자 가규와 사마의는 즉각 영구를 모시고 업성으로 돌아왔다. 1년여 동안 떨어져 있던 전우^{戰友} 조비와 사마의는 드디어 상봉했다. 그해 정말 많은 일들이 있었다. 두 사람이 헤어지기 전에는 스승과 벗으로 격의 없이 가까운 사이였는데, 다시 만난 후에는 군신 관계가 되어 마치 딴 세상에 온 것 같았다.

하지만 조비와 사마의는 서로를 잘 알고 있었다. 12년 전 처음 만난 이후로 두 사람의 운명은 이미 하나로 묶여 있었다. 마음이 너무 잘 통해서 두 사람 사이에는 긴 말이 필요 없었다. 지금 조비는 사마의에게 없어선 안 되는 존재였고, 그 이상으로 조비 또한 어느 때보다도 사마의를 필요로 했다.

조비는 보위에 오르자 자신을 도와준 사람들에게 은혜를 갚았다. 먼저 가후를 태위에 봉하고, '태자사우'에게도 보답했다. 진군은 창무정후^{昌武亭侯}와 상서에, 사마의는 하진정후^{河津亭侯}와 승상장사에 봉하고, 오질과 주삭에게는 상을 내렸다.

조비는 형제들에게 각자의 봉국^{封國}으로 돌아가라 명하고 특별히 '감국알자'^{監國謁者}를 보내 그들을 감시하게 했다. 이는 사실상 제후들을 각자의 봉지^{封地}에 연금한 것이나 다름없었다. 조창은 불만이 이만저만이 아니었다. 자신의 능력과 공훈 정도면 장군 직위는 받을 수 있을 거라고 생각했는데, 다른 제후들과 마찬가지로 영지^{領地}로 강제 송환될 줄은 몰랐던 것이다. 그는 화가 나서 말도 없이 떠나버렸다.

조비는 이 머리 나쁜 동생을 상대할 겨를이 없었다. 그가 신경 쓰는 사람은 또 다른 동생 조식이었다. 조식은 이미 봉지로 돌아갔지만 조비는 감국 알자에게 엄중한 감시를 명하고 조식에게도 멋대로 봉지를 벗어나지 못하도록 엄명을 내렸다.

조식을 해결한 조비의 눈길이 정의에게로 향했다. '부왕이 양수만 죽이고 네놈을 죽이지 않은 것은 부왕과 네 아비 사이의 인정 때문이다. 하지만 이제 너와 나 사이에는 원한만이 남아 있을 뿐이다. 네놈 때문에 하마터면 잘못될 뻔했으니 이제는 내가 그 열 배로 갚아주겠다!'

조식이 세력을 잃었을 때부터 정의는 두려움에 하루도 마음 편한 날이 없었다. 조비가 위왕에 즉위한 후 정의에게 자살을 권한 사람도 있었다. 정의는 죽을 날이 멀지 않았다는 것을 알았지만 살고자 하는 본능이 마지막까지 그를 발버둥치게 만들었다. 그는 조비와 관계가 끈끈하고 현재 중령군中領軍으로 있는 하후상을 찾아가 머리를 조아리며 구명을 청했다. 하후상은 매정한 사람이 아니었다. 하지만 그 역시 이 일만큼은 도저히 어떻게 해볼 방법이 없었기에 정의의 모습을 바라보며 눈물만 흘렸다.

조식이 봉지로 돌아갔다는 소식을 듣고 정의는 자신을 지켜줄 최후의 보루가 사라졌음을 알았다. 자살도 몇 차례 시도하다 포기하고 말았다. 사실 정의는 차라리 죽는 게 더 나았다. 지금 그는 살아 있는 것이 죽는 것보다 더 고통스러웠다.

조비의 명을 받은 사자는 정의를 찾아갔다가 깜짝 놀랐다. 풍류를 즐기고 호방했던 정의는 어느새 뼈만 앙상해져 사람의 몰골이 아니었다. 이따금 돌아가는 눈동자만이 그가 아직 살아 있다는 것을 보여주었다. 결국 예상했던 그날이 찾아왔지만 정의는 오히려 안도의 한숨을 내쉬었다. 정의뿐만 아

결국 이기는 사마의

니라 아우 정이와 정씨 가문의 모든 장정이 목숨을 잃었다.

조식의 발을 묶어두고 정의를 철저하게 제거한 조비는 잠시 숨을 고르며 왕조 교체를 위한 절차상의 문제를 궁리하고 있었다. 그런데 그때, 태자사우의 수장 진군이 명문세가들이 내놓은 조건을 가지고 조비를 찾아왔다.

그 조건은 바로 중국 오백년 역사에 지대한 영향을 끼치고 역사상 가장 뜨거운 논쟁을 일으켰던 제도, 바로 '구품관인법'九品官人法을 실행하는 것이었다.

구품관인법은
선책善策이다

구품관인법은 너무 중요해서 자세히 설명할 필요가 있다. 이 제도는 향후 동서고금을 통틀어 유례없는 사회 형태를 만들게 된다.

훌륭한 제도의 탄생은 절대 천재적인 인물 한두 사람의 머리에서 나온 것이 아니다.

조비는 위왕으로 즉위하기 전 한나라 조정에 위왕이 되겠다고 청하지 않았다. 그러나 한나라 조정에서 보인 사소한 행보가 조비의 주목을 끌었다. 건안 시대를 끝내고 연호를 '연강'延康으로 바꾼 것이다.

고대에서 연호 교체는 매우 흔한 일이었다. 한헌제의 조상 한무제는 재위하는 동안 연호를 총 11번 바꾸었다. 이 세계적인 기록은 당나라 무측천 시대에 이르러서야 깨졌는데, 무측천은 옷 갈아입듯 연호를 바꿔 20년 동안 총 18번을 바꾸었다.

하지만 한나라가 이번에 연호를 바꾼 것은 심상치 않았다. 일찍이거나 늦게도 아니고 조조가 죽은 꼭 그 달에 바꾼 것이다. '건안'이라는 연호는 조

결국 이기는 사마의

조의 성공사를 상징하는 것이나 다름없어 조씨 가문에게는 매우 특별한 의미가 있었다. 그래서 조비도 '건안'이 한나라의 마지막 연호가 되기를 바랐다. 그런데 한나라가 하필 연호를 '소강 국면이 이어진다'延續小康는 뜻의 '연강'으로 바꾼 것이다. 분통터지는 일이 아닐 수 없었다.

이번 연호 변경은 위 왕국에 대한 한나라 조정의 작은 도발과도 같았다. 이 도발이 허수아비 한헌제의 생각은 아닐 것이고, 그의 주변 한나라 황실 신하의 머리에서 나왔을 가능성이 컸다.

한나라 조정은 조조의 압력을 받아 규모는 축소되고 주변으로 밀려났지만 여전히 백관이 갖춰져 있었다. 한고조 때부터 계산하면 한나라는 근고近古 (중국사에서 송·원·명·청 시대를 가리킨다) 이래 4백여 년의 역사를 지닌 전대미문의 왕조였다. 이런 왕조이기에 잠재적 지지자들이 많을 수밖에 없었다. 조조가 살아 있을 때는 잠수하고 있었겠지만 조조가 죽고 나니 거품을 뽀글뽀글 내뿜는 사람이 생긴 것이다.

'연강'이 바로 그들이 내뿜은 첫 번째 거품이었다.

지금 조비는 어떻게 하면 최소한의 대가를 치르고 왕조를 교체할 수 있을지 생각하고 있었다. 예로부터 왕조 교체를 이루는 방법은 무력으로 정복하거나 평화롭게 양위하거나 둘 중 하나였다. 그러나 아버지 조조가 이제까지 잘 닦아놓은 기반을 두고 무력으로 한나라를 무너뜨리는 것은 괜한 분란을 만드는 비현실적이고 불필요한 일이었다. 그렇다면 남은 것은 평화로운 권력 이양이었다. 그런데 한 가지 중요한 문제가 있었다. 바로 인사人事였다.

한나라는 찰거제로 관리를 선발했다. 지방의 군 일급 행정 단위가 중앙에 우수한 인재를 추천하는 것이다. 하지만 이 제도는 후기에 이르러 많은 폐단이 나타났다. 당시 어린 아이들이 "우수한 인재로 천거되었지만 아무것도 아는 게 없네", "효렴에 천거되었지만 부모는 따로 사네" 하며 찰거제를 비꼬는 노래를 부르기도 했다. 지방에서는 사사로운 인정에 이끌려 형편없는 사람들을 추천했고, 현재 한나라 조정은 이런 '쓰레기'들로 가득차 있었다. 반면 위 왕국은 매우 엄격하게 인재를 선발했다. 평화롭게 선양받는다면 한나라의 구관舊官 상당수를 흡수하지 않을 수 없었다. 따라서 한나라 조정의 '인간쓰레기'들을 걸러내는 일이 첫 번째 문제가 되었다.

한나라 구관들은 한나라에 명분도 있고 애정도 있었다. 공융과 순욱 같은 사람들이 그랬다. 한나라 충신들을 새 왕조에 들인다면 그야말로 적에게 문을 열어주는 것이나 마찬가지였다. 이런 충신들을 선별하고 도태시키는 것이 두 번째 문제였다.

조비가 이 두 가지 문제를 놓고 고민하는 동안 진군도 생각에 잠겼다.

진군은 동한 말년 명사의 후예였다. 조부인 진식陳寔은 전대의 대명사大名士였다. 그의 명성이 얼마나 대단했는지는 한 가지 수치만 봐도 알 수 있다. 그가 세상을 떠나고 장례식에 참석한 인원수가 무려 3만여 명이었다. 이는 당시 전국 총인구의 천분의 일 정도에 해당하는 것이었다. 진군의 아버지 진기도 명사였으며 앞서 언급했듯이 '난형난제' 중의 '난형'이었다.

진군은 이런 집안에서 자랐기 때문에 한나라 말년의 어떠한 풍조에 대해 아주 익숙했을 것이다. 그 풍조는 앞에서 한 번 언급한 적 있는 '품조'品藻였다. 당시 여남汝南의 허소許劭, 허정許靖 형제는 매월 초 '월단평'이라는 사교 모임을 열어 여러 인물을 평가했다. 그곳에서 높은 평가를 받은 사람은 출사한 것이나 다름없어 그 즉시 사회적 지위가 크게 올랐다. 그래서 젊은 시절 조조도 허소에게 강온強穩 양책을 써서 "태평성세에는 유능한 신하가 되고, 난세에는 간사한 영웅이 될 것"이라는 평가를 받았던 것이다.

이 풍조는 각지에서 성행했는데, 유명한 평가는 동요로 각색되어 아이

결국 이기는 사마의

들에게 애창되기도 했다. 예를 들면 "천하의 모범 이원례李元禮(이응), 횡포한 세력 앞에서도 두려워하지 않던 진중거陳仲擧(진번), 천하의 수재 왕숙무王叔茂(왕창)"처럼 말이다. 심지어 "사람 중에는 여포, 말 중에는 적토마"人中呂布, 馬中赤兔와 같이 말을 찬양한 노래도 있었다.

이것이 과연 어떤 폐단을 낳았을까? 명인의 평가를 거치기만 하면 훌륭한 사람으로 둔갑해 출세할 수 있었기 때문에, 명예를 낚기 위해 온갖 술수를 마다않는 무리들은 집안에 편히 들어앉아 조정의 부름을 기다리기만 했다. 동한 말년에는 사회 여론이 유난히도 사나웠다. 출세를 위해 무슨 일이든 하는 무리들은 온종일 하는 일 없이 드러누워 조정을 규탄하는 데에만 목소리를 높였다. 하지만 사람들 눈에는 우수한 인재들이 집안에서 학문을 닦으며 출사를 기다리는 것처럼 보였다. 그래서 사람들은 조정이 썩을 대로 썩었다며 큰 소리로 욕지거리를 해댔다. 견디다 못한 조정에서는 결국 여론의 압력을 이기지 못하고 그들에게 관직을 내렸다.

그런데 이때도 기다렸다는 듯이 나가서 부름에 응하면 안 되었다. 관리가 되는 것은 격이 떨어지는 일이고 은사隱士가 되는 것이야말로 고상한 일이었기 때문이다. 그들은 거드름을 피우며 출사를 거절했다. 관청에서는 그들이 초빙에 응하지 않는 것을 보고 더욱 훌륭한 인재라고 생각해 더 지위를 높여 출사를 권했다. 그렇게 자신의 몸값이 어느 정도 올라갔다 싶으면 그들은 그제야 출사에 나섰다. '마지못해 응하는 것처럼' 벼슬길에 오르는 것이다. 심지어 어떤 사람은 계속 허세를 부리다가 관청에서 들것을 가지고 집에 찾아와 억지로 그를 데려가서 취임시키기도 했다. 그 모양새가 마치 병원에서 정신병자를 잡아가는 것과 별반 차이가 없었다.

한나라 말기는 이렇듯 정신착란의 시대였다. 관아의 위신은 땅에 떨어지고 민간에서는 갖가지 수단으로 명예를 낚는 무리들이 횡행했다.

그때 조조가 등장해 퇴폐한 풍속을 쓸어버린 것이다. '벼슬하기 싫다고? 죽여버리고 말겠다!' 당시 사마의를 불렀을 때도 마찬가지였다. '관리가 되겠다면 관청에 앉아 있을 것이고, 거부하겠다면 감옥살이를 할 것이다. 내 앞에서 허세를 부리시겠다? 부려라. 하지만 목숨으로 대가를 치러야 할 것이다.'

이렇게 해서 조정의 위신이 다시 서기 시작했다. 대신 그 대가로 지식인(한나라 말기에는 명문대가−저자)들의 존엄은 땅에 떨어졌다.

한편 조조는 사람을 쓸 때 격식에 얽매이지 않았다. 그는 공공연하게 이렇게 밝혔다. "오직 재능만 보고 사람을 기용할 것이다! 나는 불인불의^{不仁不義}하고 불충불효^{不忠不孝}한 무리를 좋아한다! 네가 형수와 사통한 사람이든, 관직을 위해서라면 노모를 버리고 부인도 죽일 수 있다 하더라도 한 가지 재주라도 있으면 나 조조 막부^{幕府}의 문은 언제나 열려 있을 것이다!"

이렇게 해서 조조의 부중에는 인재들이 차고 넘쳤다. 그럴수록 삼강오륜과 덕행을 중시해온 명문대가에서는 큰 모욕감을 느꼈다.

진군은 어떻게 하면 조정의 위신을 떨어뜨리지 않으면서 명문대가의 지위를 높이고 이익을 보장할 수 있을지 고민했다. 그 결과 마침내 훌륭한 용인^{用人} 제도를 만들게 된다.

어느 날 깊은 생각에 잠겨 있던 진군은 문득 깨달음을 얻었다. '만약 조정이 명문대가의 이익을 대변한다면 누이 좋고 매부 좋은 일이 아니겠는가?' 진군은 엄청난 공을 들여 정교한 제도를 만든 뒤 조비를 찾아갔다.

그 시각 조비는 어떻게 하면 한나라 신료들 중 '쓰레기'와 '비협조자'를 걸러내고 새 왕조를 세울지 궁리하고 있었다. 그는 진군의 방문에 기쁨을 감추지 못했다. "안 그래도 기다리고 있었소."

진군이 조비에게 말했다. "지금 나라에서 선발하는 사람들이라 해서 모두다 인재인 것은 아닙니다. 구품관인법을 세우십시오." 조비의 두 눈이 반짝였다. "좋소! 그런데 구품관인법이 무엇이오?"

구품관인법에 대해 확실하고 상세하게 설명하기 위해서 갑이라는 사람을 예로 들어보겠다.

갑이 관리가 되려면 먼저 군郡의 중정中正을 찾아가 인재평가감정서를 작성해달라고 해야 한다. '중정'은 군郡 지방관이 추천하는 직책인데, 일반적으로 현지에서 명망 있고 사람 보는 눈이 정확한 사람이 맡는 자리다. 중정 관할 하에 있는 인재심사위원회가 갑을 꼼꼼하게 평가한다. 갑의 용모를 보고 그의 집안 배경과 개인의 이력을 조사하며, 이웃들을 만나 평소 품행과 재능을 파악한다.

그런 다음 심사위원회는 감정보고서를 작성하는데 아래 세 가지 항목이 반드시 들어갔다.

첫째, 가문

어느 성姓씨의 자제이며, 조상 중에 고관대작을 지낸 사람이 있는가?

둘째, 장狀

즉 도덕과 재능에 대한 간단명료한 평가다. 예를 들어 위나라 시대 길무吉茂의 '장'은 '덕이 많으나 능력이 적다'였고, 서진西晉 시대 손초孫楚의 '장'은 '천부적인 재능이 있고 박식하며, 너무 뛰어나 다른 사람들과 비교할 수 없다'였다.

셋째, 품品

다시 말해서 감정 대상 인재의 등급에 관한 결론이다. '품'은 상상上上, 상중上中, 상하上下, 중상中上, 중중中中, 중하中下, 하상下上, 하중下中, 하하下下 총 9품으로 나뉘었다. 사실 이런 분법分法은 동한 시대 반고班固가 쓴 《한서》에 이미 등장했었다. 《한서》 중 《고금인표》^{古今人表}는 천지개벽 이래 거의 모든 역사적 인물을 9품으로 나누었는데, 가히 명저라 할 만하다.

만약 갑이 '상하품', 즉 3품을 받았다면 3품관이 될 수 있는 것일까? 그렇지 않다.

조위 시대에는 후세에 전해 내려오다 청나라 멸망과 함께 폐지된 관품구품제^{官品九品制}라는 제도가 만들어졌다. 다시 말해 관원들을 9품으로 나눈 것이다. 예를 들면 삼공^{三公}은 1품관, 대장군은 2품관, 구경^{九卿}은 3품관이 되는 식이다. 오늘날 우리에게 익숙한 '칠품현령'^{七品縣令}과 '구품지마관'^{九品芝麻官}이 바로 여기에서 유래된 것이다.

하지만 갑이 받은 중정의 평가는 '3품'으로, 중앙정부에서 하사하는 '관품'^{官品}이 아니라 '향품'^{鄕品}이었다. 지방정부가 인정한 인재 평가에 불과한 것이다. 그 평가를 실제 관품으로 전환하려면 입사^仕 절차를 거쳐야 했다.

따라서 갑은 각지의 인재심사위원회가 정한 인재 등급에 따라 관청에서 능력별로 채용할 때까지 집에서 기다려야 했다.

물론 처음부터 바로 3품을 주지는 않았다. 일본 학자들의 연구에 따르면 관품과 향품 사이에는 일반적으로 3~4등급 정도 차이가 난다고 한다. 그러니까 갑은 3품 인재로서 6품이나 7품 관직을 받을 수 있다. 그 후에는 관직에 나아가 일하면서 자신의 노력을 통해 3품관까지 올라갈 수 있었다.

이것이 바로 구품관인법이다. 그렇다면 구품관인법의 어떤 점이 훌륭한 것일까?

첫째, 동한 이래 줄곧 민간이 장악했던 여론을 통한 인물평가를 제도를 통해 국유화함으로써 조정의 위신을 크게 높였다. 이로써 조정은 여론의 압력에 못 이겨 현인^{賢人}을 찾아가 비굴하게 출사를 요청하는 의무에서 벗어났다. 만약 관리가 되고 싶다면 자발적으로 그 지역 중정관을 찾아가서 부탁하면 된다.

둘째, 명문대가가 입사 절차를 어느 정도 독점할 수 있었다. 향품을 정하는 중요한 근거는 가문과 덕행이었다. 이 두 가지 지표는 명문대가에게 유리했다. 군郡 중정은 대개 명문대가 출신들이라 자연히 그들에게 이로운 쪽으로 기울었다.

셋째, 애초에 구품관인법은 한 가지 중요한 기능이 있었는데, 바로 기존에 있는 조정 관리들의 등급을 평가하는 것이었다. 이는 주로 한나라의 옛 신하들을 겨냥한 기능이었다. 한나라 관리들을 전부 체에 걸러 옥석을 구분한 뒤 새로운 왕조로 들일 수 있었다.

구품관인법은 위나라가 창건될 때 미봉책으로 제안된 것이지만 이후 실행 가능성 문제로 보류되었다고 봐야 할 것이다.

오랜 시간이 흐른 뒤 사마의는 이 제도에 '부품' 하나를 더했다. 그리고이 '부품'이 구품관인법의 성격을 완전히 바꾸어놓았다.

이 '부품'은 바로 주대중정州大中正이었다.

구품관인법 초기에는 군 중정만 있고 주州 중정은 없었다. 주와 군은 둘다 지방 행정 단위지만 성격은 크게 달랐다. 군은 지방자치단체의 성격이 강했지만, 주는 중앙의 파출기관派出機關(정부가 업무 관리의 필요성에 따라 관할 지역에 대한 권한을 부여한 파견기관)이었다. 따라서 사마의가 주대중정을 설립한 이후 제도의 중추가 지방에서 중앙의 손으로 넘어가게 되었다.

중앙에도 명문거족이 있었는데 지방의 명문거족과는 달랐다. 위진魏晉 시대에는 세력이 군 단위까지만 미치는 명문거족을 '호우'豪右(호족)라고 부르고, 중앙까지 세력이 미치는 명문거족은 '사족'士族 또는 '문벌'門閥이라고 불렀다.

사족문벌들은 서서히 인사선발권과 임면권을 장악해갔다. 황제는 위에서 아무것도 하지 않았고 아래에 있는 호우들은 분개했다. 한편 일반 백성들은 아예 관심도 없었다. 이렇게 사족문벌을 중심으로 한 사회가 서서히 수면 위로 올라오고 있었다.

물론 이것들은 다 나중의 이야기이고, 나쁜 선례를 만든 장본인인 사마의로서는 생각지도 못한 결과였을 것이다. 어쨌든 한 제도가 변화하고 발전하는 데는 오랜 시간이 걸리기 마련이고 그러한 변화 과정은 사회의 운세에 시나브로 영향을 미친다.

조조가 남긴 다섯 가지 난제 가운데 조비는 이미 절반을 해결했다. 구품관인법 덕분에 앞길을 보장받게 된 여영세족들은 조비 칭제稱帝의 잠재적 지원군이 되었지만, 초패 무인들은 여전히 간절한 눈으로 조비를 바라보고 있었다. 한편, 조조가 세상을 떠났을 때 멋대로 직무를 이탈해 큰 혼란을 야기할 뻔했던 청주 부대의 배후 두목 장패는 여전히 칭제의 최대 불안 요소였다.

장패를 손보고 초패 무인을 달래는 이 두 가지 일은 서로 전혀 관계가 없었다. 그런데 국면을 잘 수습해 가던 조비는 일을 한꺼번에 해치우고 싶었다.

결국 이기는 사마의

당신이 옳다는 것을
사실로 증명되게 하라

연강 원년(220년)은 유난히도 길게 느껴졌다.

지난해 조비, 손권, 유비가 양양과 번성에서 전투를 벌인 끝에 손권이 그해 최대 승리자가 되었다. 형주를 손에 넣은 손권은 잔뜩 흥분해서 더 나아가 형주에 있는 유비의 잔여 세력을 공격했다. 조비는 손권의 군대가 눈앞에서 오가는 걸 보며, 남부의 오나라 방어 요충지인 양양과 번성의 안위가 걱정스러웠다.

작년 관우군에게 병사들이 수몰되는 등 참패를 겪은 양양과 번성은 이미 심각하게 황폐해졌다. 그런데 지금은 또 손권군의 공격 범위 안에 덩그러니 놓이게 된 것이다. 조정 관원들은 차라리 양양과 번성을 포기하고 완성으로 후퇴해 방어선을 축소하고 수비 부담을 줄이자고 건의했다.

하지만 신임 승상장사 사마의가 완강하게 반대했다. 그는 양양과 번성 일대의 지리적 형세와 전황에 대해 잘 알고 있었다. 작년에 사마의는 조조가 백성들을 북쪽으로 이주시키려는 것을 저지했었는데, 지금에 와서 양양과 번성을 포기한다면 이제까지의 노력이 모두 수포로 돌아가게 되는 것이었다.

사마의는 간언했다. "손권은 관우와 싸워 이기는 바람에 유비에게 원한을 샀습니다. 그 때문에 우리에게 잘 보이려고 할 때라 절대 양양과 번성을 공격하지 못합니다. 양양은 수륙의 요지이자 적을 방어하는 군사적 요충지이므로 쉽게 포기해서는 안 됩니다."

조비는 사마의의 말을 듣지 않았다. "조정의 모든 군사 요원과 전쟁 전문가들이 양양과 번성을 포기하라고 권하고 있네. 중달 자네가 지략이 뛰어나긴 해도 행정을 담당하는 문관에 불과하네. 정치는 저들이 잘 못하고, 군사는 자네가 잘 못하는 일일세. 전쟁에 관한 일은 전문가에게 맡기는 것이 좋겠네."

그렇게 해서 조비는 전쟁 전문가들의 말을 듣고 양양과 번성의 수장守將 조인에게 두 성을 불태워 없애버리라고 명했다.

사마의는 자기 의견을 고집하지 않았다.

리더가 당신의 제안을 받아들이지 않는 경우 하책下策은 말로써 리더가 틀렸음을 증명하는 것이고, 상책上策은 그것이 사실로 증명되게 하는 것이다. 사마의는 상책을 취했다.

손권은 사마의에게 협조적이었다. 병사와 군마가 경계를 넘을 때 유비의 군대만 공격했을 뿐 조비 쪽에는 조금도 피해를 주지 않았다. 조비는 그제야 사마의를 다시 보게 되었다. "정치의 귀재인 줄만 알았더니 군무에도 재주가 있었구려!"

지난해 조조, 손권, 유비는 모두 명장을 잃었다. 유비는 최고의 명장인 관우를 잃었다. 손권 쪽에서는 제3대 군 통수권자인 여몽이 병사하고 군에서 중요한 인물이던 손교孫皎와 장흠蔣欽이 함께 세상을 떠났다. 조조 가문에서는 하후연과 방덕이 전사하고 우금은 포로가 되었다. 상황이 이렇다 보니 신세대 군 통수권자를 양성하는 일이 급선무가 되었다.

명장들이 세상을 떠난 이때, 사마의의 군사적 재능이 조비의 눈에 들어왔다.

조비는 현재 세 가지 처리할 일이 있었다. 첫째, 조진, 조휴, 하후상 등 젊고 유능한 사람들에게 군의 요직을 맡겨서 조위 군대의 개편을 완성하고 초패 무인을 달래는 것. 둘째, 장패의 준準독립 세력을 해결하는 것. 셋째, 정권 교체를 위한 계기를 마련하는 것이었다.

조비는 아버지가 관직을 올릴 때 자주 쓰던 수법을 떠올렸다. 일단 전쟁을 치르러 나갔다가 승리하고 돌아와서 자신에게 상을 내리듯 관직을 올린 것이다. 조비는 이미 한나라 승상, 위왕, 기주목이었다. 만약 한 번 더 전쟁에서 싸울 수 있다면 개선해서 돌아왔을 때 떳떳하게 작위를 올려 칭제할 수 있는 명분이 생겼다. 그런 의미에서 남정南征은 정권을 교체할 훌륭한 계책임에 틀림없었다.

연강 원년 6월, 조비는 업성 동쪽 교외에서 대규모 열병식과 장장 20일에 걸친 군사 훈련을 거행한 뒤 손권을 치기 위해 군대를 이끌고 남하했다.

시국에 어두운 탁지중랑장度支中郎將 곽성霍性이 조비에게 간언했다. "선왕께서 승하하시어 아직 상중喪中에 계시니 이런 대규모 군사 행동을 일으키시면 안 됩니다." 화가 난 조비는 이 훼방꾼을 죽여버렸다.

곽성의 시체를 밟고 조비는 육군六軍과 함께 남정에 나섰다. 반드시 성공해야지 결코 실패해서는 안 되는 정벌이었다. '이번 행동을 통해 조정 대신들에게는 나 조비가 일인지하一人之下에 만족하지 않는다는 것을 보여주고, 초패 무인들에게는 나를 따르면 손쉽게 부귀영화를 손에 쥘 수 있다는 것을 알려줄 생각이다. 장패 세력에게는 우리 조씨 가문의 군사력이 부왕의 서거에도 끄떡없으니, 경거망동하지 말고 얌전히 기다리라고 경고하려는 것이다. 무엇보다 나 조비가 아버지의 그늘에서 벗어나 새 주인이 될 능력이 충분하다는 것을 세상 사람들에게 보여주기 위함이다.'

이번 정벌에는 여러 가지 목적이 있었지만 유일하게 별로 중요하지 않은 목적이 하나 있었다. 바로 정벌의 대상 손권이었다.

교활하고 간사한 손권은 이 사실을 잘 알고 있었지만, 그렇다고 약한 모습을 보이고 싶지는 않았다. 손권은 이제 막 형주를 손에 넣고 아버지와 형까지 2대에 걸친 꿈을 완성함으로써 야심이 커질 대로 커진 상태였다. '장강長江은 천연의 요새이고, 수전水戰은 우리 강동 손씨 가문의 장기다. 네 아비가 왔어도 우리에게서 티끌만큼도 가져가지 못했는데, 너 같은 애송이야 더 말할 게 있겠느냐. 오너라! 네놈과 겨뤄 장강 이북을 손에 넣을 테니!'

막상 싸움이 시작되자 손권은 형세가 불리하다는 것을 알게 되었다. 예전에 형주가 유비의 손아귀에 있을 때는 손권이 소호巢湖 일대만 집중적으로 수비해도 조조를 막을 수 있었다. 그래서 조조가 '사월소호불성'四越巢湖不成(소호를 네 번 건넜지만 공을 이루지 못하다)했던 것이다. 이는 제갈량의 〈후출사표〉에 나오는 대목이다. 그런데 지금은 뱀이 코끼리를 삼키듯 형주를 먹어 미처 소화시키지 못한 터라 장강 하류 전체가 수비해야 할 전선이 되어버렸다. 조휴 등 젊고 유능한 장군이 병력을 삼로로 나눠 공격하자 손권은 도저히 당해낼 힘이 없었다.

손권은 맹우盟友의 빈자리를 알게 되었다. 하지만 유비는 이제 벗이 아닌 적이었다. 관우의 복수를 하려고 혈안이 된 유비가 언제 쳐들어와서 자신의 등에 칼을 꽂을지 알 수 없었다.

사내대장부라면 상황에 따라 유연하게 대처할 줄 알아야 하는 법이다.

손권은 조비에게 사자를 보내 신하를 자처하며 강화講和를 청했다. 사자는 서신 한 통, 진상품, 포로 두 명과 함께 조비를 찾아왔다.

서신에서 손권은 시종일관 겸손하고 고개 숙인 외교적 언사로 강화를 청하는 신하의 성의를 보여주었다. 진상품은 큼직하고 질 좋은 진주 100바구니, 금 약 1톤, 잘 길들인 코끼리 암수 각 1마리, 말하는 앵무새 무리, 기타 진기한 노리개 수천 개 등이었다. 너무 풍성해서 큰 배에 다 실을 수가 없을 정도였다.

포로 두 명은 관우가 칠군을 수몰시켰을 때 생포한 위나라 측 사람인데, 이후 손권이 관우와 싸워 이겼을 때 강동으로 넘겨졌고, 지금 손권이 다시 위나라에 돌려주었으니 이번이 세 번째였다. '조비 네놈은 우리 강동을 멸망시키려는 것이 아니라 그저 전쟁에서 한번 이겼으면 하고 바라는 거겠지. 그렇다면 네가 전쟁에서 이겨 위신을 세울 수 있도록 해 주겠다. 계속 전쟁을 고집한다면 나 손권의 강동 수군도 결코 호락호락하지 않으니 끝까지 상대해주마.'

조비는 선물들을 받고 매우 흡족했다. '이번 출정의 목적은 이것으로 달성한 셈이다. 천하에 무력을 과시했고, 청주와 서주의 내부 사정을 정탐해 장패를 두려움에 떨게 만들었다. 게다가 조휴처럼 젊은 장령에게 얼굴 도장을 찍을 수 있는 기회를 주었으니 일거다득이 아닐 수 없다. 손권이 이렇게까지 예의를 차리며 좋은 물건들을 잔뜩 선물할 줄은 더더욱 생각도 못했다.'

"기쁘게 받겠다. 군대를 철수한다!"

회군하는 길에도 의외의 수확이 끊이질 않았다. 그동안 형세를 관망 중이던 준독립 세력들이 완전히 조비의 품으로 들어왔다. 가장 먼저 서부의 저왕氐王 양복楊僕이 자기 씨족을 이끌고 유비의 근거지를 떠나 조비에게 귀순했다. 그리고 두 번째로 귀순한 사람은 유비의 주요 무장이던 맹달孟達이었다.

맹달은 자字가 자도子度로, 원래 익주 군벌 유장의 부하였다. 나중에는 유비의 휘하로 들어가 유비의 양자 유봉劉封과 함께 상용을 진수鎭守했다.

관우가 패망하자 맹달은 자신이 원군을 보내지 않았고 제갈 승상과 불화까지 생겨 유비 밑에 있다가는 앞길이 깜깜할 것 같다고 생각했다. 그래서 손권에게 투항할지 조비에게 투항할지 상황을 지켜보던 참이었다. 그런데 조비가 남정에 성공하자 더는 망설이지 않고 부곡部曲(호족이 소유한 군대) 4천여 호를 이끌고 조비에게 투항했다. 조비 입장에서는 그야말로 하늘에서 뚝 떨어진 경사였다.

용모도 출중하고 재주도 뛰어난 맹달은 조비를 매료시켰다. 조비는 기쁜 마음에 맹달에게 산기상시散騎常侍, 건무장군建武將軍, 평양정후平陽亭侯 등의 직함을 줄줄이 하사하고, 상용, 방릉房陵, 서성西城 삼군을 합쳐 신성군新城郡을 신설한 뒤 맹달을 신성태수로 임명했다.

조비는 머릿속으로 계산을 해두었다. '맹달 같은 적군의 고급 장령이 귀순했을 때 후하게 대접하면 세상 사람들에게 본보기가 되어 다른 사람들도 내게 투항할 것이다. 또 삼군이 아직 유비 손에 있는데, 나는 맹달에게 삼군을 주겠다고 공수표를 날렸다. 만약 약속을 못 지키더라도 그를 중앙에 관리로 들여 지방에서 혼란이 일어나는 것을 막고, 약속대로 그가 삼군을 차지하게 되면 내 영토는 확장된다.'

하지만 조비와 생각이 다른 사람이 있었다. 그는 바로 조위의 차세대 모사 가운데 가장 출중했던 유엽이었다. 유엽은 행군장사行軍長史 겸 영군領軍을 맡고 있었는데, 새로운 군주에게 얼른 뭔가를 보여주고 싶어 안달이었다.

유엽이 불쑥 나서서 조비에게 찬물을 끼얹었다. "맹달에게 적게나마 재주가 있기는 하지만 세력에 눌리고 이익을 좇아 우리에게 투항한 것일 뿐, 결코 은혜에 감사하거나 의리를 생각할 리 없습니다. 신성군은 손권과 유비 세

결국 이기는 사마의

력권 사이에 위치해 변고가 생긴다면 나라의 큰 우환이 될 것입니다!"

조비는 맹달에게 흠뻑 빠져 있던 터라 유엽의 충고를 귀담아듣지 않았다. 거절당한 유엽은 괴로워하다 주위를 둘러보았다. 그는 승상장사 사마의를 발견하고는 간언을 올리도록 그를 부추겼다. 사마의도 맹달이란 사람에게 문제가 좀 있다고 여긴 터라 앞으로 나섰다. "맹달은 언행이 교활하고 간사하니 변경의 중임을 맡겨서는 안 됩니다."

조비는 성가시다는 듯이 손을 내저었다. "내가 자네들의 말을 안 듣는게 아니라 지금은 이렇게밖에 할 수 없어서 그런 것이네. 맹달을 중용하지 않으면 어찌 온 천하의 마음을 돌릴 수 있겠는가?"

조비가 서황과 하후상을 보내 맹달을 도와 상용의 제갈 승상을 공격하게 하자 맹달은 의기양양하게 명을 받들고 물러갔다. 떠나기 전에 조비는 맹달의 손을 붙잡더니 그의 등을 툭툭 치며 말했다. "열심히 해보게. 좋은 소식 기다리고 있겠네."

사마의는 더 이상 간언하지 않았다. 그는 맹달이 떠나는 모습을 지켜보았다. 역사는 사마의가 옳았다는 걸 증명했다.

8월, 대군이 회군하는 길에 조조의 고향 초현을 지나가게 되었다. 잔뜩 흥이 오른 조비는 초현에서 주연酒宴을 베풀었다. 가희歌姬들을 부르고 좋은 술을 하사해 삼군 장병들과 고향 어르신들이 즐기게 했다. 모두들 음악도 듣고 공연도 감상하면서 마음껏 술을 마신 뒤 헤어졌다.

술잔치가 끝나고 조비는 취기가 오른 김에 옛 저택 입구에다 비를 세워 기념했다. '누구에게 비문碑文을 쓰게 하면 좋을까? 지금 세상에서 누가 제일 글을 잘 쓰지? 두말 할 것 없이 내 아우 조자건이지!'

조비는 죄수나 마찬가지인 조식을 불러냈다. "자, 이 형을 위해 비문을 좀 써 주거라. 잘 써 보아라. 다 쓰면 상을 내릴 것이다!"

조식은 두려움에 떨며 공적과 은덕을 찬양하는 비문을 지었다. 조비는 세상에 둘도 없는 전서篆書(고대 한자 서체 중 하나로 대전大篆과 소전小篆으로 나뉜다)의 대가 종요에게 비액碑額(비석에 새기거나 쓴 글 또는 글씨)을 쓰게 하고, 팔분서八分書(소전小篆과 예서隸書의 중간 서체)로는 천하제일인 양곡梁鵠에게 비문을 베껴 쓰게 했다. 이 비석은 '삼절비'三絶碑라고 불렸는데, 술에 취한 조비는 그 이름을 듣고 불쾌해 했다. "천하에서 가장 권세 있는 사람만이 이 세 사람을 모아 비석을 만들 수 있다. 그러니 이 비석은 '사절비'四絶碑라고 불러야 마땅하다!"

득의양양한 조비의 모습을 곁에서 지켜보던 사마의는 마음이 서늘해졌다. '지금 전하는 아직 천하에서 가장 권세 있는 사람이 아닙니다. 아직 선양禪讓(선위)이라는 절차 하나가 남아 있으니까요.'

결국 이기는 사마의

왕좌지재王佐之才와
졸부의 차이

조비는 어려서부터 선양에 대한 이야기를 들었다. 상고 시대의 대성현^大聖賢인 요堯, 순舜, 우禹는 훌륭한 인품과 덕성을 갖추고 불후의 공적을 쌓아 모든 사람에게 사랑받았고, 선양을 통해 제위에 올랐다는 이야기였다. 그 이후에도 선양한 예가 없는 것은 아니었지만 선양 받은 자가 덕행이 고상하지 못해 비참한 말로를 맞았다는 정도였다.

가장 대표적인 예가 양한兩漢 교체기의 왕망王莽이었다. 그는 한나라 황제에게 선양을 받았지만 천하가 들고 일어나 자신은 죽고 나라는 멸망해 천하의 웃음거리가 되었다.

조비는 자신의 덕행이 오제와 비교하면 부족하다고 여겨 선양에 대해 다소 불안감을 느끼고 있었다. '이 일이 과연 가능할까?'

조비는 자신이 없었다. 성원해주는 사람이 없었기 때문이다. 일단 누군가가 힘을 실어주면 좋을 것 같았다. 가장 먼저 응원해준 사람은 좌중랑장左中郎將 이복李伏이었다.

이복은 원래 장로의 부하였다. 그는 조씨 가문에 귀순한 지 얼마 되지 않아 정치적 기회를 얻으려고 혈안이 되어 있었다. 이복은 문무백관들이 다들 우물쭈물하기만 하고 아무도 먼저 나서지 않자 용감하게 나섰다. 그는 진귀한 《옥판》玉版의 예언을 인용해 조비에게 칭제를 권했다.

상소한 신하가 누구인지 확인한 조비는 이복이 별 볼일 없다 여겨 단칼에 거절했다. "박덕한 내가 어찌 황제가 될 수 있겠는가? 부끄러운 일이지! 하지만 자네의 그 상소가 흥미로우니 공개해서 모두 함께 논의해 볼 수는 있을 것 같네."

이복의 상소가 공개되자 다들 무슨 뜻인지 알아차렸다. '이복 네놈이 우리보다 한발 앞서 칭제를 권했구나! 좋다. 우리도 뒤질 수 없지.' 그래서 시중侍中 유이·신비·유엽, 상서령尙書令 환계, 상서 진교·진군, 급사황문시랑給事黃門侍郎 왕비王毖·동우董遇 등이 연명 상소를 올렸다. 먼저 이복의 상소를 보고 난 소감을 발표하고, 한나라 말기 이래 천하가 크게 어지러웠던 역사를 거슬러 올라 한나라가 이미 덕망을 잃었음을 증명한 다음, 조비가 천자의 자리에 오를 것을 간청하는 것으로 마무리지었다.

조비는 재차 단호하게 거절했다. "튼튼한 송아지는 호랑이와 같고 독초의 새싹은 농작물과 같듯이 겉보기에는 맞는 것 같아도 실제로는 그렇지 않은 일들이 있는 법일세. 지금 상황이 딱 그러하네." 이는 자기가 하늘이 정한 차기 황제처럼 보이지만 사실은 아닐 수도 있다는 뜻으로 한 말이다. 그런데 속뜻은 이런 것이다. '내가 천명을 받은 천자라는 것을 증명할 더 강력한 증거는 없는가? 조금만 더 힘을 내시게!' 조비는 자신이 한 말에 대해 백관들이 다시 논의하게 했다.

그때 힘을 실어줄 사람이 나타났다. 태사승太史丞 허지許芝는 조비가 올해 황위에 올라야 하는 이유와 관련해서 역대로 나타났던 예언들에 대해 학술

결국 이기는 사마의

사적으로 회고했다. 그는 《역전》易傳, 《춘추한함자》春秋漢含孳, 《춘추옥판참》春秋玉版讖, 《춘추좌조기》春秋佐助期, 《효경중황참》孝經中黃讖, 《역운기참》易運期讖, 《춘추대전》春秋大傳, 《경방역전》京房易傳 등 수많은 전적典籍과 백마령白馬令 이운李雲의 상소 등 옛 공문서들을 인용하고 비교학, 훈고학, 문자학, 참위학讖緯學, 예측학을 비롯해 수수께끼를 푸는 식의 연구 방법을 종합적으로 활용해서 조비에게 '당신이 바로 천명을 받은 천자'라는 걸 증명해 보였다.

허지는 자신의 박학다식함을 뽐내며 득의양양해했다. 조비도 그 말을 듣고 마음이 요동쳤지만 아직 면치레가 부족하다고 여겨 또 한 번 거절했다. "하늘은 덕이 없는 사람에게 길조를 내리지 않네. 나는 세상에서 가장 부덕하고 가장 비천한 사람일세. 그대의 말을 들으니 두려워 손이 다 떨릴 지경일세. 예전에 내가 시를 지은 적이 있네. 서한 말기 내란으로 무질서한 시기가 길었는데, 동탁의 난 이후로 백성들이 도탄에 빠져 살 수가 없는 지경이 되었네. 한실을 보좌하고 천하를 구해 나라를 평안하게 하고 백성들을 편안하게 만든 뒤 공을 세우고 물러나겠다는 내용의 시였지. 이것이 내 진심이고 나는 그 언약을 지킬 걸세. 이 시를 필사해 모두에게 나눠 주어 내 뜻을 알게 해야겠네."

신비, 유엽, 환계, 진교, 진군 등은 애가 탔다. '이 정도면 된 것 같은데 대체 뭘 더 기다리십니까? 정녕 황제가 되고 싶지 않으신 겁니까?' 그들이 두 번째 연명 상소를 올렸지만 조비는 여전히 거절했다.

사마의도 가만히 앉아 있을 수가 없었다.

사마의는 원래 상소를 올릴 생각이 없었다. 그는 이미 조비가 태자 자리에 오르는 데 큰 공을 세워서 더는 이복, 허지와 같은 무리와 총애를 다툴 필요가 없었다. 하지만 사마의 역시 조비가 몇 번이고 사양하자 가만히 있을 수가 없었다. '연기하는 중인 건 알겠는데, 만일 진심으로 사양하는 것처럼 돼 버리면 어쩌지? 안 되겠다. 상소를 올려야겠어.'

사마의는 정혼鄭渾, 양비羊祕, 포훈鮑勛, 무주武周 등 몇몇 시어사들과 함께 상소를 올렸다. 하지만 여전히 공적과 은덕을 찬양하는 상투적인 말들뿐이었다.

조비는 또다시 거절했다.

'중달, 자네마저 내 뜻을 알지 못한단 말인가? 선양이란 연극은 여기까지일세. 하지만 주인공이 하나 **빠졌잖은가!**'

사마의는 조비의 속내를 이해했다. 낙양의 깊숙한 궁전으로 시선을 돌렸다. '그래, 연극에서 정작 주인공이 빠지면 선양은 그저 조비와 백관들의 일방적인 놀음에 불과하다.'

깊은 황궁 안에 있던 그 주인공이 마침내 뭔가를 보여주었다.

현직 한나라 황제 유협劉協은 올해로 마흔이었다.

유협이 황제의 자리에 앉아 용포를 입고 있는 단역을 맡은 지가 무려 30년째였다. 그는 동탁, 왕윤과 여포, 이각李催과 곽사郭汜, 양봉楊奉과 동승董承, 그리고 조조를 보냈다.

유협은 이들이 고층 건물을 올릴 때부터 손님에게 주연을 베풀고 그 건물이 무너지는 것까지 전부 다 지켜보았다.

유협도 발악한 적이 있었다. 그는 먼저 동승에게 역적을 치라는 의대조衣帶詔(옷과 허리띠에 글을 써서 몰래 내리는 조서)를 내렸고, 복완伏完에게 조조를 주살하라고 명하기도 했다. 안타깝게도 두 장인어른은 일을 성사시키기는커녕 오히려 패가망신하고 말았다.

유협이 총애한 동귀인董貴人은 임신한 상태로 교살되었다. 유협의 부인 복황후伏皇后는 벽 사이에 숨어 있다가 머리채를 잡힌 채 끌려 나가 하옥되었는데, 사인은 지금까지도 밝혀지지 않았다. 유협의 두 아들은 독주가 입에 들이부어져 살해되었다.

이제는 황제가 평범한 농부가 되기를 원한다 해도 부모, 형제 등 가족들과 평범하게 지내는 천륜지락天倫之樂조차 누릴 수 없게 되었으니 비극이 따로 없었다!

유협은 오래 전부터 황제 자리를 내려놓고 싶었다. 조비가 밖에서 시끄럽게 선양 연극을 하고 있는 것을 그 역시 모르지 않았다. '네놈들처럼 제멋대로 날뛰는 소인배들이 나 없이 어떤 촌극을 연출하는지 지켜보겠다'는 마음으로 냉정하게 방관하고 있을 뿐이었다.

조비는 벌써 몇 차례나 사자를 보내 유협에게 선양할 것을 암시했다. 유협은 살짝 쾌감을 느꼈다. '적어도 이번 연극에서는 내가 꼭 필요한 주인공이구나!'

세상의 따뜻한 정과 사나운 인심도 겪을 만큼 겪었고, 염량세태에도 이제는 익숙했다. 유협은 그제야 사자를 통해 조비에게 정식으로 선양한다는 책명서冊命書를 내렸다.

조비는 흐뭇하고 기쁜 마음으로 '천자의 조서는 받았지만 죽어도 명을 받들 수 없다'며 단호히 거절했다. 조비가 말했다. "한나라 조정이 내게 황제가 되라고 강요한다면 바다에 뛰어들어 스스로 목숨을 끊을 것입니다!"

유협은 그 말을 전해 듣고 당장이라도 조서를 내려 조비가 바다에 투신하도록 만들고 싶었다. 하지만 지금 그에게는 누구를 죽이고 살릴 수 있는 힘이 없었다. 오로지 선양할 의무만 있을 뿐이었다.

유협은 조비에게 두 번째 선양 조서를 내려 천명과 민심을 따르기를 청했다.

도저히 가만히 있을 수 없었던 환계와 유이 등 부하들은 죽을 각오로 상소를 올렸다. 그들은 조비의 겸양이 자신의 도덕만 생각할 뿐 백성들의 생사는 고려하지 않는 처사라고 비난했다.

조비의 대답은 이러했다. "뭐가 그리 급한가? 나는 세 번까지는 사양할 생각이네. 그래도 안 되면 그때 가서 다시 얘기하세나." 유협은 어쩔 수 없이 세 번째 선양 조서를 내렸다. 상국 화흠華歆, 태위 가후, 어사대부御史大夫 왕랑王朗은 구경九卿 등 46명과 함께 연명 상소를 올려 조비에게 즉위를 청했다. 조비는 사양했고, 이로써 그는 '삼양'三讓(세 번 사양함)했다.

'삼양'이 끝나자 즉위를 권하는 공경公卿과 백관들의 목소리가 높아졌다. 모두가 하나같이 더 이상 사양하면 안 된다며 조비에게 즉위를 권유했다. 유협도 이때다 싶어 네 번째 선양 조서를 내렸다.

조비가 난감하다는 듯이 말했다. "원래 나는 평생 잡곡이나 먹으며 이름 없이 살아갈 생각이었네. 그런데 그대들이 기어코 '천명은 막을 수 없고 백성들의 믿음은 거역할 수 없다'고 하는데 내게 달리 무슨 방법이 있겠는가? 어쩔 수 없이 받아들이는 수밖에." 그러고는 길일을 택하라고 명했다.

환계가 얼른 대답했다. "마침 잘 되었습니다! 태사령의 정확한 천체 물리학적 계산을 거친 결과 내일이 바로 길일이라고 합니다!"

조비는 더 이상 긴 말을 늘어놓지 않고 짧게 대답했다. "좋다."

서기 220년 10월 29일(양력 12월 11일), 조비는 마침내 한나라 황제의 선양을 받고 즉위했다. 그는 국호를 위魏로 하고, 연호를 황초黃初(그해 세 번째 연호-저자)로 바꾼 뒤, 승상 직을 없애고 삼공을 유명무실하게 만들어 권력을 상서대尚書臺로 돌렸다.

성대한 선양 의식을 거행한 뒤 온통 땀투성이가 된 조비는 옷깃을 느슨하게 풀었다. 그는 옆에 있는 사람에게 '고사변학파'古史辨學派(중국 고대사의 모든 것을 의심하며 중국 고대사의 과학적 연구를 주장한 학파로, 의고학파疑古學派라고도 한다)의 분위기가 짙게 풍기는 말을 건넸다. "순임금과 우임금이 선양 받은 게 어떤 것인지 이제 알겠네." 즉 요임금이 순임금에게, 순임금이 우임금에게 선양한 것이 역사에 나온 것처럼 아름답게 이루어지지 않았을 것이라는 뜻이었다.

'이런 게 바로 선양이구나. 내가 바로 순임금이고 우임금이었어.'

사마의가 고심해서 계획하고 준비한 모든 것들이 헛되지 않았음이 증명되었다. 조비 칭제의 최대 수혜자는 즉위를 권하며 비위를 맞춰보려던 이복과 허지 같은 부류가 아니라 당시의 태자당太子黨이었다.

사마의는 상서로 임명되었다가 얼마 안 있어 다시 감군監軍 겸 어사중승御史中丞으로 임명되었다. 어사중승의 직책은 백관을 감찰하는 것이었다. 이제 막 즉위한 조비는 혹시라도 변고가 생길까 봐 우려했다. 따라서 사마의에게 이런 중임을 맡겼다는 것은 새 왕조에서 그가 차지하는 지위와 그에 대한 황제의 신임이 어느 정도인지 여실히 보여주는 것이다. 감군은 감찰관원으로 그냥 군직軍職이었지만, 조비가 사마의의 군사적 재능을 인정했다는 방증이었다. 사마의의 작위도 정후亭侯에서 향후鄉侯로 승격되었다.

해가 바뀌자 조비는 사마의를 시중, 상서우복야尚書右僕射로 또 승진시켰다. 당시 '삼공'은 명예직에 불과했고, 사실상 국가 권력은 상서대에 있었다. 상서대는 동한 시대부터 제국의 군정 사무를 처리하는 핵심 기관이었다. 오죽하면 '천하의 요직은 전부 상서에 있다'는 말이 있을 정도였다. 상서대의 수장은 '상서령'이고, 그 밑에 있는 차관이 '상서복야'였다.

조비는 상서령을 태자사우 중 한 명인 진군에게 맡기고, 상서복야 자리는 사마의에게 주었다. 10여 년 동안 은인자중하며 지낸 사마의는 드디어 노력의 결실을 맺어 벼슬이 세 계단이나 껑충 뛰어올랐다.

나머지 두 멤버 중 오질은 북중랑장北中郎將과 독유병제군사督幽幷諸軍事, 주삭은 중령군中領軍이 되었다.

갑자기 높은 자리에 오르면 자신의 처지를 잊고 전횡을 일삼는 사람이 있는데, 오질이 그러했다.

어느 날 조비가 중신들을 초대해 주연을 베풀었다. 연회에서 오질은 뚱뚱한 조진과 비쩍 마른 주삭을 보더니 장난기가 발동해 만담꾼을 불러 '살찐 것과 마른 것'에 관한 이야기를 풀어보라고 했다.

조진은 농담을 받아들일 줄 몰랐다. '네놈이 감히 황실 종친인 나를 우스갯거리로 만드는 것이냐?' 조진은 화가 나서 오질에게 소리를 버럭 질렀다. "나와 지금 칼부림이라도 하자는 것인가?"

오질이 깔보듯이 조진을 쓱 보더니 칼을 만지며 말했다. "자네는 도마 위의 비계 한 점에 불과하네. 난 자넬 삼키더라도 목구멍을 뗄 필요가 없고 자넬 씹더라도 치아를 움직일 필요가 없는데, 어찌 감히 신분 하나만 믿고 이렇게 교만하게 구는 것인가?"

참다못한 주삭이 자리에서 일어나며 말했다. "자네 즐거우라고 폐하께서 우릴 여기 부르신 게 아닐세."

오질은 주삭을 바라보며 큰 소리로 외쳤다. "어디서 감히 함부로 자리를 뜨는가!"

주삭은 분노가 극에 달했지만 화는 내지 못하고 칼을 빼서 땅을 찍었다. 결국 주연은 그렇게 불쾌하게 마무리되었다.

사마의는 옆에서 모든 상황을 가만히 지켜보고 있었다. 그는 오질이 지금 이 자리를 끝으로 더는 앞날이 없다는 것을 알았다.

신분이 비천할 때는 겸손하고 신중하게 행동하지만, 일단 높은 자리에 올라가게 되면 원래 모습이 드러나면서 난폭해지는 사람들이 있다. 하지만 이런 사람들은 잘만 하면 좋게 써먹을 수도 있었다. 시야가 아주 좁기 때문이었다. 이미 인생의 황금기를 지난 그들 눈에 이상 추구 따위는 없고 허영과 이익만이 남아 있었다.

사마의는 오질 같은 사람이 아니었다. 지금은 그저 사업을 막 시작하는 단계라 그 어느 때보다 교만함과 성급함을 경계하고 착실하게 임해야 한다는 걸 사마의는 잘 알고 있었다. 상서복야라는 위치는 단지 출발점일 뿐 결코 종점이 아니었다.

이것이 바로 진정한 왕좌지재와 졸부의 차이였다.

포부가 시야를 결정한다. 구름 속의 학 같은 사마의의 넓은 시야는 오질 같은 우물 안 개구리가 볼 수 있는 수준이 아니었다.

사마의의 사업이 본격적으로 시작되면서 마침내 역사가 정식으로 삼국시대에 접어들었다.

신하의 도리는
도광양회韜光養晦가 상책이다

삼국시대는 중국 역사상 가장 특수한 시기이다. 이전에도 삼국시대는 없었고, 이후에는 더더욱 없었다.

삼국시대란 단순히 세 나라를 의미하는 것이 아니다. 중국 역사상 세 나라가 공존한 시대는 드물지 않았다. 진나라가 6개국 중 4개국을 멸망시킨 뒤 중국에는 진秦, 연燕, 제齊 삼국이 있었고, 남북조시대에는 북조北周, 북제北齊, 진陳 삼국이 있었으며, 북송시대의 서하西夏, 요遼, 송宋이 병립한 기간도 짧지 않았다. 따라서 세 정권이 병립했다고 해서 곧 '삼국'은 아닌 것이다.

그렇다면 삼국이란 과연 무엇을 말하는 것일까?

삼국은 세 정권의 조직 모델 및 그 문화와 경제 모델까지 아우르는 개념이다.

먼저 손오孫吳를 보자. 손씨 가문은 강동을 기반으로 하고 강동에서 나고 자란 가문이다. 그중에서 특히 장張, 주朱, 육陸, 고顧 등 4대 족벌이 수장이었다. 이 밖에 전全씨, 오吳씨, 우虞씨, 하賀씨 등도 상당한 세력을 가지고 있었다.

결국 이기는 사마의

이 족벌들의 세력이 어느 정도로 강했을까? 한 집안에 딸린 식솔들만 수천, 수만 명이었다. 이 식솔들 중 생산에 종사하는 농노農奴는 '동복'僮僕, 군사 작전에 종사하는 사병은 '부곡'部曲이었다. 족벌들은 집집마다 넓은 논밭과 장원莊園을 소유했는데, 대문만 닫으면 집이 곧 하나의 작은 시장이 되었다. 역사서에서는 이를 '폐문성시'閉門成市라고 불렀다.

따라서 이 족벌들은 동오의 경제 자원을 독점했을 뿐 아니라 군사 자원도 점유했다. 거의 모든 족벌이 상당한 사병私兵을 보유하고 있었다. 경제 자원과 군사 자원을 보유한 족벌은 상부에 대들 힘이 있었고, 그에 상응하는 정치적 지위를 달라고 요구할 수 있었다.

그런데 정작 손씨 가문은 가난한 평민 집안에 불과했다. 손견이 오씨 규수(훗날의 '오국태'吳國太 ─ 저자)에게 청혼하려고 했을 때, 오씨 가문에서는 손견의 집안이 빈천하다는 이유로 혼사를 거절하기도 했었다.

결과적으로 보면 손씨 가문은 무력 덕분에 강동 족벌들의 눈에 들어 그들의 대리인으로 뽑힌 것뿐이다. 이렇듯 동오는 '종족연맹정권'宗族聯盟政權이라 모든 것을 강동 족벌의 이익을 최우선으로 했다. 이것을 전제로 하면 동오의 역대 국책을 이해하기 쉽다. 그랬기에 강동에서는 각자의 지위를 유지하면서 적극적으로 뭔가를 이루려고 하지 않고 소극적으로 방어만 했던 것이다.

촉한의 상황은 확실히 달랐다. 촉한 내부 세력은 셋으로 나뉘었다. 첫 번째는 유비가 서천에 들어갈 때 함께 데리고 간 사람들로 제갈량, 관우, 장비, 조운 등이 대표적이었다. 그들은 촉한 정권의 핵심 지위를 차지하고 있었다. 두 번째는 유언劉焉과 유장이 다스리던 익주의 새로운 권력자들로, 대부분 익주의 토착 세력이 아니었다. 이들도 마찬가지로 촉한에서 막강한 영향력을 행사했는데, 법정法正과 이엄李嚴 등이 대표적인 인물이었다. 세 번째는 익주의 토착민들이었다. 익주의 토착 호족들은 강동의 족벌들처럼 힘이 있는 게 아니라서 유언과 유장 시대에 억압을 받았고, 유비 역시 그들을 억누르는 정책을 폈다.

한나라의 정통이라고 주장한 촉한은 제갈량의 〈후출사표〉에 나온 표현대로, '역적과 양립할 수 없다'漢賊不兩立하고 '왕업은 천하의 한구석을 차지한 것에 만족할 수 없다'王業不偏安며 중원을 수복하고 한실을 부흥시키려고 했다. 나라의 정책이 이러한지라 촉한은 고도의 중앙집권적 전제정치를 실시할 수밖에 없었다. 정치권력과 군사권력을 중앙에 귀속시키고, 심지어 지방 광산마저 전부 중앙에서 독점하며 '명법지치'名法之治를 단행해 이색분자異色分子를 억눌렀다.

이렇게 해야만 온 나라가 한마음 한뜻이 되고 사회가 동질화되어 유한한 국력을 최대한 집중시킬 수 있었다. 이로써 거듭 기산祁山을 나와 중원을 정벌해 국력이 튼튼한 위나라에 위협을 가할 수 있었다.

오나라와 촉나라에 비하면 조위曹魏의 상황은 훨씬 더 복잡했다. 조위 내부에는 촉한과 동오의 요소가 모두 있었다. 군사권력과 정치권력을 장악한 한족寒族 초패 집단도 있고, 사회 자원과 여론을 독점한 세족 여영 집단도 있는 것이다. 따라서 통치자는 어쩔 수 없이 양자 사이에서 균형을 유지하는 황금 분할점을 찾아야 했다.

조조 시대의 행정 스타일은 촉한과 비슷하게 명법지치를 단행하고 명문대가를 억눌렀다. 하지만 조비 대에 이르러 황권과 세가世家가 힘을 합치면 이롭고 흩어지면 서로가 손해라는 것을 깨달았다. 이런 이유로 명문대가에 손을 내밀 수밖에 없었는데, 구품관인법이 바로 그런 계산이 반영된 전형적이고 중요한 제도였다.

이때부터 조위 정권은 고도로 권력이 집중된 촉한형型에서 종족연맹의 동오형으로 점차 바뀌었다. 조조 시대의 대외확장전략은 안정을 추구하는 보수적 전략으로 변모했다. 하지만 조위 그 자체의 특성과 복잡한 국정 때문에 단순히 촉한과 동오 두 스타일만 더해서는 힘들었고 제3의 길을 가야 했다.

따라서 누군가 중국 고대는 하나의 정치체제, 즉 전제군주 정치제도밖에 없다고 말한다면 자신의 무지와 독단을 드러내는 것이다. 삼국시대만 해도 세 가지 정치 모델을 보여주기 때문이다.

이것이 바로 '삼국'이다.

조위는 강한 국력, 넓은 영토, 수많은 인구, 융성한 문화를 가졌기 때문에 조위가 걷는 제3의 길은 앞으로 중국 전체가 나아가야 할 길이 될 가능성이 높았다. 돌다리도 두드려 보고 건너듯 어찌 신중하지 않을 수 있겠는가!

하지만 이 삼국정립 국면을 바꿀 기회가 없지는 않았다. 지금 눈앞에 매우 중요한 계기가 하나 있었다.

유비는 최근 2년 동안 이루 말할 수 없을 만큼 큰 손해를 입었다. 형제를 잃고 군사도 잃은 유비는 더 이상 가만히 앉아 있을 수 없었다. 유비는 울기만 하는 겁쟁이가 아니었다. 역사가 증명하듯이 누구든 유비에게 밉보이면 끝이 안 좋았다.

이전의 고요함은 곧이어 다가올 폭발을 준비한 것이었다. 2년 동안 잠잠했던 유비가 일단 폭발하면 누구도 그를 무시할 수 없었다. 지금 유비는 땅이 비옥하고 자원이 풍부한 나라를 차지했고, 휘하에 정예 병력 수십만 명을 거느리고 있었으며, 천재인 '와룡' 제갈량이 그의 옆에서 보좌하는 데다 삼국에서 가장 화려한 무장 집단을 보유한 걸출한 군주였기 때문이었다.

조위 황초 2년(221년), 유비는 성도成都에서 즉위해 국호를 '한'漢, 연호를

'장무'章武라고 했다. 뒤이어 그는 대군을 이끌고 삼협三峽을 나왔다. 애장愛將 관우의 복수를 위해 동오를 멸망시키려는 것이다.

이렇게 해서 삼국 정립鼎立에 영향을 미칠 중대한 전투가 일촉즉발의 상황에 놓이게 되었다.

황초 2년 4월 초엿새, 유협이 살해되었다는 잘못된 정보를 입수한 한중왕 유비는 성도成都에서 즉위하고 제문祭文을 쓴 뒤 만천하에 공표했다.

제문의 주요 내용은 두 가지였다. 하나는 조조와 조비 부자에 대한 강한 질타였고, 다른 하나는 한실의 후예인 유비 자신이 건재하니 여기서 한나라가 역사의 뒤안길로 사라지는 일은 없다는 성명이었다.

하지만 솔직히 말해서 유비의 이번 칭제는 영 시원찮았다. 칭제하던 당시 형세가 별로 좋지 않았기 때문이다.

유비는 올해 예순 하나였다. 반평생을 그와 겨루던 조조는 작년에 세상을 떠났다. 유비 눈에 30대인 손권과 조비는 아직 한참 어린 애송이일 뿐이었다. 자신과 반평생을 싸워 온 오랜 라이벌 조조의 죽음은 유비를 쓸쓸하게 만들었다.

유비의 좋은 형제이자 조력자였던 관우의 죽음은 유비 마음에 복수의 불을 지폈다.

'이 원수를 갚지 않으면 군자가 아니다.'

조운 등 중신들은 누가 한나라의 적인지 확실히 해야 하며, 군사를 보내 손권을 쳐서 연맹을 깨서는 안 된다고 간언했다. 하지만 유비는 단호하게 거절했다.

"자네들은 관우의 형제가 아니니 당연히 팔이 잘려나간 고통을 모르겠지!"

결국 이기는 사마의

똑똑한 제갈량은 입을 다물고 가만히 있었다. 그는 이런 상황에서 유비가 딱 한 사람의 말만 들을 것임을 알고 있었다. 관우의 형제로서 유비에게 말할 자격이 있는 사람은 장비뿐이었다.

안타깝게도 한 시대를 풍미한 명장 장비는 다시는 전장을 종횡무진 누빌 수 있는 기회를 얻지 못했다. 그는 허무하게도 출병 전날 밤, 자신의 부하 둘에게 암살당하고 만 것이다. 그들은 장비의 수급을 첫 대면 선물로 손권에게 바쳤다.

장비의 죽음에 대해 유비는 통곡하거나 분노하지 않았다. 그저 "아! 장비가 죽었구나!" 하고 처량하게 탄식했을 뿐이었다. 제갈량은 더 이상 유비를 말릴 수 있는 사람이 없게 됐음을 알았다. 일이 이렇게까지 되자 제갈량도 좋은 쪽으로 생각하기로 했다. 그는 어찌되었든 간에 형주를 기습한 일에 대해서는 손권에게 교훈을 줘야겠다고 생각했다. 이 교훈을 줌으로써 국가의 위상을 지키고 손권과 다시 연맹을 결성할 협상카드를 얻을 수 있었다.

'이것이 주공이 의도하시는 것이겠지?'

확실히 그러했다. 예로부터 전쟁은 대체로 일정한 정치적, 경제적 목적을 실현하기 위한 방편이었다. 직접적으로 적군의 정권이나 국가를 전복시키는 것을 목표로 하는 경우는 아주 드물었다. 유비는 동정東征에 나섰지만 손권을 일거에 없애버리겠다는 생각을 한 적도, 그럴 가능성도 없었다. 그는 관우의 복수를 하고 잃어버린 땅을 되찾아올 생각이었다. 운이 좋으면 전과戰果도 확대하고 다음 싸움에서 유리한 위치를 점할 수도 있었다.

유비는 적극적으로 전쟁을 준비했다. 한편 조비는 집안일 때문에 골머리를 앓고 있었다.

조비의 후궁 중에 인지도가 높은 견씨라는 여성이 있었다. 민간에서는 그녀를 견락甄洛, 견복甄宓, 견희甄姬라고도 불렀다.

자고로 연조燕趙에는 미녀가 많다고 했는데, 견희가 바로 연조 출신 미녀였다. 그녀는 어려서부터 견문이 넓고 시서詩書를 즐겨 읽었다. 그녀의 오라버니 중 누군가가 견희에게 '여박사女博士'라도 되려는 거냐며 비웃기도 했다(당시에는 여자가 책을 많이 읽고 문재가 뛰어난 걸 좋지 않게 보는 시선이 있었다).

여기에서 말하는 여박사는 재능과 용모가 모두 뛰어난 신여성을 일컫는 말이었다. 당시 하북河北에서 가장 세력이 강했던 패주霸主 원소는 견희의 미명美名을 듣고 차남 원희袁熙와 혼인시켜 며느리로 들였다.

건안 9년(204년) 8월, 조조가 업성을 함락시키자 조비는 전과를 거두러 한발 앞서 성으로 들어갔다. 원씨 가문의 저택에 들어간 조비는 바닥에 앉아 전전긍긍하고 있는 나이 지긋한 귀부인과 그 옆에 엎드려 벌벌 떨고 있는 소녀를 발견했다. 귀부인은 원소의 아내 유劉씨였다.

조비가 부드럽게 말했다. "두려워하지 마십시오. 우리 조씨 가문의 군대는 여성 포로를 항상 잘 배려해왔습니다." 그는 옆에 있던 소녀를 보며 말했다. "고개를 들고 얼굴을 보여라!"

그 소녀가 바로 견희였다. 그녀는 천천히 고개를 들었다.

이슬 맺힌 배꽃처럼 국색國色이 따로 없었다.

조비는 순간 넋을 잃었다. 낯선 남자가 자신을 뚫어져라 쳐다보자 소녀는 놀랍고 두려운 마음에 시선을 피했다. 한 떨기 수련화처럼 고개 숙여 수줍어하는 모습은 조비의 마음을 사로잡았다.

조비는 몸속에 '심금心琴'이라는 게 정말 존재한다는 걸 그제야 믿게 되었다. 그렇지 않고서야 무엇이 이렇게 가슴을 끊임없이 울리게 한단 말인가?

그런 조비의 눈빛을 지켜보던 유씨는 목숨을 부지할 수 있겠다는 생각이 들었다.

결국 이기는 사마의

조조는 조비가 견희를 얻었다는 소식을 듣고 농담조로 욕을 했다. "내가 원소를 친 것은 결국 그 녀석을 위해서였군!" 그 후 조조는 아들을 위해 중매를 서서 견희를 조비의 후궁으로 맞아 주었다.

미모가 빚어낸 사랑 이야기는 시간이 흐르면서 점차 비극으로 변해갔다. 시간은 견희의 미모를 갈수록 시들게 만들었고, 조비의 바람기를 부채질했다. 조비는 이李귀인, 음陰귀인, 유협의 두 딸을 후궁으로 들여 쉴 새 없이 드나들었고, 견희는 찬밥 신세가 되었다.

'이번에 떠나면 몇 해가 걸릴 터인데, 좋은 시절에 아름다운 경치는 부질 없어지겠지. 수천 가지 풍정風情이 있다 해도 누구와 더불어 이야기할 수 있을 것인가?'

그런데 실제로 견희에게 치명타를 입힌 사람은 다름 아닌 곽여왕郭女王이었다.

곽여왕은 조비의 귀빈貴嬪으로, 지모가 뛰어났다. 그녀의 아버지는 어려서부터 그녀의 능력에 탄복했다. "내 딸은 여중지왕女中之王이다!" 그래서 그는 딸에게 '여왕'이라는 오만한 자字를 지어주었다. 곽여왕도 예쁘기는 했지만 견희에 비하면 그녀의 밑천은 젊음이었다. 곽여왕은 젊음이라는 강력한 무기로 견희가 조비의 총애를 잃게 만들었다.

냉대를 받은 견희는 불평을 할 수밖에 없었다. 곽여왕은 견희의 푸념에 살을 붙여 조비에게 알렸고, 조비는 대로했다. 결국 화를 참지 못한 조비는 견희에게 자살을 명했다!

그렇게 견희는 세상을 떠났다. 곽여왕은 견희가 꿈에 나타나 억울함을 호소할까 봐 두려운 나머지 죽은 그녀의 입에 겨를 가득 채워 넣고, 견희의 외모를 질투해서 머리카락을 흐트러뜨려 얼굴을 가렸다고 한다.

남쪽에 이교二喬(손책의 부인 대교大喬와 주유의 부인 소교小喬를 가리킴. 둘 다 천하의 미녀로 이름을 날렸다)가 있었다면 북쪽에는 견희가 있었다. 한 시대를 풍미한 미녀의 말로는 이러했다!

후세 사람들은 견희의 실패한 결혼 생활이 달갑지 않았는지 시동생 조식과 형수 견희의 사랑 이야기를 꾸며냈다. 눈물샘을 자극하는 이 아름다운 이야기는 이선李善의 《소명문선》昭明文選 주해에서 처음 등장한다.

구체적인 줄거리는 황당하지만 전혀 근거 없는 이야기는 아닐지도 모른다. 정사의 행간에도 천 년 전 이같은 악연에 대한 암시가 보인다.

견희가 죽은 그해, 조식을 감시하던 사자가 갑자기 조식이 이상 행동을 보인다며 상소를 올렸다. 매일같이 술에 취해 패악을 부리고 자신을 협박한다는 것이었다. 조비는 조식의 작위를 강등시켰다.

견희가 죽은 이듬해, 조식은 《감견부》感鄄賦를 썼다. 여기에서 견鄄은 견성鄄城, 즉 당시 조식의 봉지를 가리켰다. 하지만 한위漢魏 시대에는 견鄄과 견甄의 음이 같고 형태가 비슷해 서로 통한다고 해서 《감견부》感鄄賦가 곧 《감견부》感甄賦가 되었다. 조식이 느끼는 '견'甄이니, 과연 그런 지시적 의미가 있었는지도 모르겠다.

훗날 위나라의 황제가 《감견부》感甄賦의 이름이 볼썽사납다고 여겨 《낙신부》洛神賦로 개명했는데, 이는 눈 가리고 아웅하는 것이나 다름없다. 낙신은 복비宓妃라고도 부르기 때문에 견희에게는 견복甄宓, 견락甄洛이라는 이름이 생기게 되었다.

혹자는 견희가 조식보다 거의 열 살이 많았다는 사실을 근거로 두 사람이 연정을 품었을 리 없다고 주장하는데, 이는 당시 세태를 잘 몰라서 하는 소리이다.

조식과 견희가 연정을 품었느냐 아니냐하는 허무맹랑한 이야기를 믿고

결국 이기는 사마의

안 믿고는 본인의 자유다. 미인은 쉽게 늙고 문장은 영원하다. 《낙신부》에서
발췌한 아름다운 글귀를 통해 천여 년 전 견희가 보여준 절세의 풍채와 재능
을 음미해 보자.

기러기처럼 날렵하고, 노니는 용과 같다.
엷은 구름에 쌓인 달처럼 아련하고, 흐르는 바람에 눈발이 날리듯 가볍다.
알맞게 풍만하고 날씬한 것이 아름다움에 부합한다. 어깨는 마치 조각한 듯
하고 허리는 흰 비단으로 묶은 것 같다. 길고 가녀린 목덜미에 아름다움의 본
질이 드러난다. 화장할 필요가 없을 정도로 아름답기 그지없다. 구름 같은 머
리를 높게 틀어 올리고, 아미는 가늘고 길게 흐르며, 붉은 입술은 밖으로 빛
나고 백옥 같은 이는 입술 사이에서 곱다. 눈웃음치는 눈동자는 아름답고 그
보조개가 능히 마음을 끄나니 맵시가 곱기 이를 데 없고, 거동이 고요하여 윤
기가 흐른다. 부드러운 마음씨와 여유로운 모습에 말투마저 아름답다.
물결을 밟아 사뿐히 걸으니 버선 끝에 먼지가 인다. 그 몸짓에 대중이 없으니
위태로워 보이기도 하고 평안한 듯 보이기도 하다. 나아가고 멈추어 서는 것
을 예측하기 어려워 가는 듯하기도 하고 돌아서는 듯하기도 하다. 두 눈은 빛
나고 얼굴에서는 윤기가 난다. 말을 머금어 뱉지 않았는데도 그 향기가 그윽
한 난초와 같다.

그해 곽여왕은 견희를 살해하고 승리자가 되었다. 하지만 지모가 뛰어났
던 곽여왕도 자신이 과묵한 열여섯 소년의 표적이 되었다는 사실은 알지 못
했다. 이 소년은 훗날 그녀를 비명횡사하게 만들었다.

그 소년은 바로 견희의 하나뿐인 아들 조예였다.

장패는 올해 지천명知天命의 나이가 되었다. 이제는 그도 인생에서 많은 걸 바라지 않았다. 그저 지금의 지위와 이익을 유지하며 편안하게 남은 생을 보낼 수 있기를 바랄뿐이었다.

사람은 대개 나이가 오십이 되면 이런 비슷한 생각들을 하기 마련이다. 다만 사마의는 예외였다.

소싯적에 장패는 풍운아였다. 죄수 호송차를 약탈하기도 하고, 지방 도적도 되어 봤으며, 황건적을 치고 조조와 싸워보기도 했다. 지금 장패는 명목상 조위의 진동장군鎮東將軍이었지만, 실제로는 조위의 동부 지역을 장악하고 있었다.

이런 국면이 꽤 오랫동안 유지되었지만 조씨 일가와 장패는 다툼 없이 사이좋게 지냈다. 그런데 이제 장패는 조비의 강한 의심과 위협을 받고 있었다.

조비는 먼저 종친 조휴의 관직을 이동시켰다. 조휴는 조비가 칭제한 그 해 중령군中領軍에서 영군장군領軍將軍, 진남장군鎮南將軍, 정동장군征東將軍 겸 양주자사揚州刺史를 거쳐 마지막에는 청주와 서주 도독都督으로 임명되었다.

청주와 서주 도독에 임명되었다는 것은 곧 조휴에게 이 두 지역에 대한 최고의 군사 지휘권을 맡겼다는 것이다. 다시 말해 1년 안에 관직이 연이어 네 계단 상승한 조휴가 장패의 직속상관이 된 것이다.

조비의 압력을 느낀 장패는 충심을 드러내려고 직속상관인 조휴에게 말했다. "제게 보병과 기병 만 명을 주신다면 나라를 위해 횡포한 손권을 몰아내겠습니다!"

장패의 말을 전해들은 조비는 이를 충심이 아닌 야심으로 받아들였다. '반백 살이 넘은 늙은이 주제에 야심만큼은 줄지 않았구나. 그렇게 말했다 이거지?'

무료했던 조비는 천하가 혼란해져 자신의 목적이 이루어지기를 바랐다. 그는 속으로 유비가 군대를 일으켜 손권을 칠 것인지 고민했다. 아무리 생각해도 결심이 서지 않아 군신회의를 주재했다. 회의 결과는 '치지 않는다'였다. 뭇 신하들이 말했다. "촉은 소국이고, 명장은 관우 한 명뿐입니다. 관우가 죽은 후 촉나라는 두려움과 걱정으로 가득차 있는데, 어찌 다시 공격을 감행하겠습니까?"

"당연히 공격할 것입니다!"

대신들이 돌아보니 말한 사람은 늘 반대표를 날리던 유엽이었다. 유엽이 말을 이었다. "촉나라는 약소하나 유비는 국력이 강하다는 것을 보여주고 싶어 허세를 부릴 것입니다. 이것이 첫 번째 이유입니다. 또 유비와 관우는 명목상으로는 군신이지만 사실 형제처럼 끈끈한 사이입니다. 그런 관우가 죽었으니 유비는 틀림없이 복수하려 들 것입니다. 이것이 두 번째 이유입니다."

그동안 보여준 귀신같은 예측 적중률로 보자면 당연히 유엽의 의견을 믿어야 정상이었다. 하지만 대신들은 질투심 때문인지 그의 말을 믿지 않았다.

하지만 사태의 추이는 유엽을 믿지 않던 사람들에게 제대로 뺨을 날렸다. 유엽은 정말이지 귀신같았다!

조위 황초 2년, 촉한 장무 원년(221년) 음력 7월의 스산한 계절에 유비는 대군을 이끌고 삼협을 나와 손권 토벌에 나섰다.

위나라 군신들은 전쟁을 예의 주시하면서 어떤 태도를 취해야 할지 망설이고 있었다. 그러던 와중에 손권이 사자를 보내왔다. 사자는 손권이 겸손한 말들로 골라 쓴 편지 한 통을 가져왔다. 위나라의 입장을 지지한다는 말과 함께 복속되기를 원한다는 뜻을 거듭 밝히고 있었다. 사자는 초중량급 인물도 데려왔다. 바로 관우가 칠군을 수장시켰을 때 투항했던 우금이었다.

우금은 조조 시대의 '오자양장'五子良將(위나라 다섯 명의 대장으로, 장료, 악진, 우금, 장합, 서황을 가리킨다) 중 한 명으로 한 세대를 주름잡은 명장이었다. 우금의 용병用兵은 침착하고 진중했으며, 군기가 엄하고 싸움마다 반드시 이기는 것으로 유명했다. 조조 휘하에서는 주로 반군 진압을 맡았는데, 쓰기 편하고 잘 드는 칼처럼 매우 유능한 장수였다.

그런 우금도 어느덧 칼날이 무뎌졌다. 관우와 벌인 전투에서 그는 시기가 맞지 않아 패했고, 잠시였지만 죽는 것이 두려워 투항하기도 했다. 동오에서 갖은 수모를 다 겪는 동안, 우금은 관우에게 생포되었을 때 죽는 게 차라리 나았겠다는 생각을 자주 했다. 생포된 지 1년여 만에 그의 머리카락은 새하얗게 변했고, 얼굴도 초췌해졌다. 마음이 죽은 사람만이 이런 몰골일 터였다. 우금의 마음은 이미 죽은 지 오래였다.

이제 고향인 위나라의 땅을 밟고 익숙한 얼굴들을 보자 우금은 갑자기 푸근한 느낌이 들었다. '새 황제가 즉위했으니 어쩌면 공을 세워 죄과를 보상할 기회가 주어질지도 모른다. 그때 가서 나는 다시 전장에 나가 군인으로서의 존엄과 명예를 되찾을 것이다!'

우금은 이런 환상을 품은 채 조비를 만났다. 그는 바닥에 엎드려 절을 하고 머리를 박으며 통한의 눈물을 흘렸다. 산전수전을 다 겪은 이 반백 살의 노장은 조비 앞에서 마치 억울한 일을 당한 어린아이처럼 목 놓아 울었고, 주위에 있던 사람들도 그 모습을 보며 눈물을 훔칠 정도였다.

조비는 웃음 띤 얼굴로 우금을 일으켜 세웠다. "장군, 많이 힘드셨지요? 얼마나 서러우셨습니까. 뭣들 하느냐, 어서 장군께 자리를 드리지 않고!"

우금은 따뜻하게 맞아주는 조비를 보며 목숨을 바쳐서라도 새 황제의 은혜에 보답해야겠다고 다짐했다.

결국 이기는 사마의

조비는 웃으며 우금에게 말했다. "장군, 이 나라는 장군 같은 윗세대의 전과와 공로를 잊지 않을 것입니다! 최근 나라에 많은 일이 있었으니 장군께서도 일단 휴식을 취하시면서 몸을 회복하십시오. 장차 나라에 일이 생기면 장군 같은 분들을 믿고 의지해야 하지 않겠습니까! 참, 부왕께서 장군을 못보고 가셔서 늘 유감스럽게 생각하고 있었습니다. 이참에 고릉高陵에 성묘하러 가서 부왕을 찾아뵙는 것이 어떻겠습니까?"

우금은 흔쾌히 명을 받들어 업성 고릉으로 향했다. '주공, 훌륭한 아드님을 두셨습니다! 제가 이 늙은 몸을 내던져서라도 조씨 가문의 강산을 지키겠습니다.'

우금이 떠난 뒤 조비는 급히 심복을 불렀다. "가서 화공 몇 명을 불러다가 곧장 고릉으로 보내거라. 우금이 도착하기 전에 능 안의 벽에 그림을 가득 채워 넣으라 하라!"

"무엇을 그리라고 할까요?"

조비가 수염을 만지며 미소를 지었다. "관우가 칠군을 수몰시킨 장면, 죽음을 두려워하지 않던 방덕의 모습, 죽음이 두려워 무릎을 꿇고 투항한 우금의 이야기를 그리라고 하거라. 그것도 아주 생생하게 말이다."

"알겠습니다."

그리고 며칠 후, 업성에서 노장 우금이 부끄럽고 분한 나머지 병으로 죽었다는 소식이 전해졌다.

천년이 지나 사마광司馬光(북송시대 학자로 《자치통감資治通鑑》을 편찬했다)은 사서에서 이 대목을 읽고 이렇게 말했다. "조비는 우금을 파면할 수도, 죽일 수도 있었다. 그런데 벽화를 그려 모욕하다니, 이는 군주로서 할 일이 아니다."

사마광과 같은 성을 가진 사마의는 이 일을 통해 조비의 냉혹함을 또 한번 깊이 깨달았다. '신하 노릇이란 참으로 어려운 일이다. 앞으로도 계속 교

만함과 성급함을 경계하고 도광양회[韜光養晦]해야겠구나.'

조비가 우금을 죽게 한 일을 두고 족집게 유엽도 참을 수가 없었다. '명색이 일국의 천자가 자기 신하를 죽이려고 온갖 궁리를 다 했구나. 하지만 정세가 급변하는 지금은 그가 천하의 대세이니 묵과하는 게 상책이다.'

유엽은 조비를 찾아가 삼국시대를 통틀어 가장 고명하고, 가장 악독한 계책을 올렸다!

결국 이기는 사마의

먼저 세력을 만들어
자신부터 도모하라

유엽은 정말 비범한 사람이었다.

그는 차세대 모사들 가운데 으뜸으로, 조씨 진영 모사들 사이에서 빈틈 없는 계책을 내놓았다. 하지만 그는 처음부터 끝까지 중용되지 못했다. 조조 부터 시작해 조비를 거쳐 훗날 조예에 이르기까지 그를 진심으로 신뢰한 황 제는 없었고, 유엽 역시 어떤 황제도 믿지 않았다.

유엽은 자신이 한나라 황족의 먼 친척이라 조씨 일가의 신임을 받지 못 한다고 생각했다. 하지만 사마의가 보기에 유엽의 진짜 문제는 나라의 이익 을 도모할 줄만 알고 스스로를 도모할 줄 모르는 데 있었다.

나라의 이익과 군사를 도모하는 것은 대계大計다. 큰 계획을 세우는 능력 은 모사의 수준을 나타내는 지표다. 만약 큰일만 도모할 줄 알고 작은 일은 도모하지 못한다면 잘해야 일개 모사에 그칠 수밖에 없다. 예를 들면 구세대 모사 중에 정욱이 그러했다. 그는 자신이 스스로를 도모할 줄 모른다는 것 을 알고 일찍이 자리에서 물러나 화를 피했다. 이는 그나마 끝이 좋은 축에 속했다. 양수 같은 부류가 맞은 결말은 그야말로 처참했다.

유엽의 문제가 바로 여기에 있었다. 유엽은 뛰어난 예지 능력만 믿고 사사로운 인간관계나 정치적 투기에는 전혀 관심을 두지 않았다. 그 한 가지 능력만으로 군왕의 환심을 얻고 동료들의 견제를 받는다고 생각한 것이다.

'자네의 그 귀신같은 예지력은 우리도 익히 봐 왔네. 하지만 자네의 예측이 계속 맞아떨어질수록 우리가 모자란다는 것만 더 드러나지 않겠는가? 이 세상에 자네 하나만 똑똑한 사람이고 우리는 모두 다 바보란 말인가? 우린 억지로라도 자네 말을 듣지 않겠네!'

이런 이유로 유엽이 매번 정확한 예측을 내놓아도 다들 듣지 않은 것이다.

사마의는 예지력의 경지에 있어서는 유엽보다 한 수 아래였다. 또 사마의는 유엽에 비해 군국軍國(군무와 국정) 대사에 대한 날카로운 통찰력도 부족했다. 그래서 그가 올린 계책이 그리 많지는 않았다. 하지만 그 얼마 안 되는 계책을 군주가 전부 받아들였고, 큰 성과를 낸 덕분에 그에 대한 사람들의 인상이 좋았다. 계책을 내는 목적이 너무 공평무사해서는 안 되고, 그 계책을 받아들이는 사람이 아니라 자신의 성공을 위한 것이어야 함을 사마의는 잘 알고 있었다. 즉 지략이 한 수 위였던 것이다.

그리고 무엇보다 중요한 것으로 사마의는 자신을 도모할 줄 알았다. 백 번 성공한 계책은 업무 자질이 뛰어나다는 것을 보여준다. 이 경우에는 통상적인 절차에 따라 관직이 올라갈 수 있었다. 그런데 한 번 성공한 정치적 도박은 당신이 자기 사람이라는 걸 말해주고, 벼슬은 이례적으로 세 계단 또는 그 이상으로 뛸 수 있었다.

이 밖에 유엽은 조씨 위나라 정권에서 드문 양주 사람인 데다 도당을 만들 줄 몰랐다. 그래서 처음부터 끝까지 줄곧 혼자였다. 반면 하내 세족인 사

결국 이기는 사마의

마의는 여영세족, 병주#州 사람과 적극적으로 연합해 조정에서 자기 세력을 키웠다. 조예 시대에 와서도 유엽은 여전히 혼자였지만, 사마의는 막강한 세력을 가진 정치적 파벌의 수장이었다.

따라서 조비가 칭제한 황초 원년부터 조비가 붕어한 황초 7년까지, 사마의는 한 번도 사서에 기록될 만큼 훌륭한 계책을 올린 적이 없었다. 하지만 조비가 붕어할 때 고명대신으로 세울 사람은 숱하게 계책을 올리고 그만큼 숱하게 거절당한 유엽이 아니라 사마의 한 사람뿐이었다.

유엽은 오래전에 이미 주류에서 밀려났다. 그를 주류에서 밀려나게 한 것은 다른 사람이 아닌 바로 그 자신이라고 해야 할 것이다.

지금은 유비가 오나라를 공격하기 위해 일어서고 손권이 상소를 올려 신하를 자처한 좋은 형세였다. 그런데 유엽은 재차 나서서 모두에게 찬물을 끼얹었으며 자신의 총명함과 지혜를 드러내고, 조비와 다른 모사들의 어리석음을 부각시켰다.

솔직히 유엽의 이번 계책은 삼국사三國史에서 가장 모범이 되고 최고의 살상력을 자랑하는 계책이라 할 만했다. 조비가 이 계책을 받아들였다면 중국 통일이 60년은 앞당겨졌을 것이다. 그럼 이제 유엽의 훌륭한 계책을 자세히 감상하고 분석해 보자.

유엽이 말했다. "손권이 아무 이유 없이 투항한 것은 마음이 조급해서입니다. 이전에 그는 관우를 죽이고 형주를 손에 넣는 등 철저한 일처리를 보여주었습니다. 손권은 분노한 유비가 공격해 올까 봐 두려워하고, 우리가 이틈에 기습할까 봐 우려하고 있습니다. 양쪽에서 공격 받는 걸 막기 위해 아예 칭신하기로 마음먹은 것입니다."

유엽은 손권의 칭신 동기를 예리하게 분석했다. 만약 손권이 현장에서 유엽의 분석을 들었다면 놀라서 살이 다 떨렸을 것이다. 하지만 지금 청중은 조비와 위나라 대신들이었다. 유엽의 말을 듣는 그들은 슬슬 잠이 쏟아졌다.

사람들이 듣거나 말거나 유엽은 계속해서 분석을 이어갔다. "지금 천하는 삼분되어 있고, 그중 위나라가 가장 막강합니다. 오와 촉은 서로 도와야만 멸망을 면할 수 있는데 오히려 서로 싸우고 있으니 이는 하늘이 그들을 멸망시키려는 것입니다. 우리는 이 기회를 노려 강을 건너 곧장 오나라의 심장부를 쳐야 합니다. 촉군은 외연 지대를 치고 우리는 심장부를 치면 얼마 못 가 오나라는 결딴나고 말 것입니다."

방금 전의 분석이 손권의 살만 떨리게 만들었다면, 지금 이 발언은 그의 자색 수염이 거꾸로 서고 푸른 눈에 피가 나도록 만들기에 충분했다. 강동 삼대가 심혈을 기울여 일군 거대한 기업基業이 유엽의 가벼운 몇 마디에 연기처럼 사라져버릴 수도 있었던 것이다.

그렇다면 촉나라는 어떨까? 유엽의 분석을 계속해서 들어보자. "오나라의 절반을 떼서 촉나라에게 준다 해도, 촉나라는 지금 큰일을 감당하기 힘든 상황이라 조만간 멸망하고 말 것입니다. 더군다나 촉나라는 오나라에서 새도 똥을 누지 않는 척박한 외연 지대만 얻을 뿐이지만, 우리는 인구도 많고 물자도 풍부한 심장부를 얻는 것입니다."

이 분석을 들었다면 분노에 찬 유비조차도 정신이 번쩍 들었을 것이다. 하지만 조비는 여전히 고집을 부렸다. "손권이 신하를 자처했는데 내가 그를 친다면 이 얼마나 부도덕한 일인가? 일단 오나라의 복속을 받아들이고 몰래 촉나라의 후방을 기습하는 건 어떠한가?"

'자네의 계책은 둘이 서로 다투는 사이에 어부지리를 얻겠다는 것이잖소. 어부인 조위가 도요새와 조개 중 어느 쪽을 먼저 잡든 자네가 낸 계책의 핵심을 해치는 것이 아니지 않은가?' 총명한 조비도 유엽의 이 계책에서 겉

결국 이기는 사마의

으로 드러난 절묘한 수만 읽었을 뿐, 보다 핵심적인 내용은 보지 못했다.

유엽은 단호하게 부정했다. "안 됩니다."

말문이 막힌 조비는 볼멘소리로 물었다. "어디 한번 말해보시오. 뭐가 안 된다는 거요?"

유엽이 대답했다. "지정학적으로 볼 때 촉은 멀고 오는 가까우니, 촉을 치는 건 오를 치는 것만 못합니다. 또 군사심리학적으로 보면, 현재 격노한 상태인 유비는 오를 멸하는 것을 우리가 도와주면 더욱 신이 날 테니 이는 우리의 계책대로 되는 것입니다. 한편 손권은 각성 상태라 촉을 멸하도록 우리가 도우면 동오의 장기적인 이익을 생각해서 내홍을 그치고 유비와 함께 힘을 합쳐 우리와 맞서 싸울 것입니다. 그렇게 되면 이 계책은 성공하기 어려워집니다!"

여기까지 들은 사마의는 속으로 감탄을 내뱉었다. '참으로 절묘한 계책이다!'

애달픈 곡조에 간장이 끊어질 듯한데, 이 세상 어디에서 지음^{知音}(백아^{伯牙}와 종자기^{鍾子期}의 고사에서 유래한 말로, 자신의 진심을 알아주는 사람을 가리킨다)을 찾을 수 있을 것인가?

어쨌든 조비는 지음이 아니었다. 조비는 손권의 투항을 받아주었을 뿐 아니라 그를 오왕으로 책봉하기까지 했다.

유엽은 재차 간언했지만 조비는 아예 귀를 닫아버렸다. "듣기 싫네!"

기회는 눈 깜짝할 사이에 지나가버렸다. 기회를 잡고 못 잡고는 한순간이다. 전쟁은 순식간에 승패가 갈렸다. 유비는 적벽대전 이후로 연전연승을 거듭했다. 이는 관우, 장비, 마초, 황충, 조운이 앞장서서 적진으로 돌격하고, 방통^{龐統}과 법정이 후방에서 책략을 세워 전쟁을 도운 데다 제갈량이 후방 보급의 임무를 맡았기 때문이다. 그런데 지금은 오호명장 중 과반이 세상을 떠났고, 봉추鳳雛는 전쟁에서 패하고 법정은 죽음을 맞이했다. 수십 년간 유비가 힘겹게 일궈온 것들이 적벽 앞에 돌아온 지금 군대를 제외하면 아무것도 없었다. 연로한 유비는 처음으로 세상에 얼굴을 드러낸 육손陸遜에 의해 진영이 불타자 황급히 백제성白帝城으로 도망쳤다.

유비는 백제를 영원히 안정적이라는 뜻의 영안永安으로 개명했다. 곧 세상을 하직할 것 같은 유비는 더 이상 싸우고 싶지 않았다.

사마의는 남방을 바라보았다. 마치 하늘로 치솟는 화염이 어렴풋하게 보이는 듯했다.

이제 정말 한 시대가 막을 내린 것 같았다.

손권이 칭신한 뒤로 조비의 마음을 언짢게 만드는 일이 있었다. 손권은 겸손하게 입에 발린 말도 잘하고 진상품도 아낌없이 바쳤지만, 태자를 위나라에 인질로 보내라는 요구에 대해서는 시종일관 거절의 뜻을 밝혔다. 손권을 오왕에 봉한 조비는 손권의 아들 손등孫登을 만호후萬戶侯에 봉하고 싶었다. 그래서 손등을 보내 책봉을 받게 하라고 손권에게 요구했지만 거절당했다. 손권과 유비 사이의 전쟁도 끝났겠다 조비는 과거 일을 다시 들먹였지만 손권은 재차 거절했다.

고수와 일반인의 차이는, 고수는 사태의 진전을 예견할 수 있지만 일반인은 사건이 일어났을 때에야 비로소 깨닫는다는 것이다.

고수 유엽의 제안을 물리쳤던 조비는 지금에서야 깨달았다. '손권 이놈이 진심으로 신하를 자처한 게 아니었구나!'

조비는 소 잃고 외양간 고치는 격이지만 남정南征에 나서기로 했다. 그는 족집게 유엽을 불러 상의했다. "예전에 자네가 짐에게 남정하여 손권을 치라 하지 않았는가? 이제 남정 길에 오를 것이네."

결국 이기는 사마의

조비는 유엽이 분명 이번 군사 행동을 쌍수 들고 환영할 거라고 생각했다. 하지만 조비의 예상은 빗나갔다. 유엽은 쌍수뿐 아니라 두 다리까지 들면서 남정을 반대한 것이다.

유엽은 예전에 조비가 세상을 놀라게 할 만한 자신의 묘책을 받아들이지 않은 것을 계속 마음에 두고 있던 터라 퉁명스럽게 말했다. "손권은 뜻을 이루었고 위아래가 뜻을 같이 하고 있는 데다 강과 호수를 끼고 있어 성급하게 제압해서는 안 됩니다."

또다시 반발심이 발동한 조비는 예전처럼 유엽의 말을 흘려들었다. "자네가 안 된다고 하니 짐은 기어코 해야겠네!"

사마의는 답답해하는 유엽을 보며 속으로 즐거워했다. '이 사람아, 이번에는 자네가 틀렸네. 폐하가 언제 오를 멸하려고 하시는 건가? 다른 계산이 있으신 게지.'

조비는 삼로군을 일으켜 오나라를 공격했다.

서로군西路軍은 멀리 강한江漢에 면하고 있었는데, 최고 통수권자는 조진이고, 부하로는 하후상, 장합, 서황이 있었다. 전략 목표는 남군南郡을 포위하고 오와 촉 사이에 새로운 연맹이 생기는 걸 막는 한편, 오나라의 새 도읍인 무창武昌을 위협하는 것이었다.

중로군中路軍은 유수濡須 공격을 맡았고, 최고 통수권자는 위나라의 백전무장 조인이었다. 유수는 위와 오의 옛 전쟁터였다.

동로군東路軍은 동구洞口로 진격했고, 최고 통수권자는 조휴, 부하는 장료張遼와 장패였다.

이번 전투에서 조휴는 정동대장군征東大將軍에 임명되고 '가황월'假黃鉞이 더해졌다.

위나라에서 군대를 통솔하는 장령의 권위는 네 등급으로 나뉘었다. 가장 낮은 등급인 가절假節은 전시戰時에 군령을 어긴 일반인을 죽일 수 있었다. 장패는 조조 시대에 '가절'의 권위를 부여받아 '절장'節將이 되었다. 가절보다 한 단계 높은 등급은 지절持節로, 평시에는 관직이 없는 일반인을, 전시에는 2천 석 이하의 관원을 죽일 수 있었다. 그 다음으로 높은 등급은 사지절使持節인데, 평시에도 2천 석 이하의 관원을 죽일 수 있었다. 그리고 가장 높은 등급이 바로 가황월이었다!

가황월은 천자의 출정을 나타내었다. 구체적으로 어떤 권위가 있었을까? 《고금주》古今注에 보면 '황월을 주어 지절장을 베었다'고 나온다. 다시 말해 조휴가 전시에 장패를 참할 권력을 가졌다는 뜻이다.

평상시에는 번거로운 사법 절차와 정치 활동을 통해서만 처리할 수 있었던 많은 문제들이, 전시에는 간단하게 해결할 수 있었다.

조비는 이번 전투를 통해서 청주와 서주를 차지하고 있는 장패 세력을 일거에 해결하려는 것이었다.

이것이 조비의 진짜 의도였다.

장패는 바보가 아니었다. 그가 강호에서 이름을 날릴 때 조비는 아직 배 속에 있었다. 장패는 당시의 용맹함을 다시 한 번 발휘해 전장에서 멋지게 활약하며 조비의 신임을 얻기로 결심했다. 반백 살이 넘은 장패는 작은 배 500척과 감사대敢死隊 1만 명을 이끌고 필사적으로 싸웠다. 맞서 싸우던 오나라 병사들은 그 모습을 보고 깜짝 놀랐다. '어떻게 저렇게까지 죽기 살기로 싸우는 사람이 다 있지?' 그들은 무기와 갑옷을 벗어던지고 달아났고, 오나라는 대패했다.

첫 전투에서 승리를 거둔 장패는 그 기세로 추격해서 도강渡江 작전을 강행하게 해달라고 하명을 청했다. 조휴는 장패의 주청을 조비에게 올렸다. 그러자 조비가 담담한 어조로 대답했다. "그럴 필요 없다. 철수한다."

장패는 한숨을 돌렸다. '이 늙은 몸뚱이를 내건 덕분에 조비의 의심에서 벗어났구나.'

그 후 조비가 직접 동쪽을 순시하러 오자 장패는 나와서 조비를 알현했다. 조비는 장패의 병권을 몰수하고, 그를 낙양으로 보내 높은 벼슬과 많은 녹봉을 하사했다. 평생 제멋대로 살던 장패는 말년에 낙양성에서 권력도 없이 자리만 차지했다. 하지만 적어도 살아 있는 동안은 천수를 누렸고, 죽은 후에는 무한한 영예를 얻었다. 나름 훌륭한 결말이었다.

조비는 손쉽게 장패의 병권을 회수했다. 청주와 서주의 잠재적 할거 세력이 제거되면서 마침내 조조 시대가 남긴 문제들이 모두 해결되었고 북쪽 지역은 통일되었다. 물론 동북의 공손 가문이 여전히 한 자리를 차지하고 있기는 하지만 당분간은 대국에 방해가 되지는 않을 터였다. 조비는 현재 공손 씨를 책임지고 있는 공손공公孫恭에게 거기장군車騎將軍이라는 감투를 씌워주며 위로했다.

장패 세력을 없애는 것 외에 이번 남정을 통해 또 한 가지 목표가 달성되었다. 전쟁 전후로 주요 장령들의 관직에 어떤 변화가 있었는지 살펴보자.

조진은 원래 진서장군鎭西將軍이었는데, 남정 때는 상군대장군上軍大將軍, 도독중외제군사都督中外諸軍事, 가절월에 임명되었고, 전쟁이 끝난 후에는 중군대장군中軍大將軍으로 다시 승진했다.

조휴는 원래 중령군과 진남장군이었는데, 남정 때는 정동장군과 가황월에 임명되어 20여 군대를 감독했다.

하후상은 원래 중령군과 정남장군이었는데, 남정 때는 정남대장군으로 승진하고 전쟁 후에는 가절이 되었다. 조비와 어려서부터 같이 자란 이 조씨 종친들은 높은 지위와 권세를 누렸다. 조비는 군부 인사를 대대적으로 물갈이했고, 덕분에 조위의 차세대 군사통솔자들은 성공적으로 자리에 안착했다.

평시에는 하기 힘든 많은 일들이 전시에는 손쉽게 실현된다는 말이 여기에도 적용되었다. 전시에는 권력 집중도가 가장 높기 때문이다.

사마의 역시 그 사실을 잘 알고 있었다. 그래서 군부로 진출하려고 시도했다. 하지만 한 걸음 내딛기가 여간 어려운 게 아니었다. 조조 시대에 어렵사리 군사마 직을 맡았었는데, 조비가 즉위하자 승상장사라는 문관으로 다시 돌아가고 말았다. 조비가 칭제한 후 힘겹게 감군 자리를 맡았을 때도 눈 깜짝할 사이에 정세가 안정되면서 상서우복야^{尚書右僕射}라는 문관으로 돌아갔다.

군권은 조위 정권의 마지막 독점물로서 외부인이 절대 손 댈 수가 없었다. 조씨나 하후씨 같은 초패 집단과 종친인 중신이 군권을 장악한다는 철칙은 여전히 깨뜨리기가 쉽지 않았다!

산과 물이 겹쳐 더 이상 나아갈 수 없을 것 같아도 저 너머에 길이 있다.

황초 6년(225년), 조비는 갑자기 마흔일곱의 사마의를 무군대장군^{撫軍大將軍}과 가절에 임명하고 군사 5천을 이끌게 했다.

고작 병사 5천 명을 이끄는 병권에 불과했지만 사마의는 영광스럽게도 고위 군직을 받으니 물 만난 고기나 다름없었다.

이 5천 명을 시작으로 나이 오십에 가까워진 사마의는 드디어 자기 인생의 황금기를 열기 시작했다.

내조의 여왕,
사마의가 허리를 굽히다

사마의가 군권을 손에 넣게 된 것은 하후상이 죽었기 때문이다.

하후상은 조비와 포의지교布衣之交를 맺은 죽마고우였다. 그래서 조비는 즉위하자마자 하후상을 정남대장군으로 발탁해 완성에 주둔하며 장강 중류를 방비하는 업무를 맡겼다. 하후상은 창창한 나이에 조위의 차세대 군 통수권자 가운데 떠오르는 별이 되었다.

하지만 젊고 기력이 왕성한 마흔 즈음에 이 별이 갑자기 떨어지고 말았다.

사연은 이러했다. 하후상에게 애첩이 하나 있었는데 사랑을 많이 받다 보니 정실부인보다 위세가 높았다. 그런데 이 정실은 종친의 여식이었다. 아마도 이 공주가 어느 날 조비에게 찾아가 푸념을 늘어놓았고, 화가 난 조비가 하후상의 애첩을 교살하라고 명하지 않았나 싶다.

감정이 풍부한 하후상은 이 일로 대성통곡했고 정신까지 흐려져 일을 처리할 수가 없었다. 하후상은 애첩과 함께했던 달콤한 나날들과 그녀의 아름다운 미소가 떠올라 자주 애첩의 봉분을 찾아 푸른 풀을 바라보곤 했다.

얼마 지나지 않아 앙상하게 뼈만 남은 하후상은 결국 몸져누웠다. 조비는 하후상이 낙양에 돌아갈 수 있도록 허락하고 명의를 보내 치료를 받게 했다.

아무리 명의라 할지라도 몸만 고칠 뿐 마음은 고칠 수 없었다. 그도 하후상의 병을 어찌할 도리가 없었다.

조비는 어린 시절 친구를 직접 찾아가 그의 손을 잡고 하염없이 눈물을 흘렸다. 하지만 하후상은 아무 표정도 없었다. 하후상은 그렇게 세상을 떠났다.

살아서는 비익조가 될 수 없었지만 죽어서는 연리지가 되기를 원하노라.

하후상은 다른 세상에서 마침내 자신이 진심으로 사랑하는 사람과 오랫동안 서로 의지하며 지낼 수 있게 되었다.

하후상의 갑작스런 죽음으로 군부는 거대한 권력의 공백이 생겼다. 종친 자제들을 아무리 둘러보아도 명망과 능력 면에서 그의 빈자리를 채울 수 있는 사람이 없었다. 어쩔 수 없이 조비는 후보자 범위를 자신의 심복까지 확대했다.

그때, 걸출한 군사적 재능을 보여준 사마의가 조비의 눈에 들어왔다.

조비는 사마의를 무군대장군撫軍大將軍과 가절로 승진시켜 병사 5천 명을 거느리게 했다. 또 급사중給事中과 녹상서사錄尚書事 직을 더해 허창을 지키고 민심을 가라앉히는 일과 더불어 군수물자 보급과 공문서 감독 업무를 맡겼다.

행운이 회오리바람처럼 빠르게 찾아왔다. 잇따른 중량급 직함이 갑자기 사마의의 머리를 짓눌렀다. 사마의는 좀처럼 적응이 되질 않았다. 마음을 안정시킨 그는 이 모든 관직을 사양하기로 했다.

해는 중천에 있으면 기울기 마련이고 달도 차면 기우는 법이다. 사마의는 관리사회도 이와 같다는 것을 잘 알고 있었다. 《주역》에 나오는 64괘 중 유일하게 겸괘謙卦만이 효사爻辭(괘卦를 구성하는 각 효爻를 풀이한 말)가 전부 길했다. 사마의가 오늘에 이를 수 있었던 것은 바로 '겸손의 도' 덕분이었다. 사마의가 조비에게 말했다. "신은 감히 이 같은 관직을 받을 수 없습니다."

조비는 의미심장한 어조로 사마의에게 말했다. "내가 정무에 바빠 밤낮없이 일하니 한숨 돌릴 겨를도 없네. 이 관직을 자네에게 맡기는 것은 영예를 주려는 것이 아니라 내 근심을 좀 덜어달라는 뜻일세."

'이는 자네를 시험하려는 게 아니니 자네도 사양하는 척하지 말게. 그냥 시키는 대로 하면 된다네.'

조비가 이렇게까지 말하자 사마의는 그제야 안심하고 명을 받들어 열심히 일했다.

사람은 기계가 아니다. 때문에 하루에 25시간을 일하듯 하면 누구라도 버틸 수 없다. 한꺼번에 업무량이 너무 많이 늘어나다 보니 체력이 좋은 사마의도 과로로 몸살을 앓게 되었다.

오랜만에 등장한 그의 아내 장춘화가 문병을 왔다. 장춘화가 지난번에 등장했을 때는 귀여운 열세 살 소녀였지만 지금은 어느덧 나이가 마흔이 된 중년 여성이었다. 젊은 시절의 아름다움은 간직하고 있었지만 나이가 들면서 더 이상 사마의의 환심을 얻지 못했다. 사마의가 총애하는 사람은 젊은 애첩 백柏부인이었다. 장춘화는 소외만 된 것이 아니라 부군과의 사이도 나빠졌다. 이들 부부 사이에는 어떤 감정도 남아있지 않은 것처럼 보였다.

하지만 장춘화는 아내로서 최소한의 관심을 가지고 사마의를 보러 왔다. 사마의가 병상에 누운 것이다.

장춘화는 20여 년 전 그날을 떠올렸다. 그때도 사마의는 지금처럼 병상에 누워 있었다. 다만 그 시절 사마의는 꾀병을 부린 것이지만, 지금은 반백 살이 넘어 과로로 진짜 병을 얻은 것이었다. 그 모습에 마음이 아팠던 장춘화는 세월 앞에 장사 없다며 탄식했다.

사마의는 장춘화를 보고 기분이 썩 불쾌했다. '평소에는 찬바람이 쌩쌩 불더니만 이제야 나를 보러 올 생각이 드셨나? 난 또 내가 죽더라도 절대 안 올 줄 알았지!' 병중이라 기분이 안 좋았던 사마의의 입에서 매정한 말이 툭 튀어나왔다. "얄미운 여편네 같으니! 뭣 하러 애써 여기까지 행차하셨나?"

장춘화는 그가 자신의 호의를 악의로 받아들이자 씩씩거리며 문을 쾅 닫고 나가버렸다.

장춘화는 열세 살 나이에도 눈 하나 깜짝 않고 사람을 죽인 예사롭지 않은 여자였다. 그런 여자가 어찌 이런 모욕을 참을 수 있었겠는가? 생각할수록 화가 난 그녀는 결국 굶어죽기로 결심했다.

사마의는 하인에게 이 소식을 전해 듣고도 아랑곳하지 않았다. '밉살스런 여편네가 굶어죽든지 말든지!'

며칠 후 하인이 또 허둥지둥 달려와 소식을 알렸다. "부인께서 아직도 식음을 전폐하고 계십니다!"

사마의는 눈썹 하나 까딱하지 않았다.

하인이 이어서 말했다. "두 도련님들도 단식에 들어가셨어요!"

사마의가 놀라서 벌떡 일어났다. "뭐라고?"

사마사와 사마소는 장춘화가 사마의에게 낳아준 아들들이었다. 어느덧 십대가 된 두 아들은 사마의가 손 안의 보배처럼 여기는 자식들이었다. 사마의는 서둘러 두 아들의 방으로 향했다. "금쪽같은 아들들아! 어찌 밥을 먹지 않는 것이냐?"

사마사와 사마소가 입을 모아 대답했다. "어머니가 드시지 않는데 저희가 어찌 음식을 먹겠습니까!"

사마의는 어쩔 수 없이 장춘화를 찾아갔다.

"춘화, 내가 잘못했네. 이렇게 당신을 보기 위해 찾아왔는데 내가 얼마나 불쌍한지 좀 봐 주시게. 오늘의 당신과 나는 왜 어제의 일을 반복하는 것인가? 내가 이미 지나간 배표이긴 하지만 당신이란 난파선에 승선할 수 있겠는가?"

사마의는 문 앞에서 굽실거리며 애걸복걸했다. 한참이 지나서야 장춘화가 문을 열었다. "배고파요."

장춘화는 역사서에 총 두 번 등장하는데 매번 이렇게 사나운 모습이었다. 그러나 사마의의 허리를 굽히게 만들었던 유일한 여자였으니 존경하지 않을 수 없다.

사마의 부부의 속마음을 한번 들여다보자. 두 사람은 정말 서로에 대한 감정이 식었던 것일까? 아니라고 본다. 과거에 있었던 살인 사건과 훗날 보여준 활약상을 통해 장춘화는 사마씨 가문에서 내조의 여왕 역할을 톡톡히 해냈고 사마의로부터 무한한 신뢰를 얻었다. 두 사람의 관계는 이미 평범한 남녀 사이의 정욕과 부부의 애정을 뛰어넘어 막역한 전우 같은 사이가 되어 있었던 것이다.

따라서 총애를 받지는 못했지만 사마씨 가문에서 장춘화의 지위는 미모만으로 총애를 얻은 백부인 같은 부류가 흔들 수 있는 게 아니었다.

어렵사리 소동이 잠잠해진 후, 사마의가 부인에게 용서를 빌었다는 일화가 떠들썩하게 전해지면서 다들 사마의가 부인을 무서워한다고 말했다. 사마의는 평온한 얼굴로 반박했다. "다 늙은 사람이 뭐 무서울 게 있다고! 다만 금쪽같은 두 아들이 굶어서 잘못될까 봐 걱정이 되어 그런 것일세!"

마흔여덟의 사마의는 자리를 털고 일어났지만, 마흔의 조비는 인생의 종점에 서 있었다.

칭제한 지 6년째 되던 해에 조비는 다시 손권을 치러 남정 길에 올랐다. 그는 조조가 남긴 다섯 가지 난제를 순조롭게 해결했지만, 손권 때문에 외교적으로 어려움을 겪으면서 심기가 여간 불편한 게 아니었다. 누차 남정에 나섰지만 매번 아무 소득도 없이 돌아왔다.

이는 그가 즉위 후 네 번째로 떠난 남정이자 마지막 남정이었다.

조비는 늘 하던 대로 사마의에게 무군대장군의 신분으로 허창을 지키게 했다. 조비가 즉위한 뒤로 사마의는 쭉 후방 지원 업무를 맡았는데 묵묵히 힘든 일을 해냈다. 그 모습이 내심 마음에 걸렸던 조비는 일부러 사마의에게 말했다. "짐이 가장 염려하는 게 후방이라 경에게 후방을 맡기는 것일세. 조참曹參이 전공戰功은 있으나 후방을 맡은 소하蕭何에게는 못 미쳤네. 짐의 뒷걱정을 없애주는 일이야말로 큰 공로가 아니겠는가?"

사마의가 웃으며 말했다. "별 말씀을 다하십니다. 우리 사이에 뭘 그렇게까지 말씀을 하십니까? 제가 알아서 잘할 테니 마음 푹 놓고 다녀오십시오!"

마음이 편안해진 조비는 당시의 태자당 일인자인 진군을 진군대장군鎭軍大將軍으로 승진시킨 뒤 그와 함께 남정에 나섰다. 조비의 남정은 매번 무력을 과시하는 열병식 같았다. 이번에는 강을 따라 10여 만 군대를 일자로 늘여 세웠는데, 장관이 따로 없었다. 징과 북소리가 요란하고 폭죽이 터지며 붉은 기가 펄럭였고, 사람들은 인산인해를 이루었다.

아쉽게도 강이 얼어서 배를 띄울 수 없었다. 얼음이 단단하지 않아서 인마도 지나갈 수 없었다.

맞은편에 있는 동오 병사들은 만전의 태세를 갖추고 있었다. "이봐, 지금 누구한테 으르렁대고 있는 것인가? 그게 싸움을 하겠다는 자세인가?"

조비는 아득한 장강을 바라보면서 탄식했다. "아! 하늘이 기어코 남북을 갈라놓는구나!" 조비군은 어찌해 볼 도리가 없어 빈손으로 돌아올 수밖에 없었다.

장강은 조위에게 넘을 수 없는 천연 요새였지만, 물에 강한 동오인들에게는 평지를 걷는 것만큼 쉬운 대상이었다. 동오의 대장大將 손소孫韶는 떠나는 조비의 뒷모습을 보면서 화가 치밀었다. '대체 동오를 뭘로 보는 것이냐? 여기가 아무 때나 오고 싶으면 오고, 가고 싶으면 가는 곳인 줄 아느냐?' 그는 부장部將 고수高壽에게 감사병敢死兵 500명을 이끌고 몰래 강을 건넌 뒤 지름길로 가서 조비를 가로막아 위세를 꺾어놓으라고 명했다.

고수는 사졸 500명을 데리고 강을 건너 야밤에 강행군했다. 멀리서 조비의 의장대를 발견하고는 기습 공격을 감행했다. 깜짝 놀란 조비는 서둘러 도망쳤다. 고수는 사실 조비를 놀라게 할 생각이었지 격전을 치를 생각은 없었다. 그래서 조비가 버린 우개羽蓋(깃털 양산), 부거副車(천자의 수행원이 타던 마차) 같은 의장儀仗 용품만 챙겨 돌아왔다.

조비는 이번 일로 많이 놀랐는지 정신이 희미해졌다. 엎친 데 덮친 격으로 가는 도중 전함 수천 척이 또다시 막다른 골목에 다다랐다. 물이 얕은 만灣에서 배가 좌초되어 오도 가도 못하게 된 것이다. 조비는 배를 아예 모조리 불태워버리기로 했다. 그러자 모사 장제가 말했다. "제게 방법이 있습니다." 전함을 장제에게 맡기고 조비는 사마의가 지키는 허창으로 정신없이 돌아왔다.

장제는 후방에서 전함을 한 곳에 다 모은 뒤 회수淮水로 통하는 통로를 몇 군데 팠다. 그러고는 반대쪽 끝에 제방을 쌓아 호수물을 가두었다. 호수물이 어느 정도 채워지자 장제는 갑자기 제방을 허물라고 명령했다. 그러자 용솟음치며 내려오던 호수물이 미리 파둔 수로를 따라 내려와 배를 회수까지 밀어냈다. 그렇게 해서 장제는 함대를 통솔해 귀로에 올랐다.

허창에 도착한 조비가 막 들어서려고 할 때 허창의 성문이 갑자기 무너졌다. 이 일로 또 한 번 놀라기도 했고, 그동안의 군무에 지쳐 있던 조비는 그만 병이 나고 말았다. 그는 잠시 허창에 들어가지 않기로 하고 사마의에게 구두로 명령을 남겼다. "짐이 동쪽에 있으면 경은 서쪽을 관리하고, 짐이 서쪽에 있으면 경은 동쪽을 관리하라." 자신은 허창에 들어가지 않고 곧장 낙양으로 돌아갈 테니 동쪽의 사무는 사마의에게 맡긴다는 뜻이었다.

조비가 낙양으로 돌아왔을 때는 이미 황초 7년(226년) 정월이었다.

이후 몇 개월 동안 조비의 병세는 좋아졌다 나빠졌다를 반복했다. 5개월째가 되자 병세는 이미 나빠질 대로 나빠진 상태였다. 조비는 견희가 낳은 아들 조예를 태자로 세웠다. 조비에게는 아들이 아홉 명 있었는데, 먼저 저 세상으로 간 네 명을 제외한 나머지 역시 몸이 허약하고 잔병치레가 잦았다. 건강한 아들은 조예밖에 없었다. 조비는 그의 어미 일로 조예를 태자로 세우고 싶지 않았지만 다른 선택이 없었다. 조예가 태자가 되면 크게 염려할 것은 없었다.

조비는 자신의 병세가 위중해 가망이 없음을 알고 중군대장군 조진, 진군대장군 진군, 무군대장군 사마의를 긴급 호출했다. 그는 낙양 숭화전崇華殿의 남당南堂에서 후사를 부탁했다.

조비는 손가락을 들어 조진, 진군, 사마의를 가리키며 힘없는 목소리로 조예에게 말했다. "누가 이 세 사람에 대해 안 좋게 말하거든 절대 듣지 말거라." 조예는 고개를 끄덕였다.

조비는 세 사람에게 뭔가를 더 부탁하고 싶었지만 무슨 말을 해야 좋을 지 생각이 나지 않았다.

'나는 재위 기간 동안 역대 망국의 요소를 뿌리째 뽑아버렸다. 한나라에 칠국의 난이 일어났을 때는 제후왕을 엄격하게 감시했고, 도적을 방비하듯 이 형제들을 방비했다. 냉혹하다는 오명을 남겼지만 어쨌든 화근을 없앤 셈 이다. 진나라 때는 환관이 권력을 장악했고, 한나라 때는 상시常侍가 정치를 어지럽혔다. 나는 제위에 오르자마자 환관이 오를 수 있는 최고 관직을 엄격 하게 제한하여 그들을 엄밀히 단속해 두었으니 이 또한 화를 빚지는 않을 것 이다. 동한 시대에는 외척이 제멋대로 날뛰었다. 나는 일찍이 4년 전에 부인 은 정치에 개입할 수 없고 외척은 보정輔政할 수 없으며, 이를 어기는 자는 세 상 사람들에게 죽임을 당할 것이라고 명했다. 그러니 외척도 재앙이 되지는 않을 것이다.'

이런저런 생각을 하던 조비는 위나라가 철옹성처럼 튼튼해 더 이상 어 떤 망국의 요소도 없을 거라는 생각이 들었다. 그래서 충성으로 보정하고 하루빨리 오와 촉을 전멸시키라는 식의 상투적인 말만 건넸다.

조비는 자신의 지난 40년을 돌이켜보았다. 그는 인생의 거의 절반을 궁 정의 암투 속에서 보냈다. 아버지의 사랑을 얻기 위해서 자신의 솔직담백한 천성을 희생하고 스스로를 위장하느라 애썼다. 많은 기예를 배웠지만 이는 다른 사람에게 과시하기 위한 것에 지나지 않았다.

'7년 동안 제위에 있으면서 나는 아버지가 남긴 다섯 가지 난제를 해결 했을 뿐 제대로 된 공적을 세우지 못했다. 미래의 사관이 역사서에서 나를 어떻게 평가할지 모르겠다. 명군? 용군庸君(어리석고 변변치 못한 군주)? 혼군昏君 (사리에 어둡고 어리석은 군주)?

아, 이제 죽음의 문턱까지 온 마당에 어찌 다른 사람의 평가에 관심을 두고 있는가? 한평생 살면서 나는 온전히 나 자신을 위해 무엇을 했던가?

자건아, 정말 네가 부러울 때가 있었다. 너는 기분 내키는 대로 술에 취하고 시를 쓰고 목 놓아 울기도 하고 큰 소리로 웃기도 했지만 나는……, 나는 황제가 된 이후로 시 한 수도 마음 편히 쓰지 못했다!

바람을 향해 길게 탄식하니, 근심이 그지없어 내 창자를 끊어내는구나!'

황초 7년(226년) 5월, 위문제 조비는 향년 40세를 일기로 낙양에서 붕어하고 20대 초반인 조예가 황제로 즉위했다. 사마의는 서열이 마지막인 고명대신으로 새 황제를 보좌했다.

역사는 여전히 흘러갔고 태양은 평소처럼 솟아올랐다. 그런데 사마의는 이제 막 인생의 새로운 장을 열고 있었다. ✿

4장

신룡파미

神龍擺尾

성스러운 용이
꼬리를 내보이다

용이 많으면 물을 다스리지 못하고, 사람이 많으면 일을 관리할 수 없는 법이다. 진정한 권위는 오직 하나일 수밖에 없다. 관직과 권력 면에서 사마의는 이미 서부 군사지역의 최고 권력자였지만, 대촉 작전 경험과 전적戰績에 있어서만큼은 장합의 위엄과 명망이 조금 더 높았던 것 같다. 장합 같은 노장은 독자적으로 어느 한 부분을 맡아서 이끌어야지, 다른 사람 밑에서 일하는 것은 맞지 않는 사람이다. 이자를 제거하지 않고 나 사마의가 어떻게 서부 군사지역에서 진정한 일인자가 될 수 있겠는가!

통치의 도道는
앞일을 멀리 내다보는 것이다

조예曹叡라는 이 어린 황제가 호락호락하지 않다는 것을 사마의는 서서히 깨달았다.

조비는 임종 전에 조예를 위해 조진, 진군, 사마의 세 사람을 보정대신輔政大臣으로 세웠다. 하지만 조예는 황제에 즉위한 이후 세 사람에게 중임을 맡기지 않았다.

조예가 공손한 태도로 대하기는 했지만 세 사람은 원래 하던 일을 계속 맡아서 했을 뿐이었다.

이 20대 젊은 황제는 즉위하자마자 핵심 권력을 모두 자기 손에 쥐었다. 그뿐 아니라 조예는 지금까지 조정의 중신들과 긴밀한 접촉을 한 적이 없었으므로 더욱더 그를 종잡을 수 없었다.

동궁에 있을 때 조예는 그의 아버지 조비처럼 폭넓게 교제하지 않고 궁 안에만 틀어박혀 좀처럼 밖으로 나오지 않았었다. 게다가 원래 말을 좀 더듬고 과묵한 성격이라 다른 사람들과 왕래가 드물었다. 조예가 즉위한 후 사마의는 무양후無陽侯로 고쳐 봉해졌지만 직권은 그대로였다. 조비에게 부탁을 받았으나 사마의는 조예의 얼굴도 거의 보지 못했다.

군신들은 새로운 군주가 어떤 인물인지 모르겠다며 의견이 분분했지만, 사마의는 속으로 감탄해마지 않았다. '군주와 신하가 적당한 거리를 유지하면 그 위엄과 신비로움을 확보할 수 있다. 보아하니 황제가 나이는 젊지만 통치의 도를 아는구나! 다 자라도록 심궁深宮에만 있어서 그동안 아는 사람이 없었던 것이다.'

어느 날, 유엽이 이른 아침부터 갑자기 궁의 부름을 받고 들어갔다가 밤이 되어서야 밖으로 나왔다. 입구에는 궁금증을 못 이긴 구경꾼들이 잔뜩 모여 있었다. 사람들이 너도나도 질문을 해댔다. "어떻습니까? 우리 폐하께서는 대체 어떤 분이십니까?"

오랜만에 사람들의 관심을 받자 유엽은 주위를 둘러보더니 목청을 가다듬고 말했다. "자질이 조금 못 미칠 뿐, 진시황과 한무제에 비견될 만한 분일세."

유엽의 사람 보는 눈은 확실히 정확했다. 조예는 역사적으로 상당히 저평가 된 황제라고 할 수 있으며, 수수께끼 같은 인물이기도 하다.

먼저 조예의 출생이 미스터리다. 《삼국지》의 기록에 따르면, 그는 서기 239년에 36세를 일기로 세상을 떠났다. 출생 시기를 역으로 환산해보면 서기 204년으로, 건안 9년이다. 건안 9년 8월은 조조가 업성을 함락시키고 조비가 견희를 취한 때였다. 조예가 연말에 태어났다고 해도 조비가 견희를 얻은 뒤 4개월밖에 되지 않았을 때이다. 의학적 상식으로 추론해 보면, 견희가 조비를 만나기 전에 이미 임신 6개월이었다는 얘기가 된다.

견희는 원희의 아내이자 원소의 며느리였다. 그렇게 따진다면 조예는 원소의 손자이지 조조의 손자가 아닌 것이다!

하지만 눈치 빠른 조조와 야박한 조비가 이렇게 큰일을 어찌 몰랐겠는가? 배송지는《삼국지》에 주注를 달면서《문제기》文帝紀와《명제기》明帝紀에 나타난 조예의 무덕후武德侯 책봉 연도가 어긋난다는 것을 근거로, 조예가 서기 206년에 태어났고 서른네 살에 사망한 것으로 추정했다.

항간의 소문이 사람들의 이목을 더 끌기는 하지만 역사는 역사이니 함부로 헛소문을 만들어서는 안 된다.

조예는 조조의 첫손자였기에 조부의 사랑을 듬뿍 받았다. 그 후 조비에게 생긴 아들들이 대부분 요절했기 때문에 조조가 더 애지중지한 면도 있었다. 조조는 입버릇처럼 조예에게 말하곤 했다. "너는 우리 조씨 가문을 이을 3대 후손이다!" 조조는 조예를 자주 데리고 다니면서 모사들이 일하는 모습을 참관시킴으로써 권모술수의 운용과 군사 지식을 배우도록 했다.

조예는 조비를 태자로 만든 중요한 카드였던 것이다. 그런데 조비가 그런 조예를 태자로 세우길 원치 않던 시절이 있었다.

그 원인은 바로 조예의 생모 견희에게 있었다.

견희는 죽기 전 조예를 조비의 또 다른 첩 이李부인에게 부탁했지만, 조비는 아들이 없는 곽여왕에게 조예를 기르게 했다.

원수를 양모로 마주하니 조예는 기가 막혔다. 그는 어머니가 자진한 자세한 내막은 알지 못했지만, 그 일이 곽여왕과 관련이 있다는 것은 어렴풋이나마 알 수 있었다. 하지만 그는 우선 원한과 분노를 자제하고 할 수 있는 모든 효를 다해 곽여왕의 환심을 사기로 했다.

조예는 아직 태자가 아니었다. 태자가 못 되면 황제가 될 수 없고, 황제가 못 되면 어머니의 복수를 할 기회도 얻을 수 없었다. 그 원수는 현재 천자가 가장 총애하는 여인이었기 때문이다. 군자의 복수는 10년이 걸려도 늦지 않은 법이다.

그때부터 조예는 매일 아침저녁으로 곽여왕에게 문안을 올리며 효를 다했다. 아들이 없던 곽여왕은 말년에 비빌 언덕이라도 있었으면 하던 터라 조예를 친아들처럼 대해주었다.

자애로운 어머니와 효성스러운 아들처럼 두 사람은 화기애애했다. 그 모습을 본 조비는 기쁘고 안심이 되었다. 하지만 그 단란한 모습 뒤에 한 소년의 인내와 살기가 도사리고 있다는 것을 전혀 알지 못했다.

어느 날, 조비는 조예를 데리고 사냥을 나갔다. 갑자기 어미 사슴 한 마리가 새끼를 데리고 지나갔다. 조비는 재빨리 활을 쏘아 어미 사슴을 명중시켰다. 조비가 흥분해서 소리쳤다. "얼른! 어서 새끼를 쏘거라!"

그런데 조예는 침울한 표정으로 활과 화살을 내려놓았다.

눈앞에서 달아나는 새끼 사슴을 지켜보던 조비는 조예를 나무랐다. "어째서 쏘지 않은 것이냐?"

조예가 무겁게 입을 열었다. "폐하께서는 이미 어미 사슴을 죽이셨습니다. 차마 그 새끼마저 죽이지는 못하겠습니다." 조예는 눈물을 줄줄 흘렸다. 사슴도 이러할진대 사람은 오죽하겠는가?

그 말을 들은 조비는 감전된 듯 손에서 활과 화살을 떨어뜨렸다. 견희에 대한 죄책감이 피어올랐다. 그리고 그 감정은 조예에 대한 미안함으로 바뀌었다.

마침내 조예는 안전하게 태자 자리에 올랐다.

이 일에 대해서는 사마의도 들어서 알고 있었다. 그는 유엽의 평가를 듣고 간담이 서늘해졌다. '진시황과 한무제가 어떤 인물인가? 젊은 나이에 즉위해서 태후의 섭정을 벗어나 조정의 권신들을 숙청하고 자기 마음대로 정국을 운영한 사람들이다. 태후 곽여왕은 앞으로 힘들어질 것이다. 이 젊은

결국 이기는 사마의

황제 앞에서 나 역시 더 삼가지 않으면 안 된다. 안으로는 대권을 장악하기 힘들 테니 지금 맡은 군직을 어떻게든 이용해서 군부에 살길을 마련하는 것도 한 방법이다. 군왕의 채찍이 아무리 길어도 군무를 친히 살피기란 불가능하지 않겠는가?'

하지만 역사적 사실이 증명하듯 사마의의 예상은 빗나갔다. 진시황과 한무제가 어떤 사람인가? 6개국을 통일하고 흉노를 몰아내는 데 있어 모두 혁혁한 전공을 세우지 않았던가?

즉위 삼 개월 만에 '어린 진시황' 조예는 옥좌가 데워지기도 전에 자신의 탁월한 군사 재능을 보여주었다.

조비가 5월에 세상을 떠났는데, 손권은 8월에 대군을 이끌고 강하^{江夏}를 겹겹이 포위했다.

옛말에 '예불벌상'^{禮不伐喪}(적국의 지도자가 죽으면 상례와 도덕 윤리에 따라 침공하지 않는다)이라고 했다. 하지만 손권의 사전에는 이 개념이 없었다. 그가 아는 것은 '양면삼도'^{兩面三刀}(두 가지 마음으로 상대를 해친다), '진화타겁'^{趁火打劫}(남의 집에 불 난 틈을 타 도둑질한다), '낙정하석'^{落穽下石}(함정에 빠진 사람에게 돌을 떨어뜨린다)뿐이었다.

강동의 특기는 수전^{水戰}이었는데, 이번에 손권은 배를 버리고 기슭에 올라 강하를 포위했다. 하지만 그 기세는 여전했다. 강하를 지키는 장수 문빙^{文聘}으로부터 구원을 청하는 공문서가 조예의 책상머리로 날아들었다. 감정이 격해진 조정의 문무백관들은 강하에 구원병을 보내야 한다고 주장했다.

사마의는 젊은 군주의 반응을 살폈다. 조예는 가만히 자리에 앉아 대신들이 시끄럽게 떠드는 이야기를 듣고 있었다.

감정이 어느 정도 가라앉자 조예가 짧게 말했다. "출병하지 않을 것이오."

대신들은 깜짝 놀랐다. 강하는 남쪽 요충지로서 손권에게 함락되는 날에는 그야말로 큰일이었다. 또다시 시끄러워졌다.

조예가 쓰고 있는 면류관이 얼굴을 가리고 있어서 어떤 표정인지 잘 보이지 않았다. 사마의는 조예가 군신들의 연기를 감상하는 중이라고 짐작했다.

말다툼이 종료되자 조예는 자신의 답변에 대해 설명하기 시작했다. 말을 더듬기는 했지만 사마의의 귀에는 확신에 찬 조예의 어조가 더 강조되는 것처럼 들렸다. "동오는 수전에 능하오. 그런데도 배를 버리고 뭍에 올라왔다는 것은 우리가 미처 방비하지 못한 틈을 노린 것이오. 그런데 지금 문빙과 서로 대치하며 승부가 나지 않고 있으니 '공기불비'攻其不備(적의 방비가 허술할 때 공격한다)의 전략은 이미 실패했소. 게다가 상대는 공격이고 우리는 수비하는 입장이니 수성이 공격보다 훨씬 수월하오. 손권은 오래 싸우지 못할 것이오."

사마의는 마음속으로 박수갈채를 보냈다. 어려서부터 조조의 군영에서 자라서 그런지 확실히 식견이 뛰어났다.

조예는 쥐 죽은 듯 고요한 대신들을 바라보며 말을 이어갔다. "게다가 짐은 손권이 기회를 봐서 공격해올 것을 예상하고 미리 치서시어사治書侍御史 순우苟禹를 변경에 파견해 군대를 위문하도록 했소. 순우는 문신이지만 군대를 부리는 책략이 뛰어나니 짐의 기대를 저버리지 않을 것이오."

순우는 손권이 강하를 포위했다는 것을 알고 주변 현縣에서 정규군과 의용병 1천 명을 이끌고 산에 올라가 횃불을 들고 병사가 많은 것처럼 위장했다. 손권은 오랜 공격에도 성과가 없는 데다 원군이 도착했다고 착각해 서둘러 군대를 철수했다.

결국 이기는 사마의

하지만 손권은 포기하지 않고 또 다른 계략을 꾸몄다. 제갈근諸葛瑾과 장패張霸(오나라 장수로, 위나라 장패臧霸에 비하면 실력이 모자랐다고 알려진다)를 양양에 침입시킨 것이다.

조예는 사마의에게 반격을 명했다. 이는 사마의의 군사 생애 첫 전투로 반드시 성공시켜야 했다. 군대를 이끌고 양양에 도착한 사마의는 제갈근이 비록 오나라에서 명성을 떨치고 있지만 군사를 부리는 것이 굼뜨고 기책이 없다는 것을 알게 되었다. 사마의는 즉시 강공을 펴부었다. 제갈근은 패주하고 장패는 참수당했다.

큰 재주를 지닌 사마의는 이번에 자신의 능력을 살짝 시험해본 것뿐이었다. 어쨌든 한바탕 멋들어지게 싸우고 돌아왔다.

그해 연말 조예는 공을 세운 신하들의 관직을 올려주었다. 덕분에 조휴는 대사마, 조진은 대장군, 진군은 사공司空, 사마의는 표기대장군驃騎大將軍으로 승진했다. 또 사마의는 형주荊州와 예주豫州 두 지역의 군무를 맡아 조위의 남부 작전구역 본진인 완성에 주둔했다. 이는 사마의에게 하후상의 직권을 완전히 인계한 것이나 마찬가지였다.

표기대장군 위로는 대사마와 대장군밖에 없었기 때문에 사마의는 군부에서 서열 3위가 되었다. 첫 출전의 성과가 제대로 발휘되었다.

모든 상황이 좋아졌다. 벼슬이 오르고 권세가 높아지니 모두가 즐거웠다. 그런데, 유독 한 사람만 기분이 좋지 않았다. 신성태수 맹달이었다.

맹달은 7년 전 조위에 투항한 이후 신성태수로 봉해져 위나라 서남쪽 변경을 지키며 한 세력을 이루었다. 당시 맹달은 조비에게 두터운 신임을 받은데다 하후상과도 사이가 좋아 벼슬길이 순탄했다. 그런데 조비가 세상을 떠나고 하후상도 병사한 지금, 맹달은 조위에서 점차 외로움을 느끼고 있었다.

몇 년 전, 상용上庸 토박이인 신의申儀도 조위에 투항해서 위흥魏興태수로 봉해진 뒤 맹달 근처에 사람을 심어두었다. 맹달은 신의와 줄곧 사이가 안 좋았는데, 신의는 자주 상소를 올려 맹달을 헐뜯었다. 조정에서는 별다른 움직임을 보이지 않았지만 맹달은 조정의 불신을 느꼈다.

맹달은 고향으로 돌아가고 싶었다. 그런데 때마침 촉한에서 온 서신이 맹달에게 도착했다. 발신자는 촉한의 군사 및 정치 분야 양대 거물인 이엄과 제갈량이었다.

얼마 전까지 촉한의 승상 제갈량은 남중南中을 평정하느라 정신이 없었다. 관우가 형주를 잃은 뒤로 촉한은 악화일로를 겪었고, 내부에서도 위기가 겹겹이 쌓여 있었다. 제갈량의 초인적인 재능과 동료 부하들의 합심 덕분에 촉한은 여러 난관을 해결해 나라가 무너지는 위기를 가까스로 막아냈다.

남만南蠻에서 반란을 일으키자 제갈량은 5월에 노수瀘水를 건너 불모지로 들어갔다. 성을 공격하고 심리전을 이용해 만왕蠻王 맹획을 굴복시키고 "남중은 두 번 다시 반란을 일으키지 않겠다"는 약조를 받은 뒤 철군했다.

회군하는 도중 제갈량은 조위에서 투항해 온 이홍李鴻과 만났다. 제갈량은 이홍과 이야기를 하다가 맹달의 근황을 듣게 되었다. 이홍이 말했다. "맹달이 위나라에 투항했을 때 누군가가 승상께서 맹달 일가를 멸족시키려고 한다는 소문을 퍼뜨렸는데, 다행히 선주先主(유비)께서는 듣지 않으셨습니다. 당시 맹달은 '제갈량이 그럴 리가 없다'며 소문을 반박했습니다." 제갈량은 같이 자리에 있던 비시費詩에게 말했다. "성도成都로 돌아가 맹달에게 편지를 써야겠다."

비시는 그 말을 듣고 생각했다. '설마 맹달에게 투항을 권하시려는 것인가?' 비시는 즉시 간언했다. "맹달 그 소인배는 유장과 선주를 배반했습니다. 배신을 밥 먹듯이 하는 소인배 따위에게 무슨 편지를 쓰신단 말입니까!"

제갈량은 대답하지 않았다.

비시 자네처럼 보잘 것 없는 사람이 제갈 승상의 그 깊고 치밀한 생각을 어찌 헤아리랴? 제갈량은 이엄을 생각하고 있었다.

촉한 내부에는 유비가 외부에서 데려온 사람들도 있고, 유언과 유장 시대가 남긴 사람들도 있었다. 전자는 주로 형주 출신이었고, 후자는 주로 동주東州 출신이었다. 죽기 전 유비는 파벌의 균형을 위해서 형주 출신의 제갈량과 동주 출신의 이엄 두 사람을 고명대신으로 삼았다.

유비가 세상을 떠난 후 제갈량이 군정대권을 손에 쥐었고, 동주 집단은 한순간에 세력을 잃었다. 이런 상황에서 이엄은 자신이 속한 집단의 세력을 강화하려고 했다. 이는 제갈량에게 좋지 않은 소식이었다.

제갈량은 정적을 누르려는 것이 아니었다. 촉한은 소국이라 모두가 한마음 한뜻이 되어야 효율적으로 역량을 집중시켜 위나라를 위협할 수 있다고 생각했다. 만약 내부에서 파벌이 나뉘어 소모전이 벌어지면 나라가 망하는 것은 자명한 일이었다.

이런 민감한 시기에 오랫동안 촉한 사람들의 시야에서 멀어졌던 맹달이 다시금 등장한 것이다. 맹달은 원래 유장의 옛 부하로 동주 집단에 속해 이엄과 서로 교분이 두터웠다. 만약 맹달이 돌아온다면 상용, 신성, 방릉 3군 및 그 군대와 함께 올 것이기 때문에 동주 집단의 세력이 크게 성장할 것이다. 내분을 벌이기 좋아하는 이엄은 더 날뛸 것이다. 이렇게 되면 어떻게 북벌 대계를 완수하고 역적 위나라를 멸망시킬 수 있겠는가?

하지만 다른 한편으로 맹달이 돌아오고 싶어하는 것은 촉한 입장에서 볼 때 좋은 일이니 막을 이유가 없었다. 최근에도 맹달에게 돌아오라고 권하는 일에 관해 이엄이 알아본 것을 보면 맹달이 투항하는 건 시간문제 같았다.

'어찌하면 좋은가?'

제갈량이 평생 조심하기만 하고 위험을 감수하지 않는다고 누가 그랬는가? 승상은 어떤 흔적도 남기지 않을 만큼 음험한 술수를 부리는 데에 도가 튼 사람이었다.

생각을 정리한 제갈량은 마침내 위나라를 치기로 결심했다.

상대를 사지로 몰아넣어야
마음이 후련해진다

이엄은 촉한 정권에서 날로 그 지위가 흔들리고 있었다.

유비가 백제성에서 어린 아들을 부탁한 고명대신은 분명 두 사람이었다. 그런데 지금 군사, 정치, 외교 대권을 전부 제갈량 혼자 쥐고 있었다. 이엄이 맡은 일이라고는 후방에서 뒤치다꺼리를 하는 것뿐이었다.

'사람들은 제갈 승상이 공평하다고 말하지만, 내 눈에는 그저 반대파는 배척하고 자신과 가까운 사람만 등용하는 것으로 보인다!'

이엄은 맹달 생각이 났다. 유장의 부하로 있을 때 두 사람은 친하게 지냈었다. 이후 유비 집권 시기에 맹달이 위나라에 투항했던 것은 사실 형주 집단에 의해 밀려났기 때문이었다. 반면 이엄은 치욕을 참아가면서 끝까지 남아 지금의 자리에 올랐다.

하지만 지금 이 자리도 언제까지 유지할 수 있을지 알 수 없었다. 이엄은 맹달이 그리웠다. 만약 맹달이 촉한으로 돌아올 수만 있다면 두 사람이 힘을 합쳐 제갈량이 버티고 있는 형주 집단을 견제해 마음대로 권력을 휘두르지 못하게 막을 수 있을 것 같았다.

이엄은 밑져야 본전이라는 심정으로 맹달이 돌아오도록 권하는 방안을 제갈량에게 제안했다. 이엄은 제갈량이 극구 반대할 거라고 생각했다. 하지만 언뜻 보아도 이 일은 촉한에 해가 될 것이 전혀 없었다. '만약 반대한다면 자네의 사심을 천하에 드러내는 꼴이 될 걸세!'

뜻밖에도 제갈량은 두 말 없이 승낙했다. "그럽시다!"

제갈량이 한마디 덧붙였다. "맹달과 사이가 좋은 이 장군께서 이번 일에 직접 나서주시면 더할 나위가 없겠습니다."

이엄은 내심 기뻐하며 제갈량의 승낙을 받은 즉시 맹달에게 편지를 썼다. "나는 공명과 함께 선주로부터 후사를 부탁받아 근심이 많고 책임이 막중하니 좋은 벗을 기다린다네." 그는 편지를 통해 자신이 지금 조정에서 배척당하는 난처한 상황에 놓여 있으니 돌아와서 함께 싸우자는 뜻을 은연중에 드러냈다.

이엄의 편지를 받은 맹달은 감개무량한 동시에 촉한으로 돌아가 이엄과 힘을 합쳐 싸우고 싶은 야망이 피어올랐다. 그리고 얼마 후, 맹달은 제갈량이 보낸 편지를 받았다. "예전에 남정 갔다 돌아오는 길에 한양漢陽에서 이홍을 만나 자네 소식을 들었다네. 감개무량하더군. 당시에는 유봉이 자네를 먼저 침범해 대사待士(선비를 잘 대우함)한 선주의 의를 저버린 것일세. 좋았던 자네와 나 사이를 추억하면서 동쪽을 바라보며 이 편지를 보내네." 제갈량의 편지는 변함없이 주도면밀했고, 행간에는 그리움의 정이 넘쳤다.

맹달은 속으로 생각했다. '촉한이 진정 내가 돌아오길 바라는 모양이다.'

맹달은 인편으로 답장과 함께 옥결玉玦을 제갈량에게 선물로 보냄으로써 돌아가기로 '결심'했음을 보여주었다.

제갈량은 편지와 옥결을 받고 고개를 끄덕이더니 심복 곽모郭模를 불렀다. "자네는 가서 위나라에 거짓 항복을 하고 맹달을 도와주게."

곽모는 분부대로 떠나려고 했다. 그런데 갑자기 뭔가 생각난 듯 제갈량이 곽모를 다시 불러 세웠다. "가는 길에 위흥군을 거쳐서 가야 하네. 위흥태수 신의도 촉한에서 위나라에 투항한 사람이라 맹달이 촉한에 귀환한다는 사실을 속일 수 없을 걸세. 그러니 가는 길에 이 일을 신의에게 알리고 함께 돌아오기를 바란다고 전하게."

"명 받들겠습니다."

제갈량은 곽모를 보내고 나서야 안도의 한숨을 내쉬었다. 자신의 계획에 허점은 없는지 돌이켜 생각해 보기 시작했다. 계획을 검토하던 제갈량은 딱 한 가지 문제점을 발견했다. 상용, 방릉, 서성 3개 군은 지세가 험해서 수비하기는 쉽지만 공격하기는 어려웠다. 맹달이 모반을 일으켰을 때 위나라에서 토벌하려고 보낸 장령이 범재凡才라면 창졸간에 맹달을 치기가 힘들어질 수도 있었다.

'과연 조위는 어떤 배우를 보내 나의 완벽한 시나리오에 맞춰줄 것인가?'

곽모는 위나라에 거짓 투항하고 위흥을 지나갔다. 위흥태수 신의는 3군의 토박이로 토착 종족 세력이 있었다. 그에게는 원래 신탐申耽이라는 형이 있었는데, 수도로 전출되어 관리로 일했지만 사실은 연금된 것이나 다름없었다. 신의는 자신이 3군 안에서는 토호지만 3군을 떠나면 아무것도 아니라는 것을 알고 있었다. 그래서 한사코 이곳에 눌러앉은 것이었다.

그리고 신의와 맹달은 사이가 나빴다. 그는 조정에 누차 상소를 올려 맹달이 역심을 품고 있다고 했었다. 하지만 정확한 증거가 없어 조정에서는 이를 무시했다. '어떻게 해야 맹달이 반란을 일으킨다는 증거를 잡을 수 있을까?' 신의는 머리를 쥐어짜냈다.

의식하지 않고 있을 때 오히려 답을 찾을 때가 있다. 마침 촉한에서 곽모라는 이가 조위에 투항한 뒤 위흥을 지나가게 된 것이다. 곽모가 신의에게 말했다. "맹달이 촉한으로 돌아간다는 사실을 알고 계시지요?"

신의가 눈을 반짝였다. "금시초문이오."

"태수께서 모르신다고요? 맹달과 제갈량 사이에 서신이 자주 오간 데다 맹달이 제갈량에게 옥결도 선물했습니다. 옥결이 무엇을 뜻하는지 아십니까? 결심했다는 뜻입니다! 이미 마음을 정했다는 뜻이지요." 신의가 눈을 가늘게 떴다.

곽모를 배웅한 뒤 돌아온 신의는 완성에 주둔하며 그 지역을 관할하고 있는 사마의에게 상소를 올렸다. 곽모의 말을 있는 그대로 적어 보낸 것이다. 사마의는 신의의 밀고를 받고 흥분을 감출 수 없었다. '맹달 이놈아. 7년 전에는 너를 죽이지 못했는데 이제야 네놈을 없애고 묵은 체증을 풀 수 있겠구나!'

사마의는 곽모가 이 일을 누설했다는 것을 알고 맹달이 예정보다 앞서 역모를 일으킬까 봐 걱정이 되었다. 그래서 그를 안심시킬 목적으로 편지를 써서 급히 신성으로 보냈다. 다른 한편으로는 군마를 준비시켜 전투에 대비하는 동시에 요원을 파견해 이 일을 조정에 알렸다. 곽모를 맞은 맹달은 그가 모반 계획을 신의에게 흘렸다는 얘기를 듣고 깜짝 놀라 거사일을 앞당겨야 할지 고민했다. 머뭇거리는 사이 갑작스런 사마의의 편지를 받게 되었다. "과거에 맹 장군은 잘못을 깨닫고 바른 길로 돌아왔소. 그런 장군에게 서남 방어 업무를 맡겼으니 위나라에서 얼마나 장군을 신임하는지 알 수 있을 것이오. 촉인들은 이를 갈며 장군을 증오하고, 제갈량은 몇 번이고 장군을 토벌할 생각이었으나 다만 기회가 없음을 걱정하고 있을 뿐이오. 곽모를 통해 장군이 모반을 일으킬 거라고 들었는데, 이는 결코 작은 일이 아니외다. 어린

애 장난도 아니고 제갈량이 어찌 이런 일을 쉽게 누설하겠소? 이는 이간계가 분명하오. 조정은 계략에 걸려들지 않을 것이니 장군께서도 부디 걱정하지 마시오."

편지를 읽은 맹달은 한시름을 놓았지만, 한편으로 사마의의 편지에 있던 한 문장이 계속 마음에 걸렸다. '그래, 내가 모반한다는 이런 큰일을 제갈량이 어찌 그리 쉽게 신의에게 누설했단 말인가?' 맹달은 아무리 생각해도 이해할 수가 없었다. '하지만 사마의가 실제로 나를 치러 온다고 해도 두렵지 않다. 우선 완성은 낙양에서 800리나 떨어져 있고, 내가 있는 곳에서는 1200리나 떨어져 있다. 사마의가 천자의 뜻을 물으러 낙양에 사람을 보낸 뒤 나를 치러 온다면, 못해도 한 달은 넘게 걸린다. 그때쯤이면 나는 방어를 튼튼히 해둔 상태일 테고 구원병도 도착해 있을 것이다. 무엇보다 3군은 지세가 험해서 함락시키기 어렵기 때문에 사마의는 직접 올 엄두를 못 낼 것이다. 사마의만 아니라면 누가 오든 두렵지 않다.'

머릿속으로 계산을 끝낸 맹달은 차근차근 역모를 준비하기 시작했다. 제갈량, 사마의, 맹달은 각자 준비를 완료했다. 이제 본게임이 시작되었다.

맹달의 생각은 완전히 잘못되었다. 사마의는 처음부터 조정의 허락을 받고 출병할 생각이 없었다. 그는 먼저 일을 벌이고 사후에 보고할 작정이었다.

사마의의 참모진들은 아직 맹달이 모반을 저지를 기미가 보이지 않으니 일단 사태를 관망한 뒤 정벌에 나서자고 제안했다. 하지만 사마의는 콧방귀를 뀌었다. "맹달은 신의가 없고, 촉한도 맹달이 진심으로 위나라를 배신할 거라고는 믿지 않는 눈치다. 촉한이 맹달을 의심하고 있을 때 재빨리 문제를 해결하는 것이 중요하다."

사마의는 몸소 대군을 이끌고 강행군했다. 8일 만에 1200리를 달린 사마의의 군대는 상용성에 도착해 진을 치고 주둔했다.

맹달은 하룻밤 사이에 성 밑까지 새까맣게 몰려든 군대를 바라보며 뼛속까지 두려움을 느꼈다. '그동안 수많은 전투를 겪어봤지만 이처럼 신속하게 행군하는 상대는 처음이다. 사마중달이 틀림없다!'

당황스럽기는 했지만 맹달은 상용의 험한 지세를 믿고 완강히 버틸 생각이었다. '상용성은 삼면이 물에 둘러싸여 있고, 성 밑에는 목책을 세워 돌파하기가 쉽지 않다. 게다가 나는 이 3군에서 7년을 지내는 동안 오나라, 촉나라와 밀접한 관계를 맺어놓았다. 내가 망하는 것을 두 나라가 보고만 있지는 않을 테니 며칠 안에 구원병이 도착할 것이다. 그때 가서 내가 죽나 사마의 당신이 망하나 어디 한번 두고 보자!'

불쌍한 맹달은 오와 촉의 군대가 이미 올 수 없는 상황임을 몰랐다. 사마의는 성 밑에 도착하자마자 병력을 나눠 안교安橋, 목란새木蘭塞 두 곳에 주둔시켰다. 사마의는 또 신의에게 본부의 병사와 군마를 이끌고 목란새로 가서 촉군을 방비하기 위한 2차 저지선을 구축하게 했다. 맹달의 모든 퇴로를 끊어 독 안에 든 쥐로 만들려는 심산이었다.

오나라는 맹달에게 구원병을 보내왔다. 하지만 오나라 군대는 본래 전투하는 데 슬쩍 끼어들었다가 남의 집에 불난 틈을 타서 도둑질하는 손권 특유의 재주를 부리기 위해 온 것일 뿐이었다. 안교에 도착한 이 얌체 같은 군대는 이미 진지를 공고히 하고 적을 기다리는 위나라 군대를 발견하고는 전의가 싹 사라졌다. '만약 우리가 얻을 게 있다면 싸우고, 그렇지 않으면 맹달 네놈을 위해 목숨 걸고 싸우지는 않을 것이다.' 오나라 군대는 안교 근처에 주둔한 채 추이를 관망했다.

촉군 역시 맹달을 구원할 생각이 전혀 없었다. 제갈량은 원래 맹달의 인품을 경멸해서 없애고 싶어했다. 맹달이 촉한에 돌아와 이엄의 세력을 키우게 하고 싶지도 않았고, 이 시한폭탄 같은 인물을 촉과 위의 접경지역에 오래도록 놔두고 싶지도 않았다.

그래서 제갈량은 사마의라는 칼을 빌려 맹달을 없애기로 한 것이다. 제갈량도 물론 형식적으로 원군을 보내기는 했다. 그런 터라 목란새에 도착해 빈틈없이 방어 병력을 배치한 위나라 군대를 보고는 관망하는 자세를 취한 것이다. 다시 말해 맹달은 오롯이 혼자서 사마의라는 무시무시한 적수를 상대해야 했다.

이전에 맹달은 사마의의 정치적 수완이 뛰어나다는 이야기를 들은 적이 있었다. 그런데 지금에 와서야 사마의의 군사능력이 얼마나 뛰어나고 가공할 만한 것인지 알게 되었다.

보통사람들 눈에는 돌파하기 어려워 보이는 상용성도 사마의에게는 아무런 문제가 되지 않았다. 맹달의 눈앞에서 사마의는 먼저 우회하는 강물을 건넌 뒤 성을 둘러싼 목책을 돌파했다. 그리고 순식간에 성 밑에 도착하더니 체계적으로 성을 공격하기 시작했다. 기묘한 계책은 하나도 없었다. 모든 행동이 군사 교과서에 나오는 것처럼 이미 다 알고 있는 것이었지만, 전쟁에서 잔뼈가 굵은 맹달을 망연자실하게 만들기에는 충분했다.

사마의는 대군을 여덟 분대로 나누고, 여덟 각도에서 상용성을 향해 맹공을 퍼부었다. 맹달은 상용성이 미세하게 흔들리는 걸 느꼈다.

맹달은 갑자기 두려워졌다. 평생 동안 세 번이나 모반을 일으켜 세상 사람들에게 믿을 수 없는 소인배라는 욕을 듣고도 아무렇지 않던 남자가 마침내 두려움을 느끼게 된 것이다. 맹달은 항상 자신이 진즉에 목숨을 내걸었다고 생각했다. 하지만 두려움을 느낀 이 순간이 되어서야 그는 스스로 살고자 하는 욕망이 얼마나 강한지를 알게 되었다.

'이게 악몽이라면 어서 깨어나야 한다!'

악몽을 깨울 사람들이 나타났다. 바로 맹달의 생질 등현鄧賢과 부장部將 이보李輔였다. 그들은 궁지에 몰린 맹달의 구세주가 아니었다. 하지만 전화戰火로 고통을 겪는 3군 백성들의 구세주가 될 수는 있을 것 같았다.

사마의는 등현과 이보에게 내응할 것을 권했다. 공성전을 벌인 지 16일째 되던 날, 등현과 이보는 성문을 열어 위나라 군대를 맞아들였다.

맹달이 어떻게 죽었는지는 아무도 모른다. 어쨌든 전쟁이 끝났을 때 그의 수급은 사마의 앞에 놓여 있었다.

맹달이 '금성천리'金城千里(천 리에 뻗친 견고한 철옹성)라고 자만했고, 사마의의 주둔지와 1200리나 떨어져 있던 상용성은 행군을 시작한 지 불과 24일 만에 함락되었다.

사마의는 맹달의 수급을 낙양에 보냈다. 조예는 낙양 중심 사거리에서 수급을 불태우라고 명했다. 사마의가 불세출의 공로를 세웠다고 생각한 군신들은 한껏 고무되었다.

오직 사마의만이 아직 일이 끝나지 않았다는 것을 알고 있었다.

3군의 문제는 맹달 한 사람에게만 있는 것이 아니라 맹달이 그곳에서 세력을 뿌리내렸다는 데 있었다. 이 세력을 섬멸하지 않으면 맹달을 죽였다고 해도 또다시 새로운 인물이 들고 일어나 얼마든지 지역이 불안해질 수 있었다. 조위에 투항할 당시 맹달은 부곡 4천을 데리고 와서 상용에 주둔했었다. 7년 동안 회복기를 가지며 생활을 안정시킨 결과 인구가 점점 늘었다. 사마의의 명령에 따라 인구수를 조사해보니, 이곳에 있는 맹달의 세력은 무려 7천여 가구에 육박했다!

사마의는 이 7천여 가구를 전부 동북의 유주幽州로 강제 이주시키도록 윤허해달라는 주청을 올렸다. 그 결과 맹달의 세력은 깨끗이 정리되었고 그

결국 이기는 사마의

제야 사마의는 완성으로 돌아왔다.

신의는 안도의 한숨을 내쉬었다. '맹달은 이미 죽었고 사마의가 내 목을 베지도 않았다. 게다가 3개 군도 다시 나의 것이 되었다!' 신의가 득의양양해 하는 사이 사마의로부터 전갈이 왔다. "각지의 군수들이 내가 승리했다고 축하 예물을 보내오고 있는데, 어찌 신 태수만이 선물을 주러 오지 않는 것이오?"

신의는 어쩔 수 없이 후한 선물을 준비해 완성으로 향했다. 사마의는 신의를 보자 갑자기 태도를 바꾸더니 신의를 잡아들이라고 명했다. 그는 신의의 모든 죄목을 낱낱이 열거한 다음 '제2의 맹달'인 신의를 낙양으로 압송했다.

이렇게 해서 칼날에 피 한 방울 묻히지 않고 또 한 명의 토호를 제거했다.

비록 멋지게 싸운 전투였지만 사마의는 승리의 쾌감을 느끼지 못했다. 그는 자신이 다른 사람의 바둑돌에 불과했다는 생각이 들었다. 맹달은 명인이었지만 결코 자신의 적수가 아니었다. 사마의의 전의를 불타오르게 할 동급의 라이벌은 어쩌면 이번 맹달 사건의 총감독이자 성도에 안거하고 있는 제갈 승상이 아닐까?

사마의는 그때 제갈량이 성도에 없었다는 것을 알지 못했다. 며칠 후, 사마의는 제갈량의 행방을 알게 되었다.

그가 제갈량의 소재를 알았을 때 천하는 이미 요동치고 있었다!

승리하기 위해서는 위험을 무릅쓰고 노력하는 수밖에 없다

사마의가 맹달을 베기 1년 전에 제갈량은 이미 조용히 대군을 이끌고 한중에 주둔하며 위나라를 상대로 움직일 준비를 하고 있었다.

조위 태화太和 2년이자 촉한 건흥建興 6년(228년) 봄, 제갈량은 모든 준비를 마치고 출병하기로 결정했다.

출병하기 전 촉한의 고위 장령들은 전략전술 문제를 놓고 제갈량과 논쟁을 벌였다. 이 논쟁을 보기에 앞서 지리적인 지식을 먼저 이해하고 넘어가자.

촉한이 한중에서 출병해 조위를 공격하면 공격할 수 있는 대상은 두 가지였다. 하나는 서쪽의 농우隴右, 또 하나는 동쪽의 관중關中이었다. 출병 노선은 적어도 네 갈래가 있었다. 맨 서쪽의 기산祁山으로 가면 농우를 공격할 수 있었다. 약간 동쪽에 있는 산관散關으로 나오면 맞은편이 위나라의 진창陳倉이었다. 좀더 동쪽으로 가면 포사도褒斜道가 있는데, 조조가 한중을 취하고 갔던 길이다. 포사도의 출구는 과거 동탁이 지은 미성郿城에 있었다. 위나라는 미성을 군사 거점으로 만들어 군대를 주둔시켰다. 포사도에서 동쪽으로 더 가면 자오곡子午谷이 있는데, 자오곡의 출구가 바로 관중의 제1요충지인 장안이었다. 서쪽에서 동쪽으로 가면 장안과 점점 가까워지는 것이다.

제갈량은 맨 서쪽에 있는 기산으로 진출해서 농우를 취해 근거지로 삼고, 착실하게 일을 진행해서 위나라의 영토 중 서쪽 변두리를 잠식해 나갈 생각이었다.

하지만 이 의견에 반대하는 사람이 있었다. 그 사람은 바로 촉한의 승상사마丞相司馬이자 양주자사凉州刺史인 위연魏延이었다.

위연은 유비 시대에 활동했던 몇 남지 않은 장성將星 중 하나였다. 유비의 두터운 신임을 받아 한중을 지켰기 때문에 그는 이곳 지리에 아주 밝았다. 위연은 오랜 현지 답사와 군사연구를 거쳐 곧장 자오곡으로 진출해 관중을 차지해야 한다는 결론을 내렸다.

제갈량은 마음속에 이미 전반적인 북벌 계획이 들어 있었지만 위연의 의견에 귀를 기울였다. 신중하고 주도면밀한 제갈량은 위연처럼 경험이 풍부한 장수의 의견을 들어보고 싶었다. 자신의 생각과 비교, 대조해서 혹시라도 놓친 점이 없는지 확인해보려는 것이다.

위연은 우선 관중을 지키는 총수總帥 하후무夏侯楙를 가벼이 보았다. "소식통에 의하면 하후무는 일개 부잣집 도령으로, 하후돈의 아들이자 조조의 사위라는 신분 덕에 지금과 같은 관직을 얻었다고 합니다. 실제로는 겁이 많고 어리석다고 하고요."(《삼국지·위연전》에서 인용한 《위략》魏略) 이 말에는 지금처럼 출기제승出奇制勝(기묘한 전략을 써서 승리하다)할 수 있는 호기를 놓치면 황제의 신임을 저버리는 것이자 하후무의 무능함에도 미안할 짓이라는 속뜻이 담겨 있었다!

제갈량은 말이 없었다. 그도 하후무의 무능함을 알고 있었기 때문에 북벌에 나설 시기로 지금을 선택한 것이다. 하지만 하후무가 무능하기는 해도 그의 부하 중에는 곽회처럼 훌륭한 장수도 있어서 이 점만으로는 기습을 감행할 이유가 부족했다.

위연은 깊은 생각에 잠긴 제갈량을 보며 말을 이어갔다. "제게 정예병 5천과 식량을 휴대할 병참병 5천을 주십시오. 그러면 포중^{褒中}에서 출발해 진령^{秦嶺}을 따라 동쪽으로 가서 자오곡에 들어간 다음, 다시 북쪽으로 가면 열흘 안에 장안에 도착할 수 있습니다. 하후무는 저희 신병^{神兵}이 들이닥치는 것을 보면 틀림없이 놀라서 성을 버리고 도망칠 것입니다. 그렇게 되면 성 안에는 문관들만 남아 상대하기 어렵지 않습니다. 이 기회에 동관^{潼關}을 함락시켜 관중과 동부의 연락망을 끊어버리겠습니다. 주변 군현^{郡縣}을 점령하면 식량 문제도 해결됩니다. 승상께서 대군을 이끌고 포사도에서 오시면 20여 일쯤 지나 합류할 수 있습니다. 이렇게 한다면 함양^{咸陽} 서쪽 지역을 일거에 평정하고 관중 전체를 우리 손에 넣게 되는 것입니다!"

제갈량는 여전히 말이 없었다. 전투에는 위험이 따르기 때문에 출병은 신중해야 했다. 제갈량도 그 방법을 생각해보지 않은 것은 아니었다. 다만 이 경우에 감수해야 할 위험이 너무 컸다.

먼저 자오곡은 밀도^{密道}(비밀통로)가 아니었다. 자오곡이 관중으로 가는 중요한 길목임은 당시 사람들 모두가 알고 있었다. 지세가 험하고 사용 빈도가 높지는 않았지만 위군이 만일 이곳에 수비군을 배치한다면 위연군은 전멸할 수 있었다.

둘째, 수비군이 없다고 해도 그 길을 지나가기란 너무 위험했다. 촉한은 산악병으로 유명하지만 오랫동안 보수하지 않은 이런 길을 가다 보면 계획에 없던 손실이 발생할 수 있다.

셋째, 무사히 자오곡을 나와 관중에 도착한다고 해도, 이런 고강도 강행군을 거친 군대에게 싸울 힘이 남아 있겠는가? 전투력을 잃은 군대가 요충지인 장안을 공격한다면 아무리 하후무가 무능하다고 해도 얼마나 승산이 있겠는가?

넷째, 자오곡을 나올 때 위연이 식량을 챙겨갈 수는 있겠지만 지속적인 후방 보급을 기대하기는 어려웠다. 식량을 많이 챙겼다가는 행군 속도에 악영향을 주고 기습 효과를 거두기 힘들었다. 반대로 적게 챙기면 전투력과 사기를 떨어뜨릴 수 있었다. 관중에 가서 다시 식량을 얻으려면 주변 군현을 공격해야 하는데, 만약 공격에 실패한다면 장안의 수비군이 출격해 협공을 당하게 되니 결과는 역시 죽음뿐이었다.

제갈량은 곰곰이 생각하고 차분하게 계산한 끝에 모험을 하지 않기로 결심했다. 그는 웃으며 위연에게 말했다. "장군의 담력과 기백은 정말 칭찬할 만합니다. 하지만 이 계책은 너무 위험해서 편한 길을 가는 것만 못합니다. 우선 농우를 얻는 편이 걱정 없이 십전필극十全必克(열 번 싸워 모두 이기다)할 수 있는 방법입니다."

위연은 자기의 계책이 채택되지 않자 아쉬움과 원망을 금치 못했다.

천 년에 걸쳐 많은 사람들이 역사서에서 이 부분을 읽으며 한스러워했다. 제갈량이 너무 신중한 나머지 좋은 기회를 놓쳤다고 생각하는 것이다.

확실히 촉한은 소국이어서 조위 같은 대국과 국력을 겨룰 수 없고 기묘한 계책을 써서 승리하는 수밖에 없었다. 이런 각도에서 보자면 제갈량이 말한 '십전필극'은 사실 '십전필패十全必敗'였다. 개별 전쟁터에서 거둔 작은 수확으로는 전체 전략적 실수를 무마시킬 수 없기 때문이다.

하지만 또 다른 각도에서 보면 촉한은 소국이라 손실이 발생했을 때 만회할 능력이 없었다. 조위에서는 군사 1만 명 정도가 죽어도 원기元氣가 상하지 않았다. 촉한 멸망 당시 통계에 따르면, 촉한의 병사는 10만 명 정도에 불과했고, 여기에서 또 각지에 분포된 수비군을 제외하면 남는 인원이 별로 없었다. 위연이 요구한 정예병 1만 명은 결코 적은 숫자가 아니었다. 위연 입장에서는 군사적 모험에 불과해 설사 실패한다고 해도 군인이 전쟁터에서 죽고 나라에 충성한 것에 지나지 않았다. 하지만 촉한의 최고 군정장관인 제갈량은 작전 실패가 촉한에게 미칠 타격을 계산하지 않을 수 없었다. 촉한은 관우와 유비가 초래한 두 차례 참패로 인해 이번에도 패배한다면 다시는 일어설 수 없는 상황이었다.

그렇다면 제갈량이 자오곡 계책을 쓰지 않은 것은 과연 잘한 일일까, 잘못한 일일까?

정답은 '알 수 없다'이다.

역사상 수많은 사건들은 모두 정답이 없기 때문에 그 매력이 배가 되는 것이다. 자오곡 계책은 앞으로도 수많은 《삼국지》 팬들이 연역추론, 모의실험, 고증을 거치는 한편 설전까지 벌이는 영원한 화두로 남을 것이다.

시간을 끌 수도 없고 질 수도 없다는 게 촉한의 숙제였다. 진퇴양난에 처한 제갈 승상은 안 된다는 것을 알지만 타고난 재능으로 일단 부딪쳤다.

제갈량은 자신의 계획을 수차례 수정한 뒤 큰 문제가 없다는 확신이 들자 아래와 같은 몇 가지 명령을 내렸다.

"정탐꾼과 전선의 군민들을 보내 나 제갈량이 직접 대군을 이끌고 포사도를 지나 미성을 손에 넣었다는 소문을 퍼뜨려라.

촉한에서 유일하게 남은 명장 조운과 군사적 재능이 뛰어난 등지鄧芝는 군대를 인솔해 이 소문에 힘을 실어주고, 거들먹거리며 포사도를 나와 기곡箕谷에 들어간다. 그곳에 주둔해서 적군의 주력부대를 유인한다.

선봉 마속馬謖은 군대를 이끌고 기산을 돌아 곧장 가정街亭을 공격해 차지

결국 이기는 사마의

한다. 가정에 진지를 구축하고 대군이 오기를 기다린다.

나머지 장수들은 나와 함께 대군을 통솔해 기산을 포위한 뒤 마속과 합류한다!"

촉한 군대는 도깨비처럼 세 갈래로 흩어져 움직였고, 조위는 아무것도 모르고 있었다. 살짝 긴장이 된 제갈량은 조용히 마음속으로 기도했다. '부디 한나라를 지켜주십시오.'

확실히 이번 출병은 제갈량이 성공할 가능성이 높은 기회였다.

위나라 서쪽 변두리에 서서 멀리 남쪽을 바라보면 가로로 걸쳐 있는 진령秦嶺을 볼 수 있었다. 길게 이어진 이 험한 산맥은 촉나라를 먹겠다는 조위의 야심을 가로막는 동시에 북상하려는 촉한의 욕망을 근절시켰다.

적어도 위나라 사람들은 이런 생각을 하고 있었다. 관우와 유비가 잇달아 세상을 떠난 뒤로 촉한은 더 이상 위나라를 도발할 힘이 없다. 가장 최근에 두 나라가 전쟁을 치렀던 게 7~8년 전 관우가 북벌에 나섰을 때가 아니던가? '한나라와 역적은 양립할 수 없다'와 '중원을 수복한다'는 목표는 그저 촉한의 정신적 위안에 불과했다.

위와 촉의 접경인 이곳 산맥은 쥐 죽은 듯이 고요했다.

하지만 조예는 경계심을 높였다. 그의 책상머리에 이미 밀보密報가 도착해 있었던 것이다. 제갈량이 친히 대군을 인솔해 포사도를 나와 곧바로 미성을 차지했다는 소식이었다. 군신들은 촉한이 겁도 없이 진령을 가로질러 이웃 강국을 도발했다는 것을 믿지 않았지만 조예는 믿는 쪽을 택했다.

조예는 관중 군사지역 총사령관인 하후무를 잘 알고 있었다. 이 고모부는 순전히 가문과 선제 조비와의 친분에 기대 지금의 군직에 올랐지만 실제로는 백성들의 재산을 수탈하는 것말고는 잘하는 것이 하나도 없었다.

조예는 이 고모부 때문에 일찍부터 골머리를 앓고 있었다. '아버지, 어떻게 저런 사람을 이런 중요한 자리에 앉히셨습니까?' 하지만 혈육 간의 정과 부황의 권위를 지키기 위해서라도 조예는 섣불리 하후무를 다른 사람으로 교체할 수 없었다. 그런데 지금이 바로 기회였다. 제갈량이 출병을 하든 안하든 이 기회에 하후무를 교체할 수 있게 된 것이다. 조예는 조진의 군대를 미성에 보내 수비를 강화하기로 했다.

미성에 도착한 조진은 정찰병을 보내 상황을 조사했다. 정찰병은 기곡에서 적군이 발견되었는데 적군의 수는 불분명하다고 보고했다. 조진은 속으로 비웃었다. '제갈량, 자네가 보안을 유지하는 데는 좀 취약하구만.' 조진이 명령을 내렸다. "전군은 대기하다가 적군이 기곡을 나오면 정면으로 공격을 가한다!"

그런데 적군이 빠져나올 기미가 보이지 않았다. 조진은 답답했다. 그때 갑자기 보고가 들어왔다. "제갈량이 직접 대군을 이끌고 기산을 포위했습니다! 촉한의 한 분대가 가정에 도착했습니다!"

악재가 잇달았다.

"천수天水에서 모반이 일어나 촉한에 투항했습니다!"

"남안군南安郡이 벌써 촉한 손에 넘어갔습니다!"

"안정군安定郡 군민이 반란을 일으켜 성벽에 촉한의 깃발이 세워졌습니다!"

조진은 그제야 제갈량의 전략이 성동격서聲東擊西였다는 것을 깨달았다. 하지만 그는 미성을 떠날 엄두가 나질 않았다. '기곡에 있는 적군이 주력군이면 어떻게 할 것인가? 더군다나 미성에 주둔해서 지키는 것은 폐하께서 내게 맡기신 임무다. 기산을 구원하지 못하더라도 나의 잘못이 아니다. 미성이 함락되는 것이야말로 중대한 잘못이다!'

결국 이기는 사마의

조진은 미성을 굳게 지키기로 마음먹었다. 그는 기산과 가정을 공격한 촉군을 상대하는 일은 조예에게 희망을 걸기로 했다.

예상대로 조예는 이번 돌발사건에 신속하게 대응했다. 공황에 빠진 만조백관을 보며 그는 조회에서 중요한 담화를 발표했다. "제갈량이 촉한의 험한 지세를 이용해 수비를 했다면 그를 어쩌지 못했을 것이오. 그런데 지금 그가 겁도 없이 쳐들어왔으니 이는 병법에서 말하는 '치인이불치어인'致人而不致於人 (적을 끌어들이지 적에게 끌려가지 않는다)의 금기를 범한 것이오. 게다가 제갈량은 이미 얻은 3군을 탐내고 있으니 그에게는 진격만 있을 뿐 후퇴는 없소. 지금이 바로 제갈량을 칠 수 있는 적기요."

대신들의 마음을 안정시킨 조예는 노장 장합張郃을 지목하고 그에게 기병과 보병 5만을 주었다. 그리고 관중에 주둔하고 있는 기존 군대들을 감독할 수 있는 권한을 주고 제갈량과 맞서 싸우게 했다.

장합이 출발한 뒤 조예는 낙양을 떠나 장안으로 친히 행차해 그곳을 지키며 군심을 안정시켰다.

장합은 일찍이 원소 밑에서 일하던 명장이었다. 조조 진영에 투항한 뒤로 조조의 신임을 얻었고, 수많은 전투에서 숱한 공을 세운 백전명장이었다. 하지만 장합은 이제껏 이렇게 많은 군대는 통솔해본 적이 없었다. 조위는 줄곧 종친만 통솔자로 세웠다. 장료, 서황처럼 종친이 아닌 장령들은 아무리 공로가 크고 능력이 뛰어나도 편장偏將(계급이 낮은 장군)에 그칠 뿐 대군을 통솔하는 고관이 될 수는 없었다.

그런 의미에서 조예가 장합을 통솔자로 세우고 상당한 병권을 부여한 것은 매우 이례적인 일이었다. 장합은 영광스러우면서도 막중한 책임감과 엄청난 부담감을 느꼈다. 그는 시간이 얼마 없다는 생각에 발길을 재촉하며 전선으로 향했다.

전선에 도착한 장합은 형세를 살폈다. 그는 노련한 사냥꾼처럼 가정의 선두 부대가 바로 촉군의 급소라는 것을 알아차렸다.

가정은 하곡河谷이 넓고 남북으로 산세가 험해서 공격과 방어에 모두 적합한 지역이었다. 제갈량이 선두부대를 보내 이곳을 점거하게 한 데는 이유가 있었던 것이다. 하지만 눈앞에 있는 이 선두부대의 장령이 대체 어떤 인물인지는 모르겠으나 가정의 훌륭한 지세를 포기하고 군대를 근처 남산 위에 주둔시켰다.

장합이 명령을 내렸다. "남산을 포위해서 모든 수로를 차단해 놈들을 목말라 죽게 만든다!"

남산 위에 있는 부대의 주장主將은 바로 마속이었다. 마속은 유비 시대의 명신 마량馬良의 동생으로, 지혜가 있고 계략이 풍부하며 말솜씨가 뛰어났다. 제갈량이 남정 길에 올랐을 때 마속은 '공심위상'攻心爲上(상대의 마음을 공략하는 것이 상책이다)의 전략을 제시했었다. 약속이나 한 듯 자신과 같은 의견을 내는 걸 보고 제갈량은 마속을 더 신임하게 되었다. 제갈량은 마속을 막료로서 늘 곁에 데리고 다녔고, 그의 의견을 중시했을 뿐 아니라 마속을 후계자로 키울 생각까지 하고 있었다.

이번에 기산을 나올 때 제갈량이 노장 위연과 오의吳懿 등은 놔두고 마속을 선봉으로 발탁한 데는 그의 실전능력을 길러주려는 의도도 있었다. 제갈량은 노련하고 신중한 왕평王平을 마속의 부장으로 보내 만일의 상황에 대비했다.

마속은 처음으로 혼자 군대를 인솔하게 되자 마음이 들떴다. 그는 선제 유비가 자신에 대해 "사실보다 과장해서 말하기 때문에 중용해서는 안 된다"고 평가했음을 알고 있었다. 선제가 무슨 근거로 그런 평가를 했는지는 모르겠지만, 마속은 자신이 큰일을 맡을 재목이 된다는 것을 모든 사람에게

결국 이기는 사마의

성과로 보여주리라 결심했다.

마속은 가정의 지형을 살펴보았다. 탁 트인 지형이라 효과적으로 수비하기가 어려울 것 같았다. 그는 주변에 있는 남산을 올려보았다. 남산 위에 주둔하면 공격 시에는 가정을 방어 범위에 편입시킬 수 있고, 후퇴할 때는 걱정 없이 대군을 지킬 수 있었다.

그래서 마속은 전군을 남산에 주둔시키기로 했다!

왕평이 볼 때 마속은 수재였다. 왕평은 '아는 글자가 열 개를 넘지 않는' 무식한 사람이었지만, 본인의 군사 경험을 토대로 볼 때 수재 마속의 명령에 문제가 있음을 본능적으로 느낄 수 있었다. 왕평은 마속에게 남산에 주둔해서는 안 된다고 충고했지만 마속은 무식쟁이 왕평의 말을 귓등으로도 듣지 않았다.

남산 위에 있던 군대는 자신들이 포위되었다는 사실을 깨달았다. 그런데 더 무서운 일이 남아 있었다. 수로가 끊긴 것이다. 무거운 갑옷에 투구를 쓰고 있느라 체력 소모가 큰데 마실 물이 없다고 하자 촉군의 군심이 크게 동요하기 시작했다. 마속은 물을 구하러 산 밑으로 병사들을 보내기도 했지만 매번 화살만 잔뜩 맞은 채 빈 손으로 돌아왔다.

촉군은 절망에 빠졌다. 물 한 모금을 마시기 위해 위군에 투항하는 병사들이 생겼다.

장합은 촉군의 사기가 떨어지고 전투력이 급감하자 그동안 힘을 비축해둔 위군에게 총공격을 명했다.

마속은 병서에서 '추풍소낙엽'秋風掃落葉(가을바람이 낙엽을 한 번에 쓸어버린다), '병패여산도'兵敗如山倒(병사가 패전할 때는 산이 무너지는 것과 같다)와 같은 말을 수도 없이 보았다. 하지만 마속은 명장 장합이 친히 선보이는 시범 앞에서 현장 견학을 통해 비로소 이 두 단어가 어떤 뜻이었는지 생생하게 관람하게 되었다. 이렇게 마속의 데뷔 무대는 완패로 막을 내렸다. 그는 제갈량의 군법이 엄격하고 공정하다는 걸 알고 있었다. 정치 생명은 말할 것도 없고 자신의 목숨조차 보전하기 어려웠다. 절망한 마속은 도망을 시도했지만 군법 집행관에게 붙잡혀 왔다.

패전 후 모든 부대가 뿔뿔이 흩어지지는 않았다. 왕평이 이끈 분대는 참패라고는 모르는 것처럼 질서정연하게 철군했다. 장합은 '궁구막추'窮寇莫追(궁지에 몰린 적은 쫓지 않는다)의 원칙을 줄곧 지켜왔고 왕평을 두려워하는 마음도 있어서 추격하지 않았다. 덕분에 왕평은 안전하게 철수할 수 있었다.

조진은 전선에서 대승을 거두자 더 이상 미성을 고집하지 않았다. 그는 기곡에서 허장성세하고 있는 조운 군대를 공격하라고 전군에 명령했다. 중과부적衆寡不敵이라고 판단한 조운은 철군하기로 했다. 그는 잔도棧道를 불태워 후방을 엄호하고, 병사들이 군량과 군수품을 조금이라도 버리지 못하게 했다. 이 부대에서도 손실이 전혀 발생하지 않았다.

조진은 조운을 몰아내고 순조롭게 3개 군을 수복했다. 제갈량은 대세가 이미 기울었다고 판단하고 길게 한숨을 내쉬었다. 제갈량이 물러가자 조진은 군사를 조정으로 복귀시켰다. 회군하기 전에 조진은 제갈량이 다음번에는 진창을 공격할 거라고 예측했다. 그러나 그는 진창에 군대를 남기지 않고 장령 한 명에게 성을 맡겼다. 조진은 이 장령이 성을 지키는 데 있어서만큼은 천군만마와 다름없다고 믿었다.

그는 바로 학소郝昭였다.

제갈량은 돌아와서 관련자들에게 책임을 물었다. 그는 눈물을 흘리며 마속과 그의 두 부장을 베고 스스로 관직을 3등급 강등했다. 조운도 강등 처분을 받았다. 이번 전쟁에서 시선을 강탈한 '무식쟁이' 왕평만이 상을 받았다.

결국 이기는 사마의

제갈량은 칩거한 채 민심을 수습하고 부강을 도모하며 차분하게 재출격할 기회가 오기를 기다렸다.

서부전선에서 승전보가 전해지자 중부전선의 최고 통수권자 사마의도 실력을 보이고 싶어 몸이 근질근질했다. 이번에도 사마의는 꾹 참았는데 동부전선 최고 통수권자 조휴는 그러지 못했다. 그는 공을 세우겠다는 생각에 자발적으로 동오 출격에 나섰다. 이제 그가 죽을 날은 4개월도 채 남아 있지 않았다.

관계가 소원한 사람은
관계가 친밀한 사람을 이간시킬 수 없다

이제까지 사마의는 촉한과 한 번도 겨뤄보지 못했다. 낯선 산악작전과 비교했을 때 사마의는 동오와의 전쟁에 더 자신이 있었다.

조예가 사마의에게 물었다. "오와 촉 중에 어디를 먼저 치는 게 좋겠소?"

사마의가 대답했다. "확실한 허점이 있는 오나라부터 정벌해야 합니다."

조예는 두 눈을 반짝였다. 적벽대전 이후로 위나라는 오나라와의 전투에서 이득을 본 적이 없었다. 조비가 네 차례나 남정을 떠났지만 강을 마주한 채 탄식했을 뿐 아무 성과도 없이 돌아왔었다. 그런데 사마의가 오나라에 확실한 허점이 있다고 말하니 조예는 절로 흥미가 생겼다. "말씀해보시오."

사마의가 대답했다. "오나라는 우리가 수전에 익숙하지 않다고 생각합니다. 그래서 장강 중류의 동관東關과 하구夏口 일대에 임시병들만 형식적으로 배치해두었습니다. 자고로 도적을 사로잡으려면 우두머리부터 잡고, 적을 공격하려면 심장을 공격하라고 했습니다. 동관과 하구가 바로 오나라의 급소입니다. 만약 우리가 육군으로 환성皖城을 공격하는 척해서 손권의 주력군을 유인한 다음, 수군으로 상대의 빈틈을 노려 하구에 들어간 뒤 신병神兵이 합세한다면 틀림없이 오나라를 격파할 수 있습니다!"

조예는 속으로 쾌재를 불렀다!

사마의의 이 전략은 굉장히 혁신적이었다. 그동안 위와 오가 교전할 때 주전장은 예외 없이 장강 하류였다. 그런데 사마의는 공격의 화살을 중류의 하구로 가리켰으니 '출기불의'出其不意(상대의 허를 찔러 공격하다)해서 뛰어난 효과를 거둘 수 있었다. 이것이 첫 번째 혁신이었다.

예전에 위나라는 오나라를 칠 때 항상 10만 대군을 우르르 이끌고 가서 공격했었다. 오나라는 바쁜 와중에도 서두르지 않고 '이일대로'以逸待勞(편히 쉬다가 지친 적과 싸우다)했었다. 그래서 서로 대치하여 승부가 나지 않을 때, 위나라는 싸우기도 전에 전의를 상실하곤 했었다. 그런데 사마의는 '성동격서' 책략으로 환성을 공격하는 척하면서 실제로는 하구를 취하자고 하니, 이것이 두 번째 혁신이었다.

과거에 위나라가 공격할 때 주력 군대는 육군이었다. 그런데 사마의는 수군을 주력군으로 하자고 제안했다. 앞의 두 가지 혁신적인 전제를 바탕으로 하면 위나라 수군의 열세를 없애고 충분히 예상 밖의 효과를 거둘 수 있으니, 이것이 세 번째 혁신이었다.

사마의의 의견을 받아들인 조예는 그에게 완성으로 돌아가 지키면서 수군 훈련을 강화하고, 적절한 시기를 노려 이 전략을 실행에 옮기라고 명했다.

장령은 열심히 한 가지 문제만 붙잡고 있는 게 가능하지만, 군주는 매일 여러 가지 상황에 직면해야 했다. 사마의가 떠나고 조예는 동부전선 최고 통수권자인 조휴의 밀고를 받았다. 조휴는 밀서에서 동오의 파양鄱陽태수 주방周魴이 위나라에 항복할 뜻이 있다고 전했다. 그는 이 기회에 투항한 주방과 협동 작전을 펴고, 다시 기회를 봐 가면서 전과를 확대하며 동오와의 전투를 승리로 이끌자고 건의했다. 조휴는 서신 말미에 이는 천재일우의 호기이니 부디 폐하의 윤허를 바란다고 거듭 강조했다.

조예는 마음이 움직였다. 사마의의 새 전략이 훌륭하기는 해도 탁상공론에 불과했다. '이런 절호의 기회가 눈앞에 찾아왔는데 어찌 쉽게 놓칠 수 있겠는가?' 조예는 군신들에게 이 일을 논의하게 했다.

장제가 나서서 반대의견을 제시했다. "조휴는 적진에 깊이 들어가 손권의 정예병과 대치중입니다. 쉽게 차단당할 수 있기 때문에 이점이라고 할 만한 게 없습니다."

조예는 잠시 생각하더니 장제의 의견에 반대했다. "차단당한 이후의 문제는 군사 배치를 통해 해결할 수 있소." 조예는 일전에 사마의가 냈던 '성동격서' 전략에 영감을 받았다. '나라고 왜 성동격서할 수 없겠는가? 아니지. 좀더 복잡하게 성서중聲西中하여 격동擊東할 것이다."

조예가 명을 내렸다.

"건위장군建威將軍 가규, 전장군前將軍 겸 예주자사豫州刺史 만총滿寵, 동관태수東莞太守 호질胡質 등은 예주 부대를 이끌고 중로中路에서 동관을 공격한다.

표기대장군 사마의는 형주 부대를 이끌고 서로西路에서 강릉江陵을 공격한다.

대사마 양주목揚州牧 조휴는 양주 부대를 이끌고 동로東路에서 환성으로 돌진해 귀순한 주방과 함께 기회를 엿보다 전과를 올린다!"

조휴는 무척 흥분되고 들떴다. 조휴는 어려서부터 신임을 받았는데, 조조는 그에게 이런 칭찬을 했었다. "이 아이는 우리 조씨 집안의 천리마다!" 조조는 말년에 조휴를 지도력을 갖춘 인재로 여겨 특별히 육성했다.

조휴는 십대 때 아버지를 여의고 노모와 함께 오나라 땅에서 꽤 오랫동

결국 이기는 사마의

안 살았던 터라 동오에 대해 잘 알고 있었다. 그래서 조비는 즉위 후 조휴에게 양주 일대의 방위 업무를 맡기고 대오작전을 주관하게 했다. 조휴는 동부전선 최고통수권자로서 믿음직한 모습을 보여주었고, 작게나마 전쟁에서 승리를 거두기도 했다.

조비가 붕어하고 새 황제가 즉위한 이래 서부전선의 조진은 3군을 수복하는 공을 세우고, 중부전선의 사마의는 맹달을 잡아 죽임으로써 눈에 띄는 활약을 했다. 그래서인지 조휴도 공을 세우고 싶어 마음이 상당히 조급한 상태였다. 하지만 '강동 수군'이란 말은 결코 허명이 아니었다. 조휴는 과연 승리를 거둘 수 있을지 자신이 없었다.

아무런 단서도 없는 와중에 맞은편 기슭에서 편지 한 통이 날아왔다. 서신의 낙관을 보니 동오의 파양태수 주방이었다. 주방은 자신이 동오에서 손권에게 억압을 받아 정치생명이 끝날 것 같다는 생각에 투항한다는 뜻을 밝혔다.

공을 세우고 싶은 마음이 절실했던 조휴는 판단력이 흐려진 상태였지만, 편지에 대해서는 반신반의하는 태도를 보였다. 그는 답장을 보내 탐문하는 한편, 파양에 밀정을 보내 소식을 알아보게 했다.

두 사람의 서신 왕래는 5월부터 7월까지 계속되었는데, 주방은 총 7통의 편지를 보내왔다. 마지막 편지에서 주방은 최근 오나라의 뭇 장수들이 각지로 흩어져 이곳 방비가 허술하니 공격을 감행할 좋은 기회라고 말했다.

밀정도 최근 몇 개월 동안 손권이 시도 때도 없이 파양에 사자를 보내 주방을 힘들게 했고, 급기야 주방이 직접 성문에서 머리카락을 자르고 사죄하기에 이르렀다고 보고했다. 신체발부수지부모身體髮膚受之父母인데, 명색이 한 지역의 태수인 그가 손권의 신임을 얻기 위해 머리카락까지 잘라야 했다는 것은 동오에서 주방의 처지가 무척 곤란하다는 뜻이었다.

조휴는 마음의 결정을 내리고 전투에 나서겠다는 상소를 올려 조예의 승낙을 받았다. 조예는 사마의와 가규 대군을 지원군으로 파견했다. 이는 조휴가 불세지공不世之功(세상에 보기 드문 큰 공로)을 세울 수 있게끔 위나라 전체의 힘을 보태준 셈이었다.

'천시天時, 지리地利, 인화人和가 모두 갖춰졌으니 이번에 공을 세우지 못한다면 나 조휴는 세상을 살 가치가 없다!'

사마의는 심히 언짢았다.

조예에게 새로운 대오작전 전략을 바치고 완성에 돌아온 그는 말에게 여물을 먹이고 병기를 손질하며 적극적으로 전쟁을 준비하고 있었다. 정탐꾼을 보내 동오의 동향을 파악하기도 했다. 사마의는 자신이 재임하는 동안 대오작전에서 중요한 돌파구를 마련할 생각이었다.

그랬는데 조휴가 공을 가로챈 것이다. 조휴는 공만 가로챈 게 아니라 실행 예정이던 전략을 백지화시키고 여전히 옛 전쟁터에서 작전에 착수하려고 했다. 황제는 그런 조휴를 지지했을 뿐 아니라 사마의에게 서로西路에서 동오로 진격해서 조휴를 도우라는 명령까지 내린 것이다. 사마의는 이런 조치가 불쾌하기 짝이 없었다.

하지만 사마의는 아무 말도 할 수 없었다. 조휴는 황실 종친이며 현재 조위의 대사마로, 군부 서열 1위였다. 소불간친疏不間親(친하지 않은 사람이 친한 사이를 이간시킬 수 없다)이고, 아랫사람은 윗사람에게 대들 수 없다는 것이 조위 관료사회의 철칙이었다. 사마의는 무조건 상부의 지시를 따르기로 했다.

'조휴가 성공하면 나한테도 콩고물이 좀 떨어질 테고, 실패하면 내 벼슬길을 가로막는 장애물 하나가 제거되는 것이다.'

하지만 사마의는 이번 주방의 투항이 이상하다는 생각이 들었다. 동오가 이 일에 대해 전혀 모를 수가 없었다. 어찌되었든 간에 힘을 비축하고 있어야 했다. 사마의는 형주 부대에게 천천히 신중하게 행군하라고 명했다. 맹달을 치러 갈 때 1200리를 8일 만에 주파했던 속도와 비교해 보면 사마의가 이번에는 소극적 태업을 한다는 것을 알 수 있었다. 사마의의 예상대로 주방은 간단치 않은 인물이었다.

몇 개월 전, 동오의 파양태수 주방은 손권의 지시를 받았다. 현지의 유명한 토호 우두머리 몇 명을 찾아서 조휴에게 거짓 항복을 하게 한 다음, 조휴 군을 유인해 일망타진하라는 것이었다.

주방이 손권에게 회답했다. "토호 우두머리들은 믿을 수 없습니다. 이렇게 중대하고 힘든 임무는 제게 맡겨 주십시오."

손권이 허락했다.

두 사람은 그때부터 '고육계'苦肉計(자신의 몸을 희생하여 적의 신임을 얻어내는 계략)를 위한 연기를 시작했다. 손권은 수시로 사자를 보내 주방을 괴롭혔고, 주방은 어쩔 수 없이 머리카락을 자르며 수모를 당하는 연기를 했다. 그 모습을 본 사람들은 그가 강동에서 온갖 모욕을 다 당하고 있다고 생각했다.

줄을 길게 늘여야 대어를 낚는 법이다. 예상대로 위나라 군부의 최대어인 조휴가 걸려들었다.

손권은 형주를 지키는 육손, 팽성彭城을 지키는 주환朱桓, 구강九江을 지키는 전종全琮, 그들이 통솔하는 군대를 수로와 육로를 통해 비밀리에 불러들였다. 손권 본인도 환성으로 가서 친히 주재하며 지휘했다.

동오의 명장들은 운집해 대어가 잡히기만을 기다렸다.

손권은 또 서로의 안륙安陸에서 병사들이 출격하게 함으로써 조위의 주의력을 분산시켜 성동격서의 효과를 거두었다. 그런데 이 작전은 동오에 오히려 해가 되었다. 조위의 한 고수가 손권의 의도를 간파했기 때문이다.

그 고수는 바로 장제였다.

장제는 전선에서 이 소식을 듣고 서둘러 조예에게 보고했다. "오군이 서로에서 병력을 보였으니 틀림없이 서로는 이미 텅 비어 있을 것입니다. 일부러 저희를 미혹시키려는 의도입니다. 그럼 서로의 병력이 어디로 갔겠습니까? 동로로 간 것입니다. 서둘러 각 길목의 군대를 소집해 조휴 장군을 구해야 합니다!"

한 대 얻어맞은 듯한 조예는 급히 하명했다. "사마의는 행군을 멈추고 원래 자리에 군대를 주둔시킨다. 가규는 즉시 군대를 이끌고 가서 조휴를 구한다."

사마의는 꼴이 우습게 된 조휴를 고소하게 여기며 기존 위치에 주둔했다. 가규는 진군할 때 전방의 정탐꾼에게서 소식을 전해 들었다. "중로의 오군은 대군을 파견하지 않았습니다." 가규는 심상치 않은 기운을 느꼈다. '조휴가 위험하다!' 바로 그때, 천자의 조서가 도착했다. "속히 가서 조휴와 합류하라!" 가규는 주저하지 않고 곧장 수로와 육로를 병행해 동쪽으로 내달렸다.

조휴 한 사람만이 사태 파악을 전혀 못하고 있었다. 그는 싱글벙글하며 행진하고 있었다. 그런데 전방에서 그를 기다리고 있는 건 투항한 주방의 군대가 아니라, 동오에서 주유周瑜, 노숙魯肅, 여몽呂蒙의 뒤를 잇는 천재 군 통수권자이자 제일의 명장 육손이었다.

조휴는 그제야 자신이 속았다는 것을 알았지만 육손의 군대는 생각보다 많지 않았다. 조휴는 자신의 병사들이 잘 훈련되어 있고 군량도 넉넉한 데다 인원수도 많다는 점을 믿었다. "쳐라!"

그는 무턱대고 덤비지 않았다. 이런 불리한 조건에서도 조휴는 두 갈래로 복병을 심어놓고, 주력군으로 싸우고 후퇴하면서 주둔지인 석정石亭으로

결국 이기는 사마의

돌아왔다.

육손은 더더욱 평범한 인물이 아니었다. 육손의 좌우 양쪽 길에는 주환과 전종이 있었다. 그들은 각 3만 군대를 인솔해서 합류한 뒤, 조휴가 심어둔 복병들을 손쉽게 격파하고 석정으로 용감하게 나아갔다. 필승을 확신한 육손은 한 분대를 보내 측면으로 들어가 조휴의 후방을 쳐서 위군의 퇴로를 끊었다. 때는 이미 야심한 시각이었다.

위와 오 양측의 군 최고통수권자가 외나무다리에서 만나니, 석정은 조휴의 무덤이 될 운명이었다.

패국은 위군 병사의 날카로운 비명 소리로 시작되었다. 사람은 많고 공간은 협소한 데다 숨 막힐 정도로 정신적 스트레스를 받는 이런 공간에서 병사들의 심리 상태는 말이 아니었다. 승리로 인한 기쁨, 패배로 인한 우울함, 전쟁을 앞두고 느끼는 긴장감과 공포감이 병사들을 정신분열 직전까지 몰고 갔다. 게다가 밤이라는 시간대가 그런 정서붕괴를 더욱 심화시켰다.

안 그래도 불안한 시기에 병사들의 정신분열과 히스테릭한 비명소리가 더해져 공포와 광란의 분위기가 삽시간에 퍼져나갔다. 병사들은 비이성적인 상황에서 군대의 속박에서 벗어나려는 열망을 미친 듯이 분출하기 시작했다. 도망치고 부수거나 서로 죽고 죽이며 소리 지르는 일이 군영 전체에서 폭발하듯 일어났다.

역사서에 누차 등장하는 이런 현상을 '야경'夜驚이라고 부른다. 그날 밤, 석정 조휴 진영에서 야경이 발생한 것이다.

10만 대군은 전투력을 상실했다. 육손, 주환, 전종은 그 틈에 기습을 가했다. 조휴는 목숨을 건지기 위해 모든 물자를 내던지고 철수했다.

하지만 조휴에게는 이제 목숨 하나 부지하는 것조차 사치가 되어버렸다. 육손이 앞서 퇴로를 끊어놓았기 때문이다. 조휴는 하늘을 보며 길게 탄식했다. "하늘이 나를 버렸구나!"

그런데 퇴로를 끊은 오군이 갑자기 철군하기 시작했다. 하늘이 은총을 내린 듯 널찍한 대로가 조휴의 눈앞에 펼쳐졌다. 이미 판단력이 흐려진 조휴는 속으로 생각했다. '설마 또 육손의 계략인가?'

알고 보니 가규가 당도한 것이었다. 동관에서 달려오던 가규는 오나라 병사 몇 명을 포로로 잡았다. 탐문 끝에 그는 조휴가 패전하고 오군이 후방에 군대를 매복시켜 조휴의 퇴로를 끊었다는 것을 알게 되었다. 부장들이 제안했다. "우리 군의 수가 적으니 여기서 원군을 기다렸다가 조휴 대인을 구하러 가는 게 나을 것 같습니다." 가규가 말했다. "오군은 우리 군대의 존재를 모르기 때문에 퇴로를 끊은 분대의 수를 적게 배치했을 것이다. 그러니 불시에 움직이면 조휴 장군을 구출할 수 있다." 이곳까지 강행군한 가규군이 깃발을 여러 개 들고 북을 치며 소리를 지르자 오나라 병사들은 적군의 수가 많은 줄 알고 놀라서 달아났다.

조휴는 허둥지둥 위나라로 도망쳤다. 이번 전쟁은 동오의 대승이었다. 위군 1만여 명을 괴멸시켰고 포로, 군량, 군수품 등 수많은 전리품을 챙겼다. 여담이지만 이번 전투에서 큰 공을 세운 주방에게는 훌륭한 아들이 하나 있었다. 고전 동화 《주처제삼해》周處除三害에 나오는 남자 주인공 '주처'가 바로 주방의 아들이다(여기에서 '삼해'는 남산의 호랑이, 장교의 교룡, 그리고 백성들이 미워하는 주처 자신을 가리키는데, 주처가 호랑이와 교룡을 없애고 스스로는 잘못을 뉘우쳐 훌륭한 사람이 된다는 교훈을 담고 있다).

손권과 육손에게 제대로 농락당한 조휴는 부끄러움을 견딜 수 없어 상소를 올려 사죄했다. 조예는 조휴가 종친이라는 이유로 죄를 묻지 않았다.

조예는 조휴를 용서했지만 조휴는 자신을 용서할 수 없었다. 그는 생각할수록 화가 났고 결국 등에 악성 종기까지 생겼다. 등에 종기가 생기는 것은 대개 내장의 혈기가 흐트러지고 내공이 타는 듯 뜨거워졌기 때문이었다. 등 전체에 퍼진 종기는 궤양이 되더니 고름이 터졌다. 이 병은 칠정내상七情內傷(칠정인 희喜, 노怒, 우憂, 사思, 비悲, 경驚, 공恐이 내부인 장부를 상하게 하는 것으로 마음의 병을 말한다)이 원인이었다.

조휴는 그렇게 화병으로 자신을 죽게 만들며 역사 무대에서 쓸쓸하게 퇴장했다.

조휴가 세상을 떠나자 사마의는 마침내 꿈에도 그리던 라이벌 제갈량과 전쟁터에서 자웅을 겨룰 기회를 얻게 되었다!

패하더라도 잘 대처하는 자는
멸망하지 않는다

조휴가 죽자 대사마 자리가 공석이 되었다. 위나라의 관례에 따라 이 자리를 대신할 사람은 대장군 조진이었다. 그렇다면 조진의 자리를 대신할 사람은 당연히 표기대장군 사마의밖에 없었다.

조휴의 죽음은 군사인재가 드문 위나라를 더욱 대책 없게 만들었다. 조예는 조휴가 죽고 한 달도 채 되지 않아 삼공구경과 근신들에게 양장良將을 한 명씩 추천하라고 명했다. 하지만 양장은 학교에서 길러지는 게 아니라 전쟁터에서 실전을 통해 길러지는 것이었다.

현재 위나라에서 양장이라고 불릴 만한 사람은 조진, 사마의, 장합 등 소수에 불과했다. 손권이나 제갈량 중 누굴 상대하든 이 사람들에게 의지할 수밖에 없었다.

촉한 건흥 6년(228년) 연말, 제갈량은 위나라가 석정 전투에 대응하기 위해 거의 모든 주력군을 동쪽으로 이동시켜 서쪽이 비어 있다는 것을 알게 되었다. 그래서 그는 재차 대군을 일으켜 산관散關을 나왔다.

결국 이기는 사마의

제갈량의 대군 앞에 가로놓여 있는 것은 작지만 견고한 도시 진창陳倉이었다. 제갈량은 미소를 지었다. 이번 북벌을 위해 제갈량이 세운 치밀한 계획에 따르면 진창관陳倉關은 강력한 군사력으로 압박한 뒤 투항을 권하면 끝나는 곳이었다. 만약 투항하지 않으면 공격해서 손에 넣으면 되었다. 그런 의미에서 진창관은 사소한 문제에 불과했고 이번 계획의 꽃은 뒷부분에 있었다.

제갈량이 미리 조사한 바에 따르면 진창의 수장守將은 학소郝昭라는 태원太原 사람이었다. 학소의 부하는 고작 1천여 명뿐이었고, 진창 방어전에 쓸 무기도 변변치 않았다.

이런 소도시라면 왕년에 제갈량이 선보였던 용병술 이야기만 듣고도 알아서 투항했을 것이다. 그런 의미에서 학소는 자발적으로 투항하지 않는 것만으로도 제갈량의 예상을 뛰어넘었다. 하지만 상관없었다. 계획에 따라 차근차근 해나가면 되었다.

1단계, 제갈량은 근상靳祥을 불렀다. 근상은 학소의 고향 사람으로, 예전에 학소와 매우 친하게 지내던 사이였다. 제갈량이 이번 출정 때 근상을 대동한 것은 그를 이용해 학소에게 투항을 권할 목적이었던 것이다.

근상은 혼자서 말을 타고 진창성으로 향했다. 그는 제갈량 앞에서 큰소리를 땅땅 쳤다. "저와 학소는 생사를 같이 하는 사이이니 제 말 한마디면 당장 투항할 것입니다." 하지만 학소가 어려서부터 황소고집이라 아니다 싶으면 죽었다 깨어나도 말을 듣지 않는다는 것 역시 근상은 누구보다 잘 알고 있었다.

근상은 왠지 자신이 없어 가슴이 두근거렸다. 진창성 밑에 도착한 그는 문을 두드렸다. 그의 도착이 학소에게 보고되었다.

서른여덟 살인 학소는 올해로 군대에 복무한 지 20년이 되었다. 오랫동안 하서河西에서 방어 업무를 맡아 수성전守城戰에 능했다. 올해 초 조진은 그에게 진창에 남아 제갈량의 기습 공격에 대비하라고 당부했다. 학소는 흥분되었다. 제갈량이 한 시대를 풍미한 군사기재라는 말을 익히 들었기에 그의 명성에 도전해보고 싶은 마음이 있었던 것이다.

고수와의 대결은 정말 즐거운 일일 터였다. 하지만 학소 역시 연초에 철군했던 제갈량이 연말에 권토중래捲土重來할 줄은 미처 생각지 못했다. '역시 군사기재는 뭐가 달라도 다르다. 불과 반년도 안 돼서 패배를 딛고 일어서다니!' 학소는 생각할수록 가슴이 뛰었다. 그는 방어 공사에 박차를 가하고 방어 무기를 제조해 언제든지 기습에 대응할 수 있도록 만전을 기했다.

그런데 학소를 종잡을 수 없게 만든 소식이 있었다. 제갈량이 보낸 사람이 성 밑에서 문을 두드리고 있다는 것이다.

전쟁이 무슨 식사 대접도 아닌데 뭐가 이렇게 고상하고 여유가 넘치는 것인가? 학소는 성문에 올라 누가 왔는지 확인했다. 근상이었다.

학소는 제갈량의 의도를 간파했다. 하지만 짐짓 모르는 체하며 물었다. "자네가 무슨 일로 여기까지 왔는가?"

근상은 학소가 자신을 만나주는 것을 보고 반은 성공했다고 보고 고향인 태원 말로 감격스럽게 외쳤다. "나는 자네를 도와주러 왔네! 제갈 승상의 10만 대군이 성 밑에 와 있다네. 시대의 흐름을 분명히 아는 사람이 영웅호걸이 될 수 있다 하지 않는가. 어서 잘못을 깨닫고 바른 길로 돌아오시게. 금은보화가 기다리고 있으니!"

학소는 좌우의 병사들을 둘러보더니 눈빛이 싹 바뀌었다. 그는 군심을 안정시키는 것이 가장 중요하다고 생각했기에 성 밑을 향해 큰 소리로 외쳤다. "위나라의 법률은 자네도 잘 알 테지. 내가 어떤 사람인지도 너무나 잘 알고 있을 테고. 나는 나라의 중은重恩을 받은 몸이라 죽을 때까지 싸울 것이

네. 그러니 자네도 허튼소리는 집어치우고 제갈량에게 가서 성을 공격하라 이르게!"

말을 마친 학소는 성을 내려갔고 근상이 목이 터져라 외쳐도 대꾸하지 않았다.

잔뜩 풀이 죽어 돌아온 근상은 학소의 말을 토씨 하나 빠트리지 않고 제갈량에게 전했다.

제갈량은 뜻밖의 결과에 의아했다. '이제 보니 학소라는 사람이 사내대 장부였군. 하지만 일부러 고자세로 나오는 것일지도 모른다. 체면을 지키려 는 것인가? 아니면 우리 군의 실력을 잘 몰라서 저리 오만방자하게 구는 것 인가?'

제갈량은 생각을 정리한 뒤 근상에게 말했다. "번거롭게 해서 미안하지 만 한 번만 더 다녀와 주게. 진창은 우리 적수가 될 수 없으니 헛되이 명을 재 촉하지 말라고 말일세. 아, 그리고 이번에는 좀더 큰 소리로 외쳐주시게. 반 드시 수성하는 병사들이 다 들을 수 있어야 하네."

근상은 명을 받들고 떠났다. 이번에도 제갈량은 근상에게 큰 기대를 걸 지 않았다. 다만 그를 보내 심리전을 벌이려는 것뿐이었다. 제갈량은 서둘러 무기를 점검하고 삼군에게 출전을 준비하라고 명했다.

근상은 또다시 성 밑에 도착해 제갈량이 일러준 말을 쭉 외쳤다. 초조해 진 학소는 활시위를 당겨 근상을 조준하더니 크게 소리쳤다. "나는 자네를 알지만 이 화살은 자네를 모른다네!" 그 말에 근상은 허둥지둥 달아났다.

돌아온 근상은 제갈량을 만나 울면서 하소연하려고 했다. 하지만 제갈 량은 그의 말은 들을 필요도 없다는 듯 손을 내저으며 물러가도록 했다.

'학소 네놈이 간이 부어도 아주 단단히 부었구나. 고작 진창성 하나를 가지고 감히 나 제갈량의 대군을 막겠다는 것이냐! 사마귀가 앞다리로 수레

를 막고 왕개미가 나무를 흔들어 움직이려 한다더니, 네놈이 딱 그 꼴이로구나.'

제갈량은 전군에 공격을 명했다.

제갈량이 인솔한 촉병은 당시 세계 최고의 과학기술 장비를 보유한 군대였다. 그래서 이번 진창 공방전도 삼국의 초현대적 무기박람회가 되었다.

제갈량이 가장 먼저 선보인 것은 운제雲梯(성을 공격할 때 사용하던 높은 사다리)와 충차衝車(적진이나 성을 공격할 때 쓰던 수레)였다.

운제는 전설적인 발명가 노반魯班이 발명한 것인데, 제갈량이 개량했다. 운제 밑에는 수레 한 대가 있고 차체 앞에는 방패가 있었다. 수레 밑에는 바퀴가 있어서 움직일 수 있었다. 차체에는 접이식 나무 사다리가 있는데, 밧줄과 지렛대를 이용해서 사다리를 펼치면 길이가 두 배까지 늘어났다. 사다리 끝에는 철제 갈고리가 있어서 성벽에 걸면 제거하기 어려웠다. 뒤에 오는 병사들은 방패로 적군의 화살을 막기만 하면 사다리를 타고 적군의 성벽을 기어오를 수 있었다.

촉한의 특수부대원은 일찍부터 반복 훈련을 했던 터라 마치 평지를 걷듯이 운제를 타고 올라갔다.

충차는 초대형 장갑 공성 전차다. 이 전차는 위아래 2층 또는 그 이상으로 층이 나뉜다. 아래층에서는 힘이 장사인 사람들이 앞쪽으로 전차를 밀고, 차체에는 수레바퀴를 설치한다. 위층에서는 공성 병사들이 당목撞木으로 성문을 때린다. 차량 표면은 축축하게 젖은 쇠가죽으로 감싸는데, 이는 적군이 불을 던져서 충차 내의 병사들에게 화상을 입히지 못하게 하려는 것이다.

제갈량이 명령을 내렸다. "운제와 충차를 동시에 투입해 위로는 성벽을 오르고, 아래로는 성문을 쳐라!"

촉군 병사들 눈에는 보잘 것 없는 진창성을 이런 최첨단 무기들로 치는 것이 마치 모기를 잡기 위해 칼을 빼든 것처럼 과한 공격으로 보였다. 하지만 제갈량은 이런 과장된 전법을 통해서 촉군의 위세를 과시하고 위군의 자신감을 무너뜨려 뒤이은 다른 도시들이 순순히 투항하도록 만들 생각이었다. 또 무기에 결함이 있는지 여부를 시험하고 개선하려는 의도도 있었다. 물론 숨겨진 또 다른 목적도 있었다. 학소라는 애송이에게 제대로 한 수 가르쳐주려는 것이다!

하지만 제갈량이 생각하지 못한 게 딱 하나 있었다. 바로 이번 공방전에서 자신은 이길 수 없다는 사실이었다.

운제와 충차의 사용은 확실히 효과적이었다. 이 초대형 공성 무기가 나타나기만 해도 수비군을 두려움에 떨게 만들 수 있었다. 다들 '운제'라는 공성 무기를 어떻게 방어해야 할지 알 수 없었던 것이다.

그러나 그것은 학소를 만나기 전까지의 이야기이다. 학소는 한 번도 본 적 없는 무기인 화전火箭(불화살)을 사용했다. 화전은 기름에 적신 천을 화살 끝에 묶어 불을 붙인 뒤 재빨리 쏘는 것이었다. 역사서에 보면 이것이 중국 역사상, 나아가 인류 역사상 최초로 사용한 '화전'으로 기록되어 있다.

빠른 속도로 날아간 화전은 운제의 위쪽에 단단히 박혔다. 성벽을 기어오르던 촉군 병사들은 심상치 않은 기운을 감지했지만 이미 늦은 뒤였다. 화전의 불씨가 운제 전체로 순식간에 번지면서 운제는 허공에 뜬 채 포효하는 거대한 화룡火龍처럼 변해버렸다. 운제를 오르던 촉군 가운데 불에 타서 죽은 자들이 부지기수였다.

관전하던 제갈량은 마음이 무거웠다. 충차의 전황을 살피던 그는 수성하는 병사들이 거대한 맷돌을 가져와서 삼노끈을 매암쇠에 묶어 충차 위로

던지는 것을 보았다. 그들은 충차를 때려 부순 뒤 맷돌을 끌어올렸다가 다시 내리쳤다. 몇 번에 걸쳐 무차별 폭격을 받은 충차는 맥없이 망가졌다.

제갈량은 이를 악물며 세 분대를 투입시켰다.

"제1분대는 주머니에 흙을 가득 담아 평평해질 때까지 해자^{垓字}(성 밖으로 둘러 판 못)를 채운다. 제2분대는 성 안으로 연결되는 지하갱도를 파서 기습하고 안팎에서 호응해 적군을 퇴치한다. 제3분대는 정란^{井闌}(성을 공략할 때 사용한 무기의 일종)으로 직접 성 안을 공격해 적군의 전투부대를 섬멸하고 제1분대와 제2분대를 엄호하며 적군의 수비 병력을 분산시킨다!"

명을 받은 세 분대가 떠난 뒤 제갈량은 미간을 잔뜩 찌푸렸다. '이토록 작은 성인 진창에서 갖은 수단을 다 동원하게 될 줄이야. 만약 조위의 모든 도시가 이런 식으로 나온다면 어찌 중원 수복을 바랄 수 있겠는가?'

제3분대에서 '정란'을 내놓았다. 전국시대 묵자^{墨子}가 발명했다고 하는 정란은 일종의 이동식 화살탑이다. 정란은 원목을 조립해서 만들었는데, 높이가 10미터이고 바닥에 바퀴가 있어서 천천히 움직일 수 있었다. 꼭대기에는 탑 모양의 구조물이 있는데, 병사들은 그 위에 올라가 아래를 내려다보면서 성 안쪽으로 화살을 쏠 수 있었다. 이런 공성 무기만으로도 병사들을 공포에 떨게 하기에 충분했다. 그런데 이보다 더 간담을 서늘하게 하는 것은 탑 위의 병사들이 사용하는 무기였다. 바로 제갈량이 개량한 독보적인 비밀병기 연노^{連弩}(여러 개의 화살을 발사하는 쇠뇌로, 제갈량이 만들었다고 해서 '제갈노'라고도 부른다)였다!

연노는 상고시대부터 있었던 무기다. 쇠뇌는 활과 달랐다. 활은 사용자의 강한 팔힘이 필요하고 조준하는 시간도 필요했다. 반면 쇠뇌는 아랫부분에 방아쇠가 있어서 화살을 메긴 후 언제든 목표 조준이 가능하고, 가볍게

결국 이기는 사마의

방아쇠를 당기기만 해도 화살을 발사할 수 있었다.

전대에 가장 강력했던 연노는 3연발로, 화살 세 발을 동시에 발사할 수 있었다. 그런데 제갈량이 개량한 연노는 10연발이라 한 번에 화살 열 발을 발사할 수 있었다! 보통 쇠뇌의 화살은 목제여서 살상력에 한계가 있었다. 반면 제갈량이 개량한 연노는 화살이 철제라 아무리 단단한 것도 꿰뚫을 수 있었다.

제갈노와 정란의 조합은 냉병기 시대의 기관총이라 해도 전혀 부족하지 않은 최초의 대량살상무기였다!

촉군은 정란으로 기어 올라가 성 안쪽으로 화살을 쏘기 시작했다. 금세 수많은 병사들이 목숨을 잃었고, 남은 병사들은 재빨리 성벽 꼭대기로 퇴각했다. 촉군 제1분대는 흙주머니를 해자 쪽으로 던졌다. 눈 깜짝할 사이에 해자가 메워지면서 천연의 요새가 탄탄대로로 바뀌었다.

촉군의 예비인력이 우르르 몰려와 진창을 세 겹으로 촘촘하게 포위했다. 제2분대는 성 안으로 통하는 지하갱도를 파기 시작했다.

'하늘 높이 올라가고 땅을 파는 입체적인 공격을 통해 진창성을 차지하고 말겠다!'

하지만 정란에 있던 촉군들이 서서히 사격을 중지하고 성 안을 들여다보기 시작했다. 이를 이상하게 여긴 제갈량이 물어보려는 그때, 사격대의 수장이 정란에서 내려와 보고했다. "승상, 적군이 성 안에 내성內城을 하나 만들었는데, 성벽이 두껍고 단단합니다. 현재 적군은 전부 내성 안으로 철수한 상태라 연노의 효과를 기대할 수 없습니다. 승상께서 결정을 내려 주십시오!"

제갈량은 깜짝 놀랐다. 입체적 공격이 종심방어縱深防禦(방어선을 여러 겹으로 만들어 적의 공격력을 떨어뜨려 전선을 유지하는 전술)를 만나니 대량살상무기 연노도 무용지물이 될 수밖에 없었다. '상황을 보니 이젠 지하갱도를 파는

병사들에게 희망을 걸 수밖에 없다. 우선 외성外城부터 공략하고 나중에 다시 생각해봐야겠다.'

하지만 아직 지하갱도 구축 작업이 한창이라 어디까지 팠는지 알 수 없었다. 제갈량은 시간을 계산했다. '지금쯤이면 성 안까지 파고도 남았을 텐데 왜 여태 소식이 없지?'

다들 밖에서 하염없이 기다리고 있었다. 연노 사격은 중지되었고 진창의 수비군도 종적을 감추었다. 현장은 마치 정지된 무성영화 같았다.

제갈량이 속으로 외쳤다. '뭔가 심상치 않다!' 그는 지하갱도를 파는 제2분대 병사들이 들어가기만 하고 아무도 돌아오지는 않는다는 사실을 알아차렸다.

전부 성 안에서 전멸한 것이 틀림없었다. 학소는 성 안에 미리 넓고 깊은 참호를 파 두었다. 촉한의 제2분대 병사들은 지하갱도를 파다가 갑자기 땅이 뚫리는 걸 발견했다. '왜 벌써 빛이 보이는 거지?'

병사들이 눈부신 햇빛에 적응하기도 전에 참호 옆에서 기다리고 있던 위군들이 갈퀴로 촉군을 한 명씩 끌어올려 작살을 낸 것이다.

전방의 제갈량이 학소와의 대결에서 고전하고 있다는 소식을 후방을 지키던 조진도 알게 되었다. 그는 증원을 위해 비요費曜와 왕쌍王雙 장군을 보냈다. 두 사람이 제갈량의 적수가 되지 못할 것을 우려한 조진은 낙양으로 사람을 보내 구원을 요청했다.

구원을 요청하는 편지가 낙양에 도착했다. 사안이 중하다고 여긴 조예는 대촉전쟁에 경험이 풍부한 명장 장합을 급히 불러들였다. 조예는 칙명을 내려 3만 정예병을 지정하는 한편, 자신의 금위군禁衛軍을 장합의 경비대로 파견했다. 조예는 장합을 위해 베푼 송별연에서 살짝 우려 섞인 목소리로 물었다. "장군께서 도착할 때면 진창이 이미 함락되어 있지는 않을지 우려스럽

결국 이기는 사마의

소."

　장합은 손을 꼽아 날짜를 헤아렸다. 제갈량이 진창을 공격한 지 오늘로 열흘이 훨씬 넘었다. 장합이 웃으며 말했다. "제갈량은 식량난에 시달리고 있을 테니 신이 도착할 때쯤이면 이미 철수하고 없을 것입니다."

　말은 그렇게 했지만 장합도 마음이 불안했다. 주연 도중에 일어난 그는 주야로 말을 달려 득달같이 진창으로 향했다.

　진창을 포위 공격한 지가 오늘로 벌써 20여 일째가 되었다. 며칠 전까지만 해도 제갈량은 초조한 심정이었지만 지금은 완전히 마음을 접은 상태였다. 촉군은 여전히 진창을 공격하고는 있지만 제갈량은 이미 이 성을 함락시킬 수 없음을 알았다. '진창을 손에 넣더라도 이제는 별로 큰 의미가 없다. 우리 10만 대군이 이 외딴 성에서 사기가 꺾일 대로 꺾였고, 군량과 마초도 이미 바닥났기 때문이다.'

　제갈량은 전방의 척후병으로부터 조진 진영에서 지원군을 파견했다는 급보를 받았다. 제갈량은 길게 탄식했다. '나 제갈량이 학소라는 이 듣도 보도 못한 자에게 길이 막힐 줄이야. 이번 북벌도 물거품이 되었구나!'

　학소는 20일이 넘도록 거의 눈을 붙이지 못했다. 맨 처음 제갈량과 맞서 싸울 때 그가 느꼈던 흥분과 감격은 전쟁이 장기화되면서 점차 무뎌졌고, 지금 그에게 남은 것은 피폐한 몸과 마음뿐이었다. 촉군의 끝없는 공세에 학소는 지칠 대로 지쳤다. '내게도 제갈량 당신처럼 10만 대군과 무궁무진한 병기들이 있었다면 우리는 끝까지 성을 지킬 수 있었을 것이다! 그러나 아쉽게도 병사는 1천뿐이고, 지난 한 달 동안 그중의 절반이 다치거나 목숨을 잃었다. 이제는 수비에 쓸 도구도 바닥났다. 성 안 백성들의 농기구마저도 동이 난 상태다. 무덤 안에 들어있던 관마저 모두 파내서 목재로 사용했단 말이다!'

　얼굴은 피범벅이고 눈에는 핏발이 선 채 끝없이 싸우고 있는 병사들과 백성들을 바라보면서, 학소는 전쟁의 참혹함과 공포를 알게 되었다.

'더 이상 싸우고 싶지 않다.'

그러던 어느 날, 밤낮없이 이어지던 공격이 갑자기 멈추었다. 학소는 내성 안에 몸을 숨긴 채 경계심을 늦추지 않았다. 고개를 내밀어 상황을 살필 엄두조차 나지 않았다. 그는 지략이 뛰어난 제갈량이 또 무슨 간계를 부리고 있는 건 아닌지 의심스러웠다. 그런데 갑자기 누군가가 성문을 두드렸다.

나가서 바깥을 살펴본 병사가 돌아오더니 기뻐하며 소리쳤다. "학 장군, 우리 편입니다!"

학소는 믿지 않았다. 그는 마치 상처 입은 늑대처럼 누구도 믿을 수 없었다. 학소는 조심스럽게 내성을 기어나가 성벽에 있는 성가퀴(성 위에 낮게 쌓은 담으로, 몸을 숨겨 적을 감시하거나 공격하는 장소) 사이에 엎드려 아래쪽을 바라보았다. 익숙한 군복과 얼굴이 보였다. 비요의 지원군이 도착한 것이다!

수십 일 동안 잔뜩 긴장했던 신경이 한순간에 풀렸다. 정력을 다 소진해 탈진 상태였던 학소는 그만 정신을 잃고 말았다.

비요가 진창성으로 왔을 때 또 다른 위나라 장수 왕쌍은 퇴각하는 촉군을 뒤쫓아 갔다. 그는 제갈량을 죽여 전쟁사에서 이름을 남기고 싶었던 것이다.

역사를 보면 이렇게 분수를 모르는 인물들이 너무나 많다. 이런 인물은 제갈량의 총알받이가 될 자격도 안 되는 사람이다.

병법에 '잘 패하는 자는 망하지 않는다'善敗者不亡라는 말이 있다. 제갈량이 선패자임은 두말할 것도 없다.

전선에서 어떻게 패했든 제갈량의 군대는 늘 질서정연하게 철수했다. 동시대의 누군가는 제갈량의 군대를 '산처럼 멈추고 바람처럼 나아가고 물러

결국 이기는 사마의

난다止如山, 進退如風고 평가했다. 사실 위나라의 명장인 장합, 조진, 곽회, 학소, 사마의 중 누구를 상대하든 제갈량은 마치 아무도 없는 곳에 들어가는 것처럼 침착하게 전진하고 후퇴했다.

왕쌍이 제갈량을 따라잡았을 때는 이미 제갈량이 전군前軍을 후군後軍으로 바꿔 공격 진형을 갖춘 뒤였다. 촉군은 20일 동안 진창을 포위하고 공격을 가했지만 함락에 실패해 울분으로 가득차 있었다. 그래서 왕쌍을 분풀이 대상으로 삼고자 제갈 승상의 명이 떨어지기만을 기다리고 있었다.

겉으로는 여전히 평온한 얼굴이었지만 속으로는 분노가 가득했던 제갈량은 즉시 공격 명령을 내려 추격하던 위군을 대파한 뒤 왕쌍의 목을 베었다.

왕쌍을 해결한 촉군은 태연하게 철군을 이어갔고, 안전하게 한중으로 돌아와 다음 출격을 준비했다.

진창성에 도착한 장합의 지원군이 현장에 도착했을 때는 모든 문제가 이미 다 해결되어 있었다. 이로써 장합은 자신의 판단을 검증했다.

그런데 진창성을 사수한 일등공신이자 삼국 제일의 수성 전문가 학소는 일어나지 못했다. 이번 공방전에서 그는 정신력과 체력을 모두 소진했던 것이다. 폐하의 하사품이 잇따라 도착했지만 학소와는 인연이 없었다. 그는 임종 전에 아들에게 유언을 남겼다. "내가 장령으로 십여 년을 일했는데, 오늘에서야 이 자리를 맡으면 안 됐었다는 것을 알았다. 이제 내가 조상의 무덤을 멀리 떠나게 되었으니 편하게 어디든 장사 지내도 좋다. 동서남북 어디라도 괜찮다. 아무데나 한 곳 정해서 날 묻어다오."

서른여덟밖에 되지 않은 학소는 황혼의 노인처럼 세상을 떠났다. 부디 다음 생에는 군사와 인연이 없고, 전쟁 없는 태평성세에 태어나기를 바란다.

학소는 더 이상 싸우지 않아도 되었지만 제갈량은 한나라 황실의 부흥을 위해 분투해야 했다. 이듬해 봄, 촉의 장수 진식陳式이 위나라의 서쪽 변두리에 등장했다. 그는 군대를 이끌고 무도武都, 음평陰平 두 군郡을 공격했다.

진식의 움직임은 옹주자사 곽회의 관심을 끌었다.

'이름도 없는 진식이라는 놈이 감히 내 변경을 침범해?' 도저히 이해할 수 없었던 곽회는 본진 군대를 일으켜 곧장 진식이 있는 곳으로 향했다.

노기등등해서 달려온 위군을 보고도 진식은 느긋하게 무도와 음평 공격을 이어갔다. 곽회의 존재를 완전히 무시한 처사였다. 곽회의 분노는 의아함을 넘어 불안으로 바뀌더니 결국 전군을 철수시키기에 이르렀다.

곽회는 진식의 배후에 숨어 있는 거인을 발견했다. 바로 그 거인에 대한 강한 믿음이 있기 때문에 무명소졸無名小卒인 진식이 곽회가 이끄는 강력한 위군을 보고도 태연자약할 수 있었던 것이다.

그 거인은 물론 제갈량이었다. 대군을 이끌고 건위建威에서 나타난 제갈량은 곽회를 호시탐탐 노려보고 있었다. 눈빛만으로도 조위의 명장 곽회의 간담을 서늘하게 만들기에 충분했다. 이게 바로 제갈량의 힘이었다.

곽회가 도망가면서 제갈량과 진식은 무도와 음평 두 군을 손쉽게 평정했다. 이로써 촉한의 영토는 서북쪽으로 넓어졌다. 이는 제갈량이 북벌을 단행한 이래 처음으로 거둔 대승이었다. 촉한의 조정은 너무 기쁜 나머지 가정 전투로 3등급 감등된 제갈량의 직위를 다시 원래대로 되돌려놓았다.

제갈량의 잦은 출격에 조위의 서부 방어구역을 맡은 조진은 부담이 컸다. 조진은 제갈량의 출격으로 일찍부터 진땀을 흘렸었다. 그런데 지금 제갈량이 무도와 음평을 얻게 되면서 위와 촉의 국경선이 더 길어진 것이다. 1년 전 제갈량이 진창으로 출격할 것이라고 정확하게 예측했던 조진이었지만, 지금은 신출귀몰한 촉군이 다음번에는 어느 두메산골에서 갑자기 밀고 나올지 전혀 예상할 수가 없었다.

그럴 바에야 불안에 떨며 소극적으로 방어하기보다는 적극적으로 공격해 제갈량을 두렵게 만드는 편이 나았다.

그해 조예는 조진을 대사마로 승진시켜 조휴가 남긴 빈자리를 대신하게 했다. 원래 조진의 자리였던 대장군은 표기대장군 사마의가 뒤를 이었다. 사마의는 조위의 군부에서 어엿한 제2인자가 되었다.

사마의는 계속 완성을 지키고 있었기 때문에 서부전선의 화려한 전쟁에 대해서는 본체만체 하는 것 같았다. 결국 적막함을 견디지 못한 조진이 신임 대사마로서 의욕을 가지고 낙양에 자신의 전략 계획을 제출했다.

조진이 말했다. "촉한이 연달아 위나라 변경을 침입해오고 있으니 적극적으로 촉한을 토벌해야 합니다. 제가 한 부대를 이끌고 사곡^{斜谷}에서 뚫고 들어가고, 다른 길목에 있는 대군들이 동시다발적으로 공격하면 승리를 보장할 수 있습니다."

조예는 이 계획을 군신들에게 하달해 논의하게 했다. 그런데 진군이 강력히 반대하고 나섰다. "선제 조조께서 장로를 공격하실 때 갔던 곳도 바로 사곡입니다. 길이 험난하고 식량이 뒤따라 갈 수 없습니다."

조예는 조진의 의견을 물었다. 조진은 일개 서생이 뭘 모르고 하는 소리라고 생각했지만 딱히 반박할 수도 없었다. 그는 계획을 다시 수정해 주요 진격로를 자오곡으로 정했다.

조예는 수정 계획을 다시 군신들에게 하달해 논의하게 했다. 이번에도 진군이 반대 의견을 제시했다. 조예는 가타부타 말하지 않고 진군의 반대 의견을 서면으로 정리해 조서 뒷면에 덧붙여 조진에게 보냈다. 공을 세우고 싶어 안달이 난 조진은 서생 진군이 거듭 반대하고 나서는 걸 도저히 참을 수가 없었다. 그는 조예가 하달한 조서를 근거로 삼아 과감하게 출병을 결정했다.

군량과 마초, 갑옷, 무기들이 갖춰지고 무장한 전사들도 출발 준비를 마쳤다. 태화 4년(230년) 7월이었다. 조예는 낙양에서 직접 궐기대회를 열어 장병들을 배웅했다. 조진은 촉한을 쓰러뜨리지 않고서는 돌아오지 않겠다고 맹세했다.

장안에 도착한 조진은 군사들을 배치했다.

명장 하후연의 용감하고 건장한 후예 편장군偏將軍 하후패夏侯霸에게 선봉을 맡겼다.

후장군後將軍 비요는 후방을 지키게 했다.

나머지 두 분대를 차출해 한쪽은 사곡으로 가고, 다른 한쪽은 무도를 공격하게 해서 촉한의 기동 병력을 견제했다.

조진 자신은 주력부대를 인솔해 자오곡에서 남하한 뒤 촉한 한중군漢中郡의 수부首府 남정현南鄭縣에서 각지의 병력과 합류하기로 했다!

사마의도 이미 조예의 조서를 받은 상태였다. 형주 부대를 인솔해서 한수漢水를 따라 올라가다가, 상용의 서성에서 출발해 남정에서 조진과 합류하라는 주문이었다.

명령을 받은 사마의는 왠지 모르게 갑자기 조휴 생각이 났다. '이번에도 그때처럼 승리할 수 없는 전투다. 이제 보니 대사마라는 자리가 사람의 머리를 혼란스럽게 만드는 것이었구나. 대사마는 나 사마의를 위해서 남겨진 자리였는가?'

사마의는 쓴웃음을 지으며 고개를 흔들더니 군마를 점검하고 출발했다. '이번 출정은 내가 제갈량과 처음으로 벌이는 정면 대결이 될 것이다!'

결국 이기는 사마의

감정을 얼굴에 드러내지 않고,
남이 하는 대로 따라 하다

조진은 올해 촉나라 정벌 계획을 제시했지만, 제갈량은 작년에 이미 조진의 계획에 대한 기본적인 방어체계 구축을 끝낸 상태였다. 노신魯迅은 《삼국연의》에서 제갈량의 지모가 요인妖人에 가까울 정도로 보통사람의 수준을 뛰어넘는다는 것을 드러내려고 했다"라는 말을 했는데, 실제 역사에서도 제갈량이 군사에 관한 요인이었을 줄은 미처 생각하지 못했다.

제갈량은 작년 겨울 한중, 수부, 남정의 동서쪽에 각 한성漢城과 낙성樂城이라는 군사 요충지를 세웠다. 적군이 어느 곳에서 촉으로 들어온다고 해도, 한중군 전체는 이미 기각지세掎角之勢(앞뒤에서 적을 몰아치는 것)가 가능한 만월형彎月形 방어체계를 갖춘 상태가 되는 것이다.

지금까지 사수死守는 제갈량의 군사철학이 아니었다. 전략적인 수비라도 전술상 공격으로 뒷받침해야 했다. 조진이 한중으로 출병했으니 후방 방비는 허술할 터였다. 제갈량은 새로 손에 넣은 음평에서 출발해 적군의 후방을 돌아갈 기습부대를 파견하기로 결정했다.

하지만 제갈량 수중의 병력이 워낙 제한적이라 방어만 하기에도 벅찼다. 이런 상황에서 병력을 분산시켜 공격에 투입하자니 제갈량은 자신이 없었다. '어디서 병력을 확보한단 말인가?' 이리저리 고민하던 제갈량의 시선이 강주^{江州}의 이엄에게로 향했다.

유장의 옛 부하였던 이엄은 유비에게 투항한 뒤 중용되었고, 제갈량과 함께 유비의 유지를 받은 두 고명대신 중 한 명이었다. 그는 촉한의 약 삼분의 일에 해당하는 군대를 장악하며 강주에 주둔하고 있었다. 촉한의 동부 지역은 이엄의 천하라고 해도 과언이 아니었다.

그런데 자신이 중앙에서 밀려났다고 생각한 이엄은 앙앙불락하고 있었다. 같은 고명대신인데 제갈량은 촉한 군정의 일인자로 군림하는 반면, 자신은 누추한 강주 구석에 틀어박혀 있으니 어찌 분하지 않겠는가? 이엄은 제갈량이 능력과 관계없이 가까운 사람만 등용하고 자신과 견해가 다른 사람을 배척한다고 생각했지만 방법이 없었다. 그는 유비의 적통 형주 집단의 수장이었기 때문이다.

이엄은 자기 밑에 있는 사람들을 위해 동주^{東州} 집단의 세력을 확장하려고 머리를 굴렸다. 그래서 얼마 전에는 맹달을 불러 자신의 정치 군사 역량을 키우려고 했다. 안타깝게도 맹달은 일을 돕기는커녕 오히려 그르쳤고, 사마의에 의해 처단되고 말았다. 이엄은 너무 답답했다. 지금으로서는 남아 있는 조그마한 파벌이라도 잘 유지하면서 스스로를 지켜야 했다.

그러는 차에 제갈량이 사람을 보내왔다. 조진이 병력을 나눠 촉한 정벌을 준비하고 있으니 군사를 이끌고 북상해 방어에 협조해달라는 요청이었다.

당연히 이엄은 가기 싫었다. '강주에서는 내 마음대로 할 수 있지만, 강주를 떠나면 아무것도 아니다. 제갈량 당신이 이엄이라는 정적을 제거하기 위해 유인 작전을 펴는 것이 아니라고 누가 장담할 수 있겠는가?' 지난번에 북벌을 감행하면서 제갈량은 이엄에게 한중을 지키라고 할 생각이었다. 그런데 이엄은 사천 동부 5개 주를 떼어 파주^{巴州}를 세운 뒤 자신이 관할할 수 있게 해달라는 조건을 내세웠다. 이는 촉한 정권 내부에서 군벌 할거를 용인해달라는 것이나 마찬가지였다. 제갈량은 이를 가차없이 거절했다.

이번에는 이엄이 거절했다. 그는 제갈량에게 보내는 회신에 빙빙 돌려가며 적었다. "조위의 사마의인가 뭔가 하는 자는 개부^{開府}를 했다고 하던데……."

'개부'란 고위직이 관아를 설치하고 아랫사람과 하급 관리를 자유롭게 선택할 수 있는 권한을 말한다. 지금까지 촉한에서 개부한 사람은 제갈량 한 명뿐이었다. 지금 이엄은 제갈량에게 독립적인 인사임면권을 요구하며 제갈량과 대등한 위치에 서려는 것이었다.

제갈량이 어찌 이엄의 이런 얄팍한 수를 모르겠는가? 잠시 망설이던 제갈량은 이내 해결책을 생각해냈다. 제갈량은 초절정 바둑 고수였다. 그의 바둑 한 수는 일반인의 일고여덟 수와 맞먹었고, 한 수도 허투루 버리는 일이 없었다. 제갈량은 위군의 침범도 막고 이번 기회를 이용해 내부의 할거 세력도 제거해야 했다.

제갈량은 이엄에게 두 가지 솔깃한 조건을 제시했다.

첫째, 표기장군 직을 내린다. 표기장군은 군대에서 대장군 다음가는 계급이었다. 하지만 지금까지 촉한에는 대장군 직위가 없었기 때문에 이엄이 표기장군이 되면 촉한의 대장군이나 마찬가지였다.

둘째, 이엄의 아들 이풍^{李豐}에게 강주도독독군^{江州都督督軍}을 맡겨 이엄이 자리를 비우는 동안 강주의 모든 사무를 총감독할 수 있게 한다. 다시 말해 제갈량은 이엄에게 "나는 그저 당신의 군대를 한 번 빌리는 것일 뿐, 강주는 여전히 이씨의 것이고 당신의 세력 범위"라고 약속을 한 것이다.

제갈량은 그러나 이엄이 개부할 권력만은 주지 않았다. 공자는 "예기禮器와 명작名爵은 남에게 빌려줄 수 없다"唯器與名不可以假人고 했는데 어찌 제갈량이 그 속에 담긴 이치를 모를 수 있으랴? 이엄은 그것만으로도 매우 만족했다. '하는 일도 없이 표기장군이라는 고위직도 얻고 후방은 아들이 지킬 텐데 걱정할 것이 뭐 있겠는가?' 마침내 이엄은 2만 강주병을 이끌고 북상해 한중에서 제갈량의 군대와 합류했다.

제갈량은 이엄의 지원 덕분에 움직일 수 있는 병력이 넉넉해졌다. 그는 다음과 같이 병력을 배치했다. 진북장군鎭北將軍 위연과 토역장군討逆將軍 오의에게는 좌우익을 이끌고 음평에서 위나라의 남안군南安郡으로 깊숙이 들어가 위나라의 후방을 기습하게 했다. 제갈량은 직접 주력부대를 인솔해 남정 동북쪽의 성고城固와 적판赤阪에 진을 치고 조진이 오기를 기다렸다.

면수沔水를 등지고 있는 성고와 적판은 병력을 수송하거나 군량을 운반할 때 수력의 도움을 빌릴 수 있어서 무척 편리했다. 또 자오곡을 나오는 조진이든 서성에서 오는 사마의든 남정에 당도하려면 반드시 이 두 곳을 거쳐야 했다. 제갈량이 배치한 이것이 바로 공격성을 갖춘 제1방어선이었다.

첫 번째 방어선이 뚫리더라도 후방에 한성과 낙성을 좌우 양 날개로 한 남정현이 있기 때문에 방어체계가 이보다 더 치밀할 수 없었다.

촉한은 완벽한 방어체계를 마련해놓고 힘을 비축하면서 각지에서 산 넘고 물 건너 달려오는 조위의 대군을 기다렸다. 하늘도 여기에 가세해, 머지않아 시작될 큰 전쟁을 위해 가을비를 뿌리며 성원을 보냈다.

사마의는 시간을 질질 끌며 서성에서 출발했다. 그는 형주 수군을 이끌고 한수를 거슬러 올라가는 한편, 기슭으로는 육군을 파견해 가시덤불을 헤치고 산과 고개를 넘으며 파산巴山 촉수蜀水 사이에서 느릿느릿 이동하게 했다. 겉으로 볼 때는 수륙병진水陸竝進 같았지만 실제로는 수군이 육군을 따르며 천천히 움직인 것이다.

사마의는 이번 전투 결과를 부정적으로 예상했다. 가을비가 내리는 것을 보니 그 예상에 더 무게가 실렸다. 이번에 조진은 전군을 무사히 철수시키기만 해도 대단하다고 할 수 있었다. 그러니 성을 공격해 땅을 빼앗고 촉한을 멸망시키는 것은 말할 나위도 없었다.

7월에 출발해 9월에 회군하기까지 사마의의 군대가 행군한 거리는 두 달 동안 500리도 채 되지 않았다. 3년 전 여드레 만에 1200리를 내달린 것과는 또 한 번 극명한 대조를 이루었다.

사마의는 이를 통해 조진의 어리석은 계책을 멸시한 것이다. '대체 언제쯤이면 이런 어리석은 자들의 견제에서 벗어나 군권을 장악해 제갈량과 맞대결을 펼칠 수 있을 것인가?'

《진서·선제기》에는 사마의가 구인胸忍에 도착했다고만 기록되어 있다. 구인은 파동巴東에 있다. 그러니 원래 합류하기로 한 지점인 남정과는 방향이 정반대였다. 그런 의미에서 《선제기》는 선제인 사마의를 위해 구구절절 말하기를 꺼린 것이다. 무엇을 말하기 꺼려했는가? 당연히 그의 소극적인 대응이다. 노련하고 용의주도한 사마의가 내내 게으름을 피우는 동안, 젊고 혈기왕성한 하후패가 먼저 한중에 도착했다. 하후패의 아버지인 하후연은 조위의 명장으로, 촉한의 대장 황충黃忠에게 참수당해 한중 정군산定軍山 밑에 묻혔다. 아버지를 죽인 원수를 생각하며 눈에 쌍심지를 켠 하후패는 선봉대를 이끌고 죽을 각오로 달려 한중에 도착했다.

하후패는 이런 험난한 산길을 행군하는 것이 처음이었다. 설상가상으로, 출병한 이후로 가을비가 그치질 않았다. 그 바람에 낭떠러지에서 발을 헛디뎌 목숨을 잃은 위군 병사들이 부지기수였다. 하후패는 복수심에 불탄 나머지 온갖 어려움을 헤치고 여기까지 왔지만, 병사들은 이미 사기가 떨어지고 체력이 소진된 데다 전투력을 상실한 상태였다.

비좁은 산길을 어렵게 통과한 하후패가 마주한 것은 망망한 천지天地였다. 지칠 대로 지치고 지형도 익숙하지 않은 병사들에게 하후패가 명령을 내렸다. "삼군 장병들은 산골짜기에 주둔해 대오를 정비하면서 명령을 기다린다."

하후패는 휴식하며 정비하고 있었지만 촉군은 쉬지 않았다. 하후패가 있는 지역에서 전방으로 멀지 않은 곳에 촉군의 군사거점인 흥세위興勢圍가 있었다. 흥세위에 있던 정탐꾼은 전방에서 위군의 행적을 발견하고 급히 수비를 맡은 장수에게 보고했다. 장수는 기뻐하며 즉시 출격 명령을 내렸다.

촉군은 사냥감을 발견한 이리떼처럼 신속하게 출격했다. 연일 계속된 행군으로 피곤에 지쳐 있던 위군 병사들은 상관의 외침에 잠에서 깨어났다. 게슴츠레한 눈으로 무기를 들고는 본능적으로 촉군과 싸우러 나갔다. 그러나 체력적으로든 정신적으로든 위군은 적수가 되지 못했다. 미처 손써 볼 겨를도 없이 위군은 정체불명의 소규모 적군들에게 처참히 살육당하고 말았다.

젊은 장군 하후패는 방어용 녹각鹿角(사슴뿔처럼 생긴 방어용 장애물)으로 가리면서 조수처럼 몰려드는 촉군과 사투를 벌였다. 큰 소리로 외치고 무기를 휘두르면서 연이어 달려드는 촉군들을 베어 넘어뜨렸다. 이미 하후패 본인도 온몸에 상처를 입고 피칠갑이 된 상태였다. 하후패는 어둠 속에 얼마나 많은 촉군이 남아 있는지 몰라 절망감이 밀려들었다. '설마 이 한중군이 나와 아버지의 무덤이 될 운명이었던가?'

생사존망이 걸린 절체절명의 순간에 협곡을 넘어 달려온 지원군이 도착했다. 소기의 목적을 달성한 촉군은 눈치껏 흥세위로 철수한 뒤 방어 준비를 했다. 하후패는 목숨을 건졌다.

이번 흥세위에서 조우한 전쟁은 촉나라 정벌에서 조진이 참가한 유일한 전투였다.

촉나라로 들어가는 길고 좁은 산길 때문에 위군의 수적 우세는 사라지고 공세는 중지되었다. 조진은 여전히 험준한 자오곡에서 뭇 장병들과 함께 미끄러운 산길을 걷고 있었다. 억수 같은 폭우가 밤낮없이 쏟아졌다. 수증기와 안개가 뒤엉켜 길이 보이지 않았다. 병사들은 절벽을 더듬으며 조금씩 앞으로 나아가는 수밖에 없었다. 그들은 앞이 보이지 않는 맹인처럼 촉각에 의지해 안전을 구걸했다.

세차게 쏟아지는 빗소리를 제외하면 절벽 아래로 떨어지는 병사들의 비명소리와 다른 병사들의 아우성만 가끔씩 들려올 뿐 주위는 온통 죽음 같은 침묵으로 뒤덮였다.

조진은 후회가 막심했다. 소싯적에 조조와 하후연을 따라 한중에 와본 적이 있지만 촉으로 가는 길이 힘들다고 생각지는 않았었다. 그런데 지금은 연신 "아, 험하고도 높구나!"라고 부르짖을 수밖에 없었다.

'촉으로 가는 길이 그새 더 험난해진 것인가, 아니면 내가 나이가 든 것인가?'

선봉 하후패가 곡구ㅁㅁ에서 촉군의 습격을 받았다는 전방 척후병의 보고가 들어왔다. 촉으로 가는 길은 멀고도 험한데 쉬면서 공격 기회를 노리는 촉군까지 더해지자 조진은 진퇴양난에 빠졌다는 생각이 들었다. 그는 경솔하게 나선 촉나라 정벌을 후회하기 시작했다.

조진은 뒤를 돌아 낙양을 바라보았다. 그는 조예가 명령을 철회하고 퇴군하라는 명을 내려주기를 간절히 바랐다!

한 달 넘게 쉬지 않고 내리는 장맛비를 낙양에서도 심각하게 받아들이기 시작했다. 위나라 대신들은 가을 장맛비에 대해 트라우마가 있었다. 불과 몇 년 전 우금이 이끌던 칠군이 가을 장맛비에 괴멸되었기 때문이다.

처음부터 촉벌을 반대하던 진군은 이때다 싶어 철군 명령을 내리라고 조예에게 간언했다. 태위 화흠, 소부少府(한나라 관직으로 구경九卿 중 하나) 양부楊阜, 중신 왕랑王朗의 아들 왕숙王肅도 명을 거둬달라며 연명 상소를 올렸다. 각지에서 올라온 소식도 이들의 간언에 힘을 실어주었다. 연일 계속된 비로 이수伊水, 낙수洛水, 하수河水, 한수漢水 등이 전부 범람했다는 것이다!

조예는 방법이 없었다. 최근 한 달 동안 이어진 가을비로 조예의 기분은 엉망이었다. 조예는 궁전 건축을 좋아했다. 이는 대신들이 누차 간언을 올리는 원인이자 후대 역사가들도 비난하는 부분이다. 그럼에도 불구하고 조예는 궁전 건축을 계속했다. 하지만 한 달 넘게 내린 가을비로 건축공사가 지연되고 중단된 것이다. 전방에서 싸우는 병사들이 떠오른 조예는 마음이 더 안 좋아졌다.

"회군하라고 하시오."

절벽을 기어오르던 조진의 대군들은 조서를 받고 들끓었다. 그들은 후군이 전군이 되어 철수했다. 올 때 지나왔던 길고 험난한 길을 떠올리자 다리가 후들거렸지만, 전방에서 호시탐탐 노리고 있는 촉군에 비하면 무섭지 않았다.

동쪽에서 꼬박 두 달 동안 나무를 베고 길을 내며 행군하는 척하던 사마의의 부대도 소식을 듣고 기쁜 마음으로 철군했다.

촉군 장병들은 가을비 너머로 철군하는 위군들을 바라보며 승리의 미소를 지었다. '촉촉한 가을비가 참 좋구나.'

결국 이기는 사마의

조진은 잔뜩 기가 죽었지만 그래도 병력 손실은 그다지 없었으니 전패는 아니라고 생각했다. 하지만 그는 위연과 오의가 이끄는 촉한의 기습부대가 조위의 남안군 안으로 이미 잠입해 들어왔음을 알지 못했다.

남안군에 촉군이 나타났다는 것을 가장 먼저 알게 된 사람은 옹주자사 곽회였다.

곽회는 깜짝 놀랐다. '조위에서 여러 갈래로 대군을 보내 전면공격을 가하고 있다. 그런데 제갈량은 어떻게 따로 군대를 차출해 우리군 후방을 기습한 것인가?' 곽회는 이 촉군들이 대체 어디에서 튀어나왔고, 인원수는 얼마나 되는지, 통수권자는 누구인지 생각할 겨를도 없이 즉각 군대를 출동시켰다.

혼자서 촉군을 상대할 자신이 없었던 곽회는 비요에게 구원을 요청했다. 비요는 조진이 관중을 지키라고 남겨둔 대장이었다. 조진이 그를 남겨둔 것은 강족羌族과 흉노족匈奴族의 침략에 대비하려는 의도였다. 곽회의 구원 요청을 받은 비요는 촉군이 기습부대를 보내 직접 위나라의 본토를 칠 만한 여력과 담력이 있다는 사실을 도저히 믿을 수가 없었다.

비요는 반신반의했지만 관중 부대를 이끌고 곽회와 합류했다. 비요와 곽회는 적극적으로 공격에 나서 촉군의 기습부대를 치자는 데 의견을 같이했다. 기습부대의 수가 많을 리도 없거니와 그 부대가 위나라 영토 안에 오래 머무르게 되면 재앙이 될 것임이 분명했기 때문이다.

비요와 곽회는 출병했다. '위나라 군대의 홈그라운드에서 벌이는 전쟁인데다 수적으로도 절대적인 우위에 있다. 제아무리 센 인물이 쳐들어왔다고 해도 우리 조위의 천라지망天羅地網을 벗어날 수는 없을 것이다!'

비요와 곽회는 상대편 병사들만 생각하고 그 병사들을 이끄는 장수는 미처 고려하지 못했는데, 이것이 치명적인 실수가 되었다.

촉군을 이끄는 장령이 위연이었기 때문이다.

유비 시대에 이미 눈부신 활약을 보여주었던 위연은 이제 촉한에서 유일하게 살아 있는 백전노장이자 제갈량 휘하 최고의 전쟁 명수였다!

그런데 위연은 촉한에서 약간 소홀한 대우를 받고 있었다. 애초에 그는 유비 수하에서 최하위 계급의 군관에 불과했다. 그런데 서천에 입성할 당시 전투에서 용맹함을 보여주며 유비의 눈에 띄었고, 유비는 장비가 맡았어야 할 한중태수 자리에 파격적으로 위연을 발탁했다. 하지만 선제 유비가 세상을 떠난 뒤로 위연의 지위는 더 이상 올라가지 않았다. 지난 세대 명장인 관우, 장비, 마초, 황충, 조운이 전사하거나 병사하면서 위연은 이제 자신의 적수가 없다고 생각했다. 자신의 군사 재능에 대한 자부심과 호기를 믿고 위연은 제갈량의 지휘에서 벗어나 독자적으로 군대를 이끌고 싸우고 싶다는 생각을 자주 했었다. 하지만 병사 수가 적다는 이유로 번번이 제갈량에게 거절을 당하자 위연은 답답하고 괴로웠다.

그런데 조진의 촉나라 정벌에 대응하기 위해서 이번에 제갈량은 이례적으로 위연에게 군대를 허락했다. '인원이 많지는 않지만 어쨌든 나 위연이 전권을 쥐고 지휘하는 것이다!' 의기양양해진 위연은 멋지게 싸워보리라 결심했다.

촉한 군대의 주력은 산악 작전에 적합한 보병이었다. 대평원에서 보병은 확실히 조위 철기병들의 적수가 되지 못했다. 그래서 위연은 결전 지역을 양계陽溪와 남안 사이의 산골짜기로 정했다.

비요와 곽회는 아무것도 모른 채 철기병을 이끌고 산골짜기로 들어갔다. 지형이 복잡하고 협소한 산골짜기에서 덩치가 큰 말은 돌아가거나 돌격하거

결국 이기는 사마의

나 어느 쪽으로든 불편하기 짝이 없었다. 반면 촉한은 기동성이 뛰어난 산악병에 독자적인 비밀병기이자 기병 킬러인 제갈노까지 갖추고 있어 지고 싶어도 질 수 없는 유리한 형세에 있었다.

비요와 곽회는 참패했고 위연은 대승을 거두었다. 기습의 목적을 달성한 위연은 올 때처럼 그렇게 소리 없이 철수했다. 그는 군기를 휘두르며 적진을 피로 물들인 풍모를 남겼다.

귀국 후에는 오랜만에 받아보는 꽃다발과 정서대장군, 가절, 남정후라는 영예가 위연을 기다리고 있었다.

한편 조진을 기다리는 것은 많은 사람들이 말없이 보내는 경멸의 눈빛이었다. 조진은 감당하기 힘든 수치와 오랜 여정으로 병이 들고 말았다. 이듬해 3월, 조진은 병사했다.

아이러니하게도 작년에 철군하자마자 날씨가 맑아지면서 6개월 내내 햇볕은 뜨겁고 빗방울 하나 떨어지지 않았다. 그런데 올해 조진이 세상을 떠나자 또다시 비가 내리기 시작했다.

조진의 말로는 그야말로 조휴와 판박이였다. 다른 점이라면 조진은 자신의 정치적 유산을 이어받을 아들 하나를 남겼다는 것이다. 그 아들의 이름은 조상曹爽으로, 훗날 사마의의 가장 위험한 적수가 된다.

서부 방어 임무를 맡은 조진이 죽고 나니, 조비 시대에 상좌에 앉은 조위 군부의 4대 거물(조진, 조휴, 하후상, 사마의) 중 사마의만이 유일한 생존자였다. 몸은 완성에 있었지만 사마의의 마음은 이미 장안으로 날아가 있었다. 맹달을 친 이후로 이미 3년 동안이나 정식으로 싸워본 적이 없는 사마의는 엉덩이가 근질근질한 상태였다. '천하를 둘러보아도 나 사마의의 적수가 될 만한 사람은 와룡, 즉 제갈량 한 사람뿐인 듯하다.'

사마의는 태연한 표정으로 기대하고 있었다.

예상대로 제갈량이 또다시 싸움을 걸어왔다. 제갈량은 촉군을 몇 번이고 괴롭히던 식량 문제를 극복하기 위해서 이번에는 자신의 새로운 발명품인 '목우'木牛를 사용했다.

목우가 어떤 물건인지에 대해서는 현재까지도 정설이 없다. 대체로 자동 기계와 수레라는 두 가지 설로 나뉜다.

수레설은 목우를 일륜차나 사륜차의 일종으로 보고, 좁은 산길을 행진할 수 있어서 인력 소모를 줄여준다고 본다. 하지만 일륜차는 한나라 때 이미 만들어진 것인데 어떻게 이제 와서 발명했다고 할 수 있겠는가?

배송지 주석에서는 목우 제조법을 인용했는데, 전문 용어가 너무 많고 설계도가 없어 지금 우리가 복원하기는 어렵다.

자동 기계설도 전혀 근거 없는 소리는 아니다. 《남제서·조충지전》南齊書·祖衝之傳의 기록에 따르면, 과학기술 천재인 조충지가 제갈량의 목우유마木牛流馬를 복원하고 개량했다며 다음과 같이 묘사하고 있다. "제갈량이 만든 목우유마가 있어서 기물을 만들었는데, 바람이나 물을 쓰지 않아도 장치의 기관들이 스스로 움직여 인력을 쓸 필요가 없었다." 조충지 버전의 목우는 일종의 자동 기계다. 조충지가 산 시대는 삼국과 대략 200년 정도 차이가 나기 때문에 그가 제갈량의 목우유마에 대해 이해한 내용이 너무 터무니없다고 할 정도는 아닌 것이다.

이번에 제갈량은 혼자 오지 않았다. 그는 선비족鮮卑族의 왕 가비능軻比能을 끌어들여 조위의 측면에서 위협을 가하게 했다. 그리고 본인은 직접 대군을 이끌고 조위의 서부 군사 요충지인 기산을 포위했다.

기산의 전보戰報가 낙양에 도착하자 조예는 사마의에게 주둔지를 완성에서 장안으로 변경하고 서부 전역의 방어 업무를 맡으라는 명을 내렸다.

사마의는 기꺼이 명을 받들었다. 그는 그동안 묵묵히 제갈량과 교전할 날만을 손꼽아 기다리고 있었기 때문이다. 라이벌이 없는 고수는 쓸쓸했다. 천하 어디를 둘러보아도 사마의의 진정한 적수가 될 사람은 제갈량 한 사람뿐이었다!

옛 사람은 제왕이 될 운명을 가진 사람을 '용'龍으로 비유했다. 사마의는 후세에 진晉 선제宣帝로 추봉되어 진룡眞龍이 되었다. 일찍이 칩거 생활을 했던 제갈량은 '와룡'臥龍으로 불렸고, 동시대 사람들에게 제갈 가문의 용호견龍虎犬 (촉의 제갈량은 용, 오의 제갈근은 호랑이, 위의 제갈탄은 개라고 일컬어진다) 중 용으로 칭송받았다.

그리고 지금, 위와 촉의 두 용이 마침내 전장에서 처음 만나 삼국 군사 역사상 최고 수준의 정상 대결을 펼칠 준비를 하고 있었다.

용이 많으면 물을 다스릴 수 없듯이
진정한 권위는 오직 하나뿐이다

제갈량은 다시 북벌에 나서 기산을 포위했다. 기산의 수장인 가사賈嗣와 위평魏平이 다급하게 구원을 청했다. 선비족 가비능도 군대를 이끌고 북쪽에서 출몰했다.

조예는 급히 군신들을 소집해 대책을 논의했다. 촉한의 침범을 안중에도 두지 않는 무리들은 촉한은 치명적인 식량 문제를 해결할 수 없기 때문에 얼마 못 가 철군할 거라고 했다. 또 다른 무리는 조위 땅 상규上邽가 보리 생산지라 만일 촉군이 보리를 서둘러 수확한다면 식량 문제를 해결할 수 있다고 했다.

이런 창의적인 제안을 내놓은 사람도 있었다. "우리가 촉군보다 먼저 보리를 수확하는 것입니다. 견벽청야堅壁淸野(성에 들어가 지키면서 적에게 먹을 것을 주지 않기 위해 들판을 비우다) 전략을 취하면 싸우지 않고도 촉군을 물러가게 만들 수 있습니다."

조예 앞에서 당당하게 이런 유치한 계책을 내놓는 것만 보아도 조위의

결국 이기는 사마의

군신들이 얼마나 제갈량을 두려워하고 자국의 군대를 신뢰하지 않았는지 알 수 있다. 사마의는 이런 내우외환의 상황에서 서부 방어구역의 총지휘자라는 힘겨운 임무를 떠안게 된 것이다.

군신들은 말만 요란할 뿐 제대로 된 계책을 내놓지 못했다. 사마의는 미간을 찌푸리며 현장에서 다시 방법을 생각하기로 하고 즉시 출발하도록 윤허해달라고 조예에게 청했다.

조예는 출병을 명하면서 거기장군車騎將軍 장합, 후장군 비요, 정촉호군征蜀護軍 대릉戴陵, 옹주자사 곽회를 포함한 관중의 모든 군대를 사마의가 지휘하게끔 했다. 별도로 안문雁門태수 견소牽招에게 가비능을 맡아 후환을 없애라고 명했다.

전선이 점점 가까워지자 사마의는 더욱 수심에 잠겼다. 이번에는 급하게 출병하는 바람에 군량을 준비할 시간이 없었기 때문이다. 관중은 해마다 전쟁을 치르느라 비축한 식량이 다 떨어지고 없었다.

사마의가 군량 걱정을 하고 있을 즈음, 전선에 있던 곽회가 희소식을 전해왔다. 군량과 마초 문제가 해결되었다는 것이다. 옹주 지역에는 강족羌族과 호족胡族 등 소수 민족이 많이 살고 있었는데, 곽회가 10여 년을 이곳에 주둔하는 동안 그들을 도와주면서 신망을 얻은 모양이었다. 그래서 이번에 그가 강족과 호족 수령들을 찾아가 조정의 어려움을 호소하면서 식량을 좀 내어달라고 부탁했을 때 적극적인 호응을 얻을 수 있었던 것이다. 이로써 식량 문제가 해결되었다.

사마의는 군대를 한곳에 모으고 서쪽의 기산으로 출발했다. 대군이 미성과 옹성을 통과할 때 장합이 제안했다. "미성과 옹성은 포사도의 출구를 마주하고 있습니다. 만일 제갈량이 또 성동격서 전략을 써서 이곳으로 기습부대를 보내면 어떻게 합니까? 이곳에 부대 하나를 남겨 지키게 하십시오."

장합은 조조 시대의 명장이자 대촉 작전의 베테랑이라 군대에서 위신이 높았다. 특히 그는 가정 전투를 통해 서부 군사지역에서 자신의 입지를 확고하게 다졌다. 사마의는 자신이 장합을 평범한 부하로 대할 수 없고 그의 의견을 신중하게 수용해야 한다는 것을 잘 알고 있었다. 하지만 제갈량처럼 강력한 상대를 만난 지금 같은 상황에서 군사를 나누어 후방을 지키게 하는 것이 과연 승산이 있을지 사마의는 자신이 없었다.

사마의는 잠시 고민하더니 정중하게 대답했다. "만약 병력을 나누고도 제갈량을 이길 수 있다면 장군의 제안은 정확한 것입니다. 그런데 그 방법으로 제갈량을 막지 못한다면 전군前軍은 전멸합니다. 전군이 전멸하면 미성과 옹성을 지키는 후방군도 무사할 수 없습니다. 이것이 바로 촉이 삼군으로 나누었다가 경포黥布에게 각개격파各個擊破 당한 원인입니다."

장합은 사마의가 꺼내든 전조前朝의 전고典故를 반박할 수 없었지만 시종일관 자신의 새로운 상사를 다소 얕보고 있었다. 조진이야 어쨌든 정규 교육이나 훈련을 받은 백전명장이었지만, 사마의는 문관이었다가 도중에 무관이 된 사람이고 조예가 즉위한 이래 처음으로 군대를 통솔해 전투에 참가한 것이다. 그래서 장합은 사마의를 탁상공론의 수재에 불과하다고 치부했다.

전선에 도착한 사마의는 비요와 대릉, 그리고 정예병 4천 명을 남겨 곽회의 옹주병을 도와 보리 생산지인 상규를 지키게 했다. 그리고 자신은 직접 주력부대를 이끌고 기산을 구원하러 갔다.

제갈량은 기산을 포위 공격하는 시늉을 하는 것뿐이었다. 사실 지난번 진창 전투 이후 제갈량은 공성 전술을 포기했다. 자신의 장기가 야전에 있다는 것을 감안해 성을 포위하고 적의 지원군을 치는 작전을 쓰고 싶었다.

제갈량은 기산을 포위 공격하면서 한편으로는 식량 문제를 고민했다. '이번에 목우를 사용하고 이엄이 한중을 지키면서 군량과 마초 운반을 감독

결국 이기는 사마의

한다고는 하지만, 산길이 험하니 적군에게서 아군의 먹을 것을 구해 후방 보급부대의 부담을 줄이는 방안을 생각해야겠다.'

지리에 익숙한 제갈량은 기산 동북쪽에 있는 보리 생산지 상규가 있음을 떠올렸다. '보리가 거의 다 익었겠지? 우리를 위해 식량을 재배해 준 조위 농민들이여, 고맙구나. 수확은 우리에게 맡기거라.'

제갈량은 소부대 하나를 남겨 계속 기산을 포위하게 하고, 양식을 구하기 위해 자신은 주력부대를 이끌고 상규로 향했다.

사마의는 동에서 서로, 제갈량은 서에서 동으로 이동해 두 부대가 스쳐 지나간 것이다!

그런데 사마의는 전혀 제갈량의 종적을 발견하지 못했다. 제갈량이 그를 피해 갔기 때문이다. '당신은 먼저 기산으로 가시오. 나는 상규에서 보리를 베고 돌아와 당신을 찾을 테니.' 제갈량의 군대는 신속하게 상규에 도착했다.

상규의 수장 비요와 대릉은 곽회와 연합해 제갈량을 치러 왔다. 제갈량은 병력을 배치해 비요의 병사 4천 명을 가볍게 해치웠다. '너희 같은 졸개들은 내 적수가 될 자격이 없다. 사마의를 불러오너라.'

제갈량의 군대는 상규로 진군했다. 눈앞에 펼쳐진 금빛 찬란한 보리밭에서는 구수한 보리 향기가 퍼지고 있었다. 제갈량은 미소를 지으며 하명했다. "자, 지금부터 보리 베기 시합을 시작한다!"

촉한의 병사들은 하나같이 둔전의 명수들이라 순식간에 보리밭을 쓸어버렸다. 황금빛은 사라지고 금세 시커먼 흙색이 드러났다. 촉한 병사들은 드넓은 보리밭을 빠른 속도로 잠식해갔다. 패전한 상규군이 달려와 사마의에게 이 사실을 보고했고, 사마의는 급히 상규로 달려가 거친 숨을 몰아쉬며 상황을 살폈다. 제갈량의 군대가 한창 보리를 베고 있었다. 촉군이 군량을 가로채는 것을 속수무책으로 바라보던 장령들은 화가 치밀어 출전을 요청하고 나섰다.

그런데 사마의는 침착한 모습이었다. 제갈량이 기산에서 상규로 오면서 자신을 피했던 것이 적을 지치게 만드는 피적계疲敵計였음을 사마의는 알아차렸다. '촉군이 상규에서 휴식을 취하며 정비도 하고, 보리 수확은 수확대로 하는 동안, 우리는 상규에서 기산 사이를 바쁘게 뛰어다녔다. 지쳐 있는 군대로 힘을 비축한 군대를 상대하면 필패할 수밖에 없다.'

사마의가 명령을 내렸다. "삼군 장병들은 상규 동쪽 산 밑에 진을 치고 휴식을 취하며 정비한다!"

제갈량은 유유자적하며 사마의가 달려오기를 기다리고 있었다. 사마의를 일거에 격파한 뒤 다시 보리 수확에 전력할 생각이었다. 그런데 돌아온 사마의 군대가 공격에 나서기는커녕 상규 동쪽의 산세가 험준한 곳에 진을 치고 있는 것이 아닌가!

제갈량은 의아했다. '그래 좋다. 그쪽이 우릴 공격하지 않는다면 우리가 가서 공격해 주마.'

제갈량은 군대를 이끌고 나와 사마의 진영의 위치를 살폈다. '수비는 쉬우나 공격하기는 어려운 곳이다! 지세가 험준한 곳에 잘도 진을 쳤구나!'

사마의 군영을 무너뜨릴 자신이 없었던 제갈량은 병사들을 보내 욕을 하도록 하면서 응전을 유도했다.

사마의는 군영에 편히 들어앉아 촉군들의 욕지거리를 즐기고 있었다. 그는 촉군들이 더 세고 강하게 욕해주기를 간절히 바랐다. '제갈량, 이런 비열한 방법으로 나를 도발할 수밖에 없었는가?' 적이 분노했을 때가 바로 자신이 주도권을 차지하는 때임을 사마의는 잘 알고 있었다. 사마의는 궁지에 몰린 촉군이 목이 터지도록 욕하는 모습을 흥미진진하게 바라보면서 남몰래 기쁨을 만끽했다.

'싸우질 못했으니 다시 보리를 베러 갈 테지?'

사마의는 부장 우금을 불렀다. "경기병輕騎兵 한 부대를 이끌고 가서 보리 베는 촉군들을 교란시켜라. 그들이 보리를 베고 있으면 기습하고, 보리를 베지 않으면 멀리 도망쳐라." 우금은 명을 받고 떠났다.

우금을 보낸 사마의는 웃으며 상규 쪽을 바라보았다. '나를 기산과 상규 사이에서 뜀박질시켜 기선을 잡았겠다? 이젠 내가 그쪽이 보리 베는 걸 방해해 주지. 보아하니 이제 그 기선이 우리 쪽으로 넘어온 것 같군.'

제갈량은 우금의 경기병 때문에 피곤해서 견딜 수가 없었다.

촉군은 주요 병종兵種이 보병이었다. 병력이 아무리 많다 해도 보리밭 곳곳을 말을 타고 종횡무진하며 극강의 기동성을 자랑하는 경기병을 상대하기 힘들었다. 제갈량이 보리를 일부 수확하기는 했지만 위군의 경기병이 휘젓고 다니는 상황에서 나머지를 다 수확하는 건 현실적으로 불가능해보였다. '그래, 일단 수확한 보리만 가져가자.'

제갈량은 보리를 싣고 철군한 뒤 계속해서 기산을 포위 공격할 생각이었다. 사마의는 제갈량이 떠날 채비를 하는 걸 발견했다. '당신이 가면 나는 뒤따라가겠다.' 사마의가 명령을 내렸다. "삼군 장병들은 멀리서 촉군의 뒤를 따라간다. 선두부대는 너무 붙지도 떨어지지도 않게 촉군과 일정한 거리를 유지한다."

장합은 이 전법을 도무지 이해할 수가 없었다. '반평생을 전장에서 보냈지만 이런 경우는 처음 보았다. 굳게 지키거나 기습하면 되는데 적군의 뒤를 따라가다니, 도대체 어쩌려는 것인가?'

더 이상 가만히 두고 볼 수 없었던 장합은 일어나 뭇 장성들이 꺼내지 못한 마음의 소리를 토로했다. "멀리서 온 촉군을 상대하려면 지금 우리가 하고 있는 수비가 정확한 방법입니다. 제 생각에는 계속 굳게 지키면서 기습 부대를 보내 촉군의 후방을 쳐야 합니다. 우리 대군이 근처에 있다는 걸 기산의 수비군이 알게 된다면 자연히 투지와 자신감이 생길 것입니다. 그런데 지금 적을 치기는커녕 뒤를 따라가는 걸로도 모자라 너무 바짝 붙지도 말라고 하시니, 대체 무슨 의중이십니까?"

장합이 살짝 눈에 거슬렸던 사마의는 아무런 해명도 하지 않고 그의 의견도 묵살한 채 계속 거리를 두고 촉군의 뒤를 쫓았다.

제갈량은 한 번도 적군의 추격을 두려워한 적이 없었다. 그리고 이런 식으로 적에게 미행당한 적도 처음이었다. 정말 견디기 힘든 기분이었다. 더군다나 맨 뒤에서 행군하는 군대는 위군이 언제 기습을 가할지 몰라 시종일관 신경을 곤두세우고 있어야 했다. 제갈량은 사마의가 뒤따라오도록 계속 놔둘 수가 없었다. 그는 삼군에게 이곳에 주둔하고 사마의와의 교전을 준비하라고 하명했다.

뒤에서 계속 따라가던 사마의는 촉군이 행군을 멈추고 주둔하는 걸 보더니 침착하게 명을 내렸다. "삼군 장병들은 이곳에 주둔한다. 내 명이 떨어지기 전까지는 절대로 나가서 싸우면 안 된다!" 사마의는 군대 진형을 갖춘 뒤 복병을 심어두었다. 그리고 제갈량을 도발하라고 우금의 경기병을 보냈다.

제갈량은 우금의 경기병의 희롱에도 꿈쩍하지 않았다. '이런 소부대가 날뛰는 것은 믿는 구석이 있다는 뜻이니 틀림없이 뒤에 복병이 있을 것이다. 이 경기병은 미끼에 불과하다. 어부 사마의는 뒤에서 간사한 미소를 짓고 있을 테지.'

제갈량은 뾰족한 수가 없었다. 지금 제갈량 부대는 사마의 지원군과 기산 수비군 사이에 있어서 안팎으로 협공을 당하기 쉬웠다. 잠시 고민하던 제갈량은 아예 기산의 포위를 풀고 두 병력을 한 군데로 모아 노성鹵城으로 철군할 것을 명했다.

'겉으로 봐서는 사마의가 나를 두려워해 뒤를 쫓기만 하는 것 같지만, 사실 이게 어딜 봐서 쫓는 것인가, 압박하는 것이지! 내가 앞으로 나가려고 하면 그자는 배산임수 지형에 진을 치고 지키며 나를 한 발짝도 나가지 못하게 만든다. 앞으로 가려고 해도 갈 수가 없으니 뒤로 물러날 수밖에 없다. 그자는 그런 우리를 뒤쫓으며 압박하고 있다. 내가 멈추면 그자는 다시 요새에 진을 친다. 계속 이렇게 수동적으로 가다가는 조만간 위나라 국경 밖으로 쫓겨날 것이다. 행여 그자가 무슨 허점이라도 발견해 치명타를 가하기라도 하면 우리는 그날로 끝이다!'

그래서 제갈량은 거점으로 삼을 만한 도시를 찾아 전열을 가다듬고 사마의와 결전을 벌일 기회를 모색하기로 한 것이다. 수비하기는 쉽지만 공격하기는 힘든 노성이 지금으로서는 최선의 선택이었다. 노성에 이른 제갈량은 병력을 남북으로 나눠 포위했다. 자신은 북쪽에 주둔하고, 대장 왕평에게 촉한 정예부대인 '무당군'無當軍을 이끌고 남쪽에 주둔하게 함으로써 기각지세를 형성했다. 무당군은 제갈량이 남만南蠻을 정벌한 뒤 만족蠻族의 정예병을 선발해서 만든 촉한 최정예 특수부대로, 무당이라는 이름은 당해낼 자가 없다는 뜻의 '무인능당'無人能當에서 따온 것이다. 이 부대는 특히 산악작전에 능했는데, 험준한 산을 마치 평지를 걷는 것처럼 자유자재로 날아다녀 '비군'飛軍이라고도 불렸다.

사마의는 제갈량이 전군을 노성으로 철수시켰다는 것을 알고 기산 수비군과 합류해 계속 압박 전술을 폈다. 그는 대군을 이끌고 노성 근처로 가서 험준한 산머리를 찾았다. 그러고는 산에 올라 주둔지를 파서 군대를 주둔시

켰다. '우리는 계속 시간을 끌 것이다. 어디 누가 더 오래 버티나 보자!'

그런데 부하들이 반대했다. 장합이 두 차례에 걸쳐 반대 의견을 제시한 이후 사마의를 바라보는 다른 장령들의 시선도 곱지 않았다. 특히 기산의 두 수장인 가사와 위평은 사마의가 제때 지원군을 보내지 않아 고전을 거듭하느라 매우 화가 난 상태였다. 그들은 사마의가 제갈량을 미행하며 싸우지도 않고 철수하지도 않으면서 지원군을 보내지도 않았다는 것을 알게 되었다. 무엇보다 두 사람이 격분한 것은 병력상 절대적인 우세를 보이고 있는데도 사마의가 공격을 하지 않는 것이었다. 그들은 사마의를 향해 차가운 조소를 날렸다. "호랑이 보듯 촉군은 두려워하면서 세상 사람들의 비웃음거리가 되는 것은 두렵지 않으십니까!"

이 두 무명의 장수들을 멸시하듯 바라보며 호통을 치려던 사마의는 그 뒤편에 앉아 있던 장합을 발견했다. 그는 수염을 비비 꼬며 비웃듯이 자신을 바라보고 있었다.

'나라고 왜 제갈량과 사투를 벌이고 싶지 않겠는가? 하지만 전투에서 이기려면 먼저 불패하는 확고한 위치를 차지해야 한다. 제갈량의 약점은 군량과 마초에 있다. 이번 달만 넘기면 제갈량은 싸우지 못하고 물러갈 것이다. 그동안 제갈량은 군량과 마초가 부족할 때 전투를 갈망했다. 이렇게 된 마당에 굳이 나의 장기를 버리고 적이 원하는 대로 들어줄 필요가 있는가?'

용맹한 군사전문가는 설명이 필요 없었다. 사마의는 손을 흔들며 말했다. "계속해서 수비한다."

그 뒤로 한 달여의 시간이 흘렀다. 사마의는 제갈량이 가져온 군량과 상규에서 수확한 보리가 거의 다 떨어졌을 거라고 짐작했다. '왜 아직도 철군할 기미가 보이지 않지?'

사마의는 제갈량이 새 발명품 '목우木牛'를 쓰기 시작했다는 것을 알지 못했다.

한편 군 내부에서는 사마의 총수가 겁쟁이라는 둥, 진즉에 장합 장군의 말을 들었다면 이겼을 거라는 둥 하는 근거 없는 소문이 퍼지기 시작했다. 해묵은 옛 일을 끄집어내며 사마의가 조비 덕에 입신양명한 것이지 전투에는 원래 문외한이었다는 이야기도 들렸다.

사마의도 이런 소문이 돌고 있다는 것을 알고 있었지만 모르는 체할 수밖에 없었다. '시간을 오래 끌수록 제갈량이 불리해질 텐데 오히려 우리 쪽의 군심이 흔들리고 있다. 전투를 원하는 장병도 늘고 있다. 처음에는 진심으로 싸우기를 청했지만 갈수록 참전을 어린애 장난처럼 대하고 있다. 거절했다가는 병사들의 비웃음거리가 될 것이다.'

사마의는 생각을 정했다. '정 그렇게 출전하고 싶다면 하거라. 만약 싸워서 이긴다면 총수인 내가 능숙하게 지휘한 것이고, 진다면 내가 선견지명이 있는 것이 될 터, 어느 쪽으로도 내게는 해가 되지 않으니 못할 것이 뭐가 있겠는가?'

이날도 장병들은 여느 때와 마찬가지로 싸우기를 청했다. 사마의가 말했다. "좋소. 싸웁시다."

전군은 의아했다. 사마의는 놀란 표정들을 감상하며 웃는 얼굴로 덧붙였다. "장합 장군이 대촉 작전의 명장이니 군대를 이끌고 가서 노성의 남쪽을 포위 공격하시오. 그 지역 수장이 지난번 가정 전투 때 장군을 애먹였던 왕평이라고 하니, 부디 이번에는 승리하시길 바라겠소!"

장합은 사마의를 힐끗 바라보더니 명을 받고 떠났다.

사마의는 트집쟁이를 눈으로 배웅하며 속으로 안도의 한숨을 내쉬고는 이어서 하명했다. "나머지 장병들은 나를 따라 제갈량이 있는 북쪽으로 간다. 반드시 촉군을 전멸시키고 제갈량을 생포한다!"

까다로운 상대를 만난 제갈량은 무척 초조했다. 이번에 기산을 포위한 이후 겉모양새로는 모든 면에서 자신이 우위에 있고 사마의가 일방적으로 당하는 것처럼 보였다. 하지만 실제로는 촉군을 노성까지 몰아붙인 장본인이 누구인지 제갈량은 너무나 잘 알고 있었다. 노성에서도 오래 버틸 수 없을 것 같았다.

'맹달이 24일 만에 당신 손에 무너진 이유를 알 것 같군. 사마중달, 과연 범상치 않은 인물이로다!'

시간이 흘러 어느덧 5월에 접어들었다. 반년 동안 극심한 가뭄이 이어진 뒤로 3월부터는 또 연이어 비가 내리기 시작했다. 줄기차게 쏟아지는 장맛비로 다들 마음이 심란했다. 제갈량은 계속된 비가 군량과 마초를 호송하는 보급부대에 큰 부담이 될 거라는 생각에 속이 바짝 타들어갔다. 사마의는 싸우지도 않고 굳게 지키고만 있었다. 계속 이렇게 나가다가는 이번 출병도 아무런 소득 없이 돌아갈 판이었다.

그런데 갑자기 기마 정찰병이 희소식을 들고 왔다. "사마의의 전군이 출격해 이쪽으로 달려오고 있습니다!"

제갈량은 두 눈을 반짝이며 명령했다. "왕평은 남쪽을 반드시 사수하라! 위연, 고상高翔, 오반吳班 등 장수들은 나를 따라 출격한다!"

장합은 남쪽에서 힘겨운 상대를 만났다. 왕평군의 숫자는 많지 않았지만 하나같이 강하고 용감했다. 게다가 왕평은 차분하고 빈틈없이 지휘를 하고 있었다. '남쪽을 함락시키는 것이 결코 쉽지 않겠구나!' 장합은 오랫동안 전쟁터를 누볐지만 왕평을 상대로 한 이번 전투에서는 도저히 방법이 없었다. 그는 총책임자인 사마의에 대한 원망이 치밀었다. '진작 내 말을 듣고 상규를 지켰다면 이렇게 질질 끌려 다니지는 않았을 것 아닌가?'

위연은 이상하게 가슴이 뛰었다. 아무래도 요즘 자신의 운세가 좋은 것

결국 이기는 사마의

같았다. '지난번에 비요와 곽회를 대파하며 나 위연의 실력이 녹슬지 않았다는 걸 증명했는데, 이번에 또 위군과 싸울 기회가 생길 줄이야!' 위연은 신나게 위군과 전투를 벌였다. 위군 사이에서 종횡무진하며 고상, 오반군과 함께 위군을 몰살시켰다.

위군 수는 많고 촉군 수는 적어서 병력으로 보면 위군이 우세했다. 위군은 기병이 많고 촉군은 보병이 많아서 병종 상극으로 따져도 위군이 우세했다. 하지만 전투는 숫자로 단순 비교할 수 있는 게 아니었다. 전투는 실전이었다.

촉군은 대승을 거두었고, 사마의군과 장합군은 각자 알아서 철수했다. 촉한의 전과戰果는 갑수甲首 3천 급級, 현개玄鎧 5천 령領, 각노角弩 3,100장張이었다. 현개는 중형 갑옷이고, 각노는 장거리 사격 무기이다. 갑수에 대해서는 의견이 분분한데, 병사 3천 명의 수급이라는 설, 하급 간부 3천 명이라는 설, 그냥 일종의 갑옷이라는 설 등 다양하다.

어쨌든, 북벌을 단행한 이래로 촉군이 이번에 가장 큰 수확을 거두었다는 것만큼은 분명했다.

사마의는 돌아오면서 뼈아픈 교훈들을 총결산했다. "이번에 적을 얕잡아 보고 무모하게 덤빈 것은 총수인 내 책임이 크다. 물론 일부 장령들이 군령을 따르지 않고 군심을 선동해 이런 참혹한 결과를 초래한 것도 사실이다. 앞으로 경솔하게 출전을 입에 올리는 자는 군법으로 엄히 다스릴 것이다!"

아니나 다를까, 더 이상 아무도 출전을 주장하지 않았다. 비록 군대 수천 명을 잃기는 했지만 워낙 규모가 큰 위군에게는 큰 타격이 되지 않았다. 게다가 이번 실패를 통해 군 내부에서 사마의의 위엄과 명망이 높아졌다. 가끔은 실패가 성공이 될 때도 있다.

사마의는 줄기차게 내리는 비를 바라보면서 생각했다. '촉군에게 아무리 뛰어난 재주가 있다고 해도 이런 날씨에 계속 전선으로 군량을 운반하기는 어렵지 않겠는가? 제갈량은 머지않아 군대를 철수할 것이다.'

한중에서도 사마의처럼 비를 바라보는 사람이 있었으니, 바로 이엄이었다.

이엄은 작년에 표기장군이라는 직함을 위해서 한중으로 달려왔었다. 그런데 그는 지금 이곳에 온 걸 땅을 치며 후회하고 있었다. '내가 강주에 있을 때는 떵떵거리며 살았는데, 지금 한중에 있으니 제갈량에게 완전히 짓눌린 신세다. 병참 보급 업무와 문서 처리 작업말고는 달리 하는 일도 없으니, 지금 나는 말 그대로 제갈량의 병참 업무 총괄자이자 개인 비서가 아닌가!'

원래 이엄은 강주에 아들이 버티고 있으니 한중에서 형편이 여의치 않으면 언제든 돌아갈 생각이었다. 그런데 이제 보니 그것은 헛된 꿈이었다. '제 발로 한중에 와놓고는 어떻게 가고 싶다고 아무 때나 가버릴 수 있겠는가? 지금 나라에 처리할 일도 많은데, 무책임하게 그냥 가버리면 사람들에게 꼬투리를 잡혀 구설수에 오르지 않겠는가?'

한중에 저장해 둔 식량은 이미 전선으로 다 운송했고, 성도의 식량은 운반해올 수 없는 상태였다. 이엄은 초조해서 어쩔 줄을 몰랐다. 정신없는 나머지 그는 유치한 방법을 생각해냈다. '제갈량에게 날조한 교지를 보내 군량 운송이 이어지지 못하고 있으니 속히 군대를 철수하라고 해야겠다.'

전선에서 교지를 받은 제갈량은 절망했다. '또 식량이 발목을 잡다니!' 하지만 식량을 한 달분 더 조달한다고 하더라도 사마의로부터 어떤 것도 얻어내기 힘들 거라는 것을 제갈량은 잘 알고 있었다. '철수하자.'

계속해서 이어지는 장맛비 속에 촉군은 쓸쓸한 뒷모습을 보이며 군대를 철수했다.

촉군이 철수하자 사마의는 그제야 가슴을 쓸어내렸다.

제갈량과 상대하는 것은 부담도 크고 정말 힘든 일이었다. '나라고 왜 맹달을 잡아 죽였을 때처럼 맹렬한 기세로 속전속결하고 싶지 않겠는가? 하지만 하지 않는 게 아니라 할 수 없는 것이다. 제갈량 같은 적수를 만났을 때 끈기 있게 싸우는 것말고 달리 무슨 방법이 있겠는가? 겉으로는 나와 제갈량이 단순히 대치하고 있는 것처럼 보이지만, 사실은 서로 위험천만한 두뇌 싸움을 펼치고 담력을 겨루는 중이다. 상대방의 필살기를 무력화시켰지만 다른 사람들은 알 수 없으며 평범한 사람들 눈에는 보이지 않는 것이다.'

장합을 보던 사마의는 문득 대담한 방법이 하나 떠올랐다. 그가 장합에게 말했다. "장군께서 워낙 용맹하고 싸움을 잘해 촉군의 위아래 할 것 없이 장군을 경외하지 않는 자가 없다고 하더이다. 마침 제갈량이 퇴각하고 있으니 승세를 몰아 추격할 때가 아니겠소? 장군께서는 일군을 이끌고 제갈량의 뒤를 쫓으시오."

장합은 사마의의 말을 듣더니 굉장히 떨떠름해 했다. "군법에서 이르기를, 성을 포위할 때는 반드시 출로를 열어두고 퇴각하는 군사는 쫓지 말라고 했습니다." 《삼국지·장합전》에서 인용한 《위략》)

사마의는 정색했다. "장 장군, 군령은 무겁기가 태산과 같소."

장합은 어쩔 수 없이 군대를 이끌고 추격했다.

비좁은 목문도木門道에 진입한 장합은 양쪽 절벽 위에 촉군이 빼곡하게 늘어서 있는 것을 발견했다. 하나같이 손에 연노를 들고 장합이 있는 길 쪽을 조준하고 있었다. 함정에 빠졌음을 알고 장합은 서둘러 철군을 명했다. 하지만 10연발 연노에서 화살이 하늘을 뒤덮으며 날아드는데 철수할 겨를이 어디 있었겠는가? 결국 위군은 참패를 당했다.

좌우 친위대가 목숨을 걸고 장합을 구했을 때 장합의 오른쪽 무릎에는 이미 철전鐵箭(쇠화살)이 깊게 박혀 피가 철철 흐르고 있었다. 피가 멈추지 않는 바람에 철수하고 얼마 못 가 나이 예순이 넘은 이 백전명장은 세상을 떠나고 말았다.

용이 많으면 물을 다스리지 못하고, 사람이 많으면 일을 관리할 수 없는 법이다. 진정한 권위는 오직 하나일 수밖에 없다. 관직과 권력 면에서 사마의는 서부 군사지역의 최고권력자였지만, 대촉 작전 경험과 전적에 있어서만큼은 장합의 위엄과 명망이 조금 더 높았던 것 같다.

장합 같은 노장은 독자적으로 어느 한 부분을 맡아서 이끌어야지, 다른 사람 밑에서 일할 수 없는 사람이었다. 혼자서 어느 한 부분을 담당했다면 장합은 적군이 그의 소문만 듣고도 간담이 서늘해질 만한 백전 장성將星이 될 수 있었다. 그러나 다른 사람 밑에 있을 때 그는 나이를 내세워 뻣뻣하게 굴며 사람들에게 미움 받는 꼰대가 되었다.

'이자를 제거하지 않고 어떻게 서부 군사지역에서 진정한 일인자가 될 수 있겠는가?'

조조 시대의 원로 명장은 이제 아무 말 없이 자리에 누워 있었다. 사마의는 장합의 시신을 침통한 얼굴로 바라보고 있었지만 속으로는 이렇게 말하고 있었다. '장 장군, 당신의 시대는 진즉에 막을 내렸어야 했소. 이제 그만 편히 쉬시구려.'

하후상, 조진, 조휴, 장합 등 한 시대를 주름잡던 명장들이 연이어 세상을 떠났다. 이제 사마의의 군사적 지위를 흔들 사람은 아무도 없었다. 제갈량과 사마의가 벌일 최후의 대결도 서서히 다가오고 있었다. 🍥

5장

용전어야
龍戰於野

———

용이 나타나
들판에서 싸우다

그대들에게는 나의 빛나는 권세와 명성만 보이겠지. 내가 이 자리를 지키기 위해서 지난 몇 십 년을 하루같이 얼마나 조심하고 전전긍긍하며 살아왔는지 누가 알겠는가? 현재 황제 조예는 재능과 모략이 출중한 데다 모든 결정권을 장악하고 있다. 그가 마음만 먹으면 내 세력을 와해시키기란 그야말로 식은 죽 먹기다. 이번에 나를 관중에서 전출시켜 요동 원정을 보낸 데에도 그런 계산이 전혀 들어 있지 않다고 보기 어렵다. 그러니 내가 대군을 손에 쥔 지금 어찌 고개 숙여 복종하며 신하의 본분을 다하지 않을 수 있겠는가? 오로지 "성공을 고하고 돌아와 노후를 보내며 무양에서 대죄하겠다"는 마음가짐을 가지고 있어야 전화위복할 수 있다.

사소한 실수로
치명적인 위험에 빠질 수 있다

장합의 군대를 격파한 제갈량은 대군을 지휘하며 계속 회군했다.

몇 개월 동안 이어진 장마로 인해 병사들은 견디지 못할 정도로 피로했고 전의를 상실한 지 오래였다. 그래도 노성에서 대승을 거두고 목문도에서 위군의 명장 장합까지 제거하자, 병사들은 고향으로 돌아가 가족들과 행복한 일상을 보낼 생각에 노래까지 흥얼거리며 좋아했다.

기쁨은 그들의 몫이었을 뿐, 제갈량은 전혀 기쁘지 않았다.

그의 머릿속은 온통 촉한으로 가득 차 있었다. 그는 이번 북벌의 이해득실을 따져보았다. '기산은 두 번, 진창은 한 번 포위했는데 모두 헛수고였다. 아군의 우세는 공성이 아닌 야전에 있는 듯하니 다음 북벌 때는 변화를 좀 줘야겠다. 그리고 식량 문제는 언제나 우리의 약점이다. 한 번 고생으로 이 문제를 철저히 해결할 방법을 찾아야 한다. 이엄은 한중에 있고, 이풍은 강주에 있어 병력이 지나치게 분산되어 있으니 이 병력을 차출할 방도를 생각해 봐야겠다……'

고향 생각에 펄쩍 뛰며 좋아하는 단순한 병사들과 끊임없이 생각을 거듭하는 침울한 제갈 승상이 속한 촉한 군대가 그렇게 점점 멀어져 갔다.

떠나가는 촉한 대군을 바라보면서 사마의의 군사軍師 두습杜襲과 독군督軍 설제薛悌가 의견을 제시했다. "내년에 보리가 익으면 제갈량은 분명 다시 공격해올 것입니다. 농우에는 곡식이 없으니 겨울에 미리 옮겨두어 대비해야 합니다."

사마의가 웃으며 말했다. "제갈량은 기산을 두 번 공격하고 진창을 한 번 포위했지만 패하고 돌아갔네. 그러니 성을 포위하는 일에는 이미 학을 뗐을 걸세. 다음에 그가 다시 공격해 온다면 공성이 아닌 야전을 감행할 것으로 보네. 농서가 아닌 농동隴東에서 출병할 거란 말일세. 더군다나 그는 매번 식량이 부족해서 실패했으니 이번에는 가서 식량을 비축할 것이 분명해. 아마 3년 안에는 다시 출병하기 힘들 걸세."

반신반의하는 뭇 장병들에게 사마의는 더 이상 길게 설명하지 않았다.

'제갈량은 천재가 분명하다. 하지만 그는 매사에 지나치게 조심하고 보수적이다. 그런 제갈량을 상대할 때는 보통 사람의 사고방식으로 그의 마음을 헤아리면 그만이다. 자네들은 귀신도 종잡을 수 없는 천재로 그를 대하다 보니 지고 또 지는 것이다. 나는 제갈량이 보통 사람들보다 좀더 신중하고 치밀한 것뿐이라고 생각한다. 그렇게 하면 그를 상대하는 것도 그리 힘든 일이 아니다.'

제갈량이 군대를 인솔해 한중으로 돌아오자 이엄은 짐짓 놀란 척했다. "식량이 아직 많이 남아 있는데 어째서 돌아온 것이오?"

제갈량은 한참 동안 이엄을 바라보았다. 이엄을 바라보는 그의 얼굴이 붉으락푸르락했다. 제갈량은 이엄에게 별말 없이 그저 행군하느라 피곤하다는 핑계를 대고 귀가했다.

　제갈량은 집으로 돌아온 즉시 측근들을 불러들였다. 한 팀에게는 성도에 가서 이엄이 이번 철군에 대해 어떻게 설명했는지 관련 문서를 살펴보게 했다. 또 한 팀에게는 이엄이 기산군에 사람을 보내 군량이 부족하다고 말하게 한 증거를 수집하게 했다. 마지막 한 팀에게는 공무를 논의해야 하니 위연, 오의, 오반, 등지, 고상, 비의費禕 등 중신들을 불러오라고 했다.

　세 팀은 금세 임무를 완수하고 돌아왔다. 이엄이 성도에 설명한 내용은 이러했다. "제갈량은 적을 깊숙이 유인한 다음 섬멸하기 위해 거짓 철군한 것입니다."

　제갈량은 사법 절차를 진행했다. 그는 먼저 이엄이 전후로 세 번에 걸쳐 보낸 문서를 늘어놓고 모순되는 점을 지적하며 해명을 요구했으나 이엄은 대답하지 못했다. 둘째, 이엄이 고명대신이 된 이후 저질러온 갖가지 악행들을 열거하며 자기 변호를 하게 했지만 이엄은 변호하지 못했다. 마지막으로 고관 20여 명이 이엄의 탄핵을 요구하는 연명 상소를 올렸다.

　모든 직무에서 해임된 이엄은 폐서인廢庶人이 되어 변방으로 쫓겨났다. 이엄의 아들 이풍도 강주독 자리에서 내려와 하위 직급을 맡았다.

　제갈량은 이풍에게 서신을 보내 아버지의 일로 부담 느끼지 말고 나라를 위해 그저 맡은 바 최선을 다하라고 격려했다.

　촉한 내부 정권은 이로써 하나로 통일되었다.

　촉한 집단의 투쟁은 다음과 같은 몇 가지 장점이 있었다. 첫째, 병변兵變이나 정변政變이 거의 없고 전부 사법 절차에 따라 해결했다는 것이다. 둘째, 유비와 제갈량이 살아 있을 때는 한 번도 한 사람의 죄에 여러 사람이 연루된 적이 없었다. 위나라와 오나라에서 걸핏하면 눈알을 도려내고 피부를 벗기거나 재산을 몰수하고 참형하며 삼족을 멸하던 것에 비하면 상당히 인간

적이었다.

위와 촉 양국 재상급 인물의 눈엣가시였던 장합과 이엄은 그렇게 다른 방식으로 역사 속에서 사라졌다.

방해꾼이 사라진 사마의와 제갈량은 자신의 모든 기량을 마음껏 발휘하면서 긴장된 마음으로 다음 대결을 준비했다.

한편, 오랫동안 등장하지 않았던 인물 하나가 혹시나 하는 심정으로 상소를 써서 조예에게 보냈다.

상소 내용은 대강 이러했다. "조비가 즉위한 이래 우리 조씨 자손들이 명목상으로는 제후왕이지만 실질적으로는 죄수와 다름없이 오랫동안 연금되어 감시자에게 괴롭힘을 당하고 있습니다. 이제 나라가 태평성세이니 연금을 해제해주기 바랍니다."

글재주가 뛰어나고 간절함이 느껴지는 이 상소는 조예를 크게 감동시켰다. 그는 이 상소를 보고서야 어떤 글을 천고의 문장이라고 부르는지 깨닫게 되었다.

이번 달에 막 득남해서 기분이 좋은 상태였던 조예는 곧장 조서를 내렸다. "당시 제후왕에 대한 감시가 너무 삼엄했는데, 이는 정세 때문에 어쩔 수 없던 것입니다. 그런데 잘못된 것을 잡으려다 오히려 나쁘게 만들고, 하급 관리가 정책 정신을 제대로 파악하지 못할 줄은 생각지 못했습니다. 이로 인해 조씨 사촌 형제들을 자유롭지 못하게 만들었으니, 숙부님의 의견을 따라 불필요한 감시를 해제하라고 유관 부서에 명을 내렸습니다."

이 사람은 조예의 조서를 받고 눈물을 줄줄 흘렸다. 마음 깊이 오랫동안 묻어둔, 차갑게 얼어붙었던 열정이 다시금 활활 타오르기 시작했다. '자그마치 무려 11년이다! 11년 동안 나는 왕이지만 죄수나 마찬가지였다. 정권의 잘잘못을 논하고 글로써 선을 선양하지도, 마음 맞는 사람들과 함께 모여 흉금을 터놓고 즐거움을 누리지도 못하였다! 나는 애초에 태자가 될 생각 따위는 있지도 않았다. 나라가 어려우면 목숨을 바치고 사막 변경에서나 이름을 떨치기만을 바랐을 뿐이다. 형제끼리 골육상쟁도 벌이고 싶지 않았단 말이다! 밝은 해는 서쪽으로 달려 그 달라지는 풍광을 잡을 수 없는데, 이번 생은 봉지에서 마감하겠구나 싶어 한밤중에도 수도 없이 일어나 길게 탄식하곤 했었다. 그런데 일대의 명군이 된 내 조카가 칼을 뽑아 그물을 찢어 나를 훨훨 날아가게 해줄 줄이야!'

이 사람은 바로 한나라 말기 삼국 제일의 재자才子이자 천자 조예의 숙부인 동아왕東阿王 조식이었다. 올해 그는 막 불혹의 나이가 되었다.

최근 10여 년 동안 봉지를 여러 번 옮긴 조식은 구석에서 위나라 제국의 성패와 득실을 조용히 지켜보고 있었다.

조비의 눈에는 위나라에 더 이상 치명적인 약점이 보이지 않았다. 하지만 집에 비가 새는 것을 아는 사람은 지붕 아래에 있고, 실정失政을 아는 사람은 초야에 묻혀 있다는 말처럼 날카로운 정치적 통찰력을 지닌 조식은 모든 것을 훤히 꿰뚫어보고 있었다. 특히 하후상, 조진, 조휴가 연이어 세상을 떠나자 그에게는 앞으로의 일이 더 뚜렷해졌다.

만약 어떤 허점이 생겼을 때 조예가 일찌감치 해결하지 못한다면, 천리나 되는 제방이 개미구멍 하나로 무너지듯 위나라 제국에 큰 위기가 닥치리라는 것을 조식은 잘 알고 있었다.

조식은 조위의 제후왕이라는 신분으로는 함부로 국가 대사를 논의할 수 없다는 것을 잘 알고 있었다. 이는 조비가 정한 규칙이었다. 하지만 조식은 진시황과 한무제에 버금간다는 칭송을 받는 조카 황제가 아버지의 정책을 계속 엄격하게 실행할지 알 수 없었다. 출중한 정치적 지혜를 가진 조식은 한발 앞서 제후왕의 연금 해제를 청하기로 결심했다.

조예는 그의 요구를 들어주었다.

조식은 감정에 북받쳐 빠른 속도로 글을 써내려갔다. 글을 쓰면서 그는 한창 젊고 재능이 넘치던 영웅 시대와 자신이 주인공이던 건안 시대로 돌아간 것 같은 기분이 들었다.

조식은 뛰어난 학식, 정치적 경륜, 절세의 재주와 붓 한 자루를 가지고 위나라의 만리 강산을 구해보기로 했다.

조식의 정치적 재능은 그가 시인으로서 발하는 후광에 늘 가려져 있었다.

조식은 태화 초년에 조예에게 쓴 〈구자시표〉求自試表(스스로 쓰이기를 구하는 상소문)를 통해 문인으로서 나라의 은혜에 보답할 길이 없는 답답한 상황을 충분히 보여주었는데, 정말 훌륭한 문장이었다. 하지만 조식의 정치적 혜안과 역사적 지식을 가장 잘 보여주는 문장은 뭐니 뭐니 해도 역시 〈진심거표〉陳審擧表였다.

조식이 거침없이 써내려 간 이 원문은 약 2천 자 정도 되는데, 《자치통감》에서 그중 일부를 발췌했다. 사마광의 안목도 대단한 것이, 그가 발췌한 4백여 자에 전문全文의 정수가 다 담겨 있다. 이제 《자치통감》 발췌 부분을 전부 인용해 한 문단씩 강평하면서 삼국 제일의 문장가가 보여준 눈부신 재주와 책략을 살펴보도록 하겠다.

옛날 한나라 문제文帝가 대국代國에서 출발할 때 조정에 변고가 있을까 의심하자 송창宋昌이 말했습니다. "안으로는 주허후朱虛侯와 동모후東牟侯 같은 친척이 있고, 밖으로는 제齊왕, 초楚왕, 회남淮南왕, 낭야琅邪왕이 있습니다. 이들은 반석 같은 종친들이니 부디 의심하지 마십시오"라고 말입니다.

강평: 서한 여후^{呂后}의 난이 끝나고 뭇 신하들이 대^代나라 왕 유항^{劉恒}(훗날의 한문제^{漢文帝})에게 즉위를 청했다. 유항은 조정이 혼란스러워 자신의 목숨이 위험해질까 봐 주저했다. 그러자 송창이 말했다. "조정에는 주허후와 동모후가 있고, 밖으로는 유씨 집안의 형제들인 제왕, 초왕, 회남왕, 낭야왕이 있습니다. 다들 반석처럼 믿을 만한 사람들이니 주저하지 마십시오." 이 글은 유항의 전고^{典故}를 인용해 조예에게 이렇게 묻고 있는 것이다. "조위의 반석 같은 종친들이 누구겠느냐?" 사마씨가 아닌 조씨라고 강변하는 것이다.

바라옵건대 폐하께서는 먼 옛날 두 명의 괵^虢(괵중^{虢仲}과 괵숙^{虢叔}을 말함)이 희 문^{姬文}을 원조하였던 것을 보시고, 중간 시대에는 주^周나라 성왕^{成王}에게 소공^{召公}과 필공^{畢公}의 보정^{輔政}이 있었다는 걸 생각하며, 그 후대로는 송창이 말한 반석 같이 굳은 종친을 보전하십시오.

강평: 유항의 예를 자세히 설명한 뒤 주 문왕이 형제들의 힘을 빌려 일을 이루고, 주 성왕이 숙부의 도움으로 보정한 두 가지 예를 약술하며 조예에게 말하고 있다. "네 아버지의 형제이자 너의 숙부야말로 보정할 양신^{良臣}이다."

신이 듣건대 양이 호랑이 가죽을 쓰고 있으면서도 풀을 보면 기뻐하고 승냥이를 보면 벌벌 떤다고 하는데, 이는 자신이 호랑이 가죽을 쓰고 있다는 것을 잊은 것입니다. 지금 장수를 둔 것이 불량하다면 이와 비슷할 것입니다.

강평: 장수를 잘못 배치했다는 뜻의 '치장불량'^{置將不良}이란 네 글자는 현재 조위의

최대 근심거리를 제대로 지적한 것이다. 하후상, 조휴, 조진, 장합이 모두 세상을 떠났으니 '불량한 장수'가 누구를 가리키는 것인지는 불문가지다.

옛말에 '일을 하는 사람은 모르고, 아는 사람은 일을 할 수 없다는 게 근심스럽다'라고 했습니다.

강평: 당사자는 모르지만 옆에서 지켜보는 제삼자는 분명하게 안다는 뜻이다. "네숙부인 내가 바로 그 '일을 할 수 없는 아는 사람'이다!"

옛날에 관숙管叔과 채숙蔡叔이 추방되어 죽었고, 주공周公과 소공召公이 성왕成王을 보필했습니다. 숙어叔魚는 형벌을 받았고, 숙향叔向은 나라를 도왔습니다. 삼감三監의 불화는 신이 스스로 감당하겠습니다. 또한 이남二南의 보정輔政은 굳이 멀리서 구할 필요가 없습니다. 화려한 종친 귀족들과 번왕들 가운데 이 거사에 호응할 사람이 틀림없이 있을 것입니다.

강평: 형제 중에는 좋은 사람도 있고 나쁜 사람도 있게 마련이다. 같은 배 속에서 나왔지만 관숙과 채숙은 악인이고, 주공과 소공은 선인이었다. 숙어는 악인이었지만 숙향은 선인이었다. 관숙과 채숙은 주공과 소공에 의해 처단되지 않았던가? "만약 네가 주공과 소공 같은 대신에게 보정을 맡긴다면 많은 조씨 가문 제후왕들 중에 능히 감당할 만한 사람이 있을 것이다."

무릇 천하가 귀를 기울이고 주목하게 할 수 있는 자는 권력을 잡은 사람입니다. 따라서 그들은 모략으로 능히 주인을 바꾸고, 위엄으로 아랫사람을 두렵게 할 수 있습니다. 호족이 정권을 잡으면 친척에게 권력을 쥐어주지 않습니다. 그러니 권력이 있으면 관계가 소원해도 반드시 중시되고, 세력이 없어지면 가까운 사이라도 반드시 가볍게 대하게 됩니다. 제齊나라를 빼앗은 사람은 전씨田氏였지 여씨呂氏가 아니었고, 진晉(춘추시대 진나라)나라를 나눈 사람들은 조趙씨와 위魏씨였지 희姬씨 성을 가진 자들이 아니었습니다. 부디 이 점을 살펴주십시오.

강평: 제나라를 빼앗은 사람은 제왕의 친척이 아닌 전씨였고, 진나라를 나눈 사람은 진공晉公의 친척이 아니라 조씨와 위씨였다. 이 말은 곧 장차 조위의 강산을 찬탈할 사람도 조씨가 아닐 것이라는 뜻이다. 무엇을 살펴달라는 것일까? 정권을 잡고 있는 호족, 다시 말해 실권을 장악하고 있는 명문세가를 조심하라는 것이다.

좋은 일에서는 그 자리를 차지하고 흉한 일에서는 멀어지려고 하는 사람은 성姓이 다른 신하입니다. 나라가 편안하기를 바라고 집안이 귀해지기를 원하며, 그 영광을 함께 누리고 죽으면서도 화가 되는 것을 함께하려고 하는 사람은 공족公族 신하들입니다. 그런데 지금 공족을 멀리하고 이성異姓을 가깝게 하시니 신은 이를 곤혹스럽게 생각합니다. 신은 지금 살얼음을 밟고 숯불을 디디며, 산에 오르고 시내를 건너며, 춥거나 덥거나 건조하거나 습하거나 상관없이 높이 올라가고 내려오는 것을 폐하와 함께하려고 하는데, 어찌 폐하를 떠날 수 있단 말입니까? 분하고 속상함을 이기지 못해 절하고 표문을 올려 아뢰는 것입니다. 만약에 합당하지 않은 것이 있더라도 부디 이것을 서부書府에 감추어 바로 없애버리지 마십시오. 신이 죽은 뒤에 어쩌면 이 일을 생각해 볼 수 있을 것입니다. 만약 성스러운 폐하의 마음에 티끌만큼이라도 걸리는 것이 있다면, 조정에 이것을 내놓으시어 옛것을 두루 공부한 선비들에게 신이 올린 표문에서 뜻에 맞지 않는 부분을 규명하게 하십시오. 그러면 신은 더 바랄 것이 없습니다.

강평: 조식은 마지막 문단에서 자신이 올린 상소에 대한 충분한 자신감을 보여주었다. "내 말이 터무니없다는 생각이 들더라도 상소를 그냥 버리지 말고 황실 기록보관소에 소장해두어라. 내가 죽은 뒤에 어쩌면 무슨 일이 생길지도 모르니까 말이다. 그때 다시 기록보관소에 가서 내 상소를 살펴보면 깨닫는 바가 있을 것이다."

이 얼마나 예리한 상소인가!

조식은 상소에서 현재 조위의 최고위 장령이자 주요 실권자인 사마의에게 창끝을 분명하게 겨누고 있다. 사마의 본인조차도 이 시점에서는 아직 조위 정권에 불리한 일을 할 의향이 없었다. 그런 의미에서 조식의 예언은 신기할 정도로 정확하다.

만약 조예가 이 상소를 중요하게 생각했다면 사마의가 그 오랜 시간을 은인자중하고 심혈을 기울여 다져온 기반이 몇 장 안 되는 이 종이쪼가리 때문에 홀랑 날아가버렸을 테고, 역사도 다시 쓰였을 것이다.

조식의 〈구자시표〉를 그저 자화자찬하며 황제에게 자신을 써 달라고 모수자천毛遂自薦하는 것이라고 생각한다면, 이 상소는 비록 사심이 없지는 않지만 조위 정권의 공익을 생각하고 권력을 장악하고 있는 조예에게 경종을 울리는 것이 주된 기조라고 할 수 있다.

하지만 조예는 깊은 뜻이 담겨 있는 숙부의 이 두 번째 상소를 별로 마음에 두지 않은 것 같다. 그냥 숙부를 칭찬하는 말 몇 마디를 적은 조서를 보냈을 뿐이었다.

실질적인 효과를 만들어내지는 못했지만 조식의 이 상소는 조예의 마음속에 그늘을 남겼다. 삼인성호三人成虎(세 사람이 모이면 범을 만들어낸다는 뜻으

결국 이기는 사마의

로, 근거가 없는 말이라도 여러 사람이 말하면 곧이듣게 된다는 말)라는 말도 있듯이, 사마의에 대한 좋지 않은 이야기들이 다시 들리면 이 그늘은 급격히 번져 사마의의 지위를 위태롭게 만들 수 있었다. 실제로 이 상소는 8년 후 조예가 모두의 예상을 뛰어넘어 사마의를 권력의 무대에서 끌어내리는 원인이 되었다.

하지만 지금의 조식은 그런 일을 알 리가 만무했다. 조카의 회신을 받은 그는 서둘러 내용을 확인해 보고는 실망을 금치 못했다. 그 이후로 조식은 재기하지 못했다. 연회에서 흥을 돋우는 글을 제외하고는 더 이상 무게 있는 작품을 써내지 못했다. 그리고 이듬해 조식은 병으로 우울하게 세상을 떠났다.

그 무렵, 새로운 재자들이 성장하고 있었다. 그들은 술을 마시고 조식 세대의 수재들이 감상하거나 이해할 수 없는 행위예술 따위를 추구했다. 건안 풍골建安風骨의 명맥이 끊기고 만 것이다!

조식이 두 번에 걸쳐 상소를 올렸다는 것을 사마의는 알지 못했다. 그는 제갈량의 다음 도전장을 맞을 준비에 박차를 가하고 있었기 때문이다.

사마의는 우선 조예에게 상소를 올려 기주의 농부들을 상규로 보내 보리 생산을 늘리도록 승인해줄 것을 청했다.

사마의는 또 경조京兆, 천수天水, 남안南安에 '감야알자'監冶謁者를 세웠다. 이는 금속 제련을 전문적으로 관장하는 관리인데, 사마의는 이 세 지역에서 제련업을 크게 일으킴으로써 병기를 만들기 위한 원재료를 충분히 준비해두었다.

또 사마의는 1년을 투자해 대형 수리水利 공사 두 건을 진행했는데, 하나는 성국거成國渠였고, 또 하나는 임진피臨晉陂였다.

성국거는 한무제 때 만들어졌다. 미성郿城에서 위수渭水를 황실의 상림원

上林苑으로 끌어온 것인데, 그 호수가 관중평원關中平原에 있은 지 벌써 수백 년이 되었다. 서한 때부터 이어진 성국거에는 이미 막혀버린 수로들이 있었다. 사마의는 공사 인원을 대거 파견해 성국거를 준설하게 했다. 이 밖에도 성국거의 서면西面을 크게 증축했는데, 진창부터 괴리槐里까지 새로 수로를 만들어 성국거와 이어지게 했다. 한나라의 성국거를 기반으로 해서 서쪽으로 약 1백 리를 연장하는 대공사였다.

오래된 성국거를 수리하고 증축하는 것뿐만 아니라 사마의는 새로운 임진피 건설을 주관했다. 성국거에서 끌어오는 것은 위수였고, 임진피에서 쓰는 물은 낙수洛水였다. 임진피는 일종의 댐 공사인데, 낙수 가에 인위적으로 큰 저수지를 만들어서 낙수의 물을 끌어다가 둔치에 대는 것이다. 그렇게 해서 땅이 비옥해지면 농사를 지을 수 있었다. 또 피에는 수문水門이 있어서 물이 고이면 문을 닫고 가물면 문을 열어서 홍수를 막고 저수貯水할 수 있었다. 임진피가 만들어지자 알칼리성 토지 수천 경頃이 좋은 밭으로 변해 관중 백성들에게 큰 이득을 가져다주었다.

성국거와 임진피는 관중 평원의 곡식 생산능력을 대폭 향상시켰다.

임진피 앞에 서서 1만 묘畝 규모의 네모진 저수지를 바라보던 사마의는 기분이 더할 나위 없이 상쾌했다.

'제갈량, 얼마든지 와 보거라. 이 풍요로운 관중 평원을 등에 업고 네놈을 달달 볶아 아주 나가떨어지게 해 줄 테니.'

제갈량도 놀고 있지만은 않았다. 이엄을 제거한 제갈량은 강주 부대를 한중으로 이주시켜 북벌 병력을 보강했다. 또 면수沔水 근처에 산을 등지고 강을 낀 지역을 골라 황사둔黃沙屯을 만들었다. 황사둔에서 제갈량은 농업을 장려하고 군사들을 쉬게 하면서 생산을 발전시키는 작업을 했다.

그는 사람들을 보내 한나라 소하蕭何가 건설한 산하언山河堰을 증축하게 했다. 구릉 지역에는 저수량이 적은 피지陂地(방죽)를 만들고, 평야 지대에는 저수량이 큰 피당陂塘(저수지)을 만들었다. 피당은 1년에 벼와 보리 이모작이 가능한 양계전兩季田에 관개할 수 있고, 피지는 1년에 한 번 벼만 생산하는 일계전一季田에 관개할 수 있었다. 동수전冬水田이라고도 부르는 일계전은 구릉지대의 전형적인 논이다. 한중에는 동수전에 벼를 재배하는 전통이 있는데, 그것이 바로 제갈량의 이번 북벌 때부터 시작된 것이다.

제갈량은 솜씨 좋은 직공들을 보내 목우유마木牛流馬를 대량 생산하게 함으로써 식량 운송에 대비했다. 또 병기 전문가 포원蒲元을 불러 군사들이 쓸 칼을 만들게 했다.

포원은 촉한의 칼 만들기의 대가였는데, 성격은 괴상했지만 솜씨만큼은 입신의 경지에 이르렀다. 그는 쉽게 칼을 만들지 않았는데, 일단 만들었다 하면 신도神刀라고 불릴 정도였다.

한 번은 포원이 병영에서 칼을 만들다가 조수에게 성도에 가서 촉수蜀水를 구해오라고 시켰다. 조수가 게으름을 피우며 말했다. "한중에 한수漢水가 있잖아요. 가까운 물을 놔두고 굳이 먼 곳에 있는 물을 찾으실 필요가 있습니까?"

그러자 포원이 진지하게 말했다. "한수는 깨끗하고 약해서 담금질을 견딜 수 없지만 촉수는 맑고 강렬해서 담금질에 적합하기 때문이다."

조수는 달리 방법이 없었다. '그러게 누가 이런 고집불통 나리를 모시라고 그랬나? 별수 없이 성도에 다녀와야겠구먼.'

조수가 성도에서 가져온 물로 담금질을 하던 포원은 굳은 표정으로 말했다. "이 물에는 부수涪水가 섞여 있어 쓸 수 없다." 그러더니 물을 쏟아버렸다.

조수는 아까워서 어쩔 줄을 몰랐다. '내가 먼 길 마다 않고 길어온 물을 어떻게 그냥 버릴 수가 있지?' 조수는 물을 버리지 못하게 막으면서 발뺌했다. "그게 무슨 말씀이세요? 이건 틀림없는 촉수라고요!"

포원은 아무 말 없이 칼을 물속에서 두어 번 저은 뒤 살펴보며 말했다. "이 물에는 부수 여덟 되가 섞여 있구나."

조수는 그 말을 듣고 기겁했다. "절 따라오셨던 것입니까? 제가 돌아오는 길에 물을 쏟았는데 나리께 차마 보고할 수 없어서 근처에 있는 부수 여덟 되를 더한 것입니다. 세상에 이런 주인을 만났으니 제가 운이 없는가 봅니다. 다시 성도에 다녀오겠습니다."

포원이 제갈량에게 '신도' 3천 자루를 만들어주자 제갈량은 임의로 하나를 꺼내 포원에게 건넸다. 포원은 죽통을 구해오더니 그 안에 쇠구슬을 가득 채운 뒤 칼을 내리쳤다. 그러자 쟁! 하는 소리와 함께 죽통이 잘리면서 쇠구슬들이 사방으로 튀어나갔다. 제갈량은 고개를 끄덕이며 만족감을 표시했다.

제갈량은 황사둔에서 2년 동안 전쟁 준비를 했다. 이제는 때가 무르익었다고 여긴 그는 대군을 보내 그동안 수확해서 쌓아둔 군량과 마초를 목우유마를 이용해 사곡구斜谷口로 운반하게 했다. 제갈량은 사곡에 식량을 대량으로 저장할 수 있는 건축물을 만들었다. 저각邸閣이라는 이름의 이 건축물은 어느 정도 군사 방어 기능도 갖추고 있었다.

제갈량은 동오에 사자를 보내 손권에게 연락을 취했다. 이듬해 같이 출병해서 동서로 조위를 공격하자는 제안을 했고 손권은 이에 동의했다.

3년 가까이 이어진 휴전이 사마의와 제갈량에게는 또 하나의 총성 없는 전쟁이나 마찬가지였다.

두 사람은 조금도 해이해지지 않고 전심전력으로 힘을 비축하며 큰 그

결국 이기는 사마의

림을 계획했다. 지금은 아주 작은 허점일지라도 장차 벌어질 전쟁에서는 치명적인 약점이 될 수 있었다.

고수들의 대결이란 겉으로 봤을 때는 평온하고 무미건조해보이지만 실제로는 상당히 위험하다는 사실을 굳이 말하지 않아도 알 것이다.

위와 촉 경계에 있는 백성들만이 지난 3년간 이어지던 숨막히는 정적을 느낄 수 있었다. 그들은 경험적으로 알고 있었다. 이것이 폭풍우가 몰아칠 전조라는 것을 말이다.

아나나 다를까, 제갈량이 위나라에 또 한 번 도전장을 던졌다.

이번이 다섯 번째이자 제갈량 인생의 마지막 북벌이었다.

사마의와 제갈량의 대결,
인내심이 성패를 결정하다

조위 청룡 2년, 촉한 건흥^{建興} 12년, 동오 가화^{嘉禾} 3년(234년) 2월, 제갈량은 촉한에서 동원할 수 있는 최대 병력 10만 명을 이끌고 사곡을 나갔다. 4월, 제갈량군은 미성에 도착했다.

오나라도 약속대로 10만 대군을 세 갈래로 나눠 조위를 침략했다. 낙양의 조예는 전체적인 국면을 살피기는 했지만 확실히 서부 전선을 더 주목했다. 그는 정촉호군 진랑^{秦朗}에게 보병과 기병 2만 명을 이끌고 사마의를 지원하게 했다. 이렇게 해서 사마의의 관중 부대도 약 12만 명 정도로 늘어났다.

위, 촉, 오 삼국에서 참전한 병력이 총 30여 만 명에 달했다. 이는 적벽대전 이후 한나라 말기 삼국에서 최대 규모의 병력을 동원한 전쟁이었다.

조예는 잔뜩 긴장했다. 만약 이번에 제대로 대응하지 못하면 나라가 망할 수도 있었다. 예전에 촉과 오가 천하를 양분하자던 맹약이 현실이 될 수도 있었다.

제갈량은 필사적이었다. 그의 건강은 갈수록 나빠졌고, 조위 국경 수비

결국 이기는 사마의

의 허점을 파고들 기회는 점점 줄어들었다. 만약 이번 기회를 놓친다면 한실 부흥은 물거품이 되는 것이었다.

손권은 예전처럼 도랑치고 가재 잡을 심산이었다. 그는 얼마나 이득을 챙길 수 있을지를 보고 이번 전쟁에 임할 자세를 결정했다.

따라서 이번 전쟁의 주전장과 세상 사람들이 주목하는 무대의 초점은 여전히 위와 촉의 접경이었고, 주연 역시 눈부시게 빛나는 제갈량과 사마의였다.

두 남자가 펼치는 숙명의 대결이 온 세상 사람들의 마음을 끌어당기고 있었다.

사마의는 조금도 나태해질 수 없었다. 진랑이 이끌고 온 지원군 2만 명을 맞이한 그는 자신의 어깨에 짊어진 짐이 얼마나 무거운지 다시 한 번 느꼈다. 황제가 조위에서 동원할 수 있는 기동병력을 모조리 자신에게 넘겼음을 알았기 때문이다.

사마의는 일부 병력만 후방에 남겨두고 주력군을 직접 인솔해 전선으로 향했다. 방어선을 구축하는 문제를 놓고 위군 내부에서 논쟁이 일었다. 참모들은 위수 북쪽 연안에 군대를 주둔시켜 위수를 천연 방어선으로 삼자고 주장했다. 이렇게 하면 수비는 한결 수월했다. 촉군이 위험을 감수하고 강을 건너더라도, 병법에 나오는 '반도이격'半渡而擊(반쯤 건넜을 때 공격하다)의 교훈을 따라 정면에서 통렬하게 공격을 가하면 되는 것이다.

그런데 사마의는 강하게 반대했다. "위수를 경계로 하자는 것은 위남渭南 전체를 제갈량에게 넘기겠다는 소리나 마찬가지일세. 변경 백성들과 식량이 모두 위남에 있네. 이곳은 병가필쟁지지兵家必爭之地(천하를 지배하려면 쟁취해야 하는 곳)일세. 반드시 쟁취해야 하는 곳을 빼앗지 않고 수비가 불필요한 곳을 수비하는 게 어찌 용병술이란 말인가?"

사마의는 대군을 이끌고 앞질러 강을 건넜다. 그리고 위남에 방어시설을 강화하고 배수진을 쳐서 한 발자국도 물러서지 않을 각오로 위남을 사수했다!

촉군을 이끌고 위수 근처에 도착한 제갈량은 위군이 벌써 이곳에 견고하게 진을 친 것을 발견했다.

제갈량은 마음속으로 두 가지 선택지를 생각했다. '하나는 무공武功을 나와 산을 등지고 동쪽으로 곧장 달려 장안 삼보三輔(서한 시대에는 경기京畿 지역을 다스리는 세 관원 경조윤京兆尹, 좌풍익左馮翊, 우부풍右扶風을 가리켰지만, 나중에는 세 관원이 관할하는 지역을 가리키게 되었다)로 가서 관중의 심장부를 위협하는 것이다. 또 하나는 서쪽 오장원五丈原으로 가서 진을 치고 다시 계획을 세우는 것이다. 그런데 지금 조위가 대군을 위남에 주둔시켜서 무공(산맥)을 따라 동쪽으로 가는 길목이 위군의 관할 아래에 있다. 그냥 장안 삼보 지역으로 가는 것만으로도 충분히 위험한데 위군의 위협까지 받으면 더 성공하기 어렵다. 안 되겠다, 오장원으로 가자.'

생각을 정리한 제갈량은 대군을 이끌고 서쪽 오장원으로 향했다.

위남을 지키던 사마의는 척후병을 통해 제갈량의 대군이 전방에 나타났다는 소식을 들었다. 사마의가 살펴보니 장수들의 얼굴에 긴장감이 가득했다. 다들 이번 전쟁에서 어떤 실수도 용납되지 않는다는 것을 알고 있었기 때문에 그 어느 때보다도 큰 심리적 부담을 느끼는 듯했다.

사마의는 미간을 찌푸렸다. '이런 결전을 제대로 치르려면 먼저 심리적인 문제를 해결해 사기를 진작시켜야 한다. 막상 전투에 돌입했는데 제갈량의 명성에 눌려 숨도 제대로 못 쉰다면, 전투가 시작되기도 전에 이미 패한 것이나 다름 없다.'

결국 이기는 사마의

사마의가 장수들에게 웃으며 말했다. "제갈량이 무공에서 출발해 산을 끼고 동쪽으로 간다면 확실히 우려할 만합니다. 하지만 만약 서쪽 오장원으로 간다면 제갈량은 끝장입니다."

그 말을 듣고 뭇 장수들은 전방의 기마 정찰병에게서 새로운 소식이 오기를 눈이 빠지게 기다렸다. 그리고 속으로 이렇게 기도하고 있었다. '제갈량이 제발 오장원으로 가기를. 제발 오장원으로……'

전방에서 먼지를 풀풀 날리며 기마 정찰병이 도착했다. 그는 말에서 내려 군사 상황을 보고했다. 장수들은 긴장하며 귀를 기울였다.

"보고 드립니다! 촉군이 전부 오장원으로 향했습니다!"

삼군은 환호했다! 다들 이미 전쟁이 성공이라도 거둔 것처럼 손을 이마에 대고 축하의 뜻을 표했다. '하늘이 도왔구나. 이번 전쟁에서는 우리 위나라가 기필코 승리할 것이야!'

잔뜩 기뻐하는 사람들과 달리 사마의는 미소를 띤 채 속으로 이런저런 생각에 잠겨 있었다. '내가 했던 말은 군심을 안정시키기 위해 둘러댄 말일 뿐이다. 무공으로 가는 길은 이미 우리에게 막혀 있다. 제갈량은 평생을 조심하며 산 사람이니 당연히 오장원으로 갈 것이다. 하지만 그가 오장원으로 갔다고 해도 승리할 자신은 없다. 그래도 여기까지 온 이상 일단 하는 데까지 해 보는 수밖에.'

사마의 외에도 냉철한 사람이 한 명 더 있었다. 곽회였다.

곽회는 서북 지역을 10여 년간 지킨 덕분에 이곳 지리와 형세에 상당히 밝았다. 그 역시 제갈량이 어떤 책략을 취할지 적극적으로 따져보고 있었다. '오장원의 서쪽, 성국거와 위수 사이에는 북원北原이 있다. 내가 만약 제갈량이라면 군대를 보내 북원을 차지해서 오장원과 기각지세를 만들어 위군을 상대로 서북을 포위하는 형세를 취할 것이다. 안 되겠다. 우리가 먼저 기선을

잡아야 한다!'

곽회가 사마의에게 제안했다. "제갈량은 틀림없이 북원을 차지할 것입니다. 그러니 먼저 그곳을 선점하십시오."

사마의는 생각지도 못한 곽회의 의견에 순간 머리가 돌아가지 않았다. 주위에 있던 참모들은 이미 저마다 한마디씩 하면서 곽회의 의견을 반대하기 시작했다. 사마의는 논쟁을 제지시키고는 곽회에게 계속 말해보라는 신호를 보냈다.

곽회가 말했다. "만약 제갈량이 위하渭河를 건너 오장원에 올라 주도권을 선점한 뒤, 북원에 군대를 배치해서 농우와 관중의 연락망을 끊고, 강족과 흉노족이 반란을 일으키도록 선동한다면 우리 군이 심각하게 불리해집니다."

사마의는 곽회의 말에 몽둥이에 얻어맞은 듯 깨달음을 얻었다. 그는 곽회에게 군대를 이끌고 내달려 북원을 차지해 반드시 촉군보다 먼저 방어 시설을 구축하라고 지시했다. 곽회는 명을 받고 떠났다.

제갈량은 오장원에 진을 쳐서 군대를 주둔시키고 장령 한 명을 불러 분부했다. "위하 북쪽에 북원이 있다. 그대는 속히 군대를 이끌고 가서 위군이 도착하기 전에 방어 시설을 구축해야 한다." 장령은 명을 받고 떠났다.

확실히 영웅들의 안목은 비슷한 모양이었다. 그렇게 해서 누가 빨리 도착하나 경주가 시작되었다.

촉군 장령은 옹주를 오랫동안 지키면서 그곳 지리에 익숙해진 곽회를 이길 수가 없었다. 곽회는 군대를 이끌고 부리나케 북원에 도착했다. 하늘이 위나라를 도왔는지 촉병은 아직 도착 전이었다. 곽회가 명령을 내렸다. "촉군이 도착하기 전에 서둘러 방어진지를 구축한다!"

그런데 촉군의 행동력도 만만치가 않았다. 그들은 금세 위수를 건너 곽회의 시야에 나타났다. 그때는 위군의 진영이 막 세워지기 시작한 터라 방어할 만한 요새가 없었다.

곽회는 기세등등한 촉군을 바라보며 이를 악물고 말했다. "북원을 잃으면 위나라는 보전하기 어렵다. 지금 전방에는 우리 변경을 수없이 침범했던 촉한 침략군이 있고, 우리 뒤에는 우리가 보호해야 할 아름다운 삶의 터전, 힘없는 여자와 아이들이 있다. 제군들이여! 목숨을 걸고 북원을 지켜 나라에 충성을 다할 때가 되었다!"

사기가 오를 대로 오른 삼군의 군사들은 공공의 적을 향해 적개심을 불태우며 목숨을 내걸고 용감하게 싸웠다. 상황이 여의치 않자 촉군은 어쩔 수 없이 퇴각했다. 곽회는 군사들이 생명과 맞바꾼 소중한 시간을 이용해 방어시설 구축에 박차를 가했다. 이로써 북원은 촉군에게 상당히 위협적인 카드가 되었다.

북원을 차지하러 간 촉군이 실패하고 돌아오자 제갈량은 형세가 좋지 않다는 걸 직감했다. '이제 보니 위군에 숨은 고수가 있었구나!' 제갈량은 우선 오장원에 진영을 세우고 다시 장기적인 계획을 세울 수밖에 없었다.

오장원은 남쪽으로는 진령秦嶺과 가깝고, 북쪽으로는 위수와 인접하며, 동서쪽에는 깊은 골짜기가 있어서 난공불락의 요새였다. 오장원이라는 이름에 대해서는, 평지에서 높이가 오십 장丈이라 원래 '오십장원'五十丈原이라고 불렀는데 나중에 '오장원'으로 와전되었다고 전한다. 800리 진천秦川의 서쪽 끝에 위치하는 오장원은 면적이 12제곱킬로미터인 고지평원이다. 제갈량이 이곳에 대군을 주둔시킨 것은 병법의 정석이었다. 하지만 '원칙으로 맞서고 변칙으로 이긴다'는 병법도 있듯이 위군과 맞서려면 반드시 기습이 필요했다.

사마의와 같은 극단적 보수주의자는 틀림없이 수비만 하고 쉽게 응전하지 않을 것임을 제갈량은 잘 알고 있었다. 이런 사람을 상대할 때는 바쁘게 움직이면서 공격해야 했다. 마음을 정한 제갈량은 일부 장수들을 오장원에 남겨 두고 자신이 직접 주력군을 인솔해 적군의 서쪽을 기습하기로 했다.

제갈량의 대군이 서쪽을 치고 들어온다는 소식이 사마의의 군막에 전해졌다. 사마의는 가슴이 철렁했다. '대군이 서쪽을 지키고 있기는 하지만 제갈량 주력군의 적수가 되지는 않을 것이다. 만약 공격을 당해 그 지역을 빼앗긴다면 북원과 위남이 오장원을 포위하는 기세는 사라지고 만다. 안 되겠다. 제갈량이 서쪽을 차지하도록 놔둬선 안 돼!' 사마의는 서쪽으로 지원군을 보내라고 명령했다.

그런데 곽회의 생각은 달랐다. 곽회는 제갈량이 둘도 없는 모략가인 데다 성동격서 계책을 잘 쓴다고 보았다. '서쪽은 이미 대군이 지키고 있다. 제갈량의 신중하고 조심스러운 성격을 감안했을 때 그는 군사를 잃을 위험까지 감수하면서 공격을 감행하지는 않을 것이다. 촉군이 요란하게 서쪽으로 향하고 있지만, 어쩌면 목표는 서쪽이 아닌 동쪽일지도 모른다.'

곽회가 사마의에게 말했다. "저는 이것이 제갈량의 성동격서 계책이라고 생각합니다. 촉군의 목표는 서쪽이 아닌 동쪽의 양수陽遂 같습니다. 이런 중요한 시기에 병력을 나눠 서쪽으로 보내는 건 옳지 않습니다. 오히려 양수의 수비를 강화해야 합니다."

사마의는 곽회의 말이 상당히 일리가 있다고 생각했다. '서쪽에는 이미 대군이 지키고 있으니 촉군이 강공을 펼쳐도 금방 무너지지는 않을 것이다. 그때 가서 지원군을 보내도 늦지 않다. 반면 병력이 부족한 양수가 함락되면 좋았던 형세가 완전히 뒤집히고 말 것이다.' 사마의는 곽회를 보면서 역시 지혜와 용기를 두루 갖춘 대단한 장수라는 생각이 들었다. '제갈량, 어쩌면 나

혼자서는 당신을 당해낼 수 없었을지도 모른다. 그런데 나는 사람마다 자기 재능을 충분히 발휘하게 하고 여러 사람의 지혜와 힘을 모을 수가 있다. 반면 당신은 뛰어난 재능과 지혜를 믿고 남의 도움 없이 무슨 일이든 자신이 직접 하려고 하지. 아무리 지혜로운 사람이라도 실수는 하게 마련이라네.'

사마의는 그 자리에서 바로 장군 곽회와 호준胡遵을 양수로 보내 촉군을 막게 했다.

어둠이 내려앉은 밤, 한 부대가 도깨비처럼 조용히 양수로 가는 길에 올랐다. 대군을 이끄는 사람은 다름 아닌 제갈량이었다. 제갈량은 거짓으로 대군이 서쪽을 공격하게 하고, 실제로는 몰래 양수로 간 것이다. 적이 미처 방비하지 못한 틈을 타 일거에 양수를 차지해서 위남에 있는 사마의 진영에 쐐기를 박아주겠다고 결의를 다졌다.

촉군은 최대한 소리를 내지 않고 행군하면서 바람처럼 움직였다. 이번 출병 이후 여러 우여곡절을 겪었지만 촉군은 사기가 충천했다. 그들은 부대를 이끄는 제갈 승상을 마치 신처럼 믿고 있었기 때문이다. 승상의 지휘라면 무조건 백전백승하고 모든 적들을 섬멸할 수 있을 거라고 믿었다.

하지만 잔혹한 현실은 또 한 번 그들의 꿈을 깨트렸다.

양수까지 한 구간 정도가 남았을 때 전방의 적석원積石原에서 갑자기 대규모의 위군이 나타났다. 제갈량은 깜짝 놀랐다. 자신의 계책이 또 간파당할 줄은 생각지도 못했던 것이다.

위군 통솔자는 곽회와 호준이었다. 그들은 양수에서처럼 소극적으로 수비하지 않고 적극적으로 공격에 나섰다. 그리고 위군 기병의 기동성을 십분 발휘할 수 있는 평원, 적석원을 주전장으로 정했다. 예상했던 대로 촉한의 기습부대가 어둠속에서 모습을 드러내자 곽회는 기뻐서 어쩔 줄을 몰라 하며 삼군에 명했다. "출격하라!"

제갈량은 감히 싸울 수가 없었다. 양군이 거의 만날 즈음 제갈량은 대군에게 철수를 지시했다. 곽회는 제갈량이 철군할 때의 위력이 얼마나 대단한지 잘 알고 있었다. 한번은 철군하면서 왕쌍을 베어 죽이고, 그 다음 철군 때는 장합을 활로 쏴 죽였다. 제2의 장합이 되고 싶지 않았던 곽회는 추격할 엄두를 못 내고 제갈량이 후퇴하도록 내버려 두었다. 제갈량은 오장원으로 돌아와 굳게 지키며 더 이상 경거망동하지 않았다.

사마의는 지형도를 살폈다. '오장원의 서쪽은 견고한 성 진창, 북쪽은 곽회가 지키는 북원, 동쪽은 내가 있는 주력군이 주둔하는 위남 진영이다. 이세 곳에서 위군은 오장원을 포위하고 있다. 세 곳은 막고 한쪽은 빠져나갈 길을 열어두었다. 그 길은 바로 오장원 남쪽에 있는 사곡도^{斜谷道}다. 제갈량, 그냥 사곡을 통해서 얌전히 물러가는 게 좋을 것이다.'

사마의와 제갈량은 비슷한 실력의 무림고수처럼, 누구도 섣불리 먼저 공격하지 않고 그저 상대방이 약점을 드러낼 때까지 기다렸다가 치명타를 날릴 준비만 하고 있었다.

그리고 사마의에게 기회는 생각보다 빨리 찾아왔다.

봄에서 여름으로 넘어가는 시기에 연일 폭우가 쏟아졌다. 겨울철 갈수기를 거친 대하^{大河}가 세차게 출렁였다.

그중 한 대하가 위수의 지류^{支流}로, '무공수^{武功水}'라고 불렸다. 남쪽에서 북쪽으로 흘러 위하로 들어가는데, 그곳이 바로 오장원의 동쪽이었다. 제갈량 진영은 무공수의 서쪽에 있었다. 제갈량은 한 부대를 따로 파견해 무공수의 동쪽에 주둔시키면서 사마의의 공격에 대비했다.

호보군^{虎步軍}이라고 불리는 이 군대는 촉한의 최정예 특수부대 중 하나였다. 호보군은 '백이군^{白耳軍}', '무당군'과 함께 촉한의 3대 무적군대로 통했다.

백이군은 유비 시대에 생긴 것이라 연식이 좀 있었고, 무당군과 호보군은 제갈량이 남정할 때 편성한 부대로, 병사들이 전부 남중南中의 용맹하고 호전적인 만족蠻族 청장년들이었다. 무당군은 산악전에 능하고, 호보군은 평원 싸움에 강했다. 무당군의 통솔자는 노련하고 신중한 왕평이었고, 호보군의 통솔자는 남중 만족의 수령 맹염孟琰이었다.

그런데 갑자기 무공수가 범람해 양안을 가로지르는 다리가 물에 휩쓸려 떠내려가고 말았다. 이로 인해 맹염의 호보군은 오장원 진영과 연락이 끊겨 고립되고 말았다!

사마의의 눈이 반짝였다. '하늘이 나를 돕는구나. 지금 눈앞에 다시 없을 기회가 찾아온 것이다!' 사마의는 즉시 1만 정예 기병을 일으켜 무공수 동쪽 연안에 있는 호보군을 향해 돌진했다.

제갈량도 소식을 접했다. '호보군 5천 명은 촉군의 정예병이다. 만약 구하지 못하면 전군이 전멸하고 말 것이다. 그렇게 되면 병사들의 사기에 큰 타격을 준다!' 제갈량은 공병工兵에게 강을 가로질러 대나무 다리를 만들게 하는 한편, 강가에서 제갈연노를 이용해 화력으로 엄호하도록 지시했다.

맹염은 무공수가 불어나는 걸 보고도 당황하지 않았다. 그는 제갈 승상이 조치를 취하리라 믿었다. 그가 지금 해야 하는 것은 경계태세를 늦추지 않고 수비를 강화해 사마의의 공격을 막는 일이었다. 호보군 용사 5천 명 역시 한 치의 흔들림도 없이 쳐들어오는 위군을 눈에 불을 켠 채 바라보고 있었다.

무공수 동쪽 연안에 도착한 사마의의 기병 1만 명은 호보군을 전멸시킬 생각이었지만 결사적으로 저항하는 촉군과 맞닥뜨렸다.

사마의는 촉군의 공병이 무서운 속도로 무공수에 교량을 가설하는 것을 발견했다. 이제 곧 다리가 이어질 참이었다. 사마의는 즉시 기병 한 부대를 보내 다리를 부수라고 명을 내렸다. 하지만 기병들이 강가에 거의 다다를 무렵, 강 맞은편에서 수없이 많은 화살이 일제히 날아와 기병 대다수를 잃고 말았다.

제갈연노였다!

이런 대량 살상무기의 위력은 위군 내부에서 이미 불가사의하다는 소문이 퍼져 병사들에게 공포심을 불러 일으켰다. 호보군은 죽일수록 더 용맹해졌다. 병종 상극의 철칙도 아랑곳하지 않고 사마의가 데려온 기병을 모조리 베고 쓰러뜨렸다. 그사이 촉한 공병들의 작업이 마무리되어 맞은편 기슭에 있던 지원군이 강을 건너기 시작했다.

도저히 빈틈을 찾을 수 없었던 사마의는 명을 내렸다. "철수한다!"

위군은 군마와 기병들의 시체를 내팽개치고 허둥지둥 물러났다. 본래 위군의 기회였던 것이 도리어 촉군에게 승리를 가져다주었다. 이런 상황에서는 경거망동하는 쪽이 상대방에게 제압당하기 마련이었다.

그런 사실을 누구보다 잘 알고 있었던 사마의였지만 호적수와 벌인 대결에서 신중하지 못한 한 수 때문에 그 판을 지고 만 것이다.

그 후 사마의도 제갈량의 작은 빈틈을 놓치지 않고 기병을 보내 촉군의 후방을 습격해 5백여 수급을 베었지만, 제갈량은 수비에서 보인 그 빈틈을 즉시 메워버렸다. 사마의는 아무리 살펴봐도 촉군에게서 조금의 빈틈도 찾을 수 없었다. 방법이 없는 상황에서 결국 견디기 힘든 대치 상태가 시작되었다.

이는 예전같으면 늘 식량 문제로 고민하는 촉군에게 큰 시련이 될 터였다. 하지만 제갈량은 걱정하지 않았다. 이번에는 사곡 남구南口에 3년 치의 식량을 비축해두었고, 목우유마로 사곡을 지나왔기 때문에 인력 소모도 크게 줄였다. 또 사곡 안에 촉군의 식량을 저장하는 저각을 도처에 두었기 때문에 당분간은 식량 문제가 촉군을 괴롭히지는 않을 터였다.

결국 이기는 사마의

하지만 이곳에서 계속 대치하고 있는 것은 분명 상책이 아니었다. 5월에 접어들 무렵, 제갈량은 다음과 같은 소식을 접했다. 손권이 위나라의 삼로 대군을 공격했으나 만총滿寵이 용감무쌍하게 지휘하며 오군을 패퇴시켰다는 것이다. 제갈량의 근심이 깊어졌다. '이렇게 되면 조위는 서부 전선에서 전력을 다해 대응할 수 있게 된다. 이번 북벌도 이렇게 물거품이 되는 것인가?'

제갈량은 이번으로 벌써 다섯 번째 북벌에 나섰지만 별 진전도 성과도 없었다. 올해 제갈량은 쉰 넷이 되었다. 모든 것을 쏟을 수 있는 시간이 앞으로 몇 년이나 더 남아 있을까?

제갈량은 나이가 들수록 자기 인생의 황금기가 이미 지나갔음을 뼈저리게 느꼈다. 다양한 계략을 쏟아내고 신묘하던 그였으나 이제는 매사에 조심스럽고 신중하며 무슨 일이든 몸소 행하는 모습만이 남아 있었다. '창의력이 떨어지면서 전투는 규율대로만 진행하고 상상력은 부족해진다. 나는 그동안 늘 조심하고 정무에 힘쓰면서 10만 대군을 지탱하고 촉한 정권의 선순환을 유지해 왔단 말이다!'

제갈량은 유비와 함께했던 시간이 그리워졌다. '당시 선주는 걸출한 재주와 지모를 가진 분이셨다. 법정과 방통이 장막 안에서 작전 계획을 짜면 관우, 장비, 마초, 황충, 조운은 전쟁터로 출정했다. 나는 그저 병사들을 배불리 먹이기만 하면 됐으니 얼마나 홀가분하고 자유로웠던가!'

이제 이들이 다 세상을 떠나고 제갈량 혼자서 모든 일을 도맡게 되었다. 근심을 덜어줄 유능한 조력자도 없는데 상대는 또 너무 강했다. 조진, 장합, 사마의는 물론이고, 별 볼일 없어 보였던 곽회와 학소마저 제갈량을 꽤나 힘들게 만들었다.

'아, 늦었구나!'

낙양에 있던 조예는 전선에서 손권을 격퇴했다는 소식을 듣고 무척이나 기뻐했다. 군신들은 이번 기회에 직접 장안으로 행차해 관중에 주둔하며 항촉抗蜀 최전선에서 전투를 통합 지휘하라고 청했다. 조예는 손을 내저었다. "손권이 달아났으니 제갈량은 간담이 서늘할 거요. 사마중달 혼자서도 촉군에 충분히 대처할 수 있으니 짐은 걱정할 것이 없소이다."

조예는 사마의의 방어 전략을 제대로 이해하고 있었다. 역사상 무능했던 황제들이 무릎을 치며 출격을 명령하던 것과는 달리, 조예는 사마의에게 편지 한 통을 써서 그를 응원했다. "견벽거수해서 놈들의 예기를 꺾기만 하면 적군은 전진하고 싶어도 나아갈 수 없고, 후퇴하고 싶어도 물러설 곳이 없을 것이오. 그렇게 시간이 길어지면 그들의 식량은 바닥날 터이고, 약탈하려 해도 얻을 것이 없으니 퇴각할 게 틀림없소. 놈들이 철군하면 우리 군은 추격하시오. 전투할 때는 방어하면서 적이 공격해올 때까지 힘을 비축한 다음 지친 적과 싸워야 하오. 이것이 바로 완벽한 승리를 거둘 수 있는 방법이오."

조예의 지시를 받고 사마의는 회심의 미소를 지으며 방어 전략을 관철시켜야겠다는 신념을 굳혔다.

제갈량의 상황은 더 난처해졌다. 오장원에 주둔하고 있는 대군은 들어가지도 못하고, 그렇다고 물러나자니 영 달갑지가 않았다. 그는 십여 년 전 조조가 한중에서 '계륵'이라고 말한 심정을 알 것 같았다.

제갈량은 적을 유인할 계책을 궁리하기 시작했다. '위군이 버티고 나오지 않는 것은 우리에게 식량이 없다고 오해해서다. 우리가 얼마 못 가서 철수할 것이라고 자신하는 것이다. 하지만 실제로 우리에겐 저들과 오랜 기간 대치할 수 있을 정도의 식량이 있다. 다만 이런 식으로 대치가 장기화되면 전세는 소극적으로 변하게 된다. 어떻게 하면 위군에게 우리가 식량이 부족하지 않다는 것을 알리고 그들이 공격에 나서도록 만들 수 있을까?'

결국 이기는 사마의

사마의는 견고한 방어시설 안에서 굳게 지키며 나올 생각을 하지 않았다. 제갈량은 마침내 방법을 생각해냈다. 이 방법은 제갈량 최후의 필살기였다.

그런데 사마의도 좀 의외였다. 제갈량이 이번에는 좀체 물러날 기미를 보이지 않고 있기 때문이었다. 지난번에 촉군이 진창을 포위했을 때는 20여 일 만에 식량이 떨어져 철수했었다. 그런데 지금은 몇 개월이 다 되어 가는데도 여전히 버티고 있는 것이다. 제갈량이 대체 무슨 방법으로 식량 문제를 해결했는지 사마의는 도무지 알 수가 없었다.

'아무리 식량운송 능력이 뛰어나다고 해도 언젠가는 식량이 떨어질 날이 오겠지. 내가 위남을 사수하며 당신이 아무것도 건지지 못하게 만든다면 지난번처럼 순순히 물러날 수밖에 없을 것이다.'

그런데 갑자기 새로운 소식이 도착했다. 소식을 듣고 놀란 사마의는 자신의 방어 전략을 다시 검토해야 했다.

촉군이 오장원 일대에서 둔전을 시작했다는 소식이었다. 촉군은 물러날 생각이 없었던 것이다!

둔전은 한나라 말기 삼국시대에 썼던 오래된 방법인데, 민둔과 군둔으로 부대의 식량문제를 해결했다. 둔전으로 말할 것 같으면 조조가 베테랑이었고, 사마의도 그 누구보다 둔전을 잘 알고 있었다. '촉군이 오장원에서 둔전을 할 줄이야! 이미 여름에 접어들었으니 지금 둔전을 해서 벼와 보리가 익으려면 못해도 내년 여름은 되어야 한다. 설마 제갈량이 오장원에서 1년을 머물 작정이란 말인가?'

이번에는 사마의의 마음이 초조해졌다.

제갈량이 매번 출병할 때마다 아무 소득 없이 돌아간 것은 진령산맥에 가로 막혀 병력과 군량을 수송하기 힘들어서였다는 걸 사마의는 잘 알고 있었다. '만약 제갈량이 오장원에서 둔전을 하고 진령의 북쪽, 우리 대위ᴬ魏 영토 안에 근거지를 개척해서 군사훈련이든 씨뿌리기든 다 이곳에서 한다면, 촉군을 괴롭히던 문제를 일거에 해결할 수 있다. 어떻게 해야 할까? 계속 방어 전략을 고수하며 위남에 눌러 앉아 제갈량이 둔전으로 근거지를 일구는 것을 가만히 지켜만 볼 것인가, 아니면 출병해서 오래 머무르려는 그의 계획을 무산시킬 것인가?'

사마의는 쉽게 결정을 내리지 못했다.

제갈량은 오장원에서 사마의가 공격해오기를 기다렸다.

제갈량은 군사들을 오장원 일대의 백성들 속으로 보내 함께 경작하며 대규모 둔전을 시행할 태세를 갖추게 했다.

실제로 둔전 작업은 주로 위나라 백성들이 했다. 목표는 딱 하나였다. 사마의가 방어 전략을 포기하고 공격하게 만든 다음, 제갈량이 자신의 장기인 야전 능력을 최대한 발휘해 위군을 섬멸하는 것이었다.

이런 내막을 모르는 조위 백성들은 촉병이 와서 농사일을 거들어주자 마냥 기뻐했다. 백성들은 농사일을 쉴 때 촉병을 자기 집으로 초대했지만, 매번 촉병들이 완곡하게 거절하는 바람에 무척이나 아쉬워했다. 그들은 조상 대대로 이곳에서 살았다. 동탁, 마등, 조조, 강족과 흉노족의 잡병들까지 다 겪어봤지만 촉군처럼 손님처럼 드나들고 백성들의 이익을 침해하지 않는 군대는 하나도 없었다. 실제로 한나라 말기 삼국 군대 중에 살인, 방화, 식량약탈을 하지 않은 나라는 촉군밖에 없었다.

사마의는 신중하게 형세를 살폈고, 제갈량은 끈기 있게 기다렸다. 그렇게 한참 동안 경색 국면이 이어졌다. 사마의가 끝내 공격하러 오지 않자 제

결국 이기는 사마의

갈량은 하늘을 보며 길게 탄식했다.

더 이상 방법이 없었던 제갈량은 궁여지책으로 매일 사마의 진영으로 사람을 보내 큰 소리로 욕을 하게 했다. 사마의는 오장원을 관찰했다. 10만 촉군을 먹일 수 있을 만큼 둔전하기에는 이 고지평원의 경작 면적이 너무 좁았다. 마음이 놓인 그는 위남 진영으로 돌아와 계속해서 수비 전략을 고수했다. 하지만 아무래도 좀 의심스러웠다. 오장원이 10만 촉군에게 오래도록 식량을 제공하기에는 부족하지만 어찌 되었든 급한 불을 끌 정도는 되었다. 게다가 후방의 사곡에서 끊임없이 식량이 운송되고 있기 때문에 촉군을 충분히 먹일 수 있었다.

사마의가 결정을 내리지 못한 이유는 야전에서는 자신이 결코 제갈량의 적수가 되지 못한다는 것을 알고 있었기 때문이다. 더군다나 만약 출전하게 되면 상대는 수비하고 위군은 공격을 하게 되는 것인데, 공수 대결에서는 공격이 수비보다 어려웠다. 힘겹게 찾아가서 괜히 장병들을 잃는 것보다 차라리 앉아서 지키는 것이 상책이었다.

제갈량은 욕지거리를 할 병사들을 계속해서 보냈는데, 이것이 오히려 사마의의 우려를 완전히 불식시켰다. '하하, 제갈량이 이제는 확실히 별다른 계책이 없는 모양이구나. 이런 하책까지 써서 나를 끌어내리고 하다니 말이야. 둔전도 시늉일 뿐이었다. 얼마든지 욕하거라. 너희들의 그 처절한 욕지거리가 술안주로 아주 그만이구나.'

사마의의 동생 사마부가 편지로 전황에 대해 물었다. 사마의가 회신했다. "제갈량이 뜻은 원대하나 기회를 얻지 못했다. 계책은 많으나 결단력이 부족하다. 용병과 전쟁을 좋아하지만 권모술수가 없다. 10만 대군을 거느리고 있지만 이미 나의 계략에 걸려들었으니 그를 격퇴하는 것은 시간문제다! 처음에는 서툴러도 두 번째는 익숙해지는 법이다. 나는 제갈량의 장단점, 사고방식, 용병습관을 이미 다 파악했다. 그는 네 형인 나를 당하지 못할 것이다. 제갈량은 틀림없이 실패한다."

이날 제갈량이 사마의 진영으로 사자를 보냈다. 사마의는 예상치 못한 방문에 놀라며 사자를 불러들였다. 고지식해 보이는 사자는 사마의를 보더니 뭔가 어색해했다.

사마의가 물었다. "무슨 일로 왔는가?"

사자가 대답했다. "승상의 군령을 받고 선물을 전하러 왔습니다."

사마의가 놀라며 물었다. "선물이라니? 그게 무엇인가?"

긴장한 사자는 고개를 숙이고 차마 사마의를 쳐다보지 못했다. 그가 손을 흔들자 부하가 선물상자를 대신 받아 바쳤다. 사마의는 상자를 흥미롭게 살펴보며 생각했다. '제갈량에게 이런 취미가 있었나? 내게 선물을 보내다니?' 사마의는 제갈량에게 무슨 꿍꿍이가 있는지 궁금해 하며 상자를 열어보았다.

장막에 있던 장수들은 제갈량이 어떤 선물을 보냈는지 보고 싶어 고개를 쭉 빼고 기다렸다.

상자 안에는 어떤 물건이 비단으로 싸여 있었는데 보들보들했다. 사마의는 사자를 힐끔 쳐다보았다. 그러자 사자는 두려움에 떨면서 사마의를 쳐다보지도 못했다.

사마의는 더 호기심이 발동해 비단을 열어보았다. 비단에 싸여 있는 것은 다름 아닌 여인의 옷과 장신구였다!

군신이 짜고
제갈량을 죽게 만들다

위군 장수들은 촉군이 연일 욕을 해대는 통에 이미 마음속에 분노가 꽉 차 있는 상태였다. 그런데 지금 제갈량이 보낸 여인의 옷과 장신구를 본 순간 끝내 화가 폭발하고 말았다. 장수들은 당장 사자를 베고 촉군을 공격해 이 치욕을 되갚아줘야 한다며 들고 일어났다!

그런데 사마의는 화를 내기는커녕 옷을 들고 감상하듯 살펴보았다. '그 래도 최신식이로군.' 사마의가 볼 때 제갈량이 이렇게 격 떨어지는 하책을 썼 다는 것은 그의 재주가 이제 바닥이 났다는 뜻이었다. 사마의는 촉군의 사자 를 지그시 바라보았다. 그는 사시나무 떨 듯 온몸을 벌벌 떨고 있었다.

사마의는 한 손을 들어 좌중을 조용히 시킨 뒤 촉한의 사자에게 천천히 물었다. "두려워할 필요 없네. 내가 자네에게 몇 가지만 좀 묻지."

사자는 두려움에 떨었지만 대의명분은 잘 알았다. 그는 속으로 결심했 다. '당신이 무슨 수를 쓰든 간에 우리 군대의 기밀은 조금도 누설하지 않을 것이다!'

사마의는 주연을 베풀어 사자와 소소한 이야기들을 나누었다. 대화를 나누던 중 사마의가 물었다. "제갈 승상의 하루 일과는 어떻게 되시는가? 잠은 잘 주무시는가?"

이 질문을 받고 사자는 굉장히 기뻤다. 이 기회에 촉한 지도자의 훌륭한 이미지를 제대로 선전해야겠다고 결심했다. 사자가 아뢰었다. "승상께서는 매일 수탉보다 일찍 일어나시고 부엉이보다 늦게 주무시며 공무를 처리하느라 바쁘십니다."

사마의가 말했다. "참 부지런하시구나. 그런데 다른 직급의 공무도 승상께서 직접 처리하시는가?" 사자는 더욱 의기양양해하며 자랑하듯 말했다. "곤장 20대 이상의 일은 직접 관장하십니다."

사마의가 말했다. "세세하게도 관여하시는구나. 참으로 대단하다. 그럼 매끼 식사는 얼마나 드시는가?"

사자는 계속해서 선전했다. "매끼를 절반 정도밖에 안 드시는데, 그것도 제때 못 챙겨 드실 때가 많습니다."

사마의가 말했다. "촉한에 이처럼 훌륭한 승상이 계셨구나! 자네들이 대단한 이유가 있었군그래, 하하하."

사자는 자신이 국위를 선양하고 국가 지도자의 멋진 모습을 선전했다고 생각하며 기분 좋게 돌아갔다.

사자가 떠난 뒤 사마의가 부장들에게 말했다. "제갈량이 하는 일은 많고 먹는 것은 적다는데 오래 살 수 있겠는가?"

자신감이 붙은 사마의는 제갈량이 나가떨어질 때까지 기다리기로 했다.

하지만 부장들은 동의하지 않았다. 그들은 자신들의 대장이 어마어마한 치욕을 당했다고 생각했다. 칠척장신의 늠름한 사내가 문밖에도 나가지 않

결국 이기는 사마의

는 여인으로 멸시를 당했는데 어떻게 가만히 두고 볼 수만 있겠는가? 장수들은 하나같이 전투에 나서자고 성화였다.

이번에는 장수들이 다른 때보다 유난히 격정적이었다. 만약 출전에 응하지 않으면 군명을 거역하는 사람이 나올지도 몰랐다.

사마의는 잠시 망설이다가 짐짓 분노하는 척하며 말했다. "이번에는 제갈량이 사람을 모욕하는 정도가 지나쳤소. 출병해서 반드시 본때를 보여줘야 합니다. 우리 조위의 철기병이 얼마나 무서운지 뜨거운 맛을 보여줍시다!"

장수들이 너도나도 호응하며 전장에 나가 싸우겠다고 자청했다.

사마의가 말했다. "잠깐 기다리시오. 일전에 폐하께서 내게 절대 나가서 싸우지 말고 사수하라고 조서까지 내리셨는데, 이를 어찌하면 좋겠소?"

장수들이 대답했다. "장수가 밖에 있을 때는 경우에 따라 군주의 명을 듣지 않아도 된다고 했습니다. 그런 것은 일일이 다 신경 쓸 수가 없습니다!"

사마의가 난처해하며 말했다. "그럴 수는 없소. 아니면 이렇게 합시다. 오늘 밤 내가 폐하께 출전을 청하는 서신을 보내면 어떻겠소?"

장수들이 거듭 좋다고 말했다. 사마의는 서둘러 편지를 썼다. 강력한 어조로 출전하겠다는 강한 의지를 드러냈다. 사마의는 편지를 역리驛吏에게 건네며 생각했다. '폐하, 이 난제를 폐하께 넘겨드리겠습니다. 틀림없이 신의 뜻을 헤아려 주시리라 믿습니다.'

위남 전선에서 보낸 편지가 천리를 달려 낙양성에 도착했다. 사마의의 편지를 받은 조예는 아연실색했다. '사마중달, 이게 또 무슨 수작인가. 통제 불능인 장수와 병졸들을 이기지 못해 짐에게 대신 처리해 달라고 하다니. 좋소, 짐이 자네 장단에 맞춰주지!'

조예는 회신인 척하면서 지시했다. "절대 출전해서는 아니 되오. 종전의 방어 전략을 관철시키시오. 감히 출전을 청하는 자가 있거든 군법에 따라 처리하시오! 노신 신비를 감군^{監軍}으로 보내겠소."

군신의 손발이 척척 맞았다. 천리를 오간 편지는 그저 쇼에 불과했다.

위위^{衛尉} 신비는 조씨 삼대를 모신 원로대신으로, 성격이 강직하고 남에게 아첨하지 않아 조정에서 그를 두려워하지 않는 사람이 없었다.

명을 받고 위남 전선에 도착한 신비는 면전에 대고 장수들을 엄하게 꾸짖었다. "폐하께서 이미 사수하라 명하셨거늘 누가 감히 출전을 청하는 것인가?" 장수들은 신비를 보더니 감히 거역할 수 없는 상대라 아무 말도 하지 못했다.

사마의는 장수들을 향해 자신도 어쩔 수가 없다는 듯 손을 펴 보였다. 신비는 또 사마의에게 말했다. "내일부터 이 몸이 매일 진영 입구에 서 있을 것이오. 출전을 원하는 자는 이 늙은이를 밟고 지나가시오!"

아니나 다를까, 신비는 다음날 꼭두새벽부터 왼손에는 부절^{符節}(중앙에서 권한을 수여할 때 주는 물건으로, 두 개로 나뉘어져 있어 하나는 조정이 보관하고 하나는 관원이 신표^{信標}로 사용했다)을, 오른손에는 황월^{黃鉞}(이것이 있으면 임무 중 황제에게 보고하지 않고 뜻대로 형벌권을 행사할 수 있다)을 들고서 병영 문 앞에 떡하니 버티고 서 있었다. 그 모습에서 위엄과 카리스마가 넘쳐흘렀다.

제갈량은 첩자를 보내 위군이 왜 아직도 출전을 안 하는지 알아보게 했다. 첩자가 돌아와서 보고했다. "웬 고집불통 늙은이 하나가 황월을 들고 병영 문 앞에서 군사들이 나가지 못하도록 막고 있습니다."

제갈량이 탄식을 내뱉었다. "틀림없이 신비일 것이다."

호군^{護軍} 강유^{姜維}가 말했다. "신비가 왔으니 사마의는 출전할 엄두를 못 낼 것입니다." 강유는 제갈량이 첫 북벌에 나섰을 때 천수에서 투항해 온 위나라 장수였다. 제갈량은 강유가 키울 만한 인재라고 여겨 늘 데리고 다니면서 가르쳤다. 그를 후계자로 삼겠다는 의도도 있었다.

제갈량이 씁쓸하게 웃었다. "사마의는 원래 싸울 생각이 없었다. 그가 천리를 넘어 출전을 청한 것은 보여주기 위한 것에 지나지 않는다. 그도 싸우기를 원하는 것처럼 보여주려 한 것이다. 병법에 이르기를, '장수가 밖에 있을 때는 상황에 따라 군주의 명을 듣지 않아도 된다'고 했다. 만약 그가 정말 나와 싸워 이길 수 있다면 굳이 그런 연극을 할 필요가 있었겠느냐?"

제갈량의 말을 마음에 새긴 강유는 사마의라는 상대를 다시 보게 되었다.

시간이 흘러 어느덧 8월에 접어들었다. 양군이 대치한 지도 벌써 120여 일째가 되었고, 계절도 여름에서 가을로 바뀌었다. 농상隴上은 가을에 유난히 바람이 많이 불었다. 10만 촉군은 오장원에서 수개월 간 풍찬노숙風餐露宿한 탓에 튼튼하던 장정들도 기력이 남아나지 못했다. 그러니 근심하고 고생하며 아침저녁으로 부지런히 일하는 노인의 몸은 오죽하겠는가? 촉한의 기둥인 제갈량의 쇠약한 몸은 더 이상 고된 군무를 버티지 못하고 쓰러졌다.

쉰네 살인 촉한 승상 제갈량은 어느새 인생의 종착역에 와 있었다.

후세 사람들은 아쉬워하곤 한다. 하늘이 그의 수명을 좀더 연장해줬더라면, 촉한이 힘을 내서 제갈량이 성공할 수 있었을 거라고 말이다. 하지만 정작 당사자인 제갈량은 그렇게 생각하지 않은 듯하다. 그는 양국의 대결이 한두 번 겨뤄서 끝날 만큼 간단하지 않다는 것을 누구보다 잘 알고 있었다. 제갈량은 병든 몸을 이끌고 좌우의 부축을 받으며 마지막으로 군영을 순행했다. 좌우에서 승상을 부축하던 시위들은 1백만 촉한 군민의 믿음과 꿈을 짊어졌던 제갈 승상이, 살짝만 힘을 줘도 일으킬 수 있을 만큼 병약한 노인이었음을 처음으로 깨닫게 되었다.

시위의 눈가가 촉촉해졌다. '선제가 붕어하신 뒤로 제갈 승상께서는 너무나 많은 것들을 홀로 짊어지고 계셨군요.'

군영을 돌아보던 제갈량은 '중원 수복'이라고 적힌 깃발이 바람에 펄럭이는 모습을 바라보면서 마음이 한없이 처량해졌다. '목우유마, 제갈연노, 운제, 충차, 정란 등 이런 익숙한 공격 도구들을 나는 이제 더 이상 쓸 수 없겠구나!'

군영에 있는 병사들이 모두 제갈 승상을 바라보았다. 철통같은 군기軍紀 때문에 함부로 자리를 벗어날 수 없는 그들은 조금이라도 승상을 시야에 오래 담아두기 위해서 그저 눈동자를 굴리는 수밖에 없었다. 10만 촉군의 군심을 짊어진 이 노인이 세상을 떠나면 어떤 결과가 찾아올지 누가 알 수 있을까? 언젠가 이 군대에서 제갈 성을 가진 이가 사라진다면 지금의 전투력, 영광과 꿈을 유지할 수 있을지 장담할 수 없었다.

제갈량은 군영을 반쯤 돌았을 뿐인데 이미 힘이 부쳤다. 그는 이를 악물고 주위에 있는 모든 것을 바라보려고 애썼다. 그는 오랫동안 굶은 사람처럼 간절하게 바라보았다. 마치 이 모든 것을 머리와 가슴속에 깊이 각인시키고 싶어하는 것처럼 말이다.

가을바람이 엄습하자 뼛속까지 한기가 느껴졌다.

제갈량은 하늘을 바라보며 길게 탄식했다. "이제 나는 전장에 나가 역적을 토벌할 수 없겠구나! 푸른 하늘은 넓고 아득하며 영원불멸하거늘, 어째서 내게는 이리도 가혹한 것인가!"

경미하지만 웅장한 흐느낌이 촉군 진영의 하늘로 올라가 오장원의 가을바람, 황혼과 하나가 되면서 천지산천을 감동시켰다.

결국 기력을 다한 제갈량은 전체 군영을 끝까지 살피지 못하고 군막으로 돌아와 병상에 누울 수밖에 없었다.

그는 양의楊儀, 비의費禪, 강유 등 심복들을 불러 후사를 부탁했다. "내가 죽으면 삼군을 사곡으로 철수해 장사를 지내게. 사마의가 쫓아오거든 예전에 성공을 거두었던 방법으로 물리치면 될 것이네. 철군할 때는 위연이 후방을 엄호하고, 강유가 그 뒤를 따르게. 만약 위연이 철군하지 않으려고 한다면 신경 쓰지 말고 삼군이나 철수하게."

당부를 마친 제갈량은 숨이 거의 끊어지기 일보직전이었다. 군막을 드나드는 고위 장병들은 하나같이 무겁고 낙담한 표정이었다. 그 모습을 본 수비병들은 승상의 서거가 머지않았음을 알고 울먹이기 시작했다.

그런데 갑자기 성도成都에서 사자가 도착했다. 상서복야尚書僕射 이복李福이었다. 이복은 제갈량이 곧 이승을 떠나게 될 줄 모르고 폐하의 명을 받아 국사를 물어보기 위해 방문한 것이었다. 군막에 들어온 이복은 승상의 병세가 심각한 것을 보고는 당황해서 자신이 무슨 일로 왔는지조차 잊어버렸다.

제갈량이 갑자기 눈을 떴다. "이복인가?"

이복은 얼른 병상 앞으로 다가가 승상을 향해 머리를 조아렸다. 감정이 북받쳐 무슨 말을 해야 좋을지 몰랐다.

제갈량이 말했다. "무슨 일로 온 것인가?"

이복은 그제야 자신이 온 이유를 떠올리며 분주히 국사를 하나하나 물어보았다. 애써 정신을 똑바로 차린 제갈량은 이복의 말을 들으며 승상으로서 마지막 책무를 다했다. 이야기를 다 듣고 제갈량은 힘겹게 한 글자씩 이복에게 당부했다. 미약하지만 힘들여 내는 목소리였다. 이복은 그의 말을 경청하며 연신 고개를 끄덕였다.

장막에 있던 장수들은 차마 그 모습을 계속 바라볼 수가 없었다. 수십 년을 하루같이 온갖 정사를 처리하며 백발이 성성해진 노인이 바로 그들의 승상이었다.

제갈량은 여느 때보다 오래 이야기하며 힘겹게 당부를 마쳤다. 이복은 승상에게 몸조리 잘하라는 말을 남기고 떠났다.

제갈량은 눈을 감았다. 그는 오랜만에 느끼는 고요함을 가만히 즐기고 있었다. '융중隆中에서 농사를 지을 때나 즐길 수 있던 여유로구나. 그래, 융중에는 내가 와서 경작해주기를 기다리는 척박한 밭 수십 묘畝가 아직 남아 있지.'

제갈량의 몸은 나빠질 대로 나빠졌지만 여전히 숨은 붙어 있었다. 그는 뭔가를 기다리고 있는 것 같았다. 아니나 다를까, 며칠 뒤 이복이 부리나케 다시 와서 허둥지둥 군막으로 들어오더니 제갈량이 아직 살아 있는 것을 보고 살짝 마음을 놓았다.

제갈량이 인기척을 듣더니 말했다. "이복인가? 자네가 무슨 일로 왔는지 알고 있네. 지난번에 내가 많은 걸 당부하긴 했지만 아직도 내게 더 물을 일이 있어서 온 것 아닌가. 자네가 물으려는 그 일은 장완蔣琬이 가장 적합한 인사일세."

이복은 깜짝 놀랐다. 제갈 승상은 생명이 거의 꺼져가는 순간에도 여전히 엄청난 선견지명을 발휘하고 있었다. 이복이 얼른 말했다. "맞습니다. 일전에 그 일을 묻는다는 걸 깜빡했지요. 만일 승상께서 떠나시면 누가 중임을 맡을 수 있을지 말입니다. 그럼 장완 다음에는 누가 맡으면 되겠습니까?"

제갈량이 느릿느릿 대답했다. "비의일세."

이복이 또 물었다. "비의 다음에는 누가?"

사람들은 모두 귀를 쫑긋 세웠다. 하지만 그들은 돌아오는 말을 들을 수 없었다. 제갈량은 이를 악물고 눈을 질끈 감은 채 더 이상 아무 말이 없었다.

결국 이기는 사마의

이복은 더 이상 묻지 않고 눈물을 글썽이며 성도로 돌아가 복명했다. (《삼국지》에서 인용한 《익부기구잡기益部耆舊雜記)

제갈량은 그렇게 군중에서 세상을 떠났다. 향년 54세였다.

제갈량 일생의 성패와 공과에 대한 후세 사람들의 평가는 분분하다. 하지만 이 두 가지만큼은 의문의 여지가 없을 거라고 생각한다. 그가 복잡한 인물이었다는 것, 그리고 위대한 인격의 소유자였다는 사실 말이다.

위남 진영에 머물고 있던 사마의는 요즘 들어 계속 눈꺼풀이 떨렸다. 어느 날 밤 군영을 돌던 그는 커다란 적홍색 별이 동북쪽 하늘에서 서남쪽으로 내려와 제갈량 진영이 있는 방향으로 떨어지는 것을 보았다. 사마의는 생각했다. '하늘에서 큰 별이 떨어지다니, 설마 제갈량이 세상을 떠난 것인가?'

다음날 사마의는 기마 정찰병을 보내 알아보게 했다. 소식이 도착하기도 전에 먼저 오장원의 백성들이 뛰어와 보고했다. "촉군에서 진영을 거두고 오장원에서 철수하고 있습니다!"

사마의는 제갈량이 죽었다는 것을 알고 즉시 군대를 보내 추격하게 했다.

사마의의 군대가 금세 오장원 근처에 도착했다. 촉군이 질서정연하게 철수하고 있는 모습이 보였다. 사마의가 습격을 명하려는데 갑자기 촉군이 돌아서서 북을 울리며 사마의 쪽으로 향했다. 사마의는 깜짝 놀랐다. '설마 또 제갈량의 유인책인가? 제갈량은 적을 깊은 곳으로 유인해 섬멸하는 것이 특기다. 왕쌍과 장합도 다 그 수에 당하지 않았는가!' 사마의는 쫓아갈 엄두를 못 내고 퇴각했다.

촉군도 더는 달려들지 않고 진열을 갖춰 태연하게 철수했다. 사곡에 도착한 삼군은 발상發喪하고 곡을 했다. 그제야 사마의는 제갈량이 진짜 죽었다는 것을 알고 다시 추격하려 했지만 따라잡기에는 이미 늦은 상황이었다.

오장원의 백성들은 노래를 만들어 사마의를 풍자했다. "죽은 제갈량이 산 사마의를 쫓았다."

그 말을 들은 사마의는 따지지 않고 그저 "내가 산 제갈량은 헤아려도 죽은 제갈량은 헤아리지 못했구나"라는 자조 섞인 말을 했다.

사마의는 오장원을 순행하다 촉군이 남긴 진영 배열 방식을 보며 길게 탄식했다. "과연 천하의 기재奇才로다!"

사마의의 이 평가는 그의 일생에서 가장 중요한 호적수였던 제갈량에게 보내는 경의의 표시였다.

그전에 사마의는 제갈량의 부음을 듣고 그저 기쁘기만 했었다. 그런데 지금 정신을 차리고 생각해 보니 뭔가를 잃어버린 것처럼 서운한 기분이 들었다. '이런 위대한 상대를 평생에 몇 명이나 만날 수 있을 것인가? 천하에 제갈량말고 또 누가 나 사마의의 지기知己 노릇을 해줄 수 있단 말인가? 내가 살면서 탄복했던 상대는 단 두 명이었는데, 한 명은 제갈량이고 다른 한 명은 조조였다. 하지만 내가 평생 존경한 상대는 바로 당신, 제갈량 한 사람뿐이다.'

사마의와 제갈량 이 두 불세출의 천재들이 벌인 대결이 이로써 끝이 났다. 두 사람의 대결은 순수하게 겉으로 드러나는 것으로만 봐서는 그리 멋지지 않았다. 맹획을 칠종칠금七縱七擒(일곱 번 잡았다가 일곱 번 풀어주다)했던 여유와 지혜도, 서둘러 맹달을 잡아들일 때의 밀고 당기기도 없었다. 하지만 두 사람이 이런 훌륭한 기량을 펼치지 않은 것은 바로 호적수를 만났기 때문이었다.

사마의와 제갈량은 마치 바둑의 고수들처럼 자신의 것이든 상대의 것이든 매 수를 신중하게 계산했다. 그들은 매 수를 둘 때마다 수차례 깊디깊은 생각을 거듭했던 것이다. 병법에 '지피지기'知彼知己라는 말이 나온다. 상대방의 속내를 잘 알고 있던 사마의와 제갈량은 어쩌면 서로에게 세상에 둘도 없는 특별한 '지기'가 아니었을까?

마침내 조위의 변경에 잠시나마 평화가 찾아왔다. 반면에 촉한 병사들은 괜한 집안싸움에 휘말리게 되었다.

줄 수 있다면 당연히
도로 가져올 수도 있다

위연은 자신이 점점 소외되고 있다고 느꼈다.

'최근 며칠간 승상의 병세가 급격히 나빠졌다고 들었는데, 군막을 드나드는 사람은 양의, 강유, 비의 같은 자들이다. 나 위연은 찾지도 않았다고!'

위연은 화가 나서 속을 끓였다. 그는 항상 제갈량이 자신에게 편견을 가지고 있다는 생각을 했었다. 제갈량은 일전에 자오곡에서 낸 자신의 계책을 받아들이지도 않았고, 첫 북벌 때는 자신이 아닌 마속을 선봉으로 삼아 위연의 심기를 건드렸다. '선제가 살아 계실 때는 내가 한중태수로 한몫했었는데, 지금 제갈량 당신 밑에서는 어째서 내가 뜻을 이룰 수 없는 것인가?'

제갈량이 신뢰하는 사람들은 위연이 보기에 그저 변변찮은 자들이었다. '강유는 투항한 사람이고 비의는 서생이다. 더군다나 양의는 부끄러운 소인배가 아닌가! 전군을 통틀어 나를 경외하지 않는 자가 어디 있는가? 특히 양의는 승상의 신임을 받는다는 이유로 나를 본체만체하고 있다.' 위연은 언젠가 감정이 격해져서 양의의 목에 칼을 겨눈 적이 있었는데, 다행히 정신을

결국 이기는 사마의

차려서 큰 화를 초래하지는 않았다. 하지만 두 사람은 그 뒤로 물과 기름처럼 사이가 나빠졌다.

제갈량이 세상을 떠나고 강유와 양의는 위연에게 후방을 엄호하라는 승상의 명을 전했다. '또 후방이라니! 선제가 서거하신 후로 나는 언제나 너희들을 위해 후방을 엄호하고 적을 유인하는 그런 어디 내놓기에도 부끄러운 사소한 일들을 해왔다! 그런데 남정현후^{南鄭縣侯}인 나를 쥐새끼 같은 양의 네놈이 감히 쥐락펴락하며 함부로 대하는 것이냐! 제갈량이 살아 있을 때는 내 뜻대로 하지 못했다. 그런데 제갈량이 죽은 지금까지도 양의의 명령을 따라야 한단 말인가?' 양의를 거들어 주고 싶지 않았던 위연은 자기 마음대로 하기로 했다.

그때 비의가 달려오며 물었다. "위 장군, 승상께서 돌아가셨는데 이제 어쩌실 생각입니까?"

위연은 비의를 보더니 흥분하며 말했다. "승상은 가셨지만 내가 아직 버젓이 살아 있네. 승상부의 속관들은 부고를 내고 성도로 돌아가면 되고, 대군들은 여기 남겨서 내가 이끌고 나가 적을 격파하면 되지 않겠는가. 한 사람의 죽음 때문에 어찌 국가 대사를 저버릴 수 있겠는가? 더군다나 내가 어떤 사람인데 후방 호위나 하며 양의의 조수 역할을 하고 앉아 있겠나?"

말할수록 감정이 격해진 위연은 그 자리에서 비의를 끌어들여 자신과 함께 촉한 대군을 남겨 계속 싸울 수 있게 해달라는 연명 상소를 올리자고 말하려 했다.

비의는 적당히 얼버무리며 말했다. "아무래도 제가 가서 양의를 설득하는 게 좋겠습니다. 양의는 문관이라 군사를 잘 모르니 틀림없이 장군의 생각에 동의할 것입니다."

위연은 알았다고 답했다. 비의는 얼른 위연의 군막을 빠져 나와 말을 타고 내달렸다.

위연은 다시 정신을 차리고 생각했다. '비의와 양의는 한통속이다. 양의가 내 의중을 떠보기 위해 비의를 보낸 것이 틀림없다.' 위연은 정탐꾼을 보내 양의군의 상황을 알아보라고 했다. 정탐꾼은 돌아와 다음과 같이 보고했다. "저희는 이곳에 남겨 두고 이미 순차적으로 철수했습니다."

위연은 버럭 화를 내더니 본부의 군대를 이끌고 달려갔다. 양의가 돌아오지 못하도록 가는 길에 잔도를 모조리 불태워버렸다. 위연은 조정에 양의가 모반을 일으켰다는 상소를 올렸다.

양의 쪽에서는 위연이 선수를 치는 것을 보고 질세라 서둘러 돌아갔다. 그리고 성도에 사람을 보내 위연이 모반을 일으켰다고 보고했다.

서로 상대방이 모반을 일으켰다고 주장하는 두 상소를 동시에 받아 든 성도에서는 어찌해야 좋을지 몰랐다. 후주後主 유선이 중신들에게 의견을 묻자 다들 양의를 믿고 위연을 의심했다.

유선은 주저 없이 그 자리에서 결단을 내렸다. 장완에게 궁정을 지키는 숙위영宿衛營 군사들을 이끌고 나가 양의와 힘을 합쳐 위연을 치라고 명했다.

위연은 앞서 사곡을 나와 남곡구南谷口를 점거하고 양의군을 공격했다. 위연과 양의의 사적인 원한이 마침내 군사충돌로 이어진 것이다.

양의는 왕평을 보내 위연을 치게 했다. 왕평은 위연의 병사들을 큰 소리로 꾸짖었다. "돌아가신 승상의 시신이 아직 식지도 않았거늘, 어찌 감히 이런 행동들을 하는 것이냐?" 위연의 병사들은 스스로도 말이 안 된다고 생각했는지 뿔뿔이 흩어졌다.

군대를 잃은 위연은 아들과 몇몇 심복들만을 데리고 한중으로 도망쳤다. 양의가 추격하라고 보낸 마대馬岱는 위연의 머리를 가지고 돌아왔다.

양의는 득의양양해하며 눈도 감지 못하고 죽은 위연의 머리를 바닥에 내던지더니 발로 마구 짓밟으며 욕을 퍼부었다. "하찮은 종놈 같으니! 이래도 악행을 다시 저지를 수 있겠느냐?"

하지만 양의도 최후의 승자는 아니었다. 제갈량이 죽기 전에 이미 장완을 후계자로 지정했기 때문이다. 그 사실을 알게 된 양의는 실망하며 원망의 말을 쏟아냈다. 그러자 비의가 양의의 그 말을 조정에 보고했다. 유선이 교지를 내렸다. "양의를 삭탈관직하고 한가군漢嘉郡에서 평민으로 살게 하라." 양의는 한가군에 가서도 계속 조정에 상소를 올려 현직 지도자들을 신랄하고 매몰차게 공격했다. 결국 조정에서는 사람을 보내 그를 체포하도록 했다. 하지만 체포할 사람이 도착하기도 전에 두려움을 견디지 못한 양의는 스스로 목숨을 끊었다.

제갈량의 후계자 장완은 상대적으로 온화한 정치 스타일을 보여주었다. 그는 백성들의 부담을 줄이고 생활을 안정시켜 원기를 회복해야 한다고 주장했는데, 이는 사실상 제갈량의 북벌전략을 부정한 것이었다. 촉한은 당분간 조위의 심복지환心腹之患(없애기 힘든 근심이나 우환)이 되지 못했기 때문에 양국 국경은 오래간만에 평화를 맞이했다.

촉한을 막아낸 일등공신인 사마의는 대장군에서 태위太尉로 영전했다. 대사마 직이 있기는 했지만 조인, 조휴, 조진이 그 자리에 오른 지 얼마 되지 않아 세상을 떠나면서 불길하다는 인식이 있어 폐기된 것이나 마찬가지였다. 태위는 위나라 군대에서 최고 계급이었기 때문에 사마의는 명실공히 위나라 군부의 1인자라고 할 수 있었다.

하지만 사마의는 겸손하고 신중하며, 남의 공을 가로채거나 총애를 다투지 않았다. 그저 서부 방어구역에서 총사령관의 업무를 성실하게 해내며 군주의 지위를 위협한다는 오해를 받지 않으려고 애썼다. 게다가 조예는 그 문제에 대해서는 전혀 관심이 없었다. 그의 신경은 온통 양모인 곽태후에게 쏠려 있었다.

곽태후는 바로 견희 사건 때의 곽여왕, 즉 조비가 총애하던 귀빈이었다. 견희가 죽자 조비는 아들이 없는 곽여왕에게 조예를 양자로 삼게 한 것이다.

조예는 곽여왕이 생모의 죽음과 관련이 있다는 것을 어렴풋이 알고는 있었지만, 당시는 태자가 되기 전이라 곽여왕을 생모 대하듯 극진히 섬길 수밖에 없었다. 곽여왕은 총명하고 기특한 조예를 보며 모성애가 생겼다. 그래서 조예에 대한 마음의 응어리를 내려놓고 친자식처럼 그를 아껴주었다.

그런데 계산에 밝고 '여중지왕'이라고 불렸던 곽여왕도 그 어린 조예가 가슴속 깊이 복수를 계획하고 있었다는 것은 꿈에도 생각지 못했다.

즉위하자마자 곽여왕에 대한 조예의 태도가 돌변했다. 즉위한 해에 조예는 억울하게 죽은 자신의 어머니에게 '문소황후'文昭皇后라는 시호를 추증했다. 이는 곽여왕에게 아주 위험한 신호였다. 더 무서운 것은, 훗날 조예가 견희의 묘를 조양릉朝陽陵으로 이장한 것이다.

일반적으로 위나라의 황제와 황후는 합장合葬했다. 그런데 조예는 자신의 생모를 아버지인 조비와 합장하지 않고 따로 능묘陵墓를 세워주었다. 이는 조예가 어머니의 죽음을 마음에 두고 있음을 의미했다. 곽여왕은 언제 자기 차례가 올지 알 수 없었다. 그녀가 할 수 있는 것은 행동을 조심하고 자신의 친척을 철저히 단속해서 공연히 책잡히지 않게 하는 것뿐이었다.

처음에 조예는 끈질기게 견희의 사인에 대해서 물었다. 하지만 곽여왕은 대답할 말이 없었다.

한번은 계속되는 질문에 지친 곽여왕이 악에 받쳐 말했다. "견희를 죽인 것은 선제께서 스스로 내린 결정이신데 왜 저한테 와서 이러십니까? 설마 자식이 되어서 죽은 아버지를 원망하고, 생모를 위한답시고 계모를 억울하게 죽이려는 것입니까?"

조예는 곽여왕을 매섭게 노려보더니 뒤돌아서 자리를 떠났다.

이 일이 있은 후로 곽여왕은 낙양에서 쫓겨나 허창으로 갔다. 그리고 청룡 3년(235년) 정월, 곽여왕은 비명횡사했고 사인은 밝혀지지 않았다.

전해지는 바로는 생전에 견희와 친하게 지내던 이부인이 견희가 죽은 당시 상황을 조예에게 알려주었고, 애통해하며 눈물 흘리던 조예가 비밀리에 납관인에게 명해 죽은 곽여왕의 입에 쌀겨를 가득 채우고 머리를 산발해서 얼굴을 가리게 했다고 한다. 당시 그녀가 견희에게 했던 것과 똑같이 말이다.

인과응보였다. 14년을 묵혀 왔던 복수가 막을 내리자 조예의 인생도 내리막길을 걷기 시작했다.

태위 사마의는 최근 2년 동안 아주 편안한 나날을 보냈다. 제갈량이 죽은 뒤로는 더 이상 촉군을 상대하느라 마음을 졸일 필요가 없었다. 작년에 촉나라 장수 마대가 소규모로 한 차례 침입해오기는 했지만, 사마의는 숙장宿將 우금을 보내 가뿐하게 승리를 거두며 병사 1천여 명의 수급을 얻었다.

그때의 승리가 위협적이었던지 부쌍苻雙과 강단强端 두 저왕氐王이 문중 6천여 명을 데리고 귀순했다. 그해 성국거와 임진피가 효용을 발휘해 관중은 대풍작을 거두었다. 반면 관동은 흉년이 들어 굶주린 백성이 도처에 가득했다. 사마의는 관중의 여유 식량 5백만 곡斛(1곡은 10말)을 낙양으로 운송하라는 명을 내렸다.

사마의의 여섯 형제들은 모두 위나라에서 높은 관직을 차지하고 있었다. 그중에서도 특히 셋째 사마부는 상서령의 자리까지 올랐다. 사마의의 두 아들 사마사와 사마소도 빛을 보고 있었다. 업무와 관련된 사교그룹이 생겨서 하안何晏과 하후현夏侯玄 등 젊고 유능한 인재들과 자주 왕래했고, 가정적으로는 사마의의 주도하에 혼사가 정해졌다.

정치적 인물의 혼인은 사적인 일이 아니라 공적인 일이었다. 사마사의 부인은 하후휘夏侯徽라는 여인이었는데, 그녀의 아버지는 조비 시대의 종친 3대 장성將星 중 하나인 하후상이었고, 어머니는 또 다른 3대 장성 중 하나인 조진의 누이동생이었다. 사마소의 부인 왕원희王元姬는 동해東海 왕씨 출신으로, 그녀의 조부는 조위의 원로대신 왕랑, 아버지는 경학經學의 대가 왕숙王肅이었다. 사마사의 처족妻族은 종친이었고, 사마소의 처족은 뼈대 있는 명문세가였다. 사마의는 한 수도 허투루 두지 않고 아들들의 혼사조차 세력을 키우는 절호의 기회로 삼았다.

그리고 그해, 손자 사마염司馬炎(훗날의 서진 초대 황제)이 태어났다. 예순을 바라보는 나이에 손자를 품에 안게 된 사마의는 기분이 날아갈 듯했다. '공을 세워 이름도 날리고 손자와 즐거운 시간을 보낼 수 있다니, 더 이상 바랄 게 없구나.'

남들에게는 불행이 겹쳐 왔지만 사마의에게는 행복이 줄을 이었다. 모든 것이 순조로워 한껏 기분이 좋아진 사마의는 사냥을 나갔다가 백록白鹿까지 잡았다! 백록은 보기 드문 품종으로, 당시 사람들에게 상서로운 조짐으로 통했다. 사마의는 전문 사육사를 들여 백록을 정성껏 돌보게 하고 돌아가는 길에 낙양에 들러 조예에게 선물로 바쳤다.

조예는 백록을 받고 사마의를 격려했다. "과거에 주공周公이 성왕成王을 보좌하면서 흰 꿩을 바쳤는데, 지금 경은 제국을 위해 서쪽을 관장하면서 내게 백록을 바치는구려. 경의 충성심은 옛 사람과 함께 천고에 길이 빛날 것이오. 이게 우리 조위를 천추만대千秋萬代까지 지키라고 하늘이 경을 보내준 것이 아니고 무엇이겠소!"

조예가 사마의를 주공에 빗댄 것은 당시 사람들이 보기에 결코 허명虛名

　　　　　　　　　　　　　　결국 이기는 사마의

이 아니었다. '이 노인은 조씨 가문 3대를 보좌하고 군사상 엄청난 승리를 수 차례 거둔 데다, 제국의 안전을 보위하고 있으니 그야말로 구세주가 따로 없 구나!'

하지만 그렇게 생각하지 않는 사람도 있었다. 그는 바로 태자사우 중에 두뇌회전이 가장 빠르지만 명성은 가장 형편없는 오질이었다. 오질은 언젠가 조예 앞에서 사마의를 좋게 이야기한 적이 있었다. "사마의는 충직하고 지혜 로우며 공평하니, 사직지신社稷之臣(국가의 안위를 담당하는 중신)이라고 할 수 있 습니다! 그런데 진군은 일개 문신에 불과해 사마의에 비할 바가 못 됩니다!"

당시 조예는 상서령 진교陳矯를 바라보았다. "사마공의 충정이 사직지신 이라 할 만한가?" 진교가 무뚝뚝하게 한마디를 던졌다. "사마의는 조정의 희 망이나 사직지신인 것까지는 잘 모르겠습니다."

조정과 사직을 비교하자면, 조정은 조씨의 사유재산이고 사직은 천하의 공리公利였다. 진교는 사마의가 사직지신이냐는 물음에 대해서는 유보적인 태도를 보인 것이다. 사마의에게는 조씨 일가를 호위하게 하면 그만이지 너 무 높은 자리까지 올릴 필요는 없다는 의견이었다.

말하는 사람은 이미 의도한 바가 있었고, 듣는 사람도 신경 써서 대답한 것이었다. 조예는 진교의 말을 귀담아 들었다. 그는 일전에 황숙 조식이 올린 상소를 떠올렸다.

얼마 지나지 않아 진군도 세상을 떠났다. 이로써 3대 고명대신 중 서열 3 위였던 사마의는 이제 서열 1위이자 유일한 원로 재상으로서 명망이 하늘을 찔렀다.

사마의는 자신이 누리는 모든 것을 누가 준 것인지 잘 알고 있었다. 줄 수 있으면 당연히 도로 가져갈 수도 있는 것이었다. 사마의는 몸을 낮추고 신 하로서의 직분을 성심껏 이행했다.

최근 조예에게서는 그가 막 즉위했을 당시 보여주었던 총기와 기개를 찾아볼 수 없었다. 이전에도 대규모 토목공사에 열을 올렸는데 지금은 궁전 건축에 미쳐 있었다. 조예는 궁전 건축 예산을 대폭 증가시키는가 하면, 짧은 상의 차림으로 직접 삽을 들고 건축현장에서 노동자들과 함께 흙을 파기도 했다.

이런 모습을 발견한 사마의는 미간을 찌푸리며 얼른 조예에게 간언했다. "주공周公이 낙읍洛邑을 짓고 소하蕭何가 미앙궁未央宮을 건설한 것처럼 궁전 건축은 줄곧 신하의 일이었습니다. 지금 대하大河 이북의 백성들은 곤궁한 처지입니다. 안으로는 강제 노역, 밖으로는 군 복무를 해야 하는데, 두 가지를 동시에 하기는 불가능합니다. 부디 폐하께서는 궁전 건축을 잠시 중단하시어 인력과 물자를 절약해 전쟁에 보탬이 될 수 있도록 해주시기 바랍니다."

그 말을 듣고 짜증이 난 조예는 사마의를 매섭게 쳐다보더니 삽을 던져 버렸다.

사마의에 대한 조예의 불신을 가중시킨 것은 노신 고당융高堂隆의 유서였다.

그해 위나라의 강직한 신하 고당융은 병세가 위중했다. 고당융은 위나라의 정국을 찬찬히 꿰뚫어보며 할말은 많았지만 입을 꾹 다물고 있었다. 그런데 이제는 생명이 위독한 마당에 그 많은 내용을 그냥 썩히려니 양심에 찔렸다. 그래서 임종을 앞둔 그는 묵직한 내용의 상소를 올리기로 했다. 그가 구술한 내용을 옆에 있던 사람이 옮겨 적어 조예에게 바쳤다.

상소를 올린 뒤 고당융은 곧 숨을 거두었다.

상소 내용은 이러했다. "신은 선제 황초 연간에 있었던 일을 기억합니다. 온몸이 시뻘건 괴조怪鳥 한 마리가 궁전 제비집에서 태어났지요. 이는 응양鷹揚의 신하가 내란을 일으키는 걸 막으라는 하늘의 경고입니다. 가장 바람직

한 방법은 제왕諸王들이 봉지封地 내에 군대를 세워 바둑알처럼 전국의 요충지에 분포하게 한 뒤, 황실을 호위해 중앙을 보호하고 수도가 있는 경기京畿를 지키게 하는 것입니다."

상소에서 가리키는 사람이 누구인지는 말하지 않아도 알 수 있을 것이다.

조예는 상소를 읽으면서 한 글자씩 곱씹어보다가 전율을 느꼈다. '삶의 끝에 닿아서야 겨우 용기 내어 올린 고당융의 간언이, 몇 년 전 황숙 조식의 상소 내용과 이렇게 판에 박은 듯 똑같을 줄이야!' 사마의에 대한 진교의 평가와 이를 다시 연관시키던 조예는, 모두가 '응양의 신하(특출난 신하)'라고 일컫는 태위를 다시 한 번 자세히 살펴보기 시작했다.

사마의는 조정의 재상宰相으로서 관중, 옹주, 양주凉州에 강력한 군대를 보유하며 황제 조예와 분섬이치分陝而治(주나라 때 어린 성왕 대신 섭정한 주공단周公旦과 소공석召公奭이 각각 동쪽과 서쪽을 다스리던 일을 가리킨다. 여기서는 조예가 동쪽, 사마의가 서쪽을 다스리는 것을 의미함)하는 국면을 형성했다. 지금 관동의 조예는 향락에 빠져 있는 반면, 관서의 사마의는 정성을 다해 백성을 돌보고 정치에 힘쓰고 있으니 뜻이 있는 자들을 더욱 근심하게 만들기에 충분했다.

조예는 경계심이 생겼다. 그런데 마침 3대째 요동에서 할거한 공손 가문이 노골적으로 모반을 일으켰다. 조예는 지금이 사마의를 그의 세력 범위인 관중에서 전출시킬 절호의 기회라고 생각했다.

위업을 이루고
고향을 찾다

공손 가문은 동탁 시대부터 시작해 어느덧 3대째 요동을 다스리고 있었는데, 지금의 수장은 공손연^{公孫淵}이었다.

1대 수장 공손탁^{公孫度}(공손도라고도 한다)은 사납고 흉악했지만 능력은 뛰어났다. 수장이 되자마자 현지 호족 수백 가구를 살육하는 피의 진압으로 안정적인 질서를 구축했다. 내부를 안정시킨 공손탁은 외환을 없애기 시작했다. 그는 당시 갓 농사를 배운 왜인^{倭人}, 여전히 석기시대에 머물고 있는 읍루^{挹婁}(고조선 시대에 만주 지방에 살던 부족), 분봉제^{分封制}를 실행하는 삼한^{三韓}, 경작과 싸움에 능한 고구려^{高句麗}를 다스렸다.

한나라가 가장 쇠약하고 혼란했던 시대에 중원축록^{中原逐鹿}에 낄 자격도 없던 소군벌이 너무나도 손쉽게 동북아지역 패권을 장악했던 것이다. 이것이 바로 문명의 위력이었다.

2대 수장 공손강^{公孫康}은 공손탁의 아들이었다. 조조가 막 하북을 평정했을 당시 원소의 두 아들 원상^{袁尚}과 원희^{袁熙}가 공손강에게 몸을 의탁했었

결국 이기는 사마의

다. 그런데 아직은 조조와 맞설 실력이 안 된다고 생각한 공손강은 조조에게 원상과 원희의 수급을 보내 신복臣服했다. 조조는 장거리 급습으로 이미 힘이 다 빠진 상태라 요동까지는 역량이 미치지 못한다고 생각해 인심 쓰듯 군대를 철수했다.

공손강은 국내에서 받은 모욕을 국외에서 풀었다. 그는 무력으로 삼한을 굴복시킨 뒤 마한馬韓에서 가장 전도유망한 백제百濟에 누이동생을 시집보냈다. 또 고구려의 내부 갈등을 이용해 수도를 공격해서 고구려왕이 천도하도록 만들었다. 한나라 중앙과 동이東夷 사이의 모든 왕래를 끊어버리고 한나라의 해외 대리인을 자처한 공손강은 동북을 제패함으로써 '동북아 패주'라는 패업을 달성했다.

3대 수장은 원래대로라면 공손연이 맞았다. 그런데 애석하게도 공손강이 죽을 당시 아들인 공손연의 나이가 너무 어려서 공손강의 남동생 공손공公孫恭이 후임자가 될 수밖에 없었다. 공손공은 어릴 때 병에 걸려서 남자로서의 기능을 상실했다. 이것이 통치 스타일에도 영향을 미쳐 나약한 성정 탓에 나라를 강건하게 다스릴 수가 없었고, 대외적으로는 줄곧 위나라의 비위를 맞추느라 바빴다. 당시 황제였던 조비는 공손공과 친밀하게 지내며 그를 거기장군車騎將軍과 가절假節로 삼고 제후에 봉했다.

공손연은 용맹하고 능력이 출중했다. 그가 볼 때 숙부의 행동은 나라를 팔아 개인의 부귀영화를 취하는 것과 다를 바가 없었다. 장성한 그는 거리낌 없이 정변을 일으켜 무능한 숙부를 끌어내리고 감옥에 집어넣었다. 공손연은 요동의 최고 권력을 이어받아 조부와 부친 2대에 걸친 영광을 되찾으리라 맹세했다.

'삼국이 이미 정립되었다고 여기지 마라. 나 공손연이 기필코 나눠가질 것이니.'

공손연은 조심스럽게 정변의 상황을 위나라 황제에게 보고하며 종주국의 반응을 떠 보았다.

조예는 요동의 내부 분쟁에 대해서는 아예 물어볼 생각도 없었다. 그곳이 위나라 영토라는 것만 지켜준다면 아무래도 좋다는 식이었다. 조예는 사절을 보내 공손연을 양렬장군揚烈將軍과 요동태수에 봉했는데, 이는 공손연의 통치를 승인한 것이나 마찬가지였다.

이로써 야심을 자극 받은 공손연은 좀더 대담한 행보를 보였다. '원교근공遠交近攻(멀리 떨어진 나라와 동맹을 맺고 가까운 나라를 공격하다)책을 쓰기로 한 것이다. 그는 사람을 보내 바닷길을 건너 강동에 있는 손권에게 연락을 취했다.

손권은 멀리 요동에 있는 공손연이 손을 내밀어 오자 무척 기뻐했다. 그는 여러 차례 요동으로 사자를 파견해 공손연을 공식 방문하고, 내친김에 요동에서 군마를 사들여 동오의 취약점을 보완해 기병騎兵을 만들었다.

동오와 요동은 아주 친밀한 관계가 되었다. 손권은 기분이 좋은 나머지 장미張彌와 허안許晏 두 명의 고관과 무관 하달賀達에게 1만 군대와 수많은 진기한 보물을 딸려 요동에 보내고 공손연을 연왕燕王으로 봉했다.

공손연은 진심으로 손권과 친하게 지낼 마음이 없었다. 지척에 있는 위나라의 군사적 위협이 두려웠던 그는 장미와 허안의 수급은 조예에게 바치고 손권의 군대와 재물은 착복했다.

이 일로 손권은 태어나서 이렇게 크게 속은 것은 처음이라며 노발대발했다. 그는 하늘에 두고 맹세했다. "공손연의 머리를 베어 바다에 던지지 못한다면 나 손권은 사람이 아니다! 내가 죽는 한이 있어도 잊지 않을 것이다!"

그는 해군을 건설해 먼 바다를 넘어 요동을 공격하려고 했다. 다행히 이

결국 이기는 사마의

성이 남아 있는 동오의 신하들이 손권의 허벅지를 부여잡고 뜯어말린 덕분에 간신히 그의 화를 누를 수 있었다.

조예는 공손연이 보낸 동오 대사大使의 수급을 받고 기뻐하며 공손연을 낙랑공樂浪公과 지절持節에 봉했다. 또 그 불길하기 짝이 없는 최고 군직인 대사마 직을 공손연에게 내려주면서 공손연이 조만간 세상을 하직하기를 바라는 아름다운 기대를 걸었다.

조위 시대에 '대사마' 직을 맡은 사람은 죽는다는 말이 있었다. 조인과 조휴는 대사마가 된 지 2년 만에 병사했고, 조진은 1년 만에 세상을 떠났기 때문이다. 그런데 공손연은 젊고 강한 데다 명이 질긴 편이었다. 대사마가 된 이후 그에게는 고생할 시간이 아직 5년이나 더 남아 있었다.

공손연은 스스로 뛰어난 재능과 원대한 계략이 있다고 여겼다. 손권과 교제하며 재산과 군대를 꿀꺽하고 조위의 비위까지 맞췄으니 일석이조를 거뒀다고 생각한 것이다. 공손연은 아쉬움을 금치 못했다. '내가 50년만 일찍 태어났더라면 조조와 천하를 다투고 유비와 승패를 가렸을 게 아닌가!'

양쪽에서 이득을 챙겼으니 양쪽의 미움을 사는 건 당연지사였다. 공손연은 이 이치를 몰라도 상관없었지만 누군가가 그에게 알려주었다.

충성심을 보여주기 위해 낙양에 수급을 딸려 보낸 요동 사자가 극비 소식을 물어온 것이었다. "조예가 주군을 대사마와 낙랑공에 봉하려 사자를 보낼 것입니다. 그런데 그자들은 전부 조예가 고심 끝에 고른 무림의 고수들입니다. 특히 좌준백左駿伯이라는 자는 그중에서도 최고의 고수이니 각별히 조심하셔야 합니다!"

공손연은 깜짝 놀랐다. 그는 안 그래도 동오와 몰래 결탁한 일 때문에 위나라에서 군대를 일으켜 죄를 물을까 봐 전전긍긍하고 있었다. 그런데 지금은 위나라의 사절단이 자신의 정권을 일거에 뒤엎어버릴까 봐 두려워졌다. 그는 선수를 치기로 결심했다.

조위의 사자 부용傅容과 섭기聶夔는 대사마와 낙랑공의 인장과 위임장을 두 손으로 받쳐든 채 사절단을 이끌고 요동으로 들어왔다. 요동 측 접대원은 두 대사를 학관學館으로 안내했다. 학관 주변에는 무기가 즐비했고, 완전무장한 보병과 기병 수천 명이 경계 태세를 유지하고 있었다. 두려움에 벌벌 떨며 학관으로 들어간 부용과 섭기는 군대, 시위, 호위무사들이 물샐 틈 없이 에워싸고 있는 모습을 발견했다.

요동의 독재자 공손연은 군장을 갖춰 입고 음험한 표정으로 흉악한 눈빛을 드러내며 높은 보좌 위에 앉아 있었다.

부용은 용기를 내어 공손연에게 교지를 받으라고 청했다. 그런데 공손연은 조금의 거리낌도 없이 수하를 보내 성지聖旨를 받게 한 뒤 차가운 어투로 말했다. "수고 많았소."

도망치듯 요동을 벗어난 부용과 섭기는 낙양으로 돌아와 그곳에서 있었던 일을 조예에게 낱낱이 보고했고 조예는 진노했다.

"공손연! 그동안 짐에게 명분이 없었을 뿐이지 진즉에 네놈을 처단하려 했었다. 하늘이 만든 재난은 피할 수 있지만 스스로 만든 재난은 피할 수 없다. 네놈이 멸망을 자초한 것이다!"

천자가 한번 노하면 핏물에 방패가 떠내려가는 법이다. 하지만 이번에는 안타깝게도 요동 병사의 피가 흐른 것이 아니라 위군의 피가 흘렀다.

유주자사幽州刺史 관구검毌丘儉은 명을 받고 위군을 통솔해 선비鮮卑, 오환烏桓의 군대와 함께 무력으로 공손연을 토벌하러 나섰다. 하지만 공손연은 전혀 두려워하지 않고 국경 밖에서 적을 막기로 했다.

공손연은 요동으로 들어가는 요로要路인 요수遼隧에 군대를 보내 주둔시

　　　　　　　　　　　　　　　　　결국 이기는 사마의

켰다.

요동에는 요수遼水라는 큰 강이 있었다. 요수의 동쪽에는 지류인 소요수小遼水가 있었다. 요수와 소요수가 합류되는 지점이 바로 요수遼隧였다. 관구검의 정예부대가 이곳에 도착했을 때는 열흘 넘게 내린 폭우로 요수가 범람하고 있었다. 지형에 익숙하지도 않은 데다 이런 돌발상황까지 맞닥뜨리게 된 관구검은 전세가 불리하다는 것을 알고 눈치껏 철수했다.

공손연은 손권과는 외교놀이를, 조예와는 정치놀이를, 관구검과는 군사놀이를 벌여 모두 완승을 거두었다. 야심이 급격하게 커져버린 그는 대놓고 모반을 일으켰다. 그는 스스로 연왕의 자리에 올라 백관을 두고 연호를 '소한'紹漢으로 고쳤다. '소한'은 요즘 말로 번역하면 '한나라를 잇는다'는 뜻이다. 공손연은 조손 3대의 동북아지역 패주 지위를 이용해서 조서를 보내 선비왕을 '선우'單于에 봉하고, 주변 소수민족들과 연합해 위나라를 교란시켰다.

이 사람이 바로 사마의 앞에 놓인 적이자 동북아 제일의 군사독재자 공손연이었다.

경초景初 2년(238년) 정월, 사마의는 조서를 받고 급히 장안에서 낙양으로 향했다. 사마의는 조예가 이번에 자신을 불러들인 목적이 공손연 할거 세력을 없애는 임무를 맡기기 위함이라는 것을 잘 알고 있었다.

사마의는 최근 몇 년간 한가해서 몸이 근질거릴 정도였다. 예전에 제갈량과 싸울 때도 계속 지키기만 했던 터라 답답하던 참이었다. 그래서 통쾌하게 일전을 펼칠 기회를 손꼽아 기다리고 있었다. 공손연은 제법 버거운 상대였다.

사마는 낙양에 가서 조예를 알현했다. 조예가 정중하게 말을 건넸다. "공손연이 반란을 일으켰소. 원래 태위까지 불러들일 일은 아니었지만, 그래

도 짐은 일거에 공손연을 해결하여 후환의 싹을 잘라버리고 싶었소. 그래서
어쩔 수 없이 경을 찾은 것이오. 경이 생각하기에 우리 군이 출정하면 공손
연이 어찌 나올 것 같소?"

사마의는 잠시 생각하더니 공손한 태도로 대답했다. "강약부동強弱不同(한
쪽은 강하고 한쪽은 약해서 상대가 되지 않는다)이라 공손연의 요동군은 우리 군
의 상대가 되지 못합니다. 그가 만약 미리 성을 버리고 달아난다면 상책이
될 것입니다."

조예는 의외인 듯 놀라며 물었다. "성을 버리고 달아났다면 이미 패한 것
인데, 어찌 상책이 되겠소?"

사마의가 대답했다. "강약부동이면 이미 승산이 없기 때문에 힘을 보유
하고 있는 편이 상책이지요. 공손 가문은 요동에서 3대째 세력을 이어오고
있습니다. 만약 요동군의 백성, 돈과 식량, 병사들을 전부 가져가고 우리에게
빈 성을 남겨둔 뒤 지형을 이용해서 우리 군이 요동에 주둔하는 것을 방해
하고, 동시에 주변의 이적夷狄(오랑캐)들을 선동해서 함께 반란을 일으킨다면,
공손연은 어두운 곳에서 신출귀몰하고 우리 군은 밝은 곳에서 바쁘게 움직
이며 숨 돌릴 틈도 없게 될 것입니다. 대군을 남기지 않으면 요동은 얻은 후
에 다시 잃을 것이고, 대군을 남긴다면 곤경에 빠져 쉽게 헤어날 수 없을 것
입니다. 그 사이에 오와 촉이 빈틈을 노려 공격해 들어온다면, 공손연은 요
동을 수복하고 우리 군을 국경 밖으로 쫓아낼 수 있습니다."

조예가 고개를 끄덕였다. "상당히 위험하기는 하나 상책은 상책이구려.
그럼 중책과 하책은 또 무엇이오?"

사마의가 이어서 대답했다. "관구검 대군을 상대한 것처럼 요수를 지키
며 적을 국경 밖에서 막아내는 것이 중책입니다. 요동의 수부首府 양평襄平을
고수하는 것은 가만히 앉아서 죽음을 기다리는 꼴이니 하책이라고 할 수 있

습니다."

조예가 고개를 끄덕이며 또 물었다. "태위가 보기에는 공손연이 어떤 계책을 쓸 것 같소?"

사마의가 자신만만하게 대답했다. "고명한 사람만이 지피지기할 수 있습니다. 고통스럽지만 아끼는 요동을 내주는 상책은 공손연이 할 수 있는 수준의 일이 아닙니다. 우리 위나라 대군이 멀리까지 출정을 나왔기 때문에 공손연은 틀림없이 우리가 오래 버티지 못할 거라고 생각할 것입니다. 그래서 일단은 요동을 지키고 나중에 양평을 사수할 것이 분명합니다. 다시 말해 먼저 중책을 쓰고 후에 하책을 쓰는 것이지요."

조예는 무슨 말인지 이해했다. 사마의가 말한 상책은 이미 최고 경지에 이른 것이라 보통 담대하지 않고서는 할 수 없는 일이었다. 아무래도 공손연에게는 무리인 계책 같았다. 그가 이어서 물었다. "이번 전쟁을 치르러 다녀오는데 시간이 얼마나 걸릴 것 같소?"

사마의가 단호하게 대답했다. "가는데 1백일, 돌아오는데 1백일, 전쟁하는데 1백일, 쉬는데 60일을 잡는다고 치면 1년으로 충분합니다."

조예는 마침내 결정을 내렸다. 사마의의 전략 구상을 받아들여 보병과 기병 4만 명을 보내기로 했다. 그러자 한 신하가 말했다. "갈 길이 먼데 4만 명은 너무 많습니다. 병참 보급과 경비가 따라가지 못할 것입니다." 그러자 조예가 손을 흔들었다. "요동은 낙양에서 4천 리 떨어져 있소. 이런 원정은 기병^{騎兵}도 필요하지만 탄탄한 군사 실력으로도 승부해야 하는 것이오. 그러니 경비 문제를 따져서는 아니 되오."

조예는 보병과 기병 4만 명뿐만 아니라 유주에 주둔하고 있는 관구검의 군대도 사마의가 총괄 지휘하라고 명령했다.

사마의는 조예의 막대한 신임과 지지를 받고 출정했다. 4만 정예부대가 군장을 갖추고 군마가 울부짖으며 군기가 휘날렸다. 조예가 직접 나와 사마의와 대군을 배웅했다. 사마의는 위나라 대군을 이끌고 낙양성 서명문西明門에서 출발해 4천 리 떨어져 있는 요동으로 향했다.

사마의를 보내고 조예는 한숨을 돌렸다. '마침내 이 나라 재상이자 응양의 신하를 관중에서 요동으로 전출시켰다. 그대가 돌아올 때쯤엔 다시 수비를 교체해 관중으로 돌아오지 못하게 하면 될 것이다. 공손연이 짐에게 큰 도움을 준 셈이다.'

사마의도 조예의 이런 속셈을 모르지 않았다. 하지만 그동안 제국의 서남 일대에서 대부분의 전쟁을 지휘했었는데, 이제는 낯선 동북 땅에서 용병술을 펼치게 되었다고 생각하니 오히려 신이 났던 것이다.

조예는 특별히 사마의의 동생 사마부와 장자 사마사를 보내 사마의가 하내 온현 고향집을 경유해서 며칠 머물고 갈 수 있도록 은전을 베풀었다.

젊었을 때 고향을 떠났다가 나이가 들어 돌아왔네. 고향 말투는 그대로지만 귀밑머리는 새하얘졌구나. (당나라 하지장賀知章의 시 회향우서回鄕偶書 2수二首 중 일부 구절)

환갑이 된 사마의는 군마 위에 앉아 길 양옆으로 점점 익숙해지는 풍경을 바라보며 고향의 정취를 느꼈다.

'마침내 고향으로 돌아왔구나.'

하내 온현은 원래 한적한 작은 마을이었다. 그런데 사마의를 배출한 이후로 온현 사람들은 고향을 나갔을 때 활기 넘치게 소개를 했다. "제가 온현 출신입니다. 사마 태위와 동향이지요."

온현에는 나이가 지긋한 노인들이 살고 있었는데, 아이들에게 자주 사마의의 젊은 시절 이야기를 들려주곤 했다. "사마 태위는 정말 대단한 분이

결국 이기는 사마의

셨지. 어린 나이에도 가슴에 얼마나 큰 뜻을 품고 계셨던지 천하를 다 걱정하셨단다! 위무제(조조)께서 두 번이나 사람을 보내 출사를 청한 뒤에야 마지못해 벼슬길에 오르셨다니까!"

젊은 사람들은 위와 촉이 벌인 전쟁 이야기를 통해 이 동향의 선현先賢에 대해 들었다. 어떻게 24일 만에 상용을 점거해 맹달을 잡아 죽였는지, 어떻게 와룡 제갈량이 속수무책으로 피를 토하며 숨을 거두게 만들었는지 등에 관한 이야기였다. 온현 현지에서 사마의는 그야말로 살아 있는 전설이었다.

그래서인지 거리마다 "태위가 고향에 오신다"는 소식이 전해지자 고요했던 온현이 들끓었다. 다들 앞다투어 태위가 오는 정확한 시간대를 알아보며 이 전설적인 인물의 실물을 영접할 수 있기를 바랐다. 온현은 물론이고 하내군의 관리들까지 의전과 보안 업무로 분주했다. 사마의의 귀향은 온현 주민들에게 최대의 관심사가 되었다.

온현에 들어선 사마의는 오랜만에 느끼는 친숙함에 감정이 북받쳤다. 불안정했던 어린 시절, 은사 호소胡昭와 나눈 사우師友의 정, 위엄 있는 아버지, 형 사마랑이 자신에게 책 읽기와 글자 익히기를 가르쳐주던 추억이 떠올랐다.

온현 사람들이 전부 몰려나와 거리 전체가 인파로 북적였다. 동네 어르신과 마을 사람들은 길 양쪽을 가득 메운 채 사마의를 보려고 난리였다. 멀리서는 개구쟁이 소년들이 나무 위로 올라가 사마의 쪽으로 고개를 삐죽 내밀고 지켜보기도 했다. 행렬의 맨 앞쪽에는 하내군수와 전농중랑장典農中郎將이 있었고, 각 현의 현령들이 그 뒤를 따랐다. 관원들은 두렵고 불안한 마음으로 사마의가 탄 말 앞에 종종걸음으로 달려와 발판을 놓고 그가 말에서 내릴 때 시중을 들었다.

사마의는 하급관리들에게 한 번도 거드름을 피운 적이 없었다. 그런데 온현 말로 와자지껄 떠들고 있는 마을 사람들을 보자 자기도 모르게 마음이 들떴다. 사마의가 선포했다.

"오늘 나 사마의는 황제 폐하의 명을 받고 역적을 토벌하러 가는 길에 온현을 지나게 되었소. 폐하께서 온현 어르신들에게 쇠고기, 좋은 술, 미곡, 직물을 하사하시었으니 오늘부터 주연을 크게 베풀 것이오. 다 같이 취할 때까지 마시고 즐기도록 하시오!"

수많은 사람들이 기뻐 날뛰며 환호했다.

수일간 마을 어르신들과 술잔을 기울이며 사마의는 과거를 추억하고 오늘을 생각했다. 감개무량하고 흥에 취한 그는 그 자리에서 시 한 수를 읊었다.

천지가 개벽하니 해와 달이 빛나는구나.
좋은 기회를 만나 온 힘을 다해 먼 곳으로 가서
추악한 무리를 소탕하러 가던 중에 고향을 지나치게 되었네.
만리 땅을 깨끗이 평정해 팔방을 모두 정돈하여
성공을 고하고 돌아와 노후를 보내며 무양에서 대죄하겠노라.

天地開闢, 日月重光
遭遇際會, 畢力遐方
將掃群穢, 還過故鄉
肅清萬里, 總齊八荒
告成歸老, 待罪舞陽

시를 읊고 난 사마의는 취하도록 술을 마셨다. 마을 어르신들은 사마의가 '무양에서 대죄하겠다'는 불길한 문장을 읊자 살짝 당황해서 어찌할 바를 몰랐다. 그러다가 사마의가 아무렇지 않게 웃으며 이야기를 나누는 모습을 보고는 이내 마음을 놓고 계속 술을 마셨다.

'그대들에게는 나의 빛나는 권세와 명성만 보이겠지. 내가 이 자리를 지키기 위해서 지난 몇 십 년을 하루같이 얼마나 조심하고 전전긍긍하며 살아왔는지 어느 누가 알겠는가? 지금의 황제 조예는 재능과 모략이 출중한 데다 모든 결정권을 장악하고 있다. 그가 마음만 먹으면 내 세력을 와해시키는 것은 그야말로 식은 죽 먹기다. 이번에 나를 관중에서 전출시켜 요동 원정을 보낸 데에도 그런 계산이 전혀 들어가 있지 않다고 보기 어렵다. 그러니 내가 대군을 손에 쥔 지금 어찌 고개 숙여 복종하며 신하로서의 본분을 다하지 않을 수 있겠는가? 오로지 성공을 고하고 돌아와 노후를 보내며 무양에서 대죄하겠다는 마음가짐을 가지고 있어야만 살아남을 수 있다. 즐거움은 고향 어르신들의 몫이지 나에게 주어진 것이 아니다. 혼자서 고독한 것은 진정한 고독이라 할 수 없다. 군중 속의 고독이야말로 뼛속까지 느껴지는 고독이다.'

사마의는 맡은 군무가 있기 때문에 온현에 오래 머물 수가 없었다. 며칠 동안 술을 실컷 마신 사마의는 고향 어르신들과 아쉬운 작별인사를 나누고 다시 출발했다. 공손연이라는 요동의 독재자를 상대로 사마의는 상당한 자신감을 보여주었다. 그는 여유만만하게 원래 계획했던 60일의 휴가를 미리 앞당겨 써버렸다.

'세상에 이미 제갈량이 없거늘 공손연 따위가 어디 내 적수가 되겠는가?'

사마의가 정원에서 한가하게 거닐고 있는 사이, 공손연은 긴장을 늦추지 않고 있었다. 그는 세 가지를 준비했다.

첫째, 낙양에 사람을 보내 조예에게 칭신하고, 절대 딴 마음을 품지 않겠다는 뜻을 전했다. 앞으로도 위나라를 위해 계속 동북 변경을 지키겠다고 하며 이를 완병지계緩兵之計(적의 공격을 늦추고 시간을 버는 계책)로 삼았다.

둘째, 병사들을 훈련시키고 군비를 손질하며 전쟁 준비에 박차를 가했다.

셋째, 바다 건너 동오로 사람을 보내 철면피로 손권에게 신복하며 원조를 요청했다.

공손연의 대응은 민첩하고 노련했다.

원군을 청하러 간 사자가 동오에 도착하자 손권은 공손연의 위기를 고소하게 생각했다. '공손연 네놈한테 이런 날이 올 줄 알았다! 내가 보낸 신하들을 죽이고 1만 정예부대와 금은보화를 꿀꺽하더니 조위의 비위를 살살 맞추며 나를 농락했겠다? 지금은 상황이 변했다. 이젠 내가 네놈의 사자를 죽일 차례다.'

손권은 흥에 겨워하며 요동 사자의 목을 베려고 했다. 그러자 양도羊衜가 간언했다. "이는 필부의 노여움을 해소하려고 왕패王覇의 계책을 버리는 것입니다! 차라리 그들의 지원군 요청을 들어주시고 해군 한 부대를 파견해 멀리 요동반도 해역에서 상황을 지켜보는 편이 낫습니다. 위군이 패전한다면 우리는 유리한 형세를 이용해 그들을 도와 공손연에게 감사를 받으면 되고, 공손연이 패전한다면 그 틈에 상륙해서 군郡을 몇 개 빼앗고 물건을 가득 실어 돌아오면 되는 것입니다. 이것이야말로 진정한 황제의 복수라고 할 수 있습니다."

일리가 있다고 생각한 손권은 요동의 사자를 불러다가 말했다. "전혀 걱정하지 마시오. 나 손권이 군대를 파견해 공손 아우와 함께 적을 무찌를 테

결국 이기는 사마의

니!"

이어 손권은 사자가 보는 앞에서 해군 한 부대를 파견하고 공손연에게 전할 말까지 일러주었다. "이번에 위군 주장 사마의의 용병술이 귀신같아서 가는 곳마다 대적할 상대가 없다던데, 내가 다 걱정이 되는구려!"

한편 조예는 공손연의 편지를 받았지만 전혀 아랑곳하지 않았다. 하지만 손권이 출병해 공손연을 도와 싸움에 가세하려고 한다는 정탐꾼의 보고에는 조예도 관심을 두지 않을 수 없었다. 만약 손권이 진짜 파병해서 공손연을 돕는다면 사마의의 4만 병사로는 턱없이 부족할 터였다.

손권이 공손연을 도울지에 대해 조예가 군신들에게 묻자 장제가 부정적인 의견을 내놓았다.

"손권의 해군이 요동 깊숙이 들어와 육전을 벌이기는 역부족입니다. 그들이 연안에서 총칼을 휘두르며 위세를 부린다고 해도 이 역시 우리 군에게 실질적인 위협은 되지 못합니다. 손권도 이를 잘 알고 있습니다. 따라서 설사 요동에 손권의 아들이 갇혀 있다 해도 능구렁이 같은 손권은 절대 구하지 않을 것입니다. 하물며 자신에게 모욕을 줬던 공손연에게야 오죽하겠습니까? 그가 해상에 군대를 파견했다는 것은 그저 멀리서 구경이나 하며 어부지리를 얻겠다는 심산에 지나지 않습니다."

조예는 고개를 끄덕이더니 더 이상 동오를 걱정하지 않았다.

6월, 사마의는 요동에 도착했다. 공손연의 대장 비연卑衍과 양조楊祚도 이미 요동 군사 수만 명을 이끌고 대요수와 소요수 사이에 있는 요수遼隧에 주둔했다. 그리고 남쪽에서 북쪽으로 20여 리에 달하는 참호를 파고 만반의 준비를 갖추었다. 사마의의 4만 위군은 4개월 넘게 4천 리를 행군해서 도착하자마자 이런 견고한 진지를 마주하게 된 것이다. 일전에 관구검이 바로 여기에서 무너졌으니 골치가 아팠다.

하지만 제갈량이 세상을 떠난 이후 사마의는 이 세상에 더 이상 자신의 적수는 없다고 여겼다. 전쟁을 두루 경험한 사마의의 눈에는, 좋은 시기와 지리적 이점을 이용해 요수 부근에 구축한 이 견고한 방어선이 아예 없는 것이나 마찬가지였다.

티끌 모아 태산,
타인의 장점을 배우다

원정군을 상대하는 일반적인 관행은 견벽청야堅壁淸野(성벽을 견고하게 지키고, 들판의 곡식을 거두거나 가옥을 철거해 적에게 양식이나 쉴 수 있는 곳을 주지 않는 전술)하고 심구고루深溝高壘(해자를 깊이 파고 보루를 높이 쌓다)하여 절대 뚫리지 않는 방어선을 구축하는 것이었다. 일반적으로 수비는 쉽지만 공격은 어려웠다. 제갈량이 진창을 공격했을 때가 바로 그 전형적인 예이다. 견고하게 지키기만 해도 침입자는 지레 지쳐서 물러나게 되는 것이다. 그때 유리한 형세를 이용해서 추격하면 완벽한 승리를 거둘 수 있다. 사마의가 제갈량의 공격에 대처할 때도 바로 이 방법을 사용했었다.

하지만 이런 관행을 따르려면 쌍방의 실력이 막상막하하여야 한다는 전제가 필요했다. 수비는 쉽고 공격은 어렵다는 것 역시 철칙이 아니었다. 진짜 철칙은 이것이었다.

수비를 잘하는 사람은 공격이 어렵고, 공격을 잘하는 사람은 수비가 어렵다는 것이다.

그러나 사마의는 수비와 공격에 두루 능한 사람이었다. 전선에 도착해서 지형을 살펴보던 사마의의 마음속에는 이미 승리할 수 있는 계책이 세워졌다.

사마의 수하의 우금, 호준胡遵과 같은 제장諸將들은 요수를 공격하자며 안달이었다. 그러나 사마의는 빙긋이 웃으며 말했다. "적군이 성벽을 견고히 하고 수비하는 것은 우리 군을 지치게 하려는 심산이오. 만약 우리가 공격한다면 저들의 뜻대로 되는 것이오."

단순히 강공을 퍼붓거나 막연히 견고하게 지키는 것은 현명한 사람이 할 행동이 아니었다. 사마의는 요수의 전체적인 상황을 파악한 뒤 장악할 수 있는 모든 조건을 이용해서 큰 그림을 그렸다.

요수의 북쪽은 수비가 취약했는데, 이는 사람들이 잘 알아차릴 수 없는 부분이었다. 사마의 같은 절대 고수만이 요동군 수비의 급소가 어디인지 단번에 파악할 수 있었다.

사마의는 병력을 조금 남겨 다량의 깃발을 흔들게 한 뒤 남쪽에서 요수를 공격하는 척했다. 그리고 자신은 직접 주력부대를 이끌고 요수의 북쪽을 통해 몰래 강을 건넜다. 그렇게 은밀히 길을 빙 돌아 감쪽같이 요수의 후방에 모습을 드러냈다. 이를 본 우금과 호준은 태위의 용병술이 정말 귀신같다고 생각했다. '적군의 후방에 도착했으니 서둘러 기습을 개시하시겠지?'

하지만 우금, 호준과 사마의의 수준은 바로 이런 부분에서 차이가 있었다.

사마의는 공격을 서두르지 않았다. 더구나 행적이 노출되는 것을 두려워하기는커녕 아예 드러내놓고 군대 두 부대를 보내기까지 했다.

"첫 번째 부대는 요수를 따라 요수遼隧 수비군의 배후에서 여봐란 듯이 기다란 방어 시설을 세운다. 두 번째 부대는 우리 군이 도강할 때 사용한 배를 가라앉히고 다리는 불태워 없애버리도록 하라."

모든 일을 처리한 뒤 사마의는 군대를 인솔해 공손연의 본진인 양평으로 쳐들어갔다.

우금과 호준은 도무지 종잡을 수가 없었다. "이미 강을 건너 적군의 후방에 성공적으로 도착했는데 바로 공격하지 않고 방어시설을 짓다니, 이게 어찌된 일입니까?"

사마의가 말했다. "옛 사람이 이르기를, 적이 보루를 높이 쌓았는데도 어쩔 수 없이 나와서 싸우는 것은 우리가 그들이 반드시 구해야 할 곳을 공격했기 때문이라고 했소. 적의 주력군이 요수에 있으니 후방은 틀림없이 텅 비어 있을 것이오. 우리 군이 곧장 양평으로 향한다면 요수 수비군은 근거지가 함락당할까 봐 두려워 적극적으로 싸움에 나서려고 할 것이오. 그때 다시 그들과 싸운다면 반드시 승리할 수 있소이다."

요수의 수장守將 비연과 양조는 수비에 나름 자신이 있었다. 지난번에 관구검의 대군도 다름 아닌 요수에서 좌절했었다. 이번에 요수는 적극적으로 전쟁을 준비한 덕분에 전보다 더 견고해졌고, 주변에는 20여 리에 달하는 참호까지 생겼다. 사마의에게 설사 날개가 돋더라도 철옹성처럼 견고한 요수의 방어선을 넘기는 힘들어 보였다.

요동군은 참호 안에 숨어서 한가롭게 시간을 보내고 있었다. 그들에게 위군의 존재는 안중에도 없었다. 요수 맞은편 기슭에서 위군이 온종일 깃발을 흔들고 함성을 지르기는 했지만, 진짜 공격해 올 엄두는 못 내는 것 같았다. 비연과 양조는 위군이 공연히 허장성세를 부리는 것으로 판단하고 군량과 마초가 떨어지면 어쩔 수 없이 철수할 것이라고 생각했다.

그런데 불리한 소식들이 줄을 이으며 두 수장의 망상을 깨트렸다.

"위군이 요수 후방에 나타났습니다!"

"강을 건널 때 쓴 배와 다리를 위군이 불태웠습니다!"

"위군이 우리 군 후방에 방어시설을 구축했고, 주력군은 이미 양평으로 진격했습니다!"

비연과 양조는 깜짝 놀랐다. 어제까지만 해도 난공불락의 방어선이던 요수가 하루 만에 쓸모없는 방어선이 되어버렸다. 그보다 어제까지는 위군이 공격하고 요동군이 수비를 했는데, 하루가 지나자 후방에 이미 방어선을 구축한 위군이 수비를 하고 요동군이 공격을 하는 모양새로 변해버렸다는 것이 더 무서웠다. 하룻밤 사이에 공수가 역전된 것이다!

사마의의 용병술은 너무나 변화무쌍해서 예측할 수가 없었다. 비연과 양조는 더 이상 가만히 손 놓고 있을 수가 없었다. 그들은 요수 수비군 수만 명을 이끌고 참호를 뛰쳐나와 사마의를 바짝 뒤쫓았다. 비연과 양조는 마음의 결정을 내렸다. '사마의 네놈이 양평성을 포위하더라도 단시간에 손에 넣을 수는 없을 것이다. 지원군인 우리가 성 안에 있는 수비군과 안팎으로 호응하면서 결자해지가 무엇인지 네놈에게 똑똑히 알려주마!'

그런데, 결자해지해야 하는 쪽은 사마의가 아니라 당연히 비연과 양조였다.

'내가 양평을 치러 간다고 누가 그랬는가?' 사마의는 갑자기 말머리를 돌려 추격군에게 반격을 가했다.

양평을 노리는 듯 보였지만 사실 사마의가 노린 곳은 요수였다. 그는 요수 수비군을 뿌리 뽑지 않으면 양평성을 포위한다 해도 위군으로서는 피동적인 국면에서 벗어날 수 없다는 것을 잘 알고 있었다. 요수의 후방에서 배와 다리를 불태우고 방어시설을 세운 뒤 황급히 양평으로 향했던 것은 적을 유인해 일망타진하기 위함이었다.

정탐꾼이 보고했다. "예상대로 요수 수비군이 총출동해서 우리 군을 바

결국 이기는 사마의

짝 뒤쫓고 있습니다!" 사마의가 우금, 호준에게 말했다. "그들 진영을 공격하지 않은 이유는 그들이 우리를 찾아오게 만들기 위해서였소. 이 기회를 잡아야 하오." 우금과 호준은 그제야 사마의의 의도를 이해했다. 한바탕 겨뤄보고 싶어 벼르던 두 사람은 사마의의 명령이 떨어지자 뒤쫓아 오던 요수군을 정면으로 맞으며 맹렬한 공격을 가했다.

사마의는 대패한 비연과 양조를 끝까지 쫓아갔다. 세 번 싸워 세 번 이겼으며 요동군 수만 명을 전멸시키고 나서야 양평으로 돌진했다.

2차 세계대전이 있기 전에 프랑스는 1년치 재정수입을 들여 독불 국경에 견고한 마지노선을 세운 뒤 걱정 근심 없이 마음 편하게 지낼 수 있을 거라고 생각했다. 그래서 독일군이 아르덴^{Ardenne} 산악지대를 넘어 북쪽 벨기에를 거쳐 마지노선을 피해 프랑스 전역을 점령하게 될 줄은 전혀 예상하지 못했다.

1,700여 년 전 사마의가 요수 방어선을 돌아서 피한 계책도 이와 비슷했다. 하지만 둘을 비교하자면 사마의의 책략이 더 복잡하고 뛰어났다. 성동격서, 만천과해瞞天過海(하늘을 속여 바다를 건넌다는 뜻으로, 적이 예상하지 못한 방법을 써서 승리하는 계책. 삼십육계 중 승전계 제1계), 위위구조圍魏救趙(조나라를 구하기 위해 위나라를 포위한다는 뜻으로, 적의 취약한 부분을 공략하는 계책. 삼십육계 중 승전계 제2계), 조호이산調虎離山(호랑이를 유인해 산을 떠나게 한다는 뜻으로, 적을 유리한 곳에서 벗어나게 만들어 힘을 약화시킨 다음 공격하는 계책. 삼십육계 중 승전계 제15계) 등 다양한 계책이 종합적으로 활용된 이번 전쟁은 가히 전사戰史의 대표적인 모범 사례라고 할 만하다.

공손연은 요수 방어선이 함락되었다는 소식을 듣고 전세가 불리해진 것을 알았다. 최근 들어 그는 기이한 이야기를 많이 들었다. 모자를 쓴 개가 적갈색 옷을 입고 지붕 위로 기어 올라갔다, 어떤 집에서 밥을 하다가 찜통을 열어 보니 그 안에 익은 갓난아이가 들어 있었다. 양평 북쪽에서 고기 한 덩이를 캐냈는데 손발이 없는데도 느릿느릿 움직였다는 식의 이야기였다. 이는 '태세太歲(땅 속에 사는 환상 속의 괴물) 같은 것으로 추정된다. 하지만 자연과학이 발달하지 않은 시대를 살던 옛 사람들 입장에서는 이런 기이한 현상이 잇달아 일어나는 것은 불길한 징조로 읽히기에 충분했다.

공손연은 이를 갈았다. '자고로 공성攻城이 제일 어려운 법이다. 양평성은 견고해서 깰 수가 없다. 내가 대군을 거느리고 굳게 지킨다면 사마의 네놈도 별수 없을 것이다. 게다가 이제 곧 지원군도 도착한다. 조조 시대부터 위군을 무릎 꿇게 만들었던 천적이 바로 그 지원군이다!'

사마의의 대군은 양평에 포위망을 완성하려고 했다. 공손연은 마지막 실낱같은 희망을 부여잡고 양평성을 사수했다.

사마의의 4만 대군은 양평성 주변에 깊이 참호를 파서 양평성을 빈틈없이 포위할 계획이었다. 공손연은 도망가려고 해도 도망갈 수가 없었다. 무기를 버리고 항복하지 않는 이상 다른 방법은 없었다.

어느덧 시간이 흘러 7월로 접어들었다. 날씨가 점차 시원해지면서 가을의 문턱에 들어섰다. 그리고 위군의 오랜 적수가 등장했다. 위군의 명장 우금, 방덕, 조진, 사마의 중 어느 누구도 그 적수에게서 티끌만큼도 뭔가를 얻어낸 적이 없고, 오히려 처참한 패배만 맛보았다. 그 적수는 올해 7월에도 어김없이 나타났다.

그 적수는 바로 끝없는 장마였다.

백전백승이던 위군은 천하에 두려운 게 없었지만 유독 '장마 공포증'이 있었다. 당시 오장군 중 하나였던 우금이 서량西凉의 맹장猛將 방덕과 함께 이끌었던 군대도 바로 이 장마 때문에 전멸했었다. 그리고 얼마 전 조진의 촉나라 정벌 역시 끊임없이 이어진 비로 물거품이 된 바 있었다.

위나라 군대에게 비는 트라우마였다. 한 달 넘게 내리는 비는 그칠 기미가 보이지 않았다. 갑자기 불어난 강물로 평지가 수 척^尺이나 물에 잠겼다. 대다수 위군 병사들은 이렇게 멀리까지 전쟁을 하러 나온 것이 처음이었다. 더군다나 나이 많은 노병들에게 칠군이 수몰되었던 이야기까지 듣자 병사들의 두려움이 극에 달했다. 위군의 군심이 동요하면서 각종 헛소문과 원망의 목소리가 동시다발적으로 들려왔다. 관례대로 이번 출병 역시 얼마 못 가 철수할 것이라는 전망을 내놓는 사람도 있었다. 계속 이런 식으로 가다가는 그 무서운 '야경'夜驚(병사들이 도망치고 파괴하거나 서로 죽고 죽이며 소리 지르는 일)이 발생하거나 나아가 대규모 탈영병이 생겨날 가능성이 높았다.

사마의에게 주둔지를 옮기자고 제안하는 군관도 있었다. 건조한 고지에 새로 진지를 구축하자는 것이었다. 하지만 그렇게 하면 양평을 포위한 공이 모두 수포로 돌아가고 양평 수비군이 그 틈에 도망가거나 주변의 소수민족에게 지원군을 요청할 수도 있었다.

전선에 있는 군대뿐만 아니라 낙양의 민심도 흉흉했다. 대신들은 조진의 촉나라 정벌 선례를 인용하며 철군을 요청하고 나섰다. 하지만 조예는 대신들의 압박을 견뎌내며 사마의의 능력을 믿었다. "태위는 위급할수록 탁월하게 대처하는 자요. 공손연을 처단할 날이 머지않았소."

당연히 사마의는 조예의 기대를 저버리지 않았다. 그는 우금이 아니었고, 조진은 더더욱 아니었다. 현재 위군이 주둔하고 있는 곳이 저지대가 아니기 때문에 수몰될 가능성은 없다는 것도 알고 있었다. 그리고 일단 주둔지를 옮기게 되면 군심과 사기에 영향을 미쳐 적에게 기회를 내주는 꼴이 될 수 있었다.

장마가 실질적인 위협이 될 가능성은 없으니 이제 남은 건 흔들리는 군심을 해결하면 되었다.

사마의가 명을 내렸다. "군 내부에서 또다시 주둔지 이전을 입에 올리는 자는 가차 없이 목을 벨 것이다!"

그런데 도독영사都督令史 장정張靜이 이를 아랑곳하지 않고 간언을 올렸다. 그는 이 싸움을 계속 하다가는 삼군 장병들이 전부 물고기 밥이 될지도 모른다고 생각했다. 장정은 자기의 목을 걸고 삼군 장병들의 목숨을 살려달라고 빌었다. 장정이 기풍 있는 모습으로 간언하자 그 뒤의 수많은 병사들이 호응했다.

하지만 사마의는 눈 하나 깜짝하지 않고 군법대로 장정을 참수하여 대중들에게 본보기로 삼았다. '어쩌면 네 말이 맞고 네 입장이 정의로울지도 모른다. 하지만 군인의 직분은 복종이고, 군기軍紀는 군영의 최고 규범이다.'

삼군은 삽시간에 정돈되고 군심은 진정되었다. 더는 주둔지 이전 문제를 제기하는 사람이 없었다. 사마의는 계속해서 참호를 파고 양평성을 물샐틈 없이 포위하라고 명했다.

하지만 이는 문제 해결을 위한 첫 단추에 불과했다. 양평성에 있는 요동군은 밖에서 물난리가 난 것을 발견했다. '우리도 못 나가지만 너희도 올 수 없다.' 신이 난 요동군은 성 밖으로 달려가 땔나무를 하고 소를 방목했다. 심지어 떠들썩하게 서로 장난까지 치면서 의도적으로 위군의 화를 돋우었다.

위군은 도저히 참을 수가 없었다. '우리는 하루 종일 고생하고 군화에서 미꾸라지가 헤엄칠 판인데 저놈들은 저토록 쾌적하게 지내다니, 이게 말이 되는가?' 그들은 결국 사마의를 찾아가 요동군과 싸우자고 청했다.

사마의는 전혀 흔들림 없이 요청을 불허하며 더 열심히 참호를 파라고 명할 뿐이었다.

더 이상 보고만 있을 수는 없었던 사마 진규陳圭가 사마의에게 궁금한 점을 물었다. "똑같은 원정인데 맹달을 칠 때는 속전속결하시고 지금은 왜 서두

결국 이기는 사마의

르시지 않습니까?"

사마의가 참을성 있게 설명했다. "맹달은 병사가 적고 식량은 많았지만 우리는 병사가 많고 식량은 적었기 때문에 속전속결로 시간 싸움을 해야 했네. 그런데 지금은 적군이 많고 아군은 적지만 적은 굶주리고 우리는 배부르지 않나. 게다가 장마가 계속되어 속전속결하고 싶어도 그럴 수가 없는 상황일세. 나는 공손연이 도망가는 것이 두렵지 그가 지키고 있다면 두렵지 않네. 도망간다면 우리가 쫓아가서 잡아들이기 힘들겠지만 앉아서 지키고 있는다면 우리는 저들이 죽기만을 기다리면 될 일일세."

진규의 눈에는 모두가 똑같은 원정으로 보였다. 그런데 사마의가 본 것은 판이하게 다른 형세의 본질이었다.

하늘도 어쩔 수 없었는지 맑은 날씨를 선사했다. 아쉬움 가득한 마지막 빗방울들이 양평성에 있는 공손연에게 돕고 싶어도 힘이 부족하다는 뜻을 전하는 듯했다. '우리는 사마의의 상대가 못 된다.'

햇살이 비치자 위군들의 기분도 한결 가벼워졌다. 더욱 힘을 내서 소매까지 걷어붙이고 참호를 파서 방어시설을 갖추었다. 마침내 양평성 포위망이 완성된 것이다.

공손연은 절망했다. 이제는 꼼짝없이 죽게 되었다고 생각했다. 하지만 절망을 넘어 그의 정신을 무너뜨리는 일이 아직 남아 있었다.

사마의는 성벽 위를 바라보며 미안한 듯 미소를 지었다. '제갈량이 진창성에서 썼던 방법을 하나씩 보여줄 테니 부디 즐겁게 봐 주시게.'

사마의의 큰 장점 중 하나는 바로 타인의 장점을 잘 배운다는 것이었다.

당신은 사마의에게서 그의 수많은 적수들과 벗들의 모습을 엿볼 수 있을 것이다. 사마의는 의심 많은 조조, 교활하고 변덕스러운 조비, 은인자중하고 업무에 힘쓴 손권, 실력을 감추며 스스로를 보호한 가후의 모습과 심지어 제갈량의 공격도구와 행군 진법까지 보고 배웠다.

세상에 순백의 여우는 없다. 그래서 백여우의 겨드랑이 가죽을 모아 갖옷을 만든다. 그와 마찬가지로 세상에 완벽한 사람은 없다. 많은 사람들의 장점이 모이면 훌륭한 사람이 되는 것이다.

이것이 바로 군웅이 할거하던 삼국시대에 사마의가 확고한 입지를 구축할 수 있었던 원인이다.

참호와 방어 시설이 완성되자 사마의는 정식으로 양평성 공격을 개시했다. 위군은 성 안의 동향을 파악하기 위해서 바닥에서부터 높은 흙산을 쌓았다. 성 밑에는 조조가 관도대전에서 원소를 상대할 때 쓰던 투석기投石器가 있었는데, 양평성 안으로 돌덩이를 하나씩 던져 공격했다.

사마의는 성벽을 무너뜨리고 성 안으로 돌격하기 위해 지하갱도를 파게 했다. 운제를 성벽 꼭대기에 걸치고 올라간 병사들은 방패로 화살을 막으며 성 안에 있던 요동군을 참살했다. 충차는 성문을 때리고, 높이가 수십 장丈에 달하는 누차樓車(적을 망보는 망루를 설치한 차) 위에서 연노병連弩兵이 쏜 불화살의 화력이 양평성 전체를 뒤덮었다. 사마의는 4만 대군을 둘로 나누어 주야 교대로 공격하게 함으로써 성 안을 하늘이 무너지고 땅이 찢어지도록 만들었다.

강력한 물리적, 심리적 공격을 받은 양평성 사람들의 신경이 한계에 다다랐다. 결국 그들은 무더기로 성벽을 넘어 위군에 투항했다. 요수의 수장 양조도 그중 하나였다. 비관적인 정서가 양평성에 번져나갔고, 식량은 바닥난 상태였다. 사람들은 경작용 소와 군마는 물론이고 심지어 전우와 이웃사람까지 잡아먹기 시작했다…….

하늘도 가세해 흥을 돋우었다. 붉은 꼬리를 단 새하얀 유성이 하늘을 가르며 양평성 동남쪽 양수梁水 부근에 떨어졌다.

공손연은 마음이 조마조마해서 도무지 버틸 수가 없었다. 그는 이 재난이 누구에게서 비롯된 것인지 알았다. 공손연 주변에는 믿을 만한 사람이 아무도 없었다.

어느덧 8월이 되었다. 공손연은 상국相國 왕건王建과 어사대부御史大夫 류보柳甫 두 노인을 사마의의 군영으로 보냈다. 왕건과 류보는 사마의에게 공손연과 신하들이 사죄할 테니 포위를 풀고 군대를 철수해 달라고 요청했다.

이런 완병지계는 사마의에게 잠꼬대 같은 소리나 다름없었다. 사마의는 냉소를 지으며 허수아비 같은 두 관원의 목을 베어 효시하라고 명한 뒤 공손연에게 편지를 써서 보냈다.

경애하는 공손 대사마에게.

안녕하시오!

춘추 시기에는 초楚나라와 정鄭나라의 지위가 평등하였는데도 정나라 국군國君이 직접 웃통을 벗고 성을 나와 사죄하였소. 나 사마의는 천자의 명을 받은 고관인데, 그대의 허수아비 상국과 허수아비 어사대부가 내게 군대를 철수하고 포위망을 해제해달라는 망언을 하고 있으니, 이게 예의에 합당하다 생각하시오?

아, 참고로 그대가 보낸 두 사람은 나이가 너무 많아 정신이 혼미한 듯 보여 내가 대신 죽여주었소. 성의가 있다면 젊고 말 잘하는 이를 보내주기 바라오.

–사마의

연왕 공손연은 사마의의 편지를 읽고 분노로 몸을 부르르 떨었다. 하지만 달리 방법이 없었기에 시중侍中 위연衛演을 다시 위군 진영으로 보냈다.

사마의의 군막에 도착한 위연은 땅에 납작 엎드리고 말했다. "저희 군주께서 친아들 공손수公孫修를 인질로 보내기를 원하십니다."

그 말을 들은 사마의가 손가락으로 위연을 가리키며 훈계했다. "이제 너희에게는 다섯 가지 선택지가 있다. 첫째, 자발적으로 출격해 결판을 낸다. 둘째, 계속 수비한다. 셋째, 도망간다. 넷째, 투항한다. 다섯째, 죽는다. 투항하지 않는다는 것은 곧 죽음을 택하겠다는 뜻이다. 나 사마의의 사전에 '인질'이란 두 글자는 없다."

공손연은 절망했다. 양평성은 이제 끝장이었다.

마침내 사마의는 양평성을 함락시켰다. 공손연 부자는 포위망을 겨우 돌파해 기병 수백을 이끌고 동남쪽으로 달아났다. 사마의는 철기병을 보내 추격했다. 양수 근처에서 공손연 부자를 따라잡은 위나라 철기병은 채소 썰듯 동북왕東北王의 머리를 싹둑 잘라버렸다. 머리가 잘린 공손연의 시체는 며칠 전 유성이 떨어졌던 그 자리에 쓰러졌다.

이번에 사마의가 지휘한 장거리 기습과 정확한 참수 작전은 패권을 잡겠다던 동북아의 군사독재자 공손연의 망상을 깔끔하게 깨뜨려버렸다.

공손연은 자신을 과대평가하고 형세를 살피지 못해 목숨을 잃었다. 삼국은 이제 더 이상 그의 조부 공손탁 시대처럼 군웅이 할거하고 이익을 나눠 가지는 시대가 아니었다. 숱한 경쟁 속에서 살아 남은 세 나라는 수많은 담금질로 정련된 정수精髓 중의 정수들이었다. 조손 3대가 50년을 요동에서 지금까지 버틸 수 있었던 것만 해도 엄청난 행운이었다. 공손연은 국토를 수호하고 백성들을 편안하게 만들어줄 수 없었다. 강한 이웃나라를 들쑤시고 삼국 이외에 네 번째 나라를 세우겠다는 망상을 하다니, 자기 분수를 몰라도 한참 몰랐던 것이다. 공손연의 패망은 그가 연왕을 자칭할 때부터 예정된 일이었다.

공손연은 위나라의 마지막 대사마였다. 지금까지 네 명의 목숨을 앗아간 '대사마'라는 이 저주 받은 직위는 조위에서 영원히 봉인되고 말았다. 이렇게 해서 사마의가 맡은 태위라는 자리가 명실상부한 군대 최고 계급이 되었다.

공손연의 일장춘몽은 끝이 났지만, 양평성의 악몽은 이제 막 시작이었다.

양평성을 함락시킨 사마의는 닥치는 대로 사람들을 죽였다. 그는 양평에 있는 15세 이상 남자 7천여 명을 몰살시키고 '경관'京觀을 축조하라고 명했다. 경관이란 고대 전쟁에서 적군의 시체를 쌓은 뒤 흙을 덮어 다진 것으로, 피라미드 형상으로 높게 만들어 무력을 과시하는 것이었다. 이는 주술적 의미를 담은 먼 옛날의 관습이었는데, 후세 사람들이 쓴 평역 소설에 등장하는 '철구분'鐵丘墳과 유사했다.

사마의는 괴뢰 정권의 공경公卿 이하 모든 관원들을 주살하고, 장군 필성畢盛 등 2천여 명을 죽여 요동에 위세를 떨쳤다.

사마의의 전기라고 해서 군이 그의 행적을 미화하거나 악행을 감출 필요는 없다. 한나라 말기 삼국시대의 전쟁에서 아무리 도성屠城(성을 점령한 후 성안의 주민을 깡그리 학살하다)이 흔한 일이었다고 해도, 사마의의 이번 대규모 학살은 후세 사람들이 그를 비난하는 커다란 인생의 오점이 아닐 수 없다.

한 장군이 공을 세우는 데는 수많은 병졸들의 비참한 죽음이 있게 마련이다. 사마의가 결단력 있게 살육을 벌인 덕분에 조위는 순조롭게 요동을 수복할 수 있었다. 한나라 말기부터 50여 년간 이어지던 할거 세력이 마침내 일소되었다.

요동 수복전은 사마의의 예상대로 약 1년이란 시간이 걸렸다. 계책을 세위 출병해 행군과 포위를 거쳐 최종적으로 성을 함락시키기까지 전 과정이 막힘없이 이어져 마치 한 편의 교과서를 보는 것 같은 원정이라고 할 수 있었다.

조예는 너무 기쁜 나머지 과거 공손찬公孫瓚의 본영인 계현薊縣에 사자를 보내 삼군을 위로하도록 하고 사마의에게 봉지를 하사했다.

하지만 요동 수복전은 사마의와 조예의 마지막 합작품이 되었다.

어느덧 중추仲秋(음력 8월)의 계절이 되어 날씨가 부쩍 선선해졌다.

연로한 사마의는 밤에 꿈을 꾸었다. 그리고 그 꿈은 군신 간의 영원한 이별을 예고하는 징조가 되었다.

권력 대결,
전장보다 조정이 더 심하다

깊은 밤 양평에서 공문을 읽으며 사후 처리를 하다 피로를 이기지 못한 사마의는 길게 한숨을 내쉬었다. '정말이지 세월 앞에 장사 없구나! 조조가 살아 있었을 때는 그의 신임을 얻기 위해 불철주야 일해도 피곤하기는커녕 기운이 펄펄 넘쳤었는데 말이야. 이제는 머리를 조금만 써도 이렇게까지 힘이 드는구나.'

사마의는 탁자 위에 엎드려 잠시 휴식을 취하기로 했다.

비몽사몽 중에 갑자기 으스스한 바람이 불어와 잠이 깬 사마의는 무릎이 유난히 무겁다고 느꼈다. 몽롱한 상태로 눈을 떴는데 누군가가 자신의 무릎 위에 드러누워 있었다. 깜짝 놀란 사마의는 자세히 들여다보았다. 그런데 눈앞이 흐릿한 것이 선명하지가 않았다. 어렴풋이 용포 차림에 면류관을 쓴 모습이 보이는 게 흡사 천자 조예 같았다!

놀랍기도 하고 미심쩍기도 한 사마의가 얼른 몸을 일으켜 예를 갖추려는데 조예의 목소리가 들렸다. "짐의 얼굴을 좀 보시오." 사마의는 감히 거역하지 못하고 조예의 얼굴 쪽을 바라보았다. 그런데 조예의 얼굴이 점점 뒤틀리면서 은은한 조명 아래 청백색의 흉악한 얼굴이 나타났다!

사마의는 '악!' 소리와 함께 일어나 자리에 앉았다. 황량몽黃粱夢(덧없는 꿈)이었다. 서적과 서류들이 다리 위에 떨어져 있는 것이 자다가 실수로 떨어뜨린 것 같았다. 식은땀을 흘려 온몸이 흠뻑 젖은 사마의는 방금 전 꿈을 떠올렸다. 아무래도 길조는 아닌 것 같아 하루 빨리 귀환하기로 했다.

사마의가 계현에 도착하자 천자 조예의 특사가 찾아와 삼군을 위로하고 사마의에게 새로운 봉지를 하사했다. 사마의는 그제야 그날 밤 꾼 꿈이 기우에 불과했음을 알았다. '그래, 폐하의 연세가 이제 겨우 서른넷이다. 춘추가 한창이신데 어찌 큰 탈이 있을 수 있겠는가?' 사마의는 마음 놓고 여유 있게 돌아갔다.

그런데 도중에 갑자기 사자가 조예의 유지를 가지고 달려 왔다. 낙양으로 인사 올 필요 없이 곧장 장안으로 돌아가 지키라는 명이었다. 사마의는 명을 받들어 돌아갔다.

하내에 있는 떳집에 막 도착했을 때 또 갑자기 낙양에서 특사가 달려와 조서를 전했다. 사마의는 군대를 부장에게 넘기고 속히 낙양으로 오라는 전갈이었다. 사마의는 의아했다. '전후 두 조서의 내용이 어찌 이리 정반대란 말인가?'

사마의가 딴 생각을 할 겨를도 없이 명을 재촉하듯 조서가 또 도착했다. 사흘 동안 연달아 긴급 조서가 내려온 것이다. 마지막에 도착한 것은 조예의 친필 조서였다. "짐은 경이 속히 와 주기를 바라오. 도착하거든 모든 예절과 절차를 생략하고 곧장 입궁하여 짐의 얼굴을 보러 오시오."

사마의는 그제야 당황해서 어찌할 바를 몰랐다. '이제 보니 그 꿈이 예지몽이었구나!' "짐의 얼굴을 보시오"가 사실은 조예가 사마의에게 단지 자신의 얼굴을 보라고 한 것이 아니라 자신을 만나러 오라는 뜻이었던 것이다!

조정의 특사는 사마의에게 특별히 추봉차追鋒車를 준비해주었다. 추봉차는 위진魏晉 시기에 개조를 거친 간편한 마차로, 속도가 빨라서 '추봉'이라고 불렸다. 사마의는 서둘러 마차에 올라 나는 듯이 낙양으로 향했다. '대체 낙양에 무슨 일이 일어난 것인가?'

조예가 다 죽어가고 있었다.

조예는 그의 조부와 부친에게 호색한 기질을 물려받았다. 어찌나 여색에 심취했는지 아이를 가지지 못할 정도였다. 문제를 해결하려면 확실하게 해야 한다는 생각에 이런 간언을 한 대신도 있었다. "폐하께서는 마땅히 한 곳에만 총애를 쏟으셔야 후사를 이으실 수 있습니다." 이 말이 과학적으로 근거가 있는지는 잘 모르겠지만, 어쨌든 조예는 자녀 하나만을 남기고 이듬해 바로 세상을 떠났다.

앞에서 언급했던 것처럼 조예는 건축업에 상당한 취미가 있었다. 궁전을 크게 짓는 것으로는 성에 안 차 직접 삽을 들기까지 했다. 후세 역사가들은 조예의 다른 장점마저 덮어버릴 정도라며 이 점을 크게 비난했다.

조예는 여색과 건축을 좋아했지만 정무에도 힘썼다. 그는 하루도 쉬지 않고 온갖 업무를 처리했다. 재위 기간 동안 정권을 손에 꼭 틀어쥐고 모든 대사를 자신이 직접 결정했다. 상서대의 업무까지 본인이 처리하는 바람에 상서대 관원들의 저항을 불러일으키기도 했다.

호색한, 건축광, 일벌레였지만 조예는 궁전에서만 생활했을 뿐 신체 단련을 거의 하지 않았다. 그러니 급병으로 세상을 떠난 것은 어떻게 보면 당연한 결과였다. 그래도 이렇게까지 명이 짧을 줄은 누구도 예상하지 못했다. 이제 겨우 서른네 살이 아닌가!

조예가 죽기 전에 옆에서 그를 돌보던 사람은 유방劉放과 손자孫資였다. 노신 유방과 손자는 조조 시대부터 비서 업무를 담당한 조위의 문담文瞻(연설문담당 비서)이었다. 유방은 글 솜씨가 출중했고 손자는 계략이 뛰어났는데, 두 사람은 손발이 척척 맞았다. 그래서 조조 시대부터 조비 시대까지 끄떡없이 버텨올 수 있었던 것이다.

조비가 중서를 맡아 대권을 손에 쥐었을 때 두 사람은 각각 중서감中書監과 중서령中書令을 맡아 나라의 기밀 업무를 장악했다. 조예가 즉위 후 대권을 자신의 손에 틀어쥐자 외조外朝의 신하, 이를 테면 삼공三公은 유명무실해지고 내신內臣은 중시되었다. 유방과 손자가 바로 대표적인 내신이었다.

사마의는 내신을 소홀히 대해서는 안 된다는 것을 확실히 알고 있었기 때문에 유방, 손자와 친분을 유지했다. 유방은 기주翼州 사람이고, 손자는 병주幷州 사람이었다. 조위 정권에서는 여영세족이나 초패 집단이 아닌 나머지는 황제 직속으로 지위를 얻은 사람들이었다. 사마의는 하내 인사로, 두 사람과 같은 북방 출신이라 동향 사람이라는 점에서도 사이가 좋을 수밖에 없었다. 이런 지연地緣으로 인해 사마의는 유방과 손자를 자기 사람으로 여겼다.

위독한 조예 옆을 지키는 중신은 유방과 손자 두 문인뿐이었다. 그들은 언제든 조예의 마지막 말을 받아 적을 준비를 하고 있었다. 유방과 손자는 조예를 수년간 보필했기 때문에 조정의 형세에 대해서 너무나 잘 알고 있었다. 현재 사마의에 대한 조예의 신뢰도와 사마의의 지위를 감안했을 때 사마의가 수석 고명대신이 되는 것은 기정사실이나 마찬가지였다. 사마의가 정권을 잡는다면 유방과 손자에게는 좋은 소식임이 틀림없었다. 비록 두 사람의 정년이 얼마 남지는 않았지만 후손들이 있으니 어쨌든 사마의의 보살핌이 필요했다.

두 사람은 붓을 들고 간책簡冊(책처럼 엮어서 글자를 쓰는 데 썼던 긴 대쪽)을 펼친 뒤 기록할 준비를 했다.

조예가 입을 벌려 힘겹게 마지막으로 인사를 배치했다. "연왕 조우曹宇를 대장군으로 삼고 영군장군領軍將軍 하후헌夏侯獻, 무위장군武衛將軍 조상曹爽, 둔기교위屯騎校尉 조조曹肇, 효기장군驍騎將軍 진랑과 함께 보정輔政하게 하라."

유방과 손자는 서로 얼굴만 쳐다볼 뿐 어찌할 바를 몰랐다. '사마의가 없다!'

조예가 내민 명단은 전부 조위의 종친들이었다.

1호: 조우

조조의 아들로 소년 천재 조충과 동복형제다. 숙부지만 조예보다 고작 몇 살 많은 정도라 어려서부터 조예와 친하게 지냈다. 공손하고 겸손한 조우가 마음에 들어 조예가 그를 대장군으로 봉한 것이다.

2호: 하후헌

하후씨 가문의 후손이며, 구체적으로 누구의 혈육인지는 확실하지 않다.

3호: 조상

전임 대사마 조진의 아들이다.

4호: 조조

전임 대사마 조휴의 아들이자 조예와 어려서부터 같이 자란 동무다.

5호: 진랑

조조의 양자다. 그의 부친 진의록秦宜祿은 삼국시대 버전의 진세미陳世美(중국 전통 희극에서 외간여자에게 마음을 뺏겨 조강지처를 버린 주인공)다.

본래 여포 밑에서 일하던 진의록은 외교 임무를 받들어 원술에게 갔다가 원술로부터 한나라 공주를 배필로 얻게 된다. 덕분에 진의록의 본처는 서주徐州에 버려졌다. 당시 유비 삼형제는 조조 밑에서 밥벌이를 하고 있었다. 진의록의 아내 두씨杜氏를 이상형으로 생각한 관우가 성을 함락한 뒤 조조에게 두씨를 자신의 배필로 내려달라고 청하자 조조가 허락했다. 그런데 관우가 며칠이 지나 또 부탁을 해오자 조조도 두씨에게 관심이 생겼다. '절세미녀라도 되는 것인가?' 서주성을 함락시킨 조조는 두씨를 자신의 부중府中으로 데려와 일단 살펴보았다. '역시 훌륭하구나. 내 사람으로 만들어야겠다.' 진의록의 아들 진랑은 조조가 양자로 들였기 때문에 성은 달라도 위나라 종친이나 다름없었다. 진랑과 조예도 보통 사이가 아니었다.

조예가 고명대신으로 정한 명단은 아파서 정신이 나가 즉흥적으로 정한 것이 아니라 그전부터 심사숙고해서 결정한 것이었다. 상식적으로 생각했을 때 수석 고명대신은 경력도 가장 오래되고 공로도 가장 큰 사마의가 맡는 것이 당연했다. 수석이 아니라도 사마의는 최소한 고명대신 명단에는 올라야 했다.

하지만 어쨌든 조위曹魏의 성姓은 조씨였다. 사마씨가 아니었다.

조식의 상소, 고당융의 절필絶筆, 진교의 암시는 조예로 하여금 현실적인 문제를 직면하지 않을 수 없게 만들었다. '사마의라는 이 공고개주功高蓋主(신하의 공이 높아 군주의 권위를 덮다)할 권신을 어떻게 처리할 것인가?' 원래 조예는 일단 사마의를 그의 오랜 근거지인 관중을 떠나게 만든 다음 그의 병권을 점차 약화시킬 생각이었다. 그런데 병세가 갑자기 악화되면서 이 청개구리를 천천히 삶아죽일 계획을 완성할 시간이 부족해졌다. 죽음이 임박해 오자 조예는 일도양단一刀兩斷, 즉 머뭇거리지 않고 단칼에 결정해야 했다.

그래서 조예는 순수하게 조씨와 하후씨 종친들로만 구성된 고명대신 명단을 작성했다. 가장 깔끔한 방법으로 사마의의 권세를 조예 시대에서 단칼에 끊어버리고 다음 세대까지 이어지지 못하게 만든 것이다.

갑작스럽게 일이 이렇게 되는 바람에 고명대신 명단을 세세히 손보지 못했다는 것은 부인할 수 없었다. 하지만 어쨌든 정권이 다른 성을 가진 사람에게 가는 것보다는 자기 사람들 손에 들어가는 것이 훨씬 나았다.

이것이 바로 생명이 위급한 상황에서 조예가 고려한 문제였다.

유방과 손자는 방법이 없었다. 아무리 싫어도 있는 그대로 기록하고 대외에 공표해서 당일을 기점으로 고명대신 5인이 대국을 주관하라고 청할 수밖에 없었다. 조예는 죽을 둥 살 둥 안간힘을 쓰고 있었다. 초인적인 의지력을 지닌 이 황제는 삶의 마지막 문턱에서조차 정권의 평화로운 이양을 감독하려 하고 있었다.

연왕 조우가 입궐해 대장군 직위를 맡고 개부開府한 뒤 일을 처리했다. 나머지 고명대신 4인도 일제히 각자 자리에 앉아 업무를 시작했다.

자신의 영지에서 수년간 갇혀 살았던 조우는 조정의 이해득실에 대해 이미 마음속으로 생각해둔 바가 있었다. 대장군 자리에 오른 첫날, 조우가 조예에게 지시를 요청했다. "사마 태위에게 이미 공손연을 평정했으니 조정에 돌아와 복명할 필요 없이 바로 주둔지로 돌아가라 하십시오." 사마의의 능력을 알고 있는 만큼 조우는 이런 중요한 순간에 그가 끼어드는 걸 원치 않았다.

조예가 수긍했다.

조씨 종친의 득세를 답답해할 사람은 아직 아무것도 모르고 있는 사마의가 아니라 유방과 손자였다.

오랫동안 나라의 기밀을 관장해오던 유방과 손자는 줄곧 조위의 '종친홀대 정책'을 강력하게 지지하던 사람들이었다. 그들은 '소불간친'疏不間親(친하게 지내지 않는 사람이 친하게 지내는 사람 사이를 갈라놓지 못한다)의 이치를 잘 알고 있었다. 일단 종친이 득세하면 자신들과 같은 제삼자에게 기밀 관장 업무를 맡기지 않을 것이 뻔했다. 유방과 손자는 일찍이 사마의와 안팎으로 교제하고 함께 뭉쳐 다니면서 본인들의 노후를 위해 살길을 마련해두는 한편, 후손들이 출세할 수 있도록 다리를 놓아두었다.

그런데 수십 년간 힘들게 일궈온 것들이 수포로 돌아가게 생긴 것이다. 예상을 빗나간 조예의 행동으로 인해 두 사람의 수십 년간의 노고가 하루아침에 무너질 위기에 처하고 말았다!

이렇게 가만히 앉아서 죽기만을 기다릴 수는 없었다. 유방과 손자는 무엇이든 해보기로 결심했다. 그 일의 도화선은 닭 한 마리였다.

언젠가 두 사람은 입궁하다 하후헌, 조조와 우연히 마주친 적이 있었다. 유방과 손자는 얼른 만면에 웃음을 띠고 굽실거리며 자신들보다 수십 살이 어린 젊은이들에게 인사를 건넸다. 그런데 하후헌이 코웃음을 치고 고개를 휙 돌리며 두 사람을 멀뚱히 세워두는 바람에 분위기가 상당히 어색해졌다.

그때 마침 궁 밖에서 닭 한 마리가 날개를 푸드득거리며 나무 위로 날아갔다. 궁인들이 부랴부랴 닭을 쫓아내려고 했지만 닭은 내려오기는커녕 오히려 나무 위에서 잔뜩 거들먹거리고 있었다. 그러자 조조가 닭을 가리키고는 웃으면서 하후헌에게 말했다. "닭이 나무에서 오래 버텨 봤자 얼마나 더 버틸 수 있겠나?" 조조는 유방과 손자를 힐끔 쳐다보더니 껄껄 웃는 하후헌과 함께 자리를 떠났다.

유방과 손자의 얼굴이 새파랗게 질렸다. 그리고 기회도 찾아왔다.

기회는 조우가 대장군이 되고 나흘째 되던 날 찾아왔다.

당시 조우, 유방, 손자, 조상 네 사람은 병상 옆에서 조예를 돌보며 일련의 일들을 물어보았다. 조예의 숨이 갑자기 미약해지더니 날숨만 있고 들숨이 없었다. 상황이 좋지 않다고 여긴 조우는 밖으로 뛰어나가며 조조를 불렀다.

희한하게도 조우가 뛰쳐나가자마자 조예의 병세가 살짝 완화되었다. 남보다 기민한 유방이 눈 깜짝할 사이에 지나갈 이런 천재일우의 기회를 놓칠 리가 없었다. 그는 손자의 소매를 끌어당기며 눈짓으로 신호를 보냈다. 유방의 의도를 알아차렸음에도 노련하고 신중한 성격의 손자는 함부로 위험을 무릅쓸 수 없다고 생각했다. 손자는 살짝 손을 내저었다.

마음이 급해진 유방은 손자의 귓가에 대고 말했다. "우리 둘 다 관 속으로 들어가게 생긴 마당에 이제 와서 안 될 게 뭐 있겠는가?" 그 말에 두려워진 손자는 사람들 눈에 띄지 않을 정도로 고개를 끄덕였다.

의논을 끝낸 두 사람은 무릎을 꿇은 채 조예 앞으로 기어가 눈물을 흘리며 목 놓아 울었다. 난데없는 대성통곡에 조예는 언짢아졌다. "짐이 아직 죽은 것도 아닌데 뭘 그렇게까지 울고 난리들이시오?"

두 사람이 조예에게 말했다. "만약 폐하께서 붕어하시면 누구에게 천하를 맡길 수 있겠습니까?"

조예는 몹시 성가셨지만 없는 힘을 끌어 모아 아주 미세한 소리로 대답했다. "그대들은 짐이 연왕 조우에게 맡기겠다고 한 말을 못 들었는가?"

유방이 말했다. "첫째, 일찍이 선제께서는 제후 왕이 보정하지 못하게 하라는 유언을 남기셨습니다. 둘째, 폐하의 병이 위독하던 시기에 조조와 진랑은 매일 폐하를 모시는 애첩들을 희롱했고, 연왕은 대군을 무기로 궁전 안팎의 소식을 봉쇄해 신하들이 폐하를 알현하지 못하게 만들었습니다. 이제 고작 며칠 앓으셨을 뿐인데 벌써 안과 밖이 격리되고 사직이 위태로워졌습니다. 그러기에 신과 손자가 죽음을 무릅쓰고 폐하께 아뢰는 것입니다!"

유방의 말이 끝나자 손자도 큰 소리로 울기 시작했다. 두 사람의 연기가 대단하기는 했지만 그 자리에 있던 제삼자, 즉 조상의 눈을 완전히 피할 수는 없었다.

두 사람은 조상도 자신들과 한통속으로 끌어들일 생각이었다.

조상은 바보가 아니었다. 옆에서 가만히 듣고 있던 그는 조금씩 심경의 변화가 생기기 시작했다. '만약 조우, 하후헌, 조조, 진랑이 자리에서 물러나면 조정에서 내 서열은 3위에서 1위로 단숨에 뛰어오르게 된다. 그러니 못할 이유가 없지 않은가?' 그는 속으로 가만히 주판을 두드렸다. '이들과 위험천만한 정치 도박을 해서 조정의 1인자 자리를 거머쥘 것인가, 아니면 조우의 뒤꽁무니만 쳐다보면서 편안하게 서열 3위로 살아갈 것인가?'

유방, 손자, 조상 세 사람은 서로 마음이 맞아 함께 연기를 시작했다. 조예는 분통이 터져 견딜 수가 없었다. 자신이 아끼던 종친들이 이렇게 수준 낮은 사람들일 줄은 짐작도 못한 것이다. '내가 아직 버젓이 살아 있는데 벌써부터 하늘 무서운 줄 모르고 날뛰는구나. 내가 세상을 떠나면 네놈들에게 황제가 안중에나 있겠느냐?'

조예는 더 이상 가망이 없었다. 그가 지금까지 버틸 수 있었던 것은 전적으로 강인한 의지 덕분이었다. 사실 조예는 정신이 혼미해져 지난날의 탁월한 판단력을 상실한 지 오래였다. 세 사람의 연합작전에 넘어간 조예는 벌컥 성을 내며 물었다. "누가 조우 무리를 대신할 수 있겠는가?"

유방과 손자가 얼른 조상을 앞쪽으로 떠밀었다. "조상 장군이라면 중임을 맡을 수 있습니다."

조예가 조상을 슬쩍 보더니 물었다. "이런 막중한 짐을 짊어질 수 있겠느냐?"

조상에게는 생각할 시간이 아예 없었다. 1인자가 될 것인지 아니면 서열 3위가 될 것인지는 한순간에 결정되었다. 갑자기 앞으로 떠밀려나간 조상은

결국 이기는 사마의

긴장한 나머지 얼굴이 땀범벅이 되어 아무 말도 못했다. 유방이 살짝 조상의 발을 밟더니 귓가에 대고 훈수를 두었다. "신이 목숨을 바쳐 사직을 받들겠다고 하십시오." 그제야 조상은 연거푸 대답했다. "신이 목숨을 바쳐 사직을 받들겠습니다!"

그제야 진짜 속내를 드러낸 유방이 떠보듯이 조예에게 말했다. "사마 태위가 조상을 도울 수 있습니다. 조서를 내려 속히 태위를 불러들이셔야 합니다."

조예가 고개를 끄덕였다.

본인들이 그린 그림대로 결정이 나자 유방과 손자는 신이 나서 조서를 내렸다. 그런데 그들은 치명적인 실수를 저질렀다. 유방과 손자가 조예를 꼬드겨 성지를 바꿀 수 있었다면, 조씨와 하후씨도 마찬가지로 황제에게 명을 거두도록 설득할 수 있다는 것을 간과한 것이다.

아니나 다를까, 소식을 들은 조조가 병상 앞으로 달려와 무릎을 꿇고 통곡하며 명을 거두어달라고 조예에게 간청했다.

이때쯤 조예는 정신이 오락가락하고 있었다. 주관이라고는 전혀 없는 상태라 조조의 요구를 또 들어주면서 그에게 나가서 방금 전의 성지는 폐기되었다고 선포하도록 했다. 조조는 싱글벙글 웃으며 뛰어나가 수정된 성지를 공표했다. 그도 유방, 손자와 마찬가지로 치명적인 실수를 저지른 것이다.

최고층의 정치 투쟁이 이렇게까지 가열될 정도면 이제는 누가 더 실수를 적게 했느냐의 대결이라고 봐도 무방했다.

유방과 손자는 정세가 또 바뀌었다는 소식에 한달음에 달려와 조예를 설득했다. 조예는 귀를 좀 쉬게 하고 싶은 생각뿐이라 두 사람의 요구를 또다시 들어주었다. 유방과 손자는 이번 일을 계기로 말로만 해서는 증명이 안된다는 교훈을 얻었다. 그래서 글로 써서 증거를 남겨야겠다는 생각에 수조

手詔(황제의 친필 조서)를 써달라고 조예에게 요청했다. 그러자 손을 들 힘조차 없는 조예가 숨을 헐떡이며 말했다. "짐이 병이 깊어 글을 쓸 수가 없소."

유방과 손자는 그런 것에 신경 쓸 사람들이 아니었다. 두 사람은 기어코 조예의 손에 붓을 쥐어주더니, 한 사람은 간책을 잡고 한 사람은 조예의 손을 꽉 잡은 채 조서를 써내려갔다. 수조가 완성되자 유방과 손자는 숨이 곧 끊어질 듯한 조예를 내팽개치고 궁 밖으로 뛰어나가 계엄을 선포했다. "조우, 하후헌, 조조, 진랑 4인의 보정 직분을 파면하고, 그들을 즉시 원래 자리로 돌려보내 낙양에 머물지 못하게 하라!"

조조와 다른 사람들이 입궁해서 다시 조예를 설득하려고 했지만, 그게 어디 가능한 일이었겠는가? 그들은 울며 겨자 먹기로 자리를 떠날 수밖에 없었다.

유방과 손자는 일을 길게 끌면 안 될 것 같아 즉시 하내군으로 사람을 보내 사마의를 불러들였다.

사마의는 추봉차를 타고 4백 리 길을 하루 만에 달려왔다. 추봉차에서 내린 사마의는 유방, 손자를 따라 곧장 궁궐 안으로 뛰어 들어갔다. 유방과 손자는 가면서 최근 있었던 일을 사마의에게 간략하게 보고했다.

사마의는 병상 앞으로 가 무릎을 꿇었다. 조예의 상태는 이미 꺼져가는 촛불 같았다. 인기척을 들은 조예가 갑자기 한 손을 내밀며 물었다. "태위인가?"

사마의가 얼른 조예의 손을 꼭 잡았다. 손에는 혈색이 전혀 없고 열기도 느껴지지 않았다. 분명 죽은 사람의 손이었다. 눈앞에 있는 이 사람은 희미하게 남은 의식말고는 이미 죽은 사람이나 다름없었다!

조예는 의연한 얼굴로 가만히 누워 있었다. 다들 그가 지금 마지막 힘을 모으고 있음을 알 수 있었다.

한참이 지나 조예가 입을 열었다. "짐은 후사를 부탁하기 위해 죽는 것조차 참고 있었소. 덕분에 이렇게 태위 얼굴을 볼 수 있으니 이제 여한이 없구려. 조상과 함께 잘 보정해주시오." 철석같이 냉정하고 무정한 사마의도 조예의 진심에 소리 없이 눈물을 흘렸다.

조예는 숨을 고르더니 다시 힘겹게 눈동자를 굴리며 어느 한 방향을 가리켰다. "이 아이가 바로 태자요. 잘 보시오. 잘못 보면 아니 되오."

사마의는 그제야 병상 옆에 무릎 꿇고 있는 두 아이를 발견했다. 한 명은 제왕齊王 조방曹芳이고, 다른 한 명은 진왕秦王 조순曹詢이었다. 대를 이을 아들이 없었던 조예는 종친의 자제인 두 아이를 입양했다. 옷 색깔을 보니 둘 중 일고여덟 살인 아이가 태자 조방이었다.

조예는 마지막 힘을 다해 조방에게 말했다. "자, 어서 태위를 안아드리거라!" 그 말을 듣고 조방은 쭈뼛쭈뼛하며 사마의 앞으로 걸어가더니 그의 목을 껴안았다.

조방을 품에 안고 조예의 손을 잡은 사마의는 조비가 임종하던 때가 떠올라 통곡하며 말했다. "폐하, 기억하시지요? 선제께서도 이렇게 폐하를 소신에게 부탁하지 않으셨습니까?"

사람들은 차마 눈물을 참을 수가 없었다. 속사정을 잘 모르는 사람들조차 하나둘 눈물을 떨어뜨렸다. 하지만 이런 훈훈함이 있기까지 얼마나 많은 살벌한 정치 투쟁이 있었는지 누가 짐작이나 할 수 있었겠는가?

조예는 사마의의 말을 듣고 더는 유감이 없었다. 어쩌면 그 역시 부황이 자신을 부탁하던 그때로 돌아갔던지도 몰랐다. 당시에 그는 아직 서툴고 포부만 가득했던 소년이 아니었던가!

죽으면 만사가 허망하다는 것은 알고 있으나, 삼국 통일을 보지 못한다

는 것이 애석할 뿐이로다. (육유陸游의 시 〈시아〉示兒의 구절을 응용한 것임)

이 어린 진시황은 그렇게 아쉬워하며 34년이란 짧은 인생 여행을 마무리했다. 그는 왔었고, 보았다. 그런데 승리하였는가?

하늘만이 알 것이다.

어쨌든 조예가 세상을 떠나면서 조정은 순식간에 조상과 사마의의 대립구도로 변했다. 사마의는 오랜만에 또 다른 전장, 조정으로 복귀한 것이다.

피비린내 나는 전쟁터보다 백배는 더 살벌한 결투가 이 예순한 살의 노인을 기다리고 있었다. ᜧ

6장

비룡재천

飛龍在天

———

용이 날아올라
하늘에 이르다

권력이란 무슨 일을 맡느냐에 따라 비중이 달라진다. 만약 내가 당신이 아무 일도 하지 못하게 막는다면, 아무리 높은 지위에 있다고 하더라도 당신은 그냥 집에서 빈둥거리는 신세가 될 것이다.

노익장 사마 태부는 또 한 번 전국적으로 자신의 군사적 재능을 선보였다. 또 조상에게는 그가 꾸린 집단에 '군사를 모른다'는 치명적인 약점이 있다는 것을 발견하게 해주었다. 권력은 총구에서 나오는 것이다. 만약 군사를 모르고 군대를 장악할 수 없다면 모든 게 허사다.

예의를 복종으로 간주하면 안 된다. 동상이몽이 진실이다

지금까지 사마의는 조상에 대해 나쁜 인상이 전혀 없었다. 당대의 수보首輔(재상)이자 황실 종친임에도 거만하고 횡포한 귀족의 나쁜 습성이 조금도 없었다. 그는 겸손하고 예의 바른 태도로 늘 사마의에게 가르침을 청했다. 조정의 대소사를 막론하고 사마의에게 먼저 물어보기 전까지는 절대 자기 혼자서 결정하는 법이 없었다.

사마의도 항상 겸손으로 스스로를 무장했다. 조상에게 존경과 존중을 받을수록 사마의는 그보다 더 조상을 높였다. 조위의 재상이자 황실 종친인 조상이 이렇게까지 자신에게 예를 갖추고 존경을 표한다는 것은 아주 기특한 일이었다. 하지만 그 예의를 당연하게 생각하거나 함부로 그를 대하는 것은 절대 금물이었다. 그래서 사마의는 항상 조상을 앞에 내세우고 본인은 늙고 무능하다며 자신을 낮추었다.

나이 차이는 많이 나지만 조상과 사마의가 한마음 한뜻이 되어 협력하며 조정을 잘 이끌어간다는 말이 사람들 사이에 미담으로 퍼져나갔다. 하지만 이는 겉으로만 그렇게 보일 뿐이었다. 사실 두 사람은 동상이몽하며 각자 딴 마음을 품고 있었다.

조상은 유방과 손자의 도움으로 연왕 조우 등 다른 종친 경쟁자들을 몰아내고 정치적 기회를 잡는 데 성공했다. 하지만 그는 진정한 싸움은 이제부터 시작이라는 것을 알고 있었다.

조상은 평범한 인물이 아니었다. 조예 사후 그가 갑자기 위나라 정계의 초신성으로 떠오를 수 있었던 것도 그가 단순히 대운을 만났던 덕분이 아니었다.

조상의 아버지는 사마의의 동료였던 조진이었다. 군사적 재능이 비록 일류는 아니었지만, 조진은 부하들을 후대하고 앞장서서 병사들을 이끌었으며 성격도 시원시원해서 사마의에게 존중을 받았다. 조상도 아버지의 장점을 어느 정도 물려받았다. 어려서부터 신중하고 듬직하다며 종친들 사이에서 평판도 좋았고, 조예와도 끈끈한 사이인지라 산기시랑散騎侍郎에서 무위장군武衛將軍 자리까지 올랐다. 그러다 조예의 임종 직전에 유방과 손자, 조우 등 사이의 갈등을 포착하면서 단숨에 조정의 1인자로 등극했다.

조상은 수보라는 높은 자리와 대장군, 가절월假節鉞이라는 관직에 있으면서 시중, 녹상서사錄尚書事, 도독중외제군사都督中外諸軍事라는 직책과 무안후武安侯라는 작위를 겸하고 식읍이 1만 2천 호에 달했다. 하지만 자신의 이름 앞에 붙은 일련의 관위官位와 작위들이 결코 실제의 실력과 권력으로 이어지지는 않는다는 것을 잘 알고 있었다. 태위 사마의는 나이도 지긋하고 덕망이 있으며 오랫동안 전장을 누빈 덕에 조정 안팎의 모든 사람들에게 '조정의 희망'으로 여겨지고 있었다. 사마의가 정계와 군부에서 수십 년을 힘들게 일하며 쌓은 명성과 두터운 인맥은 결코 조상이 따라잡을 수 있는 수준이 아니었다.

조상이라고 어찌 권력을 손에 쥐고 호령하고 싶지 않았겠는가? 하지만 그가 얻은 관직은 사실 공수표일 뿐 계좌상의 소유자금을 의미하는 게 아니었다. 만조백관의 인정을 받을 수 있을지는 자신의 실력과 성과로 결정될 터였다.

조상은 매사에 신중하게 일을 처리했다. 정권을 잡자마자 사마의의 반감을 살 수 있는 실수를 하지 않으려고 각별히 조심했다. 그는 비굴할 정도로 살갑게 굴면서 사마의의 신뢰와 조정의 평판을 얻기 위해 노력했다. 사마의의 적대감을 사지 않으려고 노력하는 한편, 공훈을 세우고 업적을 쌓는 데 열을 올려 정치 자본을 쟁취하려고 했다. 언젠가 수보라는 지위가 명실상부해지는 그날이 오면 사마의와 당당히 겨룰 수 있을 것이라 생각했다.

나서지 않고, 패권을 장악하지도 않으며, 도광양회하면서 성과를 낸다! 이것이 바로 집권 초기 조상의 기본 방침이었다.

조상의 속셈을 도광양회의 시조 격인 사마의가 모를 리 있겠는가? 하지만 사마의는 적이 움직이지 않으면 나도 움직이지 않는다는 원칙을 고수해 왔다. 조상이 공손하고 겸손하게 자신을 대했기 때문에 사마의로서는 그를 억누를 이유가 없었다. 게다가 아무리 사마의라 하더라도 조상이 다음에 뭘 어떻게 할 생각인지 알 수는 없었다. 만약 조상이 하는 행동이 자신의 권세를 침범하지 않는다면 사마의는 모르는 척하며 가만히 내버려둘 수 있었다. 지금은 군정 사무에 집중하며 더 큰 명성과 실질적인 이익을 챙기는 것이 더 중요했다.

조상은 아직 기반이 약했고 사마의는 아직 적당한 때를 만나지 못했다. 겉으로는 화기애애해 보였지만 두 사람은 각자 몰래 힘을 기르며 언제 들이 닥칠지 모를 위험에 대비하고 있었다.

먼저 움직인 쪽은 조상이었다. 조상은 황제에게 사마의의 관직을 올려

달라는 상소를 올렸다.

현재 사마의의 관직은 태위였다. 삼공의 하나로 이미 최고 관직에 오른 그인데 어떻게 관직을 더 올려줄 수 있겠는가? 조상은 나름대로 방법이 있었다. 그는 더 대단한 관직 두 개를 반출해서 황제에게 윤허해달라고 주청했다.

첫 번째 관직은 오랫동안 봉인되었던 '대사마'였고, 두 번째 관직은 전설 속의 '태부'太傅였다.

태부는《주관》周官(유교 경전 중 하나로 주나라의 관직제도 등을 기록한 책)에 나오는 관직인데, 전설적인 '태사'太師에 버금가는 자리로 태자를 지도하는 직책을 맡았다. 태부는 한나라 때 쓴 적이 있었지만 상설되지 않아 명예직이나 다름없었다.

역사서에는 조상이 사마의에게 태부 관직을 더해달라고 요청한 것이 사실은 사마의의 실권을 잃게 하려는 수법이라고 되어 있다. 이런 기록은 조위나 서진의 사관이 조상曹爽을 깎아내리기 위해 날조한 죄목 중 하나로 볼 수 있는데, 결과적으로 조상을 심각하게 지능이 떨어지는 사람으로 만들어버렸다.

이렇게 반박하는 데는 다음과 같은 몇 가지 이유가 있다.

첫째, 조상이 사마의에게 더하려고 한 관직은 대사마와 태부 두 개다. 태부는 유명무실한 직위라고 쳐도 대사마는 위나라의 최고 군직으로서 실권이 막강하다.

둘째, 사마의는 조상과 함께 일한 지 8년째 되는 해가 되어서야 비로소 사직 의사를 밝히며 귀향하겠다고 했다. 설마 사마의가 8년씩이나 지나서야 깨달을 정도로 반응이 느렸을까? '이제 보니 내 권력을 뺏으려고 태부를 시킨 것이었구나!' 이러면서?

셋째, 역사서에는 사마의가 태위말고도 시중, 지절, 도독중외제군사, 녹상서사 등 관직과 특권을 가졌다고 분명하게 기재되어 있다. 설마 태부 하나 더한다고 해서 다른 관직을 다 박탈했겠는가?

넷째, 사마의는 조방 재위 초기에도 중간 규모의 군사 활동을 두 차례 벌인 바 있었다. 만약 그에게 권력이 없었다면 이 두 차례의 용병은 어떻게 설명할 것인가?

요컨대, 조상이 사마의를 실각시키려 했다는 것은 아직 시기상조였다는 말이다. 이는 조상의 인격을 모독하는 것이자 그의 지능을 폄하하는 것이다. 조상은 관리사회의 규칙을 아주 분명하게 알고 있었다. 권력을 관직과 정비례하는 것이라고 단순하게 생각해서는 안 된다. 한무제 때의 재상은 총애를 받는 내관보다 권력이 월등히 약했다.

그 사람이 어떤 사람이냐에 따라 깜냥에 맞는 일을 하고, 큰일을 하면 그만큼 큰 권력이 생기는 법이다. 모름지기 일의 성공 여부는 사람의 노력 여하에 달려 있는 것이다.

조정에서는 사마의에게 전임자 몇 명을 죽음에 이르게 한 대사마라는 불길한 자리 대신 태부라는 관직을 추가해주었다.

사마의는 흔쾌히 받아들였다. 어떤 사람들은 쉽게 자만에 빠져 나쁜 결과를 초래했다. 일단 높은 지위를 차지하면 들뜬 마음을 주체하지 못하고 악행을 일삼아 자멸을 재촉했는데, 오질이 그런 경우였다. 하지만 사마의는 그런 사람이 아니었다. 그는 '고처불승한'高處不勝寒(높은 곳에 있어 추위를 이기지 못할까 두렵다는 뜻으로, 소동파의 시 구절 중 일부임)을 해결하는 최고의 노하우를 알고 있었다. 그 방법은 바로 민생을 살피는 실무를 착실하게 수행하면서 좋은 정치적 평판을 쌓는 것이다.

조예 시대의 최대 폐정弊政은 대규모 토목공사였다. 공사가 너무 많아서 백성들의 고통이 이만저만이 아니었다. 사마 태부는 부역 중인 백성 수만 명이 공사를 그만두고 편안하게 살 수 있도록 해달라고 하명을 청했다. 한편 사마의의 차남 사마소는 낙양에서 전농중랑장을 맡고 있었다. 그는 이런 아버지의 정신을 이어받아 백성들이 경작하고 수확하는 기간에는 소규모 공사들을 없애버려 백성들의 칭송을 들었다.

사마의 부자가 착실하게 정치적 평판을 쌓을 동안 조상도 한가하게 놀고만 있지는 않았다.

조상이 사마의를 상대할 때 최대의 약점은 혼자라는 데 있었다. 조상은 자신의 도당과 정치집단이라고 할 만한 것이 없었다.

조상은 자신의 편으로 끌어들일 세력을 면밀히 분석했다.

조정의 원로대신들은 이미 사마의 편으로 쏠려 있어서 끌어들이기 어려웠다. 신진 관원들은 지위가 낮아 영향력이 별로 없었고, 형세를 관망하는 중이라 확실하게 자신을 따를 것 같지 않았다. 조씨 종친들은 권력 찬탈 사건을 겪은 뒤로 각자의 봉지에서 꼼짝없이 갇혀 있는 신세였다. 더군다나 조상은 종친들 중에서도 지위가 높은 것도 아니고, 관계가 돈독한 것도 아니었다. 지난번에 조우의 권력을 탈취하면서 이미 종친들의 눈 밖에 났는데, 지금 종친을 기용한다는 것은 혼자서 수많은 적을 상대하는 것만큼이나 어리석은 일이었다. 조상이 그런 선택을 할 리 만무했다.

충성스럽고 믿음직하며 정치적 소양을 갖춰 사마의와 필적할 만한 정치집단을 단기간에 형성한다는 것은 지극히 어려운 일이었다.

하지만 순순히 포기할 조상이 아니었다. 그는 특별한 방법으로 특별한 사람들을 쓰기로 했다. 조상은 조예 시대에 전국적으로 큰 영향을 미쳤던 중대 범죄 사건을 떠올렸다. 그가 기용하려는 사람은 바로 그때 그 정치범들이었다.

조상은 오랜 시간이 흘러 먼지투성이가 된 극비 문건을 꺼내 먼지를 털어내고 자세히 살펴보았다. 먼지가 하나둘 떨어지면서 8년 전 호둣속처럼 복잡했던 정치사건이 점차 형태를 드러냈다. 당시는 여전히 조예 시대로, 오랫동안 태평한 시기가 이어지던 때였다. 변경에서 가끔 전쟁이 일어나기는 했지만 제국의 심장부는 격렬한 전투에서 멀어진 지 오래였다. 이런 편안한 환경에서 자란 신세대 젊은이들은 자극적이고 특별한 무언가를 갈망했다.

이런 젊은이들 가운데 특별히 뛰어난 세 사람이 있었다. 바로 하안何晏, 등양鄧颺, 하후현夏侯玄이었다.

하안은 한나라 말기 최고 권세가였던 대장군 하진의 손자였다. 하진이 죽은 뒤 조조는 관례대로 하진의 며느리를 후궁으로 삼고 하안을 양자로 들였다. 출신이 이러했으니 하안이 태자 조비를 안중에 두지 않은 것은 당연했다. 하안은 태자가 무슨 옷을 입고 있으면 똑같이 따라 입었는데, 공공장소에서 보면 늘 두 사람이 똑같거나 비슷한 옷을 입고 있을 정도였다. 조비는 이를 갈 만큼 그를 미워하며 의붓자식이라고 욕을 했다.

하안은 고귀한 신분이기도 했지만 쓸쓸한 청년철학가이자 위나라 제일의 미남으로 중국 미남사와 사상사에서 한 자리씩을 차지하고 있다. 위진 사상계가 억압으로 침묵하던 시대에 하안은 샛별처럼 등장했다. 그는 한나라 말기 경학의 명맥을 이어받고 위진 시대의 청담한 유풍을 열었다. 하안이 저술한《논어집해》,《도덕론》등은 상당히 무게 있는 작품들이다.

고귀하고 쓸쓸한 미남 사상가 하안은 또 다른 천재 조식처럼 겉과 속이 다른 왕 조비의 시기와 질투를 받았다. 조비가 즉위한 이후 하안은 뜻을 이루지 못하고 한탄했다.

조비가 죽자 조예는 곧바로 하안을 불러들였다. 드디어 정치 무대에서 두각을 나타낼 수 있겠구나 하고 생각한 하안은 몹시 흥분했다. 하지만 조예의 눈에 들어온 것은 그의 문학적 재능뿐이었다. 조예는 하안에게 자신이 새로 짓는 건물을 위해 부賦 한 편을 쓰게 했다. 재주 많고 책략이 뛰어난 이 황제의 눈에 하안은 그저 고급 문학 시종侍從밖에 안 되었던 것이다.

'뛰어난 재주와 열정을 가진 내가 설마 이렇게 늙어 죽는 것인가?' 하안은 내키지 않았지만 달리 어찌할 도리가 없었다.

등양의 이력은 더 화려했다. 그의 선조는 동한 개국의 일등공신 등우鄧禹였다. 그런데 등양의 벼슬길은 하안보다 더 순탄치 않았다. 그는 상서랑尙書郞이었다가 낙양령洛陽令에 임명되었다. 낙양은 위나라의 수도로 명문세가들의 세력이 뒤얽혀 인사 관계가 엄청나게 복잡했다. 낙양령은 기껏해야 허드렛일이나 맡아서 하는 집사에 불과한 벼슬이었다. 등양은 누구에게 밉보였는지 그마저도 면직되었다. 벼슬길이 그렇게 갑자기 뚝 끊겼다. 오래지 않아 등양은 또다시 자그마한 관직인 중랑관中郞官에 기용되었는데, 재능을 충분히 발휘할 수 없는 자리였다. 그래서인지 그는 현실 정치에 불만이 많았다.

하후현은 조위 제국을 창건하는 데 큰 전공을 세운 군공가문 하후씨의 후손이었다. 그의 선조 하후돈과 하후연은 모두 걸출한 군 통수권자들이었고, 부친인 하후상은 조비 시대의 군부 3대 장성 중 한 명이었다. 하후상이 세상을 떠난 뒤 고작 열일곱이던 하후현은 아버지의 작위를 이어받고 스무 살이 되기도 전에 산기시랑을 맡았다. 산기시랑은 조위 제국에서 가장 뛰어난 인재만 맡을 수 있었기에 굉장히 영광스러운 자리였다. 하지만 이런 영광이 처가 세력을 중심으로 결성된 파벌 관계로 인해 더럽혀지고 말았다.

조예가 총애한 모황후毛皇后에게는 모증毛曾이라는 남동생이 있었다. 상스럽기 그지없는 인물이었는데 산기시랑으로 임명되었다. 한번은 조예가 모증에게 하후현과 같이 앉으라고 했다. 그러자 사람들은 "갈대가 옥수에 기댔다"蒹葭倚玉樹(미천한 사람이 지위나 신분이 고귀한 사람에게 의지하는 것을 의미)며 조롱했다. 마음이 불편해진 하후현은 표정이 좋지 않았다. 그 모습을 보고 화가 난 조예는 하후현을 좌천시켰다. 준걸 하후현은 혼자서 달을 바라보며 술잔을 기울일 수밖에 없었다.

하안은 명성이 자자한 사상가였고, 등양은 처세에 능한 사교의 달인이었으며, 하후현은 비범한 인격적 매력의 소유자였다. 그들은 이상과 포부를 가슴에 품고 있었고, 자유분방한 혈기로 가득차 있었다. 또 한나라 말기의 유생들이 정권의 잘잘못을 논하고 글로써 선을 선양하며, 천하의 일을 자신의 소임으로 삼는 마음을 동경하면서 그들을 본받아 인물 품평을 했다. 세 사람은 조위의 민간 여론을 장악해서 정계 인사들을 새롭게 평가했다. 재능은 있지만 기회를 만나지 못한 세 명의 청년 인재들이 마침내 한곳에서 뭉쳤으니, 뜨거운 비판의 장이 열릴 참이었다.

그들은 우선 불합리한 인사제도를 맹렬히 비난했다. "대체 무슨 근거로 고관 자녀들은 구품관인법을 통과해서 단번에 높은 지위까지 오르고, 가난한 집안의 인재는 어디에 있는지도 모르게 파묻혀서 보이지도 않는 것인가?"

그들은 현재의 권력 분배에도 상당히 불만이었다. "어째서 국가 최고권력을 기력도 없는 노인들 손에 쥐어주는 것인가? 왜 열정이 넘치는 청년 정치가들을 임용해서 대대적으로 혁신하지 못하는 것인가?"

하후현이 이끌고 하안과 등양을 핵심으로 한 정치살롱이 활성화되면서 평범하기를 거부하는 젊은이들이 점점 더 유입되었다. 그중에는 제갈량의 족제族弟 제갈탄諸葛誕, 사마의의 장남 사마사, 옛 신하 이휴李休의 아들 이승李勝, 유방의 아들 유희劉熙, 손자의 아들 손밀孫密 등이 있었다……

사태가 확산되고 여론이 격화되자 마침내 조정도 신경이 쓰였다. 건안 시대의 노신 동소董昭가 나서서 이런 불법 사교집단을 금지하고 관련 인사를 처벌해야 한다고 요구했다.

대부분의 참여자들이 상응하는 처벌을 받았다. 그들은 '부화'浮華라는 죄명을 받고 서인으로 강등되었다. 그들이 쓴 문서에서 관련 기록들이 발견되었는데, 이때부터 그들의 정치적 미래는 암울해졌다. 그야말로 한나라 말기에 일어났던 당고지화의 복사판이었다.

'대부분의 참여자'라고 한 것은 예외가 있었다는 뜻이다. 예외였던 사람은 다름 아닌 사마의의 장남 사마사였다.

'부화' 사건이 터졌을 때 사마의는 서부 대촉對蜀 작전 최전방에서 제갈량과 지혜와 용기를 겨루고 있었다. 그는 젊고 혈기왕성한 사마사가 이런 시비에 휘말릴 줄은 꿈에도 생각지 못했다. 일이 어떻게 해결되었는지 사서에는 기록이 없다. 우리는 그저 사마사가 부화 사건의 영향을 전혀 받지 않았다는 것만 알 수 있을 뿐이다.

이후로 사마사는 친구들과 헤어져 제 갈 길을 가게 되었다. 그는 아버지의 수완과 인맥을 통해 순조롭게 공직에 올랐다. 사마사는 아버지로부터 물려받은 배경과 권모술수를 바탕으로 점차 높은 자리로 올라갔다.

한때 그의 친구였던 하안, 등양, 하후현은 밑바닥에서 참고 인내하며 곤경에서 빠져나와 그들의 포부를 실현할 기회를 기다리고 있었다. 그들은 조위 정권이 지금은 안정적으로 운영되는 것처럼 보이지만, 이미 낡고 썩어빠져 새로운 피를 수혈하고 제도를 개혁할 때가 올 것이라고 생각했다. 그런데 사마의처럼 나이든 관료에게는 개혁할 만한 패기가 없었다. 그들은 자신들의 수장이 될 젊은 위정자가 나타나주기를 기대하고 있었다.

조상은 문서를 덮고 눈을 감은 채 깊은 생각에 잠겼다. '찾으려고 할 때는 어디에도 없더니 의식하고 있지 않으니 눈앞에 나타나는구나. 이렇게 완벽한 협력 동반자들을 어디서 찾을 수 있겠는가?'

조상은 이번 일만큼은 사마의에게 물어보지 않았다. 그는 독단적으로 인사임면과 인사이동을 진행했다.

등양은 영천태수穎川太守로 기용하고, 대장군장사大將軍長史로 삼았다.

하안은 산기시랑, 하후현은 중호군中護軍으로 기용했다.

이승은 낙양령으로 기용했다.

조상은 과감한 인사로 부화 사건의 정치 주범들을 모두 자신의 휘하로 들였다. 이로써 새로운 세력을 대표하는 정치집단이 어느 정도 진용을 갖추게 되었다.

정치집단을 형성하던 조상의 움직임은 어느 정치투기꾼의 예리한 눈을 피해가지 못했다. 지능이 뛰어나고 권모술수가 넘쳐 '리틀 사마의'라고 불리던 이 사람은 제 발로 조상을 찾아가 관직을 얻었다.

조정에서 대결을 벌일 때는
무력이 필요하다

이 사람의 이름은 정밀丁謐이었다. 그에게는 네 가지 특징이 있었다.

첫째, 조위의 원로 겸 조조의 동향 사람인 정비丁斐의 아들로, 고관의 자제였다.

둘째, 지모가 뛰어난 권모술수의 고수였다.

셋째, 괴팍하고 오만해서 다른 사람들과 어울리지 못했다.

넷째, 견문이 넓고 야심이 커서 대신으로서 오를 수 있는 최고의 자리를 꿈꾸었다.

정밀은 야심과 능력은 충분했지만 운이 없었다. 그는 업성에서 왕야王爺(봉건왕조 시대에 왕의 작위를 가진 이를 높여 부르는 호칭)와 충돌이 있었는데, 권세로는 상대가 안 되어 결국 수감되었다. 그런데 금은 감옥에서도 빛이 났던 모양이다. 조예는 정밀의 재주가 출중하다는 이야기를 듣고 그를 석방시킨 뒤 탁지낭중度支郎中으로 삼았다. 정밀은 사양하지 않고 그 자리를 맡았다.

그러나 정밀이 남의 밑에서 일할 사람이겠는가? 별 볼일 없는 탁지낭중

결국 이기는 사마의

이라는 자리는 그를 만족시킬 수 없었다.

그때 권력을 잡은 조상이 적극적으로 정치집단을 꾸리는 모습이 정밀의 레이더망에 포착되었다. 그는 드디어 기회가 왔다는 것을 본능적으로 알아차렸다. 정밀은 목에 힘을 주고 조상을 찾아가 관직을 요구했다. 조상은 그를 산기시랑에 파격적으로 발탁하며 하안, 등양과 함께 일하도록 했다. 그러나 정밀에게 두 협력자는 처음부터 안중에도 없었다. 그에게는 오로지 조상의 제왕사帝王師가 될 생각뿐이었다.

이 밖에도 정밀보다 나이가 조금 더 많은 필궤畢軌라는 사람이 있었다. 그는 조조 시대 전농교위典農校尉의 아들이었다. 필궤 역시 조상의 휘하로 들어갔는데, 조상은 그를 사예교위司隸校尉로 임명했다.

하안, 등양, 정밀, 하후현, 이승, 필궤는 서로 다른 목적을 가지고 조상의 휘하로 들어왔다. 이렇게 해서 조상의 정치집단이 완성되었다.

그러는 동안 사마의는 어떤 반응도 보이지 않았다. 그는 어떤 조치도 취할 필요가 없었다. 조상이 그를 도와 모든 것을 해결해 주었기 때문이다.

조상이 도당을 만드는 데 열을 올리며 재빨리 하안과 등양 등의 인물을 등용한 것은 조정의 문무백관들에게 "이것이 나의 정치집단이고 소그룹이다"라고 알리는 것이나 다름없었다.

그것은 반대로 생각할 때 조상이 소그룹을 제외한 절대 다수의 사람을 그 그룹 밖으로 밀어낸 것과도 같았다. 배제된 사람들은 새로 기댈 곳을 찾아야 했기 때문에 자연히 사마의 쪽으로 몰렸다.

따라서 표면적으로 보면 조상이 적극적으로 자신의 소그룹을 만든 것이지만 심층적으로 들어가 보면 조상이 정치집단을 완성함과 동시에 사마의도 자신의 파벌을 갖게 된 것이다. 게다가 조상의 그룹은 양지에 있었고, 사마의의 파벌은 음지에 있었다. 고대 군왕들이 가장 꺼리는 일이 바로 신하들이 패거리를 만들어 서로 배척하는 일이었다. 그런 점에서 사마의가 처한 환경은 확실히 조상보다 안전했다. 그리고 나중에 조상에게 죄를 덮어씌울 수 있는 좋은 핑계도 될 수 있었다.

하지만 조상의 입장에서는 어쩔 수 없는 대응이었다. 정계에서 부상하기 위해서는 반드시 자신의 직계 세력이 있어야 했다. 직계 세력이 생기고 나면 그 다음은 어떻게 힘을 확장시킬 것인가 하는 문제였다. 조상은 이를 위해 5단계 계획을 세웠다.

1단계, 주요 직계 멤버를 만든다. 멤버는 반드시 소수정예로 하고 각자 독자적으로 한몫할 수 있어야 했다. 1단계는 이미 완수했다. 하후현, 하안, 정밀, 등양 등은 전부 조위 제국의 총아寵兒들이자 고르고 고른 신세대 인재들이었다.

2단계, 인사 부서를 통제해서 선발권과 임면권을 틀어쥐고 조정의 세력 대비를 점차 변화시킨다. 지금 조상이 하려는 것이 바로 이 단계이다.

조위 제국의 인사 부서에서 수장을 맡고 있는 사람은 이부상서吏部尚書 노육盧毓이었다.

노육은 한나라 말기의 대학자 노식盧植의 아들로, 당시 이부상서 직을 맡고 있었다. 직위가 높지는 않았지만 인사임면권을 장악하고 있어서 조정 관원들의 도당 구성원에 충분히 영향을 줄 수 있었다. 그런 의미에서 조정 세력의 흥망성쇠를 결정하는 중심축이라고 할 만했다. 노육은 명문세가의 대표이자 원로대신이었기에 젊은 한족寒族 출신이 대부분이던 조상 집단에는 불리한 상대였다.

조상은 일단 노육에게 칼을 들어 일벌백계하기로 결심했다.

그는 노육을 상서복야尚書僕射로 지위를 올려주고 공석이 된 이부상서 자리를 하안에게 맡겼다. 이렇게 해서 조정의 인사임면권 주인이 바뀌었다.

하지만 상서복야는 상서대의 부관副官으로 핵심요직에 속했다. 조상은 노육이 이런 요직에 오래 머무는 것을 원치 않았다. 그래서 또 얼마 지나지 않아 법 집행을 담당하는 정위廷尉로 노육을 전임시켰다. 이어서 조상은 필궤에게 넌지시 일러 노육을 탄핵했다. 현재 필궤는 사예교위여서 경사京師(수도) 백관들을 탄핵할 권한이 있었다.

필궤가 노육을 탄핵하자 조정에서 들고 일어났다. 노육의 면직은 명문세가 출신의 나이든 관료들에게 위험한 신호로 비쳤다. 사람들은 날카로운 촉으로 불안감을 느꼈다.

'지금 저들이 노육에게 손을 댔는데 내가 가만히 입을 다물고 있다면 저들이 향후 그 마수를 내게 뻗쳤을 때 누가 나를 위해 나서주겠는가?'

명문세족들은 다함께 일어나 반대했고 의론이 분분했다. 상황이 불리하게 돌아가자 조상은 노육을 광록훈光祿勳이라는 자리에 앉혀 사람들의 입을 막았다. 광록훈은 구경九卿 중 하나로 한직에 가까웠지만 품계가 높아 백관들로서는 딱히 할말이 없었던 것이다.

결국 조씨와 사마씨 두 세력의 균형이 깨지면서 저울이 점차 조상 쪽으로 기울기 시작했다. '노육 사건'을 계기로 조상은 한 가지 문제를 확실하게 인식했다. 조정의 수구세력들이 강할 때 새로운 정책을 실행하려면 반드시 조정의 세력 구조를 변화시켜야 한다는 것이다. 이것은 또 이부상서라는 직위를 점유한 것이 탁월한 선택이었음을 그에게 일깨워주었다.

2단계 계획을 실현한 조상은 질서정연하게 3단계 계획에 착수했다. 바로 경사京師와 궁궐의 금위군禁衛軍을 장악하는 것이었다. 그는 동생 조희曹羲를 중령군中領軍, 조훈曹訓을 무위장군, 하후현을 중호군으로 임명하여 궁궐의 무력을 완전히 장악했다. 또 동생 조언曹彦을 산기상시散騎常侍와 시강侍講으로 임명해 어린 황제 조방을 교육하면서 은연중에 해당 집단을 인정하도록 하려고 시도했다.

사마의는 당시에 조비를 붙들어서 벼슬이 세 계단이나 상승했고 건안 원로대신들의 머리 위로 올라섰다. 지금 조상 역시 조방을 꼭 붙잡고 미래를 도모하려고 했다. 시작이 좋으면 반은 성공한 것이나 마찬가지였다. 조상의 5단계 전략 중에 벌써 3단계까지 나아갔지만 조상은 성공의 쾌감을 전혀 느낄 수가 없었다. 상대인 사마의가 어떠한 행동도 취하지 않았기 때문이다.

사마의가 꼼짝도 하지 않으니 조상은 마음이 영 불안했다. '너구리 같은 영감탱이! 대체 저 속에 무슨 묘책이 들어 있는 거지?'

그즈음 사마의는 이제 더 이상 조상을 무시하거나 마음 놓고 있을 수가 없었다. 이 청년의 행동이 사마의의 적수가 될 자격이 충분하다는 것을 보여 주고 있었기 때문이다.

그렇지만 남몰래 선수를 친 것은 조상이 아니라 사마의였다. 사마의는 태부에 오를 때 오랜 동료인 장제를 공석이 된 태위 자리에 천거했었다. 조정에 자신을 도와줄 강력한 내응자를 심어둔 것이다.

사마의는 어린 황제를 살피는 일 역시 소홀히 하지 않았다. 그의 두 아들 사마사와 사마소가 산기상시 자리에 있어서 언제라도 황제 주변의 동정을 살필 수 있었다.

사마의가 손쓰지 못하는 대상은 금군이 유일했다. 조위의 불문율에 따르면 조씨와 하후씨 종친들만 중령군과 중호군을 맡을 수 있었다. 현재 중령군은 이미 조상의 동생 조희가 꿰찼고, 중호군 자리에는 하후현이 앉아 있었다. 사마의는 차분하게 적당한 시기를 기다렸다.

인사人事와 군사軍事 대권을 모두 장악한 조상은 그제야 마음 놓고 4단계 계획을 진행했다.

결국 이기는 사마의

조상 집단은 너무 젊다는 게 가장 큰 문제였다. 중국 정치는 줄곧 '장로제'長老制(연장자의 권위가 강하고 실권을 노인들이 가지는 체제)였다. 젊음은 자본이지 자력資歷이 아니었다. 조상은 사마의와 비슷한 자격과 경력을 갖춘 노인을 찾아 자기 집단의 대표로 삼고 사마의와 맞서게 할 생각이었다.

그가 찾은 사람은 '지낭'智囊(꾀주머니) 환범桓範이었다.

환범은 조상의 고향 선배였다. 강인하고 강직한 성품에 지략이 뛰어나 강호에서 '지낭'이라는 별명을 얻었다. 그는 조조 시대의 노신으로, 조비를 대신해 백과전서《황람》을 편찬하고 조예를 대신해 청주와 서주 군무를 총감독하는 등 한마디로 문무를 겸비한 인재였다. 하지만 그는 관운이 좋지 않아서 청주와 서주 군무를 감독하다 실수를 하는 바람에 해직되었다.

우울해하던 환범은 얼마 전에 기주목冀州牧으로 기용되었다. 당시 기주목은 진북장군鎮北將軍이 관할했는데, 현재 진북장군은 예전에 환범의 부하로 있던 사람이었다. 잔뜩 화가 난 환범은 임신 중이던 아내에게 불평을 쏟아냈다. "내가 구경九卿이 돼서 삼공에게 무릎 꿇고 절을 하는 한이 있어도 예전 부하 놈한테까지 굽실거릴 수는 없지." 환범의 부인은 관직을 잃은 남편에게 부아가 치밀던 참이었다. 그런데 지금 기주목 자리를 걷어차고 구경을 하겠다고 하자 환범을 비꼬며 말했다. "청주와 서주 군사를 감독했을 때는 다른 사람이 당신 밑에서 일하지 못하게 막더니, 이제는 다른 사람이 당신 상관이 되는 것도 막을 셈이에요?" 그 말에 환범은 부끄럽고 분한 나머지 아내를 때려 유산으로 목숨을 잃게 만들었다.

그랬는데 이제 마침내 그 소원을 이뤄 구경 중 하나인 대사농大司農이 된 것이다. 조상은 자주 고향 선배인 환범을 찾아가 만나며 그를 자기편으로 끌어들이려고 시도했다. 환범은 겉으로는 조상의 젊은 무리들과 거리를 두고 심지어 밀어낼 때도 있었지만, 속으로는 조상의 영입제안을 받아들였다.

사마의조차 이런 사실까지는 모르고 있었다. 그는 황제를 4대째 모신 원로대신 환범이 조상에게 붙을 줄은 꿈에도 생각지 못했다. 이로 인해 사마의는 하마터면 자신의 인생을 그르칠 뻔했다.

이렇게 조상의 5단계 계획 중 4단계 계획이 마무리되었다. 이로써 모든 준비가 끝나고 어느새 5단계 계획을 실현할 시기가 무르익었다.

5단계 계획은 아주 간단했다. 바로 사마의의 권력을 탈취하는 것이었다.

조상은 어떻게 권력을 빼앗을 것인지 아직 방법을 찾지 못했다. 하지만 상관없었다. 고수가 와서 방법을 일러주었던 것이다. 그 고수는 바로 조상의 밑에서 일하던 전문 모사꾼 정밀이었다. 사료를 통해 우리는 정밀과 조상 사이에 다음과 같은 대화가 오갔을 거라고 추측해볼 수 있다.

정밀: "태부 사마의에 대한 존경이 너무 지나치신 것 아닙니까?"

조상: "어쩔 수 없지 않은가. 그자가 원체 나이가 많은 걸 어쩌겠나."

정밀: "나이가 많으니 예의를 갖추는 거야 당연합니다. 그보다 더 예의바르게 할 수도 있지요. 이를 테면 이런 것입니다. 나이도 많은데 자질구레한 일까지 굳이 일일이 신경 쓰게 할 필요가 있겠습니까?"

척하면 삼천리였다. 조상은 뒤돌아서 상서대 상서尚書에게 알렸다. "앞으로 무슨 일이 있어 상주할 때는 태부를 찾아갈 필요 없이 곧바로 나를 찾아오면 된다. 태부께서 연세도 많으신데 귀찮게 해드려서야 쓰겠는가? 내가 해결하지 못하는 일이면 직접 태부를 찾아가 가르침을 청하면 될 일이다."

상서가 명을 받들었다.

'무슨 일을 하느냐에 따라 권력이 주어진다. 만약 내가 당신이 일을 하지 못하게 막는다면, 아무리 최고권력을 가지고 있다고 해도 당신은 그저 집에서 빈둥거리는 신세가 될 것이다.'

최근 들어 사마의를 찾는 상서의 발길이 뜸해지자 태부부太傅府가 한산해

결국 이기는 사마의

졌다. '파벌을 만들고 인사권을 빼앗은 뒤 금위군에까지 손을 뻗치고, 그것도 모자라 이제는 나한테 직접 손을 대시겠다?'

'노육 사건' 때부터 사마의는 조상이 권력을 빼앗으려고 한다는 것을 알고 있었다. '조상이 뺏으려는 것은 내가 가진 권력, 즉 명문세가의 권력이다. 그리고 명문세가가 조상을 가만히 내버려둘 수밖에 없는 이유는 우리에게 수장 격인 인물이 없기 때문이다!'

조조 시대에 명문세가의 수장은 순욱이었고, 순욱이 죽은 뒤에는 진군이 새로운 수장이 되었었다. 그런데 진군이 죽은 뒤로 명문세가는 지도자가 없어 흩어진 모래알처럼 되어버렸다.

사마의는 당당히 나서서 "내가 명문세가를 대표하겠소"라고 말할 수 없었다.

'하내 사마씨는 신진 세가다. 순씨와 진씨에 비해 사람들의 신망을 얻기에는 아직 부족하다. 또 자고로 모난 돌이 정 맞는다고 하였다. 내가 만약 이들 앞에 나선다면 희생양이 될 것이다. 하지만 지금 명문세가의 이 치명적인 결함이 조상 네놈 덕에 천천히 메워지고 있는 듯하구나.

명문세가에 지도자가 없는 이유는 세력이 너무 강해서였다. 너무 강해서 조정에 적수가 없었기 때문에 아무런 위기감도 없었던 것이다. 하지만 '노육 사건'은 확실히 위험한 신호였다. 명문세가는 공동의 위기를 맞아야만 연맹의 필요성을 느낄 것이다. 조상 때문에 요직에서 밀려나는 명문세가의 관원이 늘어나자 그들도 서서히 뭉치면서 새로운 지도자를 찾기 시작했다. 생사존망이 걸린 이런 위급한 순간에는 명성이 높고 숙련되긴 하나 고고하게 앉아만 있는 여영세족이 아니라 정계와 군부에서 영향력을 발휘하는 인물을 지도자로 세워야 한다. 그렇다면 나말고 또 누가 있겠는가?'

유일한 고민이라면 지금 사마의는 실각할 위기에 처해 있다는 것이었다.

만약 다시 권력을 얻지 못한다면, 명문세족이 자신에게 지도자라는 감투를 씌워준다고 해도 줄 끊어진 연 신세가 되고 말 것이다.

그런데 다행스럽게도 이런 중대한 고비에 사마의의 오랜 적수 손권이 그를 도와주었다.

'조예는 죽고 조방은 어린데 조위 조정에서는 신구 세력의 갈등이 끊이지 않으니 이보다 더 좋은 기회가 어디 있겠는가?' 손권이 이런 기회를 놓칠 리가 없었다. 그는 제대로 잇속을 챙기기로 했다.

오나라의 영릉태수零陵太守 은례殷禮가 손권에게 의견을 제시했다. "이런 식으로 계속 남들의 형세에 따라 대처하는 것은 의미가 없습니다. 위나라의 황제가 연이어 세상을 떠났고, 조상과 사마의가 내부 투쟁을 벌이고 있는 데다 새로운 황제는 아직 어리니 이는 천재일우의 기회입니다. 이제는 소소한 이득에 만족할 것이 아니라 크게 도모해야 할 때입니다. 전국적으로 역량을 모아 촉한과 함께 위나라를 멸망시키셔야 합니다!"

평생을 한결같이 기회주의자였던 손권이 어디 촉한과 이익을 나눠 가질 사람인가? 손권은 은례의 말은 무시한 채 동오의 군부 서열 4위인 위장군衛將軍 전종全琮을 보내 회남의 작피芍陂에 침입하도록 했다. 또 서열 3위인 거기장군 주연朱然에게는 번성樊城을 포위하게 하고, 정계의 샛별이자 제갈근諸葛瑾의 장남인 위북장군威北將軍 제갈각諸葛恪에게는 육안六安을, 서열 1위 대장군 제갈근과 서열 2위 표기장군 보즐步騭에게는 조중柤中을 공격하게 했다.

동오의 4대 군부 거물과 정계의 샛별까지 총출동시키니 그 기세가 어마어마했다.

전종은 군대를 이끌고 작피로 갔다. 작피는 춘추시대 초나라의 손숙오孫叔敖가 회하淮河 유역에 만든 관개시설이었는데, 거의 3천 년이 지난 지금까지도 백성들을 유익하게 해주었다. 조조 시대에는 작피를 두 번 정도 수리해서 충분한 식량 확보와 지역 안정에 막대한 기여를 했다.

전종은 눈으로 이 위대한 시설을 주시했다. 그들의 목적은 이 시설을 파괴시켜 위나라가 먹을 식량을 없애는 것이었다. 전종은 삼군에게 명령을 내렸다. 군사들은 괭이와 쇠망치를 들고 작피를 때려 부수어 안에 있던 물을 방출해 농경지와 마을을 침수시켰다.

양주揚州 작전 구역 최고 통수권자인 왕릉王凌은 그 소식을 듣고 가만히 있을 수가 없었다. 그는 낙양에 전보戰報를 보내는 한편 부하인 손례孫禮를 이끌고 작피를 구하러 갔다.

손례는 맨손으로 호랑이를 때려잡은 마초였다. 그는 호랑이를 잡던 힘으로 동오의 고참병들과 육탄전을 벌이며 잠시나마 전종의 공격을 막아냈다. 하지만 전선의 상황은 절박했다. 전체 병력을 놓고 봤을 때 위나라가 중과부적인 실정이었다. 원군을 요청하는 공문이 줄지어 조정으로 날아들었다.

형주 방어구역의 이전 책임자는 바로 사마의였다.

전시戰時에는 권력을 집중시키기가 수월했다. 얼마 전 권력을 빼앗겼던 사마의는 어느 때보다도 자신에게 속했던 모든 것을 다시 되찾아와야 했기 때문에 참전이 절실했다. 그래서 남하해서 적을 무찌르겠다며 즉시 종군을 지원했다.

사마의에게 다시 군대를 딸려 보내는 게 죽기보다도 싫었던 조상은 도당들을 선동해 반대하고 나섰다. "과거에 관우가 번성을 오랫동안 포위했지만 끝내 함락시키지 못했고, 지금 손권도 쉽게 함락시키지 못하고 있습니다. 오군은 튼튼한 성 밑에서 좌절하고 싸우다가 결국 스스로 나가떨어질 것입니다. 그러니 굳이 태부께서 직접 출병할 이유가 있겠습니까?"

사마의는 조상의 의도를 이해했다. '정치로는 얼추 봐줄 만하지만 군사

쪽으로는 어설프게 나서서 웃음거리가 되지 말거라. 군사는 나 사마의의 전공 분야다.' 사마의가 늠름하게 반박했다. "변경의 성이 적의 공격을 받았는데 조정에서 참 편히들 앉아 있구려. 전쟁으로 소란스러워지면 민심이 혼란해질 것이니 이는 사직의 큰 걱정거리가 아니겠소!"

'개를 때릴 때도 주인의 얼굴을 본다는 말이 있다. 지금 한 말은 곧 조상 네놈한테 하는 소리니 알아서 처신하거라.'

조상은 어쩔 수 없이 사마의의 출정을 허락할 수밖에 없었다. '나이 육십이 넘은 늙은이가 전쟁터에서 싸우려면 마음처럼 힘이 따라주지 못할 것이다. 패전해서 죽든 폐병으로 죽든 어쨌거나 나한테는 좋은 일이 아니겠는가?'

그런데, 조상은 완전히 잘못 생각하고 있었다. 사마의는 조진이 아니었고, 조휴는 더더욱 아니었다. 사마의는 유가 신봉자라 어려서부터 심신 수양을 중시했다. 그 체격이 어디 곱게만 자란 부잣집 자제인 조상과 비교가 되겠는가? 사마의는 심리적 자질도 훌륭했다. 이겼다고 자만하지 않고 졌다고 기죽지 않았다. 제갈량이 여러 가지 방법으로 모욕을 주었을 때도 평소처럼 태연하게 웃으며 담소를 나누었다. 그런 그가 싸움에서 졌다고 해서 조진, 조휴처럼 다시는 못 일어나고 황천길로 가겠는가?

무엇보다 사마의가 언제 전쟁에서 패한 적이 있었던가?

사마의는 대군을 이끌고 출정했다. 군마에 올라타자 오랫동안 느껴보지 못했던 예전 느낌들이 되살아났다. 선명한 투구와 갑옷, 펄럭이는 군기, 삼군의 북소리와 함성소리……. 익숙한 장면이 보이고 익숙한 소리가 들렸다. 몇 번이라도 사마의의 기분을 상쾌하게 만들고 그를 회춘시킬 수 있는 것들이었다.

　　　　　　　　　결국 이기는 사마의

사마의가 물고기라면 전쟁터는 물이었다. 물고기가 물을 만났는데 어떻게 폐병에 걸린다는 소리가 나올 수 있는가?

오랜만에 느끼는 감정들을 만끽하면서 사마의는 동오의 4대 군부 거물이 연합한 도전에 응하기 위해 군대를 이끌고 전선으로 향했다.

사마의는 남쪽보다 관중이나 농서에서 싸우는 게 낫다는 걸 잘 알고 있었다. 남쪽에서 전쟁을 하면 수토불복水土不服(물이나 풍토가 맞지 않아 위장이 나빠지는 것)과 기후 문제를 극복해야 했다. 과거에 조조가 적벽대전을 벌였을 때도 같은 이유로 역병이 번져 무너졌고, 결과적으로 손권과 주유의 명성만 높여준 뼈아픈 경험이 있었다. 그 전철을 밟을 수 없었던 사마의는 지구전을 안 하겠다고 결심했다.

사마의는 번성에서 가장 먼저 동오 군부 서열 3위인 주연을 마주했다. 사마의는 이번에 오군이 북벌을 하러 온 것인지 아니면 늘 그랬던 것처럼 콩고물이나 얻어먹으려고 온 것인지 우선 슬쩍 떠보기로 했다. 그는 경기병을 보내 번성을 포위하고 있는 주연을 희롱했다. 하지만 주연은 묵묵히 번성을 포위한 채 사마의의 희롱에 전혀 반응을 보이지 않았다.

사마의는 오군에게 전의가 없다고 확신했다. 그렇다면 일은 훨씬 수월했다. 그는 병사들에게 쉬면서 정비하게 하는 한편, 그중에서 죽음도 불사할 정예병을 공개 모집하고 군대에서 호령하도록 해 사기를 끌어올렸다. 전의에 불탄 전군은 몸바쳐 나라를 지키고 동오의 침략자들을 격파하기로 맹세했다. 사마의는 오군에게 "위군이 오군과 목숨을 건 전투를 벌이려고 한다"는 거짓 정보를 흘렸다.

주연이 여지없이 걸려들었다. '사마 노인네가 진짜 제대로 한번 싸워볼 생각인가 보구나. 폐하는 이익을 챙겨오라고 우리를 보내셨지 목숨을 내걸라고 한 게 아니다. 사마의 네놈이야 살 만큼 살았겠지만 나는 아직 살날이

많이 남았다. 싸워서 이길 수 있으면 싸우겠지만 그게 아니니 도망쳐야겠다!'

주연은 대군을 이끌고 회오리바람이 지나가듯 미련 없이 달아났다. 사마의는 자신의 계획대로 되자 확실히 때려잡기 위해 군대를 이끌고 오군의 뒤를 쫓았다. 그리고 형주荊州, 예주豫州, 양주揚州가 만나는 곳에서 마침내 주연의 대군을 따라잡았다.

오군은 전의라고는 없었으니 어떻게 위군의 적수가 될 수 있겠는가? 위군과 한바탕 전쟁을 치른 오군은 군함과 시체 1만 구를 버려두고 정신없이 도망쳤다.

동오 군부의 1인자 제갈근과 정계의 샛별 제갈각은 주연과 전종이 퇴각하는 것을 보고는 자신들도 더 있으면 안 될 것 같다고 생각해 군대를 철수했다. 싸울 때도 같이 싸웠으니 도망갈 때도 같이 도망간 것이었다.

노익장 사마 태부는 또 한 번 전국에 자신의 군사적 재능을 입증해 보였다. 또 조상에게는 그가 꾸린 집단이 '군사를 모른다'는 치명적인 약점이 있음을 깨닫게 해주었다. 권력은 총구에서 나오는 것이다槍杆子裏面出政權(모택동이 남긴 유명한 말). 만약 군사를 모르거나 군부를 장악할 수 없다면 모든 게 허사였다.

약점을 알게 된 조상은 다시 새로운 계획을 세웠다.

권력은 일과 맞물려 있고, 일이 있어야 권력이 생긴다

동오의 침략자를 물리치고 온 이들에게 조상은 공로에 따라 상을 주었다. 사마의에게는 이미 더해줄 관직이 없었다. 그래서 현縣 두 곳을 봉지로 하사했는데, 꽤 후한 상이라고 할 수 있었다. 지휘한 공로도 있고 자기 사람으로 끌어들이고 싶은 마음에 왕릉에게는 특별히 몇 계급을 훌쩍 뛰어넘은 표기장군으로 임명하고 개부開府할 수 있도록 했다. 촉한의 이엄이 오매불망 바라던 바로 그 개부였다. 그러나 왕릉은 별 감흥 없이 이런 대우를 받아들였다. 사실 조상이 이렇게까지 왕릉에게 포상을 내린 것은 군부에 자기 세력을 심어놓고 사마의를 견제하기 위한 포석이었다.

전쟁에서 용맹하게 싸운 손례는 수고했다는 말만 담긴 조서와 비단 700필을 받은 게 전부였다. 손례는 그 이유를 잘 알고 있었다.

조예는 죽기 전에 손례를 대장군장사大將軍長史로 임명하고 조상을 보좌하게 했었다. 손례는 직선적인 성격에 솔직하고 입바른 소리를 잘해서 여러 차례 조상에게 밉보였었다. 조상은 이 트집쟁이를 지방관인 양주자사로 임명해 자기 주변에서 멀리 쫓아버렸다. 현재 인사 상벌, 임면 권한이 전부 조상의 손에 있었으니 이때다 싶어 손례에게 복수를 한 것이었다.

손례는 몹시 분했지만 어쩔 수 없었다. 반면 사마의는 속으로 쾌재를 불렀다. '이렇게 또 용장勇將 하나가 내 편에 서게 되는구나.'

사마의는 군권을 장악했으니 이 기회에 권력을 더 확대해 보기로 했다. '권력이란 남이 준다고 해서 가질 수 있는 것이 아니다. 권력이란 언제나 일과 맞물려 있고 일이 있어야 권력이 생긴다. 그렇지 않으면 권력은 그저 빈 종잇장이나 다름없다.' 사마의는 이제 할일을 찾고 있었다.

그런데 그 일이 바로 코앞에 있었다. 사마의가 조정에 지시를 요청했다. "작피가 오군에 의해 파괴되었습니다. 제가 수리 공사를 맡도록 윤허해 주십시오." 조상은 이번 기회에 사마의를 외지로 보내고 권력의 중심을 독점할 수 있었기에 반대할 이유가 없었다. 그는 즉각 사마의의 요구를 들어주었다. 조상은 또 조방에게 사마의의 부친 사마방을 무양성후舞陽成侯로 추봉해달라고 청했다. 이제 고작 열 살인 조방이 뭘 알겠는가? 역시나 덮어놓고 조상의 말을 따랐다.

사마의는 조상의 호의를 거절하지 않았다. 그는 조정의 은혜에 감사를 표한 뒤 곧바로 수리 공사에 착수했다.

관중에서 쌓은 경험 덕분에 사마의는 수리 공사에 대해서 잘 알고 있었다. 익숙한 일을 하는 것이라 별로 어려움이 없을 거라고 생각했다. 그런데 사마의는 회남 일대의 상황을 잘 알지 못했고 임무는 긴박했다. 수리 공사의 베테랑이라는 사마의도 쩔쩔맬 수밖에 없었다.

그런데 옆에서 한 부하가 더듬거리며 말했다. "저, 저, 저는 머, 먼저 진陳, 항項 이동以東 수, 수춘壽春까지 시찰해야 한다고 생각합니다."

엄숙하고 무겁던 분위기가 싹 가시면서 장병들이 동시에 웃음보를 터트

결국 이기는 사마의

렸다. 사마의도 빙그레 웃으며 말한 사람 쪽으로 고개를 돌렸다. 얼굴은 시뻘게졌지만 평온한 표정을 짓고 있는 사람 하나가 눈에 들어왔다.

등애鄧艾였다.

등애는 형주 사람으로, 빈천한 출신에 고아였다. 태어날 때부터 말을 더듬어 군郡에서 중용되지 못하고 논을 관리하는 말단 직책만 맡아왔다. 하지만 등애는 개의치 않았다. 그는 높은 산과 큰 강이 있는 곳으로 가서 형세를 살피면서 군대를 배치하고 진을 치는 방법에 대해 이야기했는데, 동료들은 알아듣지 못했다. 나중에 군에서 그를 상계리上計吏(군국郡國의 장부를 관리하는 관직)로 임용해 낙양에 해당 군의 연간 업무 상황을 보고하게 했다.

그렇게 낙양에서 사마의를 우연히 다시 만나게 되었고, 그 뒤로 그의 운명은 서서히 바뀌기 시작했다.

사마의는 자신도 역시 상계리부터 일을 시작했기에, 말은 좀 더듬어도 재주가 넘치는 이 상계리에게 호감을 느꼈고, 그를 곁에 남겨 두었다. 그리고 지금, 사마의를 따라 수리 공사 현장에 간 등애가 대담하게 진언을 올린 것이었다. 그가 평소에 쌓아둔 지리 지식이 결국 이렇게 유용하게 쓰이게 되었다.

사마의는 곧바로 등애를 진, 항으로 보내 그곳에서부터 수춘까지의 일대를 시찰하게 했다. 등애가 돌아와 분석한 결과를 보고했다. "밭은 좋은데 물이 부족합니다. 수로를 터서 물을 끌어다 관개하면 군량을 쌓아둘 수도 있고 운송에도 유리할 것입니다." 말을 마친 등애는 자신의 시찰 보고서와 제안서인 《제하론》濟河論을 내밀었다. 사마의는 전적으로 이 제안을 받아들여 등애에게 작피를 수리하고 증축하는 일을 맡겼다.

이런 일은 등애에게 식은 죽 먹기나 다름없었다. 그는 작피 근처에 크고 작은 피당陂塘 50여 개를 만들어 작피의 저수 능력과 관개 면적을 크게 증가

시켰다.

등애가 수리 공사에서 보여준 능력과 지리에 대한 숙지는 사마의의 눈길을 끌었다. 얼마 후 사마의는 등애를 서정西征 군무에 참여시켜 대촉 작전의 최전방에서 그의 군사적 재능을 시험해 보았다.

20년 후, 등애는 사마소의 지시로 멸촉滅蜀 작전을 기획하고 이끈다. 그 전쟁을 통해 등애는 삼국 말기 가장 걸출한 명장이 되어 중국 역대 일류 장성의 반열에 올랐다.

사마의가 멋지게 수리 공사를 해내는 동안, 조정에서는 개혁의 바람이 불기 시작했다. 조상이 정식으로 정치개혁을 단행한 것이었다.

조상의 목적은 뚜렷했다. 세족을 영웅이라고 말하지 못하도록 하는 것이었다. 그는 구품관인법의 퇴폐한 풍조를 일소하고, 조조 시대처럼 재능으로만 사람을 평가해 등용함으로써 갈수록 노후화 되어가는 국가 조직을 정상궤도로 돌려놓는 한편, 점점 쇠퇴하는 위나라의 위풍을 다시 떨칠 수 있기를 바랐다. 조상은 중호군 하후현으로 하여금 무관을 선발하게 하고, 이부상서 하안에게 조정 문관들의 물갈이를 맡겼다.

하후현은 역시나 기대를 저버리지 않았다. 하후현은 원래 사람을 잘 보기로 유명했다. 그가 선발한 무관들은 다들 각 분야의 재주꾼들이었다. 궁정수위宮廷守衛든 주군장관州郡長官이든 각자의 능력에 맞게 자리를 주어 맡은 바 직무에 모자람이 없었다.

하안도 재주가 남달랐다. 그는 등양과 함께 인재를 적재적소에 배치했는데, 역사서에서는 이를 '찬연위미粲然爲美'라고 적었다. 사람마다 제각기 맡은 바가 있었다. 새로운 사람이 정권을 잡으면 노인들을 다른 사람들로 교체할 수밖에 없었다. 조상의 새로운 도당이 부상하면서 왕관, 고유, 장제, 손자, 종육鐘毓 등 노신들은 권력의 중심에서 점차 밀려났다.

이에 불만을 품은 노신들은 자연히 사마의를 찾아가 원망과 불평을 늘어놓았는데, 그때마다 사마의는 "오늘은 날씨가 참 좋구려!" 하는 식으로 말을 돌렸다. 손님들을 배웅한 뒤 사마의는 문을 닫고 몰래 기도했다. '조상이 더 맹렬하게 개혁을 추진하도록 만들어야겠다.'

개혁이 거세질수록 원망도 커지고, 바싹 마른나무에 불을 붙이면 단숨에 타오를 터였다. 불을 붙이는 사람은 당연히 사마의가 될 것이다.

하지만 결정적인 순간이 아직 오지 않았다. 그 전에 사마의가 해야 할 일은 권력의 중심에서 멀어져 혼탁한 물에 발을 담그지 않으면서 대권은 놓지 않아야 했다. 그는 출정이라는 오래된 수법을 사용했다.

이번에 사마의는 동오의 군부와 정계의 초신성, 제갈각을 치러 가겠다며 종군을 지원했다.

제갈각의 아버지는 제갈근으로, 자字가 자유子瑜였다. 그는 제갈량의 형이자 현재 동오의 대장군이었다.

제갈각은 어려서부터 민첩한 창의력을 보여주었다. 한번은 손권이 신하들을 위해 주연을 베풀었다. 손권은 그 자리에 당나귀 한 마리를 끌고 오게 한 뒤 그 얼굴에다 '제갈자유'諸葛子瑜라는 네 글자를 적어 제갈근의 긴 얼굴을 놀렸다.

그것을 지켜보던 어린 제갈각이 손권에게 청했다. "제가 두 글자를 더할 수 있게 해주십시오."

몸을 흔들어가며 웃던 손권이 손짓으로 부하를 시켜 제갈각에게 붓과 먹을 가져다주도록 했다. 제갈각은 붓을 들어 '제갈자유' 다음에 '지려'之驢라는 두 글자를 더 써 넣었다. 이로써 '제갈자유'가 '제갈자유의 당나귀'가 된 것이다.

좌중이 깜짝 놀란 가운데 손권이 하명했다. "당나귀를 제갈근에게 상으로 주어라." 제갈각은 약관弱冠의 나이에 기도위騎都尉 자리에 오르고 태자 손등孫登의 시강侍講이 되었다. 시강은 실질적으로 태자의 스승이었다.

군사와 정치 쪽에서 제갈각이 이름을 알리게 된 계기는 오랫동안 수많은 동오의 명장들을 골치 아프게 만들었던 산월山越 수복이었다. 제갈각은 산월 민족이 동오를 침범하던 일을 근절시켰을 뿐 아니라, 그들을 동오의 가장 우수하고 풍족한 병사 공급원으로 만들었다. 또 산월에 있는 지하자원을 다량 채취해 국고도 넉넉하게 채워주었다.

손권은 크게 기뻐하며 제갈각을 위북장군威北將軍, 도향후都鄕侯에 봉했다. 제갈각은 군대를 거느리고 환성에 주둔했다. 여강廬江 일대에서 둔전을 하며 환성을 대위對魏 작전 전선의 거점으로 만들었다. 제갈각은 만반의 준비를 갖추면서 끊임없이 사람을 보내 위나라를 교란시키고 백성들을 수탈했다.

제갈각에게는 더 큰 야심이 있었다. 그는 정탐꾼과 정찰병들을 대거 파견해 위나라에 잠입해서 지리형세를 살피게 하는 등 위나라 남부의 요충지 수춘을 빼앗으려고 했다.

환성에 제갈각 세력이 있다는 것은 조위 제국에게 잠재적인 위협이 되었다. 사마의는 환성이라는 거스러미를 빼버리기로 결심했지만 조상 세력이 또다시 반대하고 나섰다. "견고한 성을 지키고 있는 오군은 군량도 충분하고 병사들도 막강합니다. 그들이 환성에 주둔하고 있는 목적은 우리 군이 공격하도록 유인하기 위해서입니다. 우리가 고립무원으로 싸우러 가는 동안 그쪽에는 틀림없이 지원군이 도착할 것입니다. 그러면 우리 군이 불리해집니다."

사마의는 애송이들의 세상물정 모르는 소리에 경멸의 시선을 던지며 일

갈했다. "오군의 장점은 수전에 있소. 우리가 성을 공격하는 것은 그들의 반응을 살피기 위함이오. 그쪽에서 만약 수전을 택할 것이라면 성을 버리고 도망갈 것이니 우리는 싸우지 않고 이기는 것이오. 반대로 성을 고수한다면 동오의 지원군은 배를 버리고 뭍으로 올라와 도울 수밖에 없을 것이니, 이는 적군이 장점을 버리고 단점을 취하는 것이라 더더욱 우리 군의 적수가 될 수 없소."

조상 집단은 더 이상 아무 말도 할 수가 없었다. 그들은 태부와 군사 문제를 논하는 것은 굴욕을 자초하는 일임을 잘 알고 있었다.

사마의가 대군을 이끌고 전선에 도착하자 환성 상공에서는 시커먼 연기가 무럭무럭 피어오르고 있었다. 사마의가 공격하러 온다는 것을 알고 스스로 적수가 되지 않는다고 생각한 제갈각이 그동안 모아두었던 물자를 전부 불태운 뒤 성을 버리고 달아난 것이었다. '제갈량 숙부도 당신 때문에 세상을 떠난 마당에, 나 같은 애송이가 당신의 상대가 되겠소?'

사마의는 싸우지도 않고 승리를 거둔 뒤 그 자리에 주둔하기로 했다. 그는 수리 공사에 중독되었는지 회북에 회양거淮陽渠, 백척거百尺渠를 만들겠다고 주청하고, 등애에게는 영수潁水 남북으로 피당을 만들어 관개 면적을 1만여 경頃까지 넓히라고 명했다. 사마의는 또 등애의 제안을 받아들여 이곳에서 군둔을 시행했다. 사마의의 노력으로 회북 지역 곳곳에 곡물창고가 세워졌다. 그리고 전선에서 낙양까지 이르는 길에 전농典農 관원과 둔전병을 두었다.

조정에서는 사마의가 농사꾼이 되었다는 소문이 전해졌다. 나이를 먹더니 땅에 대한 애착이 생긴 것인지, 하루 종일 농사를 짓고 수리 시설을 손보면서 조상의 부름을 받지 않는다는 것이었다. 조상도 답답하기는 마찬가지였다. '이 교활한 늙은이가 대체 무슨 꿍꿍이수작을 부리는 거지?'

정작 사마의는 이런 소문을 듣고 그냥 웃어넘겼다. 정치 투쟁이 얼마나 위험한지 사마의는 익히 봐 왔기 때문이다.

'기세가 등등했던 사람은 망하고, 애처롭고 가련했던 사람은 번창했다. 남을 속이고 머리를 써서 획책하는 것보다 소박하게 지내며 근본에서 벗어나지 않는 편이 낫다. 조비가 가후에게 받은 가르침도 비슷했다. 그저 착실하게 아들의 도리를 다하면서 조식이 꾸민 화려한 수를 무용지물로 만들며 단숨에 태자의 자리에 오르지 않았던가.

나도 마찬가지다. 그저 신하의 도리와 인간의 도리를 다할 뿐이다. 신하와 인간의 도리란 단순한 이치다. 몸은 낮추고 일은 제대로 하는 것이다.

사람이 겸손하지 못하고 나대면, 큰 나무를 바람이 부러뜨리듯이 다른 사람들의 견제대상이 된다. 또 실속 있는 일을 적게 하면 토대가 불안정해져 쉽게 무너진다. 조상의 젊은 패거리들은 확실히 나이든 내가 따라갈 수 없을 정도로 다채로운 방법을 생각해낸다. 하지만 그들에게도 치명적인 약점이 있다. 그들은 무모하게 덤벼들고 시의적절하게 대처할 줄 모른다. 착실하게 일하지 못하고 성공에만 급급하다 조정의 노신들에게 단단히 미운털이 박혔지만 그것을 전혀 모르고 있다. 사생활 단속과 품위 유지를 못해서 늘 추문이 따라다닌다. 옛말에 좋은 일은 쉽게 드러나지 않지만 나쁜 일은 천리 밖까지 퍼진다고 했다. 네놈들의 추문은 개혁을 통해 얻은 성과를 덮어버리기에 충분하다.'

사마의는 가족들에게도 몸을 낮추도록 단속했다.

상림常林은 하내 온현 사람으로, 사마의의 고향 선배였다. 그는 사마의를 자주 찾아왔고, 사마의는 상림을 극진히 대하며 만날 때마다 큰절을 올렸다.

어느 날 사마사와 사마소가 의아해하며 물었다. "아버지께서는 이 나라의 태부이시고, 상림은 태상太常에 불과한데, 그렇게까지 절을 하시는 건 좀

예의에 어긋나지 않습니까?"

사마의가 정색하며 말했다. "태상은 관등으로는 나보다 낮으나 나이로는 나보다 위다. 게다가 고향 선배이기도 한데 마땅히 큰절을 올려야 하지 않겠느냐?"

사마사와 사마소는 여전히 모르겠다는 눈치였다. 사마의가 그 모습을 보더니 형제들을 훈계했다. "도가에서는 기세가 지나치게 성한 것과 사람이 자만하는 것을 가장 꺼린다. 사계절도 1년에 한 번씩 돌아가면서 찾아오는데, 내가 무슨 덕성과 능력이 있다고 그 높은 자리에 오래 머물겠느냐? 끊임없이 자신을 낮추고 또 낮춰야 화를 면할 수 있는 것이니라."

사마사와 사마소는 무슨 의미인지 금방 깨달았다. 사마의가 고개를 끄덕이며 덧붙였다. "발전 가능성이 있는 걸 보니 그래도 자식들이 이 늙은이보다 못하지는 않겠구나."

그런데 사마의는 장남 사마사를 잘 모르겠다는 생각이 들었다. 사마사는 호쾌하고 시원시원한 성격에 돈을 물 쓰듯 했다. 교우관계가 넓다고는 들었지만 한 번도 그의 친구를 직접 본 적이 없었다. 예전에 사마사는 시류에 영합해 하안, 하후현 무리와 어울리기도 했었다. 하안이 사마사에게 "천하의 일을 이룰 만한 기미幾微가 보인다"고 칭찬했는데, 이는 상당히 높은 평가라고 할 수 있다. 사마의와 조상 사이에는 이미 여러 가지 갈등이 많았다. 대개는 숨겨서 잘 드러나지 않았지만 알 만한 사람은 다 알았다. 하지만 사마사는 그렇다고 해서 하안, 하후현 등과의 만남을 피하지 않고 자연스럽게 어울렸다. 생각의 깊이가 어디까지인지 모를 청년이었다.

사마의는 계속해서 몸을 낮추고 일에만 몰두했지만 조상은 가만히 있을 수가 없었다. 그는 전쟁이 있는 한 사마의를 완전히 실각시키는 것은 불가능하다는 것을 알았다. 군사적으로 사마의를 억누르는 일이야말로 발본색원하는 방법이었다.

그는 부하들을 소집해 군사^{軍事}에서 사마의를 능가할 방법을 찾게 했다. 이승과 등양이 제안했다. "제갈량이 죽은 이후로 촉한이 계속 잠잠합니다. 이럴 때 군사를 일으켜 토벌하면 일거에 촉한을 멸망시키고 큰 공을 세울 수 있습니다."

조상이 여러모로 고민한 결과 확실히 좋은 기회라는 것을 알게 되었다. '사마 태부, 미안하지만 군사 분야도 쉽게 양보해드릴 수가 없을 것 같구려. 전장에서 휘젓고 다니는 건 이쯤에서 끝내시게.'

조상은 촉한을 정벌하기로 했다. 그는 하후현을 정서장군^{征西將軍}, 가절, 옹주와 양주 제군사로 발탁했다. 다시 말해 하후현을 항촉^{抗蜀} 전선의 총지휘관으로 삼은 것이었다. 그리고 이승을 장군장사^{將軍長史}로 임명해 군중에서 계책을 세우게 했다.

조상은 아버지 조진의 유지를 이어받아 자신의 촉한 정벌 전쟁을 시작했다.

한 걸음 뒤로 물러나서
힘을 비축한 뒤 적을 제압하다

사마의는 조상이 이번 전쟁을 일으킴에 있어 목표한 적이 둘임을 잘 알고 있었다. '군사적으로는 촉한, 정치적으로는 바로 나를 겨냥한 것이다.'

조조 시대에는 종친이 아니면 병권을 장악할 수 없었다. 하지만 세상사는 돌고 도는 것이다. 사마의는 조비 집권 후기에 처음 군부에 발을 들인 이후로 전쟁터에 나가 큰 공을 세웠다. 게다가 조위의 황실 종친인 군부 거물 하후상, 조휴, 조진이 연이어 세상을 떠나자 일찍이 군권은 사마의의 손에 들어왔다. 이번에 조상이 촉나라 정벌에 나선 데에는 조정에서 자신의 명성을 세우는 것 외에 군권을 다시 종친에게로 가져오겠다는 목적이 있었다.

당연히 사마의는 여기에 동의할 수 없었다. 현재 사마의는 거의 실각될 위기에 처해 있었다. 상서도 무슨 일이 있으면 자신을 거치지 않고 곧장 조상에게 알리는 상황이었다. 군권은 사마의가 이길 수 있는 유일한 법보^{法寶}이자 최후의 생명줄이었다. 군권을 잃으면 사마의는 이빨 빠진 호랑이, 심지어 병든 고양이보다도 못한 신세가 되는 것이다.

정치권력을 잃은 상태에서 군권마저 잃어버리면 자신과 가족의 목숨마저 보전하기 힘들어질 수 있었다. 사마의는 군부를 떠나기가 싫은 것이 아니라 자기 몸을 자기 뜻대로 하기 어려운 것이었다. 상대방이 압박하며 몰아대니 정당방위를 해야 할 상황이 된 것이다.

사마의는 조상의 촉나라 정벌 계획을 극구 반대했다. 그는 촉한이 수년간 공격을 감행하지 않았지만 지금은 만반의 준비를 갖춘 상태라고 보았다. 게다가 촉으로 가는 길은 너무 험하고 기후도 변화무상하기 때문에 대사마 조진의 실패를 반면교사로 삼아야 한다고 주장했다.

조상은 사마의의 의견을 묵살했다. 상서대는 조상의 손 안에 있고, 조상이 정책결정권자였다. 계책을 내고 결정을 내리며 출정하는 일 모두 조상 스스로 하는 것이었기에 사마의의 동의를 구할 필요가 없었다.

사마의의 동의가 필요한 것은 딱 하나였다. 조상이 사마소와 함께 출정하기를 원했던 것이다. 사마소가 돌아와 아버지에게 물었다. "저도 갈까요?"

사마의가 웃었다. "대장군의 명인데 감히 항명할 셈이냐? 애비에게 물어서 어쩌려고?"

사마소는 아버지의 뜻을 이해하지 못해 가만히 있었다.

사마의가 말을 이어갔다. "대장군이 너를 부른 이유는 첫째, 네가 나를 촉벌에 동의하도록 설득하기를 바라는 것이다. 둘째, 내가 관중에서 쌓은 명성을 이용해 군대를 움직이려는 것이다."

사마소는 대충 무슨 뜻인지 이해했지만 여전히 눈썹을 낮게 드리우고 아버지의 지시를 기다리고 있었다. 사마의가 눈을 가늘게 뜨며 덧붙였다. "기왕에 대장군의 의도가 무엇인지 알았으니 정반대의 방법을 써서 대장군에게 협조하거라. 이 애비가 비록 정책 결정에는 참여할 수 없지만 전쟁터에서 수년간 쌓은 경험이 있느니라. 가끔씩 전방의 상황을 내게 알려도 좋다."

사마의의 의도를 깨달은 사마소는 명을 받고 떠났다.

조상의 촉나라 정벌 전쟁이 기정사실화된 만큼 사마의는 차선책을 선택할 수밖에 없었다. 그는 조상에게 새로운 인사이동을 제시했다. "하후현이 이제 막 정서장군으로 전임하여 중호군의 자리가 비었습니다. 제 아들 사마사가 표기시랑을 맡은 지도 오래되었으니 부디 대장군께서 임용을 고려해 주시기 바랍니다."

이는 분명 사마의가 제시한 교환 조건이었다. '네놈이 내 아들에게 중호군을 맡기지 않으면 순순히 촉나라 정벌에 나설 수 없도록 만들어 주겠다!' 조상은 이런 작은 문제로 괜히 사마의와 실랑이를 벌일 필요가 없었기 때문에 두말없이 승낙했다. 사마사가 중호군을 맡으면서 마침내 조씨 일가가 독점하던 금위군이 양강 구도로 바뀌게 되었다.

조상은 심복 이승, 등양과 함께 대군을 통솔해 낙양에서 출발했다. 장안에 도착한 조상의 군대는 하후현의 관중 군대와 합류했는데, 총 병력이 10만 명 이상에 달했다. 조상은 사마의의 옛 부하이자 관중의 명장 곽회를 선봉으로 하고 본부의 병사와 군마를 인솔해 앞서 가라고 명했다. 하후현에게는 따로 군대를 인솔하고 사마소는 그 뒤를 받치라고 명했다. 그리고 등양과 이승은 자신의 진영에서 참모로 일하게 했다. 10만 대군이 위풍당당하게 낙곡^{駱谷}에서 줄지어 들어가 곧장 한중으로 향했다.

사마의가 온 힘을 다해 이번 전쟁을 저지했던 이유는 조상이 질 것 같아서가 아니라 오히려 그 반대였기 때문이다. 사마의가 생각하기에 지금은 촉나라를 정벌할 수 있는 절호의 기회가 틀림없었다. 따라서 조상이 성공할 가능성이 아주 높았다.

첫째, 제갈량과 위연이 죽은 뒤로 촉한에는 더 이상 쓸 만한 명장이 없다.

둘째, 최근 만이蠻夷가 배신과 복종을 반복해서 촉병 수만 명이 남중南中에 발이 묶여 있는 상황이다.

셋째, 장완이 취임 이후 제갈량의 북벌 노선을 바꿀 요량으로 대군을 이끌고 부릉涪陵으로 주둔지를 바꾸어 한중이 텅 비어 있다.

넷째, 손·유 연맹이 최근 들어 살짝 삐걱거리면서 촉한이 파구巴丘에 병사들을 주둔시켜 동오를 방비하고 있다.

'이렇게 따지면 한중에는 제갈량 시대의 10만 정예 부대는커녕 기껏해야 병사가 3만 명에서 5만 명 정도밖에 없다는 얘기가 된다. 병력 우세로 강공을 펼치기만 해도 성공할 가능성이 높다. 오랫동안 대촉 작전에 가담했지만 이런 호기는 처음이다. 조상 이 눈 먼 고양이가 죽은 쥐를 만난 격이로구나.'

아니나 다를까, 왕평이 위군의 침략 소식을 들었을 때 한중에는 병사가 3만 명도 채 되지 않았다. 이런 상황에서 조위의 선봉 곽회는 낙곡을 통해 살벌하게 달려오고 있었다.

촉군은 불안에 떨었다. 한 부하가 제안했다. "우리 군이 수적으로 밀리기 때문에 싸워봤자 질 것이 뻔합니다. 예전에 승상께서 낙성樂城과 한성漢城 두 보루를 만들지 않으셨습니까? 차라리 그곳에 가서 지키다가 적군이 들어오면 그대로 내보내서 관성關城을 공격하게 하는 것입니다. 그동안 장완 대인의 지원군이 시간에 맞춰 관성에 도착하실 수 있을 것입니다."

왕평은 군사적으로 보통 노련한 게 아니었다. 위나라의 명장 장합도 그를 어찌지 못했는데, 한낱 조상 따위가 그를 두려움에 떨게 만들 수 있겠는가? 왕평은 잠시 생각하더니 병사의 의견을 부정했다. "안 되네. 한중에서 부릉까지 거리는 약 1천 리라 위군이 관성을 함락시킬 시간은 충분하네. 관성이 함락되면 성도로 통하는 문이 활짝 열리게 되는 셈이니 그때는 상황이 더 위험해질 걸세."

제장들은 여전히 의견이 분분했지만 왕평은 아랑곳하지 않았다. 인력이 부족하니 자연의 힘을 이용해야 했다. 그는 지형을 고려하기 시작했다. 낙곡 출구는 천하의 요새 흥세산興勢山과 마주하고 있었다. 촉군은 이곳에 흥세위興勢圍라고 하는 거점을 세웠다. 조진이 촉벌 전쟁에 나섰을 때 하후패가 바로 이곳에서 좌절했었다. 흥세위의 동쪽에는 황금위黃金圍, 즉 구불구불해서 올라가기 힘든 촉도蜀道가 있었다. 이 두 군사 거점은 적을 변경 밖으로 몰아내기에는 역부족이었지만 어느 정도 시간을 끌 수는 있었다.

왕평이 즉시 군사를 배치했다. "위군이 낙곡을 나오면 마주하는 거점이 흥세위다. 호군護軍 유민劉敏과 참군參軍 두기杜祺는 정예병을 이끌고 요충지인 흥세위를 지킨다. 나는 그 뒤를 따르겠다. 만약 위군이 흥세위를 함락시키지 못해 동쪽으로 가서 황금위를 공격한다면, 내가 직접 기병 수천 명을 이끌고 황금위를 구원하러 간다. 잘 막아낸다면 부릉의 지원군도 늦지 않게 도착할 수 있을 것이다."

호군 유민은 왕평의 의견에 동의하며 기병들을 이끌고 재빨리 흥세위에 도착했다. 산봉우리 위에 수백 리에 달하는 깃발들이 끝없이 이어져 의병疑兵(가짜 군사)으로 착각할 정도였다. 왕평은 후방에 구원을 요청하는 문서를 보내고 성도와 부릉에 지원군을 요청했다.

촉군의 형세가 말도 못하게 심각해서 왕평도 필승지책必勝之策이 없었다. 3만 명으로 10만 대군을 상대하면 함락될 것이 뻔했다. 그가 할 수 있는 것은 제한된 병력으로 여러 방어선을 구축하고 최대한 시간을 끌면서 성도와 부릉의 지원군이 도착하기를 바라는 일뿐이었다.

단지 그것뿐이었다.

조상 쪽 상황을 보면, 그는 아버지의 일로 교훈을 얻어 가을철에 올 수 있는 장마를 피해 봄에 출발했다. 그는 또 관중, 농서의 강족과 저족氐族(지금의 청해성青海省 주변에 거주하였던 민족)에게 군량을 운송하게 함으로써 위군의 노역을 줄여주었다. 말 그대로 천시天時, 지리地利, 인화人和 삼박자가 들어맞아 승리할 수밖에 없는 상황이었다!

명장 조진의 아들 조상이 처녀전을 잘 치러 촉한과 사마의라는 두 막강한 상대를 일거에 격파할 수 있을까?

천하가 주목하고 있었다.

노련한 사람만이 간파할 수 있을 것이다. 겉보기에는 강력해 보이지만 사실 조상의 군대에는 실질적으로 불안정한 요소가 너무 많았다.

첫 번째 불안 요소는 관중의 병사들이었다. 촉벌 대군의 주력군은 관중 병사들이었다. 현재 명목상으로 관중 병사들의 총수는 하후현이었지만, 그가 군대를 맡은 지는 불과 몇 개월밖에 되지 않아 아직 의자가 데워지지도 않은 상태였다. 그보다 농서와 관중에서 수십 년을 부대낀 곽회야말로 관중 병사들의 진정한 기둥이라고 할 수 있었다.

곽회는 사마의의 옛 부하였다. 제갈량과 대전을 벌일 때 사마의가 가장 신뢰한 사람이 곽회였고, 곽회 역시 사마의의 능력에 탄복해마지 않았다. 곽회는 일개 무인이 아니었다. 지혜와 용기를 겸비한 그는 조상이 계획한 이번 촉벌 전쟁에 숨겨진 정치적 의미를 간파하고 있었다. 하지만 그렇게 보기엔 사마의의 둘째아들 사마소도 군중에 있었다. 그래서 곽회는 옛 상관인 사마의가 이번 전쟁에 대해 어떤 태도를 취하고 있는지 확실히 몰라 일단은 지켜보기로 했다.

두 번째 불안 요소는 군 통솔자였다. 조상의 도당에서 이번에 출정한 사람은 조상, 하후현, 등양, 이승이었다. 조상과 하후현은 명장의 아들이었지만 전쟁터에서 군대를 통솔해 본 경험이 한 번도 없었다. 등양과 이승은 서생에

결국 이기는 사마의

불과해 군무에 참여해서 돕기가 힘들었다. 이런 장령들은 곤란한 상황에 처하지 않으면 그런대로 괜찮지만 전세가 급변하거나 교착 상태에 빠지면 어찌할 바를 모를 것이 뻔했다.

세 번째 불안 요소는 조상이 똑똑한 척하며 데려온 사마소였다. 조상이 사마소를 데려온 저의는 출병에 대한 저항을 줄이고, 사마씨의 명성에 기대 군심을 진압하고 복종시키려는 것이었다. 하지만 사마소가 어떤 사람인데 조상에게 이용을 당하겠는가? 사마소는 어떻게 하면 아버지의 의도를 실현하고 조상의 군중을 어지럽힐지 고심했다.

가장 먼저 한 일은 당연히 곽회를 찾아가는 것이었다.

사마소는 비밀리에 곽회와 연락해서 아버지의 뜻을 전달했다. 곽회가 옛 상관의 말을 믿고 따르는 것은 당연했다. 그는 즉시 명을 받고 떠났다.

사마소는 다음으로 조상의 참군 양위楊偉를 찾아갔다. 곽회를 찾아갔을 때는 정으로 마음을 움직였지만, 양위를 만나서는 이치로 설명하기로 했다. 양위는 사마의와 정치적 견해가 같고 정신이 맑은 사람이었다. 그는 조예가 재위하던 시절에 대규모 토목 공사를 일으켜서는 안 된다고 수차례 간언하기도 했었다. 사마소가 촉나라 정벌 전쟁이 부당한 이유를 설명하자 양위도 깊이 공감했다.

사마소는 모든 일을 처리한 뒤 자주 아버지에게 서신을 보내 군대 상황과 자신이 처리하는 일을 하나부터 열까지 보고했다.

사마의는 아들의 편지를 받고 안심이 되었다. 현재 그가 해야 할 일은 가만히 앉아서 조상의 군대가 한중에서 패하기를 기다리는 것이었다. 이 세상에 제갈량은 이미 죽고 없지만, 촉한의 다른 장령들 중에 마음을 놓을 수 있는 사람이 없을까?

촉한의 후주 유선은 소식을 듣고 전선에 지원군을 보내기로 했다. 제갈량이 임종 전에 지정한 후계자 1순위 장완은 그 시각 부릉에 주둔하고 있었다. 유선은 후계자 2순위 비의에게 군대를 이끌고 한중에 지원을 가라고 명했다. 비의가 병사를 소집해 삼군을 정돈하고 막 출발하려고 하는데 멀리서 한 노인이 큰 소리로 외쳤다. "잠시만 기다리시게!"

비의가 돌아보니 여든이 넘은 내민來敏이었다. 내민은 제정신이 아닌 사람이라 제갈량의 총애를 받지 못했다. 하지만 현지 선현先賢으로 존경받고 있었다. '저분이 대체 여긴 무슨 일로 오신 거지?'

비의 앞에 도착한 내민은 숨을 헐떡거렸다. 호흡이 진정되자 그는 바둑을 꺼내더니 비의의 손을 잡아당겼다. "자자, 한 판 두세."

전방의 정세가 촌각을 다툴 정도로 위급한 상황이었다. 삼군 장병들이 출발하려고 준비 중이고 원군을 요청하는 공문서가 눈송이처럼 날아오는 마당에 갑자기 바둑을 두자고? 바둑을 두려면 몇 시간은 그냥 날아가 버리지 않는가?

그런데 비의가 웃으며 말했다. "좋습니다. 한 판 두시지요."

두 사람은 삼군 장병들이 보는 앞에서 자리에 앉아 대국했다. 내민은 나이가 많은 탓인지 반응이 너무 느려 한 수를 두는 데도 한참을 고민했다. 그런데도 비의는 차분하고 느긋한 모습이었다. 절대 초조해하거나 지루한 기색이 없었다. 지원군 출발을 재촉하는 사자가 몇 번을 왔다갔다 뛰어다녔고 군마들조차 견디기 힘든 것처럼 힝힝거렸다. 두 사람은 마치 무인지경無人之境에 있는 것처럼 대국을 계속 이어갔다.

그런데 잠시 후, 내민이 바둑판을 밀어내더니 껄껄 웃으며 비의에게 공수拱手했다. "이 늙은이가 자네를 한번 시험해 본 거였네. 자네가 이렇게 침착한 걸 보니 틀림없이 서전을 승리로 장식하겠구만!" 비의도 웃으며 공수한 뒤 삼군에게 출발을 명하고 한중을 구원하러 달려갔다.

그 시각 조상의 군대는 계속해서 낙곡을 지나오고 있었다. 이곳은 지형적 제약이 두드러지는 곳이었다. 10만 위군이 낙곡을 나오려면 일자 형태로 장사진을 이루어야 했기 때문에 수적 우세가 없어진 것이다. 게다가 선봉은 이수난공易守難攻(수비하기는 쉽고 공략하기는 어렵다)인 홍세위를 대면하고 있었다.

홍세위 앞에 도착한 곽회는 홍세산 위로 수백 리에 걸쳐 이어진 촉군의 깃발들을 발견했다. 촉군은 견고한 방어시설을 구축하고 만전의 태세를 갖추고 있었다. 안 그래도 전의가 없었던 곽회가 깃발을 보고 진짜 군사인지 가짜 군사인지 상관할 리가 없었다. 그가 즉시 하명했다. "진지를 철수하고 퇴각한다." 이로써 첫 번째 불안 요소가 성공적으로 폭발했다.

조상은 곽회가 제멋대로 철수한다는 소식을 듣고도 어찌해야 좋을지 몰랐다. 조상은 명목상 통수권자이기는 했지만 통제 불능의 장수와 병졸에 대해 어떻게 대처해야 하는지에 대해서는 겪어본 적이 없었던 것이다. 남아 있는 본진 병력을 일으켜 홍세위 공격을 시도하는 수밖에 없었다. 그러나 조상도 온 산천에 가득한 촉한의 군기를 보고 놀라서 얼어붙었다. '군기만 봐서는 못해도 10만에 가까운 병력이 있겠지?'

조상은 경거망동하지 않고 일단 진지를 구축한 뒤 다시 생각하기로 했다.

설상가상으로 이런 절체절명의 시기에 후방 보급선에서도 문제가 발생했다. 군량과 마초 운송을 담당하던 관중 병사들이 소극적 태업을 하고, 강족과 저족들도 힘들다고 난리였다. 실제로 낙곡의 지세가 너무 험악해서 절벽 아래로 떨어져 죽은 소, 말, 노새, 나귀 등 가축들이 부지기수였다. 노역으로 고통 받는 백성, 강족과 저족의 원망하는 목소리가 하늘을 찔렀다.

촉으로 가는 길은 푸른 하늘에 오르는 것보다 어렵구나. 아! 무엇 때문

에 멀리서 이 험한 곳까지 왔는가! (이백의 시 〈촉도난〉^{蜀道難} 중 일부 구절)

조상은 이대로는 흥세위를 공격할 자신이 없고, 후방 보급선의 병력 감소도 심각한 상황이라 조정에 증병을 요청했다.

조정의 군대는 크게 둘로 나뉘었다. 서쪽에서 촉한을 방어하는 관중군과 동쪽에서 손오를 방어하는 형양군이었다. 동쪽의 군대는 현재 사마의가 장악하고 있었다. 사마의가 자신의 군대를 보내 조상 좋은 일을 시키겠는가? 그는 제갈각이 변경을 호시탐탐 노리고 있다는 핑계로 병력을 보내지 않았다.

사마의는 출병만 안 한 것이 아니라 조상에게 찬물까지 끼얹었다. 그는 남몰래 세족의 대표 격인 종요의 장남 종육을 시켜 조상에게 철군을 종용하는 편지를 쓰게 했다. 조정에서는 많은 노신들이 은밀히 사마의의 지시를 받고 맞장구를 쳤다.

조상은 이러지도 못하고 저러지도 못하는 상황이었다. 왕평도 답답하기는 마찬가지였다. '대열을 인솔하는 군관이 아무리 무능하다고 해도 저렇게까지 어정뜰 수가 있는가? 격전을 벌일 때만 기다리고 있거늘.' 위군이 가만히 있는 이유가 촉한 군사 3만 명 때문이 아니라 멀리 동쪽의 늙은 파괴지왕^{破壞之王} 사마의와 지금 군중에 있는 젊은 파괴지왕 사마소 때문에 진창에 빠졌기 때문이라는 것을 왕평은 알지 못했다.

왕평은 당연히 빈둥거리고 있지 않았다. '네놈들이 잔뜩 움츠린 채 이런저런 의심에 빠져 있으니 철군해야겠다는 결심을 내가 굳혀 주마.' 왕평은 한 차례 야습을 결심하고 주둔지 한 곳을 선택했다.

그 주둔지의 주장은 바로 사마소였다.

밤이 깊었지만 사마소는 잠이 오지 않았다. 그는 군막에서 몸을 뒤척이

결국 이기는 사마의

며 아버지와 조상이 벌이는 대결에 대해 생각했다. 그는 아버지가 계속 소극적으로 양보하고 군사행동을 중지한 채 엎드려 있는 것처럼 보이지만 실제로는 국면이 점점 조상에게 불리하게 돌아가고 있음을 알고 있었다. 사마소는 이것이 흡사 제갈량과 아버지의 군사대결 같다고 느꼈다. 한쪽이 전투 기회를 찾고 끊임없이 도발하면, 다른 한쪽은 온갖 풍상을 다 겪어 단단해지고 흔들림 없는 모습을 보여주는 것이다. 관료사회가 전쟁터 같다는 말이 절실하게 와닿았다. 계속 이런 식으로 간다면 조상은 발붙일 틈이 없어질 것이다. 적대를 포기하든지 아니면 강경수단을 사용하든지 둘 중 하나였다. 후자는 분명 악수였다. 그렇게 하면 아버지에게 조상을 해치울 구실을 만들어주는 것뿐이다.

그보다 더 무서운 점은, 조상이 미천한 재주마저 다 써버렸을 때가 바로 사마의가 힘을 집중하기 시작할 시기라는 점이었다.

여기까지 생각이 미친 사마소는 아버지의 철학을 어느 정도 알 것 같았다. 첫째, 내공을 쌓아 남에게 발붙일 틈을 주지 않는다. 둘째, 지피지기해서 상대의 능력과 동향을 분명하게 파악한다. 셋째, 적이 움직이지 않으면 나도 움직이지 않고 힘을 길러 적을 제압한다.

사마소가 깨달음을 얻고 즐거워하는 사이 갑자기 밖에서 경보 소리가 들렸다. "야습이다!"

사마소가 호탕하게 웃었다. '마침 잘 왔구나. 덕분에 내가 방금 깨달은 이치를 실전에 적용해볼 수도 있고, 위군에 불안감을 조성해서 철군하라고 조상을 설득하기도 한결 수월해질 것이다.'

사마소가 하명했다. "전군 병사들은 굳게 지키고 절대 움직이지 않는다. 함부로 소란을 피우고 멋대로 출전하거나 진영을 버리고 도망가서는 안 된다. 명령을 어기는 자는 가차 없이 벨 것이다!"

야습을 온 사람은 왕평이었다. 그가 몇 천 명을 데리고 야습을 시도한 것은 위군에게 겁을 좀 주려는 것뿐이었다. 대규모 살상을 할 생각도, 그럴 능력도 없었다. 왕평은 잠시 동안 강공을 퍼붓는 척하다 별로 효과가 없자 곧바로 철수했다. 사마소가 인마를 점검해 보니 손실은 없었다.

이튿날 새벽, 사마소는 상관인 하후현을 찾아가 건의했다. "적군이 험준한 지형에 진을 치고 굳게 지키고 있습니다. 우리가 가더라도 싸워보지도 못할 테니 함락시키는 것은 불가능합니다. 차라리 속히 철군하여 후일을 도모하는 편이 낫습니다."

하후현은 결정을 내리지 못하고 조상을 찾아갔다. 조상도 마침 그 일로 고민하고 있었다. 등양과 이승은 싸우자고 난리였고, 참군 양위는 철군을 강력하게 주장하고 있어서 도무지 누구의 말을 들어야 좋을지 몰랐던 것이다. 그런데 그때 스스로 결정을 내리지 못한 하후현이 찾아와 어떻게 할지를 물으니 조상은 머리가 터질 것만 같았다.

'전쟁이라는 게 원래 이렇게 힘든 것이었나? 사마의 그 노인네는 전장에서 어떻게 수십 년을 버틴 것인가?'

등양, 이승, 양위 세 사람의 언쟁이 끊이질 않자 참다못한 양위가 결국 폭발하고 말았다. 그는 조상을 향해 소리쳤다. "등양과 이승은 국가 대사를 망치려고 하고 있으니 죽여야 마땅합니다!" 언짢아진 조상은 세 사람에게 나가라고 손을 내저었다.

조상은 이미 심복의 밀고를 받은 상황이었다. 조정의 모든 문무백관들 사이에서 전쟁을 반대하는 목소리가 점점 거세지고 있고, 촉군 측은 성도와 부릉의 지원군이 한중으로 속속 집결하고 있다는 소식이었다. 조상은 마음이 흔들리기 시작했다. 두 번째 불안 요소도 폭발한 것이다.

사마의는 사마소가 최근에 보낸 서신을 통해 촉벌 전선이 교착 상태에

　　　　　　　　　　　　　　結局 이기는 사마의

빠져 진퇴양난의 상황이라는 것을 알게 되었다. 사마의는 속으로 무릎을 치며 기뻐했다. '네놈도 네 애비와 같은 종말을 맞이하겠구나. 네놈이 철군을 서두르도록 내가 장작을 더 때주마.'

사마의는 하후현에게 편지 한 통을 써서 보냈다. "《춘추》에 이르기를, 직책이 크면 은덕 또한 무겁다 하였소. 용병술이 귀신같았던 무황제(조조)도 두 차례 한중에 들어갔다가 대패하다시피 한 것을 자네도 잘 알 것이오. 지금 촉군은 흥세위라는 요해처를 이미 선점하였소. 만약 들어가 싸우지도 못하고 퇴로마저 끊겨버리면 전군은 전멸되고 말 것이오. 그렇게 되면 장차 조정의 책임을 어찌 감당할 것이오?"

사마의는 이렇게 암시하고 있는 것이다. '정치는 몰라도 전쟁은 네놈들이 감당할 게 못 된다. 그러니 돌아오너라. 낙양이 네놈들의 무대이니라.'

이 편지는 확실히 기폭제가 되었다. 하후현은 편지를 조상에게 보여주었다. 편지를 본 조상은 길게 한숨을 내쉬었다. 그는 눈앞에 있는 곤경을 한시라도 빨리 벗어나기 위해 철군을 명했다.

비의는 성도의 지원군을 데리고 위군 후방으로 달려가 퇴로를 차단하고 공격했다. 위군은 집에 가고 싶은 마음이 굴뚝같았다. 그들은 가는 내내 고전하면서 겨우 관중으로 도망쳤지만 이미 손실이 막대했다.

사마소는 낙곡을 나와 의미심장하게 뒤를 한 번 돌아보았다. '촉군의 방어능력이 제갈량 시대보다 한참 떨어졌구나. 만약 군대를 이끌 훌륭한 장수가 있었다면 이번에 바로 성도를 취해 촉한을 전멸시킬 수 있었을 텐데.'

훗날 사마소는 명장 종회鍾會와 등애에게 재차 촉나라 정벌을 명한다. 결과적으로 유선은 투항하고 촉한은 멸망하게 되는데, 이는 거의 20년 후의 일이다.

낙양으로 돌아온 조상은 마음이 답답하고 괴로웠다. 자신은 군사로는 확실히 사마 노인의 상대가 되지 않았다. 조상은 전쟁터를 좁혀 자신이 잘하는 정치 분야에서 실력을 마음껏 펼쳐보기로 결심했다. '자고로 수많은 명장들은 전쟁터에서 득의양양했지만 결국 죽어서 천하의 비웃음거리가 되지 않았는가? 나는 정치라는 이 음험하고 악랄한 수단을 잘 이용해서 사마의 당신을 상대할 것이다.'

물론 권력은 총구에서 나온다는 이치를 조상도 잘 알고 있었다. 대신 그는 새로운 발상을 했다. '설령 사마의가 천하의 군마를 손에 쥐고 휘하에 백만이 넘는 사람들이 있다고 해도, 그 정병 백만 명을 매일 곁에 두고 조정에 데리고 들어올 수는 없지 않겠는가? 내가 경사京師 궁궐의 무장 세력을 확실히 장악하기만 하면, 충분히 스스로를 지키고 그를 죽일 수도 있을 것이다.'

하지만 촉나라 정벌에 나서기 전 조상은 이미 악수를 하나 두었었다. 금위군 권력의 절반이라고 할 수 있는 중호군 보좌를 사마사에게 준 것이다.

'어차피 내가 준 것이니 다시 내놓으라고 하면 되지 않겠는가?' 조상은 순간 좋은 생각이 떠올랐다. 그는 마침내 사마의를 사지로 몰 수 있는 기막힌 방법을 찾았다.

멸망시키려면
먼저 미치게 만들어야 한다

정시正始 6년(245년), 조상이 위나라 수보首輔의 자리에 앉은 지도 벌써 6년째가 되었다. 이제 그에게서 막 상좌에 올랐을 때의 어설프고 민망해 하던 모습은 찾아볼 수 없었다. 그는 소매를 걷어붙이고 아주 열심히 일하는 사람으로 변해 있었다.

그는 먼저 다음과 같은 명령을 내렸다. "중루영中壘營, 중견영中堅營을 폐기한다." 중루와 중견은 조예 시기에 설치한 궁궐 무장 세력으로, 중호군에 종속되어 있었다. 현재 중호군은 사마사였다. 조상은 두 영에 있던 금위군의 소속을 중령군의 수하로 바꾸었는데, 중령군은 조상의 동생 조희였다.

이는 분명 사마의를 겨냥한 것이었다.

당연히 사마의는 이를 극구 반대했다. "이는 선제의 옛 제도라 바꿀 수 없소." 하지만 조상은 사마의의 말을 귓등으로도 듣지 않았다. '그나마 당신을 존경해서 태부라고 불러주는 것이다. 잔소리가 지나치면 당신의 모든 걸 다 빼앗고 쫓아낼 수도 있다.' 그는 갓 정권을 잡았을 때 하자는 대로 무조건

승낙하던 예전의 조상이 아니었다. 그는 아무 거리낌 없이 사마의의 의견을 그 자리에서 거절했다.

현재 권력의 중추인 상서대가 조상의 손에 있고, 명목상이기는 하지만 그는 전국 최고 군사 통수권자이기도 했다. 또 인사임면권은 조상의 무리가 거머쥐고 있었다. 상황이 이렇다 보니 사마의는 굴복하는 것 외에는 달리 방법이 없었다. 그가 할 수 있는 것은 '강력하게 항의하는 일'뿐이었다.

조상은 사마의가 아무것도 하지 못하자 사마의가 주관하고 있는 동남쪽 방어 업무에 손을 대기 시작했다. 그렇게 개입하게 된 원인은 이민移民 사건 때문이었다.

오나라가 조중을 침입했을 때 백성 수만 가구가 면수沔水를 건너 면북沔北으로 피난을 왔었다. 이는 사마의에게는 예사로운 일이었다. 그는 백성들에게 거처를 마련해주고 구휼하는 작업에 착수했다.

그런데 조상이 간섭하고 나섰다.

조상이 물었다. "태부께서는 이 백성들을 면남으로 돌려보낼 것입니까, 아니면 면북에 남길 것입니까?"

사마의는 조상의 질문을 수상쩍게 여겼다. '어째서 시시콜콜하게 이런 일까지 관여하는가?' 하지만 그는 겉으로는 전혀 내색하지 않았다. "면남은 적과 가깝소. 만약 백성들을 서둘러 돌려보낸다면 호랑이 입에 양들을 던져주는 꼴이니 당분간은 면북에 남겨두는 게 좋겠소."

조상이 호탕하게 웃으며 말했다. "면남에 방어 시설 공사를 하지 않아 백성들이 편하게 살도록 하셔 놓고 지금은 백성들을 면북에 남기시다니, 이는 장원지계長遠之計가 아닌 듯싶습니다."

사마의는 조상이 지금 꼬투리를 잡고 있다는 것을 알았다. 그는 직언을 올렸다. "아니오. 안전한 곳에 두어야 안전하고, 위험한 곳에 두면 위험한 것

결국 이기는 사마의

이오. 병법에 보면 성패는 형形에 있고, 안위는 세勢에 있다고 했소. 형세는 어중御衆(여러 사람을 부리다)의 핵심이라 살피지 않을 수 없는 것이오. 만약 오군 2만 명이 면수를 끊고, 3만 명이 면남의 여러 군사들과 대치하며, 1만 명이 조중을 휘젓고 다닌다면 어찌할 것이오?"

조상은 그 말을 듣더니 생각했다. '이 늙은이가 구체적으로 군사문제를 걸고넘어지니 도무지 알아들을 수가 없구나!' 그래서 그는 앞뒤 따지지 않고 "그냥 면남으로 돌려보내시오!"라는 말만 툭 던지고 자리를 떠났다.

사마의는 그대로 따를 수밖에 없었다. 아직은 조상과 척을 질 때가 아니라는 것을 사마의는 알고 있었다. 지금 시점에서 그가 할 수 있는 유일한 일은, "이 말도 안 되는 계책을 낸 사람은 대장군 조상이다"라고 모두에게 알리는 것이었다. 이렇게 하면 계책 실패로 생긴 결과는 조상이 책임지게 되는 것이다.

사마의는 면북에 사람을 보내서 큰 소리로 외치게 했다. "대장군의 명령이다. 모든 면남 주민들은 전부 원래 있던 곳으로 돌아간다. 이곳에는 머물 수 없다!"

면남 유민들은 웅성거리며 원망을 쏟아냈다. 다들 속으로 조상에게 욕을 퍼부었고 면남으로 돌아가는 것을 원치 않았다. 아니나 다를까, 오군이 조중을 공격해 위나라 주민 1만여 가구를 붙잡아갔다.

조상은 민초들이 욕하는 소리를 듣지 못했다. 그는 낙양성에서 몸을 좀 쉬어갈 생각뿐이었다. 황제 조방은 아직 어리고 철이 없어서 불량소년이 될 자질이 보였다. 하지만 옆에서 곽태후郭太后(조예의 두 번째 정비)가 늘 견제하고 있었다. 조상은 그녀가 거치적거린다고 생각했다.

그러던 중 모사꾼 정밀이 또 적절한 시기에 치고 들어왔다. "어째서 태후를 영녕궁永寧宮으로 보내지 않으십니까?"

조상은 깜짝 놀랐다. "그건 너무 위험하지 않은가? 조정 대신들이 반대하고 나서면 어쩔 텐가?"

정밀이 으스스하게 웃었다. "대장군 자리에 앉으신 지도 이미 8년이 되었는데, 아직까지 누가 반대할까 걱정하십니까? 게다가 이것은 지금 조정의 세력 분포를 시험해볼 수 있는 좋은 기회입니다."

말 그대로 지록위마의 개량판이었다.

정밀의 의견이 일리 있다고 생각한 조상은 서둘러 곽태후를 궁궐에서 내보내 영녕궁으로 거처를 옮기도록 조치를 취했다. 이로써 조상은 조정에서 확실하게 독주 체제를 굳혔다.

사마의는 더 이상 조정에 머무를 수 없다는 것을 알았다. 어떻게든 기회를 찾아 사직해서 화를 면해야 할 텐데 마땅한 이유가 없어서 고민이었다. '명색이 태부인데 무책임하게 자리에서 물러나면 조정과 재야에서 들고 일어날 텐데 조상이 순순히 들어주겠는가? 내가 조정에서 무의미한 겉치레를 하게 만들고 천하에 자신이 반대파를 배격하는 사람이 아니라는 것을 보여주기 위해서라도 틀림없이 나를 만류하려 들 것이다.'

사마의가 고심하고 있는 사이 갑자기 나쁜 소식이면서 동시에 좋은 소식이 될 수도 있는 일이 벌어졌다. 부인 장춘화가 병으로 세상을 떠난 것이다. 사마의는 즉시 이 일을 계기로 너무 애통해서 일을 처리할 수 없다며 조정에 사직서를 제출하고 퇴직을 요청했다.

조상은 그의 사직 사유가 인지상정이라고 생각해 명예 퇴직하는 사마의를 환송했다.

조상은 사마의의 사직서를 받아들고 긴 한숨을 내쉬었다. '드디어 이 늙은이가 자리에서 물러나는구나.' 조상은 너무 신이 나서 입맞춤으로 작별 인사라도 해주고 싶은 심정이었다. '잘 가라, 사마의!'

정시 8년(247년), 조상이 집권한 지 8년째 되는 해에 사마의는 명예롭게 자리에서 물러났다. 마침내 자신의 최대 정적을 성공적으로 몰아낸 조상은 그때부터 거침없는 개혁을 단행했다. 그해 사마의의 나이는 예순 아홉이었다. 이는 그 당시 사람들의 평균수명보다 훨씬 오래 산 것으로, 거의 조비와 조예 두 사람의 수명을 합친 수준이었다.

죽을 날이 가까워진 이 노인은 그렇게 정계와 군부를 완전히 벗어나 40년간 일궈왔던 터전을 떠났다. 그에게 젊고 기력이 왕성하며 유리한 고지를 점한 조상과 우열을 겨룰 혈기와 기력이 아직 남아 있는가?

평생을 싸웠지만 사마의는 결국 아무것도 없는 원점으로 다시 돌아왔다.

아니, 어디 원점뿐이겠는가? 출사했을 당시와 비교하면 그는 30여 년 동안 허송세월만 한 것이다.

사마의는 가만히 앉아서 자신의 오랜 반려자 장춘화의 위패를 멍하니 바라보고 있었다. 어쨌든 거의 평생을 서로 의지하며 지낸 아내의 죽음을 정쟁을 벗어나는 수단으로 삼은 데 대해서는 아무리 사마의라도 마음 깊은 곳에서 죄책감이 들 수밖에 없었다.

'궁궐 내에서는 권력 암투를 벌이고, 전장에서는 전술전략을 세우며 평생을 바쁘게 지냈구려. 한 번도 지금처럼 여유롭게 당신 곁을 지킨 적이 없는 것 같소. 당신은 이미 나를 떠나 멀리 가버리고 따라잡을 수가 없게 되었으니 애석할 따름이오. 잃어버리고 나서야 그 빈자리를 알게 된다는 것이 바로 이런 것 아니겠소?'

사마의는 계속 그 자리에 앉아 깊은 생각에 빠져 있었다. 조정에서 치열한 투쟁을 벌이다가 자리에서 완전히 물러나는 것으로 끝을 맺었으니 이는 외부에 자신의 실패를 공표한 것이나 다름없었다. 사마씨 가문은 가장 힘든 상황을 맞이하고 있었다.

그래도 만약 조정에서 물러나지 않았다면 그것이야말로 완벽한 패배가 되었을 것이다.

'태후를 영녕궁으로 거처를 옮기도록 한 것은 조상이 자기 혼자서만 조정을 주무르겠다는 신호다. 태부로서 충분히 강력한 반응을 보여주지 않으면 조상에게 굴복하는 것이나 다름없어 군신들을 실망시킬 것이다. 순순히 굽히고 들어가면 조상의 다른 잠재적 반대파들이 그들의 지도자나 믿고 의지할 사람으로 나를 찾지 않게 될 것이다. 이제 나는 조정이 아닌 재야에 있지만, 내가 수십 년 동안 관직생활을 하면서 쌓은 위세로도 조정에 충분히 영향력을 행사할 수 있다.

게다가 조정에는 조상의 눈이 너무 많다. 자칫 실수했다가는 목숨이 위태로울 수 있다. 반면 퇴직해서 집에 있으면 모든 면에서 자유롭다. 나는 자리에서 물러났지만 아직 조정에서 사마사가 중호군을, 사마소는 의랑을 맡고 있어 나의 손발이 되어줄 수 있다.

네놈을 멸망시키려면 먼저 미치게 만들어야 한다. 내가 일선에서 완전히 물러났으니 조상 네놈은 마음 놓고 뭔가를 크게 벌이려고 하겠지. 하지만 벌이는 일이 많을수록 잡음도 많아지고 조정 대신들의 원망도 깊어지는 법. 그러면 내가 재기할 기회 또한 더 빨리 찾아올 것이다.

어디 한번 혼자서 잘해 보거라. 네놈이 언제까지 날뛸지 내가 가만히 지켜보고 있을 테니.'

과연 조상은 사마의 예상대로 뭔가를 하고 싶어 몸이 근질근질했다. 사마의가 사라지자 조상은 기분이 날아갈 것 같았다. '사마 노인이 그동안 나한테 엄청난 부담이 됐던 모양이군.'

조상이 예전에 추진했던 새 정책들은 주로 인재 임용 기준에 관한 개혁이었다. 그는 구품관인법을 폐기하고 조조가 했던 것처럼 재능이 있으면 품행은 상관하지 않는 용인정책을 실행하고 싶었다. 이 개혁은 주로 하안과 등양이 맡아서 진행했다.

하후현이 제시한 개혁 조치들은 다음과 같았다. 첫째, 중정관^{中正官}이 조정의 인재 임용에 관여하는 권한을 제한한다. 둘째, 주^州, 군^郡, 현^縣 세 행정기구를 주와 현 두 개로 재편한다. 셋째, 복제^{服制}를 개혁한다. 이 조치들은 예전에 사마의의 반대로 전부 묻혔었는데 이제 다시 꺼내서 실행하려는 것이었다.

이승은 하남윤^{河南尹} 자리에서 지방제도에 다양한 개혁을 시도하며 좋은 평판을 얻었다.

사마의가 떠나고 조상 집단은 제멋대로 활개를 치고 다녔는데, 그런 와중에 약점이 하나씩 드러나기 시작했다.

등양은 재물을 탐하고 여색을 밝혔다. 예전에도 장패의 아들 장애^{臧艾}가 그를 찾아가서 장패의 첩을 '뇌물'로 바쳐 벼슬을 얻기도 했다. 사마의가 퇴직하자 등양의 본성이 밖으로 드러났다. 그는 대개 가까운 사이거나 자신에게 뇌물을 준 사람을 선발해서 인재의 질을 떨어뜨렸고, 이로 인해 하안과 갈등의 골이 깊어졌다.

조상의 집단 중에서 가장 생각이 깊은 하안은 장기적으로 국가를 일으켜 세울 큰 사업을 하고 싶은 생각이 있었기 때문이다.

조수 등양의 품행이 단정치 못해도 하안은 꾹 참았다. 그런데 정밀 쪽에서도 제지하고 나서자 하안은 피곤해서 견딜 수가 없었다.

사건의 전말은 이러했다. 당시 하안은 가충^{賈充}, 배수^{裴秀}, 주정^{朱整} 등 향후 서진^{西晉}의 동량이 될 인재들을 선발했는데, 황문시랑의 자리가 공석이었다.

그래서 하안은 그 자리를 자신의 망년지우忘年之友인 왕필王弼에게 줄 생각을 하고 있었다.

왕필은 위진 연간의 천재 소년이자 현학玄學의 창시자였다. 그는 《노자》 와 《주역》에 대해 독창적인 견해를 가지고 있었고 넓고 심오한 사상체계를 형성했다. 하지만 훗날 그는 스물네 살이 채 되기 전에 세상을 떠난다. 하안 은 왕필과 학술적으로 교류하는 벗이었다. 하안은 왕필의 재능을 잘 알고 있었기 때문에 황문시랑의 자리를 그에게 주려고 마지막까지 일부러 남겨두 었던 것이다.

반면 정밀은 왕려王黎라는 지인에게 그 자리를 주고 싶었다. 그래서 그는 하안의 의견은 물어보지도 않고 곧장 조상을 찾아갔다. "제게 황문시랑 자 리를 원하는 친구가 있는데, 방법을 좀 생각해주십시오." 조상은 두말 않고 황문시랑의 자리를 왕려에게 주라며 하안에게 명했다. 그 일로 하안이 정밀 에게 원한을 품게 된 것이다.

하안뿐만이 아니었다. 정밀은 인간관계가 아주 안 좋았는데, 조상 집단 의 거의 모든 사람들에게 미운털이 박혔다.

조상 집단의 핵심 3인방이 사분오열되자 그 밑에 있는 졸개들도 반목하 게 되었다.

조상의 장사長史 응거應璩는 조상의 개혁을 못마땅하게 여겼다. 그래서 시 101편을 써서 조상의 정치개혁을 풍자했는데, 이를 합쳐서 《백일시》百一詩라 고 불렀다. 당신의 부하가 시를 101편이나 써서 당신을 풍자할 정도면 정말 진지하게 풍자하고 있다는 뜻인데, 그럼 당신도 똑같이 진지한 태도로 대하 는 게 맞다. 하지만 아쉽게도 조상은 이를 대수롭게 생각하지 않았다. 그는 넓은 마음으로 응거의 행동을 받아들였지만 응거의 시를 감상할 만한 지능 은 갖추고 있지 않았다.

두뇌가 명석한 유일한 사람은 하안이었다. 그는 《백일시》를 가져다가 꼼꼼하게 읽었다. 조상은 그저 황당한 시라고만 생각했지만 하안은 완거의 씁쓸한 눈물을 읽어낼 수 있었다. 어찌하여 세상 사람들은 다 취하고 오직 하안만 깨어 있어 길게 탄식하고 흐르는 눈물을 감추지 못하는 것인가.

조상의 참군 완적阮籍은 훗날의 죽림칠현竹林七賢 중 하나로, 원래는 조상 집단의 개혁에 대한 열의를 보고 찾아왔던 사람이었다. 하지만 그게 무슨 열의인가? 조상이 엉뚱한 곳에 힘을 쓰고 있는 것을 보고 완적은 얼른 퇴직해서 또다시 산속으로 숨어버렸다.

조정의 노신들은 사마의가 퇴직한 이듬해부터 사마의를 따라 줄줄이 퇴직했다. 중서령 손자, 중서감 유방, 사도 위진衛臻, 사공 서막徐邈 등 원로 중신들이 연이어 사직서를 제출했다. 조상은 이전부터 나이 많은 대신들을 몰아내고 싶어 안달이었기 때문에 후련한 마음으로 사직서를 전부 수리해 주었다.

물러난 노신들이 하나둘 사마의를 찾아가 한담을 나누다 보니 금세 사마의 주변에 한 집단이 형성되었다.

사마의는 말을 상당히 조심하는 사람이라 정치와 관련된 일은 일절 언급하지 않았다. 하지만 자신의 계획대로 정세가 돌아가고 있다는 것을 감지하고 있었다.

'조상에게 감사해야겠다. 네 덕분에 힘 하나 안 들이고 나의 집단을 갖게 되었다. 이제는 내가 보답할 차례구나.'

하안은 사마의가 퇴직한 이후부터 수도에 조상 집단을 겨냥한 이상한 노래들이 우후죽순처럼 튀어나와 돌아다니는 것을 발견했다.

예를 들어 '이관역부등현무'以官易婦鄧玄茂는 등양이 관직과 장애 부친의 첩을 맞바꾼 사실을 풍자한 것이고, '하등정, 난경성'何鄧丁, 亂京城은 하안, 등양, 정밀이 새 정치를 추진하면서 경성을 어지럽혔다는 뜻이었다. 또 '대중유삼구, 이구애시불가당, 일구빙묵작저낭'臺中有三狗, 二狗崖柴不可當, 一狗憑默作疽囊은 하안, 등양, 정밀을 '대중삼구'臺中三狗라고 욕하는 노래였다. 풀이하면, 상서대에 개가 세 마리 있는데, 두 마리(하안과 등양)가 미친 듯이 짖어대면 당해낼 수 없고, 한 마리(정밀)는 묵(조상)을 믿고 저낭(종양)을 만들어 낸다는 뜻이다.

하안은 걱정이 태산이었다. '이런 노래들이 갑자기 쏟아져 나오다니, 틀림없이 배후에 주모자가 있다.' 그 주모자가 누구인지는 안 봐도 뻔한 일이었다. 하지만 증거가 없어서 고민이었다. 하안은 주모자를 색출할 방법이 없었다. 그가 할 수 있는 일이라고는 자신의 동료들이 정신을 차리고 좋은 평판을 얻기를 바라는 것뿐이었다.

하지만 그게 어디 말처럼 쉬운가?

한때 천하의 대의를 위해서 형벌도 무릅쓰며 이상을 품었던 젊은이들이 이제는 사분오열되어 각자 향락에 빠져 관의 위력을 과시하고 다녔다. 하안은 갑자기 엉뚱한 생각이 들었다. '사마의가 퇴직하지 않았다면 좋았을 텐데. 굶주린 늑대가 있으면 최소한 양떼들이 하나로 뭉쳐 해이해지지는 않았을 게 아닌가.'

그 와중에 깨어 있는 사람이 또 한 명 있었다. 바로 '지낭' 환범이었다. 그의 눈에는 이 모든 것이 불을 보듯 뻔했다. 그는 하안보다 더 넓고 깊게 상황을 꿰뚫어보고 있었다.

환범은 조상 집단의 사람들과 친밀하게 어울린 적이 없었다. 첫째, 노신인 그는 젊은 무리에게 먼저 자신이 몸을 낮추고 들어가 어울리고 싶지 않았다. 권력자에게 아부하며 빌붙는다고 사람들 입에 오르내릴 수 있었기 때문이다. 둘째, 그는 하안 등의 인사개혁을 찬성하지 않았다. 지역 명문대가인

결국 이기는 사마의

환범은 조상의 인사개혁이 탐탁지 않았다.

이 두 가지는 사마의가 환범을 조상 집단의 피해자로 오해한 원인이었다.

하지만 사실은 전혀 그렇지 않았다. 환범은 조상이 한물간 노인인 자신을 찾아와 예의와 공경을 표시한 데 대해 고맙게 여기고 있었다. '선비는 자기를 알아주는 사람을 위해 죽는다는 말도 있지 않나. 조상이 나를 국사國士 (나라의 뛰어난 선비)처럼 대해주니 나도 국사로서 그에게 보답해야겠다.'

그런 이유로 사마의처럼 환범도 조상 집단에 치명적인 약점이 있는지 없는지 가만히 살피고 있었던 것이다. 사마의는 그 약점을 이용해 조상을 사지로 몰아가려고 하는 반면, 환범은 다 쓰러져 가는 정세를 되돌리고 자신을 알아준 조상의 은혜에 보답하려고 했다는 것이 두 사람의 차이점이었다.

조상은 날이 갈수록 향락을 탐했다. 누구에게나 환심을 살 만큼 예의 바르고 겸손하던 예전의 모습은 이미 온 데 간 데 없이 사라졌다. 권력은 부패를 낳고, 절대적인 권력은 절대적인 부패를 낳았다. 성현들도 이를 피할 수 없었는데 자질이 부족한 조상이야 더 말할 것이 있겠는가? 조상은 황제와 똑같은 음식과 의복을 받았고, 궁 안에 있는 태감 장당張當에게 연락해 조예의 애첩들을 집으로 데리고 와서 농탕질을 했다. 조상의 동생 조희는 그가 계속 이런 식으로 방탕하게 지내다가는 조만간 사달이 날 것 같았다. 그래서 조상이 자제하기를 바라는 마음에 간곡하게 간언을 올렸다. 하지만 한참 신명난 조상에게 그 말이 귀에 들어갈 리가 있겠는가? 그는 노는 데만 정신이 팔려 있었다.

환범은 조희의 간언이 유치하다고 생각했다. 지도자 개인의 도덕적 타락이 여론의 불만을 일으킬지는 몰라도 패망하는 원인은 아니었다. 기껏해야 패망한 뒤 원수에게 죄를 씌울 구실이 되는 정도였다. 죄를 씌우려고만 든다면 무슨 구실인들 못 만들겠는가? 이런 사소한 문제는 고려할 대상도 안 되는 것들이었다.

환범은 계속 지켜보았다.

조상은 밖으로 나들이하기를 좋아했다. 세 동생을 데리고 낙양 교외지역을 다니며 사냥을 했다. 환범은 이것이 그들의 맹점임을 간파했다.

환범은 조용히 조상을 찾아가 의미심장하게 경고를 주었다. "대장군은 천하의 정치를 관장하고 다른 형제들은 금위군을 맡아보고 있으니, 다 함께 낙양 밖으로 나가서는 아니 되오. 만약 누군가 성문을 닫아버리면 안에서 누가 내응하여 그대들에게 문을 열어주겠소?"

조상이 놀라서 눈을 크게 뜨며 물었다. "감히 누가 그런 짓을 할 수 있단 말입니까?"

환범은 무시하듯이 조상을 쳐다보았다. "최근 몇 년 새에 확실히 지능이 떨어진 모양이오. 그런 짓을 할 수 있는 사람이 누구겠소? 사마의밖에 더 있겠소?"

조상은 환범의 말이 일리가 있다고 생각하고 그때부터 동생들과 동시에 외출하는 일이 없었다. 사마의의 유일한 기회가 이렇게 막혀버리고 말았다.

사마의는 최근 두문불출하고 있었지만 바깥에서 일어나는 일들에 대해서는 손바닥 보듯 훤히 꿰뚫고 있었다. 노래 공격은 충분한 효과를 보았다. 이로써 온 성에 조상 무리를 향한 원한과 증오가 극에 달했다. 심지어 다른 사람이 저지른 폐정弊政이나 구질구질한 일들까지 조상의 탓으로 돌리며 그를 온갖 부패의 온상으로 몰아붙였다.

사마의는 이미 조상 무리를 해결할 방법을 생각해두었다. 바로 정변政變이었다. 정변을 통해서만 성공할 수 있었다. 사마의에게는 조상에게 밀려 그의 편에 선 여러 원로 중신들과 태후가 있었다. 세상 사람들은 어린 황제 대신 태후가 실권을 장악하고 있다는 것을 다 알고 있었다. 만약 태후의 조령詔令을 받을 수 있다면 정정당당하게 조상을 없애버릴 수 있었다.

사마의는 대략적인 계획을 다 세워두었지만 아직은 두 가지가 부족했다. 하나는 적당한 시기였다. 시기는 인내심을 가지고 기다리기만 하면 언젠가는 찾아올 것이었다. 또 하나는 무력이었다. 그런데 이 부분은 해결하기가 쉽지 않았다.

조상은 현재 경사와 중정의 금위군 대부분을 장악하고 있었다. 사마의는 싸울 병사와 무기가 전무했다. 아무리 솜씨 좋은 여자라도 쌀 없이는 밥을 지을 수 없는 법이다. 사마의는 새하얘진 머리를 긁적여봤지만 도무지 방법이 없었다.

그런데 이날 손례가 병주자사 부임을 앞두고 작별 인사를 하러 사마의를 찾아왔다. 그는 조상에 대한 자신의 분노와 답답한 마음을 하소연하러 온 것이기도 했다.

손례는 사적으로 조상과 사이가 좋지 않았다. 조상이 여러 번 자신을 난처하게 만들었던 터라 손례는 마음속에 분노가 차 있는 상태였다. 그러다 화를 풀 곳이 없어 부득불 사마의를 찾아와 하소연을 한 것이었다.

사마의는 묵묵히 손례의 하소연을 듣고도 아무 말이 없었다.

'이런 결정적인 순간에 손례가 조상이 나를 떠보기 위해 보낸 사람이 아니라고 누가 장담할 수 있겠는가.'

잠시 후 사마의가 천천히 입을 열었다. "자네는 병주자사라는 자리가 낮아서 싫은 것인가?"

급기야 손례가 벌컥 화를 냈다. "제 말을 다 이해하셨으면서 여전히 모르는 체하실 것입니까?" 그는 창문을 활짝 열더니 아예 대놓고 말했다. "방금 그 말씀은 당치도 않은 소리입니다! 제가 덕행이 부족하긴 해도 고작 벼슬

하나 때문에 앙앙불락하지는 않습니다. 저는 이 나라 사직이 위태로워지는 데도 태부께서 은거하며 가만히 앉아만 계시니 그것이 답답한 것입니다!" 말을 마친 손례는 통곡하며 눈물을 흘렸다.

손례가 진심인 것을 알게 된 사마의는 더 말하지 않고 딱 한마디를 건넸다. "일단 그곳에 가서 잠시 기다리고 있게나."

그 말을 들은 손례는 안심하고 부임 길에 올랐다. 손례는 사마의에게 무슨 방법이 있는지는 알지 못했지만 그가 기적을 만들어낼 수 있는 노인이라고 믿었다.

하지만 사마의를 골치 아프게 만든 무장武裝 문제는 여전히 해결되지 않았다.

사실 관직을 그만두고 한거閑居 중인 사마의가 이 문제를 해결할 가능성은 전혀 없었다. 문제를 해결한 사람은 사마사였다.

사마의는 처음부터 끝까지 머릿속으로만 계획을 세우고 연습해서 다듬었을 뿐, 단 한 번도 다른 사람에게 알려준 적이 없었다. 심지어 두 아들에게조차 알려주지 않았다. 하지만 난제에 부딪힌 사마의는 혼자서 이 계획을 완성하기란 불가능하다는 것을 알게 되었다. 신중하게 고민하던 그는 결국 아들의 도움을 받기로 했다.

사마의는 사마사를 불러 자신이 세워놓은 계획들을 하나씩 들려주었다. 그는 말하면서 몰래 사마사의 눈치를 살폈다. 사마사는 아버지의 계획을 이미 알고 있었다는 듯 전혀 놀라는 기색도 없었고, 아버지가 말하는 내용이 흥미로운지 진지하게 듣고 있었다. 사마의가 자신이 생각하는 가장 큰 문제인 무력에 대해 얘기를 꺼내자 사마사는 호탕하게 웃으며 말했다. "아버지, 사사死士(죽기를 각오하고 나선 군사) 3천 명이면 충분하시겠어요?"

사마의는 사마사의 말을 듣고 깜짝 놀랐다. 그는 눈을 가늘게 뜨고 자신

결국 이기는 사마의

의 아들을 다시 한 번 가만히 살펴보았다. 여전히 싱글벙글 웃고 있는 사마사의 얼굴에서 걱정거리라고는 찾아볼 수 없었다. 방금 전 그 말이 그가 한 말이 아닌 것처럼 말이다.

사마의는 군사들을 어디서 데려올 것인지 묻지 않았다. 그는 자기 아들에 대해 이제야 좀 알 것 같았다. 사마사가 평소에는 약간 건들거리지만 생각 없이 말을 내뱉는 법은 없었다. 사마의는 사마사에게 즉시 군사들에게 연락을 취하도록 했다.

하안은 요즘 들어 계속 오른쪽 눈꺼풀이 파르르 떨렸다. 어젯밤에는 이상한 꿈까지 꾸었는데, 꿈에서 파리 수십 마리가 자신의 콧등에 모여 앉아서는 아무리 쫓아내도 떨어지질 않는 것이었다. 하안은 마음이 너무 불안했다. 그는 역학의 대가인 관로管輅가 최근 낙양에 왔다는 소식을 듣고 그를 집으로 초대했다.

하안은 등양도 같이 불렀는데, 등양은 이런 일이 별로 내키지 않는 듯했다. "성인(공자)은 괴력난신怪力亂神(괴이怪異, 용력勇力, 패란悖亂, 귀신鬼神에 관한 일)을 입에 담지 않았다고 하는데, 자네는 어째서 그런 걸 믿는가?" 그래도 하안이 계속 고집하자 등양은 어쩔 수 없이 따라 왔다.

역리易理(주역의 법칙)에 정통한 하안과 술수術數(길흉을 점치는 행위)에 통달한 관로는 즐겁게 이야기를 나누었다. 반면 등양은 반거들충이라서 옆에서 대화에 끼지도 못한 채 답답해하고 있었다. 그는 이야기를 듣던 중 관로가 한참을 말하는데도 《역경》에 관한 내용은 한마디도 언급하지 않는 걸 발견하고는 은근히 기뻐했다. '네놈이 선무당이라는 걸 내가 까발려 줄 테니 잘 보거라!'

등양이 관로에게 물었다. "자칭 《역경》의 대가라면서 거기에 나오는 문장은 하나도 인용하지 않으니 이게 어찌된 일인가?"

관로는 등양을 거들떠도 보지 않고 대답했다. "《역》을 잘 아는 사람은 《역》에 대해 말하지 않습니다."

그 말을 들은 하안은 감탄했다. '역시 고수 중의 고수로구나!' 그는 웃으며 관로를 칭찬했다. "방금 선생이 한 말은 정말이지 간단명료하구려. 날 위해서 점을 좀 쳐주었으면 하는데, 내가 삼공의 자리에 오를 수 있겠소?"

관로가 말했다. "천자를 보좌한 고대 선현들은 모두 공손하고 겸손했습니다. 지금 나리의 직위와 권세가 날로 높아지고 있는데, 나리의 은혜에 감사하며 마음에 새기는 자는 적고 나리의 명성과 위엄을 두려워하는 자는 많습니다. 이는 조심하며 복을 구하는 도리가 아닙니다."

하안은 걱정스러운 마음에 또 물었다. "내가 지난밤에 꿈을 꾸었는데, 파리들이 내 코 위에 잔뜩 모여 쫓아내려고 해도 쫓아낼 수가 없었소. 이는 무슨 징조요?"

관로가 말했다. "코는 천중지산天中之山으로, 지위가 높아도 교만하지 않으면 오랫동안 편안함을 누리며 존귀한 것을 의미합니다. 그런데 악취를 좋아하는 파리가 나리의 코에 모였다는 것은, 지위가 높은 사람이 흔들리고 가볍게 호방한 사람은 망한다는 뜻이니 깊이 생각하지 않을 수 없습니다. 매사에 조심하고 삼가며 예의에 어긋나지 않게 행동하시길 바랍니다. 그리하면 자연히 삼공의 자리에 오르게 되고 파리도 쫓을 수 있을 것입니다."

듣다가 질려버린 등양이 말했다. "나는 당신한테 무슨 신묘한 지략과 계책이 있는 줄 알았더니, 한참 떠들기만 하고……. 팔괘를 새긴 산가지를 꺼내 점을 친다든가, 아니면 무슨 비결이 있어서 입으로 주문을 왼다든가 하는 건 없소? 이제 보니 완전 사기꾼이로군!" 등양이 불손한 태도로 덧붙였다. "당신이 하는 말은 늙은 서생이 입버릇처럼 하는 잔소리에 불과하오."

관로는 등양을 보더니 의미심장하게 말했다. "노생견불생, 상담견불담^{老生}見不生, 常談見不談(늙은 서생이 살지 못할 사람을 보고, 평범한 소리를 하는 사람이 죽어서 말하지 못할 사람을 본다는 뜻으로, 향후 등양과 하안의 죽음을 암시함)이로다."

하안은 관로의 말에 현묘한 이치가 담겨 있는 것 같았지만 확실하게 무슨 의미인지 알 길이 없어 썩 유쾌하지가 않았다. 집에 돌아온 관로는 오늘 있었던 일을 외숙에게 전부 털어놓았다. 외숙은 관로의 말이 너무 심했다며 나무랐지만 관로는 경멸하듯이 말했다. "죽을 사람들과 이야기하는데 거리낄 게 뭐가 있겠습니까?"

관로는 삼국시대의 최고 점술가였다. 그와 관련된 진짜인지 가짜인지 알 수 없는 수많은 전설들이 내려온다. 하지만 관로가 하안과 등양에 대해 했던 이 말을 곰곰이 생각해보면 그가 농간을 부려 사람을 기만하는 부류는 아니었음을 알 수 있다. 그는 자신이 했던 《역》을 잘 아는 사람은 《역》에 대해 말하지 않는다"라는 말을 역술가로 살면서 몸소 실천한 셈이다.

《주역》의 예측이 과학적인지 여부는 지금까지도 확실하게 말하기 어렵다. 어쩌면 주역은 '과학'이라는 잣대로 가늠할 수 없는 것인지도 모른다. 하지만 《주역》에는 가장 기본적인 원칙이 있다. 세^勢는 하늘이 만들지만 일은 사람이 하기에 달려 있다는 것이다. 관로는 '삼공'과 '파리'에 대한 하안의 질문에 대해 긍정적인 답변을 주지 않았다. 그는 하안에게 도덕적이고 투명하게 정치하며 말과 행동을 삼간다면 불운이 오더라도 역전될 수 있다는 것을 말했다. 진정한 역학의 고수가 아닐 수 없다.

하안도 역리에 정통한 사람이라 관로의 예측을 마음에 담아두고 있었지만 도무지 무슨 뜻인지 알 수가 없었다. 그도 자신이 속한 집단의 말로와 자신에게 닥칠 불가피한 비극적 결말을 예견하기는 했지만, 지금 조상 일파는 너무 무법천지라 어디서 문제가 발생할지 전혀 예상할 수 없었다.

하안은 이런 모순되고 우울한 심경을 시로 써서 근심을 해소했다.

벗들과 백조들처럼 날개를 나란히 하고 청명한 하늘을 날며 노니다가
사냥꾼이 쳐 놓은 그물에 걸려 치명적인 재난을 맞이하게 되었네.
차라리 호수에 은거하며 물을 따라 떠내려가는 수초를 먹었더라면
한가롭고 여유로웠을 것을, 지금처럼 이렇게 초조하고 두렵지는 않았을 것을.

鴻鵠比翼游, 群飛戲太清
常恐天網羅, 憂禍一旦並
豈若集五湖, 順流唼浮萍
逍遙放志意, 何為怵惕驚

하안은 자신을 불안하게 만드는 근원이 재야에 있는 일흔 살의 노인 태부라는 것을 서서히 깨닫게 되었다. 그래서 그는 조상에게 제안했다. "사마 태부가 칭병한 지도 꽤 되었는데 사람을 보내 병세가 어떤지 좀 살펴보는 게 어떻습니까?"

조상은 일리가 있다고 생각했다. 마침 이승이 형주자사 직을 얻어 부임하러 갈 참이었다. 조상은 이승에게 작별 인사를 핑계로 사마의를 찾아가 상황을 살펴보라고 명했다.

그 시각 사마의는 집에서 몰래 계획을 세우는 데 열중하느라 불청객이 찾아오고 있는지도 모르고 있었다……

결국 이기는 사마의

피병으로
정적을 철저하게 속이다

사마의는 사마사와 집에서 몰래 계략을 꾸미고 있다가 갑자기 이승이 방문한다는 소식을 들었다. 사마의는 박수를 치며 크게 웃었다. "우리 일의 성패는 이승에게 달렸다!" 그러고는 부중에 서둘러 준비하라고 일렀다.

객청에서 기다리고 있던 이승에게 노복이 와서 말했다. "태부 나리께서 병이 위중하시어 나오실 수 없으니 이 대인께서 태부께서 계신 곳으로 와 주시지요."

이승은 깜짝 놀랐다. "아니 1년 만에 태부의 병세가 그렇게까지 위중해지셨는가?"

노복이 대답했다. "작년에 마님께서 돌아가시고 태부께서는 밤낮없이 애통해하시다 병을 얻으셨습니다. 게다가 얼마 전에는 군중에서 다친 상처가 재발하셔서 꼬박 몇 달을 병상에 누워계셨습니다." 노복이 잠시 말을 멈추더니 이승의 귓가에 대고 말했다. "한두 달 정도밖에 못 사실 듯합니다."

이승이 더 자세히 물어보려는데 어느새 사마의의 침소에 도착해 있었다. 문을 열고 들어간 이승은 그만 깜짝 놀라고 말았다.

사마의의 얼굴이 폭삭 늙어 있었던 것이다. 눈꺼풀은 축 처진 데다 눈은 흐리멍덩하고 입은 반쯤 열려 있었다. 예전의 기골이 장대하던 몸은 어느새 허리가 굽어 있었다. 사마의 옆에는 두 시녀가 각각 양쪽에서 그를 꼭 붙들고 있었다. 사마사는 뒤에서 두 손을 모으고 서 있다가 이승이 들어서자 얼른 사마의의 귀에 대고 말했다. "이 대인께서 오셨어요."

멍한 눈빛으로 사마의가 "뭐라고?" 하고 물었다. 그러자 사마사가 다시 한 번 강조했다. "이 대인께서 오셨다고요!"

사마의는 그제야 알아들은 듯이 이승에게 눈을 돌렸다. 애써 몸을 꼿꼿하게 세우려고 해봤지만 세워지지 않았다. 사마의는 고개를 앞쪽으로 살짝 내밀며 게슴츠레한 눈으로 이승을 주시했다. 잠시 이승을 바라보던 그는 늙어서 눈이 흐려져 제대로 잘 안 보이는 것 같았다. 사마의는 어쩔 수 없다는 듯 이승 쪽을 향해 말했다. "앉으시게."

이승은 인사를 한 뒤 자리에 앉았다. 그런데 갑자기 사마의의 목구멍에서 끅끅거리는 소리가 나더니 그가 부들부들 떨리는 손으로 자신의 입을 가리키면서 시녀들을 바라보았다. 한 시녀가 얼른 침대 맡에 있는 죽 그릇을 들었다.

사마의는 천천히 입을 열고 눈을 감았다. 시녀가 사기 숟가락으로 죽을 살짝 떠서 후후 불며 식힌 뒤 사마의에게 먹여주었다. 시녀는 살짝 숟가락을 기울여 죽을 천천히 사마의의 입 안으로 흘려 넣어주었다. 사마의의 입은 닫히지 않고 반쯤 열려 있어서 미처 입으로 들어가지 못한 죽이 명치까지 흘러내렸다. 시녀는 얼른 죽 그릇을 내려놓고 손수건으로 사마의를 닦아주었다. 사마의는 목석처럼 가만히 앉아서 시녀에게 몸을 맡기고 있었다.

이승은 사마의가 이렇게까지 정신이 온전치 못할 줄은 생각지도 못했다.

그가 놀란 눈으로 사마사를 바라보자 침통한 표정의 사마사는 그런 이승을 보며 가볍게 고개를 저었다.

이승이 큰 소리로 사마의에게 말했다. "다들 태부께서 풍비가 재발했다고만 알고 있는데, 이렇게까지 되신 줄 누가 생각이나 했겠습니까!"

사마의는 입을 오물거리며 안에 있는 죽을 해결했다. 그런데 이런 별것 아닌 동작도 어느새 사마의를 숨차게 만들었다. 그는 이승의 말을 듣고 대답하려다 그만 사레가 들리고 말았다. 그러자 시녀가 얼른 다가와서 사마의의 등을 툭툭 치며 쓸어내려주었다. 호흡이 좀 진정되자 사마의가 겨우 입을 떼었다. "나이도 들고 병도 고치기 어려우니 살날이 얼마 안 남은 것 같네. 듣자니 병주로 간다던데, 병주는 호인胡人(북방과 서방의 이민족)과 가까우니 방비를 잘해야 될 걸세." 말을 마치고 나서 사마의는 또다시 숨을 헐떡였다.

이승이 말했다. "태부께서 잘못 들으셨나 봅니다. 저는 병주가 아니라 형주로 갑니다!"

사마의가 멍하니 듣더니 물었다. "아, 이제 막 병주에 도착했다고?"

이승이 사마의의 귀에 대고 큰 소리로 말했다. "형주로 간다고요!" 사마사도 옆에서 이승을 도와 사마의에게 설명해주었다.

사마의는 그제야 이해한 듯 했지만 이내 고개를 흔들었다. "이 늙은이가 나이가 많아 말귀를 잘 못 알아들었군그래. 형주에 가면 열심히 공훈을 쌓으시게. 이번에 헤어지면 아마도 다시는 못 보지 않을까 싶네. 내 아들 사마사와 사마소를 이 대인이 잘 좀 보살펴주시게나!" 사마의의 흐려진 눈에서 저도 모르게 흐른 눈물이 콧물과 뒤섞여 흘러내렸다.

위풍당당하던 사마의가 나이 들어 퇴직하고 다 죽어가는 늙은이가 된 것을 보면서 이승은 연민의 마음이 차올라 눈물이 새어나왔다.

이승은 사마의가 오래 앉아 있지 못할 것 같아 얼른 일어나 작별을 고했다. 이승이 문밖까지 배웅하러 나온 사마사에게 말했다. "태부께서 마음 편히 요양하셔야 하니 무슨 일이 있으면 언제든 날 찾아오시게. 내가 도울 수 있는 일이면 무엇이든 돕겠네."

사마사는 이승의 눈시울이 붉어진 것을 발견했다. 진심으로 하는 말 같았다. 그는 얼른 이승에게 고맙다는 말을 전하며 작별 인사를 나누었다.

돌아오는 내내 이승은 마음이 축 가라앉았다. 승리의 쾌감이라고는 전혀 없었다. 그는 문득 젊은 자신이 이런 힘없고 약한 노인과 수년간 적대시했다는 것을 깨달았다. 정말이지 영광 없는 승리였다. 이승은 또 생각했다. '내가 늙으면 나를 불쌍히 여겨줄 사람이 있을지 모르겠구나.'

이런저런 허튼 생각을 하며 이승은 조상의 저택으로 돌아왔다. 그곳에서 이승의 소식을 기다리고 있던 조상의 무리는 그를 보자마자 우르르 달려와 에워싸며 물었다. "그 노인네 병세가 어떠하던가?"

이승은 조상의 무리에게 경멸하는 눈빛을 보내며 말했다. "말도 제대로 못하고 손으로는 사발을 집지도 못하는 데다 남을 가리켜 북이라고 하더이다. 내가 병주로 가는 줄 알고 있길래 한참을 설명했더니 그제야 이해했소. 이미 시체보다 숨이 약간 더 붙어 있는 정도라 전혀 염려할 필요가 없소."

조상의 무리들은 그 말을 듣고 뛸 듯이 기뻐했다. 이승은 실의에 빠져 침울한 표정으로 혼자 중얼거렸다. "태부가 가망이 없는 것 같아 가슴이 아프구나." 이승은 눈물을 줄줄 흘렸다.

이승이 떠나자 사마의는 자리에서 벌떡 일어났다. 그는 이번 연극이 조조를 속일 때보다 훨씬 수월하다고 느꼈다. 사실은 연기를 한 것도 아니었다. 그는 본래 일흔 살 노인이었기 때문이다.

모든 준비가 끝났으니 이제 조상이 실수하기만을 기다리면 되었다. 하지만 어째서인지 최근에는 조상 형제들이 다함께 낙양 밖으로 나가지를 않았다. 성을 지키며 내응할 사람을 남겨두는 것이었다. 이렇게 되면 기회를 찾기가 힘들어졌다.

사마의가 골머리를 앓고 있는 사이, 완전히 경계심을 풀어버린 조상이 스스로 기회를 사마의 앞에 가져다주었다.

업무를 마치고 집에 돌아온 사마소가 무심결에 사마의에게 말했다. "내년 정월 초사흘에 천자가 선제 조예의 고평릉에 배알하러 가는데 조상 형제가 수행한다고 합니다."

사마의는 그 소식을 듣고 천재일우의 기회라고 생각했다. 절대 놓쳐서는 안 될, 두 번 다시 오지 않을 기회였다. 그는 서둘러 사마사를 찾았다. 부자는 확실한 방안을 찾기 위해 밤늦게까지 모의했다. 사마사가 사마의에게 물었다. "소도 참여하게 할까요?"

사마의가 단호하게 대답했다. "그러자꾸나. 우리만으로는 일손이 부족하다. 소가 없으면 큰일을 성공시키기 힘들지도 모른다."

이날부터 정변은 정식으로 초읽기에 들어갔다.

섣달그믐, 정변까지 사흘이 남았다.

사마씨 가문도 다른 집들처럼 온 식구가 한자리에 모였다. 차례를 지내고 환병環餠(중국식 유과)을 먹고 술을 마시고 장구藏鉤(사물을 한 손에 감춘 뒤 두 손 중 어느 손에 있는지 맞히는 놀이)를 했다. 사마사는 한 손에 말린 새우살을 감추고 사마소에게 맞히게 하더니 맞히지 못하자 벌주를 마시라고 했다. 다들 즐거운 시간을 보내며 흠뻑 취한 뒤에야 자리를 파했다. 어쩌면 이것이 사마씨 가문의 마지막 연야반年夜飯(춘절 전날 밤에 먹는 식사)이 될지도 몰랐다.

정월 초하루, 원일元日. 정변까지 아직 이틀이 남아 있었다.

사마 집안 식구들은 아침에 일어나 폭죽을 터트리고 문 앞에 갈대를 꽂고 문손잡이에 복숭아나무를 걸었다. 사마소에게는 이런 일들이 그저 새해 풍습이자 형식적인 행사에 불과했지만 사마사는 마음속으로 간절히 기도했다. '몸 안에 있는 악한 기운을 모두 쫓아내주시고 저희 집안 식구들이 모두 무사할 수 있게 해 주십시오.'

정월 초하루. 규정대로 사마사와 사마소는 일찌감치 입궐했다. 이날 어린 황제 조방은 백관의 축하를 받았고, 백관은 황제의 하사품을 받았다. 그후 종소리와 북소리가 일제히 울리더니 갖가지 곡예가 펼쳐지면서 떠들썩한 분위기가 연출되었다. 사마사가 몰래 살펴보니 조상과 등양 등의 무리가 즐거워하는 모습이 보였다. 하안마저 명절 분위기에 취했는지 더 이상 예전처럼 걱정하는 모습이 아니었다. 이날은 모두들 마음껏 놀다가 헤어졌다. 그날 태부부에는 사람들의 발길이 끊이지 않았다. 관원들이 문지방이 닳도록 오가며 새해 인사를 올렸고 사마씨 형제가 손님 접대를 맡았다.

정월 초이틀. 정변까지 이제 고작 하루를 남겨두고 있었다.

사마의는 사마사와 사마소를 불러 놓고 긴급 가족회의를 열었다. 이 자리에 함께 참석한 사람이 한 명 더 있었는데, 바로 사마의의 동생 사마부였다. 사마의는 더 이상 숨기지 않고 내일 정변을 일으켜 조상 일파를 전멸시킬 계획을 남김없이 털어놓았다. 사마의가 배정한 임무는 이러했다. "먼저 사마사는 3천 사시死士를 거느리고 무기고를 점거해 무기를 탈취한다. 주력군은 사마사와 사마부가 인솔하고 나와 함께 궁궐로 가서 사마문司馬門에 주둔한다. 성 전체에 계엄을 선포하고 통행을 금한다. 남은 인원은 사마소가 통솔하면서 태후의 영녕궁을 보호한다."

사마의는 말하는 동시에 사마소의 표정을 살폈다. 사마소는 처음으로 모든 계획을 알게 되었지만 크게 놀라는 기색 없이 진지하게 지시를 듣고 있었다. 사마소는 엄숙한 표정으로 내일의 계획 하나하나를 머릿속에 각인시켰다. 그는 하나라도 잘못되면 가문이 결딴난다는 것을 잘 알고 있었다.

사마의는 두 아들에게 할일을 모두 다 이른 후 자신이 할일도 이야기하면서 함께 의논했다. "내일 나는 사마사와 함께 사사들을 이끌고 곧장 궁성宮省(황궁 안에 설치된 관청)에 들어가 수도에 있는 고관들을 소집한 뒤, 조상 일당의 관직을 파면한다는 태후의 조령을 발표할 것이다. 그리고 고유에게 가절을 가지고 임시로 조상의 대장군 직무를 수행하게 하면서 조상의 주둔지를 점거해 그의 무장 역량을 빼앗게 한다. 또 환범에게도 마찬가지로 조희의 중령군 직무를 대리하면서 그 주둔지를 점거해 조희의 무장 역량을 빼앗게 한다. 그 후에는 낙수洛水의 부교浮橋를 끊어버린 다음 상황에 맞춰 일을 처리한다."

사마의의 말을 다 들은 사마사와 사마소는 이의가 없었다. 사마의는 잠시 멈추었다가 또 제안했다. "고유와 환범이 우리 지시에 따르기를 거부하면 그 자리를 왕관王觀에게 맡기는 방법도 있다. 어찌되었든 내일까지 이 일은 우리 삼부자만 알아야 한다. 절대 다른 사람이 알아서는 안 돼."

사마씨 형제는 고개를 끄덕이며 승낙했다. 밤이 깊어 세 사람은 각자 처소로 돌아가 잠을 청했다.

아들들이 돌아간 뒤 사마의가 노복을 불렀다. "가서 둘이 어쩌는지 살펴보거라." 노복이 명을 받고 자리를 떠났다.

얼마 후에 노복이 와서 보고했다. "큰도련님은 베개를 베자마자 잠드셨고 코까지 골고 계십니다. 반면 둘째도련님은 뒤척이며 잠을 못 이루시더니 지금까지 깨어 계십니다. 잠이 안 오시는 모양이에요."

사마의는 고개를 끄덕였고 노복은 물러갔다. 사마의는 누가 자신의 사업을 이어받을 수 있을지 알 것 같았다.

사마의는 이불 속에 누워 눈을 감고 계속 생각했다. 그는 이번 정변이 그의 인생에서 가장 큰 모험이라는 것을 잘 알았다. 실제로 성공할 확률이 3할을 넘지 않았다.

'어쨌든 천자가 지금 조상과 함께 있다. 일단 조상이 천자의 조서를 이용해 전국의 모든 군대에 구원을 요청해서 낙양성을 포위한다면, 우리 사마씨는 죽어서도 묻힐 곳이 없어진다. 태후의 조령이 어쨌거나 천자의 조서보다는 훨씬 효력이 못 미치지 않는가.

이번 정변의 목적은 결국 조상이 미처 손쓸 수 없게 만든 다음 강력한 심리 공격을 가해 그가 무기를 버리고 투항하게 만들려는 것이다. 다시 말해 내일 정변의 효과를 결정하는 핵심은 내가 어떻게 행동하는지가 아니라 조상이 어떻게 결단을 내리는지에 달려 있다.

해를 넘겨서 이제 일흔한 살이 되었으니 이쯤에서 완전히 퇴직할 수도 있다. 굳이 이런 위험한 일을 할 필요가 없는 것이다. 사마사와 사마소 형제의 미래도 그 아이들 스스로 충분히 개척할 수 있다. 죽을 날이 얼마 남지 않은 이 늙은 목숨이 아들들을 위해 이런 거대한 도박판에 뛰어들 이유가 없다.

하지만 나는 이 세상에서 가장 참을성이 없는 사람이다. 남들은 내가 잘 참는다고 하지만 그것은 겉만 봤을 뿐 속은 보지 못하고 하는 말이다. 나는 사람들이 참을 수 없는 것은 잘 참는다. 도발하고 욕하며 억압하는 것은 나를 움직이지 못한다. 하지만 나는 남들이 참을 수 있는 것을 참지 못한다. 어리석고 무지한 사람이 내 머리 위에 올라서서 전횡을 일삼고 존엄성을 바닥까지 떨어뜨리니 그것을 어떻게 참을 수 있겠는가?

존엄이 없다면 차라리 죽는 게 낫다.

게다가 이번처럼 거대한 도박은 확실히 자극적이다. 오래 전에 식어버렸던 내 열정이 다시 끓어오르기 시작했다.'

결국 이기는 사마의

사마의는 자신이 언제 잠들었는지도 몰랐지만 눈을 떠보니 어느새 정월 초사흘 새벽녘이었다.

초읽기가 끝나고 전투가 시작된 것이다.

이렇게 해서 모든 것이 다 이 책의 시작이었던 서기 249년으로 다시 돌아왔다.

그해 강유는 속수무책이었고 손권은 늙고 어수룩해졌으며, 조상은 득의만만했고 사마의는 와신상담했다.

사마의는 자리에서 일어나 군장을 갖춰 입고 가병家兵(사병)을 모은 뒤 대문을 활짝 열고 밖으로 걸어나갔다. 유난히도 따뜻한 겨울 햇살에 사마의는 눈이 부셨다.

'정말 오래간만에 만나는 태양이로구나.'

햇빛 아래 사마사의 3천 사사, 즉 결사대가 이미 먹구름처럼 그곳에 모여 있었다.

사마의는 원기왕성한 사마사와 눈에 실핏줄이 가득한 사마소를 보고 웃음을 지었다. 사마씨 형제는 아버지의 그 미소가 무슨 의미인지 알 것 같았다.

사마의는 더 이상 긴 말은 하지 않았다. 할말은 어젯밤에 이미 다 했다. 삼부자는 어깨를 나란히 하고 낙양성에 있는 무기고로 달려가 순식간에 점거한 뒤 사사들에게 무기를 나누어 주었다. 완전 군장을 마친 뒤 사마의가 손을 흔들었다. "계획대로 실행한다!"

사마소는 사사의 일부를 데리고 곧장 태후가 있는 영녕궁으로 향했고, 사마의와 사마사는 조정으로 들이닥쳤다.

이것이 삼부자의 영원한 이별이 될 수도 있었다. 지금 이들의 마음속에는 오늘밤에도 어젯밤처럼 삼부자가 등불 아래 함께 둘러앉아 저녁을 먹을 수 있었으면 하는 작은 소망뿐이었다.

보통 사람들에게는 너무나 소박한 이 소망이 일인지하, 만인지상의 자리에서 천하에 권세를 휘두르던 태부에게는 더할 나위 없는 사치였다.

사마소는 군대를 이끌고 영녕궁을 포위했다. 보호라는 명목이었지만 사실은 태후를 끼고 군신들에게 호령하려는 것이었다. 곽태후는 사마씨 가문과 줄곧 사이가 좋았고, 조상의 무리에 대해서는 원한과 증오가 극에 달해 있었다. 하지만 태후는 사마의가 정변을 일으킬 줄은 꿈에도 예상하지 못했다. 이는 삼족이 멸문지화를 당하는 죽을죄였다! 곽태후는 사마의와 협력해야 할지 망설였다. 하지만 곽태후가 어떤 선택을 하든 결과에는 전혀 영향을 미치지 않았다. 곽태후에게는 선택권이 없었기 때문이다.

사마의는 낙양의 성문을 모두 닫고 성 전체에 긴급 계엄을 선포해 아무도 출입하지 못하게 하라고 명했다. 그런 다음 병력을 나눠 사마사를 사마문에 주둔하게 한 뒤, 자신은 조정에 들어 백관을 소집하고 이렇게 선포했다. "조상 형제가 황위 찬탈을 시도했으니 모든 직무를 박탈하고 나 태부가 전권을 가지고 백관을 지휘한다!"

조정 중신들은 생각지도 못한 사태에 놀라면서도 사마씨의 무장 역량을 보며 두려워했다. 그러나 대부분의 사람들이 조상 형제에 불만을 품고 있던 상황이라 너도나도 태부의 지휘를 받겠다고 수긍했다.

사마의는 노신 고유에게 가절을 주고 대장군을 대리하며 조상 군영을 점령하라고 명령했다. 사마의가 고유의 어깨를 툭툭 치며 말했다. "그대는 주발周勃이오."

주발은 한나라의 개국공신으로, 여후의 난을 평정하고 한실을 안정시킨 사람이었다. 사마의의 주발이 된 고유는 자신의 책임을 무겁게 받아들이고 자리를 떠났다.

사마의는 중령군을 대리할 환범이 오지 않자 어쩔 수 없이 후보자를 바꾸었다. 그는 미리 생각해두었던 왕관에게 중령군 대리를 맡기고 조희 군영을 점령하게 했다.

왕관도 예전에 조상의 배척을 받은 노신이었다. 사마의와는 사이가 좋아 흔쾌히 명령을 받들었다. 고유와 왕관은 각기 맡은 군영으로 급히 달려가 모든 무장 역량을 인수해 관할하겠다고 공표했다. 당시 군영에는 수장이 없어서 병사들이 믿을 만한 사람이 없는 상황이었다. 하지만 이 두 사람은 원로대신이라 병사들은 즉시 깃발을 바꾸어 사마 일파의 군대가 되었다.

사마의는 조정의 상황이 어느 정도 안정되자 영녕궁으로 곽태후를 찾아가 교지를 내려달라고 청했다. 사마의는 조상이 신하의 도리를 저버리고 불법을 저지른 행위들을 열거했는데, 하나같이 죽을죄였다. 곽태후는 더 이상 망설이지 않고 사마의에게 조상의 죄를 조사해 처리할 수 있는 전권을 위임했다.

태후의 지지를 얻은 사마의는 기세가 등등해졌다. 그는 태위 장제와 함께 두 군영의 병사들을 이끌고 다시 무기고로 돌아와 낙수 부교를 점거하는 데 필요한 무기를 받았다. 그런데 조정에서 무기고까지 가려면 조상의 집 앞을 지나가야 했다. 사마의 휘하의 두 군영에는 병사, 인마, 병거가 매우 많았는데, 공교롭게도 조상의 집 문 앞에서 심각한 교통체증이 일어나 빠져나가기가 힘들었다.

'이런 중요한 시기에는 시간이 목숨과도 같다. 반드시 시간과 싸워 이겨야 한다.' 사마의는 마음이 초조해져 서둘러 교통정리에 나섰다. 그때 조상 집의 건물 위에서 저격수의 싸늘한 두 눈이 그를 조준하고 있다는 것을 사마의는 알지 못했다.

엄세^{嚴世}라는 이름의 이 저격수는 조상의 장하독^{帳下督}(군사지휘관)이었다. 그는 쇠뇌틀을 받쳐 들고서 교통정리를 하고 있는 사마의를 조준하며 방아쇠를 당길 준비를 하고 있었다.

조상은 상좌에 오른 뒤 늘 누군가가 그의 가족들을 노릴까 봐 두려워했다. 그래서 부하 장령과 사졸들을 집으로 보내 안전하게 보호하는 임무를 맡겼다. 엄세도 그중 하나였는데, 오늘은 그와 손겸^{孫謙} 두 사람이 당직을 서고 있었다.

사마의의 대군이 조상의 저택 앞에서 꽉 막혀 오도가도 못하고 있는데 조상의 처인 유^劉부인이 이를 보고 겁에 질렸다. 그녀는 예의를 차릴 겨를도 없이 방에서 뛰쳐나와 대청에 모여 보안 업무를 맡고 있던 엄세와 손겸에게 말했다. "대장군이 밖에 나가 계신데 사마의가 병변^{兵變}을 일으켰으니 이를 어쩌면 좋습니까?"

엄세가 침착하고 냉정하게 말했다. "걱정하지 마십시오." 그러고는 쇠뇌틀을 들어 문루^{門樓}로 올라갔다. 손겸은 엄세가 뭘 하려는 것인지 알았다. 그래서 당황해서 어찌할 바를 모르는 유부인을 내버려둔 채 서둘러 그를 따라 올라갔다.

손겸이 올라가 보니 엄세가 이미 쇠뇌틀을 들고 사마의를 조준하고 있었다. 역사를 바꿀 수도 있는 화살이 곧 날아갈 참이었다. 손겸이 얼른 달려가서 방아쇠를 당기려던 엄세의 오른손을 붙잡았다. 방해하는 손겸이 이해가 안 되고 분해서 엄세는 손겸을 노려보았다. 손겸이 말했다. "일이 어떻게 될지는 아직 모르지 않는가!"

잠시 고민하던 엄세는 조상이 평소 자신에게 태산 같은 은혜를 베풀어준 것을 생각하며 손겸을 뿌리치고 다시 사마의를 조준했다. 손겸이 또다시 엄세의 손을 붙잡았다. 엄세는 다급한 마음에 마지막 기회라고 생각하고 세 번째로 쇠뇌틀을 들었다. 손겸은 또다시 사격을 방해했다. 엄세는 화도 나고 분해서 손겸을 발로 걷어찬 뒤 다시 조준했지만, 사마의의 대군은 이미 교통 정리가 끝나 신속하게 문 앞을 지나가버린 뒤였다.

그 모습을 보고 손겸은 내심 기뻐했다. 엄세는 쇠뇌틀을 던지고 길게 탄식했다. "대장군이 위험하다!"

중국 역사를 통째로 바꿀 수도 있었던 이 한 발은 결국 발사되지 못했다.

사마의는 조상의 문루 위에서 벌어진 상황에 대해서는 전혀 모르고 있었다. 그는 무기고로 달려가 병사들에게 무기를 나누어 주었다. 이로써 낙양성 통제가 어느 정도 끝났다.

이제 사마의는 다음 단계로 성을 나가 낙수 부교를 점거한 뒤 조상 일당에게 심리 공격을 펼칠 생각이었다. 그런데 치명적일 수 있는 나쁜 소식이 전해졌다. 그 소식은 사마의 처음 예상과는 전혀 다른 것이자 조상이 전세를 역전시킬 수도 있는 중추였다.

부하가 소식을 전했다. "환범이 교지를 받았다고 속이고 성문을 나가 조상에게 몸을 의탁했습니다!"

사마의와 장제, 조위 제국에 얼마 남지 않은 두 정상급 모사는 순간 벼락이라도 맞은 것처럼 그 자리에 얼어붙고 말았다!

사마의는 환범이 조상 집단의 사람이라는 것을 지금껏 모르고 있었다.

그 이유는 첫째, 조상과 환범은 동향이었다. 조상은 권력을 잡은 뒤에도 늘 환범을 깍듯이 대했었다. 하지만 대쪽 같은 성격의 환범은 조상과 가까이 지낼 마음이 없었다. 게다가 조상 집단인 등양, 정밀 등에게 상당한 불만을 가지고 있었다.

둘째, 환씨는 뼈대 있는 명문대가였다. 한족^{寒族} 출신의 새로운 권력자인 조상 집단과는 공동의 이익이라고 할 게 없었다.

셋째, 환범은 건안 시대에 조조 승상부에 들어간 노신이라 나이로 따져도 조상 집단과 전혀 맞지 않았다. 사마의는 이런 강직한 노신을 조상 집단의 일원이라고 할 수는 없다고 생각했다.

환범에 대해서 사마의가 알고 있던 것은 따지고 보면 별로 없었다. 그가 지략이 뛰어나 '지낭'이라는 별명을 얻었고, 자신과 나이가 비슷하며, 강직한 성격 탓에 황제와 동료들의 환심을 얻지 못하고 지금까지 대사농 직에 머물러 있는 것이지 실제로는 삼공에 오르고도 남을 실력의 소유자라는 정도였다.

이번 거사를 준비하면서 사마의가 신중하게 고민한 끝에 환범을 자기쪽 핵심 인원으로 끌어들여 중령군 대행을 맡기고 조희 군영을 접거하게 하려던 것도 이런 이유들 때문이었다.

잠복의 대가 사마의는 자신보다 더 깊숙이 잠복하는 사람이 있을 줄은 꿈에도 예상하지 못했다!

이 소식을 듣고 장제는 믿음이 흔들렸다. 그는 어쩔 수 없다는 듯 사마의에게 탄식하며 말했다. "지낭이 갔습니다."

사마의도 내심 큰 충격을 받았지만 얼굴빛 하나 변하지 않았다. 그는 짐짓 가볍게 웃으며 말했다. "조상과 환범은 사실 그렇게 친밀한 사이가 아니오. 게다가 조상의 지모는 환범에게 미치지 못하니 환범의 계략에 숨어 있는 절묘한 수를 이해할 수 없을 것이오. 조상은 열등마^{劣等馬}처럼 그저 구유 속에 들어 있는 딱 그만큼의 사료만 볼 수 있을 뿐, 장기적인 이익은 보지 못하니 틀림없이 환범의 계략을 쓸 수 없을 것이오."

사실 사마의는 자신이 없어 가슴이 두근거리고 있었다. 그가 지금 할 수 있는 일은 어느 정도 다 끝내 놓은 상태였다. 이제는 조상의 정신이 혼미해져 환범의 계책을 듣지 않도록 하늘의 도움을 구하는 수밖에 없었다.

그뿐이었다.

이는 사마의가 살면서 처음으로 자신의 운명을 다른 사람의 손에 맡긴 것이었다.

환범은 이날도 평소처럼 일찍 일어나서 씻고 단정한 옷차림을 갖추었다. 정월 초사흘 아침이라 새해 인사는 다 끝냈고, 또 오늘은 황제가 고평릉에 참배하러 가는 날이라 조회를 갈 필요도 없었다. 그래서 오늘 아침은 환범에게 여유로운 시간이었다. 그는 정원에서 몸을 움직이며 이런저런 생각을 하고 있었다.

그런데 갑자기 누군가가 문을 세게 두드렸다. 환범은 욕을 퍼부었다. "어떤 개자식이 아침 댓바람부터 우리 집 문을 부수고 난리야? 죽고 싶어?"

문지기가 허둥지둥 오더니 소식을 전했다. "사마 태부께서 얼른 궁으로 드시라며 나리께 사람을 보내셨습니다!"

환범은 깜짝 놀랐다. 뭔가 일이 심상치 않게 돌아가는 것 같았다. 그는 찾아온 사람을 들어오게 했다. 그가 환범을 보고 긴박하게 말했다. "조상 형제가 모반하여 이미 모든 관직을 박탈당했습니다. 태부께서는 지금 대사농이 중령군 대행을 맡아 조희 군영을 점거해 함께 사직을 보존할 수 있기를 청하고 계십니다."

환범이 대답했다. "알았으니 먼저 돌아가시오. 나도 곧 뒤를 따를 테니." 심부름꾼은 초조해하며 자리를 떠났다.

환범은 고통스러운 선택의 순간을 맞이했다. '교활한 사마의가 또 선수를 쳤구나. 조상 형제는 아무래도 그의 적수가 아닌 것 같다. 사마의가 내게 중령군 자리를 내린 것은 나를 경계하기는커녕 오히려 중용한다는 뜻이다.

거사가 성공하면 큰 상급까지 받을 수 있을 테니 가는 게 맞겠구나.'

환범이 마음의 결정을 내리고 사마의를 만나러 가려는데 아들이 옆에서 말렸다. "어쩌시려고요?"

환범이 말했다. "태부에게 갈 것이다."

그러자 아들이 충고했다. "폐하께서 밖에 계시니 대장군 편에 서야 하지 않겠습니까? 평소에 대장군과 긴밀하게 왕래하셨는데, 태부가 이 사실을 알게 되면 목숨을 보전하기 어려울 것입니다."

환범은 그 말을 듣고 주저했다. 한참을 고민하던 그는 자신의 미래를 조상에게 맡기기로 최종 결정을 내렸다. 사마의가 선수를 치기는 했지만, 장기적으로 보면 사마의 일당의 낙양성 사수는 승산이 없는 바둑이라고 할 수 있었다.

연로한 환범은 승부욕이 일어나 열정이 들끓기 시작했다. '만약 내가 기수棋手가 되어 사마의와 이 경천동지할 대국을 치른다면, 사마의가 수십 년 동안 쌓아온 명성을 무너뜨리고 완패하게 만들 수 있을 것이다!'

생각을 정한 환범은 대사농 인장을 들고 말을 달려 평창문平昌門으로 향했다. 이로써 환씨 가문의 운명은 180도로 바뀌었다.

평창문에 도착하고 보니 성문이 굳게 닫혀 있었다. 환범은 조급해하지 않았다. 그는 주도면밀한 사람이었다. 환범이 평창문을 선택한 것은 그 문을 지키는 장관將官 사번司蕃이 예전에 자신이 천거한 관리였기 때문이었다. 사번은 환범을 스승처럼 대했고, 환범에게 새해 인사를 오기도 했었다.

평창문 앞에 도착한 환범은 사번이 이쪽을 바라보고 있는 것을 보고는 손에 들고 있던 빈 목판을 보여주며 소리쳤다. "조서를 받고 성 밖으로 폐하를 뵈러 가는 길이니 어서 문을 여시게!"

성문지기 사번은 오늘따라 이상한 일이 많다고 느꼈다. '아침 일찍 태부가 태후의 교지를 받아 성문 전체를 닫고 계엄을 선포했다. 그런데 정오를 앞두고 은인인 환범이 또다시 성지를 받았다며 문을 열라고 한다. 뭔가 큰일이 난 게 분명하다. 이런 비상 시기에는 신중하게 행동하는 것이 상책이다.'

사변은 환범에게 다가가 인사를 한 뒤 말했다. "조서를 보여주십시오."

환범에게 조서가 어디 있겠는가? 마음이 조급해진 환범은 괜히 노발대발했다. "내가 자네를 발탁하지 않았나? 그런데 어찌 감히 나를 의심하는 것인가?"

사변은 어쩔 수 없이 문을 열라고 명령했다. 환범이 쏜살같이 달려가면서 사변을 향해 소리쳤다. "태부가 모반했으니 자네도 나를 따르게!"

그 말을 들은 사변은 아차, 싶어 환범을 뒤쫓았다. 하지만 말을 탄 환범을 뛰어가는 사변이 어찌 따라잡을 수 있겠는가? 환범의 모습이 보이지 않자 사변은 자기가 큰일을 그르친 것 같아 가슴을 졸였다. 그렇지만 이미 엎지른 물이니 숨어서 상황이 어떻게 되는지 지켜보는 수밖에 없었다.

환범이 고평릉에 도착했을 때 조상 형제는 소식을 듣고 안절부절못하고 있었다. 조상은 환범을 보더니 구세주라도 만난 것처럼 눈이 반짝였다. 그는 환범을 군막 안으로 불러들여 대사를 논의했다.

환범은 여전히 가쁜 숨을 몰아쉬며 조상에게 말했다. "제게 사마의 부자를 패망시키고 태부부 사람들을 몰살시킬 절묘한 수가 있습니다."

채쩍에 당근을 더해야
가장 효과적이다

정월 초사흘 이른 아침, 조상은 황제 조방을 수행하며 조예의 무덤 고평릉에 참배하러 갔다. 성대한 의식이라 조상은 동생 조희, 조훈, 조언을 모두 데리고 갔다.

그해 조상은 아주 마음 편하게 보냈다. 이승을 통해 정적인 사마의가 산송장이나 다름없는 상태라고 들었고, 조정의 대소사를 전부 자신이 결정했기 때문에 최고권력자로서의 쾌감을 느낄 수 있었던 것이다. 그는 조예가 죽기 전에 자신에게 준 권력에 쩔쩔매고 두려워하던 그 당시 자신의 모습이 우습게 느껴졌다. '당시에는 내게 그런 중임을 맡을 능력이 없다고 생각해서 벌벌 떨었지만, 지금 보니 권력이라는 게 참 좋은 것이로구나.'

조방은 고평릉 배알을 마치고 성으로 돌아갈 준비를 하고 있었다. 조상은 나른하게 하품을 했다. 어젯밤 등양의 무리와 늦게까지 술을 마시고 아침 일찍 일어났더니 피곤함을 당해낼 수가 없었다. 조상은 돌아가서 낮잠이나 한숨 자야겠다고 생각했다.

어가御駕가 성 쪽으로 이동하고 있는데 갑자기 조상의 눈에 저 멀리 낙양 방향에서 달려오는 기병부대가 보였다. 선두에 선 사람이 큰 소리로 외쳤다.

"태부가 반역을 일으켰습니다!"

좌중은 깜짝 놀랐다. 달려오는 사람이 누구인지 살펴보니 대장군부에 있는 사마 노지魯芝였다!

알고 보니 이렇게 된 상황이었다. 대장군부에 남아서 일을 처리하던 노지는 밖이 소란스러워 나갔다가 태후의 조서를 받은 사마의가 조상을 처벌할 것이라는 소식을 듣게 되었다. 그리고 즉시 대장군부를 지키고 있던 몇몇 기병들과 함께 진문津門으로 돌진해 혈로를 뚫고 나와 조상에게 보고하러 온 것이었다.

조상에게는 그야말로 청천벽력 같은 소식이었다!

그제야 조상은 이승이 사마의에게 속았음을 알게 되었다. '처음부터 그 늙은이는 병에 걸린 게 아니었어. 근 2년을 부중에 숨어 있었던 것이 전부 나 조상과 맞서기 위함이었다니!'

이어서 맞은편 기슭에 있던 사마의가 사자를 보내 천자에게 표문을 올렸다. 조상이 받아 살펴보니 조상 형제의 죄목들이 열거되어 있었는데 전부 다 죽을죄들이었다.

조상이 그 표문을 감히 천자에게 보여주겠는가? 그는 얼른 표문을 감추었다.

조상은 세 동생과 대책을 논의했지만 한참이 지나도록 방법을 생각해내지 못했다. 어린 황제 조방이 왜 가지 않느냐고 물어 조상은 어쩔 수 없이 보고했다. "사마의가 모반을 일으켰습니다."

놀란 조방이 겁에 질려 머뭇거렸다. "그럴 리가 있겠소. 누군가의 중상모략 아니오?"

조상은 분통이 터져 피를 토할 지경이었다.

조상 사형제는 한참을 논의한 끝에 우선 낙양 근처에 있는 둔전병에게 어가를 호위하게 하고, 병사들을 보내 주변의 나무를 베어 녹각을 만든 뒤, 이수伊水 남쪽에서 잠시 주둔하며 사마의의 다음 움직임을 살피기로 했다. 주둔지가 막 세워졌을 때 멀리서 환범이 말을 타고 도착했다.

조상은 환범을 보자 마음이 안정되었다. 그는 환범을 진중에 들인 뒤 물었다. "어찌하면 좋겠습니까?"

숨도 채 돌리지 못한 환범이 서둘러 대답했다. "낙양성은 이미 사마의에게 통제되었네. 상황이 이러하니 우리가 낙양에서 사마의와 싸우는 건 달걀로 바위치기밖에 안 될 걸세."

조상은 고개를 끄덕였지만 마음으로는 절망했다.

환범이 또 이어서 말했다. "하지만 만약 낙양에서 천하로 눈을 돌린다면 꼭 그렇지도 않네. 지금 사마의가 통제하고 있는 건 고작 낙양성 하나뿐일세. 다른 지역은 천자의 세력이 미치고, 그 천자는 지금 우리 손에 있으니……."

조상이 눈을 반짝였다. "지금 그 말씀은 혹시?"

환범은 조상 사형제를 둘러보았다. 그들은 하나같이 간절한 눈빛으로 자신을 바라보고 있었다. 환범은 잠시 멈추었다가 목소리를 낮춰 말했다. "지금으로서는 천자를 모시고 허창으로 가는 것이 유일한 방법일세. 가서 근왕勤王(병력으로 왕실을 구원하는 것)을 명하는 조서를 천하에 내린 뒤 사방에서 원군이 모이면 낙양 고성孤城을 사수 중인 사마의를 해결할 수 있을 걸세."

환범은 득의양양해하며 조상 형제들이 자신을 우러러보기를 기대했다.

그런데 다들 탄복하는 표정이 아니었다. 조상은 의심 가득한 표정을 짓고 있고, 조희는 고개를 숙인 채 말이 없었으며, 다른 두 사람은 서로의 얼굴

결국 이기는 사마의

만 쳐다볼 뿐 어찌할 바를 모르고 있었다. 환범은 순간 마음이 차갑게 식어버렸다. 그는 자신이 번지수를 잘못 찾아왔다는 것을 깨달았다.

하지만 환범은 이 일이 자신의 온 집안 식구들의 목숨과 직결되어 있었기 때문에 쉽게 포기할 수가 없었다. 그는 조상의 형제 중에서 그나마 조희의 머리가 좀 쓸 만하다고 여겨 초조한 마음으로 그에게 물었다. "너무 명확한 상황이지 않은가. 대체 무엇을 망설이는 것인가? 이럴 거면 평소에 책은 뭘 하러 읽었는가? 오늘로 조씨 가문이 무너진단 말일세!"

조희는 멍하니 아무 말도 하지 않았다. 조희는 조씨 형제들 중에 가장 생각이 있는 사람이었지만 이처럼 큰일은 이 청년이 사고할 수 있는 범위를 벗어나 있었다. 조희가 조상을 바라보니 조상도 마찬가지로 그를 바라보고 있었다.

'내 설명이 부족했는가?'

환범은 조상 형제들을 보다가 마음을 진정시킨 뒤 평온한 어투로 조희에게 찬찬히 설명했다. "자네는 성 남쪽에 별도의 군영을 가지고 있지 않은가. 낙양의 전농중랑장도 이 근처에 있으니 군대를 부르기 쉬울 걸세. 허창에도 무기고가 있으니 무기를 얻기도 쉬울 것이네. 아마 식량문제가 고민일 텐데, 내가 대사농 인장을 가지고 나왔으니 천하의 군량과 마초를 배정하는 것도 어렵지 않은 일이네. 어떤가?"

환범은 기대에 찬 눈빛으로 조희를 바라보았다. 그는 이 사형제가 모두 주관이 별로 없다는 것을 알고 있었다. 그래서 한 명만 잘 구슬리면 나머지 세 사람도 따라올 거라고 생각했다.

그런데 이 네 명 중에 어느 누구도 명확한 입장을 표명하려고 하지 않았다. 조상 형제는 이런 큰일은 한 번도 겪어보지 못했고, 환범처럼 천하를 바둑판으로 볼 수 있을 만큼 식견이 넓지도 않았다. 그들은 누군가가 자신들을 대신해 결정을 내려주기를 바랐다.

마침내 환범은 귀신같은 적수를 만나는 것보다 돼지 같은 동료를 만나는 것이 더 무섭다는 말이 무슨 뜻인지 깨달았다. '내가 그렇게까지 자세히 설명하고 만무일실萬無一失(실패하거나 실수하는 일이 없다)하는 방법을 내놓았는데도 여전히 주저하고 있다니, 대체 무슨 생각들을 하고 있는 것인가?'

환범은 그들의 반응을 이해할 수 없었지만 사마의는 이미 조상이 무슨 생각을 하는지 예상하고 있었다. 이 열등한 말은 그저 제 구유 속의 먹이만 생각하고 있을 뿐이었다. '내가 만약 환범의 말을 듣는다면 집에 있는 가족들은 죽임을 당할 게 아닌가? 내가 힘들게 모은 재산도 전부 다 가져갈 테지? 하안, 등양, 정밀 등은 괜찮은지 모르겠구나. 어쨌거나 나는 낙양성의 대장군인데 허창으로 도망가면 의지할 곳 하나 없는 불쌍한 신세가 되지 않겠는가? 그리고 허창에 가서 정처 없이 떠돌아다니는 생활을 내가 과연 견뎌낼 수 있겠는가?'

조상의 망설임은 계속되었다. 그때, 사마의가 우호의 손길을 내밀었다.

낙양성은 완전히 장악했고 이제 남은 것은 단 한 가지, 조상을 두고 환범과 접전을 벌이는 일이었다.

'조상은 환범의 말을 호락호락 듣지 않을 것이다. 하지만 그가 환범의 감언이설에 넘어가지 않으리란 보장도 없다. 그를 낙양성으로 끌고 오려면 방법은 하나밖에 없다. 구유에 먹을 것이 충분하다는 것을 이 열등마에게 보여주는 것이다. 만약 내가 일을 지나치게 잘 해내면 가망이 없다고 생각한 조상은 자포자기하며 환범을 따라갈 것이다. 반대로 약간의 희망이 남아 있다는 걸 보여주면 일처리가 쉬워진다.'

천라지망天羅地網(도저히 벗어날 수 없는 경계망이나 피할 수 없는 재앙)보다는

결국 이기는 사마의

빠져나갈 길을 열어두는 편이 낫다.

그러다 보니 조금 후회가 되었다. 애초에 천자에게 조상의 죄상을 까발리는 표문을 보내지 말았어야 했다. 천자는 표문을 보지도 못했을 것이고, 천자 대신 표문을 본 조상 형제의 불안만 가중시켰을 게 뻔했다. 이제는 그들을 안심시킬 때였다.

채찍에 당근을 더해야 가장 효과적이었다.

어느덧 저녁 무렵이 되었다. 사마의는 동생 사마부를 불러 말했다. "날이 추우니 천자를 야외에서 숙영하시게 하면 안 되지. 가서 천막 등 방한용품과 음식을 천자께 올리고 오너라."

사마부가 명을 받고 떠났다.

사마의는 또 허윤許允과 진태陳泰 두 사람을 불러 말했다. "자네 두 사람은 조상을 설득해서 데려오게. 내가 그에게 아무 짓도 하지 않을 거라고 전하게."

두 사람이 떠난 뒤 사마의는 잠시 생각하더니 장제에게 물었다. "조상이 평소에 누굴 신임하는지 아는가?"

장제가 대답했다. "전중교위殿中校尉 윤대목尹大目입니다."

사마의는 윤대목을 불러 지시했다. "가서 조상에게 내 말을 좀 전해주게. 이미 그의 죄상에 대해 다 조사했으니 기껏해야 면직에 그칠 거라고 말일세. 나 사마의가 낙수에 대고 맹세하겠네. 만약 이 맹세를 어긴다면 필시 천벌을 받을 걸세!"

장제는 조상의 아버지 조진과 사이가 좋았기 때문에 그의 대가 끊어질까 봐 안타까워하던 중이었다. 장제는 사마의가 맹세까지 하자 조상이 더 큰 실수를 저지르거나 완강히 버틸 필요가 없겠구나 생각했다. 그래서 그는 편지를 써서 윤대목 편으로 조상에게 전달했다.

하지만 바로 그 편지가 조상과 장제 두 사람의 목숨을 앗아갈 줄은 누구도 예상하지 못했다.

겨울철에는 밤이 빨리 찾아오고 어둠은 더 짙었다. 천자 조방이 추워서 이를 딱딱 부딪치자 옆에 있던 시자侍者가 옷을 덮어주었다. 조상 형제는 추위를 돌볼 겨를도 없이 끊임없이 논쟁을 벌이고 있었다. 환범은 고금의 전고를 인용해 낙양성에 돌아가면 죽음뿐임을 조상에게 논증했지만, 애석하게도 전혀 먹히지 않아 애가 탄 나머지 발을 동동 굴렀다.

그때, 사마부가 천자를 위해 방한용품과 음식을 가지고 찾아왔다. 조상은 상처 입은 야수처럼 잔뜩 경계하며 병사들을 보내 가로막은 뒤 몸을 수색하게 했다. 병사들은 무기가 없는 것을 철저히 확인하고서야 사마부 일행을 들여보내주었다. 사마부는 천자와 수많은 장병들에게 태부 사마의의 안부를 대신 전한 뒤 천막과 음식을 나누어주었다.

사마부가 떠나고 이어서 허윤과 진태가 찾아왔다. 그들은 사마 태부가 조상 형제를 해치지 않겠다는 약속을 했다며 조상에게 낙양으로 돌아오라고 설득했다.

조상은 의심했고, 환범은 초조했다.

그 후 또 윤대목이 조상을 찾아와서 말했다.

"태부께서 말씀하셨습니다. 대장군 형제들의 죄상에 대해 이미 규명이 끝났는데, 기껏해야 면직 처분 정도에 그칠 것이고 작위와 재산은 원래대로 유지할 수 있다고 하셨습니다. 또 대장군 형제를 털끝 하나 건드리지 않겠다며 낙수에 대고 맹세까지 하셨습니다."

조상이 두 눈을 반짝이며 물었다.

"태부가 맹세하는 것을 직접 보았는가?"

윤대목이 하늘에 대고 맹세했다.

결국 이기는 사마의

"틀림없이 제 눈으로 똑똑히 보았습니다. 아, 참! 그리고 장 태위께서 제게 편지를 전해달라고 하셨습니다."

조상은 얼른 편지를 뜯어보았다. 편지에는 이렇게 적혀 있었다. "태부가 이미 맹세했네. 자네 형제들에게 면직 처분만 내리겠다고 말일세. 나도 내 명예를 걸고 자네 형제가 무사 평안할 수 있도록 지킬 것이네. 자네 부친과 나는 줄곧 사이가 좋지 않았는가. 자네가 일찌감치 돌이켜 한 번 잘못으로 평생을 후회하지 않기를 간절히 바라네. 내 말 명심해주게."

윤대목은 조상이 줄곧 신뢰하던 사람이고, 장제는 조정에서 덕망 있고 점잖은 노신이라 조상은 마음이 점점 기울었다.

돌아가는 상황을 지켜보던 환범은 달려와 조상의 손을 붙들며 애원했다. "절대로 사마의의 말을 곧이곧대로 믿어서는 안 되네!"

하지만 저쪽에서는 허윤, 진태, 윤대목이 조상에게 손짓하며 아무 염려하지 말라고 하고 있었다. 조상은 양쪽의 사람들에게 시달리느라 머리가 터질 것만 같았다. 그는 모두를 밀쳐내며 고함을 질렀다. "혼자서 생각할 시간을 좀 주시오!"

조상은 자신의 막사로 들어가더니 아무도 들어오지 못하게 했다.

환범은 이제 방법이 없었다. '지낭'이라 불리던 그였지만 조상의 마음을 돌릴 수는 없었던 것이다. 조상이 막사에서 나와 뱉는 첫 마디가 환씨 일가의 목숨을 결정할 것임을 그는 알고 있었다.

조희, 조훈, 조언은 형이 나오기를 기다렸다. 그들은 본인들의 선택권을 전부 큰형에게 맡겼다.

황제 조방은 이미 휴식을 취하러 병영으로 돌아간 상태였다. 그는 자신의 미래와 조위 제국의 국운이 막사에서 고민하고 있는 조상에게 달려 있다는 것도 알지 못했다.

사마의는 하늘에 가득한 별을 바라보면서 옷을 여몄다. 새벽부터 지금까지 잠시도 눈을 붙이지 못했지만 전혀 피곤하지 않았다. 사마씨 가문의 식구들을 포함해 자신과 두 아들의 목숨이 맞은편 기슭에 있는 대장군의 손에 달려 있었다.

낙양성에 있던 하안, 정밀, 등양은 조상에게 대하大夏의 장령들을 돕고 기울어진 대세를 다시 만회할 수 있는 방법이 있기를 묵묵히 기도하고 있었다.

오늘밤, 수많은 사람들의 목숨과 심지어 중국의 국운까지도 조상 한 사람의 결정에 달려 있었다.

그런데 정작 조상은 그의 목숨이 사마의의 손에 달려 있다고 여겼다.

오늘밤은 분명 조상의 인생에서 가장 긴 밤일 것이다. 선제의 능묘 앞에 있는 천막에서 그는 생각하고 또 생각했다.

오늘밤은 사마의, 환범, 하안, 나아가 낙양성 전체에 있어 가장 긴 밤이었다.

밤이 싸늘했다. 자정이 훨씬 지났지만 잠든 사람은 아무도 없었다.

오경五更(오전 세 시부터 다섯 시)이 되었을 때 조상의 군막이 걷어 올려졌다. 기다리다 몸이 얼어붙었던 사람들이 부활이라도 한 것처럼 일제히 조상쪽으로 고개를 돌려 그를 바라보았다.

무표정하게 걸어 나온 조상의 손에는 칼 한 자루가 들려 있었다. 그는 군막 앞에 바로 섰다. 조상은 기대에 찬 눈빛들을 둘러보더니 칼을 바닥으로 내던졌다.

칼이 바닥으로 떨어지는 '쨍그랑' 소리가 새벽을 갈랐다.

환범은 눈을 감았다. 조상의 결정을 알아차린 것이다. '대세가 기울었구나!'

결국 이기는 사마의

조상이 입을 열었다. "태부의 뜻이 무엇일지 짐작해 보니 그가 바라는 건 우리 형제의 굴복인 것 같소. 그래서 나는 지금 폐하를 찾아가 우리 형제의 면직을 주청드릴 생각이오. 그러면 못해도 후작의 작위는 지킬 수 있을 테니 돌아가 평범하게 살 수 있지 않겠는가."

절망한 환범은 가슴이 찢어지도록 울며 욕을 퍼부었다. "자단子丹(조상의 아버지인 조진曹眞의 자字)처럼 훌륭한 사람이 낳은 자식들이 하나같이 송아지들이었다니! 이제 우리 집안 식구들은 모두 네놈 형제들 때문에 죽겠구나!"

사마 노지와 주부 양종도 눈물을 글썽이며 마지막으로 최선을 다해 간언했다.

"명색이 수보首輔이자 천자를 끼고 천하를 호령하는 분이신데, 누가 감히 대장군을 따르지 않겠습니까? 그런데도 모든 걸 다 버리시고 채시구菜市口(죄인을 처형하는 형장으로, 훗날 이곳에 채소시장이 번영하면서 '채시구'라는 이름이 붙게 되었다)로 가시겠다니, 이 얼마나 황망한 일입니까!"

하지만 더 이상 아무도 이들의 원망을 거들떠보지 않았다. 조상 일행은 말없이 낙수로 행진했다.

조상이 의기소침한 채 자기 쪽으로 걸어오는 것을 낙수 부교에서 바라보던 사마의는 마침내 안도의 한숨을 길게 내쉬었다.

잔뜩 곤두서 있던 신경이 완전히 풀어지자 사마의는 그제야 깊은 두려움을 느꼈다. '만약 네놈이 환범의 계책을 따랐다면 아마도 실패한 사람은 나였을 것이다.'

삼국시대에는 일흔한 살까지 살 수 있었던 사람이 극히 드물었다. 있었다고 해도 이미 바람 앞의 촛불처럼 여생이 얼마 남지 않았거나 기운이 다한 상태였다.

그런데 사마의는 일흔한 살의 나이에 젊은 사람을 훨씬 뛰어넘는 강인한 투지와 지모로 인생에서 가장 위험한 고비를 넘겼다. 그는 젊고 기력이 왕성한 정적 조상을 격파함으로써 세상 사람들에게 자신의 강건함을 다시 한 번 증명해보였다. 일흔한 살의 노인이 기적을 만들어낸 것이다. ❧

7장

항룡유회
亢龍有悔

하늘에 오른 용은
뉘우침이 있다

사마의가 조정에서 수십 년 동안 있으면서 패하지 않고
지금 이 자리까지 올 수 있었던 것은 엄청난 인내력과
신중한 태도 덕분이었다. 그는 역사책을 많이 읽어서 그
런지 해야 할 일과 해서는 안 되는 일이 무엇인지 아주
잘 알고 있었다.

'조대祖代를 바꿔 황제가 되는 것은 확실히 엄청난 유혹
이다. 지금 나는 일흔한 살이나 먹은 노인네라 언제 저세
상으로 갈지 모른다. 그런데 지금 내가 죽을 때 죽더라도
한번 해보자는 심정으로 덤빈다면 어떻게 되겠는가? 나
야 살 만큼 살았지만 자손들에게는 화를 끼치게 될 것이
다!'

독으로써 독을 공격해
상대를 더 이상 물러설 곳이 없게 만들다

조상 형제는 낙수 북쪽 연안으로 와서 얌전히 사로잡혔다. 이로써 정변의 모든 걱정거리가 사라졌다. 환범은 사마의를 보더니 요행을 바라는 마음으로 수레에서 내려 사마의 앞에 무릎을 꿇었다. 그러고는 말 한마디 하지 않고 그저 머리를 땅에 박는 데에만 열중했다.

사마의가 웃었다. "환 대부, 군이 이렇게까지 할 필요가 있는가?"

성으로 돌아온 환범은 본래의 직책으로 돌아가라는 천자의 조서를 받았다. 환범은 영문을 알 수가 없었지만 마음이 흔들린 그는 이를 진짜로 여겨 궁궐에 가서 사마의에게 감사인사를 했다. 그런데 그때, 홍려시鴻臚寺(의례와 사신 접대를 담당하는 관청 이름. '寺'가 관청을 나타낼 때는 '시'로 발음됨) 소속 관리가 와서 사마의에게 보고했다. "평창문 수장守將 사번이 자수하기를, 환범이 조명詔命을 사칭해 성을 나가면서 '태부가 모반을 일으켰다'고 말했답니다."

사마의가 크게 화를 내며 법관에게 물었다. "모반을 일으켰다고 무고誣告

하면 무슨 죄에 해당하는가?"

법관이 대답했다. "법에 따라 무고자는 도리어 그 죄를 받습니다."

사마의가 무사에게 큰 소리로 명령했다. "얼른 잡아가지 않고 뭐하는 가?"

고양이가 쥐를 붙잡고도 죽이는 데 급급해하지 않는 것은 두려워하는 쥐의 표정을 감상하기 위함이었다. 환범은 그제야 사마의가 자신을 희롱했다는 것을 깨달았다.

양쪽에 있던 무사들이 즉시 늑대와 호랑이처럼 달려들어 환범을 꽁꽁 묶더니 감옥까지 호송했다. 마지막 희망이 사라지자 환범은 죽음 앞에서 오히려 초연해졌다. 그는 호송하는 무사들에게 말했다. "살살해 주시게. 나도 의사義士라네."

100여 년 후, 환범의 후예 환온桓溫은 사마의의 후예이자 당시 동진東晉의 황제를 손에 쥐고 흔드는데, 선조의 원수를 갚고 치욕을 씻은 셈이다. 물론 이는 나중의 일이다.

조상 형제는 파면당하고 후작의 지위만 보유했다. 조상이 집에 돌아오자 대문이 사람들에게 봉쇄되어 있었다. 문루에 올라가 내려다보니 민병民兵 800여 명이 자신의 집을 겹겹이 에워싸고 있었고, 조부曹府의 네 귀퉁이에는 망루를 높이 세우고 있었다. 그제야 조상은 자신이 연금되었다는 것을 알았다.

조상은 집에서 지내다 너무 무료한 나머지 탄궁彈弓(새총)을 들고 후원으로 가서 새를 잡으며 답답함을 해소하려고 했다. 그런데 그가 후원에 발을 들이자마자 정수리 위에서 우레 같은 고함소리가 들렸다. "전임 대장군이 동남쪽으로 갔다!" 깜짝 놀란 조상이 고개를 들어 보니 집 밖에 있는 망루에서 누군가가 자신의 일거수일투족을 주시하고 있었다. 조상은 새 사냥을 하고 싶은 생각이 싹 사라져 집안으로 들어갔다.

조상은 그즈음 식량이 다 떨어져 끼니를 굶고 있었다. 형제들과 의논해 봤지만 사마의가 대체 무슨 생각인지 알 수가 없었다. 아무리 생각해 봐도 답을 얻지 못하자 조상은 사마의에게 직접 물어보기로 했다. 그는 편지 한 통을 써서 문 앞에서 감시하고 있는 수위에게 편지를 전해달라고 부탁했다.

사마의가 조상의 편지를 받아 보니 이렇게 쓰여 있었다. "죄인 조상은 슬프고 두려운 마음에 화근을 일으켰으니 멸족의 형을 받아 마땅합니다. 일전에 식량을 받으러 가족들을 보냈는데 지금까지 식량이 오지 않아 수일간 끼니를 굶었습니다. 부디 먹을 양식을 좀 베풀어 주시기 바랍니다!"

편지를 본 사마의는 생각했다. '이건 너무 심했구나. 어떻게 양식을 주지 않아 굶길 수가 있는가?' 사마의는 부하를 시켜 조부에 쌀 100곡斛, 육포, 염시鹽豉(된장), 콩을 보냈다.

조상은 사마의가 음식을 잔뜩 보내온 것을 보면서 자신을 죽일 생각이 없다고 여기고 기뻐했다. 사마의라고 해서 왜 조상을 죽이고 싶지 않겠는가? 하지만 사마의는 조조가 아니기 때문에 화가 난다고 해서 마구 사람을 죽이지는 않았다. 후세에 오명을 남기지 않기 위해서 그는 정당한 법적 절차를 밟는 중이었다.

사마의는 조상 집단에게 박해받고 배척당해 관직을 잃은 노육을 불러다가 사예교위로 임명하고, 전담반을 만들어 조상 집단의 역모 사건을 조사하도록 했다. 부정부패와 궁녀를 강제로 취한 일만으로는 조상의 목숨을 빼앗을 수 없었다. 꼬투리를 찾던 그는 태감 장당을 찾아내 모진 고문을 가한 끝에 조상, 필궤, 등양, 하안, 정밀, 이승 등이 올해 3월부터 군사를 일으키기로 약속했다는 '자백'을 받아냈다. 노육이 사마의에게 결과를 알렸고, 사마의는 조상 일파를 붙잡아 감옥에 가두라고 명령했다. 다만 하안은 달리 써먹을 데가 있어 남겨두었다.

하안도 집에 연금되어 있었다. 그는 오늘 같은 날이 올 줄은 진즉에 예상하고 있었지만 막상 닥치고 보니 자신이 생각했던 것보다 훨씬 공포스러웠다. 죽는다는 생각만 해도 말할 수 없이 두려웠다. 마음속은 경륜으로 가득 차 있는데 역모로 몰려 허무하게 죽고 싶지는 않았다. 하안은 자신의 철학으로 세상을 행복하게 만들고 후손들을 이롭게 하고 싶었다.

조상, 등양, 정밀 등은 이미 잡혀갔으니 하안은 이제 자기 차례라고 생각했다. 그런데 뜻밖에 사마의가 하안에게 태부부로 와서 차를 마시자고 청해 왔다.

사마의가 웃으며 하안에게 말했다. "우리가 조상 일당들의 역모 사건을 조사했지만 증거가 아직 부족하고 범인들이 법망을 피해갈까 봐 걱정일세. 자네가 그들과 잘 알지 않은가. 그러니 자네가 노육의 전담반에 들어가서 조상을 조사하는 일을 좀 도와주었으면 하는데……."

하안은 그 말을 듣고 속으로 의아해했다. '설마 태부는 내가 그들과 관련이 없다고 생각하는 것인가?' 하안이 이런 상황에서 제대로 생각할 겨를이 있었겠는가? 그저 요행을 바라며 두말 않고 제안을 받아들였다. 그는 조상을 팔아 목숨을 보전하고 자신의 철학도 지켜내기로 결심했다. '근본만 남아 있으면 후일을 도모할 수 있다. 내 철학으로 세상을 이롭게 할 수만 있다면 집권 세력이 조씨든 사마씨든 알 게 뭔가?'

하안은 조상 사건을 조사하는 데 유난히 공을 들였다. 사마소가 수상쩍게 여기며 물었다. "하안은 분명 조상과 같은 패거리인데, 왜 그자만 풀어주시고 조사까지 돕게 하시는 것입니까?"

사마의가 웃으며 말했다. "그자를 제외하면 누가 조상의 내막을 속속들

결국 이기는 사마의

이 알 수 있겠느냐? 이런 걸 두고 '독으로써 독을 공격한다'以毒攻毒고 하는 것이다."

조사를 마친 하안은 상세하고 확실한 증거들을 사마의의 손에 두둑이 넘겨주었다. 사마의는 한 장씩 천천히 훑어보더니 만족해하며 연신 고개를 끄덕였다. 하안은 속으로 기뻐했다. '아무래도 공을 세워 속죄할 수 있을 것 같다.'

사마의가 증거들을 다 훑어보더니 하안에게 물었다. "더 없는가?"

하안이 아뢰었다. "네. 이게 전부입니다. 이 증거만으로도 그들을 사지로 몰아넣기에 충분합니다."

사마의가 고개를 저었다. "아닐세. 내가 파악한 정보에 따르면 역모에 가담한 가문의 수는 총 여덟이었네."

하안이 손가락을 접으며 세어보았다. "조曹, 등鄧, 정丁, 이李, 필畢, 환桓, 장張……, 총 일곱입니다! 틀림없습니다. 이게 전부입니다!"

사마의가 꼿꼿하게 고개를 저었다. "아니, 하나 더 있네."

하안은 난처하기도 하고 초조하기도 한 나머지 무심코 말이 튀어나왔다. "혹시…… 저 말씀이십니까?"

사마의는 그제야 만면에 미소를 띠며 고개를 끄덕였다. 그는 좌우에 있던 무사들에게 하안을 잡아들이라고 명했다.

사마의는 사람을 시켜 사건 문서를 정리해서 마무리하게 했다. 조정에서 조상의 죄상을 공개한 뒤 정죄 문서가 삼공구경 등 고관으로 구성된 합의정 심의를 통과하면 조상 집단의 삼족을 멸할 수 있었다. 물론 그 후에 남아 있는 '정의'廷議는 단지 형식적인 절차에 불과했다. 사마의의 눈에 조상은 벌써 죽은 사람이나 마찬가지였다.

그런데 사마의는 그냥 수월하게 지나가는 절차일 줄 알았던 정의에서 뜻밖의 장애물을 만나리라고는 전혀 예상하지 못했다. 그것도 중량급 고관이자 사마의의 편에 섰던 사람이 조상을 위해 용감하게 나선 것이다.

그 사람은 바로 태위 장제였다.

장제는 일전에 조상 형제를 절대 해치지 않겠다고 한 사마의의 약속을 믿었다. 그래서 잘못을 깨닫고 돌아오면 살 수 있다고 권유하는 편지를 윤대목을 통해 조상에게 보냈던 것이다. 조상이 순순히 돌아오기로 결정한 것은 분명 장제의 편지가 그의 판단에 어느 정도 영향을 미쳤기 때문이었다.

그런데 지금 사마의는 그 약속을 어기고 조상뿐만 아니라 조상의 가문 전체를 멸하려 하고 있었다.

장제는 깊은 죄책감에 빠졌다. '내가 조상을 죽인 것은 아니지만 조상이 나 때문에 죽는구나!' 장제는 조상에게 너무 미안했고 하늘에 있는 조진의 영혼에게는 더더욱 면목이 없었다.

장제는 조상을 위해서 나서서 뭔가 힘이 되는 말을 해주고 싶었지만, 자신이 사마의의 마음을 돌릴 수 없다는 것도 잘 알았다. 그가 할 수 있는 일은 고작 조진 가문의 후손을 하나라도 남기는 것뿐이었다. 그래서 장제는 정의 때 나서서 말했다. "조진의 공훈을 생각해서라도 대가 끊기게 해서는 안 됩니다. 부디 조상의 목숨을 살려주셔서 조진 가문의 혈통을 이을 수 있게 해주십시오."

'혈통을 남겨둬서 뭐 하려고? 그 아이가 커서 조씨 고아趙氏孤兒(중국의 셰익스피어라고 불리는 원나라 시대 극작가 기군상의 비극으로, 후손을 남겨 복수한다는 내용이다)처럼 복수라도 하면 어쩔 텐가?' 사마의는 단호하게 거절했다.

정의를 거친 사마의는 조정과 재야에 조상 역모 집단의 정죄 문서를 발표했다. "춘추에 이르기를, '신하는 군주에 대해, 자제子弟는 부형父兄에 대해

결국 이기는 사마의

찬탈하고 모반하려는 의도가 있어서는 안 되며, 의도가 있었다면 반드시 사형 집행을 받아야 한다'고 했다. 조상은 황실 종친의 자손으로서 나라에 은혜를 입었고, 선제의 고명대신으로 말로써 유조를 받았음에도 역심을 품고 고명을 등한시한 채 하안, 등양, 장당 등과 찬탈을 꾀했다. 환범도 같은 죄인이니 대역무도죄로 법률에 따라 삼족을 멸한다!"

사마의는 조상에 대해서는 화근을 철저히 없애버렸지만, 몇몇 소인배들에 대해서는 넓은 아량을 보여주었다. 그는 문지기를 베고 고평릉으로 달아난 사마 노지, 조상에게 낙양으로 돌아가서는 안 된다고 간언한 주부 양종은 용서해주었다. 사마의가 말했다. "이는 각자 자신의 주인을 위해 최선을 다한 것이니 마땅히 그들을 표창해 앞으로도 부하들이 주인을 위해 충성을 다하도록 격려하도록 하라." 이런 이유로 그는 노지와 양종의 벼슬을 올려주었다.

이쯤에서 하후영녀夏侯令女의 사적을 언급할 필요가 있다.

조상의 종제 조문숙曹文叔은 하후문녕夏侯文寧의 딸 하후영녀를 아내로 맞이했다. 그런데 두 사람이 함께 산 지 며칠도 되지 않아 조문숙이 그만 세상을 떠나고 말았다. 하후영녀는 친정에서 자신을 다른 집에 다시 시집보내리라 예상하고 머리카락을 잘라 재가하지 않겠다는 뜻을 나타내었다.

어느 정도 시간이 흘러 친정 식구들은 하후영녀가 어느 정도 마음이 진정되었을 거라고 생각하고 그녀를 재혼시키기로 했다. 그 사실을 알게 된 하후영녀는 칼로 두 귀를 잘라 자신의 굳은 의지를 보여주었다. 그런 그녀의 모습에 친정에서도 다시는 권하기가 힘들었다.

하후영녀는 그때부터 조상의 부중에 기거했었다. 조상에게 일이 생기자 하후씨 가문의 족인族人들은 조정에 조씨 가문과의 혼인 관계를 끊겠다는 상소를 올리고는 강제로 사람을 시켜 하후영녀를 데려왔다. 딸의 강직한 성정을 알고 있는 하후영녀의 아버지는 혹시라도 그녀가 자살할까 싶어 사람을 보내 그녀의 속마음을 떠보았다. 하후영녀를 만난 사람이 돌아와 보고했다. "일이 이렇게까지 된 이상 족인들의 결정을 따를 수밖에 없겠다고 말했습니다." 하후문녕은 그제야 안심했고 집안사람들도 긴장의 끈을 내려놓았다.

그러던 어느 날, 하후문녕이 딸의 침실에 갔는데 불러도 대답이 없어서 들어가 보니 딸이 이불을 머리에 뒤집어쓰고 침대에 누워 있었다. 딸에게 가까이 다가가던 그는 이불에 핏자국이 떨어져 있는 것을 발견했다. 깜짝 놀라 이불을 걷어 보니, 하후영녀가 코를 잘라서 피가 줄줄 흐르고 있었다.

소식을 듣고 달려온 가족들은 깜짝 놀라며 하나같이 가슴아파했다. 하후문녕이 울면서 말했다. "인생 사는 게 뭐 그리 대단하다고! 굳이 이렇게까지 미련하게 굴 필요가 있느냐? 네 시댁은 온 집안이 재산을 몰수당하고 참형을 당할 판인데, 수절이 웬 말이냐!"

하후영녀가 의연하게 대답했다. "인자仁者는 성쇠에 따라 변절하지 않고, 의사義士는 존망에 따라 변심하지 않는다고 했습니다. 조씨 집안 세력이 대단했을 때도 변함없이 지조를 지켰는데, 하물며 그 집안이 멸망한 지금 제가 어찌 지조를 저버리겠습니까? 금수나 하는 짓을 제가 어떻게 할 수 있겠습니까?"

사마의는 이 이야기를 듣고 크게 감동했다. 그래서 특별히 하후영녀가 양자를 들여 조씨 가문의 대를 이을 수 있도록 허락했다.

가평嘉平 원년(249년) 정월, 죄수 호송차가 천천히 낙양 북교로 이동하고 있었다. 조상 역모 집단의 핵심 구성원들과 그 삼족에 해당하는 수백 명을 압송하는 중이었다. 완전 군장을 한 호송 행렬은 가는 내내 경계를 늦추지 않았다. 길을 따라 구경꾼들이 즐비했고 다들 소리 높여 욕을 퍼부었다.

"봐, 저 사람이 바로 조상이야. 그 아버지는 호걸이었는데 자식 놈은 집안을 말아먹었네!"

"저 사람들이 대중삼구(상서대의 개 세 마리)야. 저래가지고 앞으로 어떻게 사람을 물려나?"

"얼른 와서 좀 봐봐. 저 사람이 바로 관직을 주고 장패 애첩을 들인 등양이야. '이관이첩등현무'에 나오는 바로 그 사람!"

심지어 어린 아이들은 박수를 치며 노래를 부르기 시작했다. "하등정, 난경성! 하등정, 난경성……!"

조상 집단은 한때 조위 제국 젊은 세대의 영광과 꿈을 대표하며 혁신적인 정책들을 단행하는 등 생기가 넘쳤었다. 그런데 지금은 천년을 이어갈 오명을 떠안은 신세로 전락했다!

정치 투쟁이란 언제나 그렇듯이 승리하면 왕이 되고 패하면 도적이 되는 법이었다.

조상은 초췌할 대로 초췌해지고 아무 의욕이 없는 상태였다. 조상은 어린 시절 아버지가 간곡하게 자신을 타이르던 모습, 동궁에서 조예와 근심 걱정 없이 놀던 일, 사마의와 함께 고명을 받던 일, 처음 대장군에 임명되었을 당시 의기양양하던 모습, 며칠 전 그의 인생에서 가장 길었던 그날 밤을 떠올렸다.

조상에게는 이제 후회와 증오 따위는 하나도 남아 있지 않았다. 그는 빨리 감기로 영화를 보는 것처럼 머릿속으로 자신의 일생을 쭉 돌아보았다.

이 모든 것이 일장춘몽처럼 흘러갔다.

어느새 북교北郊에 도착했다.

그곳에는 검게 그을린 죽통이 남아 있었고, 바닥에는 지전과 향의 재가 가득했다. 며칠 전 설을 쇠며 누군가가 이곳에서 폭죽을 터트리고 제사를 지냈던 걸까?

망나니들이 조상, 하안, 등양, 정밀, 이승, 환범, 필궤, 장당을 일렬로 세웠고, 그 뒤에는 무고한 가족들이 서 있었다. 형을 집행하는 사람들이 와서 신분을 확인했다. 다른 감참監斬(죄인의 참형을 감독하고 검사하는 일) 관원들은 귀에 대고 소곤거렸는데 무슨 말을 하고 있는 건지는 알 수 없었다.

참수형에 처할 시간이 되었다. 사람들의 머리가 땅에 떨어지고 피가 흘러 강이 되었다. 참담하고 슬프구나!

꿈과 열정으로 가득했던 청년들은 숨이 막히는 태평함이 불만이었고, 자신들의 개혁을 펼치려고 했다. 그들은 '정시'正始라는 시대를 살면서 분투하고 괴로워했으며 추락했다.

정시 시대가 막을 내리고 지금은 가평 원년 정월이었다.

시비와 성패란 지나고 보면 허무한 것이다. 청산은 예전과 다름없는데 저녁노을은 몇 번이나 붉었다 사라졌는가?

형 집행이 끝나고 망나니들은 현장을 정리했다. 거센 북풍이 불어오자 재가 하늘 높이 날아올랐다. 멀리서 누군가가 부르는 노랫소리가 들리다 말다 했다.

능소화 꽃이 누렇고 누렇다. 마음이 우울하고 괴로우며 또 슬프구나.
능소화 잎이 푸르고 푸르다. 이럴 줄 알았다면 차라리 태어나지 말 것을.

苕之華, 芸其黃矣. 心之憂矣, 維其傷矣.

苕之華, 其葉青青. 知我如此, 不如無生.

자신이 해야 할 일이 있고,
자손이 하도록 남겨둘 일이 있다

낙양 북교에서는 사람의 머리가 잘려나갔지만, 조정에서는 표창 대회가 열리고 있었다.

이번에 수훈을 세운 사람은 물론 사마의였다. 그 다음으로는 고유와 장제였는데, 두 사람은 각각 만세향후^{萬歲鄕侯}와 도향후^{都鄕侯}에 봉해졌다.

장제는 불안한 마음에 봉읍을 받지 않겠다며 거절했다. 거절한 이유는 간단했다. 자신이 이 관문을 통과할 수 없을 것 같았기 때문이었다. 조위의 베테랑 참모인 장제가 써 보지 않은 권모술수가 어디 있겠으며, 보지 못한 비열한 수단이 어디 있겠는가? 사람이 염치가 없어도 이렇게까지 없을 수는 없었다. 이번에 장제는 사마의에게 깊은 상처를 받았다. 객관적으로 봤을 때 장제가 썼던 그 편지는 조걸위학^{助桀爲虐}(폭군 걸^桀을 도와 백성을 못살게 군다는 뜻으로, 못된 사람을 부추겨 악한 짓을 더하게 함)하는 데 한몫을 했다. 생각할수록 화가 난 장제는 울분이 병이 되어 저세상으로 가고 말았다. 그 편지가 결국 자신의 목숨을 앗아가고 만 것이다.

결국 이기는 사마의

이종오李宗吾(청말 민초 사상가로 '후흑학'厚黑學을 제창했는데, 면후面厚와 심흑心黑을 합해서 후흑이라고 일컫는다)는 "큰일을 이루는 자는 반드시 얼굴은 두껍고 마음은 시커매야 한다"고 말했다. 이렇게 노골적인 말을 어떻게 믿지 않을 수 있겠는가?

'후흑'의 대가 사마의에게는 이제 더 봉할 관직도 없어 보였다. 대장군과 태위도 해보고, 심지어 전설 속의 태부까지도 해본 이런 원로공신에게 표창할 더 대단한 관직이 어디 있겠는가? 더 높은 곳이라면 이제 용좌뿐이었다.

한편 사마의의 최대 정적이었던 조상이 죽자 조정은 공포에 떨었다. 백관들은 뒤에서 몰래 태부의 이번 행동이 왕조 교체의 신호탄일지도 모른다고 추측했다.

이런 점을 고려해 백관들은 사마의를 승상에 봉해달라는 주청을 올렸고 조정은 이를 받아들였다. 승상은 한나라 말기 이래 가장 민감한 자리로서 남다른 정치적 의미가 있었다.

잠시 한나라 말기 이후의 역대 승상과 상국을 살펴보도록 하겠다.

마지막 승상: 조비

그 전 승상: 조조

그 전전 승상(상국): 동탁

이것을 보면 조정이 어떤 마음으로 사마의를 승상으로 임명했는지 알 수 있다.

사마의는 승상 자리와 함께 영천의 네 개 현을 봉읍으로 하사받고 '주사불명'奏事不名할 수 있는 영예를 허락받았다. 주사불명이란 상주문을 올릴 때 자신의 이름을 적지 않아도 되는 것이다.

사람들은 모두 사마의가 야심이 있다고 생각했지만 사마의는 길게 탄식했다. '나를 아는 사람들은 내게 걱정이 있다는 것을 알지만, 나를 모르는 사

람들은 내가 뭔가 바라는 게 있다고 생각하는구나!'

사마의는 조정과 재야가 놀랄 만한 행동을 보여주었다. 승상 직을 사양한 것이다.

사마의는 승상이란 자리가 정치적으로 무엇을 의미하는지 완벽하게 이해하고 있었다. 사마의는 찬탈할 마음이 없었기 때문에 의심받는 자리에 앉지 않은 건 어쩌면 당연했다. '당신들은 대체 이 늙은이를 뭘로 보는 것인가?'

영문을 몰라 답답해하던 백관들은 이렇게 생각했다. '태부께서 명성 때문에 일부러 저러시는구나. 괜찮습니다. 얼마든지 장단 맞춰드리지요. 저희가 그런 것은 또 전문 아닙니까.' 백관들은 사마의에게 승상 직을 수락해달라고 계속 권했다. 사마의도 계속 사양하면서 조정에 글까지 올렸다.

"신은 선제의 고명을 받아 책임이 막중하여 마음이 무겁습니다. 다행히 하늘이 도와 간신들을 없애 속죄하였으나 공을 논할 바가 못 됩니다. 삼공의 관직은 성왕聖王이 만든 대법大法으로 마땅히 오래도록 후세에 전해야 합니다. 하지만 승상이란 자리는 진秦나라 때 만들어져 한漢나라가 그대로 따른 것입니다. 지금 삼공의 자리가 다 갖추어져 있는데도 진한 시대의 옛 관직인 승상 직을 다시 세우시다니요. 다른 사람을 위해 세운 자리라도 신이 안 된다며 간언할 것인데, 하물며 신을 위해 세우시겠다니 더더욱 힘을 다해 논쟁하지 않을 수 없습니다. 안 그러면 사방四方의 사람들이 소신을 어찌 대하겠습니까?"

조정의 백관들은 여전히 오리무중이었다. '설마 우리가 소인배의 마음으로 군자의 마음을 헤아린 것인가? 다시 한번 시도해보자.' 대신들은 연이어 사마의에게 승상 직을 맡아달라고 권했고, 사마의는 그 후로도 총 10여 건의 글을 올려 완강하게 사양했다. 조정에서도 그제야 사마의가 진심으로 사

결국 이기는 사마의

양한다는 것을 알고 더는 강요하지 않았다.

연말이 되자 조정에서는 사마의에게 특별한 영예 두 개를 더해주었다. 하나는 조회불배^{朝會不拜}(조회할 때 절하지 않는 것)였고, 다른 하나는 구석^{九錫}을 더하는 것이었다.

구석은 원래 관작의 9개 등급을 가리키는데, 이는 《주례》^{周禮}에서 비롯되었다. 그 후 왕망의 개혁을 거치면서 신하가 누릴 수 있는 최고 등급의 예기^{禮器} 9종을 가리키는 것으로 그 의미가 바뀌었다. 역사적으로 어떤 사람들이 '구석을 더하는' 대우를 누렸을까? 사마의 이전에 왕망, 조조, 손권이 있었다. 다시 말해 '구석'이 '승상'보다 정치적 의미가 더 강하다는 뜻이다. 승상을 맡았던 사람이 왕조를 바꾸려고 한 것은 조씨 부자에게만 해당되었지만 역사적 관례에 따르면 구석이 더해진 뒤에는 예외 없이 다음 단계로 본인이나 자제가 황제 자리에 올랐다.

조정의 의미는 분명했다. 그들은 사마의를 잘못 이해하고 있었다. 승상은 정치적 의미가 별로 강하지 않아서 싫은 것이고, 조정에서 지금처럼 우물쭈물할 것이 아니라 좀더 명확하고 확실한 것을 제시하기를 기다린다고 오해한 것이다.

하지만 사마의는 또다시 글을 올려 사양했다. 그가 말했다. "태조 황제(조조)는 큰 덕과 공이 있었고, 한실이 그를 존중해 구석을 더해준 것입니다. 이는 예전의 특수한 상황에서 일어난 일이고 관례가 아니기 때문에 후대 군신들이 쉽게 따라할 수 없습니다."

조정의 백관들은 또다시 깜짝 놀라고 말았다. 그들은 이렇게 생각하기 시작했다. '우리가 정말 사람을 잘못 본 것인가? 사마 태부가 진정 왕망이 아니라 주공이란 말인가?'

사회의 기풍이 날로 나빠지고 인심이 예전 같지 않은 이런 말세에 주공

같은 대성인이 아직 존재한다니, 대신들은 도무지 믿을 수가 없었다. 그는 백관보다 높은 직위에 있고, 천하의 권력을 손에 쥐고 있으면서도 무한한 충성심으로 어린 군주를 도왔다. 그렇다면 그가 조상 집단을 주살했을 때 썼던 독하고 악랄한 수단은 어떻게 설명할 것인가? 아무리 생각해도 이해할 수가 없었다.

사마의의 속내를 어찌 일개 조연들이 헤아릴 수 있겠는가?

사마의가 조정에서 수십 년 간 있으면서 불패不敗하고 지금 이 자리까지 올 수 있었던 건 엄청난 인내력과 신중한 태도 덕분이었다. 그는 역사책을 많이 읽어서 그런지 해야 할 일과 해서는 안 되는 일, 스스로 해야 하는 일과 자손이 하도록 남겨둘 수밖에 없는 일, 자손을 대신해 길을 만들어줄 수 있는 일과 가능한 한 길조차 깔아주면 안 되는 일이 무엇인지 잘 알고 있었다.

'조대를 바꿔 황제가 된다는 것은 확실히 엄청난 유혹이다. 지금 나는 일흔한 살이나 먹은 노인네라 언제 저세상으로 갈지 모른다. 그런 내가 지금 죽을 때 죽더라도 한번 해보자는 심정으로 덤빈다면 어떻게 되겠는가? 나야 살 만큼 살았지만 자손들에게 화를 끼치게 될 것이다!

역사를 보면 처음에는 누구나 다 열심히 하지만 끝까지 계속해서 잘하는 사람은 적었다. 그만큼 유종의 미를 거두기가 어렵다는 뜻이다. 자손들은 다 제 복을 제가 가지고 태어나는데 내가 공연히 주제넘게 나서서 대신 해줄 필요가 있겠는가? 만약 자손들이 감내할 수 있다면 그들 스스로 왕조를 바꿀 것이고, 나는 대위大魏의 개국공신이자 조씨의 성실한 신하라는 명분과 절의를 유지할 수 있을 것이다. 자손들이 무능하다면 내가 지금 조씨의 제위를 찬탈한다 하더라도, 내가 죽은 뒤에 틀림없이 멸족을 당하고 천하의 비웃음거리가 될 것이다.'

그런데 사마의는 왜 이렇게까지 사서 고생을 하려는 것일까?

조조가 《양현자명본지령》讓縣自明本志令에서 한 독백처럼, 사마의는 지금 강호에 있기 때문에 제 몸을 제 뜻대로 하기 힘든 상황인 것이다. 일단 정계에 발을 들이고 나면 끊임없이 위로 올라가 자신의 세력을 공고히 하고 적의 음모와 공격에 대응해야 한다. 그러니 그가 황제가 되고 싶어서 그랬겠는가? 그저 자신을 지키려던 것뿐이다.

　　그래서 사마의는 조상 집단을 척결한 뒤 조씨 일가의 충성스러운 맹우盟友인 하후씨를 정리하기로 했다.

　　하후현은 조상 집단의 핵심 인원 중 한 사람이었지만, 조상이 촉나라 정벌을 위해 그를 정서장군, 가절, 도독옹량제군사로 임명해 보낸 뒤로는 조상 집단과 멀어졌다. 고평릉 정변 당시에도 하후현은 상황이 어떻게 돌아가는지 전혀 모르고 있었다.

　　사마의는 조상 집단을 처리해 화근을 뿌리 뽑고 싶었지만, 멀리 장안에 있는 하후현을 없앨 수 있는 증거가 하나도 없었다. 하후현은 현재 서북 방어구역 최고 통수권자로 대군을 손에 쥐고 있어 상당히 위협적인 존재였다. 사마의는 조정의 뜻이라는 명목으로 하후현을 중앙으로 불러들여 대홍려大鴻臚 직을 맡겼다.

　　대홍려는 구경九卿 중 하나로 오늘날의 외교부장관에 해당한다. 그 당시 외교부는 지금처럼 인기 있는 부서가 아닌 데다 하는 일이라고는 제후와 소수민족의 사무를 처리하는 정도였다. 다시 말해 사마의는 이 관직을 주면서 하후현의 무장을 해제시키고 싶었던 것이다.

　　하후현에게 달리 방법이 있었겠는가? 그는 조상의 종제이자 조상 집단의 날개였다. 조상이 죽은 뒤로 하후현은 사마의가 다음 순서로 자신에게 칼을 들이댈까 봐 벌벌 떨며 불안해했다. 지금 사마의는 전쟁을 일으키기보다는 거래를 하고 싶은 것뿐이었다. '병권을 포기하든지 아니면 네놈 목숨을 포기하든지 둘 중 하나를 선택해라.'

하후현은 당연히 무모하게 덤비기보다 현명하게 목숨을 보전하는 쪽을 선택했다. 하후현은 얌전히 병권을 내려놓고 낙양으로 돌아와 대홍려 직을 맡았다. 이때부터 그는 각종 언어를 쓰는 이민족들과 교류하는 데 힘썼다. 사마의는 하후현의 결정에 만족하며 그를 해칠 생각을 접었다. 사마의는 서북 방어구역의 최고 통수권자 자리를 믿음직한 측근 곽회에게 맡겼다.

군부에는 조상의 두 잔여 세력이 남아 있었는데, 하나는 양지에 있는 서북 세력, 다른 하나는 음지에 있는 동남 세력이었다. 양지에 있는 서북 세력은 앞서 처리한 대로 사마의에 의해 근절되었고, 음지에 있는 동남 세력은 나쁜 짓을 꾸미고 있었다.

하후현은 그럭저럭 평안했지만 또 다른 하후씨는 두려워졌다. 그는 하후현의 숙부이자 조위 명장 하후연의 아들, 현재 정촉호군 직을 맡고 있는 하후패였다.

하후현이 낙양으로 돌아온 것을 보고 하후패는 그동안 사마의가 보여주었던 독하고 악랄한 수법을 생각하며 하후현이 실수했다고 판단했다. '태초太初(하후현의 자字)의 이번 낙양행은 아주 불길하다. 나는 그의 숙부이고 태초는 조상의 사촌 동생이니, 사마의 눈에는 나도 조상과 한패로 보일 것이다.'

하후패는 이런 단순한 논리로 자신에게 큰 불행이 닥칠 거라고 단정지었다. 그는 자신이 어떤 행동을 취해야 할지 고민하고 있었다.

또 다른 인물 하나가 하후패의 오락가락하는 마음의 저울에 결정적인 저울추 하나를 더해주었다. 그는 바로 하후패의 현재 직속상관이자 새로 부임한 서북 방어구역 최고 군 통수권자인 곽회였다.

　　　　　　　　　　　　　　　　　　　　　결국 이기는 사마의

하후패는 곽회와 줄곧 사이가 좋지 않았다. 예전에는 하후현이 버티고 있었기 때문에 곽회가 하후패에게 한발 양보하는 수밖에 없었지만, 이제는 조상이 실각하고 하후현은 앞길을 예측할 수 없게 되었으니 곽회가 그를 가만 놔둘 리가 없었다. 하후패의 불안은 가중되었다. 그는 결국 화를 피하기 위해 움직이기로 했다.

화를 피할 수 있는 방법에는 뭐가 있을까? 군사정변은 절대 불가능했다. 하후패는 힘도 약하고 용기도 없었기 때문에 정변을 일으켰다가는 결과는 오직 죽음뿐이었다. 도망치는 건 어떨까? 천하에 왕의 땅이 아닌 것이 없고, 우물이 있는 곳에는 곧 사마의의 세력이 있었다.

곰곰이 생각하던 하후패에게 마침내 좋은 방법이 떠올랐다. '국경 밖으로 도망가자.'

국경 밖으로 간다고 했을 때 선택지는 소수민족 통제구역, 촉한, 동오 이렇게 세 가지였다. '동오는 너무 멀어서 안 되고, 소수민족 통제구역은 너무 약해서 외교적 비호를 해줄 수 없으니 제외해야겠다. 그러면 촉한은……?'

하후패는 촉한을 떠올리자마자 눈에 쌍심지를 켰다. 그의 아버지 하후연이 촉한과 전쟁을 벌이던 중 정군산 밑에서 황충에게 목이 날아갔기 때문이다. '아버지를 죽인 원수와는 같은 하늘 아래서 살 수 없다!'

하후패는 심한 내적 갈등을 겪고 있었다. '아버지의 원수는 집안의 원수이고, 사마의는 조씨와 하후씨를 박해하니 국가의 원수다. 집안의 원수를 어찌 국가의 원수에 비할 수 있겠는가?' 하후패는 아버지의 원수를 내려놓고 촉한에 몸을 의탁하기로 결심했다.

하후패는 마음을 정한 뒤 단기필마로 노잣돈을 챙겨 남쪽으로 달아났다. 그의 계획은 음평군陰平郡에서 촉한으로 들어가는 것이었다. 하후패는 위나라의 국경선까지 쉬지 않고 달렸다. 그는 이 일대를 제 손금 보듯 훤히 알았다. 어디에 순찰부대가 있는지, 어디가 국경 검문의 맹점인지 속속들이 알고 있었다.

하후패는 국경 검문을 피해 몰래 촉한 경내로 들어갔다. 그런데 촉한에 들어간 하후패는 그때부터 거의 눈 뜬 장님이나 마찬가지였다. 촉한의 지형은 너무 복잡하고 산들이 뒤엉켜 있었다. 말을 타고 힘겹게 산길을 걷던 그는 말에서 내려 말을 끌면서 걸었다.

날이 어두워지고 찬바람이 살을 에듯 추웠다. 하후패는 바람을 피할 곳을 찾아 몸을 숨긴 뒤 말에 기대 온기를 취했다. 그는 살짝 졸았지만 완전히 잠들 엄두는 나지 않았다. 촉나라는 맹수와 강도들이 출몰하는 곳이었다. 하후패는 자다가 목이 잘리거나 맹수의 먹이가 될까 봐 두려웠다.

하늘이 어슴푸레 밝아오자 하후패는 다시 길을 떠났다. 배가 고파진 그는 건량을 갉아 먹고 약수를 마신 뒤 산봉우리로 올라갔다. 하후패는 촉한의 국경지대가 이토록 황량할 줄은 몰랐다. 인가라고는 없고 가게나 여관은 말할 필요도 없었다. 그가 가지고 온 금은보화는 전혀 쓸모가 없었고, 황금보다 귀한 식량은 이제 얼마 남지 않았다.

건량이 다 떨어져 배가 고픈 채로 한참을 걷던 하후패는 더 이상 버틸 힘이 없었다. 그는 애마를 바라보며 긴 갈기와 여윈 몸을 어루만졌다. 그는 결국 마음을 독하게 먹고 애지중지하던 군마를 죽였다. 그는 힘줄과 피가 가득한 말고기를 날것으로 먹은 뒤 남은 고기를 둘둘 싸들고 다시 여정에 올랐다.

하후패는 가장 원시적인 생활을 하게 되었다. 보이는 것은 불모의 땅이었고, 들리는 것은 산에서 나는 새소리가 전부였다. 그는 인류 문명과 동떨어져 있었고 하루가 유난히도 길었다. 고독한 나그네의 길동무는 그와 마찬가지로 돌아갈 곳이 없는 흰 구름뿐이었다. 하후패는 생명의 본래 모습을 마

결국 이기는 사마의

주한 것 같았다.

19세기 독일 시인 헤르만 헤세Hermann Hesse 역시 〈흰 구름〉이라는 시에서 이런 감정을 표현했다.

오, 보라! 잊어버린 아름다운 노래들의
그윽한 멜로디처럼
흰 구름은 또다시
저 푸른 하늘 멀리로 떠나간다.

기나긴 방랑길에서
방랑의 기쁨과 슬픔을 맛보지 못한 자는
저 구름들을 이해할 수 없으리라.

나는 그 희고 아련한 구름들을
태양과 바다와 바람처럼 사랑한다.
고향이 없는 사람들에게는
구름이 자매이며 천사인 까닭에.

황량하기만 한 원시세계에서 하후패는 그렇게 또 며칠을 걸었다. 곧 세상에서 잊혀질 하후패의 전투화는 밑창이 닳아서 떨어지고 없었다. 땅에 쓸린 발바닥은 물집이 터지고 잡히기를 반복했다. 결국 하후패의 두 다리는 더이상 나아갈 수 없는 상태가 되어버렸다. 하후패는 너른 바위 아래에 누워서 하늘을 보며 길게 탄식했다. '설마 여기서 이렇게 죽는 것인가?'

그런데 그때, 멀리서 노랫소리가 들렸다. 촉나라 땅의 민요였다. 소리가 점점 가까워지자 없던 기운이 솟아난 하후패가 크게 소리를 질렀다. 그러자 노랫소리가 뚝 끊기더니 멀리서 산민山民 한 사람이 걸어왔다. 그는 고개를 빼고 하후패 쪽을 들여다보았다. 하후패는 발에 상처가 난 것도 잊은 채 기어가며 소리쳤다. "어서 와서 날 좀 현관縣官에게 데려다 주게!"

산민은 놀라고 두려운 마음에 하후패를 살펴보면서 언제라도 도망갈 수 있는 자세를 취했다. 하후패는 노잣돈을 꺼냈다. "자네가 현관을 찾아가 날 데리러 오게 해준다면 이 돈은 자네 것이네!"

사람이 없던 원시세상에서는 쓸모없는 돌멩이나 다름없었던 금은보화가 문명세계로 돌아오니 그 즉시 힘을 발휘했다.

산민은 반신반의하면서 경계한 채로 가까이 오더니 하후패의 돈을 낚아채고 뒤돌아서 뛰어갔다. 하후패는 초조한 마음에 그를 향해 크게 소리쳤다. "현관을 불러오게! 큰 상이 있을 것이네!"

산민은 고개를 돌려 세차게 고개를 끄덕이더니 산과 고개를 넘어 바람처럼 사라졌다.

하후패는 그 자리에서 기다리는 것말고는 다른 방도가 없었다.

그동안 촉한 측에서도 이미 고위급 장령인 하후패가 모반하고 도망쳐 촉한으로 들어왔다는 소식을 듣고 대규모 수색 작업을 벌이던 참이었다. 그때 모 현縣 현관이 와서 반가운 소식을 보고했다. "한 산민이 제가 있는 현 산봉우리에서 하후패를 발견했다고 합니다." 성도는 해당 현에 신속한 수색 작업을 명하고 따로 사람을 보내 하후패를 맞이했다.

하후패는 깊은 산에서 나와 다시 세상의 빛을 보자 감회가 새로웠다.

성도成都에 도착한 그는 열렬한 환대를 받았다. 촉한 황제 유선이 직접 나와 하후패를 맞이했다. 유선은 미안한 듯이 하후패에게 말했다. "영존令尊(남의 아버지에 대한 높임말)께서 패잔병으로 계시다 변을 당하신 것은 선친께서 직접 하신 일이 아니오. 그러니 부디 원한이나 과거의 나쁜 감정은 다 잊기를 바라오." 유선은 이어서 또 자신의 아들을 가리키더니 하후패에게 말했다. "이 아이는 그쪽 하후씨의 혈족이오."

알고 보니 유선의 황후가 장비의 딸이고, 장비의 처가 바로 하후패의 사촌누이였던 것이다. 하후패의 사촌누이는 혼자 나무를 하러 갔다가 장비에게 붙들려와 부부의 연을 맺었다. 그래서 유선은 친척 관계를 언급하며 멀리서 온 하후패를 위로했다. 요컨대, 하후패는 이때부터 촉한에 뿌리를 내리고 살게 되었다.

어찌되었든 간에 조위의 서북은 사마의의 세력 범위가 되었지만, 조위의 동남에서는 사마의를 전복시킬 거대한 음모가 서서히 자라나고 있었다.

그대를 저버릴지언정
나라를 저버리지는 않는다

장제는 생전에 사마의와 대화를 나누면서 왕릉에 대해 이야기한 적이 있었다. 사마의는 그에 대한 의견을 듣고 싶어 장제에게 물었다. "왕릉은 어떤 사람인가?" 장제는 가감없이 솔직하게 대답했다. "문무에 출중한 세상에 둘도 없는 자입니다. 그의 장남 왕광王廣은 포부가 원대하고, 차남 왕비효王飛梟와 삼남 왕금호王金虎는 재주와 무예가 그 아비를 뛰어넘습니다."(왕릉의 아들은 총 네 명으로 하나같이 출중했는데, 장제의 말에는 언급되지 않았지만 왕명산王明山이라는 넷째아들의 명성이 가장 높았다고 한다)

이야기를 다 듣고 난 사마의는 습관처럼 눈을 가늘게 뜨더니 진지하게 고개를 끄덕였다. 장제는 사마의의 표정을 보고 오싹 소름이 끼쳤다. 집에 돌아온 장제는 생각할수록 뭔가 잘못된 것 같아 가족들에게 후회하며 말했다. "내가 오늘 했던 그 한마디가 우리 일가를 전멸시킬 것이다."

왕릉은 한나라 조정 최고의 현자였던 사도 왕윤의 조카로, 올해 나이가 여든을 바라보고 있었다. 그는 수많은 재난을 경험하고, 칼날이 번득이는 격렬한 전투도 익숙했으며, 군대에서 쓰는 북과 나팔 소리도 귀에 딱지가 앉을 정도로 많이 들었다. 그는 일찍부터 조위 동남 방어구역의 최고 통수권자라는 권력을 가지고 있었다. 작피 전투에서 훌륭하게 지휘하며 아군보다 몇 배는 많은 오군을 악전고투 끝에 격퇴시켰다. 이를 계기로 조상은 적극적으로 왕릉을 영입한 뒤 거기장군, 의동삼사儀同三司(동한 시대 관직명으로, 삼공은 아니지만 삼공과 동등한 대우를 받았다)로 임명하고 남향후南鄉侯에 봉했다.

왕릉은 거기장군이었지만 여전히 동남 지역을 지켰고, 그의 생질 영호우令狐愚도 연주자사兗州刺史로 임명되었다. 외숙과 생질이 모두 동남 지역에서 한 손으로 하늘을 가릴 정도의 권세를 누린 엄연한 동남왕이었던 것이다.

왕릉은 조상曹爽의 은혜를 입어 단숨에 거기장군과 의동삼사 직에 올라가 조위 제국에서 상위 계급의 인물이 되었고, 영호우는 연주자사로 취임하기 전에 조상의 장사長史였기 때문에 두 사람은 조상을 조정에서 믿고 의지할 뒷배로 여기고 있었다.

그런데 어느 날 왕릉은 사마의가 낙양에서 정변을 일으켜 조상과 천자가 고평릉에 발이 묶였다는 소식을 듣게 되었다. 왕릉은 군대를 이끌고 북상해서 조상을 구해야 할지 고민했다. 그는 만약 조상이 천자를 끼고 양주로 온다면 전력을 다해 도울 생각까지 했다. 하지만 사마의의 움직임은 빨랐고 조상에게는 그 정도의 머리가 없어서 정변은 하루 만에 끝나고 말았다.

달리 방법이 없었던 왕릉은 침거한 채 사태의 추이를 살폈다.

왕릉과 그의 숙부 왕윤은 모두 태원太原 왕씨의 유전자를 물려받았다. 그는 현실에 안주하지 않았고, 거기장군이라는 자리에 만족하며 죽을 때까지 호의호식할 생각도 없었다. 거기장군은 태위와 대장군에 이어 군부 서열 3위인 자리였지만 왕릉은 만족하지 못했다. 그는 자신의 인생을 이렇게 끝낼 수는 없다고 생각했다.

장제가 죽고 얼마 후, 사마의는 공석이 된 태위 자리를 왕릉에게 주며 포섭할 뜻을 나타내었다. 원대한 포부를 가진 왕릉이 어찌 태위라는 감투 따위에 포섭되겠는가?

'내가 사마의 네놈과 나이도 비슷한데 무슨 근거로 은혜라도 베풀 듯이 내게 관직을 하사하는 것이냐? 내 숙부께서는 은인隱忍하고 모략을 써서 조정 최고의 권간權奸 동탁을 일거에 토벌하셨다. 그리고 지금 나 왕릉 역시 그런 포부를 가지고 당대의 동탁인 네놈을 제거할 것이다!'

왕릉은 정치에 대해 잘 알고 있었다. '나 혼자서 사마의에게 덤비면 반란이지만, 천자를 끼고 사마의에게 맞서면 반란을 제거하는 일이 된다. 하지만 천자가 지금 사마의의 손에 있으니 이를 어쩐다?'

방법이 없는 것은 아니었다. 새로운 주군을 세우면 되는 것이다.

왕릉은 생질인 영호우를 찾아가 상의했다. 영호우는 재주가 많고 야심 있는 사람이라 왕릉은 그를 중시했다. 왕릉이 말했다. "어리고 무능한 제왕齊王 조방은 사마의의 손바닥 안에서 놀아나는 꼭두각시일 뿐이다. 반면 초왕楚王 조표曹彪는 나이도 좀 있고 유능해서 황제로 옹립할 수 있을 것 같은데, 어찌 생각하느냐?"

영호우는 외숙의 의견에 동의했다. 두 사람은 기회를 봐서 정변을 일으킨 뒤 허창에서 조표를 새로운 황제로 옹립하기로 했다. 계획이 정해지자 영호우는 부장 장식張式을 초왕의 봉지로 보내 조표의 의중을 떠보기로 했다.

그들이 말하는 조표는 바로 한 시대를 풍미한 조식의 명작《증백마왕표》贈白馬王彪의 증여 대상인 '백마왕표'이다. 현재 그의 작위는 초왕이었다. 조표는 조조의 아들인데, 조식과 마찬가지로 조비의 종친 홀대 정책에 불만을 품고 침울한 나날을 보내고 있었다. 그는 가끔씩 조식이 자신에게 선물한 시를 읊곤 했다.

결국 이기는 사마의

인생의 변고는 순식간에 일어나는데, 누가 백년의 목숨을 유지할 수 있겠는가.

한번 헤어지면 영원히 못 만나니, 다시 왕손의 손을 잡으려면 언제까지 기다려야 하는가.

백마왕이여, 부디 옥체를 아껴 나와 함께 노년의 편안한 삶을 즐겨 보세나.

눈물을 삼키며 긴 여정에 오르니 이쯤에서 붓을 내려놓고 그대와 헤어지네.

變故在斯須, 百年誰能持

離別永無會, 執手將何時

王其愛玉體, 俱享黃髮期

收淚即長路, 援筆從此辭

조표는 시를 읊조릴수록 조식이 느낀 비통함에 공감이 되어 도무지 마음을 달랠 수가 없었다. '내가 가진 재능을 펼쳐보지도 못하고 이런 쥐꼬리만 한 봉지에서 여생을 마쳐야 하는 것인가?'

그런데 그때, 영호우의 부장 장식이 비밀리에 찾아왔다. 장식은 영호우를 대신해 조표에게 물었다. "저희 주공께서 왕야께 문안 인사차 저를 보내셨습니다. 천하의 일은 아직 모르는 것이니 자중하시라는 말씀도 남기셨습니다." 조표는 영호우의 뜻을 이해하고는 간략하게 대답했다. "대인께 감사하다고 전해주게. 호의에 감사드린다고 말일세."

이후 영호우와 조표는 장식을 통해 소식을 주고받았다. 왕릉은 낙양으로 심복을 보내 이 비밀스러운 일을 수도에서 관리로 있는 아들 왕광王廣에게 알렸다.

왕광은 경성에서 사마의의 수단을 직접 두 눈으로 목격한 적이 있었다.

그래서 아버지가 사마의의 적수가 되지 못한다고 생각하고 편지를 써서 타일렀다. "황제를 폐위하는 일은 예사로운 일이 아니니 괜한 화를 불러일으키지 않으셨으면 합니다!"

왕릉이 그 말을 들을 리가 없었다. 그는 동남 지역에서 자신이 누리는 권세와 자신의 재능이 결코 사마의보다 뒤떨어지지 않는다고 자부했다. 만약 양주와 연주에서 동시에 거사하고, 영호우를 유력한 조수로 삼은 뒤 용맹하고 능력 있는 아들 왕비효와 왕금호가 가세한다면 충분히 가능한 일이었다. 최악의 상황을 가정해 만약 일이 잘못되더라도 가까운 동오에 몸을 의탁할 수 있었다.

왕릉이 계산기를 다 두드려 놓은 상태에서 한 가지 계획에 없던 일이 일어나고 말았다. 영호우가 병사한 것이었다. 왕릉은 분한 마음에 이를 갈았다. '이렇게 결정적인 순간에 뜻밖의 사고가 생기다니. 어쩔 수 없다. 기다렸다가 다시 기회를 노리는 수밖에.'

왕릉은 자신이 제대로 숨기고 있다고 생각했다. 하지만 사마의가 벌써부터 그를 예의 주시하고 있었음을 그는 전혀 모르고 있었다.

왕릉을 팔아먹은 사람은 양강楊康이었다.

양강은 선고單固라는 사람과 함께 영호우의 심복이었다. 둘 다 영호우와 왕릉의 계획을 알고 있었지만, 선고는 군자였고 양강은 그렇지 않았다는 게 두 사람의 차이점이었다.

영호우와 선고의 아버지는 절친한 사이였다. 그래서 영호우는 선고를 항상 잘 챙겨주면서 누차 그에게 벼슬자리를 권했다. 하지만 선고는 영호우에게는 미래가 없다고 생각하고 제안을 거절했다. 이를 보다 못한 선고의 어머니가 말했다. "영호우 숙부는 네 아버지의 오랜 벗이다. 여러 번 네게 출사를 권하는 것은 다 널 위해서야. 그러니 어서 가 보거라." 효자였던 선고는 어머니의 말을 듣고 출사 길에 올랐다.

선고의 어머니는 자기 손으로 아들을 불구덩이에 밀어 넣었다는 것을 알지 못했다.

그리고 얼마 후 영호우가 중병에 걸렸고 오래 못 살 것 같았다. 선고는 일을 그만두고 집에 돌아와 노모를 공양했다. 한편 양강은 사도 고유의 부름을 받고 낙양으로 향했다. 군자와 소인배는 그렇게 각자의 갈 길을 갔다.

양강은 자신이 모시던 영호우의 부음을 듣고 영호우와 왕릉의 계획을 몽땅 고유에게 털어놓았다. 양강은 기뻐하며 속으로 생각했다. '이 정도 공로라면 후작에는 오를 수 있겠지.'

중대한 소식을 알게 된 고유는 지체 없이 사마의를 찾아갔다. 사마의는 이야기를 다 듣고도 덤덤한 모습이었다. 그는 영호우의 후임자로 심복 황화黃華에게 연주자사 직을 맡겼다.

그해 동오의 대제 손권의 나이도 어느새 일흔이었다. 그는 스스로 생명의 불씨가 점점 사그라드는 것을 느꼈다. 자식들이 무능하다는 것을 알고 있는 손권은 자신이 죽은 뒤 위나라가 대규모로 쳐들어올까 봐 두려웠다. 그가 하명했다. "도수涂水의 제방을 파낸다."

왕릉은 그 소식을 듣고 너무 기뻤다. '이는 대놓고 병력을 배치할 수 있는 절호의 기회다.' 그는 조정에 적을 토벌하기 위해 출병을 요청하는 표문을 올렸다.

왕릉의 이런 조치에는 두 가지 계산이 숨어 있었다.

첫째, 세상 사람의 이목을 가리는 것이다.

왕릉은 동남 작전구역의 최고 통수권자이면서 태위라는 직위를 겸하고 있었지만, 독단적으로 대규모 군사행동을 벌이면 중앙의 이목을 끌 수밖에 없었다. 양주의 군대는 반드시 중앙의 명령에 따라 움직였기 때문이다. 그래서 왕릉은 동오를 토벌하겠다는 명목으로 병변^{兵變}을 가리려고 했다.

둘째, 실력을 강화하는 것이다.

병변은 양주의 병력으로만 일으키기에는 절대적으로 부족했다. 그래서 왕릉은 이 기회에 중앙으로부터 군대를 받아내 자신의 역량을 강화하고 병변의 성공률을 높이려고 했다.

왕릉의 속셈을 빤히 들여다보고 있는 사마의가 표문을 받아들일 리가 있겠는가? 당연히 거절했다.

왕릉은 답답했다. 예전에는 연주가 그의 세력 범위였지만 지금은 신임 자사 황화가 아군인지 적군인지 분명하지 않았다. 왕릉은 심복 양홍^{楊弘}을 보내 황화의 속마음을 떠보기로 했다. 그는 당연히 황화를 자기편으로 끌어들이고 싶었다. 만약 연주와 양주 세력을 합친다면 병변 성공률이 훨씬 더 높아졌다.

양홍은 왕릉의 명을 받고 연주자사부로 향했다. 그는 왕릉이 하려는 일이 삼족을 멸할 대역죄라는 걸 알았다. 양홍은 왕릉을 끝까지 믿고 따라갈지 망설였다. 여든에 가까운 늙은 주인이 노망이 난 것은 아닌지 의심스러웠다.

가족들과 자신의 창창한 나이를 생각하니 양홍은 죽을 날이 가까운 늙은이와 함께 미치고 싶지 않았다.

자사부에 도착한 그는 먼저 왕릉의 뜻을 황화에게 분명하게 전했다. 양홍은 말하면서 황화의 안색을 살폈다. 그는 황화의 안색이 바뀌자 얼른 본심을 털어놓았다. "저는 왕릉처럼 멸망을 자초하는 것을 원치 않습니다. 부디 자사 대인의 고명한 판단을 바랍니다."

황화는 사마의가 보낸 사람인데 어찌 왕릉을 따라 미치겠는가? 그는 양홍의 말을 듣고 그를 남게 했다. 두 사람은 사마의에게 왕릉의 모반 계획을 보고하는 글을 올렸다.

밀서를 받은 사마의는 고개를 끄덕였다. '왕릉 이 사람아, 천수를 누리고 싶지 않다고 하니 내가 직접 자네를 배웅해 주겠네.'

사마의는 왕릉의 군사적 재능을 알고 있었기 때문에 마음을 놓을 수가 없었다. 그는 두 아들과 조정 대신들이 왕릉의 적수가 못 된다는 것도 알았다. 왕릉처럼 여든에 가까운 노인을 상대하려면 일흔을 넘긴 자신이 직접 나서서 도와야 했다.

대군을 거느린 사마의는 군함을 타고 빠른 속도로 남하했다.

황화에게 보낸 양홍이 시간이 지나도 돌아오지 않자 왕릉은 정신이 번쩍 들었다. 그는 역모 계획이 탄로났다는 것을 알았다. 그러나 방법이 없었다. 궁지에 몰린 그는 최후의 발악을 할 수밖에 없었다.

산전수전을 다 겪은 두 노인은 조위 제국의 동남 땅에서 최후의 대결을 앞두고 있었다.

사마의는 싸우고 싶지 않았다. 그의 나이는 올해 일흔 셋이었다. 격렬한 군사작전은 이제 몸이 더 이상 허락하지 않았다. 또 군사 방면에서 사마의는 이미 싸우지 않아도 굴복시킬 수 있는 경지에 이르렀다.

그래서 사마의는 두 가지 일을 통해 '문무를 겸비한' 왕릉의 병사들을 굴복시키기로 했다.

첫 번째는 왕릉의 모든 죄를 사면하는 일이었다. 그는 왕릉의 지난 잘못에 대해 묻지 않겠다며 특별사면을 내리는 조서를 황제에게 요청했다.

두 번째는 진지함이 가득 담긴 편지를 개인적으로 왕릉에게 보내는 일이었다. 그는 편지에서 왕릉을 위로하고 이해한다는 뜻을 표현했다.

사마의는 적과의 일대일 대결을 두려워한 적이 없었다. 그를 이길 사람이 없었기 때문이다. 다만 그는 적이 도망갈까 봐 두려웠다.

요동 전투에서는 공손연이 국경 밖으로 도망갈까 봐 두려웠고, 낙양정변 때는 조상이 허창으로 달아나는 것이 가장 두려웠다. 그리고 이번에는 왕릉이 동오로 도망가는 것이 사마의는 가장 두려웠다. 따라서 그가 시급하게 조서와 더불어 개인적으로 편지를 보낸 것은 시간을 지연시키기 위한 완병지계였던 것이다. 이 두 가지 일을 마친 사마의는 전속력으로 군함을 달려 성화星火같이 왕릉의 주둔지로 돌진했다.

왕릉은 사실 동원할 군대도 없었다. 그가 쥐고 있는 병력은 너무 적었고, 양주 군대를 동원하려면 조정의 허락이 떨어져야 했다. 그래도 왕릉에게는 도독동남제군사가 부릴 수 있는 권력이 있었기 때문에 그는 군과 현의 군대를 동원하려고 시도했다. 또 다른 방법도 있었다. 바로 동오로 도망가는 것이었다.

이런 중요한 선택의 순간에 왕릉은 조정에서 온 특별사면 소식과 사마의의 편지를 연이어 받았다. 사마의는 편지에서 이렇게 약속하고 있었다. "나는 절대로 왕릉 자네를 어떻게 하지 않을 것이네."

어디선가 본 듯한 익숙한 말투 아닌가!

왕릉은 조상을 어리석다고 속으로 비웃은 적이 있었다. 그런데 지금 그도 조상과 똑같은 실수를 저질렀다. 이는 왕씨 가문 삼족의 목숨을 앗아갈 치명적인 실수였다. 그 실수는 바로 사마의의 말을 믿은 것이었다.

왕릉은 저항할 생각을 접었다. 그리고 얼마 되지 않아 그는 이런 소식을 듣게 되었다. "사마의의 수군과 육군이 현지에 도착했습니다!"

왕릉은 깜짝 놀랐다. 그는 그제야 맹달이 어떻게 죽었는지, 또 얼마 전 조상이 어떻게 스스로 그물에 걸려들었는지 떠올랐다. 동오로 도망가기에는 이미 늦었으니 군현의 병정을 소집해 방어 시설을 구축해야 했다. 그가 아무리 대단한 실력자였다고 해도 결국 이렇게 꼼짝달싹도 못하는 신세가 되고 만 것이다. 왕릉은 별 수 없이 조정이 자신에게 내린 인수印綬와 절월節鉞을 딸려서 주부 왕욱王彧을 사마의의 군중으로 보냈다. 그리고 사람을 시켜 자신을 묶게 한 뒤 강가에 무릎을 꿇고 앉아 사마의의 처분을 기다렸다.

군함에서 왕릉의 인수와 절월을 받은 사마의는 멀리 강가에서 무릎을 꿇고 앉아 있는 왕릉을 보면서 왕욱에게 웃으며 말했다. "왕 대인, 이게 대체 무슨 일인가? 폐하께서는 이미 왕릉을 사면하셨네. 어서 가서 그를 풀어주게."

왕욱이 돌아와 사마의의 뜻을 전한 뒤 왕릉을 풀어주었다. 왕릉은 사면받기도 했고, 자신이 사마의의 친형 사마랑과 서로 믿을 수 있는 사이였던 것을 떠올리며 마음을 놓았다. 그는 사마의가 아무리 마음이 독하고 악랄한 수단을 쓰는 사람이라도, 죽은 형을 생각해서 자신을 용서해 주리라 기대했다.

여기까지 생각이 미치자 왕릉은 이전의 자신감을 회복했다. 그는 쪽배를 타고 사마의가 있는 군함 쪽으로 가까이 다가갔다. 가서 사마의와 지난 이야기를 나눌 생각이었다.

쪽배가 군함에 가까이 다가가는 동안 왕릉이 멀리서 소리쳤다. "태부, 무탈하신가?"

사마의는 다가오는 왕릉을 보고 인상을 찌푸리더니 좌우에 있는 사람들에게 물었다. "누가 저자를 여기 오도록 허락했는가?"

왕릉의 쪽배가 절반쯤 왔을 때 군함 쪽에서 사람이 오더니 왕릉을 막아섰다. "가까이 오지 못하게 하라는 태부의 명입니다."

왕릉은 그만 멍해졌다. 쪽배는 강 중앙에 멈춰섰다. 사마의가 있는 군함까지 불과 10여 장丈을 남겨 두고 쪽배는 갈 곳을 잃었다.

갈대는 창창하고 이슬은 서리가 되었다. 왕릉은 마치 깊디깊은 물 한가운데 홀로 떠 있는 것 같았다. 낭만은 없고 고요함만 있을 뿐이었다.

왕릉은 뱃머리에 난처한 모습으로 서 있었다. 하늘과 땅 그 어디에도 닿지 못하고 오도 가도 못하는 처지였다. 그는 한 번도 경험해 보지 못한 무력감을 느꼈다. 계속 이렇게 침묵하고 있다가는 미쳐버릴 것만 같았다. 쥐죽은 듯한 적막을 깨고 왕릉이 먼저 사마의를 향해 소리를 질렀다. "날 만나고 싶으면 편지를 보내 날 부르면 될 일이지, 굳이 군대를 이끌고 직접 찾아올 필요가 있는가?"

사마의가 웃으며 말을 전했다. "왕 대인이 오라면 올 사람이 아닐까 봐 그런 것일세."

그 말을 들은 왕릉은 마침내 사마의가 자신을 놓아주지 않을 것임을 알아차렸다. '모든 희망이 깨졌구나!' 그는 신경질적으로 사마의에게 고함을 질렀다. "날 저버릴 셈인가!"

사마의가 차갑게 대답했다. "차라리 자네를 저버릴지언정 나라를 저버리지는 않겠네."

왕릉은 절망했다. 그는 이 말이 태조 조조의 명언 "차라리 내가 천하 사람들을 저버릴지언정 천하 사람들이 날 저버리게 하지는 않겠다"와 상당히 흡사하다는 느낌을 받았다. 하지만 둘을 비교하자면 조조의 잔인했던 그 말이 오히려 더 솔직하고 인간적으로 들렸다. 사마의의 말은 바늘 하나 꽂을 틈도 없었던 것이다.

'그래, 나는 사마의에 반대한 것이기도 하고 이 나라에 반대한 것이기도 하다. 나라의 죄인이 되었으니 앞으로 역사가들은 나를 반신叛臣으로 적어 후세에 전하겠구나.'

지금은 사마의가 곧 나라였다.

백발이 성성한 왕릉은 포승줄에 묶여 죄수 호송차에 실린 채 보병과 기병 600명의 호송을 받으며 낙양으로 압송되었다.

호송차에 앉아 있던 왕릉은 숙부 왕윤 생각이 났다. '당시 숙부는 이간계를 써서 동탁과 여포 부자 사이를 원수지간으로 만들어 권간을 일거에 해치웠다. 하지만 이후 동탁의 부하였던 이각과 곽사가 복수하며 숙부를 자살로 이끌었다. 지금 나는 조위의 강산을 위해 사마의에게 저항하다가 결국 이렇게 비참한 말로를 맞게 되었다. 이런 말도 안 되는 난세에서 굳이 살아 있을 필요가 있을까?'

왕릉은 또 사마랑을 떠올렸다. 사마랑은 정직하고 충직한 청년이었다. 왕릉이 승상부에 막 발을 들였을 당시 그 안에 있는 사람들은 여영세족이 아니면 초패 집단이었다. 이 두 집단 이외의 사람들은 겉도는 기분을 느꼈다. 왕릉, 가규, 사마랑 세 청년은 약속이나 한 듯이 함께 어울리며 서로 격려하고 도와주면서 깊은 우정을 쌓았다. 이후 사마랑이 죽고 가규도 그 뒤를 이었다. 왕릉만 지금까지 살아 있었다.

'어쩌면 나도 진즉에 죽었어야 했는지 모른다.' 왕릉은 밖에 있는 병사에게 물었다. "여기가 어디쯤인가?"

병사는 왕릉의 물음에 답을 해야 할지 몰라 대장에게 물었다. 대장이 대답했다. "항현項縣이오."

더 이상 가망이 없다는 것을 잘 알면서도 사람은 죽음 앞에서 살고자 하는 본능이 폭발하기 마련이었다. 왕릉은 끝까지 희망의 끈을 놓지 않았다. 그는 대장에게 떠보듯이 물었다. "관에 쓸 못 몇 개만 줄 수 있겠나?"

'사마의 네놈이 주지 않는다면 나에겐 아직 살 방도가 남아 있는 것이고, 준다면 나도 더 이상 발버둥치지 않을 것이다.'

대장은 자신이 결정할 수 없어 태부에게 물었다. 사마의는 왕릉이 자신의 생사를 놓고 시험을 한다는 것을 알았다. 그래서 멸시하듯 입을 삐죽거리며 말했다. "원하는 만큼 다 주거라."

대장이 돌아와 못을 왕릉에게 건넸다.

왕릉은 이제 완전히 끝이 났음을 알았다. 그에게는 사마의의 좋은 일을 망칠 수 있는 마지막 비장의 카드가 하나 남아 있었다. 왕릉은 품에서 천천히 그 '비장의 카드'를 꺼내들었다.

그것은 아주 작은 술병이었는데, 안에는 맹독성 약술이 들어 있었다. 지금 왕릉이 할 수 있는 일은 치욕을 면하는 것이었다. 그는 부들부들 떨리는 손으로 뚜껑을 열었다. 늙은 왕릉의 눈에서 눈물이 마구 쏟아져 내렸다. 그러던 왕릉은 문득 뭔가 떠올라 번쩍 고개를 들었다. 그의 눈앞에 사당 하나가 나타났다. 왕릉이 놀라며 물었다. "여기가 누구의 사당인가?"

옆에 있던 병사가 대답했다. "전 예주자사 가규 대인의 사당입니다."

왕릉은 더 이상 자신의 감정을 주체하지 못하고 가규 사당을 향해 큰 소리로 외쳤다. "나 왕릉이 대위 사직을 위해 충성을 다했다는 걸 자네만은 알아줄 테지!"

왕릉은 가규의 혼백에 대고 자신의 억울한 심경을 외치고는 옆에 있던 사람에게 말했다. "향년 80세로 생을 마감하노라!"

주위 사람들이 미처 말리기도 전에 왕릉은 고개를 뒤로 젖히고 병에 있던 술을 남김없이 마셔버렸다. 깜짝 놀란 병사들이 서둘러 사마의에게 보고했다. 관련 책임자가 도착했을 때는 이미 왕릉의 숨이 끊어진 뒤였다.

배 안에서 꾸벅꾸벅 졸고 있던 사마의는 왕릉이 죽었다는 소식을 듣더니 냉소를 지으며 말했다. "그렇게 하면 치욕을 피할 수 있을 거라 생각했더냐?"

왕릉이 죽자 영호우와 조표의 연락책이던 장식이 수면 위로 올라와 사

결국 이기는 사마의

마의에게 자수했다. 사마의는 전담반을 꾸려 이 일을 철저히 수사했다. 단서를 따라 거슬러 올라가 보니 사직 후 집에 있던 군자 선고가 수사망에 들어오게 되었다.

사마의는 사람을 보내 선고를 불러다가 물었다. "내가 무슨 일 때문에 자넬 불렀는지 아는가?"

선고가 영문을 모르겠다는 듯이 대답했다. "모르겠습니다."

사마의가 웃었다. "그렇다면 내가 알게 해주지. 자네의 상전인 영호우가 역모를 일으키려고 한 것을 아는가?"

선고는 금시초문인 듯이 대답했다. "모릅니다."

사마의는 긴 말 하지 않고 곧바로 선고의 집안 식구들을 몽땅 하옥시켜 고문을 가했다. 선고는 이를 악물며 끝까지 인정하려 들지 않았다. 사마의는 안 되겠다 싶어 증인 양강을 불러다가 선고와 대질 신문을 시켰다.

피부가 찢기고 터져 만신창이가 된 선고는 양강을 마주했다. 그는 그제야 자신과 옛 주인을 팔아넘긴 사람이 누구인지 알게 되었다. 선고는 양강에게 피가 섞인 침을 퉤! 하고 뱉으며 욕을 했다. "개 같은 놈! 자사 대인께도 죄송할 짓을 하고 나까지 멸족시키다니, 그러고도 네놈이 무사할 것 같으냐?"

선고의 말은 자백이나 다름없었다. 사마의는 두 사람의 죄상을 조정에 보고해 왕릉, 영호우, 선고 등은 삼족을 멸하고, 왕릉과 영호우의 시체를 관에서 꺼내 성문에 사흘간 내걸었다.

왕릉은 스스로 목숨을 끊었지만 치욕은 피할 수 없었던 것이다.

물론 악역 양강도 끝이 좋지 않았다. 밀고자였던 그 역시 삼대를 멸하는 벌을 받았다.

형이 집행되기 전, 선고는 또 한 번 양강을 호되게 꾸짖었다. "상놈의 자식! 네놈은 벌을 받아 마땅하다! 죽어서 구천에 있는 다른 사자死者들을 볼 면목이나 있겠느냐?"

양강은 고개를 숙인 채 아무 말이 없었다.

망나니들이 칼을 내리치자 피가 흘러 강이 되었다.

왕릉을 벌하러 친히 출정하면서 사마의는 자신의 죽음이 머지않았음을 알았다. 그의 몸이 갈수록 나빠졌기 때문이다. 하지만 그는 병든 몸을 어떻게든 일으켜 마지막 일을 마무리 짓고자 했다.

명나라 태조 주원장朱元璋의 아들이 아버지의 지나친 살육을 비난한 적이 있었는데, 주원장이 씁쓸하게 웃으며 이런 말을 했었다. "나는 네 대신 가시를 제거해 주고 있는 것이다."

생의 마지막 순간을 앞두고 사마의는 아들들을 위해서 마지막 독침 하나를 제거하려고 하고 있었다.

사람은 죽은 뒤에야 평가할 수 있고, 그 공과는 후세 사람들이 평가한다

왕릉 집단은 전부 사형되었지만 법적 제재를 받지 않은 사람이 아직 한 명 남아 있었다.

바로 초왕 조표였다.

조표는 이번 모반 사건의 주역이자 왕릉이 황제로 옹립하려고 했던 대상이었다. 게다가 여러 증거들이 그가 이번 모반 사건에 깊숙이 개입됐음을 보여주었다.

사마의는 사실 조표와 아무런 원한이 없었다. 그래서 그가 죽든 말든 별로 상관이 없었다. 하지만 사마의는 그를 빌미로 다른 목적이 있었다.

사마의는 초왕 조표에게 사약을 내리라고 조정에 상주했다.

조정은 윤허했다.

이어서 사마의는 또 요구했다. "조표의 모반 사건은 결코 우연이 아닙니다. 조표 한 명이 있으면 다른 조표 수백, 수천 명이 있을 수 있습니다. 그러니 모든 종친 제후들을 업성으로 불러들여 감찰 관원을 세우고 엄격하게 감시해야 합니다. 그들끼리 서로 교류하는 것을 금하고, 그들과 관원들이 왕래하는 것은 더더욱 금해야 합니다."

조정은 또 윤허했다.

조예 시대에는 조식의 상소 덕분에 제후왕들의 숨통이 어느 정도 트였었는데 사마의가 다시 그 숨통을 조인 것이다. 게다가 조비 시대보다 그 제약 정도가 더하면 더했지 결코 덜하지 않았다. 조씨 가문의 왕야王爺와 후야侯爺들은 이번 일을 계기로 완벽하게 구금되는 신세가 되었다.

'부디 다음 생에는 제왕 가문에서 태어나지 않기를!' 이것이 아마 모든 조위 황족들의 마음의 소리였을 것이다.

사마의는 이 일을 처리한 후에야 비로소 마음을 놓았다. 왕릉의 자리는 양주자사 제갈탄이 이어받았다. 제갈탄은 제갈량의 족제族弟로, 제갈씨의 용호견龍虎犬 중 '견'으로 평가받는 인물이었다. 제갈탄은 조위에서 나름의 본분을 다하고 있었고, 얼마 전에는 사마의의 사돈이 되기도 했다. 그의 딸이 사마의의 아들 사마주司馬伷의 부인이 된 것이다.

하지만 제갈탄은 그 자리를 맡으면 안 되는 사람이었다. 그도 아주 깊숙하게 잠수하는 사람이었던 것이다. 제갈탄의 문제는 아들들이 해결하도록 남겨둘 수밖에 없었다.

사마의는 이 일들을 처리하고 낙양으로 돌아왔다. 천자 조방은 사자를 보내 사마의를 상국相國으로 임명하고 안평군공安平郡公에 봉하며, 손자와 형자兄子(형제의 아들)들을 열후列侯에 봉한다는 책명을 내렸다. 이로써 사마의의 식읍은 5만 호, 사마씨 가문에서 제후로 봉해진 사람은 19명이 되어 그야말로 천하에서 제일가는 권세를 누렸다.

사마의는 만년에도 절조節操를 지켜 상국과 군공의 지위를 한사코 사양했다.

그해 6월, 사마의의 병이 위독해졌다. 사마의는 평생 병을 핑계 삼아 스스로를 감추었지만 이번에는 진짜였다.

사마의는 병상에 누워 가만히 기다리고 있었다. 그는 이 세상에 원하는 게 아무것도 없었고, 이 세상도 더 이상 그를 필요로 하지 않는 것 같았다. 수많은 사람들이 사마의를 바라보며 죽어갔고, 또 수많은 사람들이 사마의를 의지하며 살아갔다. 사마의의 목숨은 그들에게 아주 중요했지만, 이 순간 사마의 스스로에게는 오히려 있어도 되고 없어도 되는 것처럼 보였다.

사마사와 사마소는 병상을 지키고 있었다. 사마사는 위장군으로서 대장군 이하 군부에서 서열 4위였고, 낙양성을 지키고 있었다. 사마소는 여러 번 중임을 맡았는데, 대촉 작전에서는 등애가 촉한의 명장 강유와 교전할 때 함께 나가 지휘하기도 했다. 현재는 안동장군安東將軍으로, 허창 군사구역의 최고 군 통수권자였다.

이런 아들들을 두었는데 무슨 여한이 있겠는가?

태위를 맡고 있는 동생 사마부도 있었다. 사마부는 사마의와 줄곧 아주 가까웠던 것은 아니지만, 진중하고 재주가 뛰어나 매번 생사가 달린 결정적인 순간에는 언제나 사마의의 든든한 버팀목이 되어주었다. 사마의는 사마부가 앞으로도 그럴 거라고 믿었다.

사마의는 더 이상 당부할 게 없었다.

'내가 할 수 있는 일은 다 했다. 내가 미처 하지 못한 일은 너희에게 맡기마. 지금 내가 할 일은 아무것도 남기지 않고 홀가분하게 이 세상을 떠나는 것이다. 나는 이제 이 세상에 조금도 미련이 없다.

적막하기 때문이다.

나와 함께 세상에 모습을 드러낸 인물들은 이미 모두 한 줌의 흙으로 돌아갔다. 이 세상에는 이제 내 상관이 될 자격이 있는 사람도, 내가 보좌할 가치가 있는 주군도, 힘이 막상막하인 동료도, 자웅을 겨룰 만한 호적수도 없다. 나는 단지 명이 길어서 소인배들을 괴롭힐 수 있었을 뿐이다. 만약 내가 지금의 머리와 능력을 가지고 다시 건안 시대로 돌아간다면, 승상부의 최고 참모진들 가운데 내가 설 자리가 있을까?'

사마의는 자신의 생명력이 점점 사라지는 것을 느꼈다. 심지어 생명이 몸속에서 빠져나가는 소리를 분명하게 들을 수 있을 정도였다.

사마의의 정신은 항상 맑았다. 이승을 속일 때 연기했던 것처럼 눈과 귀가 어둡지 않다는 것이 그의 유일한 위안이었다. '내 몸은 더 이상 부담을 이겨내지 못하지만 내 머리는 여전히 예전처럼 잘 돌아가고 있구나.'

하지만 몸의 기능이 퇴화되고 기력이 점차 약해지면서 맑은 정신도 차츰 가물가물해지기 시작했다.

사마의가 생의 마지막 순간에 본 것은 어쩌면 형의 비호를 받으며 난세에서 도망치던 그 시절, 마차에 쳐놓은 천막 너머로 바라본 깨끗한 하늘이 아니었을까?

조위 가평 3년, 촉한 연희 14년, 동오 태원太元 원년 8월 5일(서기 251년 9월 7일), 사마의는 향년 73세의 나이로 세상을 떠났다.

사마의가 생전에 남긴 유언에 따라 그의 유해는 낙양에서 동북쪽으로 80리 떨어진 수양산首陽山에 안장되었다. 봉분을 쌓거나 묘비를 세우지도 않고 원래 있던 형태를 유지했다. 매장할 때 사마의의 유해는 평상복 차림이었고, 어떤 기물도 같이 묻지 않도록 했다.

또 나중에 사마 가족의 누가 죽더라도 자신과 합장해서는 안 된다는 게 사마의의 마지막 요구였다.

고독은 제왕의 품격品格이고, 적막은 영웅의 풍격風格이었다.

천추만대에 이름을 남기겠지만, 이는 그의 몸이 죽고 난 뒤의 일이니 적막할 따름이다.

사마의의 정치적 유산은 전부 사마사가 이어받았다. 사마의가 죽고 1년 뒤에 오제 손권도 세상을 떠났다. 그렇게 그는 중국 역사상 처음으로 일흔을 넘긴 황제가 되었다. 동오의 제갈각은 정권을 장악하고 군대를 일으켜 조위를 침공했다. 사마사는 관구검과 문흠文欽을 지휘해 제갈각을 격퇴시켰다.

이 전쟁을 역사에서는 '합비신성 전투'라고 부르는데, 동오의 정국에 거대한 영향을 미쳤다. 제갈각은 참패한 후 국내에서 전권을 휘두르다 오주吳主 손량孫亮과 손준孫峻에 의해 살해되었다. 이때부터 동오의 조정은 권신이 돌아가면서 집권하는 혼란한 상황에 빠지게 되었다.

사마사의 정치 태도는 사마의보다 훨씬 강경하고 독단적이었다. 이를 견디다 못한 천자 조방이 신하 몇 명과 연합해서 하후현에게 사마사의 자리를 맡기려고 했다. 그러나 모의가 발각되어 하후현 등 관련자들의 삼족이 멸했다. 사마사는 원래 있던 제왕齊王의 자리로 조방을 돌려보냈다. 그는 '연장자가 아랫사람의 자리를 이어서는 안 된다'는 이유를 들어 열네 살 조모曹髦를 천자로 옹립했다.

천자 폐위는 옹조파擁曹派(위나라가 한나라 황실의 정통 계승자라고 주장하는 사람들)의 반감을 불러 일으켰다. 사마사의 독재를 반대하며 관구검과 문흠이 병변을 일으켰는데, 사마사가 제갈탄과 등애를 지휘해 제압했다. 관구검은 전사하고 문흠 부자는 동오로 도망갔으며, 조위에 남은 두 집안 가솔들은 몰살당했다. 왕릉의 뒤를 이어 회남에서 두 번째로 일어난 반란은 이렇게 끝이 났다.

이듬해 문흠의 아들 문앙文鴦이 강력한 무력으로 사마사 군영을 강습强襲했다. 사마사는 눈에 종양이 생겨서 수술을 하고 경과를 지켜보던 중이었는데, 급습에 놀라 그만 눈이 튀어나와 숨을 거두었다.

이어 사마소가 형의 모든 정치적 유산을 이어받았다. 제갈탄은 회남에서 반란을 일으킨 뒤 동오에 원조를 요청했다. 동오에서는 문흠을 보내 제갈탄을 도왔다. 사마소가 반 년 남짓 성을 포위하는 동안 성 안에서 내홍이 일어나 제갈탄이 문흠을 살해하는 일이 벌어졌다. 사마소는 그 틈을 놓치지 않고 성을 공격해 제갈탄을 참수하고 그의 삼족을 멸했다. 회남의 3차 반란은 이로써 모두 끝이 났다.

혈기 왕성한 천자 조모는 사마소를 진공晉公으로 봉하는 한편 몰래 무력 정변을 모의하고 있었다. 그는 군대를 이끌고 사마소를 공격하려고 했다. 사마소 도당의 일원이자 가규의 아들인 가충賈充이 부하 성제成濟를 지휘해 조모를 살해했다.

사마소는 조정의 의견을 알고 싶어 진군의 아들 진태陳泰에게 물었다. "이 일을 어찌 처리하면 좋겠소?"

진태가 대답했다. "가충의 허리를 베어 천하에 사죄해야 합니다."

사마소가 물었다. "그보다 어린 사람은 죽일 수 없지 않소?"

진태가 대답했다. "그보다 나이가 많은 사람만 죽일 수 있습니다."

사마소는 성제의 삼족을 멸해 자신의 죄과를 덮고 조환曹奐을 황제로 세웠다. 이로써 사마소의 마음을 누구나 다 알게 되었다.

사마소는 천하를 통일할 시기가 무르익었다고 여겨 종회와 등애 두 사람을 보내 촉나라를 정벌하게 했다. 서기 263년, 촉한은 멸망했다.

제갈량의 유지를 이어받은 촉한의 명장 강유는 종회를 선동해 등애를 죽이게 했다. 그 후 종회를 죽이려고 시도했지만 결국 실패로 돌아갔다. 두 사람은 난전을 벌이다 세상을 떠났다.

사마소가 죽고 그 아들 사마염이 아버지의 뜻을 이었다. 그는 서기 265

년에 조비를 본받아 조환에게 황위를 양위 받았다.

조위가 멸망하고 진나라가 세워졌는데, 역사에서는 이를 서진西晉이라고 부른다.

사마의 부자와 가깝지도 멀지도 않았던 사마부는 스스로를 위나라의 성실한 신하로 자처하고 있었기 때문에 이를 매우 가슴 아프게 여겼다.

서기 280년, 진나라는 여러 갈래로 수군을 보내 겨우 목숨을 부지하고 있던 강동의 동오를 멸망시켰다. 이로써 파란만장했던 삼국시대가 막을 내렸다.

사마의는 진선제晉宣帝로 추봉되었고, 진나라의 실질적 창시자로 평가받았다.

사마염은 그의 부친 및 조부와는 달리 귀하게만 자라서 그런지 전쟁이나 민간의 고통을 접하지 못했고 민간의 공기를 마셔본 적이 없었다. 그래서 서진의 개국은 중국 역사상 여느 통일왕조와는 다르게 개국하자마자 망국의 조짐을 보였다.

서진은 명문대가들의 황금시대였다. 그들은 기이함과 부를 뽐내고 수탈을 능력으로 여겼다. 개국 이후 서진은 멸망한 조위의 모습을 그대로 따라 하며 닥치는 대로 동성同姓의 제후들을 분봉했다. 이로 인해 지방에는 잠재적 할거 세력이 형성되었다. 국경에 있던 호족들이 중원으로 대거 침투해 들어오면서 또 다른 불안 요소로 자리 잡았다.

이런 상황 속에서도 사마염은 그저 노역을 줄이고 조세를 낮추며 백성들과 휴식을 취하기만 할 뿐이었다. 그에게는 한나라 말기 약 100여 년 동안 분열되어 형성된 이탈 세력 문제를 해소할 폭넓은 견문과 거시적인 제도가 없었다. 나라의 철학을 세울 밝은 이상은 더더욱 없었다. '득국부정'得國不正(부정하게 나라를 얻다)은 도덕적 평가라 가혹하게 굴기 힘들지만, '입국부정'立國不

篡(부정하게 나라를 세우다)은 사실이어서 굳이 비판을 아낄 필요는 없다.

사마염의 뒤를 이은 사마충司馬衷은 역사적으로 유례가 없을 만큼 백치 황제였다. 사마충의 부인은 가충의 딸 가남풍賈南風으로, 역사상 악명 높은 악녀였다. 두 사람이 손을 잡자 제후왕들이 서로 정벌하는 난국이 벌어졌는데, 이를 '팔왕지란'八王之亂이라고 부른다.

팔왕의 난 이후 진나라는 원기가 크게 손상되었다. 흉노, 선비, 저족, 강족 등 오랑캐 부족들이 너도나도 들고 일어났는데, 이를 '오호난화'五胡亂華라고 한다. 사실 진나라 황제와 귀족들과 비교했을 때 이들 신흥 호인들 중에 오히려 전체를 볼 줄 아는 인물이 몇 명 있었다.

서기 312년, 사마충의 후임자 사마치司馬熾(진회제)가 낙양으로 쳐들어온 흉노족에게 붙잡혀 온갖 수모를 다 겪고 살해당했다.

서기 317년, 사마염의 손자이자 서진 마지막 황제 사마업司馬鄴도 장안을 침략한 흉노족에게 포로로 붙잡혀 갖은 수모를 겪은 뒤 살해당했고, 서진은 멸망했다.

서진 건국 52년 만의 일이었다. 하지만 그 사이 진정으로 통일되었던 시간은 12년도 채 되지 않았으니 '담화일현'曇花一現(우담바라 꽃이 한 번 피었다가 지는 시간이 대단히 짧다는 뜻으로, 사람이나 사물이 덧없이 사라지는 것을 의미한다)이라고 할 수 있었다. 하지만 이 우담바라는 중국 역사상 가장 어둡고 부패한 데다 희망과 활력이 없었던 죄악의 꽃이라고 할 만했다.

희망은 남쪽으로 넘어가고 있었다.

사마의의 증손 사마예司馬睿가 강을 건너 건강建康(지금의 남경)으로 가서 왕도王導, 왕돈王敦, 현지 세족 세력에 힘입어 조정을 재건했는데, 역사에서는 이를 동진東晉이라고 부른다.

이것이 바로 사마의 사후에 있었던 이야기이자 서진의 간략한 역사다.

결국 이기는 사마의

사마의는 생전에 거의 실수한 적이 없었는데, 그의 자손들은 백전백패하고
말았다.

사마의는 생전에는 비룡재천飛龍在天하고, 사후에는 항룡유회亢龍有悔했다.

사람은 죽은 뒤에 평가할 수 있고, 그 공과는 후세 사람들이 평가한다.

역사상 사마의에 대한 평가는 대개 부정적이다. 정론을 뒤집을 생각은
없다. 뒤집기가 쉽지도 않다.

사료는 이미 봉쇄되었지만 사학史學은 개방되어 있다. 우리가 할 수 있는
일은 열심히 사료를 정리해서 책임질 수 있는 평가를 내놓는 것이다.

사마의에 대해서는 그가 살았을 때부터 부정적인 평가를 하는 사람들
이 있었다. 이를 테면 고당융과 진교가 그러했다. 물론 조정과 백관들이 상
투적인 글로 사마의를 이윤伊尹, 여상呂尙, 주공에 비유하며 한껏 띄워준 것이
더 많다.

사마의만 놓고 보았을 때는 능력 면에서 확실히 남들보다 뛰어난 점이
있었다. 그는 지략이 뛰어나고 군사를 다루는 데 능했고, 은인과 도광양회가
특기였다. 정치 투쟁을 파악하는 능력은 한나라 말기 삼국을 통틀어 따를
자가 없었다. 사마의는 자신의 능력을 이용해 인생에서 매 수를 정성스럽게
두었기 때문에 거의 실패한 적이 없었다. 그와 대치하고 음으로 양으로 맞대
결을 펼친 적수들로는 조조, 제갈량, 조상, 맹달, 공손연, 왕릉 등이 있었다.
하나같이 당대의 준걸이었지만 사마의는 이들 중 누구한테도 지지 않았다.

사마의의 인품과 덕성은 후세 사람들에게 거센 비난을 받는다. 하지만
우리가 본 그의 행동은 조상을 제거할 때나 왕릉을 제거할 때나 전부 자신
을 보호하기 위한 행동들이었다. 게다가 조상과 왕릉도 나름 결사적이었지
만 어느 조대에 있었더라도 결과는 크게 다르지 않았을 것이다.

옛사람들은 사마의가 간사한 태도로 남을 홀렸다고 했는데, 이 역시 극단적인 언사에 해당한다. 사마의가 조조 같이 의심 많은 상전 밑에서 근신하지 않았다면 어떻게 살아 남을 수 있었겠는가? 냉혹하고 시기심이 많았던 조비, 결단력이 있었던 조예도 대하기 쉬운 주군은 아니었다. 사마의는 자신을 좀더 수양하고, 교만함과 성급함을 경계하며, 겸손하고 자제했던 것일 뿐 아첨했다고 말하기는 힘들다.

사마의가 고아와 과부를 괴롭혔다고 하는 말은 더욱 지나친 과장이다. 사마의가 후사를 부탁받고 조예에게 충성한 것은 모두가 다 아는 사실이다. 또 조상은 곽태후를 영녕궁으로 강제로 이주시켰지만, 사마의는 태후의 조령을 받아 정변을 일으켰으니, 곽태후의 의도와 완전히 어긋났다고 하기는 힘들다.

가장 큰 의문점은 사마의에게 찬위篡位(제왕의 지리를 빼앗음)하려는 마음이 있었는지 여부다.

있었다고 하기도 힘들고, 없었다고 하기도 힘들다. 사마의와 같은 위치까지 올라 찬위를 고민하지 않기란 불가능하다. 심지어 한 시대를 주름잡았던 완벽한 사람 제갈량조차 구석을 더하라고 권한 이엄의 제안에 대해 "만약 역적 조씨를 일소할 수 있다면 십석이라도 더할 수 있을 텐데 구석이라고 못할까?"하며 다소 위험한 발언을 하기도 했었다.

하지만 사마의는 이런 언행을 한 적이 한 번도 없었다. 그는 구석, 상국, 승상, 군공 같은 영예와 직위를 모두 거절했다. 적어도 사마의 본인에게는 찬위할 마음이 없었다고 말할 수 있을 것이다. 사마의가 그런 척을 한 것뿐이라고 말하는 사람도 있다. 하지만 만약 누군가가 죽을 때까지 평생을 좋은 사람인 척 가장할 수 있다면, 객관적으로 평가할 때 그 사람을 좋은 사람이라고 말할 수 있지 않을까?

공자의 6대손 자순子順은 이런 명언을 남겼다. "사람은 누구나 가장한다. 평생 가장하면 곧 군자다. 꾸준히 가장하다 보면 습관이 되어 자연스러워진다."

사마의의 일생은 이 말의 주석이라고 할 수 있다.

물론 사마의에게 흠잡을 데가 전혀 없는 것은 아니다. 그는 공손연, 조상, 왕릉을 처리할 때 지나친 살육을 저질러 씻을 수 없는 오점을 남겼다.

그렇다 하더라도 사마의에 대한 사람들의 평가가 박한 이유는 무엇일까?

내 생각에는 두 가지 사유 습관이 작용한 것 같다.

첫째, 원심논죄原心論罪. 즉 주로 객관적인 공적이 아니라 주관적인 동기로 사람을 평가하는 것이다. 동기가 좋으면 이룬 것이 없어도 좋은 사람이고, 동기가 나쁘면 아무리 큰 공을 세워도 나쁜 사람이라는 논리다.

둘째, 혈통 유전자론. 한마디로 핏줄은 못 속인다는 말이다. 역으로 추리하면서 자손이 이 모양이니 사마의 당신도 좋은 사람이 아닌 게 분명하다는 식으로 판단하는 것이다.

이런 사유 습관이 우리의 사고에 도움이 되는지에 대해서는 따지지 않겠다. 하지만 남을 욕하려면 나쁜 점을 욕해야지, 그렇지 않으면 욕먹는 당사자조차 그 욕을 납득할 수 없을 거라고 생각한다.

사마의를 비판하려면 사마의 개인의 도덕성을 추측하기보다 그가 공의를 지킬 수 있었는지 여부를 봐야 한다.

사마의의 가장 큰 문제점은 그가 자신만 구하고 시대를 구하지 못했다는 것이다.

한나라 말기 삼국시대는 도덕적 기풍과 사람들의 인심이 갈수록 나빠지던 시대였다. 하지만 한나라 말기에는 조조, 유비, 제갈량처럼 걸출한 정치적 인물들이 존재했기 때문에 그나마 정치 개혁과 발전의 기미가 있었던 것이다. 사마의는 기왕에 뛰어난 재능이 있는 이상, 시대의 잘못을 바로잡아 바른 길로 돌아서게 할 중임을 맡아야 했다. 천자를 보좌하는 자리에 있으면서 그 뛰어난 능력으로 점점 나빠지는 시대의 운명을 되돌렸어야 했다.

하지만 그는 그렇게 하지 않았다. 사마의가 한 일이라고는 이제나저제나 자기 몸 하나 보존한 것이 전부였다. 손권은 삼공이 될 자격이 없다며 가후를 업신여겼다. 가후의 능력이 부족해서가 아니었다. 하지만 확실히 시대를 올바른 길로 인도하는 면에서는 가후가 순욱에 훨씬 못 미쳤다.

시대가 하향 곡선을 그릴 때 사람은 위로 향해야 한다. 개인이 시대를 거스르려 하면 상처를 입을 수밖에 없다. 따라서 사마의가 시대적 요구에 따라 보신을 선택한 것을 크게 비난할 수는 없다. 만약 말세에 시대의 운명에 오롯이 몸을 맡겨 자신의 공만 신경쓴다면 민족 전체가 영원히 돌아올 수 없는 길로 가게 될 것이다. 사마씨가 중국을 통일한 것은 바로 이런 말세의 운명을 이용한 것이다.

한나라 말기의 최대 병폐는 공명정대한 정신이 부족하다는 것이다. 그당시 선비들은 가족과 태수가 있는 것은 알았지만, 천자와 천하가 있는 것은 알지 못했다. 조조와 제갈량은 이런 국면을 바꿔보려고 노력했다. 그래서 '명법지치'를 단행해 위선적인 거짓 도덕을 없애버리고 진실한 도덕을 회복하려고 했지만, 명문대가의 세력이 너무 막강했다. 조조가 죽은 뒤 그가 그렇게 유지하려고 애썼던 세가世家와 한족寒族의 균형 관계가 무참하게 깨지고 말았다. 사마의는 세가를 구슬려 그 힘을 이용해 자기 세력을 형성했다. 사마의 본인도 어느 정도 유학적 소양을 가지고 있었지만, 그가 사용한 계책과 입신의 도리는 사실 권모술수에 지나지 않았다. 유가적 소양은 그에게는 겉치레에 불과했다.

따라서 사마의의 입신은 정도가 아니었고, 그의 자손들은 갈수록 더 심해졌으니 서진의 건국도 정도가 아니었을 것이라는 짐작이 가능하다. 건국이 정도를 따르지 않았다면 군주도 세상 사람들에게 정도를 행하라고 요구할 자격이 없다. 따라서 사마씨가 강조한 소위 '명교名敎(명분을 분명히 하는 가르침)는 허례허식에 불과하다. 사상계의 비폭력 저항이 바로 현학 사상의 대두로 나타난 것이다. 현학이 부상하고 그 이후에 벌어진 행태들로 인해 시대 전체의 운명은 악화일로를 걷게 되었다.

이것이 바로 사마의의 치명적인 약점이라고 하겠다.

물론 이상은 나의 개인적인 의견일 뿐이다.

역사가 개방적이라서 다행이다. ✺

역사 속 인성, 인성 그 아래를 비추는 역사

내가 탐구하려던 것은 역사와 인성人性이었다.

역사는 마치 큰 강과 같다. 넓고 웅장했던 진한秦漢을 거쳐 한나라 말기에 이르러 급전직하하며 '역사의 삼협(중국 역사학자 당덕강唐德剛의 말-저자)'으로 들어갔다. 이 시대에는 인플레이션, 관료들의 부패, 전염병, 전쟁으로 인한 고통이 줄을 이었다. 사람을 잡아먹거나 아니면 잡아먹히거나 둘 중 하나였다. 모든 사람들이 이 참극의 주인공들이었고, 이곳에서는 관중석을 제공하지 않았다.

사마의는 아무런 사상적 준비도 없이 이 난세의 한가운데로 떨어지게 되었다. 그는 영혼을 포기할지 생명을 포기할지 선택해야 하는 잔혹한 상황을 직시하고, 먹느냐 먹히느냐의 피비린내 나는 갈림길을 마주해야 했다.

이 운명의 갈림길에서 삼국시대의 가장 뛰어났던 두 인물, 사마의와 제갈량은 서로 다른 선택을 했다.

제갈량은 평생 사회의 폐단을 바로잡으려고 노력했다. 정도를 걷기 위해 힘쓰고 공덕公德을 우선했지만, 결국 목표를 이루지 못하고 천추의 한을 남겼다.

사마의는 평생 시대의 흐름에 순응했다. 권모술수로 살길을 모색하고 사덕私德으로 입신했다. 개인적인 사업은 행복한 결말로 마무리되었고, 자손들을 위해 대진大晉 강산을 열어주었다. 하지만 역사를 길게 늘여보면 발견할 수 있을 것이다. 제갈량은 생전에 실패했지만 청사에 아름다운 이름을 남겼고, 사마의는 생전에 성공했지만 후세 사람들의 마음속에서는 실패했다는 것을 말이다. 이 둘의 어떤 점이 성패를 갈랐을까?

이것이 바로 인성 그 아래에 있는 역사다.

세차게 흐르는 역사의 거센 흐름과 비교했을 때 섬세하고 미시적인 인성의 변화가 사람의 마음을 더 끌 수 있을지도 모른다.

태어나면서부터 노련하고 용의주도한 사람은 없다. 사마의 역시 예외가 아니다. 우리가 생각하는 후세의 후흑 대가의 이미지와는 정반대로, 사마의도 한때 패기와 이상이 가득한 청년이었다. 그는 사회의 기풍이 날로 나빠지는 170년대 말에 태어났고, 아득하고 어수선한 가운데 세기를 뛰어넘어 조조, 조비, 조예라는 모시기 까다로운 세 주인 밑에서 일했다. 끊임없이 은인자중하고 분투함으로써 그는 마침내 무관의 제왕이라는 위업을 달성했다.

사마의의 일생을 자세히 살펴보면 우리는 그가 미숙하고 지나치게 자신을 과시하는 모습에서 노련하고 엄청난 능력을 가진 사람으로 변모하는 과정을 엿볼 수 있다. 70여 년을 산 그는 마침내 어둠의 사회에 완전히 적응하며 물 만난 고기처럼 마음껏 즐겼다.

하지만 사마의가 성공한 날은 바로 그의 결점이 드러난 순간이기도 했다.

이것이 바로 역사 속 인성이다.

사마의의 유일한 전기는 당나라 정부에서 편찬한 정사《진서·선제기》다. 하지만 편찬자가 신기하고 황당무계한 것을 좋아한 데다, 사마씨를 위해 근거로 제시한 사료를 왜곡하거나 곡필한 것도 있기 때문에《선제기》를 과신해서는 안 된다.

이 책은《후한서》,《삼국지》,《진서》,《자치통감》을 근거로 하고,《화양국지》華陽國志와 한나라 및 위진 시대 사료를 후세 사람들이 수집하고 수록한 것을 참고해 당대의 효웅梟雄 사마의의 전기적인 인생을 찾아내었다. 몇몇 역사적 사건에 관해서는 진인각陳寅恪, 당장유唐長孺, 주일량周一良, 전여경田餘慶, 방시명方詩銘, 방북진方北辰 등 대가 및 선생들의 성과를 참고했고, 문장을 따라 설명을 붙이거나 서사의 완전성을 감안해 글에서 설명하지 않은 부분도 있다. 이는 그분들의 것을 내 것처럼 쓸 수 없어서 그렇게 한 것이다. 이 자리를 빌려 그분들께 한꺼번에 감사 인사를 드리겠다.

언어 풍격 면에서는 시선을 끌고 재미있는 인터넷 언어와 읽기 쉽고 흥미로운 역사 이야기를 섞어서 생동감 있고 분명한 의미를 나타내려고 노력했다. 효과가 어떨지는 독자들의 판단에 맡기겠다.

이 책은 소설 작법을 어느 정도 사용했다. 여기에서 말하는 소설 작법이란 역사 속 당사자가 처한 상황과 처지에 대해 최대한 이해하고, 당사자의 시선으로 마주하게 되는 역사의 단편을 보여준 뒤, 완전하면서도 모호한 역사적 이미지를 복원해내는 것이다. 예를 들면 맹달을 잡아 죽이는 장면, 조예가 받은 정보가 무엇이고 제갈량의 출발점이 어디인지, 맹달의 처지는 어떤지, 사마의의 심산은 또 무엇인지 등에 대해 생생한 장면을 묘사해 완전한 사건으로 보여주는 것이다.

콜링우드의《역사의 관념》The Idea of History에 보면 이런 말이 나온다. "역사는 과거가 마음속에서 재연되는 것이다." 역사를 환원할 때 소설 작법을 채

　　　　　　　　　　　　　　　　　결국 이기는 사마의

택하는 것이 가능한 이유가 바로 여기에 있다.

이 책에서는 믿을 수 있는 부분이든 의심 가는 부분이든 다 전달하려 애썼다. 그리고 큰 줄기는 정사를 바탕으로 하고 세부 내용은 고고학과 사회사社會史의 최신 연구 성과를 반영했다. 사마의를 가이드 삼아 약 100년에 걸친 한나라 말기 삼국의 완전하고 진실한 역사의 모습을 독자들에게 보여주려고 노력하며 쓴 책이다.

2016년 7월 츠시慈溪, 비 내리는 창가에서

친타오

사마의 연표

한漢 광화光和 2년 179년	1세	하내군 온현 사마씨 가문에서 태어남. 아버지는 사마방, 형은 사마랑
한 광화 3년~ 중평中平 6년 180~189년	2~11세	온현에서 어린 시절을 보내며 공부함
한 초평初平 원년~ 흥평興平 원년 190~194년	12~16세	동탁이 반란을 일으키자 형 사마랑을 따라 여양으로 피난 갔다가 나중에 온현으로 돌아옴. 양준과 최염이 사마의를 비범한 인물이라고 칭찬함
한 흥평 2년~ 건안建安 5년 195~200년	17~22세	온현에서 계속 공부를 이어가는 동안 은사 호소와 가깝게 지냄. 대략 이 시기쯤 장춘화와 혼인함
한 건안 6년 201년	23세	하내군 상계연에 임명됨. 조조가 사마씨 형제를 징벽하자 사마랑은 출사하고 사마의는 풍비에 걸렸다는 평계로 거절함
한 건안 7년~ 건안 12년 202~207년	24~29세	집에서 꾀병을 부림
한 건안 13년 208년	30세	조조의 강압에 못 이겨 문학연을 맡아 조비를 보조함. 장남 사마사가 태어남
한 건안 14년~ 건안 19년 209~214년	31~36세	안정적으로 승진함. 황문시랑, 의랑, 승상동조속, 주부 순서로 맡음. 이 기간에 차남 사마소가 태어남
한 건안 20년 215년	37세	조조를 따라 한중으로 출정을 나가 장로 세력을 섬멸함. 조조에게 이 기회를 빌려 유비를 치라고 권했지만 조조가 듣지 않음
한 건안 21년~ 건안 22년 216~217년	38~39세	진군 등과 함께 '태자사우'를 조직해 조비가 조식을 이기고 성공적으로 태자 자리를 차지하게 함. 태자중서자로 승진함. 형 사마랑이 병사함

결국 이기는 사마의

한 건안 23년 218년	40세	군사마로 승진해 조조가 군정을 처리하는 것을 도움. 대규모 둔전 실행을 건의하고 조조가 받아들임
한 건안 24년 219년	41세	관우가 북벌에 나서 화하를 진동시킴. 조조는 천도를 원했지만 사마의가 성공적으로 막아내고 손권과 유비의 이간계를 올림. 조조에게 칭제를 권하고 조조는 주 문왕이 되겠다고 함. 아버지 사마방이 별세함
위魏 황초黃初 원년 220년	42세	조조가 병사하고 상례를 주재함. 가규와 함께 업성으로 시신을 운구하고 조비가 선양받는 것을 도와줌. 천자가 된 조비가 사마의를 상서로 승진시키고 이후 감군, 어사중승으로 전임시켜 백관의 동태를 감시하게 함
위 황초 2년 221년	43세	시중, 상서우복야로 승진해 상서대의 2인자가 됨
위 황초 6년 225년	47세	조비가 남순하고 사마의는 허창을 지킴. 무군대장군, 가절이 되어 병사 5천을 이끌며 정식으로 군부에 입문함. 조비가 남정에 나서자 후방을 지키며 양식과 무기를 풍족하게 함
위 황초 7년 226년	48세	조비가 병사하면서 조진, 진군, 사마의에게 보정하라는 유언을 남김. 조예가 즉위함. 연말에 동오 제갈근을 격퇴하고 장패의 침입을 막아 표기장군에 봉해짐
위 태화太和 원년 227년	49세	남방 군사구역 본영인 완현에 들어가 형주와 예주 방위 업무를 맡음. 연말에 신성태수 맹달이 모반하자 1200리를 강행군해 16일 동안 공성하고 이듬해 정월에 맹달을 잡아 죽임
위 태화 2년 228년	50세	봄에 제갈량이 첫 북벌에 나섬. 여름에 새로운 동오 평정 전략을 제시해 조예의 인정을 받음. 8월에 위와 오가 석정 전투를 벌이고 대사마 조휴가 패전으로 목숨을 잃음. 겨울에 제갈량이 2차 북벌에 나섬
위 태화 4년 230년	52세	대장군으로 승진하고 도독, 가황월이 더해짐. 대사마 조진의 촉나라 정벌에 협조하지만 소극적으로 태업함. 조진은 장마로 좌절하고 군대를 철수함. 조진의 병이 위독해짐
위 태화 5년 231년	53세	제갈량이 4차 북벌에 나섬. 명을 받고 장안으로 가서 적을 방어함. 조진이 병사함. 제갈량이 군대를 철수하자 추격을 명하고, 이로 인해 대장 장합이 사망함

위 태화 6년~ 청룡靑龍 원년 232~233년	54~55세	서부에서 둔전, 제련, 수리 사업 등을 일으켜 제갈량의 북벌에 대비함. 이 시기에 사마사가 부화 사건에 휘말림. 이 사건으로 죄를 짓게 된 등양 등이 훗날 조상의 수하가 됨
위 청룡 2년 234년	56세	제갈량이 5차 북벌에 나서 오장원에 주둔함. 사마의가 견벽거수하며 싸우지 않음. 백일 동안 대치하다 제갈량이 병사하고 사마의가 적안까지 추격했다가 돌아옴
위 청룡 3년 235년	57세	태위로 승진한 사마의가 부장 우금을 파견해 촉한의 마대를 격퇴시키라고 명함. 관동에 기근이 들어 사마의가 구제함
위 청룡 4년 236년	58세	사마의가 백록을 잡아 조예에게 헌상하며 주공의 기대를 받음. 사마의의 장손이자 사마소의 장남인 사마염이 태어남
위 경초景初 원년 237년	59세	요동의 공손연이 독립을 선포함. 조예가 궁궐 건축공사를 대대적으로 벌이자 사마의가 간언함
위 경초 2년 238년	60세	사마의가 장거리 급습을 감행해 양평을 함락시키고 공손연을 잡아 죽임. 위독해진 조예가 급히 사마의를 수도로 불러들임
위 경초 3년 239년	61세	조예가 병사하고 유언으로 조상과 사마의에게 보정을 명함. 즉위한 조방이 사마의에게 도독중외군사, 녹상서사 직을 더해줌. 조상이 사마의에게 태부 직을 더해달라고 주청함. 사마사가 출사해 산기상시가 됨
위 정시正始 원년 240년	62세	조상이 하안, 등양, 하후현, 이승 등을 도당으로 발탁함. 사마의가 건설공사를 없애달라고 주청해서 농민들을 고향으로 돌려보내 농사를 짓게 함. 사마소가 낙양 전농중랑장으로 임명됨
위 정시 2년 241년	63세	동오에서 네 갈래로 위나라를 공격하자 사마의가 출병해 이를 격퇴시킴
위 정시 3년 242년	64세	사마의가 회북에서 등애 등을 임용해 수리 공사를 진행함. 조상이 조정에서 정치개혁을 일으킴
위 정시 4년 243년	65세	사마의가 오나라 제갈각을 공격하자 제갈각이 진영을 불태우고 도주함
위 정시 5년 244년	66세	조상이 촉나라 정벌에 나서 사마소가 함께 출정하지만 전세가 불리해짐. 사마의가 조상의 부하 하후현에게 편지를 써서 철군을 권함. 조상이 대패하고 돌아옴

위 정시 6년 245년	67세	조상이 중루영, 중견영을 없애고 두 영의 병력을 동생 조희에게 귀속시킴. 사마의가 저지했지만 듣지 않음. 갈등이 격화됨
위 정시 7년 246년	68세	조상이 군정에 관여하며 백성들을 면남으로 강제이주시킴. 사마의가 충고했지만 듣지 않음. 면남 백성들은 예상대로 오군의 침략을 받아 막대한 손실을 입음
위 정시 8년 247년	69세	조상이 곽태후를 영녕궁으로 강제 이주시키고 제멋대로 국정을 휘두름. 부인 장춘화가 병사하고 사마의는 병을 핑계 삼아 국정에 참여하지 않음
위 정시 9년 248년	70세	사마의가 꾀병을 부렸는데 조상이 이승에게 병문안을 가게 함. 조상이 더 이상 사마의를 경계하지 않음
위 가평嘉平 원년 249년	71세	조상 집단이 천자를 따라 고평릉에 배알하려고 간 사이 사마의 부자가 정변을 일으켜 조상 도당들의 삼족을 멸함. 군신이 사마의를 승상에 임명하고 구석을 더해달라고 주청했지만 사마의가 사양하고 받지 않음
위 가평 2년 250년	72세	연주자사 영호우와 태위 왕릉이 모의하여 초왕 조표를 황제로 추대하려고 함
위 가평 3년 251년	73세	왕릉이 반역을 꾀한다는 사실이 누설되자 사마의가 직접 대군을 이끌고 반란을 평정함. 왕릉은 투항 후 자살함. 사마의가 잔당들의 삼족을 멸함. 조방이 사마의를 상국에 임명하고 안평군공에 봉했지만 사양하고 받지 않음. 8월 5일, 사마의가 낙양에서 향년 73세로 병사함. 장남 사마사가 무군대장군, 녹상서사가 됨
진晉 태시泰始 원년 265년	—	사마의의 손자 사마염이 선양 받아 사마의를 고조 선황제로 추존함

결국 이기는

사마의

제1판 1쇄 발행   2018년 11월 20일
제1판 13쇄 발행   2024년 7월 19일

지은이   친타오
옮긴이   박소정
펴낸이   김덕문

기획   노만수
책임편집   손미정
디자인   블랙페퍼디자인
마케팅   이종률
제작   백상종

펴낸곳   **더봄**
등록번호   제399-2016-000012호(2015.04.20)
   인천시 중구 흰바위로 59번길 8, 1013호(버터플라이시티)
대표전화   02-975-8007   ‖   팩스   02-975-8006
전자우편   thebom21@naver.com
블로그   blog.naver.com/thebom21

한국어 출판권 ⓒ 더봄, 2018
ISBN 979-11-88522-31-6 03910